Daniel Bauer

Die nationalsozialistische Herrschaft in Stadt und Land Rothenburg ob der Tauber 1933-1945

BIBLIOTHECA ACADEMICA

Reihe

Geschichte

Band 7

ERGON VERLAG

Daniel Bauer

Die nationalsozialistische Herrschaft in Stadt und Land Rothenburg ob der Tauber 1933-1945

Eine regionalgeschichtliche Untersuchung

ERGON VERLAG

Zugl.: Erlangen-Nürnberg, Univ., Diss., 2013

Bibliografische Information der Deutschen Nationalbibliothek
Die Deutsche Nationalbibliothek verzeichnet diese Publikation in der Deutschen Nationalbibliografie; detaillierte bibliografische Daten sind im Internet über http://dnb.d-nb.de abrufbar.

Gedruckt auf alterungsbeständigem Papier.
Umschlaggestaltung: Jan von Hugo
Satz: Matthias Wies, Ergon-Verlag GmbH

www.ergon-verlag.de

ISSN 2509-8691
ISBN 978-3-95650-248-4

Vorwort

Diese Studie wurde im Sommersemester 2013 als Dissertation in der Philosophischen Fakultät und Fachbereich Theologie der Friedrich-Alexander-Universität Erlangen-Nürnberg angenommen. Für den Druck wurde sie geringfügig überarbeitet und ergänzt.

Zuerst möchte ich mich bei meinem Doktorvater Prof. Dr. Werner Blessing ganz herzlich für die Betreuung und Unterstützung dieser Arbeit bedanken. Gleichfalls danke ich Herrn Prof. Dr. Georg Seiderer, der das Zweitgutachten übernahm und mir die Teilnahme an seinem Oberseminar ermöglichte. Ein weiterer Dank geht an Prof. Dr. Dirk Niefanger, der sich als Dritter Prüfer zur Verfügung stellte. Mein herzlicher Dank gilt auch den Mitarbeitern in den staatlichen und kommunalen Archiven, allen voran Herrn Dr. Herbert Schott aus dem Staatsarchiv Nürnberg. Den Herren Prof. Dr. Karl Borchardt, Dr. Oliver Gußmann, Dr. Richard Schmitt und Dieter Balb verdanke ich viele wertvolle Hinweise. Besondere Verbundenheit richte ich an die Friedrich-Ebert-Stiftung, die mich mit einem Stipendium unterstützte. Ich widme diese Arbeit meinen Eltern, Barbara und Georg Bauer.

Daniel Bauer

Inhaltsverzeichnis

1. Einleitung

1.1. Fragestellung

Die Zeit des Nationalsozialismus gehört mit zu den am intensivsten untersuchten Bereichen der deutschen Geschichtswissenschaft. Dennoch gibt es unzureichend erforschte Regionen. Ziel der vorliegenden Untersuchung ist eine Analyse der nationalsozialistischen Herrschaft in Stadt und Land Rothenburg ob der Tauber. Damit schließt sich eine große Lücke der Stadtgeschichtsschreibung. Da die Arbeit das Rothenburger Umland mit einbezieht, bietet sie eine regionalgeschichtliche Fallstudie aus dem westlichen Mittelfranken. Dabei werden Struktur und Auswirkungen der nationalsozialistischen Herrschaft in ihren konkreten Erscheinungen erfasst und die Verkettung von politischer und sozialer Herrschaft in der NS-Zeit erörtert. Das sei bereits vorweggenommen: Als frühe Hochburg der Nationalsozialisten spielte Rothenburg eine herausragende Rolle im NSDAP-Gau „Franken" und zeigte die Bedingungen, die Formen und die Reichweite des Regimes besonders ausgeprägt.

Regionalstudien über die nationalsozialistische Herrschaft erlauben im Gegensatz zu nationalen Untersuchungen differenzierte Einblicke. Das war der ausschlaggebende Impuls für „mikroanalytische" Ansätze.[1] Die regionale Perspektive erklärt das Verhalten der politischen Akteure, die ihre Herrschaft den Gegebenheiten des Raumes anpassten, indem sie in der Praxis die reichsweit uniforme Präsenz von Parteinorm, Führerkult und Volksgemeinschaftsideologie auf eine gebietscharakteristische Weise modifizierten, was den Nationalsozialisten in und um Rothenburg im reichsweiten Vergleich mit imposanten Resultaten sowie überregionalen Erfolgen gelang.[2] Demgemäß untersucht die vorliegende Studie die alltägliche soziale Praxis der Akteure und ihres Parteiapparates auf lokaler Ebene. Sie beinhaltet eine Analyse der Herrschaftsmethoden wie Propaganda und Inszenierung sowie Verlockung und Zwang. Die Studie erklärt, entfernt von abstrakter Theoriebildung oder Spekulation, verschiedene, sich ergänzende Aspekte der NS-Herrschaft in der Region. Um die Perspektive von „unten" mit dem grö-

---

1 Andreas Wirsching, Nationalsozialismus in der Region. Tendenzen der Forschung und methodische Probleme, in: Horst Möller u.a. (Hg.): Nationalsozialismus in der Region. Beiträge zur regionalen und lokalen Forschung und zum internationalen Vergleich, München 1996. S. 25-46, S. 28; Eike Hennig, Regionale Unterschiede bei der Entstehung des deutschen Faschismus. Ein Plädoyer für „mikroanalytische Studien" zur Erforschung der NSDAP, in: PVS 21 (1980), S. 152-173.

2 Werner K. Blessing, Diskussionsbeitrag: Nationalsozialismus unter „regionalem Blick", in: Möller u.a. (Hg.): Nationalsozialismus in der Region, S. 47-56, S. 48f.; Claus-Christian Szejnmann, Theoretisch-methodische Chancen und Probleme regionalgeschichtlicher Forschungen zur NS-Zeit, in: Michael Ruck/Karl Heinrich Pohl (Hg.): Regionen im Nationalsozialismus, Bielefeld 2003. S. 43-57, S. 43f.

ßeren Ganzen zu vergleichen, wird das Regionale im Allgemeinen verortet.[3] Dies zeigt für die Stadt und das Land Rothenburg erstaunliche Entwicklungen.

Die Begrenzung der Studie auf die Stadt und das Land Rothenburg ergab sich aufgrund des systematischen Versuchs, durch intensive Nutzung regionaler und lokaler Quellen die Herrschaft des NS-Regimes zu dokumentieren. Eine regionale Eingrenzung war nötig, um fundierte Aussagen zu machen.[4] Eine Kombination aus chronologischer und sachlicher Gliederung bestimmte die Vorgehensweise, die sich durch die Themenstellung und den engen Bezug auf das vorhandene Quellenmaterial ergeben hat. Die Fokussierung auf die archivalischen Quellen bedingt für die vorliegende Arbeit eine narrative Herangehensweise. Dabei lässt die Bandbreite der Quellen den Charakter und die Intensität der NS-Herrschaft sowie die Integrations- und Assimilationsfähigkeit des Regimes in und um Rothenburg o.d.T. erkennen.

Zuerst befasst sich die Studie mit der regionalen Entwicklung der Partei und sucht nach den Faktoren, die dazu führten, dass die NSDAP in der Stadt und auf dem Land so außerordentlichen Zulauf bekam. Schließlich war die Region Rothenburg im ländlichen Franken wie das kleinbäuerliche Oberhessen, das gutsherrschaftliche Pommern oder Ostpreußen eine der „stärksten Bastionen der Nationalsozialisten auf dem Höhepunkt ihrer Mobilisierungserfolge 1932/33" mit reichsweit überdurchschnittlichen Wahlergebnissen für die Hitler-Bewegung.[5] Weiterhin geht die Untersuchung der Frage nach, wie die Partei ihre Herrschaft etablierte und konsolidierte. Dies beinhaltet sowohl das öffentliche Leben als auch Vereine und Verbände. Um die NS-Herrschaft ab 1933 zu analysieren, konzentriert sich die Untersuchung auf die zentralen Trägerfiguren des lokalen NS-Regimes. Der Schwerpunkt liegt hier auf den Kreis- und den Ortsgruppenleitungen der NSDAP, ihren „Hoheitsträgern" sowie der regionalen Einflussnahme.[6] Dafür wertet die Arbeit NSDAP-Personalakten sowie Spruchkammerakten

---

3 Karl Heinrich Pohl, Die gesellschaftliche Bedeutung der regionalen Zeitgeschichtsforschung heute. Überlegungen zum zehnjährigen Jubiläum des Instituts für schleswig-holsteinische Zeit- und Regionalgeschichte, in: Michael Ruck/Karl Heinrich Pohl (Hg.): Regionen im Nationalsozialismus, Bielefeld 2003. S. 26-41, S. 33.

4 Ursula Büttner, „Volksgemeinschaft" oder Heimatbindung: Zentralismus und regionale Eigenständigkeit beim Aufstieg der NSDAP 1925-1933, in: Horst Möller u.a. (Hg.): Nationalsozialismus in der Region, S. 87-96, S. 88.

5 Manfred Kittel, Provinz zwischen Reich und Republik. Politische Mentalitäten in Deutschland und Frankreich 1918-1933/1936, München 2000, S. 5.

6 Claudia Roth, Parteikreis und Kreisleiter der NSDAP unter besonderer Berücksichtigung Bayerns, München 1997; Armin Nolzen, Funktionäre in einer faschistischen Partei. Die Kreisleiter der NSDAP, 1932/33 bis 1944/45, in: Till Kössler/Helke Stadtland (Hg.): Vom Funktionieren der Funktionäre. Politische Interessenvertretung und gesellschaftliche Integration in Deutschland nach 1933, Essen 2004, S. 37-75; Barbara Fait, Die Kreisleiter der NSDAP – nach 1945, in: Martin Broszat u.a. (Hg.): Von Stalingrad zur Währungsreform. Zur Sozialgeschichte des Umbruchs in Deutschland, München 1988, S. 215-299; Carl-Wilhelm Reibel, Das Fundament der Diktatur: Die NSDAP-Ortsgruppen 1932-1945, Paderborn 2002.

der NS-Akteure biographieanalytisch mit dem Fokus auf ihre Funktion aus.[7] Bei den kurzen biographischen Darstellungen der Täter war es wichtig, die kollektiven sozialen und kulturellen Handlungszusammenhänge zu berücksichtigen.[8]

Die Analyse der regionalen Parteistruktur erklärt nicht nur den Aufbau und die Funktion, sondern ebenso die Aktionen und die Parteidisziplin. Dies gewährleistet ein Verständnis für die Implementierung der NS-Herrschaft in Stadt und Land Rothenburg, da es sich um ein eng begrenztes Gebiet handelt, in dem sich die Partei ein Netzwerk aufgebaut hat. Die Fragestellung richtet sich auf die Instrumente zur Konsolidierung und Stabilisierung der NS-Herrschaft.[9] In diesem Kontext ist eine Analyse der angeschlossenen Organisationen und Verbände unumgänglich. Aufgrund des vorhandenen Quellenmaterials beschränkt sich die Untersuchung auf die Sturmabteilung, die Hitler-Jugend, den NS-Lehrerbund, die NS-Volkswohlfahrt sowie die NS-Frauenschaft. Daraus wird die „Inpflichtnahme" des Einzelnen deutlich.[10] Sie zeigt, wie es die örtliche NSDAP und deren Akteure bewerkstelligten, die Menschen in Stadt und Land Rothenburg mit verschiedenen Taktiken für sich zu vereinnahmen, um eine breite Unterstützung zu erfahren. Im Vergleich zeigen sich hier Entwicklungen mit reichsweit überdurchschnittlichen Ergebnissen sowie überregionalen Erfolgen. Des Weiteren ermöglicht der regionale Ansatz ein Verständnis für die polykratische Struktur vor Ort.[11] Die Untersuchung gibt den Blick frei auf die Täter, lokale Netzwerke und persönliche Verbindungen sowie Verstrickungen, die hier zum Tragen kamen. Das erklärt, wie Personen und Korporationen agierten und die Bevölkerung als Kollektiv der Herrschaft unterordnen wollten.[12] Darüber hinaus richtet die Untersuchung ihren Blick auf die exponierte Bedeutung Rothenburgs, um die besonderen Eigenschaften des Ortes herauszuarbeiten.[13] Die

7 Christine Müller-Botsch, „Den richtigen Mann an die richtige Stelle". Biographien und politisches Handeln von unteren NSDAP-Funktionären, Frankfurt/M 2009, S. 54ff; Dies.: Der Lebenslauf als Quelle. Fallrekonstruktive Biographieforschung anhand personenbezogener Akten, in: Österreichische Zeitschrift für Geschichtswissenschaft 19 (2008), S. 38-63; Dies.: Biographieanalysen unterer NSDAP-Funktionäre. Ein Fallbeispiel, in: Helgard Kramer (Hg.): NS-Täter aus interdisziplinärer Perspektive, München 2006, S. 327-347.

8 Gerhard Paul/Klaus-Michael Mallmann, Sozialisation, Milieu und Gewalt. Fortschritte und Probleme der neueren Täterforschung, in: Karrieren der Gewalt. Nationalsozialistische Täterbiographien, Darmstadt 2011. S. 1-32, S. 9.

9 Reibel, Das Fundament der Diktatur, S. 17.

10 Kurt Düwell, Die regionale Geschichte des NS-Staates zwischen Mikro- und Makroanalyse. Forschungsaufgaben zur „Praxis im kleinen Bereich", in: Jahrbuch für westdeutsche Landesgeschichte 9 (1983). S. 287-344, S. 302.

11 Johnpeter Horst Grill, Local and Regional Studies on National Socialism: A Review, in: Journal of Contemporary History 21 (1986). S. 253-293, S. 282.

12 Horst Möller, Regionalismus und Zentralismus in der neueren Geschichte. Bemerkungen zur historischen Dimension einer aktuellen Dimension, in: Ders. u.a. (Hg.): Nationalsozialismus in der Region, S. 9-22.

13 Jeremy Noakes, Nationalsozialismus in der Provinz: Kleinere und mittlere Städte im Dritten Reich 1933-1945, in: Möller u.a. (Hg.): Nationalsozialismus in der Region, S. 237-251, S. 237.

Studie zeigt, dass die Kleinstadt neben Nürnberg – der Stadt der Reichsparteitage – und dem Hesselberg der dritte Fixpunkt im NS-Gau „Franken" wurde, der für die NSDAP Mittelfrankens eine besondere Bedeutung besaß. Dabei liegt der Fokus sowohl auf der Inszenierung des Mittelalters durch das NS-Regime als auch auf der Botschafterrolle für das „Dritte Reich". Dies ist verknüpft mit der Analyse der baulichen Veränderungen, die in den Rahmen der „Schöpferischen Denkmalpflege" gestellt werden können. Zwar entwickelten die lokalen NS-Akteure eine kraftvolle Dynamik, um ihren Herrschaftsbereich zu ikonologisieren, doch wirft das die Frage nach der Unterstützung von Funktionären wie dem bayerischen Ministerpräsidenten Ludwig Siebert und dem Gauleiter Julius Streicher auf: Inwiefern unterstützten Siebert und Streicher die Vermittlungsrolle der Akteure? Wie unmittelbar fanden die Stadt und das Land Rothenburg in den NS-Funktionären zugkräftige Förderer? Weiterhin wird der Fragestellung nachgegangen, wie die lokalen Akteure die Illusion einer NS-Musterstadt als Ort und Symbol sowohl nach außen als auch nach innen darstellen wollten: Welche Mittel setzten sie ein und wie offensiv war die Regie der Öffentlichkeit? Wie avancierte der Mythos Rothenburg reichsweit sowie international zur lebendigen Propaganda für das „Dritte Reich" und erfuhr als Kulissenstadt des „Führers" enorme Beachtung?

Die Studie fragt nach der Durchsetzung des umfassenden Herrschaftsanspruchs im künstlerischen wie auch im kulturellen Bereich: Wie wirkte sich die NS-Weltanschauung auf die Heimatforschung aus? Wie ließen sich traditionelle regionale Darbietungen wie die des „Historischen Schäfertanzes", des „Meistertrunks" und der Darbietungen der Hans-Sachs-Vereinigung für das NS-Regime instrumentalisieren? Damit beleuchtet die Studie den Prozess der Vereinnahmung bis hin zur aktiven Mitwirkung der lokalen Künstlerschaft. Gleichzeitig wird aufgezeigt, wie regionale Traditionen die Ausbreitung des NS-Herrschaftsanspruchs förderten.[14]

Des Weiteren wird der Frage nachgegangen, wie sich die Gewaltherrschaft in der Stadt und auf dem Land Rothenburg konkret manifestierte und welche Mechanismen zur Herrschaftskonsolidierung eingesetzt wurden. Ferner will die Arbeit den NS-Antisemitismus in Rothenburg untersuchen, der neben seinen radikalen Formen regionalspezifische Eigenheiten aufwies. Hier soll das Institutionengewirr gelichtet werden und den Blick frei geben auf die Gruppierungen, Netzwerke und lokale Machteliten, die dafür verantwortlich waren.[15] Darüber hinaus zeigt die Studie, inwiefern die NS-Herrschaft an ihre Grenzen stieß. Da-

---

14 Claus-Christian Szejnmann, Verwässerung oder Systemstabilisierung? Der Nationalsozialismus in Regionen des Deutschen Reichs, in: Neue politische Literatur 48 (2003), S. 208-250, S. 210.

15 Frank Bajohr, Interessenkartell, personale Netzwerke und Kompetenzausweitung: Die Beteiligten bei der „Arisierung" und Konfiszierung jüdischen Vermögens, in: Gerhard Hirschfeld, Tobias Jersak (Hg.): Karrieren im Nationalsozialismus. Funktionseliten zwischen Mitwirkung und Distanz. Frankfurt/M 2004. S. 45-55, S. 49.

bei wird vor allem die ambivalente Entwicklung innerhalb der evangelischen Kirche Rothenburgs untersucht. Dann richtet sich das Augenmerk auf Formen der Resistenz und Parteimüdigkeit. Schließlich wendet sich die Arbeit dem Ende der NS-Herrschaft in und um Rothenburg zu und wirft abschließend einen Blick auf die Nachkriegsjahre und deren Herausforderungen für Stadt und Land.

1.2. Forschungsstand

Eine Übersicht der umfassenden Literatur von den Anfängen des Nationalsozialismus bis zur NS-Bewältigung bietet die zweibändige Bibliographie von Michael Ruck, wobei diese seit ihrem Erscheinen vor zwölf Jahren ihren Anspruch auf Vollständigkeit verloren hat.[16] Zudem gibt es eine Fülle an regional- und lokalgeschichtlichen Untersuchungen zum Nationalsozialismus, allen voran die Forschungsergebnisse des von Broszats geleiteten Projekts des Instituts für Zeitgeschichte „Bayern in der NS-Zeit“.[17] Fundierte Untersuchungen über die Zeit der Weimarer Republik für das Gebiet Westmittelfranken finden sich bei Manfred Kittel.[18] In seiner mentalitätsgeschichtlich vergleichenden Studie mit dem zentralfranzösischen Corréze befasste er sich mit den Rahmenbedingungen, die zum Sturmlauf des Nationalsozialismus in der protestantischen Provinz führten.[19] Darüber hinaus analysierte Kittel das nationalprotestantische Milieu hinsichtlich seiner Resistenz beziehungsweise widerwilligen Loyalität für die Jahre 1943 bis 1945.[20] Ein Standardwerk für den Aufstieg des Nationalsozialismus in Mittel- und

16 Michael Ruck, Bibliographie zum Nationalsozialismus. 2 Bde. Darmstadt 2000.

17 Martin Broszat u.a. (Hg.), Bayern in der NS-Zeit. 6 Bde, München/Wien 1977-1983. Exemplarisch sei ferner verwiesen auf Friedrich Schäfer, Das Eindringen des Nationalsozialismus in das Alltagsleben einer unterfränkischen Kleinstadt dargestellt am Beispiel Hammelburg für die Jahre 1922 bis 1935 unter besonderer Berücksichtigung der Lokalpresse, Würzburg 1994; Diana Fitz, Ansbach unterm Hakenkreuz, Ansbach 1994; Caroline Wagner, Die NSDAP auf dem Dorf. Eine Sozialgeschichte der NS-Machtergreifung in Lippe, Aschendorff 1998; Hermann Kriegl, Adolf Hitlers „treueste Stadt“. Landsberg am Lech 1933-1945, Nürnberg 2003; Werner Eisenschink, Die Provinz wird braun. Oettingen und das Ries im Nationalsozialismus, Oettingen 2005; Reinhard Haiplik, Pfaffenhofen unterm Hakenkreuz. Stadt und Landkreis zur Zeit der nationalsozialistischen Herrschaft, Pfaffenhofen 2003; Günther Rambach, Hakenkreuz und Martinskirche. Schicksalsjahre in der Oberpfalz, 1933-1995. Kümmersbruck 2010; Klaus Tenfelde, Proletarische Provinz. Radikalisierung und Widerstand in Penzberg/Oberbayern 1900 bis 1945, in: Martin Broszat u.a. (Hg.): Bayern in der NS-Zeit. 6 Bde. Bd. 4: Herrschaft und Gesellschaft im Konflikt, München/Wien 1981, S. 1-382.

18 Manfred Kittel, Provinz zwischen Reich und Republik. Politische Mentalitäten in Deutschland und Frankreich 1918-1933/1936, München 2000; Ders., „Weimar“ im evangelischen Bayern. Politische Mentalität und Parteiwesen 1918-1933, München 2001; Ders., Mentale Machtergreifung, in: Hans-Christian Täubrich u.a. (Hg.): Bilderlast. Franken im Nationalsozialismus, Nürnberg 2008, S. 24-31.

19 Kittel, Provinz.

20 Manfred Kittel., Zwischen Resistenz und Reichstreue. Nationalprotestantisches Milieu im „Totalen Krieg“, in: Bay. Landeszentrale für Pol. Bild.arbeit (Hg.): Schlüsseljahr 1944, München 2007, S. 119-138.

Oberfranken ist die Dissertation von Rainer Hambrecht, der ebenfalls das westliche Mittelfranken und damit die Region Rothenburg beleuchtet.[21] Beide Historiker analysierten die Durchsetzungsfähigkeit der NSDAP im westlichen Mittelfranken. Desgleichen nennenswert ist die Dissertation von Thomas Greif, der den symbolischen Wert des Hesselbergs als geographischen Fixpunkt für das „Dritte Reich" untersuchte.[22] Greif verdeutlichte, dass nicht nur die „Führerstadt" Nürnberg ein reichsweites Symbol des nationalsozialistischen Mittelfrankens war.

Über die Stadt und das Land Rothenburg ob der Tauber unter NS-Herrschaft von 1933 bis 1945 gibt es bisher noch keine umfassende wissenschaftliche Monographie. Die Anfänge des Nationalsozialismus in Rothenburg bearbeitete Anja Friedl in Ansätzen.[23] Die Auswirkungen des NS-Antisemitismus für die jüdischen Gemeinden in Bayern, darunter auch Rothenburg erarbeiteten Baruch Ophir und Falk Wiesemann in ihrem Standardwerk.[24] Cornelia Berger-Dittscheid, Oliver Gussmann und Stefanie Fischer beschäftigten sich mit wichtigen Aspekten des NS-Antisemitismus in Rothenburg, wobei letztgenannte die Rolle jüdischer Viehhändler in Mittelfranken erforschte.[25] Die Geschichte der Sozialdemokratie in Rothenburg bis 1933 schrieb Hermann Jakobi, wobei er die Ereignisse in den letzten Jahren der Weimarer Republik sowie die „Machtergreifung" dokumentierte.[26] Manfred Vasold streifte am Ende seines Buches zur Geschichte Rothenburgs ebenfalls kurz den Nationalsozialismus.[27]

Die Inszenierung Rothenburgs und dessen Funktion als Nationaldenkmal im 19. Jahrhundert arbeitete Michael Kamp in seiner Untersuchung des Tourismus heraus.[28] Joshua Hagen beschäftigte sich ebenfalls mit den Bereichen Tourismus und Nationalismus und behandelte hierbei ausführlich Rothenburgs Bedeutung

---

21 Rainer Hambrecht, Der Aufstieg der NSDAP in Ober- und Mittelfranken 1925 bis 1933, Nürnberg 1976; Ders., Die Brücke Franken, in: Täubrich u.a. (Hg.): Bilderlast, S. 16-23.

22 Thomas Greif, Frankens Braune Wallfahrt. Der Hesselberg im Dritten Reich, Ansbach 2007.

23 Anja Friedl, Die Anfänge des Nationalsozialismus in Rothenburg ob der Tauber 1918-1933, Rothenburg ob der Tauber 1999.

24 Baruch Ophir/Falk Wiesemann, Die jüdischen Gemeinden in Bayern 1918-1945. Geschichte und Zerstörung, München/Wien 1979.

25 Cornelia Berger-Dittscheid, Rothenburg ob der Tauber, in: Wolfgang Kraus u. a. (Hg.): Mehr als Steine… Synagogen-Gedenkband Bayern. Bd. 2: Mittelfranken, Lindenberg 2010. S. 542–562; Oliver Gussmann, Jüdisches Rothenburg ob der Tauber. Einladung zu einem Rundgang, Haigerloch 2011; Stefanie Fischer, Ökonomisches Vertrauen und antisemitische Gewalt. Jüdische Viehhändler in Mittelfranken 1919-1939, Göttingen 2014; Dies., Clashing Gears: Jewish Cattle Traders, Farmers, and Nazis in Conflict, 1926-1935, in: Holocaust Studies: A Journal of Culture and History 16 (2010), S. 15-39.

26 Hermann Jakobi, Gewerkschaften und SPD in Rothenburg ob der Tauber 1924-1933. Eine zeitgeschichtliche Dokumentation, Rothenburg ob der Tauber 2000.

27 Manfred Vasold, Geschichte der Stadt Rothenburg ob der Tauber. Zugleich ein Stadtführer, Stuttgart 1999, S. 212-213.

28 Michael Kamp, Die touristische Entdeckung Rothenburgs ob der Tauber im 19. Jahrhundert. Wunschbild und Wirklichkeit, Schillingsfürst 1996.

für die NS-Gesellschaft „Kraft durch Freude".[29] Dabei betonte er Rothenburgs Ruf als „The most German of Towns" sowie dessen Funktion als eine Art Altar für die Nationalsozialisten.[30] Verschiedene Aspekte des Nationalsozialismus finden sich bei kleineren, auch journalistischen Beiträgen. Exemplarisch dafür steht Dieter Balbs Artikelreihe im Fränkischen Anzeiger aus dem Jahre 1983.[31] Des Weiteren finden sich kleinere Beiträge lokalhistorischer Provenienz: Richard Schmitt benannte die Verstrickungen des Vereins Alt-Rothenburg in das NS-Regime.[32] In seiner Biographie über den Maler Ernst Unbehauen behandelte Ulrich Herz einige Machenschaften des Künstlers im Nationalsozialismus.[33]

Eine Auseinandersetzung mit der Zerstörung und dem Wiederaufbau Rothenburgs fand bereits in lokalhistorischen Arbeiten statt.[34] Eine faktenreiche Dokumentation der Ereignisse kam in den 50er Jahren ohne historischen Abstand zu Stande.[35] Weitaus fundierter untersuchten Hanns Berger und Tobias Lauterbach in ihrer Masterarbeit den Wiederaufbau der Stadt nach dem Zweiten Weltkrieg mit Fokus auf die Rolle kommunaler und staatlicher Institutionen sowie Einzelpersonen wie Fritz Florian.[36] In seiner Magisterarbeit behandelte Ulf

---

29 Joshua Hagen, Preservation, Tourism und Nationalism. The Jewel of the German Past, Aldershot 2006.

30 Ebenda, S. 188-222.

31 Dieter Balb, Rothenburg im Nationalsozialismus, in: Fränkischer Anzeiger (künftig abgekürzt mit: FA), Rothenburg Januar bis Juni 1983.

32 Richard Schmitt, 100 Jahre Verein Alt-Rothenburg, in: Verein Alt-Rothenburg (Hg.): 1898-1998 Alt-Rothenburg. Jahrbuch des Vereins Alt-Rothenburg zum hundertjährigen Jubiläum, Rothenburg ob der Tauber 1998. S. 9-42.

33 Ulrich Herz, Der Maler und Mensch Ernst Unbehauen (1899-1980). Auch ein Stück Rothenburger Zeitgeschichte, Rothenburg ob der Tauber 2011.

34 Verein Alt-Rothenburg (Hg.), Rothenburg ob der Tauber 1945. Zerstörung und Kriegsende, Rothenburg ob der Tauber 2004; Kurt Holstein, Rothenburger Stadtgeschichte. Ein Gang durch ein Jahrtausend der ehemals Freien Reichsstadt, Rothenburg ob der Tauber 1963, S. 154-166.

35 Hans Wirsching, Feuer fällt vom Himmel, in: Harro Schaeff-Scheefen (Hg.), Rothenburg ob der Tauber. Schicksal einer Deutschen Landschaft, Rothenburg ob der Tauber 1950, S. 13-18; Ders. : Völlige Vernichtung droht der Stadt, in: Schaeff-Scheefen (Hg.), Rothenburg, S. 19-22; Ders., Zwischen Zerstörung und Aufbau, in: Schaeff-Scheefen (Hg.): Rothenburg, S. 31-36; Willi Förster, Die Stadt baut auf, in: Schaeff-Scheefen (Hg.): Rothenburg, S. 37-42; Ders., Zwischen Tod und Auferstehen, in: Schaeff-Scheefen (Hg.): Rothenburg, S. 23-30; Gleiches gilt für Wirschings Stadtgeschichte: Ders., Rothenburg ob der Tauber in der Zeit vom 1.1.1900 bis 31.12.1945. (Typoskript), Rothenburg ob der Tauber 1947.

36 Hanns-Jürgen Berger/Tobias Lauterbach, Rothenburg ob der Tauber – Der Wiederaufbau nach dem Zweiten Weltkrieg. Eine städtebaulich-denkmalpflegerische Analyse. 2 Bde. Rothenburg ob der Tauber 2009; Dies.: Der Wiederaufbau der Stadt Rothenburg ob der Tauber, in: Christoph Daxelmüller u.a. (Hg.): Wiederaufbau und Wirtschaftswunder. Aufsätze zur Bayerischen Landesausstellung, Augsburg 2009, S. 106-117. Ebenfalls mit dem Wiederaufbau Rothenburgs beschäftigte sich Christoph Reichert. Christoph Reichert: Aspekte des Wiederaufbaus der Stadt Rothenburg ob der Tauber nach dem 2. Weltkrieg, in: Schaeff-Scheefen (Hg.): Rothenburg ob der Tauber. Schicksal einer deutschen Landschaft. Sonderdruck anlässlich des sechzigsten Jahrestages der Bombardierung Rothenburgs. Erweiterte Neuaufl. Rothenburg ob der Tauber 2005, S. 111-128.

Otten die demokratische Entwicklung in der Stadt Rothenburg für die Jahre 1945 bis 1950, wobei er sich intensiv der Spruchkammertätigkeit sowie der Demokratisierung der Stadtverwaltung widmete.[37]

1.3. Quellenlage

Unter den ausgewerteten Quellen hauptsächlich archivalischer Provenienz erwiesen sich für die Analyse der lokalen Herrschaftsstruktur sowie deren Akteure die ausgewerteten Spruchkammerakten der Staatsarchive Nürnberg und München als besonders wertvoll. Die Problematik von Spruchkammerakten für eine Analyse der NS-Herrschaft in Rothenburg liegt auf der Hand und ist in der Anlage des Spruchkammerverfahrens begründet. Dennoch lieferten die Akten eine Fülle an unverzichtbarem Material.[38] Die Akten der Spruchkammer Rothenburg enthalten biographische Angaben in Form von Lebensläufen, Melde- und Fragebögen der amerikanischen Entnazifizierungsanfänge sowie Belastungsmaterial, das die Ermittler im Auftrag der Spruchkammern zusammengetragen hatten. In den Akten der NS-Akteure in der Rothenburger Region fand sich zum Teil Parteikorrespondenz der Kreis- oder Ortsgruppenleitung. Die Verfahrensakten bestehen aus Anklage- und Verteidigungsschreiben, Verhandlungsprotokollen, Spruchkammerurteilen, Berufungsentscheidungen sowie Entlastungsschreiben, sogenannte „Persilscheine". Stichhaltige personenbezogene Dokumente wie die Akten der Parteikanzlei standen im Bundesarchiv Berlin (ehemals Berlin Document Center) zur Auswertung bereit. So war es vor allem möglich, die Akteure und deren Wirken in der Region herauszuarbeiten.

Gerade Akten der unteren Ebene erlauben Einblick in das Verhältnis von politischer und sozialer Herrschaft während des Nationalsozialismus.[39] Die Akten des NS-Mischbestandes im Nürnberger Staatsarchiv ermöglichten den Einblick in die Parteiverwaltung und die Korrespondenz des NSDAP-Kreisleitungsapparats mit der Gauleitung sowie mit den Ortsgruppen. Erhellend waren hier vor allem die weltanschaulichen Lageberichte, die die Grenzen der nationalsozialistischen Herrschaft erkennen ließen. Als äußerst gewinnbringend erwiesen sich die Akten des Landratsamtes Rothenburg, da zwischen den Erlässen und Anordnungen unsortiertes und unaufbereitetes Schriftgut der NSDAP zu finden war. Im gleichen Maße aufschlussreich waren die Akten der Regierung von Mittelfranken. Die

37 Ulf Otten, Rothenburg ob der Tauber in den Jahren 1945 bis 1950. Teilerfolg der Demokratie, Erlangen 2007.

38 Michael Kißener, Chancen und Probleme regionalgeschichtlicher Forschungen zur NS-Zeit in forschungspraktischer Perspektive, in: Michael Ruck/Karl Heinrich Pohl (Hg.): Regionen im Nationalsozialismus, Bielefeld 2003. S. 58-65, S. 61.

39 Elke Fröhlich/Martin Broszat, Politische und soziale Macht auf dem Lande. Die Durchsetzung der NSDAP im Kreis Memmingen, in: VfZ 25 (1977), H. 4, S. 546-572, S. 547.

Einbettung der lokalgeschichtlichen Erkenntnisse in landes- und reichsgeschichtliche Vorgänge während der NS-Herrschaft bedingte eine Recherche in diversen Beständen des Bayerischen Hauptstaatsarchivs. Aussagekräftiges Material fand sich in den Akten der bayerischen Staatskanzlei, des Innenministeriums, des Ministeriums für Finanzen, des Ministeriums für Unterricht und Kultus, des Ministeriums für Handel, Industrie und Gewerbe, ebenso wie im Bestand des Reichsstatthalters, darunter die Berichte des Regierungspräsidenten von Ober- und Mittelfranken. Wichtige Einzelfunde ergaben sich bei Durchsicht diverser Bestände im Bundesarchiv in Berlin, darunter in den Akten der Reichskanzlei, und in der Abteilung des Militärarchivs in der Freiburger Außenstelle ebenso wie bei Recherchen im Archiv des Bayerischen Landesamtes für Denkmalschutz, im Institut für Zeitgeschichte sowie im Nürnberger Stadtarchiv.

Was das Archivmaterial im Stadtarchiv Rothenburg betrifft, so ging der größte Teil des Schriftguts der Rothenburger NSDAP, ihrer Organisationen und angeschlossenen Verbände bei Kriegsende verloren oder wurde ganz gezielt aus Furcht vor persönlicher beziehungsweise institutioneller Belastung vernichtet. Dies gilt zum Beispiel für die Ratsprotokolle der Stadt Rothenburg von 1933 bis 1945, die nur noch fragmentarisch vorhanden sind. Umso inhaltsreicher waren Akten der Neuesten Abteilung. Darüber hinaus fanden sich im Laufe der Recherchen Quellenbestände ohne Signatur, die für eine Komplettierung der Analyse sehr aufschlussreich waren. Einen wichtigen Quellenbaustein bildeten die Ausgaben des „Fränkischen Anzeigers" von 1933 bis 1943, die ebenfalls im Rothenburger Stadtarchiv lagern. Die Jahrgänge 1944 und 1945 befinden sich im Archiv des „Fränkischen Anzeigers". Diese Vollständigkeit erlaubte einen detaillierten Einblick in die Verhältnisse vor Ort.

Die besondere Rolle Rothenburgs für das NS-Regime, seine Herrschaftssymbolik sowie seine Botschafterrolle ließ sich aus den oben genannten Beständen des Bayerischen Hauptstaatsarchivs, des Nürnberger Staatsarchivs und des Bundesarchivs Berlin herausarbeiten. Des Weiteren fand sich eine Fülle von Belegen in regionalen, überregionalen und internationalen Zeitungen sowie Zeitschriften. Ein tragendes Fundament waren zugleich die Publikationen der Akteure wie die Veröffentlichungen von Martin Schütz, Ernst Unbehauen, Friedrich Liebermann oder Friedrich Schmidt. Gleiches gilt für die Analyse der Instrumentalisierung des kulturellen Bereichs für die NS-Herrschaft einschließlich dessen Inszenierung.

Um die Entrechtung, Verfolgung und den Terror, inklusive des systemimmanenten Antisemitismus, in Stadt und Land Rothenburg zu analysieren, wurden im Staatsarchiv Nürnberg die Akten der Anklagebehörde bei dem Sondergericht Nürnberg, die Akten des Bayerischen Landesamtes für Vermögensverwaltung und Wiedergutmachung sowie das Material der Wiedergutmachungsstelle III eingesehen. Eine wichtige Ergänzung waren die Landesentschädigungsakten des Bayerischen Hauptstaatsarchivs sowie Dokumente, die beim Internationalen Suchdienst (ITS) in Bad Arolsen lagern. Die Verwaltungs- und Verfahrensakten ermöglichten die Rekonstruktion des Vorgehens der NS-Akteure, das damals fatale Folgen für die Opfer der NS-Diktatur hatte.

Zur Auseinandersetzung der evangelischen Gemeinden mit dem NS-Regime in Stadt und Land Rothenburg wurden Akten des landeskirchlichen Archivs der evangelisch-lutherischen Kirche in Bayern ausgewertet. Ergiebig war auch das Aktenmaterial des Pfarrarchivs der evangelisch-lutherischen Kirchengemeinde St. Jakob Rothenburg o.d.T.

Um das Quellenmaterial zu ergänzen, wurden Zeitzeugengespräche mit Personen in und um Rothenburg durchgeführt. So problematisch Zeitzeugenaussagen als historische Quelle sind, haben sie sich in den letzten Jahren doch als authentischer und wertvoller Zugang zur Geschichte als erwiesen.[40] Die interviewten Rothenburger Zeitzeugen, die in ihrer Kindheit die NS-Herrschaft in der Stadt und auf dem Land erlebt hatten, lieferten ergänzende Ergebnisse der „oral history".

Die Mechanismen der NS-Herrschaft haben sich in ähnlich strukturierten Gebieten im ländlichen Franken nicht sehr viel anders gezeigt. Dennoch wird aus der vorliegenden Arbeit ersichtlich, dass der Nationalsozialismus in Stadt und Land Rothenburg im überregionalen Vergleich besondere politische und gesellschaftliche Energien mit drastischen Folgen freisetzte. Das führt zu kritischen Antworten auf unbequeme Fragen an die Vergangenheit.[41] Der Endzweck dieser Untersuchung ist ein „Beitrag zu einem nationalen Gesamtbild".[42]

---

40 Lutz Niethammer (Hg.), Lebenserfahrung und kollektives Gedächtnis. Die Praxis der „Oral History", Frankfurt/M. 1985; Alfred Neven DuMont (Hg.), Jahrgang 1926/1927. Erinnerungen an die Jahre unter dem Hakenkreuz, Köln 2007.

41 Karl Heinrich Pohl, Die gesellschaftliche Bedeutung der regionalen Zeitgeschichtsforschung heute. Überlegungen zum zehnjährigen Jubiläum des Instituts für schleswig-holsteinische Zeit- und Regionalgeschichte, in: Michael Ruck/Karl Heinrich Pohl (Hg.): Regionen im Nationalsozialismus, Bielefeld 2003, S. 26-41, S. 33.

42 Blessing, Nationalsozialismus unter „regionalem Blick", S. 56.

2. Strukturelle Grundlagen

Die Anziehungskraft des Nationalsozialismus ist in Stadt und Land Rothenburg im Kontext der strukturellen Grundlagen zu erklären.[1] Hier zeigt die Region markante Merkmale. Auf dem Land und in der Stadt Rothenburg lebten jene Bevölkerungsschichten, die in den 20er und frühen 30er Jahren des 20. Jahrhunderts aufgrund ihrer geistigen Traditionen und kulturellen Eigenart sehr offen für nationalsozialistisches Gedankengut waren.[2] Als Teil des westlichen Mittelfrankens war Rothenburg eingebettet in „ein Gebiet mit besonderer Anfälligkeit für die äußerste Rechte und den Nationalsozialismus [...]".[3] Aus der geschichtlichen Entwicklung der Region Rothenburgs resultierten vier maßgebliche Faktoren, die den Aufstieg der NSDAP in diesem Gebiet begünstigten, wie die protestantische Bevölkerung und die rein agrarische Wirtschaftsstruktur.[4] Hinzu kamen antisemitische Ressentiments sowie eine starke deutsche Nationalbewegung.

In konfessioneller Hinsicht unterschied sich die Bevölkerung in der Region nicht von der in den umliegenden fränkischen Gebieten. Die Stadt Rothenburg hatte 1900 bei einer Einwohnerzahl von 7.923 folgende Konfessionsangehörige: 7.180 Protestanten, 624 Personen katholischen Glaubens, 115 Menschen jüdischen Glaubens sowie vier Angehörige anderer Konfession. Bis 1919 stieg die Einwohnerzahl auf 8.612. Die Aufschlüsselung war wie folgt: 7.647 Protestanten, 797 Katholiken, 101 Juden und 67 Personen die entweder konfessionslos waren oder einer anderen Konfession angehörten. Die konfessionelle Betreuung erfolgte 1900 durch sechs evangelische sowie einen katholischen Geistlichen. Des Weiteren gab es einen jüdischen Religionslehrer. Insgesamt bestanden vier evangelische Pfarreien: St. Jakob, Detwang, Heil. Geist und St. Leonhard, eine katholische Pfarrei und eine jüdische Synagoge.[5] Zum Vergleich: Laut Volkszählung vom 16. Juni 1925 waren von 8.828 Einwohnern in der Stadt Rothenburg 7.676 evangelisch (=87 Prozent), 1.017 waren katholisch (=11,5 Prozent) und 79 Bürger waren jüdischen Glaubens. Auf dem Land wohnten 19.313 Menschen. Davon waren 18.100 Protestanten und 1.184 Katholiken.[6] Im Bezirksamt Rothenburg waren wie in Uffenheim oder Neustadt über 90 Prozent evangelisch. In ih-

---

1 Für fundierten Überblick über die Entwicklung Rothenburgs im Kaiserreich hinsichtlich der Ökonomie, der politischen Strukturen sowie der Wähler und Parteien in der Weimarer Republik sei verwiesen auf Georg Seiderer, Rothenburg im Kaiserreich (1871-1918), in: Rupp Horst F./Borchardt Karl (Hg.), Rothenburg ob der Tauber. Geschichte der Stadt und ihres Umlandes, Darmstadt 2015, S. 479-501.

2 Hambrecht, Aufstieg der NSDAP, S. 4.

3 Kittel, Weimar, S. 8f.

4 Hambrecht, Aufstieg der NSDAP, S. 341.

5 Wirsching, Rothenburg (Typoskript), S. 76.

6 Die Ergebnisse der Volkszählung vom 16.6.1925 wurden im Fränkischen Anzeiger veröffentlicht. Vgl. FA 8.2.1926.

rer protestantisch geprägten Lebenswelt gehörten die Menschen damit zur konfessionellen Mehrheit, befanden sich jedoch auf Landesebene in der Minderheit.

Durch ihre protestantische Geisteskultur entwickelten die evangelischen Westmittelfranken sowohl eine Abwehrhaltung gegen den politischen Katholizismus als auch ein äußerst ausgeprägtes Reichs- und Nationalbewusstsein; basierend auf reichspatriotischen Traditionen.[7] Als Konsequenz rangierte das Reichsbewusstsein – mit ausgeprägten anti-bayerischen Tendenzen – vor der Loyalität zum bayerischen Staat.[8] Im politischen Geschehen war jener religiös-kulturelle Faktor von entscheidender Bedeutung: Zu einem erheblichen Teil waren die Erfolge deutschnationaler Parteien sowie der NSDAP das Ergebnis dieser ausgeprägten Form des Konfessionalismus.[9] Nach Manfred Kittel gab das alteingesessene nationalprotestantische Milieu „einen guten Nährboden" für die Parolen der NSDAP ab.[10]

Der Antisemitismus zwischen Tauber und Pegnitz ist ein weiterer gesellschaftlich-mentaler Faktor, der die Zugkraft des Nationalsozialismus in der Region verstärken sollte.[11] Mit 1,37 Prozent lag der Anteil jüdischer Menschen in Mittelfranken über dem Reichsdurchschnitt, jedoch mit ungleichmäßiger Verteilung. Neben Städten wie Fürth und Nürnberg existierten ländliche Siedlungsschwerpunkte mit relativ hohem jüdischem Bevölkerungsanteil.[12] Im Vergleich dazu gab es im Amtsbezirk Rothenburg keine Bevölkerung jüdischen Glaubens, es handelte sich um den einzigen Bezirk Mittelfrankens, in dem keine Juden ansässig waren.[13] In der Stadt zählte die jüdische Gemeinde um 1875 acht Familien und wuchs bis 1910 auf 100 Personen an.[14] Im Jahr 1925 lebten dort noch 79 Menschen jüdischen Glaubens.[15] Nordbayern war bereits vor dem Ersten Welt-

7 Greif, Frankens Braune Wallfahrt, S. 50f. Zum Verhältnis von Bayerischem Patriotismus und reichsstädtischem Bewusstsein in Rothenburg sei verwiesen auf Gabriele Moritz, Krise und Neubeginn im 19. Jahrhundert, in: Rupp Horst F./Borchardt Karl (Hg.), Rothenburg ob der Tauber. Geschichte der Stadt und ihres Umlandes, Darmstadt 2015, S. 460-478, 474f.

8 Hambrecht, Aufstieg der NSDAP, S. 4.

9 Greif, Frankens Braune Wallfahrt, S. 52.

10 Kittel, Provinz, S. 598. Zur NS-Herrschaft in der Stadt und der Region Rothenburg siehe Daniel Bauer, Ausformungen nationalistischer Herrschaft in Stadt und Bezirk Rothenburg ob der Tauber, in: Jffl 70 (2010), S. 191-212. Ders., Ludwig Siebert und die Stadt Rothenburg ob der Tauber, in Die Linde 93 (2011), S. 57-80.

11 Zum NS-Antisemitismus in Rothenburg sei verwiesen auf Kapitel 8 dieser Studie sowie auf Bauer, Antisemitismus in Rothenburg ob der Tauber (1933-1945), in: Andrea M. Kluxen/Julia Krieger (Hg.), Geschichte und Kultur der Juden in Rothenburg o.d.T., Würzburg 2012, S. 161-178.

12 Greif, Frankens Braune Wallfahrt, S. 54.

13 Hambrecht, Der Aufstieg der NSDAP, S. 4.

14 Hagen, Preservation, S. 180.

15 Bayer. Statistisches Landesamt (Hg.), Gemeinde-Verzeichnis für den Freistaat Bayern nach der Volkszählung vom 16. Juni 1925 und dem Gebietsstand vom 1. Dezember 1925. Heft 110 der Beiträge zur Statistik Bayerns, München 1926, S. 175, S. 198f.; FA 8.2.1926.

krieg eine Hochburg des Antisemitismus.[16] Hier im westmittelfränkischen Hinterland bündelten sich antisemitische Ressentiments. Zum einen konnten die Landwirte die ökonomisch starke Position der Juden im Vieh- und Hopfenhandel nicht akzeptieren, was Grundlage für Missgunst und Sozialneid war.[17] Für die Stadt Rothenburg konnte Stefanie Fischer nachweisen, dass nichtjüdische Viehhändler, die als Metzger oder Gastwirte nebenbei Viehhandel betrieben, für den überregionalen Viehabsatz keine Rolle spielten.[18] Zum anderen gab es weiter zurückreichende religiöse Stereotype, die im nationalprotestantischen Bewusstsein eine Renaissance erlebten.[19] In der Region verwurzelten sich die antijüdischen Vorurteile mit der Zeit tiefer in der Mentalität der Bevölkerung. Neben der antisemitischen Bewegung „im engeren Sinn" führte diese Entwicklung im 19. und anfänglichen 20. Jahrhundert „zu einem weit verbreiteten Vorurteil als Unterströmung im öffentlichen Meinungsfluss."[20]

Als drittes Strukturmerkmal ist die wirtschaftliche Situation der Region Rothenburg zu nennen, die die Attraktivität des Nationalsozialismus erhöhte. Das ehemalige Bezirksamt Rothenburg – deckungsgleich mit dem späteren Landkreis Rothenburg – lag im nordwestlichen Mittelfranken an der Grenze zu Württemberg. Es handelte sich um einen sehr ländlichen Bezirk mit einem stark land- und forstwirtschaftlichen Charakter; lediglich in der Stadt gab es kleinere Industriebetriebe.[21] Wie der Rest des westlichen Mittelfrankens zeichnete sich der Bezirk Rothenburg durch seine starke agrarische Prägung aus, während sich Nürnberg und Fürth samt Umland seit der zweiten Hälfte des 19. Jahrhunderts zu einem industriellen Zentrum entwickelt hatten. Von 1830 bis 1850 reduzierte sich die Bevölkerung Rothenburgs um ganze 13 Prozent, da die Rothenburger in die neuen wirtschaftlichen Zentren abwanderten oder in die USA emigrierten.[22]

Jahrhundertelang war die Stadt landwirtschaftlicher Dreh- und Angelpunkt des ehemaligen Gebietes der freien Reichsstadt gewesen.[23] Jedoch verpasste Rothenburg den Anschluss an die industrielle Entwicklung, da bei dem Grenzvertrag zwischen Bayern und Württemberg 1810 weite Teile des westlichen Mittelfrankens dem Nachbarstaat zugefallen waren. Wie Feuchtwangen und Dinkels-

16 Hambrecht, Der Aufstieg der NSDAP, S. 5.
17 Greif, Frankens Braune Wallfahrt, S. 54.
18 Stefanie Fischer, Ökonomisches Vertrauen und antisemitische Gewalt. Jüdische Viehhändler in Mittelfranken 1919-1939, Göttingen 2014, S. 37f. Ein Überblick über die Geschichte der jüdischen Gemeinde liefert Oliver Gußmann, Die Judengemeinde vom Zweiten Kaiserreich bis 1938 und ihre Nachgeschichte, in: Rupp Horst F./Borchardt Karl (Hg.), Rothenburg ob der Tauber. Geschichte der Stadt und ihres Umlandes, Darmstadt 2015, S. 569-581.
19 Greif, Frankens Braune Wallfahrt, S. 54.
20 Hambrecht, Der Aufstieg der NSDAP, S. 6.
21 Wirsching, Rothenburg (Typoskript), S. 42ff.
22 Kamp, Die touristische Entdeckung Rothenburgs, S. 53.
23 Wirsching, Rothenburg (Typoskript), S. 34.

bühl wurde Rothenburg zum Grenzland Bayerns, was eine schlechte Anbindung an das Eisenbahnnetz mit sich brachte.[24] Geographisch wie verkehrstechnisch – der Eisenbahnanschluss kam erst 1872/73 – war die Stadt in eine ungünstige Lage geraten, die essentielle Handelsbeziehungen mit der Umgebung erschwerte. Eine derartige Entwicklung war für die „Ackerbürgerstadt" Rothenburg ökonomisch nicht zu verkraften.[25]

Die verkehrsabseitige Lage nach der Grenzveränderung wirkte sich äußerst negativ auf das örtliche Gewerbe aus und so nahm die wirtschaftliche Situation der Stadt während des 19. Jahrhunderts bedrohliche Ausmaße für die Stadt und ihre Bewohner an.[26] Die Einwohnerschaft Rothenburgs verarmte.[27] 28 Prozent der Familienvorstände beziffert Michael Kamp als Tagelöhner, die kaum Eigentum besaßen oder keiner regelmäßigen Erwerbsarbeit nachgingen. 14 Prozent waren mittellos. Allein die reichen Armenstiftungen der Patrizier sicherten vielen Rothenburgern ein Überleben.[28] Schlechte Ernten taten ihr Übriges: Die Landwirtschaft des Taubergrundes musste im Jahre 1893 zusätzlich eine bittere Missernte verkraften, infolgedessen die Kaufkraft weiter Bevölkerungsteile fast zum Erliegen kam.[29]

Über 70 Prozent der Menschen im westmittelfränkischen Hinterland verdienten ihren Lebensunterhalt in der Land- und Forstwirtschaft. Größere Industriebetriebe waren bis Ende des 19. Jahrhunderts nicht vorhanden. Das Bezirksamt Rothenburg erweist sich wie Dinkelsbühl als „typischer Landbezirk.[30] Gelegen innerhalb eines rein landwirtschaftlichen Bezirks konnte man Rothenburg als Handwerker- und Bauernstadt bezeichnen. Wie in ähnlich situierten Städten, zum Beispiel Nördlingen, Dinkelsbühl, Laufen oder Tittmoning, mangelte es an einem ausreichenden örtlichen Erwerbsleben.[31]

Der ortsansässige Landwirt besaß nach wie vor ökonomisches Gewicht. Die größten Grundbesitzer waren die Stadt sowie die Spitalstiftung, wobei der Grundbesitz ausschließlich verpachtet wurde. Die Berufszählung von 1907 listet in der Stadt – einschließlich Kleinstbetriebe – 543 landwirtschaftliche Betriebe, die 1.146 Personen beschäftigten und 1.741 ha Fläche bearbeiteten. Von ebenso großer Bedeutung für die Stadt und deren Bewohner war die Forstwirtschaft im Zuge der Versorgung mit Nutz- und Brennholz.[32] Darüber hinaus gab es eine Reihe handwerklicher Betriebe. Seit 1848 bestand ein Gewerbeverein. Die Errichtung des städtischen Elektrizitätswerkes im Jahre 1897 wirkte sich durch den ver-

---

24 Greif, Frankens Braune Wallfahrt, S. 52.

25 Kamp, Die touristische Entdeckung Rothenburgs, S. 31.

26 Ebd., S. 54, 111.

27 Seiderer, Rothenburg im deutschen Kaiserreich, S. 479.

28 Kamp, Die touristische Entdeckung Rothenburgs, S. 53.

29 Ebd., S. 201.

30 Greif, Frankens Braune Wallfahrt, S. 52.

31 BayHStA, MHIG 4561. Deutscher Gemeindetag, Landesdienststelle Bayern an den Reichstatthalter in Bayern, Landesplanungsstelle, München den 17.3.1939.

32 Wirsching, Rothenburg (Typoskript), S. 42ff.

mehrten Einsatz von Maschinen förderlich aus. Zur Wahrung und Förderung der Interessen des Handels und der Industrie wurde 1908 ein Handelsgremium errichtet. Nach dem ersten Weltkrieg konnte Rothenburg 14 Innungen aufweisen.[33]

Die finanzielle und wirtschaftliche Situation der Stadt ermöglichte es nicht, schwarze Zahlen zu schreiben.[34] Wie Dinkelsbühl musste die ehemalige Reichsstadt Rothenburg trotz magerer Haushalte beachtliche Summen in den Unterhalt der Befestigungsanlagen investieren.[35] In der gezielten Förderung des Fremdenverkehrs sah man seit der Reichsgründung 1871 ein probates Mittel, um die wirtschaftliche Misere auf Dauer zu beheben.[36] Für die ökonomische Entwicklung im Kaiserreich und zur Zeit der Weimarer Republik brachte der „Fremdenverkehr" für die Stadt wichtige Impulse auf den verschiedensten Gebieten.[37] Das Ergebnis war eine steigende Popularität sowie wirtschaftliches Wachstum.[38] Die Handwerker- und Ackerbürgerstadt wurde zur Fremdenverkehrsstadt.[39] Gerade die attraktive Rückständigkeit Rothenburgs beförderte die Stadt, die seit ihrem Anschluss an Bayern im Abseits war, zum altfränkischen Erlebnisort.[40] Infolgedessen idealisierte man die kleine mediävale Szenerie mit ihrem ländlichen Umfeld.[41] Die pittoreske Lage, die Stadtmauer und das Stadtbild mit reichsstädtischem Flair waren nun verwertbares Kapital.[42] Eine Reihe von Schriftstellern und Malern verherrlichte das Antlitz des verschlafenden Städtchens und stilisierte das „Denkmal" Rothenburg zu einem „nationalistischen Identifikationsobjekt".[43] In dem romantischen Städtchen sah man wie in Bamberg und Nürnberg nicht nur eine Verdichtung fränkischen Wesens, sondern auch eine Ikone „deutscher Art".[44] Zur Jahrhundertwende war Rothenburg bereits ein Symbol für die deutsche Nation.[45] Ein mächtiges Ölbild der Silhouette Rothenburgs, gemalt von Gustav Schönleber, prangte ab 1907 in Berlin im Deutschen Reichstag und stilisierte den vielbesuchten mittelalterlichen Ort zu einem nationalen Monument

---

33 Für die jeweiligen Formen des Handwerks bestand jeweils eine Innung. Vgl. Wirsching, Rothenburg (Typoskript), S. 35ff.

34 BayHStA, MHIG 4561. Deutscher Gemeindetag, Landesdienststelle Bayern an den Reichstatthalter in Bayern, Landesplanungsstelle, München den 17.3.1939.

35 Kamp, Die touristische Entdeckung Rothenburgs, S. 47.

36 Ebd., S. 187.

37 Wirsching, Rothenburg (Typoskript), S. 35.

38 Hagen, Preservation, S. 145. Siehe auch Ders., Wie Rothenburg zum Kleinod der deutschen Vergangenheit wurde, in: Rupp Horst F./Borchardt Karl (Hg.), Rothenburg ob der Tauber. Geschichte der Stadt und ihres Umlandes, Darmstadt 2015, S. 551-568.

39 Seiderer, Rothenburg im deutschen Kaiserreich, S. 479.

40 Werner Blessing, Franken im Bayern des 19. Jahrhunderts. Bemerkungen zu einem labilen Horizont, in: Ders./Dieter Weiss (Hg.): Franken. Vorstellung und Wirklichkeit in der Geschichte, Neustadt (Aisch) 2003, S. 339-363, S.361.

41 Hagen, Preservation, S. 144.

42 Seiderer, Rothenburg im deutschen Kaiserreich, S. 482.

43 Kamp, Die touristische Entdeckung Rothenburgs, S. 243.

44 Blessing, Franken im Bayern des 19. Jahrhunderts, S. 360.

45 Hagen, Preservation, S. 187.

des alten Deutschlands.[46] Für den Schriftsteller Hermann Uhde-Bernays kristallisierte sich in der Tauberstadt das Deutschlandbild: „Nur wer Rothenburg wirklich kennt, vermag einzusehen, wie deutscher Wald und deutsche Au, deutsches Leben und deutsche Kunst untrennbar ineinander verwoben sind."[47] Indirekt ließ sich das primär kulturelle Bild der Region nicht nur für die lokale Wirtschaft sondern selbstverständlich auch politisch instrumentalisieren.[48] Die Nationalsozialisten profitierten in den 30er Jahren immens sowohl regional, national wie auch international von dem geschaffenen „Mythos Rothenburg".

Zwar war Rothenburg, bedingt durch seine schlechte Verkehrsanbindung, ein ungünstiger Platz für Industrie, dennoch siedelten sich ab 1879 kleinere Industriebetriebe an. Als erste Firma errichtete Schmetzer & Co. eine Kinderwagen- und Spielwarenfabrik. Als der Betrieb 1890 abbrannte, verlegten sie ihre Fabrikation nach Ansbach. Alsdann entstanden unter Heinrichmaier & Wünsch sowie Haag & Saalmüller zwei weitere Fabriken, die etwa 500 Arbeiter beschäftigten. Von 1898 bis 1906 war eine Fahrradsattel- und Taschenfabrik in Betrieb. 1901 nahm ein Kunststein- und Muschelkalk-Werk den Betrieb auf. Ab 1912 wurde dieses als Baugeschäft und Steinhauerbetrieb weitergeführt. Im gleichen Jahr baute man die Seifenfabrik „Aula", die rund 80 Arbeitskräfte beanspruchte. Darüber hinaus gab es zwei Dampfbrauereien, wovon eine 1918 stillgelegt wurde. Eine größere Buch- und Kunstdruckerei versorgte den Bedarf der Stadt sowie der Umgebung. Für Gewerbe und Industrie zählte der ehemalige Stadtamtmann Wirsching für die Stadt 740 Hauptbetriebe sowie 128 Nebenbetriebe.[49]

Die wirtschaftliche Situation zur Zeit der Weimarer Republik lässt sich in der Stadt Rothenburg anhand der steigenden Arbeitslosenzahlen feststellen. Binnen zwei Jahren kletterte die Erwerbslosenrate um mehr als das doppelte in die Höhe. Erhielten 1926 noch durchschnittlich 210 Arbeitslose eine Unterstützung, so waren dies 1928 bereits 506. Des Weiteren führte die lokale Industrie Kurzarbeit ein, woraufhin die wöchentliche Arbeitszeit 32 Stunden betrug. Um der grassierenden Arbeitslosigkeit entgegenzuwirken, führte die Stadt eine Reihe von Notstandsarbeiten durch, wie zum Beispiel: Verbesserung der Taubertal-Straße, Bau der Blinksteige, Feldwegbau, Straßenbau am Bezoldweg sowie Entfernung von Geröll aus dem Steinbach.[50] Allerdings waren diese Arbeitsbeschaffungsmaßnahmen nur ein Tropfen auf dem heißen Stein. Insgesamt belief sich die Zahl der Erwerbstätigen in den 30er Jahren des 20. Jahrhunderts in Land- und Forstwirtschaft auf 10.230, in Industrie und Handwerk auf 2.804, in Handel und Verkehr auf 1.276, im öffentlichen Dienst- und privaten Dienstleistungssektor auf 834. Die soziale Stellung der Erwerbspersonen untergliederte sich in 3.855

46 Kamp, Die touristische Entdeckung Rothenburgs, S. 258.
47 Hermann Uhde-Bernays, Rothenburg ob der Tauber, Leipzig 1907, S. 11.
48 Blessing, Franken im Bayern des 19. Jahrhunderts, S. 360.
49 Wirsching, Rothenburg (Typoskript), S. 39ff.
50 Ebd., S. 47f.

Selbstständige, 460 Beamte, 627 Angestellte, 4.541 Arbeiter, und 6.007 mithelfende Familienangehörige.[51]

Das vierte gesellschaftliche Strukturmerkmal in der Region für die Anziehungskraft des Nationalsozialismus war die politische Kultur. Bei den Wahlresultaten der Weimarer Republik offenbarte sich die Spaltung innerhalb der mittelfränkischen Gesellschaft. Während sich industrielle Zentren wie Nürnberg und Fürth der SPD zuwandten, entschied man sich im westmittelfränkischen Hinterland für deutschnationale Parteien. Im Wahlkreis Rothenburg – wie im benachbarten Dinkelsbühl – wählten die Menschen national und protestantisch, wobei die Mandate an den Deutschen Bauernbund bzw. an die Deutschnationale Volkspartei (DNVP) gingen; im Vergleich dazu errangen für Ansbach-Schwabach, Nürnberg sowie Erlangen-Fürth die Sozialdemokraten ihre Mandate.[52] Die Sozialdemokraten waren im ländlichen Milieu ungleich schwächer verwurzelt.[53] Da Rothenburg als Handwerker- und Bauernstadt bis 1879 keine Industrie hatte, konnte sich keine breit organisierte Arbeiterbewegung entwickeln.[54] Im Kaiserreich wurde die Stadt „vom Liberalismus beherrscht".[55] Der ungarische Schriftsteller Kraus idyllisierte noch im Jahr 1895 „das Fehlen sozialdemokratischer Einflüsse" in Rothenburg als besonders wohltuend: „„In Rothenburg finde man auch noch Anspruchslosigkeit, Natürlichkeit, biederen Sinn und Einfachheit. Da essen noch Herrschaft und Gesinde an einem Tisch.""[56]

Mit den Jahren konnten die Sozialdemokraten an Boden gewinnen. Trotz der kleingewerblich-agrarischen Struktur wies die Stadt mittels kleinerer Betriebe und den beiden Kinderwagenfabriken eine beträchtliche Arbeiterschaft auf, jedoch wurde der Sozialdemokratie bis zum Ersten Weltkrieg der Einzug in die Kommunalpolitik verwehrt.[57] Bei den Wahlen zur verfassungsgebenden deutschen Nationalversammlung im Januar 1919 ging die SPD mit über 40 Prozent als Gewinner im Wahlbezirk hervor.[58] Zwar erzielten die Sozialdemokraten bei der Kommunalwahl am 15. Juli 1919 noch acht von 20 Sitzen im Rothenburger Stadtrat, doch erstarkten mit den Jahren der Weimarer Republik die konservativen und nationalen Kräfte.[59]

Zur gewerkschaftlichen Organisation: Die arbeitende Bevölkerung setzte sich zusammen aus Angestellten, Beamten, Handwerkern, Lehrlingen sowie Taglöhnern. Letztere waren zum Großteil landwirtschaftliche Dienstboten aus dem

---

51 Bayer. Statistisches Landesamt (Hg.), Bayerische Gemeinde- und Kreisstatistik. Heft 6: Mittelfranken. Heft 132/6 der Beiträge zur Statistik Bayerns, München 1943, S. 92f.

52 Greif, Frankens Braune Wallfahrt, S. 56.

53 Kittel, Weimar, S. 140.

54 Wirsching, Rothenburg (Typoskript), S. 46.

55 Seiderer, Rothenburg im deutschen Kaiserreich, S. 494.

56 Kamp, Die touristische Entdeckung Rothenburgs, S. 200.

57 Seiderer, Rothenburg im deutschen Kaiserreich, S. 497f.

58 Hagen, Preservation, S. 184f.

59 Ebd. Siehe Kapitel 3 dieser Untersuchung.

Umland und stellten die ersten Arbeitskräfte für die neue Industrie. Der „Evangelische Arbeiterverein“ war die erste organisierte Vertretung; später umbenannt in „Evangelischer Gemeindeverein“. Lediglich die Holz- und Metallarbeiter, die Korbmacher sowie das Baugewerbe waren um 1900 gewerkschaftlich zusammengeschlossen.[60] Der erste dokumentierte Arbeitskampf in der Historie Rothenburgs ereignete sich im Sommer 1900, als die Korbmacher und später viele unterbezahlte Industriearbeiter in Rothenburg streikten. Der monatelange Zwist endete erfolglos. Das Resultat war die Entlassung vieler Streikender bei der Kinderwagenfabrik Heinrichmaier & Wünsch.[61] Nach dem ersten Weltkrieg organisierten sich die Angestellten und Beamten bei den staatlichen Ämtern oder Kommunalverwaltungen, getrennt nach Rang und Beruf, wie zum Beispiel in dem Verein der höheren Beamten, der mittleren und unteren Finanzbeamten, der Polizei, der Gemeindebeamten oder der Straßenwärter. Unter dem Dach des deutschen Beamten-Bundes schlossen sie sich erst 1919 im Bayer. Beamtenbund zusammen. Die Arbeiterschaft – im weitesten Sinne – war nach 1919 zum Großteil in „freien Gewerkschaften“ organisiert; die SPD nahm sich ebenfalls ihrer Belange an, bis die Nationalsozialisten diese Verbände 1933 auflösten.[62]

Zum besseren Verständnis der politischen Kultur im regionalen Mikrokosmos lohnt sich ein Blick auf die in Rothenburg bestehenden militärischen Vereine sowie halbmilitärischen Organisationen.[63] 1872 entstand der „Veteranen- und Kampfgenossenverein von 1870/71“, der nach dem Ersten Weltkrieg stets neuen Zulauf erhielt, da er die Veteranen als Mitglieder aufnahm. Des Weiteren gab es in der Tauberstadt den „Militärverein“, der allen ehemaligen deutschen Soldaten offenstand, sowie den Militärverein der „14er“, der als Voraussetzung den Dienst beim 14. bayer. Infanterieregiment einforderte. 1922 wurde eine Gruppe der „Reichsflagge“ gegründet, die sich 1928 jedoch wieder auflöste. Ihr erklärtes Ziel war die „Wiedererstarkung des deutschen soldatischen Geistes [...] [und die] Befreiung vom Joch des Friedensvertrages von Versailles.“[64] Die lokale Abteilung der „Reichsflagge“ hielt auf den der Stadt gegenüberliegenden Tauberhöhen „vaterländische“ Gedenkfeiern ab und errichtete auf der Engelsburg einen „Bismarck-Gedenkstein“. 1929 gliederte sich die Gruppe im „Stahlhelm“, Bund der Frontsoldaten“ ein. Zeitweise bestanden ebenfalls kleine Abteilungen des „Wikingerbundes“, der „Brigade Erhard“ sowie des „Bundes Oberland“. Wiederum: Als Gegengewicht zu den nationalistischen Auswüchsen gründete sich 1925 eine

60 Wirsching, Rothenburg (Typoskript), S. 47.

61 Kamp, Die touristische Entdeckung Rothenburgs, S. 200f.

62 Wirsching, Rothenburg (Typoskript), S. 47f.

63 Einen Überblick über die Geschichte der Rothenburger Vereine findet sich bei Richard Schmitt, Kirchen und Vereine, in: Rupp Horst F./Borchardt Karl (Hg.), Rothenburg ob der Tauber. Geschichte der Stadt und ihres Umlandes, Darmstadt 2015, S. 582-608.

64 Wirsching, S. 94f.

Gruppe des Reichsbanners „Schwarz-Rot-Gold“, deren Mitglieder der organisierten Arbeiterschaft angehörten.[65]

Schließlich hielten in der Stadt und in der Region Rothenburg die protestantischen Franken an ihrer schwarz-weiß-roten Identität fest und entschieden sich gegen die Weimarer Demokratie.[66] Als Exponent der sich radikalisierten Strömungen – Tannenberg-Bund, Reichsflagge, Wikingerbund und NSDAP – sandte der „Völkische Block“ im Jahr 1924 seinen ersten Vertreter in den Stadtrat.[67] Bis 1928 gaben die Deutschnationalen den Ton an. Zunächst traten sie als „Bayerische Mittelpartei“ auf, anschließend als DNVP. In der fränkischen Agrarprovinz waren sie mit dem Landbund als „bäuerliche Standesvertretung“ stark verbunden.[68] Letztendlich profitierte die NSDAP in Stadt und Land Rothenburg von den Konfrontationen der rechtskonservativen Parteien, als sich die Verhältnisse in der Weimarer Republik drastisch zuspitzten. Die Entwicklung ist im Kontext der westmittelfränkischen Parteigeschichte der NSDAP zu erklären. Für die Hitler-Partei strahlte der „Mythos Rothenburg“ ebenso wie der Hesselberg und die Gauhauptstadt weit über die Grenzen der näheren Umgebung hinaus.[69]

---

65 Ebd.

66 Greif, Frankens Braune Wallfahrt, S. 56f.

67 1929 folgten zwei weitere Vertreter. Wirsching, Rothenburg (Typoskript), S. 12.

68 Kittel, Weimar, S. 525ff; Greif, Frankens Braune Wallfahrt, S. 56ff.

69 Greif, Frankens Braune Wallfahrt, S. 47.

3. Der Aufstieg der NSDAP in Stadt und Land Rothenburg ob der Tauber

Die Eroberung Frankens war eine wichtige Voraussetzung für die „Machtergreifung“ in Berlin.[1] Die Nationalsozialisten betonten nach 1933 die Brückenfunktion Frankens, die zwischen der „Hauptstadt der Bewegung“ und der Reichshauptstadt für die NSDAP geographisch wie politisch ein wichtiges Bindeglied darstellte.[2] Bei Stadt und Land Rothenburg ob der Tauber handelte es sich hinsichtlich des Aufstiegs des Nationalsozialismus um einen tragenden Pfeiler der „Brücke Frankens“.

Bereits im Februar 1921 kam es zur ersten Veranstaltung der NSDAP in Rothenburg. Die NSDAP München veranstaltete eine öffentliche Versammlung im Evangelischen Vereinshaus mit einem Vortrag von Herrmann Esser über „Die Wahrheit der Friedensverträge von Brest-Litowsk und Versailles“.[3] Als Vermittler für diese öffentliche Versammlung galt der spätere Kreisleiter von Kitzingen namens Heer.[4] In einer zweiten Veranstaltung am 23. März sprach Esser über das Thema: „Der nationale Sozialismus als Deutschlands Zukunft“.[5] Die Anzeige trug den Zusatz „Juden haben keinen Zutritt“. Damit wurde gegen eine Verordnung des Bayerischen Staatsministeriums des Innern verstoßen, die von den Mitgliedern der Rothenburger Schutzmannschaft gegengezeichnet wurde. Darin heißt es, dass die „Einladungen zu den Versammlungen der nationalsozialistischen Arbeiterpartei in einer Form ergangen [sind], die aufreizend auf die Öffentlichkeit wirken musste. [...]“[6] Ferner sei dafür zu sorgen, dass „in den antisemitischen Versammlungen die aufreizende Agitation gegen das Judentum unterbleibt.“[7] Ansonsten sei

---

1 Hambrecht, Die Brücke Franken, S. 16.

2 Ebenda, S. 16.

3 FA 17.2.1921; Hermann Esser, geb. 27.7.1900 – gest. 7.2.1981 war 1920 Schriftleiter des „Völkischen Beobachters“ und nahm 1923 am Hitlerputsch teil. 1925 trat er der neubegründeten NSDAP mit der Mitgliedsnummer 2 bei. 1925-1929 war er Reichspropagandaleiter und 1929 NS-Fraktionsvorsitzender im Münchner Stadtrat. 1933 avancierte er zum Leiter der Staatskanzlei und 1934-1935 zum bayerischen Wirtschaftsminister. 1937 war er Vizepräsident des Reichstags und 1939-1945 Staatssekretär für Fremdenverkehr im Reichspropagandaministerium. Vgl. Michael Unger, Biogramme, in: Hermann Rumschöttel und Walter Ziegler (Hg.): Staat und Gaue in der NS-Zeit. Bayern 1933-1945, München 2004, S. 739-759, S. 743. Herrmann Esser galt selbst in der NSDAP als eine umstrittene Figur, der mit religiöser Ergriffenheit jenen Führer-Mythos predigte. Vgl. Joachim Fest, Hitler. Eine Biographie, Berlin 2002, S. 229.

4 Georg Höfler, Die Entwicklung der NSDAP im Kreis Rothenburg ob der Tauber 1918-1934. (unveröffentlichtes Manuskript), S. 1.

5 FA 22.3.1921. Sämtliche Verweise aus dem Fränkischen Anzeiger stammen aus der Rubrik „Aus Rothenburg ob der Tauber und Umgebung“.

6 StadtAR, NA 966, 8.

7 Ebenda.

dem „energisch entgegenzutreten".[8] Dennoch wurden gegen die Verantwortlichen keinerlei rechtliche Maßnahmen eingeleitet. Am Ende der Veranstaltung wurde Gelegenheit gegeben, in die NSDAP einzutreten.

3.1. Von Brückenköpfen der Partei zur flächendeckenden Organisation

Die Hinwendung zum Nationalsozialismus in der Region Rothenburg zeigte sich in der frühen Gründung von NSDAP-Ortsgruppen. Sie bildeten in der Anfangszeit die Brückenköpfe für Agitation und Aktionen in Stadt und Land. Die erste Mitgliederversammlung der NSDAP-Ortsgruppe in der Stadt Rothenburg fand am 7. April 1921 statt.[9] Sie löste sich jedoch nach wenigen Monaten aufgrund mangelnder Teilnahmebereitschaft wieder auf. Bereits im September 1923 kam es zu einer Neugründung.[10] Die Ortsgruppe unterstand der „Landesleitung Bayern".[11] Leiter der Ortsgruppe wurde der Zollsekretär Georg Huber.[12] Die geplante öffentliche Veranstaltung der NSDAP-Ortsgruppe Rothenburg für den 27. Oktober 1923 wurde verboten, wie aus einem Schreiben des Stadtkommissars Hans Böhm an den Stadtrat hervorgeht.[13] Die nächste Mitgliederversammlung der Ortsgruppe Rothenburg fand am 3. November 1923 mit einem Vortrag über „Die heutige Lage" statt.[14] Drei Tage später traten zwölf Rothenburger in die NSDAP ein.[15] Wie sehr sich einzelne Parteigenossen für die Idee des Nationalso-

---

8 Ebenda.

9 FA 6.4.1921. Unter den NSDAP-Mitgliedern waren der Gastwirt Simon Koch, geb. 23.2.1874, mit der Mitgliedsnr. 3.042 und der Kaufmann Fritz Schmidtell, geb. 6.4.1891, mit der Mitgliedsnr. 3.043. Beide traten am 7.3.1921 in die NSDAP ein. StadtAR, Dienstkorrespondenz Stadtarchiv. NSDAP-Sammelakt.

10 Höfler, Entwicklung der NSDAP im Kreis Rothenburg, S. 1.

11 Hellmuth Auerbach, Regionale Wurzeln und Differenzen der NSDAP 1919-1923, in: Möller u.a. (Hg.): Nationalsozialismus in der Region, S. 65-85, S. 72.

12 Ebenda, S. 2.

13 StAN, Akten der Polizeidirektion Nürnberg-Fürth, Rep. 218/11 I, Pol.dir. Nürnberg-Fürth, Nr. 391.

14 FA 2.11.1923.

15 StadtAR, Dienstkorrespondenz Stadtarchiv. NSDAP-Sammelakt. Am 6.11.1923 traten folgende zwölf Personen in die NSDAP ein: Christian Boehm, Mitgliedsnr. 55.012; Wilhelm Brenner, Mitgl.Nr. 55.011; Fritz Heckmann, Mitgl.Nr. 55.023; Georg Huber, Mitgl.Nr. 55.022; Gottfried Imhof, Mitgl.Nr. 55.021; Hans Kellermann, Mitgl.Nr. 55.016; Bernhard Kohn, Mitgl.Nr. 55.015; Georg Liebing, Mitgl.Nr. 55.014; Georg Merklein, Mitgl.Nr. 55.020; Friedrich Quendt, Mitgl.Nr. 55.017; Georg Schwarz, Mitgl.Nr. 55.019 und Josef Stolz, Mitgl.Nr. 55.018. Exemplarisch sei Gottfried Imhof vorgestellt: BArch (ehem. BDC), PK, Imhof, Gottfried, geb. 21.11.1896. Erster NSDAP-Parteieintritt: 1923. Mitgliedsnr. 55.021. Zweiter Parteieintritt: 1.7.1929. Mitgliedsnr. 139.402. Mitbegründer der NSDAP-Ortsgruppe Rothenburg o.d.T. im Jahr 1923. 1930 trat der Kaufmann Imhof in die SA ein und war dort Mitglied bis 1941. Er hatte den Rang eines Truppführers inne. Ab 1936 war er Kreiswirtschaftsberater der NSDAP. Von 1934 bis 1941 war Imhof Betriebsgemeinschaftswalter der DAF. Er war Träger der zehnjährigen Dienstauszeichnung der NSDAP. Schreiben des Mitgliedschaftsamtes an den Gauschatzmeister des Gaues Franken

zialismus begeisterten, zeigt das Verhalten des Schuhmachermeisters Brenner, der sein Schaufenster in der Galgengasse mit einem Hakenkreuz schmückte und sich so in aller Öffentlichkeit zur Hitler-Bewegung bekannte.[16]

Nach dem Putschversuch in München in der Nacht vom 8. auf den 9. November 1923 wurde die NSDAP deutschlandweit verboten.[17] Damit befand sich die Partei auch in Rothenburg in einem desolaten Zustand. Auf Grund behördlicher Nachsicht konnten sich die Nationalsozialisten mit kaum verschleierten Tarnorganisationen in die Illegalität zurückziehen.[18] Eine Nachfolgepartei in der Stadt Rothenburg war die Deutsche Arbeiterpartei (DAP), der zukünftige NSDAP-Funktionsträger wie Rahner und Zoller angehörten.[19] Laut Gründungsprotokoll der „Deutschen Arbeiter Partei Ortsgruppe Rothenburg ob der Tauber" fanden sich am 12. Februar 1924 16 Personen im Gasthaus „Wilder Mann" ein, um eine „Ortsgruppe der Deutschen Arbeiter Partei e.V. Bund aller schaffenden Stände zu gründen".[20] Nach Bekanntgabe der Parteiziele erklärten 16 Männer ihren Beitritt. Den Vorstand übernahmen Huber und Pümmerlein.[21] Die DAP war in Rothenburg nur für kurze Zeit eine eigenständige Vereinigung. Ab Februar 1924 trat die DAP in Rothenburg stets in Verbindung mit dem Völkischen Block auf.[22] Der Völkische Block war zuerst als Wahlorganisation aller völkischen Kreise gedacht, wurde später jedoch durch Umwandlung in den „Völkische[n] Block in Bayern" zu einer parteipolitischen Organisation ausgebaut.[23] Die DAP und der Völkische Block wiesen auf ihre Nachfolge der NSDAP dadurch hin, dass sie das Hakenkreuz als Parteisymbol verwendeten.[24] Fortan fanden mehrere Parteiveranstaltungen des Völkischen Blocks statt, dem in Rothenburg der Zollsekretär Huber vorstand.[25] Die politische Zielsetzung dieser Veranstaltungen wurde in den Reden und Ansprachen unter Titeln wie „Der völkische Staat" und „Die Totengräber Deutschlands" deutlich, ebenso wie die antisemitische Grundstimmung.[26] Laut Angabe des Gendarmerie-Bezirks Rothenburg erschienen im Fe-

---

vom 26.8.1938; StAN, SpKA Rothenburg o.d.T., I6; StaN, Av.350, 4.0, Verordnungsblatt der Gauleitung Franken der Nationalsozialistischen Deutschen Arbeiterpartei, 1.11.1936.

16 Höfler, Entwicklung der NSDAP im Kreis Rothenburg, S. 2.

17 Eberhard Kolb, Die Weimarer Republik. 6. Aufl. München 2002, S. 55f.

18 Hambrecht, Brücke Franken, S. 19.

19 Höfler, Entwicklung der NSDAP im Kreis Rothenburg, S. 2; BArch (ehem. BDC), PK, Zoller, Karl. NSDAP-Parteieintritt: 21.11.1927. Mitgliedsnr. 70.772.

20 StAN, Rep. 503. NS-Mischbestand, Gauleitung Nr. 136. Gründungsprotokoll der Deutschen Arbeiter Partei Ortsgruppe Rothenburg o.d.T. vom 12.2.1924.

21 Ebenda.

22 FA 14.2.1924.

23 StAN, Akten der Polizeidirektion Nürnberg-Fürth, Rep. 218/11 I, Pol.dir. Nürnberg-Fürth, Nr. 584.

24 FA 23.2.1924. Die DAP war allerdings nur wenige Monate eine eigenständige Partei. Die Mitglieder wechselten restlos in den Völkischen Block.

25 FA 22.2.1924; 18.3.1924; 9.12.1924; Vgl. Höfler, Entwicklung der NSDAP im Kreis Rothenburg, S. 2.

26 FA 23.2.1924; 5.3.1924.

bruar und März 1924 zu den Veranstaltungen des Völkischen Blocks im Evangelischen Vereinshaus zwischen 80 und 180 Personen.[27] Das Evangelische Vereinshaus war offen für Wahlversammlungen des Völkischen Blocks, da selbst der Stadtpfarrer in einem antisemitischen Vortrag vor dem evangelischen Arbeiterverein das „Programm der Völkischen" verfolgte.[28]

Die Neugründung der NSDAP am 27. Februar 1925 in München war die Basis für einen systematischen Aufbau der nationalsozialistischen Parteiorganisation. Im Laufe des Jahres 1925 wurden in Mittelfranken insgesamt 18 Ortsgruppen der NSDAP gegründet.[29] Den Auftakt in der Region Rothenburg machte die Ortsgruppe Schillingsfürst am 30. Oktober 1925.[30] Der Ortsgruppenführer Wilhelm Stegmann hatte bereits 1926 damit begonnen, die Bauern in der Gegend für den Nationalsozialismus zu mobilisieren.[31] Wie kein Zweiter sollte Stegmann

---

27 StAN, Akten der Polizeidirektion Nürnberg-Fürth, Rep. 218/11 I, Pol.dir. Nürnberg-Fürth, Nr. 393.

28 Kittel, Provinz, S. 481.

29 Hambrecht, Aufstieg der NSDAP, S. 88.

30 StAN, Rep. 503. NS-Mischbestand, Gauleitung Nr. 136. Schreiben der Ortsgruppe Schillingsfürst an die Kreisleitung Rothenburg o.d.T. Die Ortsgruppe der NSDAP in Schillingsfürst wurde am 30.10.1925 gegründet. Gründungsmitglieder waren die Parteigenossen Fritz Ballach, Leonhard Frank, Anton Remele, Walter Hail, Leonhard Schauer und Fritz Frank. Das Amt des Ortsgruppenleiters war zu diesem Zeitpunkt noch nicht besetzt.

31 BArch (ehem. BDC), PK, Stegmann, Wilhelm, geb. 13.6.1899. NSDAP-Parteieintritt: 14.12.1925. Mitgliedsnr. 24.713. Schreiben des Schiedsamt an den Gauschatzmeister des Gaues Franken der NSDAP vom 4.11.1941; Wilhelm Ferdinand Stegmann, geb. 13.6.1899 – gest. 15.12.1944, war katholischer Konfession. Er leistete nach dem Realgymnasium in München 1917/18 seinen Kriegsdienst im Königlich-Bayerischen Infanterie-Leibregiment und wurde 1918 zum Leutnant ernannt. 1919-1920 war er beim Freikorps Epp und studierte danach Landwirtschaft an der TH München, wo er Heinrich Himmler kennenlernte. 1923-1926 war der Diplom-Landwirt Gutspächter der Fürstlich Hohenloheschen Domäne Schillingsfürst in Franken. Ebenfalls 1923-1926 führte Stegmann die Ortsgruppe Schillingsfürst im Bund Oberland, die 1926 in die SA überging. Am 14.12.1925 trat er mit der Mitgliedsnummer 24.713 in die NSDAP ein. Stegmann gründete die NSDAP-Ortsgruppe Schillingsfürst und war 1929-1931 Bezirksleiter des NSDAP-Gau Mittelfranken für Rothenburg o.d.T., Feuchtwangen und Ansbach. 1929 führte er die SA-Standarte Ansbach an. Am 9.3.1930 wurde er Mitglied der Kreisbauernkammer für Mittelfranken. Von Juli 1932 bis Januar 1933 war Stegmann Führer der SA-Gruppe Franken-Schillingsfürst. Nach einem Konflikt mit dem NSDAP-Gauleiter Julius Streicher wurde er im Januar 1933 seines Amtes als SA-Führer enthoben. Hitler schloss ihn im Januar 1933 aus der Partei aus. Am 25.3.1933 wurde Stegmann verhaftet. Er führte von 18.1.1933 das Freikorps Franken an, das am 13.3.1933 verboten wurde. In dieser Zeit gab er die Zeitschrift „Das Freikorps, Kampfblatt für Sauberkeit und Reinheit der Nationalsozialistischen Idee" heraus, die ebenfalls verboten wurde. Das Sondergericht beim Landgericht Nürnberg-Fürth verurteilte im Jahr 1936 Stegmann zu 18 Monaten Gefängnis, woraufhin Stegmann interniert wurde. Auf Intervention Himmlers entließ man Stegmann 1938 aus der Haft und er wurde Pächter einer Braunschweiger Staatsdomäne. 1944 wurde Stegmann als SS-Obergruppenführer d.R. der Waffen-SS zur SS-Sturmbrigade Dirlewanger eingezogen. Er fiel am 15.12.1944 an der Ostfront bei Ipolesk. Vgl. Joachim Lilla, Statisten in Uniform. Die Mitglieder des Reichstags 1933-1945. Ein biographisches Handbuch. Unter Einbeziehung der völkischen und nationalsozialistischen Reichstagsabgeordneten ab Mai 1924, Düsseldorf 2004, S.

das Gesicht der NS-Bewegung in der Region prägen.[32] Nach Julius Streicher und Hans Schemm avancierte Wilhelm Stegmann zum wichtigsten fränkischen NS-Führer vor der „Machtergreifung“.[33] Die Nationalsozialisten versetzten das Umland zwischen Rothenburg, Feuchtwangen und Ansbach in Aufregung und bearbeiteten propagandistisch gezielt die agrarischen Gebiete im evangelischen Westmittelfranken.[34] Für die Regierung von Mittelfranken stellte Stegmann ab 1931 eine konkrete Gefahr für den Staat dar und bedrohte die Ruhe und Ordnung in der Region.[35] In zahlreichen Auftritten und Versammlungen agitierte er für die Partei.[36] Stegmann erfreute sich großer Popularität und avancierte zu einer der führenden Persönlichkeiten der NSDAP-Frankens.[37] Er gab seinen Anhängern „Sturmbefehle“, damit sie in gegnerischen Versammlungen Schlägereien provozierten.[38] Entgegen dem Uniformverbot arrangierte er uniformierte Aufmärsche und weder Gendarmen noch Schutzleute schritten dagegen ein.[39] Stegmann ignorierte sowohl das gegen ihn verhängte Redeverbot als auch angesetzte Gerichtstermine und ging lange Zeit straffrei aus.[40]

Im Dezember 1925 löste sich in Rothenburg der Völkische Block wieder auf. Ausgehend von Schillingsfürst wurde in der Stadt Rothenburg eine Ortsgruppe gegründet.[41] Von den 120 Mitgliedern des Völkischen Blocks traten nur knapp

---

642f.; BayHStA, StK 6299. Schreiben der Bayerischen Politischen Polizei an die Staatskanzlei des Freistaates Bayern vom 27.2.1934; Urteil des Sondergerichts für den Bezirk des Oberlandesgerichts Nürnberg bei dem Landgericht Nürnberg-Fürth vom 28.2.1933; Schreiben der Polizeidirektion Nürnberg-Fürth an den Bayerischen Ministerpräsidenten Siebert vom 13.3.1934; Zu Stegmann und sein Wirken vgl. Hambrecht, Aufstieg der NSDAP, S. 319ff. Zu Stegmann und seiner Auseinandersetzung mit Julius Streicher vgl. Diana Fitz, Ansbach unterm Hakenkreuz, Ansbach 1994, S. 14-18.

32 Kittel, Provinz, S. 587f.

33 Hambrecht, Aufstieg der NSDAP, S. 318ff; Hans Schemm, geb. 6.10.1891 - gest. 5.3.1935, war 1922 NSDAP-Mitglied. 1925 trat er der neubegründeten NSDAP bei und baute als Ortsgruppenleiter die Ortsgruppe Bayreuth auf. 1928-1933 war Schemm Gauleiter für Oberfranken und gründete 1928 den NSLB. 1933-1935 wurde Schemm Gauleiter des Gaues Bayerische Ostmark und bayerischer Kultusminister. 1934-1935 leitete Schemm das Hauptamt für Erzieher der Reichsleitung der NSDAP und war Mitglied der Hochschulkommission der NSDAP. Vgl. Unger, Biogramme, S. 753.

34 Kittel, Provinz, S. 589.

35 StAN, Reg. v. Mfr. K.d.I. Abg. 1968 Tit. II, Nr. 691. Schreiben des Bezirksamtes Rothenburg o.d.T. an den Reichstagsabgeordneten Stegmann in Schillingsfürst vom 28.7.1931.

36 StAN, Reg. v. Mfr. K.d.I. Abg. 1968. Tit. II, Nr. 699. Schreiben des Bezirksamtes Rothenburg o.d.T. an den Reichstagsabgeordneten Stegmann vom 3.11.1931. Bei den Versammlungen waren teilweise über 130 Personen zugegen. Vgl. StAN, Reg. v. Mfr. K.d.I. Abg. 1968. Tit. II, Nr. 699. Schreiben der Gendarmerie-Hauptstation an das Bezirksamt Erlangen vom 20.4.1932.

37 Hambrecht, Aufstieg der NSDAP, S. 320.

38 Fränkisches Tagesblatt 2.11.1931.

39 Ebenda.

40 Fränkisches Tagesblatt 28.10.1931.

41 FA 19.12.1925.

ein Zehntel in die NSDAP über.[42] Doch diese Ortsgruppe bestand wiederum nicht lange. Im Juni 1926 drückte Hitler der Ortsgruppe Rothenburg bezüglich ihrer schlechten Zahlungsmoral „„seine schärfste Missbilligung über eine derartige Gleichgültigkeit aus, die in seinen Augen als Disziplinlosigkeit nicht geduldet werden“ könnte“.[43] Er sähe sich gezwungen, „die Ortsgruppe als wertlos aufzulösen [...] wenn innerhalb 2 Monaten eine Regelung nicht erfolgt [...]“[44] Am 19. August 1926 verkündete der Völkische Beobachter den Ausschluss der Ortsgruppe Rothenburg wegen Satzungsverstoßes und Interesselosigkeit.[45] Hitler erwartete, „daß sich unter den bisherigen Mitgliedern [...] Parteigenossen befinden, die den Neuaufbau in die Hand nehmen.“[46] Dies geschah in Rothenburg im Jahr 1927.

Der SA-Sturmführer Wilhelm Stegmann und der Gewerbelehrer Konrad Rahner luden im November 1927 die ehemaligen Mitglieder der NSDAP und des „Völkischen Blocks“ zu einer Wiedergründung der NSDAP-Ortsgruppe in der Stadt Rothenburg ein.[47] Das Treffen fand am 21. November 1927 im ehemaligen Versammlungszimmer der Ortsgruppe, im Hinterzimmer des Gasthauses „Traube“, statt. Nach einer Agitationsrede Stegmanns traten von den etwa 15 erschienen Personen am gleichen Abend sieben in die Partei ein. Konrad Rahner wurde zum Ortsgruppenführer bestimmt. Die Kassengeschäfte übernahm Peter Frank.[48] Georg Höfler hatte das Amt des Schriftführers und Propagandisten inne.[49] Bis zum 1. August 1928 wuchs die Ortsgruppe Rothenburg auf 15 Mitglieder an.[50]

Auf dem Land kam es im Jahr 1927 im Bezirk Rothenburg zu zwei Ortsgruppengründungen in Oestheim und Wettringen. Am 5. Mai 1927 fand die Ortsgruppengründung in Oestheim statt.[51] Als Ortsgruppenleiter wurde Friedrich Altreuther bestimmt.[52] Noch im gleichen Monat beteiligte sich die Ortsgruppe in Schillingsfürst an einer Fahnenweihe des SA-Sturms 23/19, die durch den Pfarrer

---

42 StAN, Akten der Polizeidirektion Nürnberg-Fürth, Rep. 218/11 I, Pol.dir. Nürnberg-Fürth, Nr. 583.

43 Hambrecht, Aufstieg der NSDAP, S. 105.

44 BArch (ehem. BDC), Rep. NS 23, Nr. 474.

45 Völkischer Beobachter, 19.8.1927.

46 Ebenda.

47 Höfler, Entwicklung der NSDAP im Kreis Rothenburg, S. 15.

48 Ebenda.

49 Ebenda; StAN, SpKA Rothenburg o.d.T., H172. Georg Höfler war ab 1928 Mitglied der NSDAP, wobei er ab 1.7.1934 bis 1939 das Amt des Kreispropagandaleiters der NSDAP ausübte. SA-Hauptsturmführer von 1933-1945. Ferner war er Mitglied in der NSV, im NSRKB, RSLB und DRK. Er war Träger des Goldenen Parteizeichens. Spruch der Spruchkammer Rothenburg o.d.T. vom 23. September 1948.

50 Höfler, Entwicklung der NSDAP im Kreis Rothenburg, S. 17.

51 Ebenda, S. 5.

52 Ebenda, StAN, SpKA Rothenburg o.d.T., A7. Der Landwirt Friedrich Altreuther aus Unteroestheim, geb. 9.1.1898, war ab 1927 Mitglied der NSDAP. Ferner war er für die Jahre 1927-1939 bei der SA, wobei er den Rang eines Truppführers hatte. Er war Träger des Goldenen Parteiabzeichens.

Max Sauerteig aus Ansbach vorgenommen wurde.[53] Ferner beteiligte sich die Ortsgruppe Oestheim am Reichsparteitag 1927. Die Parteigenossenschaft wurde häufig zum Schutz von Kundgebungen in Ansbach und Schopfloch eingesetzt. Am 1. August 1928 wurde die Ortsgruppe Oestheim selbstständig, da sie bis dato der Ortsgruppe Schillingsfürst angeschlossen war. Bis zu der jeweiligen Ortsgruppengründung umfasste der Ortsgruppenbereich Oestheim die Gemeinden Diebach und Insingen.[54] Die Ortsgruppe Wettringen wurde am 28. Mai 1927 in der Münz'schen Gastwirtschaft in Wettringen von Stegmann gegründet.[55] Die Führung der siebenköpfigen Ortsgruppe übernahm Hans Hammel, die Kasse Hans Hornung.[56] Die neuen Parteimitglieder traten in die Reihen der SA ein und nahmen 1927 bereits am Reichsparteitag teil.[57] Bei der Reichstagswahl am 20. Mai 1928 konnte die Ortsgruppe schon 76 Stimmen für sich verbuchen. Im Jahre 1929 wuchs die SA in Wettringen auf 21 Männer heran, die wiederum am Parteitag teilnahmen und sich fortan bei größeren wie kleineren Aufmärschen beteiligten.[58]

Von 1928 bis 1933 kam es zu einer ganzen Reihe von Ortsgruppengründungen, die den Bezirk Rothenburg mit einem Netz von NSDAP-Stützpunkten überzogen. Die Ortsgruppen waren wichtige Brückenköpfe, um an Boden zu gewinnen. Am 1. Juli 1928 wurde die NSDAP-Ortsgruppe Geslau unter Beteiligung von 17 Parteigenossen ins Leben gerufen.[59] Friedrich Rothmund erhielt den Posten des Ortsgruppenführers. Danach folgte ihm der spätere Kreisleiter Friedrich Mägerlein ins Amt.[60] Die Ortsgruppe Hartershofen wurde am 19. September 1928 gegründet.[61] Als Ortsgruppenleiter wurde Friedrich Schmidt bestimmt. Die Ortsgruppenkasse und Propagandaleitung übernahm Friedrich Koch.[62] In der

---

53 Höfler, Entwicklung der NSDAP im Kreis Rothenburg, S. 5.

54 Ebenda.

55 StAN, Rep. 503. NS-Mischbestand, Gauleitung Nr. 136. Schreiben von Ortsgruppenleiter König, Wettringen, den 11.7.42.

56 Ebenda; StAN, SpKA Rothenburg o.d.T., H46. Der Kutscher Hans Hammel aus Rothenburg o.d.T., geb. 30.12.1908, war Mitglied der NSDAP von 1930-1945 sowie des NSKK von 1931-1945; StAN, SpKA Rothenburg o.d.T., H243. Der Landwirt Hans Hornung aus Wettringen, geb. 6.8.1903, war von 1927-1945 Mitglied der NSDAP. Mitgliedsnummer 64.086. Ferner war er von 1927-1945 bei der SA. In den Jahren 1937-1939 hatte er den Rang eines Hauptsturmführers hatte.

57 StAN, Rep. 503. NS-Mischbestand, Gauleitung Nr. 136. Schreiben von Ortsgruppenleiter König, Wettringen, den 11.7.42.

58 Ebenda.

59 Höfler, Entwicklung der NSDAP im Kreis Rothenburg, S. 6.

60 BArch (ehem. BDC), PK, Mägerlein, Friedrich, geb. 12.9.1903. NSDAP-Parteieintritt: 1.6.1930. Mitgliedsnr. 267.402. Bestätigungszeugnis der Partei; Vgl. Höfler, Entwicklung der NSDAP im Kreis Rothenburg, S. 6.

61 StAN, Rep. 503. NS-Mischbestand, Gauleitung Nr. 136. Schreiben des späteren Ortsgruppenleiters Friedrich Koch an die Kreisleitung vom 15.7.1942.

62 BArch (ehem. BDC), PK, Koch, Friedrich, geb. 17.10.1908. NSDAP-Parteieintritt: 1.11.1928. Mitgliedsnr. 104.381. Aktenkarte der Parteikanzlei. StAN, SpKA Rothenburg o.d.T., Nr. K 264. Der Landwirt Friedrich Koch, geb. 17.10.1906, war Mitglied der NSDAP von 1928-1945. Er war Kassenleiter der NSDAP-Ortsgruppe Hartershofen. Das Parteiamt

„Kampfzeit" von 1928 bis 1932 war es die Aufgabe der Ortsgruppe Hartershofen, den nördlichen Bezirk des Kreises Rothenburg zu betreuen. Die Ortsgruppe der NSDAP in Dombühl wurde im Herbst 1928 installiert.[63] Die Gründung erfolgte durch den NSDAP-Funktionär Grimm aus Ansbach.[64] SA-Standartenführer Georg Braun überzeugte 15 Personen zum Eintritt in die NSDAP.[65] Die Ortsgruppenleitung hatte August Löschel inne.[66] Weitere Ämter blieben unbesetzt. Sämtliche Parteigenossen betrieben Propaganda.[67] Nachdem in einigen Gemeinden in der Umgebung von Gebsattel die ersten Stützpunkte der NSDAP errichtet worden waren, fasste diese in Gebsattel im Oktober 1928 selbst Fuß.[68] Wilhelm Stegmann aus Schillingsfürst hielt dort die erste Versammlung im Gasthaus „Zum Lamm" ab. Fünf Männer traten der NSDAP bei. Das Gasthaus Huber diente ab Frühjahr 1929 als Parteilokal. Der NSDAP-Stützpunkt Gebsattel wurde 1929 der Ortsgruppe Rothenburg unterstellt. Bei der nationalsozialistischen „Machtübernahme" zählte die Ortsgruppe in Gebsattel elf Parteigenossen. Ab 1. Dezember 1933 gehörte die Ortsgruppe Gebsattel inklusive der Gemeinden Kirnberg und Rödersdorf zur Ortsgruppe Neusitz.[69] Die Ortsgruppe Gastenfelden war am 8. März 1929 gegründet worden.[70] Hierbei war SS-Reichsführer Heinrich Himmler anwesend.[71] Michael Kallert übernahm die ehrenamtliche

---

des Ortsgruppenleiters in Hartershofen übte er von 1939-1942 aus. Ferner war er von 1929-1933 Mitglied der SA. Koch war Kreisobmann der NSKOV sowie Mitglied in der NSV von 1934-1945, im Reichskolonialbund und im Reichsluftschutzbund. Er war Träger der zehn und 15-jährigen Dienstauszeichnung der NSDAP. Vgl. Schreiben von Friedrich Koch an die Lagerspruchkammer Hammelburg vom 24.8.1947; Schreiben des späteren Ortsgruppenleiters Friedrich Koch an die Kreisleitung vom 15.7.1942.

63 StAN, Rep. 503. NS-Mischbestand, Gauleitung Nr. 136. Schreiben des Ortsgruppenleiters Beutler an die Kreisleitung vom 15.7.1942; BArch (ehem. BDC), PK, Beutler, Hans, geb. 29.5.1898. NSDAP-Parteieintritt: 1.8.1928. Mitgliedsnr. 94.960. Aktenkarte der Parteikanzlei.

64 Höfler, Entwicklung der NSDAP im Kreis Rothenburg, S. 8; Wilhelm Grimm, geb. 31.12.1889 - gest. 21.7.1944, trat 1922 der NSDAP bei und arbeitete mit Julius Streicher zusammen. 1926 wurde Grimm NSDAP-Kreisleiter in Ansbach. 1929 war er stellvertretender Gauleiter des Gaues Franken, ohne Oberfranken. 1932 war Grimm im Rang eines Reichsleiters Vorsitzender der II. Kammer des Obersten Parteigerichts. Vgl. Hermann Weiß, Personenlexikon 1933-1945, Wien 2003, S. 165.

65 Ebenda; StAN, SpKA Rothenburg o.d.T., B115. Der Landwirt Georg Braun aus Dombühl, geb. 31.3.1901, war von 1928-1945 Mitglied der NSDAP. 1928 trat er der SA bei und war dort ab 1938 Obersturmbannführer.

66 StAN, Rep. 503. NS-Mischbestand, Gauleitung Nr. 136. Schreiben des Ortsgruppenleiters von Dombühl, Hans Beutler, an die Kreisleitung Rothenburg o.d.T. vom 15.7.1942.

67 Ebenda.

68 StAN, Rep. 503. NS-Mischbestand, Gauleitung Nr. 136. Bericht über die Entstehung der NSDAP in Gebsattel (Ortsgruppe Neusitz) an die Kreisleitung Rothenburg o.d.T.

69 Ebenda.

70 StAN, Rep. 503. NS-Mischbestand, Gauleitung Nr. 136. StAN, Rep. 503. NS-Mischbestand, Gauleitung Nr. 136. Bericht über die Gründung der Ortsgruppe Gastenfelden an die Kreisleitung Rothenburg o.d.T.

71 Ebenda; Heinrich Himmler, geb. 7.10.1900 – gest. 23.5.1945, nahm 1923 am Hitlerputsch teil und trat 1925 in die neubegründete NSDAP ein. 1925 wurde Himmler stellvertretender Gauleiter von Niederbayern-Oberpfalz und 1926-1930 stellvertretender Reichspropa-

Führung der Ortsgruppe.[72] Mitte 1929 zählte sie 15 Mitglieder.[73] Das NSDAP-Mitglied Friedrich Walter übernahm die Gründung der Ortsgruppe Insingen am 1. Juli 1930.[74] Die Stützpunkte Lohr und Bockenfeld, die zur Ortsgruppe Rothenburg gehörten, fielen Insingen zu. Auch einige Parteimitglieder aus Diebach gehörten bis zur Gründung der Ortsgruppe Diebach zu Insingen.[75] Zunächst bekleidete Friedrich Walter das Amt des Ortsgruppenleiters. Ihm folgte Johann Strauß,[76] Fritz Köhler war Kassenleiter.[77] Die Ortsgruppe Frommetsfelden ging aus der Ortsgruppe der NSDAP Buch am Wald hervor. Diese Ortsgruppe gründete sich offiziell am 1. Februar 1930 in Buch a.W. In der initiativgebenden Versammlung traten zirka 35 Personen in die NSDAP ein. Im Laufe des Jahres 1931 stieg die Zahl der Mitglieder auf über 60 Personen an. Zu Beginn des Jahres 1931 wurde Johann Eiffert Ortsgruppenleiter und bekleidete das Amt bis April 1934.[78]

Die Ortsgruppe Brunst entstand ebenfalls im März 1930.[79] Die Leitung der Ortsgruppe übernahm der Metzgermeister Michael Ströbel aus Hetzweiler.[80] Am

---

gandaleiter sowie 1927-1929 stellvertretender Reichsführer SS und 1929-1945 Reichsführer SS. Parallel wurde Himmler 1933 kommissarischer Polizeipräsident von München sowie Kommandeur der Bayerischen Politischen Polizei sowie 1934-1936 stellvertretender Chef und Inspekteur der Geheimen Staatspolizei (Gestapo). 1936-1945 war er Chef der deutschen Polizei und 1939-1945 Reichskommissar für die Festigung des deutschen Volkstums sowie 1943-1945 Reichsinnenminister und Generalbeauftragter für die Reichsverwaltung. 1944-1945 war Himmler Oberbefehlshaber des Ersatzheeres und Chef der Heeresrüstung. 1945 befehligte er zwei Heeresgruppen. Vgl. Unger, Biogramme, S. 747f.

72 Höfler, Entwicklung der NSDAP im Kreis Rothenburg, S. 8; StAN, SpKA Rothenburg o.d.T., K15. Michael Kallert, geb. 1879, in Morlitzwinden war NSDAP-Mitglied von 1928-1945. Mitgliedsnummer 94.155. In Gastenfelden übte er das Amt des NSDAP-Ortsgruppenleiters von 1929-1944 aus. Er war Träger des Goldenen Parteiabzeichens sowie der Dienstauszeichnung der NSDAP in Bronze und Silber. Ferner war er Mitglied in der NSV, dem RAD, RKB, bei den Deutschen Christen, dem RLB und der VDA.

73 StAN, Rep. 503. NS-Mischbestand, Gauleitung Nr. 136. Bericht über die Entstehung der NSDAP in Gebsattel (Ortsgruppe Neusitz) an die Kreisleitung Rothenburg o.d.T.

74 Ebenda; Höfler, Entwicklung der NSDAP im Kreis Rothenburg, S. 8.

75 StAN, Rep. 503. NS-Mischbestand, Gauleitung Nr. 136. Bericht über die Gründung der Ortsgruppe Insingen an die Kreisleitung Rothenburg o.d.T.

76 Höfler, Entwicklung der NSDAP im Kreis Rothenburg, S. 8; StAN, SpKA Rothenburg o.d.T., St70. Johann Strauß, geb. 1894, war Mitglied der NSDAP von 1.5.1933-1945. Er bekleidete das Amt des Ortsgruppenleiters von 1.4.1934-1.3.1943. Ferner war er Mitglied der DAF 1935-1945, NSV 1934-1945 im Amt des stellvertretenden Ortsgruppenleiters, NSKOV 1933-1945, Reichskolonialbund 1938-1945, Reichsluftschutzbund 1938-1945 und des Kriegerverein Kyffhäuser 1920-1938.

77 StAN, Rep. 503. NS-Mischbestand, Gauleitung Nr. 136. Bericht über die Gründung der Ortsgruppe Insingen an die Kreisleitung Rothenburg o.d.T.

78 Ebenda; StAN, SpKA Rothenburg o.d.T., E46. Der Landwirt Johann Eiffert aus Buch am Wald, geb. 1.5.1887, trat 1929 in die NSDAP ein. 1933-1934 übte er das Amt des NSDAP-Ortsgruppenleiters aus. 1942-1944 war er Blockwart der NSDAP sowie 1940-1944 Mitglied des Reichsluftschutzbundes.

79 Höfler, Entwicklung der NSDAP im Kreis Rothenburg, S. 9.

80 StAN, Rep. 503. NS-Mischbestand, Gauleitung Nr. 136. Brief vom 10.6.1942 an die Kreisleitung Rothenburg ob der Tauber. Ströbel legte im Herbst 1933 sein Amt nieder und trat aus der Partei aus.

1. Dezember 1931 ging die NSDAP-Ortsgruppe Leuzenbronn daraus hervor.[81] Die Ortsgruppe Diebach gründete sich am 2. November 1931 in der Gastwirtschaft „Zur Post".[82] Bei der Ortsgruppengründung zählte die Ortsgruppe Diebach 22 Parteigenossen. Bis 1. Juli 1933 hatte Hans Böhm das Amt des Ortgruppenführers inne. Sein Nachfolger war der Schmiedemeister Christian Streng, den Kreisleiter Mägerlein persönlich einsetzte.[83] Die benachbarte NSDAP-Ortsgruppe Faulenberg mit der Gemeinde Bellershausen war zu diesem Zeitpunkt noch nicht nach Diebach eingegliedert, vielmehr handelte es sich hierbei um eine eigenständige Ortsgruppe. Die Ortsgruppe Faulenberg entstand erst später am 24. Juli 1933. Zum Ortsgruppenleiter ernannte man den ansässigen Lehrer Müller. Das Ortsgruppengründungsprotokoll zählte 17 Mitglieder. Am 28. April 1934 löste sich die Ortsgruppe Faulenberg auf und alle 46 Mitglieder wurden der Ortsgruppe Diebach zugeordnet.[84] Der spätere Kreisleiter Mägerlein schuf die Ortsgruppe Binzwangen am 16. Januar 1932.[85] Johann Georg Sauerhammer übernahm die Leitung der Ortsgruppe und Georg Binder die Führung der Kassengeschäfte.[86] Die übrigen Ortsgruppenämter besetzte die Partei erst im Laufe der folgenden Jahre.[87] Ebenfalls im Januar entstand die NSDAP-Ortsgruppe in

---

81 StAN, Rep. 503. NS-Mischbestand, Gauleitung Nr. 136. Schreiben des Ortsgruppenleiters Friedrich Korder an die Kreisleitung Rothenburg ob der Tauber.

82 StAN, Rep. 503. NS-Mischbestand, Gauleitung Nr. 136. Bericht über die Gründung der Ortsgruppe Diebach an die Kreisleitung Rothenburg o.d.T. vom 26.6.1937.

83 StAN, Spruchkammerakt o.d.T., St95 Christian Streng war NSDAP Mitglied von 1932-1945, Ortsgruppenleiter der Gemeinde Diebach von 1933-1945. Ferner war er Mitglied der NSV 1936-1939, DAF 1935-1937, Reichskolonialbund 1937-1939 und des Reichskriegerbundes 1938-1945 sowie Träger der zehnjährigen Parteiauszeichnung.

84 StAN, Rep. 503. NS-Mischbestand, Gauleitung Nr. 136. Bericht über die Gründung der Ortsgruppe Diebach an die Kreisleitung Rothenburg o.d.T. vom 26.6.1937.

85 StAN, Rep. 503. NS-Mischbestand, Gauleitung Nr. 136. Schreiben des Ortsgruppenleiters Hans Sauerhammer an die Kreisleitung Rothenburg ob der Tauber vom 2.7.1942. In Binzwangen wurde bereits 1919 durch den späteren Oberregierungsrat im thüringischen Volksbildungsministerium Siegfried Leffler und dem späteren Gauleiter Hellmuth eine Ortsgruppe des „Deutschvölkischen Schutz- und Trutzbundes" gegründet, die sich aber infolge innerer Zerwürfnisse nach einigen Jahren wieder auflöste. Vgl. Höfler, Entwicklung der NSDAP im Kreis Rothenburg, S. 11.

86 StAN, Rep. 503. NS-Mischbestand, Gauleitung Nr. 136. Schreiben des Ortsgruppenleiters von Binzwangen, Johann Georg Sauerhammer, an die Kreisleitung Rothenburg o.d.T. vom 2.7.1942; StAN, SpKA Rothenburg o.d.T., S12. Der Landwirt Johann Georg Sauerhammer, geb. 1901 in Binzwangen, war evangelischer Konfession. Sauerhammer war von 1.12.1931-1945 Mitglied der NSDAP. Das Amt des NSDAP-Ortsgruppenleiters in Binzwangen übte er bis von 1932-1943 aus. Von 1935 bis zur seiner Einberufung zur Wehrmacht im August 1943 bekleidete er das Amt des Bürgermeisters in Binzwangen. Ferner war Sauerhammer Mitglied der NSV, des DRK und des RKB. Er war Träger der zehnjährigen Dienstauszeichnung der NSDAP. Im Mai 1945 geriet Sauerhammer in Kriegsgefangenschaft und war ab 7.6.1945 in politischer Internierung. Vgl. Begründungsschreiben der Spruchkammer; Schreiben von Sauerhammers Anwalt Josef Grillmayer an die Spruchkammer Lager Regensburg vom 3.2.1948.

87 Ebenda.

Leuzenbronn.[88] Im Februar 1932 folgte eine Ortsgruppe in Reichardsroth und im April 1932 entstand die Ortsgruppe Hohlach.[89]

Am 15. Juli 1933 gründete Kreisleiter Mägerlein die NSDAP-Ortsgruppe in Ohrenbach. Als Ortsgruppenführer setzte Mägerlein Johann Pfänder ein, Kassenwart wurde Heinrich Kachelries.[90] Zum Ortsgruppenbereich Ohrenbach gehörten die Ortschaften Ohrenbach, Oberscheckenbach, Grossharbach, Neustett, Tauberzell, Tauberscheckenbach, Adelshofen, Gickelhausen, Ruckertshofen."[91] Die Ortsgruppe Habelsee gründete sich am 1. Juni 1933.[92] Ortsgruppenleiter war Samuel Prehmus, Schrift- und Kassenleiter waren in der Person von Franz Ellgoth vereint.[93] Ebenfalls am 1. Juni 1933 entstand die Ortsgruppe Gailroth auf Initiative von Mägerlein.[94] Als Ortsgruppenführer berief er den Parteigenossen Gundel Demmert. Windelsbach war bis zur Ortsgruppenentstehung am 1. August 1933 ein Block der Ortsgruppe Geslau.[95] Kreisleiter Mägerlein gründete die Ortsgruppe mit dem Argument, die Ortschaften Hornau, Birkach, Preuntsfelden und Ermetzhof wären zu weit von Geslau entfernt.[96] Bei einem NSDAP-Mitgliederappell in Neusitz entstand die Ortsgruppe Neusitz am 1. Dezember 1933. [97] Für die politische Entwicklung in Neusitz war die Nähe zur Stadt Rothenburg ausschlaggebend.[98] Bis zum 30. Januar 1933, dem Tag der „Machtergreifung", waren im Einzugsbereich der Ortsgruppe Neusitz insgesamt 28 Mitglieder der Partei beigetreten.[99] Die Ortsgruppenleitung übernahm der Landwirt Springer, die Kassenleitung hatte der Schuhmacher Hans Friedlein inne.[100]

---

88 FA 1.1.1932.

89 FA 20.4.1932.

90 StAN, Rep. 503. NS-Mischbestand, Gauleitung Nr. 136. Bericht über die Gründung der Ortsgruppe Ohrenbach an die Kreisleitung Rothenburg o.d.T.; BArch (ehem. BDC), PK, Pfänder, Hans, geb. am 28.9. 1900. NSDAP-Mitgliedsnr. 2.615.167. Aktenkarte der Parteikanzlei.

91 Ebenda.

92 StAN, Rep. 503. NS-Mischbestand, Gauleitung Nr. 136. Bericht über die Gründung der Ortsgruppe Habelsee an die Kreisleitung Rothenburg o.d.T.

93 Ebenda; BArch (ehem. BDC), PK, Prehmus, Samuel, geb. 10.6.1876. NSDAP-Parteieintritt: 25.2.1934 NSDAP-Mitgliedsnr. 195.008. SpKA Rothenburg o.d.T., P79. Prehmus war Ortsgruppenleiter in Habelsee von 1933-1945.

94 StAN, Rep. 503. NS-Mischbestand, Gauleitung Nr. 136. Schreiben des Ortsgruppenleiters Lehrs von Gailroth an die Kreisleitung von Rothenburg ob der Tauber am 4.7.1942.

95 Höfler, Entwicklung der NSDAP im Kreis Rothenburg, S. 12.

96 StAN, Rep. 503. NS-Mischbestand, Gauleitung Nr. 136. Schreiben von Ortsgruppenleiter Hirsch vom 19.7.1942.

97 StAN, Rep. 503. NS-Mischbestand, Gauleitung Nr. 136. Bericht über die Gründung der Ortsgruppe Neusitz an die Kreisleitung Rothenburg o.d.T.

98 Höfler, Entwicklung der NSDAP im Kreis Rothenburg, S. 13.

99 StAN, Rep. 503. NS-Mischbestand, Gauleitung Nr. 136. Bericht über die Gründung der Ortsgruppe Neusitz an die Kreisleitung Rothenburg o.d.T.

100 BArch (ehem. BDC), PK, Friedlein, Hans, geb. 18.9.1910. NSDAP-Parteieintritt: 1.3.1932. Mitgliedsnr. 1.001.496. Ab 1.8.1935 Ortsgruppenleiter der NSDAP-Ortsgruppe Neusitz.

Aufgrund der relativ hohen NS-Mitgliederzahl entstand in der Rothenburger Region frühzeitig eine flächendeckende Parteiorganisation mit einzelnen Ortsgruppen, die mittels ihrer starken Aktivität zu kleinen Zentren avancierten. Die Parteiorganisation lässt sich über eine Bezirksleitung, die auf den einzelnen Ortsgruppen basierte, bis hin zur planmäßigen Kreisleitung entsprechend den staatlichen Verwaltungsbezirken verfolgen.[101] Das System des scharf umgrenzten Herrschaftsbereichs der nationalsozialistischen Ortsgruppen- und Kreisleiter in der Rothenburger Region löste ein Organisationsmodell ab, das von sich überschneidenden persönlichen Einfluss- und Beziehungssphären ausging. Bereits im Frühjahr 1930 konnte der letztgenannte Vorgang als abgeschlossen gelten, auch wenn das beständige Ringen, um Einfluss, Macht und Hitlers Wohlwollen fortdauerte.[102]

Der NSDAP-Bezirk Rothenburg wurde zuerst von Stegmann geleitet.[103] Mit dessen Ernennung zum Gruppenführer der SA wurde 1930 der Oberbezirk Ansbach/Rothenburg unter Leitung des Kreisleiters Richard Hänel geschaffen.[104] Ende 1930 bildeten Rothenburg, Ansbach, Feuchtwangen und Uffenheim den Oberbezirk.[105] Rothenburg bildete einen Unterbezirk davon, dessen Leiter der spätere Kreispropagandaleiter Georg Höfler war. Am 1. September 1931 bildete sich auf Hänels Initiative ein eigener Bezirk Rothenburg. „Bezirksführer“ war Mägerlein.[106] Der „NSDAP-Kreis Rothenburg ob der Tauber“ gründete sich am 1.August 1932 und stand unter der Führung des zum Kreisleiter ernannten Friedrich Mägerlein.[107]

Schreiben des stellvertretenden Kreisleiters Zoller an die Gauleitung der NSDAP Franken vom 18.6.1935.

101 Nach dem gescheiterten Hitlerputsch initiierten Hitler und Rosenberg die Bildung von Bezirksleitungen als den Ortsgruppen übergeordneten Instanzen, um die Parteistruktur zu erhalten. Vgl. Roth, Parteikreis und Kreisleiter, S. 17.

102 Hambrecht, Aufstieg der NSDAP, S. 410

103 Die Bezirke galten als direkte Vorläufer der NSDAP-Parteikreise. Vgl. Roth, Parteikreis, S. 17.

104 Schreiben der Kreisleitung Ansbach vom 5. Mai 1937, verfasst von Kreisleiter Hänel aus Ansbach. StAN, Rep. 503. NS-Mischbestand, Gauleitung Nr. 137; Richard Hänel, geb. 14.1.1895, war Mitbegründer der NSDAP und Kreisleiter in Ansbach. Am 7.5.1934 wurde Hänel für die NSDAP zum 1. Bürgermeister und ehrenamtlichen Oberbürgermeister gewählt. Er war Träger des zehn, 15- und 25-jährigen Dienstabzeichens sowie des Goldenen Parteiabzeichens. Vgl. Diana Fitz, Ansbach unterm Hakenkreuz, Ansbach 1994, S. 33 u. 261f.

105 StAN, Rep. 503. NS-Mischbestand, Gauleitung Nr. 137. Steinacker in einem Antwortbrief an das Gaupersonalamt vom 29.4.37.

106 StAN, Rep. 503. NS-Mischbestand, Gauleitung Nr. 137. Schreiben der Kreisleitung Ansbach vom 5.5.1937, verfasst von Kreisleiter Hänel aus Ansbach.

107 StAN, Rep. 503. NS-Mischbestand, Gauleitung Nr. 137. Steinacker in einem Antwortbrief an das Gaupersonalamt vom 29.4.37. Die Geschäftsstelle der NSDAP befand sich in der Stadt Rothenburg vom 1.6.1932-15.3.1934 in der Galgengasse 35.

3.2. Forcierter Wahlkampf, Massenkundgebungen und Saalschlachten

Schon Anfang des Jahres 1924 waren die Versammlungen der Parteien und Wählergruppierungen in Rothenburg von der bevorstehenden Landtagswahl am 6. April und der kurz darauffolgenden Reichstagswahl am 4. Mai geprägt. Durch zahlreiche Aktivitäten waren die nationalen Vereinigungen der politischen Rechten auffallend bemüht, möglichst viele Bürger zu erreichen. Evangelische Geistliche unterstützten diese Bewegung und verbreiteten antisemitische Ideen in der Bevölkerung. Das Evangelische Vereinshaus wurde ein üblicher Ort für völkische und antisemitische Veranstaltungen.[108] Am 23. Januar veranstaltete der Jungdeutsche Orden einen Vortragsabend, bei dem Helmut Johnson, ein evangelischer Geistlicher aus Coburg, über „Das deutsche Staatsideal" referierte.[109] Der Nürnberger NS-Pfarrer Martin Weigel sprach auf einer Versammlung der Reichsflagge im Evangelischen Vereinshaus zum Thema: „Die deutschen Befreiungskämpfe vor 1000 Jahren."[110] Die völkische Weltanschauung wurde auch auf der Lesung des Dichters Alfred Gramsch im Evangelischen Vereinshaus propagiert, der für ein „[...] deutsche[s] Rassegefühl [...] aus dem christlichen Glauben [...]" eintrat.[111] Bei einem Familienabend des Evangelischen Arbeitervereins hielt Stadtpfarrer Wilhelm Fabri einen Vortrag zum Thema „Die Stellung der evangelischen Christen zur Judenfrage".[112] Der beträchtliche Einfluss, den die Pfarrer in ihrer Gemeinde ausübten, darf nicht unterschätzt werden.[113] NS-Akteure wie Schemm und Stegmann vermittelten der protestantischen Bevölkerung das Gefühl, dass die „NS-Bewegung und christliche Religion zusammengehörten".[114]

Im Vergleich zur Landtagswahl von 1920 steigerte sich binnen vier Jahren die Wahlbeteiligung mit 4.269 abgegebenen Stimmen von 5.487 Wahlberechtigten von 71,6 auf 77,8 Prozent.[115] Die Erfolge des Völkischen Blocks, in dem sich die

---

108 Die völkisch engagierten Pfarrer profitierten davon, dass die NS-Propaganda von pseudotheologisch-rassistischen Erklärungen des Antisemitismus Abstand nahm und verstärkt nationale Ziele in den Vordergrund rückte, die mehr der traditionellen protestantischen Mentalität entsprachen. Vgl. Kittel, Provinz, S. 385.

109 Der Jungdeutsche Orden hatte sich am 6.11.1923 mit allen völkischen Verbänden, wie der Deutschen Arbeiterpartei, Oberland etc. zum sogenannten Völkischen Block zusammengeschlossen. Vgl. FA 23.1.1924.

110 FA 12.3.1924. Zur Rolle der evangelischen Pfarrer in der Region Rothenburg ob der Tauber siehe Kapitel 9.1. dieser Untersuchung.

111 FA 17.3.1924.

112 FA 3.4.1924; Wilhelm Fabri, geb. 1883 – gest. 1960 war ab 1922 Pfarrer in Rothenburg-St. Jakob. 1926 wechselte er nach Schweinfurt. Vgl. Björn Mensing, Pfarrer und Nationalsozialismus. Geschichte einer Verstrickung am Beispiel der Evangelisch-Lutherischen Kirche in Bayern, Göttingen 1998, S. 258.

113 Kittel, Provinz, S. 373

114 Ebenda, S. 591; Ulrich Herz, Das Dekanat Windsheim im Zeichen des Hakenkreuzes, Neustadt a. d. Aisch 2002, S. 16.

115 FA 8.4.1924.

Anhänger der verbotenen NSDAP und Sympathisanten aus deutschnationalen Splittergruppen zusammengefunden hatten, waren in dieser Zeit wirtschaftlicher und politischer Instabilität keine Überraschung. Bei der Landtagswahl am 6. April 1924 lag der Stimmanteil für den Völkischen Block in der Stadt mit 21,5 Prozent deutlich über dem Ergebnis in Bayern.[116]

Bei der Reichstagswahl am 4. Mai 1924 erzielte der Völkische Block 27,7 Prozent und die DNVP 28,7 Prozent der Stimmen. Auch hier lag Rothenburg deutlich über dem Reichsdurchschnitt.[117] Die Wahlbeteiligung betrug 74,45 Prozent.[118] Als Teil Mittelfrankens war Rothenburg innerhalb Bayerns bzw. im Reich eine Hochburg des Völkischen Blocks und damit auch der Nachfolgeorganisation der verbotenen NSDAP.[119] In diesem Amtsbezirk Mittelfrankens dominierte die vereinte Rechte, hinter der vor allem die DNVP stand. Jene galt als protestantisches Pendant zur BVP.[120]

Das Wahlergebnis der Reichstagswahl vom 7. Dezember 1924 zeigte, dass der Aufwärtstrend der Radikalen gestoppt werden konnte. Bei einer Wahlbeteiligung von 80,35 Prozent zog die SPD den größten Nutzen aus der beruhigten politischen Atmosphäre, da sie zahlreiche Stimmen wiedergewann.[121] Der Stimmanteil des völkischen Blocks ging zurück auf 6,6 Prozent, lag aber über dem Reichsdurchschnitt von 2,9 Prozent.[122]

Insgesamt befand sich die völkisch-nationalsozialistische Bewegung in einem rückläufigen Stadium und hatte, verglichen mit der Zeit vor den Reichstagswahlen in Mittelfranken, einen großen Teil ihrer Anhänger verloren.[123] Streit und persönliche Rivalitäten im völkischen Lager sowie Geldmangel beim Wahlkampf schlugen sich im Ergebnis der Reichstagswahl nieder.[124] Vor allem der Mittelstand hatte sich von den Völkischen bzw. Nationalsozialisten abgewandt und die DNVP gewählt.[125] Trotz des vergleichsweise hohen nationalsozialistischen Stimmenanteils machte sich in Rothenburg o.d.T., wie generell in Franken, die beginnende Konsolidierung und Beruhigung der politischen Verhältnisse bemerkbar.[126] Die NSDAP war vor allem mit sich selbst, mit ihrer Mitgliederwer-

---

116 Friedl, Anfänge des Nationalsozialismus in Rothenburg, S. 324; FA 8.4.1924; FA 9.4.1924.

117 Ebenda, S. 332; FA 6.5.1924.

118 FA 6.5.1924.

119 Hambrecht, Aufstieg der NSDAP S. 66.

120 Ebenda, S. 67.

121 FA 6.12.1924. Zur Geschichte der Rothenburger SPD in der Weimarer Republik bis zur „Machtergreifung" durch die Nationalsozialisten sei verwiesen auf Hermann Jakobi, Gewerkschaften und SPD in Rothenburg ob der Tauber 1924-1933. Eine zeitgeschichtliche Dokumentation, Rothenburg ob der Tauber 2000.

122 Friedl, Anfänge des Nationalsozialismus in Rothenburg, S. 342.

123 Hambrecht, Aufstieg der NSDAP, S. 75.

124 Ebenda, S. 83.

125 Ebenda, S. 84.

126 Ebenda.

bung und ihrer Organisation beschäftigt. Die Ereignisse der Reichspolitik schlugen sich nur bedingt in der NS-Geschichte der ersten Jahre konkret nieder.[127]

In den Wochen vor dem Wahltermin am 20. Mai 1928 setzten die Parteien wieder eine Reihe von Wahlveranstaltungen an. Die NSDAP hielt eine Veranstaltung ab, um den Ausführungen des Landtagskandidaten Wilhelm Grimm aus Ansbach zuzuhören.[128] Bei der Reichstagswahl vom 20. Mai 1928 erhielt die NSDAP in Stadt und Bezirk Rothenburg 1.341 Stimmen und war damit drittstärkste Partei nach DNVP und SPD.[129] Die SPD konnte sowohl im Landtag als auch im Reichstag deutliche Gewinne verbuchen, was sich im Wahlergebnis in Rothenburg widerspiegelte.[130] Das Ergebnis der Reichstagswahl schien vorübergehend eine Phase der demokratischen Konsolidierung zu bewirken.

Doch die ungesunde Entwicklung der kleinstädtischen Mittelschicht und der umliegenden Landwirtschaft, von der viele Handwerker betroffen waren, führte zu einem ökonomischen Krisenszenario im westlichen Mittelfranken.[131] In Rothenburg trat der „alteingesessene nationalprotestantische Mittelstand in eine scharfe politisch-soziale Konfrontation mit etwa gleich starker sozialdemokratisch-kommunistischer Arbeiterschaft“ und „gesellschaftliche und kulturelle Überfremdungsängste im Bürgertum“ waren für die „radial- antimarxistischen Parolen der NSDAP“ ein guter Nährboden.[132] Besonders die Jugend fühlte sich vom „Nationalsozialismus – mit seinem zwischen dem dreißigsten und vierzigsten Lebensjahr stehenden Führungskorps“ angesprochen.“[133] Des Weiteren kam den Nationalsozialisten die allgemeine Wertschätzung des Militärischen entgegen.[134]

In dieser Zeit des wirtschaftlichen Niedergangs bemühte sich die NSDAP in der Stadt Rothenburg und auf dem Land verstärkt darum, ihre Propaganda zu intensivieren und die wirtschaftliche Not für ihre politischen Zwecke zu instrumentalisieren. Die Nationalsozialisten eröffneten im Bezirk Rothenburg o.d.T. ihren Propaganda-Feldzug gegen den Young-Plan, der die Tilgung der deutschen Reparationsverpflichtungen über einen Zeitraum von 60 Jahren vorsah. Unter dem „Frankenführer“ Julius Streicher bildete der Antisemitismus eine wesentliche Propagandakomponente, die alle anderen Themen überlagerte.[135] Am 13.

---

127 Ebenda, S. 405.

128 Friedl, Anfänge des Nationalsozialismus in Rothenburg, S. 349; FA 19.5.1928.

129 Ebenda.

130 FA 22.5.1928; Friedl, Anfänge des Nationalsozialismus in Rothenburg, S. 349.

131 Kittel, Provinz S. 496.

132 Ebenda, S. 598.

133 Ebenda, S. 595.

134 Ebenda, S. 281; In fast allen Dörfern des westlichen Mittelfrankens hatten Wehrverbände Ortsgruppen. Mit ihren Geländeübungen und Gepäckmärschen trugen sie „zur Militarisierung des regionalen Alltags bei“. Vgl. Kittel, Provinz, S. 283.

135 Zur Begriffsbildung des „Frankenführers“ in Verbindung mit dem mittelfränkischen Gauleiter Julius Streicher entsteht derzeit eine Untersuchung von Herbert Schott, dem stellvertretenden Direktor des Nürnberger Staatsarchivs.

Oktober 1929 sprach Julius Streicher im Adlersaal in Schillingsfürst über „Die schändliche Youngversklavung unseres deutschen Volkes".[136] Das „nationalistische Versailles-Syndrom" führte beim Volksbegehren im Oktober 1929 gegen den Young-Plan im Bezirksamt Rothenburg o.d.T. zu 65 Prozent und in einzelnen Bauerndörfern sogar bis zu 90-100 Prozent, während deutschlandweit lediglich 10 Prozent erreicht wurden.[137]

Die Veranstaltungen der NSDAP und SA in Stadt und Land Rothenburg häuften sich. Versammlungen mit Vortragsthemen wie „Schicksal der schaffenden deutschen Stände" verdeutlichten, dass die Nationalsozialisten auf die Ängste und das Bewusstsein für eine schwere Wirtschaftskrise in breiten Bevölkerungskreisen abzielten.[138] Ferner zeigte sich, dass die Nationalsozialisten diese Region als Experimentierfeld zur Entwicklung neuer, schichtenspezifischer Propagandatechniken und Strategien nutzten.[139] Bereits am 4. Mai 1929 sprach der NSDAP-Funktionär Karl Holz aus Nürnberg über „Marxismus oder Nationalsozialismus, der Kampf um Deutschlands Zukunft".[140] Julius Streicher sprach am 16. Mai in Rothenburg.[141] Im September 1929 fand ein großer SA-Aufmarsch in Rothenburg statt,[142] und am 12. Oktober 1929 wurde die Schutzstaffel Rothenburg durch Karl Kitzinger gegründet.[143] Die Stadtratswahlen am 8. Dezember 1929 erbrachten für die NSDAP-Ortsgruppe eine Verdoppelung ihrer Stimmenzahl, was den Einzug dreier Stadträte zur Folge hatte. Allein vom 24. August bis 13. September 1929 gab es 30 öffentliche Versammlungen der NSDAP. Zusätzlich wurden jeweils am ersten Freitag des Monats, seit Bestehen der Ortsgruppe, Mitgliederversammlungen einberufen.[144]

Die Wahlkämpfe in Rothenburg zeigten, dass die Spannungen zwischen den Parteien zugenommen hatten und dass der Ton in der politischen Auseinandersetzung erheblich schärfer geworden war. Die NSDAP trat im Bezirk Rothenburg o.d.T. äußerst siegessicher auf. Mit wachsender Stärke und zunehmendem Selbstbewusstsein entwickelten sich aus verbalen Attacken handgreifliche Aggressionen, Straßen- und Saalschlachten häuften sich: 1926 vermeldete die Orts-

---

136 FA 11.10.1929.

137 Kittel, Provinz, S. 575.

138 FA 7.3.1929.

139 Hambrecht, Aufstieg der NSDAP, S. 405.

140 FA 3.5.1929; Hambrecht, Aufstieg der NSDAP, S. 219; Karl Holz, geb. 27.12.1895 – gest. 20.4.1945, trat 1922 der NSDAP und der SA bei. Sein Wiedereintritt erfolgte 1925 in die neubegründete NSDAP. 1927 betätigte er sich als Schriftleiter des „Stürmer" und 1933-1934 als Kreisleiter der Stadt Nürnberg. 1934-1942 wurde Holz stellvertretender Gauleiter für den Gau Franken. 1942 war Holz kommissarischer Gauleiter und 1944-1945 Gauleiter des Gaues Franken. Vgl. Unger, Biogramme, S. 749.

141 FA 6.11.1937; Zu Julius Streicher siehe Kapitel 6.1.5.2. dieser Untersuchung.

142 FA 18.9.1929.

143 FA 6.11.1937.

144 Ebenda.

gruppe Schillingsfürst eine Straßenschlacht bei der „Lehmigen Steige“ sowie 1931 eine Straßenschlacht in Schillingsfürst selbst.[145] Im Frühjahr 1929 kam es im Rothenburger Hotel „Bären“ zu einer großen Saalschlacht zwischen NSDAP- und SPD-Anhängern.[146] Ein Sturmbefehl der Ortsgruppe Rothenburg vom 11. April belegt, dass die Nationalsozialisten, allen voran die Rothenburger SA, gut vorbereitet die sozialdemokratische Veranstaltung besuchten, um sie gezielt zu stören. [147] Hans Voit drohte „Parteigenossen, die nicht erscheinen [...]“ mit Ausschluss aus der SA.[148] Nach dem Vortrag von Wilhelm Hoegner brach eine Schlägerei zwischen Nationalsozialisten und Sozialdemokraten mit zahlreichen Verletzten aus.[149] Daraufhin erließ das Rothenburger Bezirksamt ein Versammlungsverbot – das allerdings nicht lange Bestand hatte – für alle öffentlichen Veranstaltungen der Rothenburger NSDAP.[150]

Bei einer sozialdemokratischen Versammlung in Schillingsfürst am 4. Juni 1930 versuchten die Nationalsozialisten sich gewaltsam Einlass zu verschaffen, obwohl ihnen der Zutritt verboten worden war.[151] Auch leisteten sie der bezirksamtlichen Aufforderung, abzuziehen, keine Folge. Schließlich musste die Gendarmerie die Versammlung auflösen, da es den Polizeibeamten nicht möglich war, gegen das NSDAP-Aufgebot vorzugehen.[152] In den Jahren bis zur „Machtergreifung“ kam es immer wieder zu Übergriffen auf die SPD, wie zum Beispiel nach einer NSDAP-Versammlung am 5. Juli 1931. Laut Gendarmeriebericht hatte sich der Zwischenfall in Rothenburg vor dem Gasthaus „Grüner Baum“, dem Stammlokal der Nationalsozialisten, zugetragen.[153] Die beiden SPD-Befürworter,

---

145 StAN, Rep. 503, NS-Mischbestand, Gauleitung Nr. 136. Bericht über die Gründung der Ortsgruppe Schillingsfürst an die Kreisleitung Rothenburg o.d.T.

146 Kittel, Weimar, S. 171f.

147 StAM, SpKA 34.

148 Höfler, Entwicklung der NSDAP im Kreis Rothenburg, ohne Zählung. StAN, SpKA Rothenburg o.d.T., V27. Der Schreiner Hans Voit aus Rothenburg o.d.T., geb. 20.2.1899, war 1927-1931 sowie 1937-1945 Mitglied der NSDAP. Ferner war er von 1933-1945 Mitglied der SA. Er hatte ab 1935 den Rang eines Rottenführers. Des Weiteren war er 1937-1938 Mitglied der NSV.

149 Im Oktober 1929 mussten sich insgesamt zehn Personen wegen Beteiligung an der Saalschlacht vor Gericht für Straftatbestände wie gefährlicher Körperverletzung und Übertretung des Waffengebrauchs verantworten. Darunter die NSDAP-Mitglieder Wilhelm Stegmann und Hans Voit. Wilhelm Stegmann wurde freigesprochen und Hans Voit mit einer Geldstrafe von 90 Mark abgeurteilt. Vgl. FA 21.10.1929; Der SPD-Politiker Wilhelm Hoegner, geb. 23.9.1887 – gest. 5.3.1980, war von 1945-1946 und 1954-1957 Bayerischer Ministerpräsident. Vgl. Peter Kritzer, Wilhelm Hoegner. Politische Biographie eines bayerischen Sozialdemokraten, München 1979, S. 377-382.

150 FA. 23.4.1929.

151 StAN, Reg. v. Mfr. K.d.I. Abg. 1968. Tit. II, Nr. 689. Schreiben des Staatsministeriums des Innern an das Bezirksamt Rothenburg vom 24.6.1930.

152 Ebenda.

153 StAN, Reg. v. Mfr. K.d.I. Abg. 1968 Tit. II, Nr. 693. Schreiben des Bezirksamtes Rothenburg an die Reg. v. Mittelfranken vom 16.6.1931.

der Maurer Schmidt und der Korbmacher Brehm, hänselten auf dem LKW vorbeifahrende NSDAP-Anhänger, worauf vier vom Fahrzeug heruntersprangen, mit ihren Leibriemen auf Schmidt und Brehm einschlugen und dann mit dem Wagen in Richtung Schillingsfürst davonfuhren.[154] Verbale Einschüchterungen gegenüber der SPD standen auf der Tagesordnung. Bei einer NSDAP-Versammlung im Evangelischen Vereinshaus in Rothenburg bedrohte der NSDAP-Referent die SPD, dass die Nationalsozialisten es den Sozialdemokraten nicht vergessen werden, dass sie „Deutschland an den Rand des Abgrundes" gestoßen hätte.[155] Sobald die NSDAP an die Macht käme, „werde sie mit der Partei und deren Bonzentum sowie mit den Parteibuchbeamten gründlich aufräumen. Dies alles werde auf legalem Wege geschehen. Es werden deutsche Gerichtshöfe errichtet werden und vor diesen würden sich dann die Verräter zu verantworten haben."[156]

Das Wahljahr von 1930 stand unter dem Einfluss der sich verschärfenden Wirtschaftskrise und der anwachsenden Arbeitslosigkeit.[157] Bei den „Katastrophenwahlen" im September 1930 hatte die NSDAP den entscheidenden Durchbruch auf dem Weg zur Massenpartei erzielt.[158] In Stadt und Bezirk Rothenburg bestätigte das Ergebnis der Reichstagswahl am 14. September 1930 die NSDAP mit 5.321 Stimmen als stärkste Partei.[159] Die NSDAP erreichte mit 33,6 Prozent in Rothenburg o.d.T. einen besonders hohen Wähleranteil, der den mittelfränkischen Durchschnitt von 23,8 Prozent um ganze 10 Prozent überstieg.[160] Das Ergebnis der Reichstagswahl zeigt, wie tief das Vertrauen in die bestehende Staatsordnung erschüttert war und wie stark sich die Rothenburger von der wirtschaftlichen Misere des Reiches radikalisieren ließen.[161] Es zeichnete sich bereits ab, dass Rothenburg ein Schwerpunkt der Bewegung werden sollte. In ganz Franken entwickelte sich die NSDAP in Stadt und Land Rothenburg mit am Spektakulärsten. Aufgrund der intensiven Propagandatätigkeit des SA-Führers Stegmann war dort der NSDAP-Stimmenanteil seit 1928 von 9,4 auf 33,6 Prozent gestiegen.[162] Die NS-Aktivisten witterten Morgenluft, als sie vermehrt Sympathie erhielten und sich ihre Anhängerschaft vergrößerte.[163] Bei der Aufschlüsselung der erdrutschartigen Wählerbewegung muss die Mobilisierung bisheriger Nichtwähler zugunsten des Nationalsozialismus einkalkuliert werden, ebenso wie die Funkti-

---

154 Ebenda.

155 BayHStA, MInn 81586. Schreiben des Bezirks Rothenburg o/T. an das Bezirksamt Rothenburg o/T. vom 24.1.1932.

156 Ebenda.

157 Jürgen Falter, Hitlers Wähler, München 1991, S. 30.

158 Kittel, Mentale Machtergreifung, in: Täubrich u.a. (Hg.): Bilderlast, S. 24-31, S. 24.

159 FA 6.11.1937.

160 Hambrecht, Aufstieg der NSDAP, S. 191.

161 Die ökonomische Not trieb im April 1931 vier Menschen innerhalb von drei Wochen in den Selbstmord. Vgl. Kittel, Provinz, S. 558.

162 Ebenda.

163 Kittel, Provinz, S. 592.

on der NSDAP als Sammelbewegung für zahlreiche Protestwähler und enttäuschter Anhänger anderer Parteien berücksichtigt werden muss.[164]

Dies bestärkte die NSDAP bis Dezember 1930 weitere 16 öffentliche Veranstaltungen – allein in der Ortsgruppe Rothenburg – durchzuführen.[165] Planmäßig gingen die Nationalsozialisten nach der Septemberwahl 1930 vor, um sich die miserable Stimmung in der Bauernschaft zu Nutze zu machen. Die NSDAP und ihre angeschlossenen Verbände wie SA, SS und HJ wirkten bei der straff durchorganisierten Propaganda zusammen, wie aus dem Schreiben des Propagandaleiters der Rothenburger NSDAP hervorgeht.[166] Die NSDAP setzte der „liberalistisch-privatwirtschaftlichen" Agrarpolitik der Landvolkpartei und dem „nationalliberalen" Programm der DNVP ihre „völkische" Idee entgegen. Diese „völkische" Agrarpolitik ging von dem Ideal eines erblich mit dem Boden verwurzelten Bauern aus, der – anders als der nur am Geld interessierte Landwirt – Arbeit als „Aufgabe an seinem Volke" betrachtete und griff auch Elemente der traditionellen, im evangelischen Franken stark verbreiteten, christlich verbrämten Großstadtfeindlichkeit und Agrarromantik auf.[167] So schätzte selbst der Rothenburger Stadtamtmann und Angehöriger des DNVP-Landesvorstandes Hans Wirsching die DNVP so ein, dass sie die Interessengruppen rein landwirtschaftlicher Art nicht mehr vertreten würde.[168] Die DNVP erlitt im September 1930 katastrophale Verluste und ging in Rothenburg von 22,5 auf 9,9 Prozent zurück.[169]

Nach den Reichstagswahlen 1930 entwickelte das stürmische Mitgliederwachstum der NSDAP eine Eigendynamik und der Zulauf an „Parteigenossen" ging mit wachsendem Bekennermut, vor allem nationalsozialistisch gesinnter Angestellter und Beamter im öffentlichen Leben, einher.[170] Ende 1931 stieg die Zahl der Mitglieder des SA-Sturmes 21 in Rothenburg von 69 auf 160 Mitglieder an.[171]

Parteigrößen wie Himmler und Göring hielten erste Reden in Rothenburg.[172] Eine der ersten Massenveranstaltungen mit etwa 2.000 Teilnehmern war die Re-

---

164 Jürgen Falter, Wer verhalf der NSDAP zum Sieg? in: Aus Politik und Zeitgeschichte, Beilage zur Wochenzeitung Das Parlament, B 28-29/79 (14. Juli 1979). S. 3-21; Ders./Michael Kater, Wähler und Mitglieder der NSDAP, in: Geschichte und Gesellschaft 19 (1993). S. 155-177; Ders., War die NSDAP die erste deutsche Volkspartei? in: Michael Prinz/Rainer Zitelmann (Hg.): Nationalsozialismus und Modernisierung, Darmstadt 1991, S. 21-47.

165 FA 6.11.1937.

166 Höfler, Entwicklung der NSDAP im Kreis Rothenburg, ohne Zählung.

167 Kittel, Weimar, S. 178f.

168 Kittel, Provinz, S. 580.

169 Ebenda, S. 585.

170 Kittel, Mentale Machtergreifung, S. 24

171 FA 15.12.1931.

172 FA 7.3.1929; FA 29.9.1930; Hermann Göring, geb. 12.1.1893 – gest. 15.10.1946, trat 1922 der NSDAP bei und nahm 1923 am Hitlerputsch teil. 1933 wurde Göring preußischer Ministerpräsident, Reichsminister für Luftfahrt und 1934 Reichsforst- sowie Reichsjägermeister. 1935 war Göring Präsident der Akademie für Luftfahrtforschung. 1938 ernannte man Göring zum Generalfeldmarshall. 1939 erhielt er seine offizielle Bestellung als Nachfolger Hitlers. 1940 war Göring Reichsmarschall des Großdeutschen Reiches. Aufgrund von Ver-

de des ehemaligen Oberbürgermeisters Ludwig Siebert am 5. Juli 1931.[173] Zwar wurde während der Veranstaltung gegen rechtliche Auflagen wie Uniformverbot verstoßen, doch hatte dies für die beteiligten NSDAP-Mitglieder keine strafrechtlichen Konsequenzen.[174] Es entstand der Eindruck, als wollten sich staatliche Stellen durch allzu große Nachsicht das Wohlwollen der NSDAP erkaufen.[175] Am 5. Juli 1931 veranstaltete die NSDAP in einer Dreschhalle bei Rothenburg eine Kundgebung bei der Siebert, zu jener Zeit Oberbürgermeister in Lindau, über „Volkesnot und Nationalsozialismus" sprach.[176] Siebert übte schärfste Kritik an der Sozialdemokratie und unterstütze in seiner Rede die nationalsozialistische Politik.[177] Bei der Massenveranstaltung handelte es sich um einen großangelegten und gut durchorganisierten Propagandaakt der lokalen Akteure Karl Zoller, Georg Arlt und Wilhelm Stegmann. Bereits am Nachmittag waren in der Stadt Rothenburg zahlreiche uniformierte NSDAP-Anhänger vor dem „Grünen Baum" zusammengekommen.[178] Da die Polizeikräfte weit in der Unterzahl waren, ging man gegen diese Versammlung nicht vor, um Ausschreitungen zu vermeiden.[179] Gegen Abend kamen die Nationalsozialisten aus der nahen und fernen Umgebung mit Autos und Fahrrädern zu der Versammlung angefahren.[180] Vor Beginn der Kundgebung in der Rothenburger Dreschhalle hielt eine Abteilung der NSDAP unter Leitung von Georg Arlt ein Gruppenexerzieren ab.[181] Unter dem Kommando von Stegmann aus Schillingsfürst marschierte eine etwa 80 Mann starke Abteilung mit drei Hakenkreuzfahnen an der Spitze in die Dreschhalle ein.[182] Die Nationalsozialisten traten dabei in Uniform auf.[183] Später zog ein zweiter Zug von ungefähr 50 uniformierten SA-Mitgliedern geschlossen

---

handlungen mit den Alliierten zur Beendigung des Krieges enthob man ihn am 23.4.1945 seiner Ämter. Vgl. Weiß, Personenlexikon 1933-1945, S. 156ff.

173 FA 6.7.1931. Ludwig Siebert hatte von 15.1.1908 bis 1.11.1919 in der Stadt Rothenburg ob der Tauber das Amt des Oberbürgermeisters inne. Vgl. FA 8.4.1933. Am 12.4.1933 wurde er zum bayerischen Ministerpräsidenten ernannt. Vgl. FA 12.4.1933. Zu Siebert siehe Kapitel 6.1.5.1. dieser Untersuchung.

174 BayHStA, Akten des Staatsministeriums des Innern, MInn 81585. Schreiben des Polizeioberkommissärs Settler vom 4.8.1931.

175 Hambrecht, Aufstieg der NSDAP, S. 267.

176 StAN, Reg. v. Mfr. K.d.I. Abg. 1968 Tit. II, Nr. 693. Fränkische Tagespost Nr. 183 vom 8.7.1931. BayHStA, MInn 81585. Schreiben des Gendarmerie-Bezirks Rothenburg o/T. an das Bezirksamt Rothenburg o/t. vom 3.8.1931.

177 FA 8.7.1929.

178 StAN, Reg. v. Mfr. K.d.I. Abg. 1968 Tit. II, Nr. 693. Schreiben des Bezirksamtes Rothenburg an die Reg. v. Mittelfranken vom 15.7.1931.

179 Ebenda.

180 StAN, Reg. v. Mfr. K.d.I. Abg. 1968 Tit. II, Nr. 693. Fränkische Tagespost Nr. 183 vom 8.7.1931.

181 StAN, Reg. v. Mfr. K.d.I. Abg. 1968 Tit. II, Nr. 693. Schreiben an den Rothenburger Stadtrat vom 28.7.1931.

182 Ebenda; Fränkische Tagespost Nr. 183 vom 8.7.1931.

183 StAN, Reg. v. Mfr. K.d.I. Abg. 1968 Tit. II, Nr. 693. Fränkische Tagespost Nr. 183 vom 8.7.1931.

zur Versammlung.[184] Anlässlich der NSDAP-Kundgebung kam es zu einer Reihe von Gesetzesübertretungen durch die Nationalsozialisten, die von der Polizei geduldet wurden.[185] Zwar wurde von den Polizei- und Gendarmeriebeamten ein Gruppenexerzieren wahrgenommen, doch schritten die Behörden nicht ein, da die Prozedur auf einem von der NSDAP gemieteten Grundstück stattgefunden hatte.[186] Das Bezirksamt Rothenburg spielte die Vorwürfe aufgrund der Polizeiberichte herunter, die sich nach Ansicht der Gemeindebehörde widersprachen.[187] Da die Nationalsozialisten gemeinsam in zwei Aufzügen in die Halle marschiert seien, hätte aus Sicht des Bezirksamtes ein Exerzieren von NSDAP-Mitgliedern nicht stattgefunden.[188]

Der Schriftwechsel zwischen dem Leiter des Rothenburger Bezirksamtes, Bezirksamtmann Schmidt, und Stegmann verdeutlicht die fehlende Neutralität gegenüber der NS-Bewegung und offenbart für den Historiker Manfred Kittel sogar Züge von „geheime[r] Bewunderung":[189] „Sie wissen genau, dass ich der politischen Betätigung Ihrer Partei nicht das mindeste in den Weg gelegt habe, daß [sic!] ich mich [...] dafür eingesetzt habe, daß [sic!] [...] Versammlungen Ihrer Partei keine Schwierigkeiten in den Weg gelegt werden." [190] Dabei spielten neben Sympathien für diese Partei auch ein gewisser Opportunismus und vor allem die Angst vor persönlichen Angriffen der Nationalsozialisten eine Rolle.[191] Die führenden Rothenburger Beamten hatten diese Entwicklung mit zu verantworten, da sie der NSDAP in den Anfangsjahren so manche Gesetzwidrigkeit nachgesehen hatten und ihr darüber hinaus mit Wohlwollen begegnet waren. Ohne ihr selbst anzugehören, werteten viele Beamte die NSDAP durch ihre deutlich bekundeten Sympathien politisch auf und erfüllten eine Art Katalysatorfunktion.[192]

Trotz eines allgemeinen Versammlungs- und Aufzugsverbotes bemühte sich in Rothenburg das Bezirksamt um die Zulassung von NS-Veranstaltungen.[193] So empfahl das Bezirksamt Rothenburg die Genehmigung einer NS-Veranstaltung

---

184 BayHStA, MInn 81585. Schreiben der Regierung von Mittelfranken, Kammer des Innern an das Staatsministerium des Innern in München vom 8.9.1931.

185 StAN, Reg. v. Mfr. K.d.I. Abg. 1968 Tit. II, Nr. 693. Schreiben an den Rothenburger Stadtrat vom 28.7.1931.

186 BayHStA, MInn 81585. Schreiben des Polizeioberkommissärs Settler vom 4.8.1931.

187 StAN, Reg. v. Mfr. K.d.I. Abg. 1968 Tit. II, Nr. 693. Schreiben des Bezirksamts Rothenburg an die Regierung von Mittelfranken vom 18.8.1931.

188 StAN, Reg. v. Mfr. K.d.I. Abg. 1968 Tit. II, Nr. 693. Schreiben des Bezirksamtes Rothenburg an die Reg. v. Mittelfranken vom 15.7.1931.

189 Kittel, Provinz, S. 358.

190 StAN, Rep. Regierung von Mittelfranken KdI, Abgabe 1968, Tit. II, Nr. 699. Schreiben des Vorstands des Bezirksamtes Rothenburg o.d.T., Schmidt, an den Reichstagsabgeordneten Stegmann vom 10.11.1931.

191 Hambrecht, Aufstieg der NSDAP, S. 267.

192 Ebenda, S. 409.

193 StAN, Rep. Regierung von Mittelfranken KdI, Abgabe 1968, Tit. II, Nr. 699. Schreiben des Vorstands des Bezirksamtes Rothenburg o.d.T., Schmidt, an den Reichstagsabgeordneten Stegmann vom 10.11.1931.

und setzte sich dafür bei der Regierung ein.[194] Das war zum einen Ausdruck der Isolation inmitten einer Mehrheit von NS-Sympathisanten und zum andern Folge des weit verbreiteten Irrtums, nationalsozialistisch mit staatserhaltend gleichzusetzen.[195] Der nationalsozialistische Druck auf die Behörde schien so stark geworden zu sein, dass sich das Bezirksamt Rothenburg bei einem Verbot ausdrücklich auf die ministerielle Weisung berief, als gehe die Anordnung allein von den Polizeibehörden aus.[196] Die staatlichen Instanzen erwiesen sich gegen die aufstrebende NSDAP als nahezu wirkungslos. Weisungen vom Bayerischen Innenministerium, wie Versammlungsverbote, ließen sich auf der untersten Ebene kaum durchsetzen. Der einzelne Beamte hatte gegen die nationalsozialistische Mehrheit kaum Möglichkeiten, den staatlichen Anordnungen Nachdruck zu verleihen. Ferner belegt obiges Schreiben, dass sich gerade die Beamten besonders aufgeschlossen gegenüber dem Nationalsozialismus zeigte.[197]

3.3. Vorboten der „Machtergreifung“

Bereits zu Beginn des Jahres 1932 kündigte sich die Zeit des „Dritten Reiches“ an.[198] Von Seiten der NSDAP wurde der Wahlkampf für die Reichspräsidentenwahl mit einem ungeheuren Materialaufwand an gedruckten Propagandaschriften, mit zahllosen Versammlungen selbst in den kleinsten und entlegensten Gemeinden geführt.[199] Die Selbstsicherheit und Siegesgewissheit der Nationalsozialisten war deutlich in den öffentlichen Versammlungen zu vernehmen. Bei einem Vortrag über „1932, das Jahr der deutschen Schicksalswende“ verkündete Karl Zoller „auf die Verbote und Gerichtsurteile über mittelfränkische Führer zu sprechen kommend [...], dass diejenigen, die heute Verbote aussprechen, in absehbarer Zeit nichts mehr zu sagen haben werden.“[200] Nach einem Redeverbot gegen Fritz Walz aus Schillingsfürst vor der Reichspräsidentenwahl äußerte Walz, dass er das nicht begreifen könnte, denn nachdem sie an der Macht wären „fliege der Oberamtmann“, der gegen ihn das Redeverbot verhängt hatte.[201]

Am 18. Februar 1932 sprach der Reichsführer des nationalsozialistischen Lehrerbundes (NSLB) und späterer Kultusminister Hans Schemm aus Bayreuth über „Des deutschen Volkes Kampf um seine Kulturgüter“.[202] Als weitere wichtige Ziel-

---

194 Ebenda.
195 Hambrecht, Aufstieg der NSDAP, 271.
196 Ebenda.
197 Ebenda, S. 408.
198 Kittel, Mentale Machtergreifung, S. 24.
199 Hambrecht, Aufstieg der NSDAP, S. 337.
200 FA 8.1.1932.
201 BayHStA, MInn 81609. Schreiben des Vorstands des Bezirksamts Rothenburg o/T. an das Präsidium der Regierung von Mittelfranken vom 5.4.1932.
202 FA 17.2.1932.

gruppe nahm die NS-Propaganda Landwirte ins Visier. Mit ihren Aktionen wollten die Nationalsozialisten der „Notlage des Landvolkes gerecht werden [...]".[203] So veranstaltete die NSDAP eine Bauernversammlung im Rothenburger Gasthaus „Zur Glocke", bei der u.a. der landwirtschaftliche Gaufachberater für Mittelfranken und Landtagsabgeordnete Georg Soldner aus Schwand zum Thema „Für Freiheit und des Recht des deutschen Bauern" eine Rede hielt.[204] Neben der reinen Propaganda wurde die Landwirtschaft auch organisatorisch erfasst und der „Arbeitsring nationalsozialistischer ehemaliger Landwirtschaftsschüler" gegründet.[205]

Großveranstaltungen mit Gastrednern wie General Franz Ritter von Epp trugen im November 1932 ihr Übriges dazu bei, in Rothenburg die Bevölkerung auf das „Dritte Reich" einzustimmen.[206] Symbolisch wurde das Zelt auf dem Judenkirchhof aufgebaut.[207] Alle propagandistischen Register wurden gezogen. Vor über 1.000 Zuschauern marschierte die Rothenburger SA unter den Klängen der Rothenburger Stadtkappelle ein. Nachdem Ortsgruppenleiter Karl Zoller die Veranstaltung eröffnet hatte, bestärkte Epp die lokalen Nationalsozialisten, dass Rothenburg „[...] eine Kerntruppe der Bewegung sei [...]."[208]

Darüber hinaus wurde 1932 intensiv am organisatorischen Aufbau der Hitler-Jugend gearbeitet und versucht, die Organisation in den Dienst der Gesellschaft

---

203 FA 18.10.1932.

204 Ebenda; Georg Soldner wurde am 9.12.1885 in Altengreuth, Landkreis Rothenburg o.d.T., geboren. Als Freiwilliger meldete er sich im Oktober 1904 beim 2. Feldartillerie-Regiment in Würzburg und war dort bei der 1. Batterie bis zu seiner Entlassung im September 1906 als Beschlagschmied tätig. 1911 legte er in Ansbach die Meisterprüfung als Schmied ab und heiratete die Landwirtstochter Lina Klein aus Leipoldsberg. Aus der Ehe gingen zwei Kinder hervor. Er übernahm von seinen Eltern das landwirtschaftliche Anwesen und richtete einen Schmiedebetrieb ein. Im Ersten Weltkrieg war er Oberfahnenschmied bzw. Hufbeschlagmeister. Nach seiner Entlassung betrieb er weiter eine Landwirtschaft und das Schmiedegewerbe. Georg Soldner war von 1.1.1931-1945 Mitglied der NSDAP. Ab 1932 trat Soldner für die Partei als Kreisredner für landwirtschaftliche Fragen in Aktion und die NSDAP stellte ihn als Landtagskandidaten auf. Reichsbauernführer Walter Darré ernannte Georg Soldner 1933 zum Kreisbauernführer. Soldner war ab 1933-1945 Mitglied des Reichsnährstandes. Ferner engagierte er sich bei der NSV, dem RKB und der VDA. Er war im Aufsichtsrat der Bayerischen Zentral-Darlehenskasse, der Bayerischen Landwirtschaftsbank und der Gewerbebank. Georg Soldner war Träger des KVK II. Klasse. Vgl. StAN, SpKA Rothenburg o.d.T., Nr. S47. Klageschrift der Spruchkammer des Kreises Rothenburg o.d.T. vom 13.5.1948; Lebenslauf von Georg Soldner vom 16.8.1947; Schreiben der Spruchkammer aus dem Jahr 1948.

205 FA 18.2.1932.

206 FA 5.11.1932; Franz Xaver Ritter von Epp, geb. 16.10.1868 – gest. 31.12.1946, vermittelte 1923 zwischen Reichswehr und Putschisten beim Hitlerputsch. 1924-1926 war er bei der Gründung und Leitung des paramilitärischen „Deutschen Notbanns" tätig. 1928 trat er der NSDAP bei. 1932-1935 leitete er das Wehrpolitische Amt der NSDAP. Ab 1933 war er Reichskommissar für Bayern, bayerischer Ministerpräsident und 1933-1945 Reichsstatthalter in Bayern. 1934-1943 leitete er das Kolonialpolitische Amt der NSDAP und war 1936-1945 Bundesführer des Reichskolonialbundes. Vgl. Unger, Biogramme, S. 742f.

207 Die Genehmigung dazu erteilte der Stadtrat nachträglich am 14. November 1932. Vgl. FA 18.11.1932.

208 FA 5.11.1932.

zu stellen. So bat die Bezirksführung der Hitler-Jugend-Rothenburg im Rahmen des Hilfswerks der nationalsozialistischen Jugend „[...] um kostenlose Aufnahme von Kindern bedürftiger Familien der Großstädte."[209] Feierliche Überführungen der Hitler-Jugend in die SA wurden mit großem Pomp, Vorträgen und Marschmusik betrieben.[210]

Aus der NS-Metropole Rothenburg ob der Tauber wurde berichtet, dass es fast unmöglich sei, für Hindenburg einzutreten und niemand habe sich mehr getraut, Plakate für den bisherigen Präsidenten anzuschlagen, Versammlungen abzuhalten oder Flugblätter zu verteilen.[211] Da die Stadtverwaltung den Nationalsozialisten freundlich gesonnen war, handelte es sich um unhaltbare Sicherheitszustände und die Überzeugung, dass Hitler nach der zu erwarteten Machtübernahme für jede Hindenburg-Stimme Vergeltung suchen werde, veranlasste sehr viele Menschen, für Hitler zu stimmen.[212]

Im Zuge des Wahlkampfes organisierte die NSDAP zusätzlich zu den öffentlichen Versammlungen mit Vortragscharakter vermehrt Kulturveranstaltungen. Am 30. April 1932 trat die „Nationalsozialistische Spielschar aus dem österreichischen Alpenlande" im Evangelischen Vereinshaus auf.[213] Bauerntheater, wie „Die verstorbene Gerechtigkeit", wurden zusammen mit NS-Veranstaltungen aufgeführt.[214] Des Weiteren organisierte die NSDAP einen Familienausflug nach Morlitzwinden.[215] Die filmische Propaganda fand in Rothenburg Einzug durch das Zeigen des Films „Yorck", zu dem die Ortsgruppenleitung der NSDAP-Rothenburg öffentlich einlud.[216]

In der Rothenburger Region hoffte man auf die Regierungsübernahme der Nationalsozialisten. Viele versprachen sich dadurch eine Verbesserung ihrer gesellschaftlichen und wirtschaftlichen Situation. Der Leiter des Rothenburger Bezirksamtes Schmidt vermerkte in seinem Halbmonatsbericht an das Präsidium der Regierung von Mittelfranken, dass „im Bezirk [...] in letzter Zeit vielfach darüber gesprochen worden [ist], dass Mitglieder der Nationalsozialistischen Arbeiterpartei darauf warten, dass sie im Falle eines Wahlsieges Hitlers gut bezahlte Stellen im Staats- oder Reichsdienst erhalten."[217] Ferner sollten die Angehörigen der SA „der Erwartung Ausdruck gegeben haben, dass sie künftig im staatlichen

---

209 Die Geschäftsstelle der Hitler-Jugend Bezirk Rothenburg war im Kapellenplatz 7/III einquartiert. Vgl. FA 22.7.1932.

210 FA 23.11.1932.

211 Hambrecht, Aufstieg der NSDAP, S. 337.

212 Ebenda.

213 FA 28.4.1932.

214 FA 18.11.1932.

215 FA 4.5.1932.

216 FA 4.7.1932.

217 BayHStA, Akten des Staatsministeriums des Innern, MInn 81586. Halbmonatsbericht des Bezirksamtes Rothenburg an das Präsidium der Regierung von Mittelfranken vom 5.4.1932.

Polizeidienst Verwendung finden."[218] Der Halbmonatsbericht stützte sich auf Aussagen wie zum Beispiel von der Ehefrau des NSDAP-Ortsgruppenleiters Braun aus Dombühl, die auf einen guten Posten für ihren Gatten im Staatsdienst hoffte.[219] Der Maurer Rohn aus Gattenhofen brüstete sich, dass er als Telegrafenbeamter Verwendung finden würde.[220] Die Frau des Reichstagsabgeordneten Stegmann hätte behauptet, dass, wenn Hitler an die Macht komme, ihr Mann einen „schönen Posten in Berlin" bekommen würde.[221] Ohne greifbaren Hintergrund sprach sie sogar von dem Amt des „Reichernährungs- oder Reichslandwirtschaftsminister[s]".[222] Angeregt durch die ständige Propaganda der Nationalsozialisten auf dem Land erhofften sich die Landwirte eine Verbesserung ihrer Situation, „die in ihrem Besitzstand wegen Überschuldung gefährdet sind, [auf] dass ihnen mit einem Wahlsieg Hitlers aus den Schwierigkeiten geholfen wird."[223] Jene Hoffnungen und Erwartungen trugen sicher dazu bei, dass viele Wähler in der Region Rothenburg bei den kommenden Wahlen für die NSDAP und für Hitler stimmten.

Im Jahr 1932 häuften sich Aktionen, die im Verdacht standen, von Nationalsozialisten aus der Region Rothenburg begangen worden zu sein. Allerdings hatte dies keinerlei strafrechtliche Konsequenzen, da es an der Beweislage und am Aufklärungswillen der Behörden mangelte. Besondere Aufmerksamkeit fand im März 1932 ein spektakulärer Diebstahl. Aus dem Schloss Pappenheim wurden Anfang Januar Waffen gestohlen, die man teilweise in Gebsattel im Amtsbezirk Rothenburg wiederfand. Auf Grund einer Anzeigenerstattung der sozialdemokratischen Ortsgruppe und der Eisernen Front fand am 23. März 1932 eine Hausdurchsuchung in der Dorfmühle in Gebsattel statt, wobei eine Anzahl von Waffen und Munition gefunden wurde, darunter Maschinen- sowie Infanteriegewehre und Revolver.[224] Eine Hausdurchsuchung am 29. März 1932 im Schloss Gebsattel brachte ebenfalls eine Reihe von Gewehren und Ausrüstung ans Tageslicht. Das Amtsgericht Rothenburg setzte in Haft genommene Personen wieder auf freien Fuß, „da das Gericht die Voraussetzungen für die Erlassung eines Haftbefehls nicht als vorliegend erachtete."[225] Im selben Jahr erging ein Appell des Rothen-

---

218 Ebenda.

219 BayHStA, MInn 81609. Schreiben des Vorstands des Bezirksamts Rothenburg o/T. an das Präsidium der Regierung von Mittelfranken vom 5.4.1932.

220 Ebenda.

221 Ebenda.

222 Ebenda.

223 BayHStA, Akten des Staatsministeriums des Innern, MInn 81586.Halbmonatsbericht des Bezirksamtes Rothenburg an das Präsidium der Regierung von Mittelfranken vom 5.4.1932.

224 BayHStA, Akten des Staatsministeriums des Innern, MInn, Nr. 81609. Schreiben des Bezirksamtes Rothenburg an das Staatsministerium in München.

225 BayHStA, Akten des Staatsministeriums des Innern, MInn, Nr. 81609. Nach Auffassung der Polizeidirektion Nürnberg-Fürth schien Wilhelm Stegmann nicht an dem Waffendiebstahl in irgendeiner Weise beteiligt gewesen zu sein.

burger Oberbürgermeisters Liebermann an die Bevölkerung, mit der Bitte, bei der Aufklärung von Hakenkreuzschmierereien mitzuwirken, da an zahlreichen Stellen in der Stadt – an Privathäusern und an städtischen Gebäuden – des Nachts Hakenkreuze mit Farbe aufgemalt worden waren.[226] Der Aufruf hatte keine Wirkung.

Die Wahlen 1932 brachten der NS-Bewegung weitere Gewinne und die größte Stimmenzahl in freien Wahlen, die die NSDAP in Mittelfranken je erreichte.[227] Bei der Reichspräsidentenwahl am 13. März 1932 erzielte die NSDAP in Rothenburg Ergebnisse, die reichsweit an der Spitze lagen. Mit über 80 Prozent lag Rothenburg-Land – entsprechend dem engeren Machtbereich Wilhelm Stegmanns – an der Spitze Frankens.[228] Hitler erreichte im Bezirk Rothenburg spektakuläre 87,5 Prozent.[229] Damit avancierte das Bezirksamt Rothenburg o.d.T. zum „besten nationalsozialistischen Wahlbezirk ganz Deutschlands".[230] In der Stadt brachte das Votum 51,9 Prozent für den Nationalsozialismus.[231] Die Wahlbeteiligung von 96,6 Prozent in der Stadt Rothenburg zeugt von dem hohen Propaganda- und Mobilisierungserfolg der Nationalsozialisten.[232] Bei der Reichstagswahl im Juli 1932 erhielt die NSDAP im Wahlkreis Rothenburg 75,5 Prozent, wobei der Reichsdurchschnitt bei 37,2 Prozent lag.[233] Somit lag eine der stärksten Bastionen der Nationalsozialisten auf dem Höhepunkt ihrer Mobilisierungserfolge 1932/33 im ländlichen Franken, wo im 19. Jahrhundert ein in der Bevölkerung tief verwurzelter Protestantismus eine enge Bindung mit der deutschen Nationalbewegung eingegangen war.[234] Der Erfolg der nationalsozialistischen Propaganda schlug sich in diesem Wahlergebnis noch deutlicher nieder als 1930.[235] Der erste Angriff der Nationalsozialisten auf die Macht im Staate war damit erfolgreich.[236] Vergleicht man die Zahlen der Konfessionsverteilung mit denen des Wahlverhaltens, so fällt unmittelbar auf, dass die Faktoren a) protestantische Bevölkerung und b) rein agrarische Wirtschaftsstruktur zusammenwirkten, was in der westmittelfränkischen Region zu einem Spitzenwert von 87,5 Prozent führte.[237] Symbolisch offenbarte sich die „mentale Machtergreifung" durch NSDAP-Hakenkreuze und -fahnen sowie Plakaten in Schaufenstern, Gastwirtschaften und auf Dorfplät-

---

226 FA 22.8.1932.

227 Hambrecht, Aufstieg der NSDAP, S. 340f.

228 Ebenda, S. 337f.

229 Ebenda, S. 341.

230 Kittel, Provinz, S. 8f.

231 Hambrecht, Aufstieg der NSDAP, S. 339.

232 Friedl, Anfänge des Nationalsozialismus in Rothenburg, S. 366.

233 Szejnmann, S. 43; Bei der zweiten Reichstagswahl am 6.11.1932 betrug die Wahlbeteiligung in der Stadt Rothenburg 91 Prozent, während sie reichsweit 33 Prozent zählte. Die NSDAP erreichte laut Friedl 52,7 Prozent an Wählerstimmen. Vgl. Friedl, Anfänge des Nationalsozialismus in Rothenburg, S. 369; Möller, Weimar, S. 264f.

234 Kittel, Provinz, S. 5.

235 Hambrecht, Aufstieg der NSDAP, S. 339.

236 Ebenda.

237 Hambrecht, Aufstieg der NSDAP, S. 341.

zen. Ferner brachten die Nationalsozialisten auf dem Kirchberg bei Dombühl ein acht Meter hohes und 18 Meter langes Hakenkreuz an, das auf 16 Meter hohen Masten montiert war. Mit 200 Glühbirnen bestückt, konnten es Reisende bei Nacht selbst von der Bahnlinie Nürnberg-Stuttgart sehen.[238]

Fazit

Die frühe Hinwendung zum Nationalsozialismus zeigte sich in Stadt und Land Rothenburg o.d.T. in der Gründung von NSDAP-Ortsgruppen ab 1921. Selbst in Zeiten des Verbots agitierte die Partei. Von 1927 bis 1933 überzogen die Nationalsozialisten den Bezirk systematisch mit einem Netz von NSDAP-Stützpunkten. Durch die verhältnismäßig hohe Mitgliederzahl entstand in der Rothenburger Region sehr schnell eine flächendeckende Parteiorganisation mit starker Aktivität. Ab 1929 häuften sich die Veranstaltungen der Nationalsozialisten. Der scharf umgrenzte Herrschaftsbereich der NS-Ortsgruppen- und Kreisleiter basierte auf persönlichen Einfluss- und Beziehungssphären. Im Wahlkreis trat die NSDAP siegessicher auf. Das wachsende Selbstbewusstsein und die zunehmende Stärke führten zu einer immensen Radikalisierung. Dem konnten weder die anderen Parteien noch die Staatsmacht etwas entgegensetzen.

Die Legitimation für ihre lokale Radikalisierung erhielt die NSDAP 1930 bei der Reichstagswahl, aus der sie mit überproportional hohem Wähleranteil als stärkste Partei hervorging. Binnen kurzer Zeit avancierte Rothenburg zu einer Hochburg der Bewegung mit einer spektakulären Entwicklung. Planmäßiges Vorgehen und gezielte Propaganda führten zu stürmischem Mitgliederwachstum und Bekennermut. Bestätigung erhielten die Mitglieder bei Großveranstaltungen mit Himmler, Göring und Siebert. Die Sympathie nationalistisch gesinnter Angestellter und Beamter in öffentlichen Einrichtungen, fehlende Neutralität aber auch Angst wirkten wie ein Katalysator. Staatliche Instanzen erwiesen sich gegenüber der aufstrebenden NSDAP in Stadt und Land Rothenburg o.d.T. als wirkungslos, weshalb Verbote kaum durchgesetzt werden konnten. Gesetzesbrüche hatten selten ein Nachspiel.

Das Jahr 1932 läutete die NS-Herrschaft ein. Man hoffte auf die Regierungsübernahme, versprach sich eine Verbesserung der gesellschaftlichen sowie wirtschaftlichen Situation. Die NSDAP fand hier eine ihrer stärksten Bastionen. Insgesamt waren vier Bedingungen erfüllt, damit die NSDAP eine überwältigende Mehrheit der Bevölkerung in dem Bereich Rothenburg o.d.T. für sich gewinnen konnte. Zunächst die durch die Weltwirtschaftskrise ausgelöste ökonomische und politische Unsicherheit.[239] Hinzu kam eine dominierende mittelständische Sozialschicht, wie sie in der mittel- und kleinbäuerlichen Gegend des Bezirks Rothen-

[238] Kittel, Provinz, S. 642f.
[239] Hambrecht, Aufstieg der NSDAP, S. 407.

burgs anzutreffen war und eine im Großen und Ganzen evangelische Einwohnerschaft mit ihren nationalistischen und kulturkämpferischen Traditionen. Wirkungsmächtig waren vor allem jene NS-Akteure, die mit ihren persönlichen und lokalen Beziehungen die Durchsetzung der NS-Herrschaft vorbereiteten. In der protestantischen Agrarprovinz hatte eine „mentale Machtergreifung" stattgefunden, noch bevor die Nationalsozialisten in den Wochen und Monaten nach Hitlers formal legaler Regierungsübernahme am 30. Januar 1933 in ganz Deutschland die politische Macht ergriffen.[240]

240 Kittel, Mentale Machtergreifung, S. 24.

4. „Gleichschaltung" und Machtausbau in Rothenburg ob der Tauber

Nach der „Machtergreifung" etablierte sich die nationalsozialistische Herrschaft in der Stadt und den umliegenden Gemeinden Rothenburgs. In Form der „Gleichschaltung" des öffentlichen Lebens und der Beseitigung pluralistischer Demokratie erfolgte eine umfassende Konsolidierung. Reibungslos übernahm das NS-Regime die politische und gesellschaftliche Macht. Die NS-Akteure und -Funktionäre veränderten in der Hochburg der Bewegung das soziale Gesicht vor Ort mit Nachdruck, unterstützt durch aktive Mithilfe sowie passiver Loyalität der Bevölkerung.

4.1. Etablierung der Herrschaft

Die Ernennung Adolf Hitlers zum Reichskanzler am 30. Januar 1933 war für die nationalsozialistische Bewegung der Tag der „Machtergreifung".[1] Zu diesem Anlass veranstalteten die Nationalsozialisten einen Aufmarsch in der Stadt Rothenburg.[2] Der Aufmarsch setzte sich aus der Rothenburger SA, SS und HJ zusammen. Angeführt vom Trommler-Korps der SA und der Rothenburger Stadtkapelle zogen die Nationalsozialisten vom „Grünen Baum" aus durch die Straßen der Stadt. Gemeinsame Veranstaltungen wie Heldenehrungen und Fackelzüge der NSDAP, ihren angeschlossenen Gliederungen sowie des DNVP-nahen Stahlhelm prägten das politische Leben bis zu den Wahlen am 5. März 1933.[3]

---

1 Für die Machtergreifung in Mittelfranken sei verwiesen auf Hambrecht, Aufstieg der NSDAP; Kittel, Provinz; Christina Dittrich, Pressegeschichtliche Aspekte zum Aufstieg der NSDAP in Franken, aufgezeigt am Beispiel Nürnberger Zeitungen, unter besonderer Berücksichtigung industrieller Einflussnahme, Erlangen 1983. Grundlegend zur „Machtergreifung" sind Karl Dietrich Bracher, Wolfgang Sauer u. Gerhard Schulz, Die nationalsozialistische Machtergreifung: Studien zur Errichtung des totalitären Herrschaftssystems in Deutschland 1933/34, Köln 1960; Jürgen Falter u. Michael Kater, Wähler und Mitglieder der NSDAP, in: Geschichte und Gesellschaft 19 (1993), S. 155-177; Jürgen Falter, Wer verhalf der NSDAP zum Sieg? in: Aus Politik und Zeitgeschichte, Beilage zur Wochenzeitung Das Parlament, B 28-29/79 (14. Juli 1979), S. 3-21. Hans-Ulrich Wehler, 30. Januar 1933 – Ein halbes Jahrhundert danach, in: Aus Politik und Zeitgeschichte. Beilage zur Wochenzeitung Das Parlament, B 4-5/83 (29. Januar 1983), S. 43-54. Heinz Gollwitzer, Bayern 1918-1933, in: VfZ 3 (1955), S. 363-387. Heinrich-August Winkler, Wie konnte es zum 30. Januar 1933 kommen? in: Aus Politik und Zeitgeschichte. Beilage zur Wochenzeitung Das Parlament, B 4-5/83 (29. Januar 1983), S. 3-15. Otto Roegele, Michael Stürmer und Hans-Ulrich Thamer (Hg.), Wie konnte es dazu kommen? Hintergründe der nationalsozialistischen Machtergreifung, München 1981. Peter Manstein, Die Mitglieder und Wähler der NSDAP 1919-1933. Untersuchungen zu ihrer schichtmäßigen Zusammensetzung, Frankfurt/M. 1990.

2 FA 31.1 1933.

3 Kittel, Provinz, S. 726.

Die Vorbereitungen und Wahlveranstaltungen zur Reichstagswahl liefen auf vollen Touren. Am 18. Februar hielt der Münchner NSDAP-Führer Fiehler in Rothenburg eine Rede mit dem Titel „Mit Adolf Hitler für ein neues Deutschland“.[4] Kreisleiter Mägerlein veranstaltete NSDAP-Versammlungen in Oberndorf und Kreuth.[5] Bei der NSDAP-Versammlung am 20. Februar sprach der württembergische Landtagspräsident Prof. Mergenthaler aus Stuttgart über den „Aufbruch der Nation“.[6] Überall in der Region Rothenburg gab es Wahlversammlungen der NSDAP.[7]

Ein letztes Aufbäumen gegen die heraufziehende nationalsozialistische Herrschaft lieferte die „Eiserne Front“ mit ihrer Veranstaltung am 22. Februar im „Bären“. Zuvor hatten sich einige Sympathisanten am Judenkirchhof eingefunden, um durch die Straßen der Stadt zum Gasthof „Bären“ zu ziehen. Als der Demonstrationszug den Marktplatz erreichte, schloss sich die KPD dem Zug an.[8] Es war auch die „Eiserne Front“ und die ihr angeschlossenen Organisationen, die den Wahlkampf mit einem Demonstrationszug beendete.[9]

Den Auftakt zur Etablierung der nationalsozialistischen Herrschaft bildete in der Region Rothenburg o.d.T. die Wahl vom 5. März 1933, wobei sich die NSDAP in Stadt und Land Rothenburg auf ihre absolute Mehrheit berufen konnte.[10] Damit begann ein umfassender Machtausbau der NS-Herrschaft, der rund achtzehn Monate dauerte. Fortan bestimmte die SA als Garant und Motor der so genannten „Nationalen Revolution“ und der kommenden „Gleichschaltung“ das öffentliche Leben.[11] Bereits eine Woche nach den Reichstagswahlen wehten in Rothenburg – wie in vielen anderen deutschen Städten – über den öffentlichen Einrichtungen die Hakenkreuzfahnen. Proteste oder gar Widerstand gegen diese Aktion gab es nicht.[12] Nach der Wahl gab der Rothenburger Kreisleiter Friedrich Mägerlein im Fränkischen Anzeiger bekannt, der Bezirk sei „der beste nationalsozialistische Wahlbezirk Deutschlands“.[13] Von 61 Gemeinden hatten zwei – Bockenfeld und Gunzendorf – mit 100 Prozent für die NSDAP gestimmt, in 14 Orten lag das Ergebnis zwischen 95 Prozent und 100 Prozent, 20 Orte verzeichneten 90 Prozent bis 95 Prozent und in 17 weiteren Gemeinden lag das Wahlergebnis

4 FA 20.2.1933.
5 Ebenda.
6 FA 22.2.1933.
7 Jakobi, Gewerkschaften und SPD in Rothenburg, S. 135.
8 Ebenda; Kommunistische Versammlungen und Aufzüge wurden kurz darauf zum 1. März durch das Staatsministerium des Innern verboten worden. Vgl. StAN, Amtsblatt für das BA Rothenburg o.d.T. Jg. 1933, Nr. 8944 P, Nr. 16.
9 FA 4.3.1933.
10 FA 6.3.1933.
11 Hambrecht, Aufstieg der NSDAP, S. 397.
12 FA 10.3.1933, FA 11.3.1933.
13 FA 10.3.1933.

immer noch über 75 Prozent für die NSDAP.[14] In der Stadt Rothenburg kam die NSDAP auf 62,29 Prozent,[15] wobei daran erinnert werden muss, dass die NSDAP im Reich nur 43,9 Prozent der Stimmen erhalten hatte.[16] Das Wahlergebnis bestätigte die Wirkung der Wahlpropaganda und zeigte, dass es eine breite Vertrauensbasis für die NSDAP in Stadt und Kreis Rothenburg o.d.T. gab.[17]

Die NSDAP in Rothenburg begrüßte die „nationale Revolution" am 9. März mit einer Flaggenparade.[18] Die SA, SS und HJ zogen vom „Grünen Baum" unter Marschmusikklängen zu den staatlichen und städtischen Gebäuden, um die Hakenkreuzflagge und Reichsflagge anzubringen. Rothenburger Amtspersonen wie der Oberbürgermeister Friedrich Liebermann wohnten diesem Akt bei. Nachdem die Hakenkreuzflagge auf dem Rathaus gehisst worden war, wurde sie vor dem Gendarmeriegebäude hochgezogen, während die Gendarmerie Aufstellung bezog. Unter Jubel und Heilrufen wurde die Hakenkreuzfahne anschließend am Luitpoldschulhaus, an der Realschule und dem Progymnasium aufgezogen. Am Abend wehte die Fahne am Bezirksamt, am Eichamt und im Spitalhof.[19]

4.2. Veränderung des öffentlichen Lebens

Nach der Wahl am 5. März 1933 begann die nationalsozialistische Machtübernahme und „Gleichschaltung".[20] Die „Gleichschaltung" spielte eine besondere Rolle bei der Beseitigung der pluralistischen Demokratie.[21] Im Zuge der Machtübernahme musste das NS-Regime die staatlichen und gesellschaftlichen Schlüsselfunktionen der vertriebenen Gegner mit zuverlässigem eigenem Personal besetzen oder neue, ihren Absichten angemessene Institutionen schaffen.[22] Dieser

---

14 FA 6.3.1933; StAN, LRA Rothenburg o.d.T, Abgabe 1975, Nr. 510, Gemeindeverzeichnis des Bezirksamtes Rothenburg ob der Tauber.

15 FA 6.3.1933.

16 Zusammen mit den 8,0 Prozent der deutschnationalen Kampffront „Schwarz-Weiß-Rot" genügten die 43,9 Prozent für eine verfassungsmäßige Legitimierung der Regierung Hitlers für die nächste Parlamentsperiode. Vgl. Falk Wiesemann, Die Vorgeschichte der nationalsozialistischen Machtübernahme in Bayern 1932/1933, Berlin 1975, S. 264.

17 FA 10.3.1933. Was die Interpretation des sozialen und ökonomischen Zusammenhangs der Wahlergebnisse und die konfessionelle Zusammensetzung der Wählerschaft betrifft, sei verwiesen auf Wolfgang Abendroth, Aufgaben und Methoden einer deutschen historischen Wahlsoziologie, in: VfZ 5 (1957), S. 300-306.

18 FA 14.3.1933.

19 FA 10.3.1933, FA 11.3.1933.

20 Hartmut Mehringer, Die bayerische Sozialdemokratie bis zum Ende des NS-Regimes. Vorgeschichte, Verfolgung und Widerstand, in: Hartmut Mehringer u.a. (Hg.): Bayern in der NS-Zeit. 6 Bde. Bd. 5: Die Parteien KPD, SPD, BVP in Verfolgung und Widerstand, München/Wien 1983, S. 287-432, S. 340.

21 Walter Baum, Die „Reichsreform" im Dritten Reich, in: VfZ 3 (1955), S. 36-56, S. 39.

22 Albrecht Tyrell: Voraussetzungen und Strukturelemente des nationalsozialistischen Herrschaftssystems, in: Karl Dietrich Bracher u.a. (Hg.): Nationalsozialistische Diktatur 1933-1945. Eine Bilanz, Düsseldorf 1983, S. 37-72, S. 53.

Prozess verbreiterte die organisatorische und personelle Basis des Parteieinflusses und verstärkte die Einwirkungsmöglichkeit des Staates.[23] Da es sich in Stadt und Bezirk Rothenburg um NSDAP-Kerngemeinden handelte, also Gemeinden, die sich bereits früh dem Nationalsozialismus zugewandt hatten, stand dem Ausbau der nationalsozialistischen Herrschaft nichts im Wege. Ab 1933 bestanden fast im gesamten Bezirk gut funktionierende Ortsgruppen oder Stützpunkte.[24]

Oberbürgermeister Liebermann trat ebenfalls in die NSDAP ein und forderte in einer öffentlichen Sitzung die Einwohner der Stadt Rothenburg, insbesondere aber die städtischen Beamten und Angestellten, auf, in die NSDAP einzutreten. Daraufhin schlossen sich bis auf sechs Personen alle städtischen Beamte und Angestellte der Partei an.[25] Nach Ansicht von Ludwig Siebert entwickelte sich Liebermann zu einem „150%igen Nationalsozialisten".[26] Dennoch legte er Ende 1936 sein Amt nieder. Die mittelfränkische Gauleitung bestimmte den Bürgermeister der Stadt Spalt, Friedrich Schmidt, als Liebermanns Nachfolger.[27] Als neues regional etabliertes Machtzentrum war die Gauleitung der entscheidende Faktor für die Amtseinsetzung des Oberbürgermeisters.[28] Aus Sicht der Gauleitung war es nicht notwendig, die Stelle auszuschreiben, da es sich lediglich um eine formelle Angelegenheit gehandelt hätte. Daher einigte sich die Gauleitung im Einvernehmen mit der Kreisleitung auf den bisherigen Ersten Beigeordneten – und Parteigenossen der NSDAP – Schmidt für die Stelle des Ersten Bürgermeisters.[29] Damit war das Ende der Selbstverwaltung besiegelt, denn die formelle Eigenverantwortlichkeit des Bürgermeisters fand ihre Grenzen in der faktischen Abhängigkeit von NSDAP und Staat.[30]

---

23 Horst Matzerat, Nationalsozialismus und kommunale Selbstverwaltung, Stuttgart 1970, S. 433.

24 Siehe hierzu Kapitel 5.2. dieser Untersuchung.

25 Wirsching, Rothenburg (Typoskript), S. 12.

26 BayHStA StK 7481. Dennoch hegte Siebert gewisse Vorurteile gegen Liebermann, wie er Karl Zoller in einem Glückwunschschreiben zur Berufung zum 2. Bürgermeister am 26.2.1934 mitteilte.

27 Wirsching, Rothenburg (Typoskript), S. 7f. In einem Schreiben an die Stadtverwaltung vom 9. August 1936 gab Liebermann bekannt, dass er aufgrund „nervöser Erschöpfung" nicht mehr in der Lage sein werde, sein Amt auszuüben. Vgl. FA 1.9.1936; StadtAR, Stadtratsprotokolle Rothenburg. 1933- ohne Signatur. Öffentliche Beratung des Gemeinderates am 13. August 1936. Tagesordnungspunkt Nr. 106; StadtAR Stadtratsprotokolle Rothenburg. Öffentliche Beratung des Gemeinderates 31. August 1936. Nr. 7388. Tagesordnungspunkt Nr. 108.

28 Horst Matzerath, Oberbürgermeister im Dritten Reich, in: Gerhard Hirschfeld und Lothar Kettenacker (Hg.): Der „Führerstaat": Mythos und Realität. Studien zur Struktur und Politik des Dritten Reiches, Stuttgart 1981, S. 228-252, S. 249.

29 Stadtratsprotokolle Rothenburg. Niederschrift über die Beratung des Beauftragten der NSDAP. für die Stadt Rothenburg o/Tauber mit den Ratsherren am 31.8.1936 im Sitzungssaal des Rathauses. Tagungsordnungspunkt Nr. 109.

30 Horst Matzerath, Nationalsozialismus und kommunale Selbstverwaltung, Stuttgart 1970, S. 433.

Bei der Amtseinsetzung pries Karl Holz den neuen Bürgermeister als einen Nationalsozialisten der ersten Stunde. Holz kannte Schmidt „schon aus der Kampfzeit als einen schneidigen Kämpfer für die nationalsozialistische Bewegung, [...] Stets habe er in vorderster Front treu und ehrlich, brav und anständig für die nationalsozialistische Bewegung gearbeitet und gekämpft [...]".[31] Als ausgesprochener Parteimann richtete Friedrich Schmidt seine Tätigkeiten nach den Grundsätzen der Partei aus. Das bekamen jene Personen, die nicht mit dem Programm der NSDAP konform liefen, zu spüren, insbesondere die als „politisch unzuverlässig" bezeichneten Beamten und Angestellten. Seine ausgesprochene antisemitische Einstellung beunruhigte vor allem die jüdische Bevölkerung der Stadt.[32]

War das „Vorläufige[s] Gesetz zur Gleichschaltung der Länder mit dem Reich"[33] vom 31. März 1933 mit seinen Ausführungsverordnungen der erste Schritt, die Länder zu entstaatlichen, so trieb das „Zweite Gesetz zur Gleichschaltung der Länder mit dem Reiche" vom 7. April 1933 den Machtausbau voran. Hierdurch wurden die parlamentarischen Strukturen auf der Ebene der Bezirke beseitigt. An deren Stelle trat das nationalsozialistische Führerprinzip.[34] Dem Gesetz zur „Gleichschaltung der Gemeinden und Gemeindeverbände mit Land und Reich" folgte die Neubildung der Gemeinderäte. Die Parteiorganisationen bauten ihren Einfluss zu Lasten der Gemeinden aus.[35] Die Neubildung basierte auf der Zahl der gültigen Stimmen, die bei der Wahl zum Deutschen Reichstag am 5. März 1933 in der Gemeinde abgegeben worden waren. Jedoch blieben jene Stimmzettel unberücksichtigt, die auf die KPD entfallen waren.[36] Die örtliche politische Ebene geriet in Stadt und Land Rothenburg in die Hand der Partei.

Wie überall im Reich, kam es in Rothenburg zu einer Neubildung des Bezirkstages. Auch hier blieben Stimmen unberücksichtigt, die auf Wahlvorschläge und Ersatzwahlvorschläge von sozialistischen und kommunistischen Parteien entfallen waren.[37] Am 25. April gab Wahlleiter Heilmann bekannt, dass der

---

31 FA 13.10.1936.

32 Bei Ausbruch des Zweiten Weltkrieges rückte er zur Luftwaffe ein und wurde dort zum Offizier befördert. Nach Einrücken der amerikanischen Truppen wurde er bereits 1945 seines Amtes enthoben. Er kehrte 1947 aus der Gefangenschaft zurück. Vgl. Wirsching, Rothenburg (Typoskript), S. 8.

33 Reichsgesetzblatt Nr. 29, in: Reichsgesetzblatt. Teil 1. Hg. v. Reichsministerium des Innern, Berlin 1933, S. 153-156.

34 RGBl. Nr. 33. RGBl. Nr. 29, In: RGBl. Teil 1. Hg. v. Reichsministerium des Innern, Berlin 1933, S. 173. Vgl. Thomas Forstner, Die verhinderte Reform: Planungen zur Neueinteilung der Landkreise und ihr Scheitern, in: Rumschöttel/Ziegler (Hg.): Staat und Gaue in der NS-Zeit, S. 443-504, S. 449.

35 Andreas Wirsching, Probleme der Kommunalverwaltung im NS-Regime am Beispiel des Gaues Schwaben, in: Rumschöttel/Ziegler (Hg.): Staat und Gaue in der NS-Zeit, S. 419-442, S. 433.

36 StAN, Amtsblatt für das BA Rothenburg o.d.T. Jg. 1933, Nr. 8944 P, Nr. 16.

37 StAN, Amtsblatt für das BA Rothenburg o.d.T. Jg. 1933, Nr. 8944 P, Nr. 30.

Wahlausschuss in seiner Versammlung acht Sitze für die NSDAP verteilte und einen Sitz für die Kampffront Schwarz-Weiß-Rot.[38]

Die Namen der neuen Bezirkstagsmitglieder der NSDAP lauteten: Michael Kallert, Landwirt in Morlitzwinden; Johann Schmidt, Schreinermeister in Hartershofen; August Laudenbacher, Färbereibesitzer in Schillingsfürst; Peter Rogner,[39] Landwirt in Unterfelden; Wilhelm Klein, Landwirt in Oestheim; Fritz Mägerlein, Lehrer in Windelsbach; Johann Innker, Landwirt in Ellwingshofen; Georg König, Landwirt in Wettringen.[40] Für die Kampffront Schwarz-Weiß-Rot trat Emil Pflanmer, Kassenverwalter in Schillingsfürst, an.[41]

Inzwischen kam es am 4. April 1933 zur Auflösung des Stadtrats in Rothenburg.[42] Die Zusammensetzung des neuen Stadtrats sollte innerhalb von vier Wochen erfolgen. Um bis dahin ein Vertretungsorgan zu schaffen, wurde ein Arbeitsausschuss gebildet. Dieser Ausschuss bestand aus Mitgliedern der NSDAP, der Deutschnationalen Volkspartei, der Bayerischen Volkspartei und der SPD.[43] Als Ergebnis der Wahlvorschläge verteilten sich die Sitze wie folgt: Die NSDAP erhielt elf Sitze, die Kampffront Schwarz-Weiß-Rot einen Sitz und die SPD drei Sitze. Die Benennung der Kandidaten erfolgte am 21. April im Sitzungssaal.[44] Die Stadtratsmitglieder der NSDAP waren Konrad Rahner (Schuldirektor), Gottfried Imhof (Kaufmann), Karl Zoller (Revierförster), Georg Arlt, (Fabrikarbeiter), Hans Bayerlein (Uhrmachermeister), Leonhard Hörner (Landwirt), Friedrich Beckmann (Fabrikschreiner),[45] Freiherr Gottfried von Harsdorf (Angestellter), Heinrich Erhard (Sattlermeister), Karl Junker (Landwirt) und Anton Reuter (Gärtnereibesiter).[46] Die Stadtratsmitglieder der SPD waren Friedrich Hörner

---

38 StAN, Amtsblatt des Bezirksamtes Rothenburg o.d.T., Jg. 1933 P 8944, Nr. 27, 30. Bekanntmachung über die Neubildung des Bezirkstags.

39 StAN, SpKA Rothenburg o.d.T., R90. Der Landwirt Peter Rogner aus Unterfelden, geb. 12.2.1891, war Mitglied der NSDAP von 1.5.1933-1945. Bei der Partei war er in den Jahren 1942-1945 als stellvertretender Ortsgruppenschulungsleiter tätig.

40 StAN, Amtsblatt für das BA Rothenburg o.d.T. Jg. 1933, Nr. 8944 P, Nr. 30. Als Ersatzleute wurden aufgestellt: Georg Walther, Landwirt in Leuzenbronn; Hans Ortner, Landwirt in Schönbronn; Karl Demmert, Landwirt in Gailroth; Hans Pfänder, Landwirt in Ohrenbach; Johann Eiffert, Landwirt in Buch a. W; Hans Sauerhammer, Landwirt in Binzwangen; Konrad Stieber, Imkereibesitzer in Schillingsfürst; Georg Gunst Landwirt in Rudertshofen.

41 StAN, Amtsblatt für das BA Rothenburg o.d.T. Jg. 1933, Nr. 8944 P, Nr. 30. Sein Ersatzmann war der Bürgermeister Johann Gundel aus Adelshofen.

42 FA 4.4.1933.

43 Ebenda.

44 FA 22.4.1933.

45 StAN, SpKA Rothenburg o.d.T., H82. Der Fabrikschreiner Fritz Beckmann aus Rothenburg, geb. 26.3.1892, war von 1929-1945 Mitglied der NSDAP. 1933-1944 war er als Blockleiter und 1944-1945 als Zellenleiter der NSDAP aktiv. Ferner war er Ratsherr für die NSDAP. 1941-1943 war er bei der DAF. Als Mitglied der SA-Reserve von 1933-1937 hatte er ab 1935 den Rang eines Oberscharführers. Er war Träger der zehnjährigen Parteiauszeichnung.

46 StAN, SpKA Rothenburg o.d.T., J27. Der Landwirt Karl Junker aus Rothenburg o.d.T., geb. 16.5.1898, war von 1.4.1932-1945 Mitglied der NSDAP und für die Partei im Rothen-

(Gastwirt), Michael Emmerling (Angestellter) und Otto Schneider (Holzbildhauer). Als einziger Stadtrat der Kampffront Schwarz-Weiß-Rot war der Kaufmann Friedrich Meinert vertreten.[47] Am 27. April erfolgte die amtliche Mitteilung der weiteren Bürgermeister in Rothenburg. Der Berufsschuldirektor und Stadtrat Konrad Rahner wurde zum Zweiten Bürgermeister und Freiherr Gottfried von Harsdorf zum Dritten Bürgermeister gewählt.[48] Das Bezirksjugendamt wurde 1933 neu besetzt. Die Mitglieder waren der Vorstand des Bezirksamtes Heilmann, der Bezirksarzt Winkler aus Mohrenfels sowie Fritz Mägerlein und Wilhelm Klein.[49]

Zu dieser Zeit baute das NS-Regime in Rothenburg o.d.T. einen Apparat der Drohung, des Terrors und der Propaganda auf, was die Grundlage war für die Furcht und die Zustimmung der Bevölkerung.[50] Die errungene Machtposition sicherten die Nationalsozialisten in Stadt und Land Rothenburg durch die Ausschaltung aller Gegner und die Beseitigung aller Organisationen und Institutionen, von denen Gefahr ausging. Ab dem 30. März 1933 wurden mindestens 18 Personen allein in der Stadt Rothenburg in „Schutzhaft" genommen.[51] Um jeden bewaffneten Widerstand auszuschließen, forderte der Sonderbeauftragte des Obersten SA-Führers beim Bezirksamt Rothenburg, der SA-Sturmführer Harsdorf, die Bevölkerung mehrmals auf, alle Militärwaffen und Munition bis Ende März 1933 bei der Geschäftsstelle der SA und SS, beim Stadtrat oder der Gendarmeriehauptstation in Rothenburg abzuliefern.[52] Jedoch verwahrten die Einwohner zahlreiche Militärbestände zum persönlichen Schutz von Haus und Hof.[53] Nichtsdestotrotz hatte die NSDAP im Juni 1933 das komplette Gewaltmonopol an sich gerissen und sah sich als „Garant für das Leben und die Sicher-

---

burger Stadtrat. Ferner war er bei der SA-Reserve Mitglied von 1.4.1934-1945 und erhielt den Rang eines Oberscharführers.

47 FA 22.4.1933.

48 FA 27.4.1933.

49 StAN, Amtsblatt für das BA Rothenburg o.d.T. Jg. 1933, Nr. 8944 P, Nr. 55.

50 Vgl. Kapitel 6.1.6.1. und 7. dieser Untersuchung.

51 StAN, LRA Rothenburg o.d.T., Abg. 1975, Nr. 2860. Das Verzeichnis der im Amtsgerichtsgefängnis vom 1.4.1933 inhaftierten Schutzgefangenen listet folgende Personen auf: Hans Appler, Peter Bär, Josef Bär, Hans Bögelein, Wilhelm Brehm, Michael Emmerling, Hans Hörber, Karl Kranz, Georg Lindner, Josef Mann, Norbert Mann, Siegfried Marx, Georg Nagel, Gottfried Roppelt, Konrad Schöffel, Ludwig Stumpf, Friedrich Uhl. Der zahlenmäßige Gesamtumfang der Aktion in Rothenburg gegen sozialdemokratische und sonstige – als besonders missliebig empfundene – Gegner des NS-Regimes in den ersten Wochen und Monaten nach der Machtübernahme lässt sich aufgrund der verfügbaren Quellen nicht mehr genau rekonstruieren. Zur Praxis der „Schutzhaft" siehe Kapitel 7.2. dieser Untersuchung.

52 StAN Amtsblatt für das BA Rothenburg o.d.T. Jg. 1933, Nr. 8944 P, Nr. 24.

53 StAN Amtsblatt für das BA Rothenburg o.d.T. Jg. 1934, Nr. 8944 P, Nr. 37. Ablieferungspflichtig waren sämtliche Militärfeuerwaffen als auch jegliches Rüstzeug wie Maschinengewehre, Karabiner, Pistolen, Handgranaten, Leuchtpistolen, Munition, Seitengewehre und Zielfernrohre.

heit" in Rothenburg.[54] Angehörige der SS, wie Karl Kitzinger oder Georg Kern, machten dies im Alltag durch das Tragen von Schusswaffen deutlich.[55]

Die „Gleichschaltung" der Presse verlief unproblematisch. Der Verlag des Fränkischen Anzeigers stand unter der Leitung der Gebrüder Schneider. Der Betriebsrat Hermann Schneider, der Betriebszellenobmann der NSBO Karl Haberer sowie der „Vertrauensrat der Gefolgschaft", Willi Junker und Otto Göppel, erklärten sich für „Nationalsozialisten, die für Wahrheit, Recht und Ehre kämpfen und die freudig und gerne an dem weiteren Ausbau und an der Festigung der großen nationalsozialistischen Bewegung arbeiten."[56] Dabei betonten sie öffentlich ihr gutes Einvernehmen mit der Rothenburger Kreisleitung und definierten sich als ein Presseorgan, das „wiederholt im Kampfe mit der vaterlandsverräterischen Linken gestanden" hatte und sich bereits vor der Machtübernahme, selbst bei Androhung eines Publikationsverbotes „für das nationalsozialistische Gedankengut und Programm" eingesetzt hatte.[57] Die Mitarbeiter des Fränkischen Anzeigers sahen ihre Aufgabe darin, „für die Erhaltung und Vertiefung der nationalsozialistischen Idee zu streiten [...]" und wollten

> „das sein und bleiben was unser bayerischer Ministerpräsident Ludwig Siebert vor kurzem erst wieder, auf Grund eigener jahrzehntelanger Erfahrung von der Heimatpresse der Provinz gesagt hat: Ein tätiger und wesentlicher Mitarbeiter an der Gesundung deutschen, vaterländischen Denkens und Handelns und damit am Wachsen und Werden des Nationalsozialismus."[58]

Um sich der Leserschaft gegenüber als Heimatpresse zu legitimieren, berief sich der Fränkische Anzeiger auf den Präsidenten der Reichspressekammer Amann, der ein „zusammenwachsen [...] [von] Partei und Parteipresse [...]" forderte und die Mitarbeiter der Presse zu „Kämpfer[n] für die nationalsozialistische Weltanschauung" stilisierte.[59]

Der Verlag berief sich im Bezirk Rothenburg auf seine Pionierarbeit „während der Kampfzeit der NSDAP" und seine Berichterstattung, die dazu beigetragen hätte, dass das NS-Gedankengut in die breite Masse der Rothenburger Bürger

---

54 StAN, P 8944, Amtsblatt des Bezirksamtes Rothenburg ob der Tauber, Nr. 37. Schreiben des Bezirksamtmanns Heilmann am 5. Juni 1934.

55 StAN, LRA Rothenburg, Abg. 1975, Nr. 1096. Schreiben vom 24.8.1934.

56 FA 3.4.1934; StAN, SpKA Rothenburg o.d.T., H19. Der Korrektor Karl Haberer aus Rothenburg o.d.T., geb. 25.5.1883, war Mitglied der NSDAP von 1933-1945. 1934-1944 war er Blockleiter der NSDAP. Außerdem war er Mitglied der SA von 1933-1945, wobei er ab 1943 den Rang eines Scharführers hatte. Des Weiteren war er 1934-1945 für die lokale DAF Presse- und Propagandaleiter; StAN, SpKA Rothenburg o.d.T., G76. Der Schriftsetzer Otto Göppel aus Rothenburg o.d.T., geb. 4.9.1906, war ab 1.9.1937 Mitglied der NSDAP. 1941-1942 war er Blockwart der NSDAP. Ferner war er Mitglied der SA von 2.11.1933-25.9.1943 und der DAF von 1.9.1934-1945.

57 FA 3.4.1934.

58 Ebenda.

59 FA 9.2.1935.

Eingang fand.[60] Selbst der spätere stellvertretende Gauleiter Karl Holz zollte bereits 1931 dem „Fränkischen Anzeiger" aufgrund seiner Haltung gegenüber der NSDAP seine Anerkennung.[61]

Der Verlag betonte, dass man sich gegen Forderungen nach Entlassung der „Nazi-Berichterstatter" – und NSDAP-Mitglieder – sowie gegen wirtschaftliche Boykottmaßnahmen durchgesetzt hätte.[62] Selbst die Aussicht auf Publikationsverbot von Seiten des Bezirksamtes Rothenburg sei kein Grund gewesen, nicht für „die Forderungen der nationalsozialistischen Bauern" einzutreten.[63] Stets betonte der Fränkische Verlag seine Heimatverbundenheit und sein Sendungsbewusstsein für die „Vertiefung der Idee des Nationalsozialismus".[64] Seine Aufgabe sah der Verlag vor allem in der „Pflege des Heimatgedankens, [und in der] Wieder-Erweckung von Sitte und Brauchtum [...]".[65] Man stilisierte sich zur Heimatzeitung und zur „Verkünderin alles dessen was in der Welt vorgeht, für jeden deutschen Volksgenossen und jede deutsche Volksgenossin in Rothenburg Stadt und Land."[66] Die Schriftleitung brüstete sich, für die neue Ordnung einzutreten.[67] Neben der Bekanntgabe aktueller Nachrichten sowie Bekanntmachungen der örtlichen NSDAP brachte der „Fränkische Anzeiger" in Rothenburg eigene Beilagen für die Gliederungen und angeschlossenen Verbände der Partei heraus. Die NS-Kreisbauernschaft hatte für die Landwirte ihre Mitteilungsblätter wie „Ähre und Schwert" und „Der Landwirt".[68] Ebenso erschienen in der Zeitung turnusmäßig Beilagen für die HJ wie „Jungvolk" oder „Unser Glaube Deutschland. Blätter der Hitler-Jugend".[69]

Des Weiteren wurde die sozialdemokratische Presse verboten und die SPD dem Druck des SA-Terrors und der Behördenwillkür ausgesetzt.[70] Konnte die SPD in der Stadt Rothenburg bei den Reichstagswahlen am 5. März 1933 noch 19,87 Prozent erzielen, war spätestens seit der Selbstauflösung des Ortsvereins in der Stadt Rothenburg am 18. Mai 1933 jeglicher politischer Widerstand gebrochen.[71]

---

60 FA 31.1.1935.

61 Ebenda.

62 Ebenda.

63 Ebenda.

64 FA 5.1.1935.

65 FA 10.1.1935.

66 Ebenda.

67 FA 31.12.1941.

68 „Der Landwirt" Wochenbeilage zum „Fränkischen Anzeiger" – Offizielles Mitteilungsblatt der Bezirksbauernschaft Rothenburg ob der Tauber, in: FA 02.08.1934; „Ähre und Schwert. Offizielles Mitteilungsblatt der Bezirksbauernschaft Rothenburg o. Tbr." in: FA 03.01.1935.

69 „Jungvolk. Nr. 1, Beilage zum „Fränkischen Anzeiger" Rothenburg ob der Tauber, Mai 1934. „Unser Glaube Deutschland. Blätter der Hitler-Jugend". Beilage zum „Fränkischen Anzeiger" Nr. 8, Rothenburg ob der Tauber April 1935.

70 Mehringer, Die bayerische Sozialdemokratie, S. 341.

71 FA 6.3.1933. Vgl. Jakobi, Gewerkschaften, S. 146.

Das SPD-Mitglied Schmidt begründete die Auflösung mit einem Schreiben an den „Ortskommissar" der NSDAP, Rahner, folgendermaßen:

> „Durch eine weitere Aufrechterhaltung unseres Ortsvereins wird der von uns ungewollte Eindruck erweckt, als ob wir der Einigung des deutschen Volkes und dem wirtschaftlichen Wiederaufbau hindernd im Wege stehen wollten. In Wirklichkeit hat aber die Arbeiterschaft das allergrößte Interesse an dem Gelingen dieser Bestrebungen unserer jetzigen Regierung und demgemäß auch die Pflicht, sie darin zu unterstützen. Um diese Absicht klar zu dokumentieren schlagen wir Euch die Auflösung unseres Ortsvereins der „Sozialdemokratischen Partei Deutschlands" vor. Unsere seitherigen Vertreter im Stadtrat ersuchen wir jedoch, ungebunden an das bisherige Parteiprogramm ihr Amt weiter im Interesse der Arbeiterschaft und der Allgemeinheit auszuüben. [...] Obiger Vorschlag fand einstimmige Annahme und hiermit ist der hiesige Ortsverein der S.P.D. aufgelöst, wovon ich Sie hiermit auftragsgemäß in Kenntnis setze."[72]

In der Stadtratssitzung am 29. Juni 1933 wurden die drei SPD-Stadträte Emmerling, Schneider und Hörner ihrer Ämter enthoben und im Einvernehmen mit der Gauleitung durch NSDAP-Mitglieder ersetzt.[73] Die sich auf der Wahlliste befindlichen Kandidaten wie Leonhard Hofmann, Adolf Bohn, Stefan Klein, Johann Herrscher, Hans Horn, Michael Möhring und Karl Goller schlossen sich der Erklärung von Schmidt an. Damit war die Wahlliste der SPD getilgt.[74] Auch wenn sich die SPD-Wähler und Parteimitglieder in Rothenburg ihre Weltanschauung bewahrt haben sollten, so resignierten sie vor den vollendeten Tatsachen und zogen sich aus dem aktiven Engagement ins Privatleben zurück.[75]

Die Ortsgruppe Rothenburg o.d.T. der Deutschnationalen Volkspartei löste sich am 30. Juni 1933 auf. Die Deutschnationalen hatten einen Vertreter im Stadtrat. Dieser wurde von seinen Parteifreunden angewiesen, im Stadtrat zu bleiben und die Aufnahme in die Fraktionsgemeinschaft anzustreben. Allerdings lehnte die nationalsozialistische Stadtratsfraktion die Aufnahme des deutschnationalen Stadtrates Reinert ab, wie aus einem Schreiben der Ortsgruppe Rothenburg an die Gauleitung von Mittelfranken vom 7. Juli 1933 hervorgeht.[76]

Am 3. Oktober 1933 wurden die neuen Mitglieder des Stadtrats bei einer Stadtratssitzung feierlich aufgenommen.[77] Der Sitzungssaal war mit einer Hakenkreuzfahne geschmückt, Vertreter der Parteiorganisationen der NSDAP, SA, SA-Reserve und SS waren anwesend. Oberbürgermeister Liebermann erschien in Parteiuniform und erinnerte daran, dass durch die Entscheidung der Regierung von Mittelfranken die Vorgänger der neuen Stadträte ihrer Ämter enthoben

---

72 Jakobi, Gewerkschaften, S. 146.

73 FA 4.7.1933.

74 Ebenda.

75 Hartmut Mehringer: Das andere Deutschland. Widerstand und Emigration, in: Horst Möller u.a. (Hg.): Die tödliche Utopie. Bilder, Texte, Dokumente, Daten zum Dritten Reich. 4. Aufl. München 2002, S. 269-325, S. 270.

76 StAN, Rep 503, NS-Mischbestand, Kreisleitung Rothenburg, Nr. 6. Schreiben der Ortsgruppe Rothenburg an die Gauleitung Mittelfranken vom 7.7.1933.

77 FA 4.10.1933.

worden waren, weil sie nicht der NSDAP angehörten. Nachgerückt waren die NSDAP-Mitglieder Otto Bengel, Heinrich Herrmann, Johannes Oertel und Hans Pichelmann. Liebermann verkündete „[...] die Zersplitterung, unter der man so lange zu leiden hatte, werde nun zu Grabe getragen."[78] Mit dem Deutschland- und dem „Horst-Wessel"-Lied endete der offizielle Teil.[79]

Die Neubesetzung der Gemeinderäte war der erste größere Vorgang, bei dem die Herrschaft des Kreisleiters Mägerlein zum Tragen kam und damit der Öffentlichkeit deutlich bewusst wurde.[80] Die politische Praxis der NSDAP sowie ihr Anspruch auf das Monopol des Politischen reduzierten die Gemeinden auf eine technisch-bürokratische Administration.[81] Rein institutionell war die „Gleichschaltung" zwar so geregelt, dass die Gemeinderatslisten der Bestätigung durch das Bezirksamt bedurften. Allerdings wurde das Bezirksamt Rothenburg zu dieser Zeit durch SA-Sonderkommissar Karl Kitzinger aus Gebsattel kontrolliert, der in enger Verbindung mit der Kreisleitung stand. Damit waren die Rothenburger Gemeinden von der Zustimmung Mägerleins abhängig.[82] In der politischen Praxis war sich der Kreisleiter – die entscheidungsgebende Instanz – seiner Herrschaftsgewalt bewusst.[83] Ein Schreiben des Kreisleiters an den Gemeinderat Wildenholz verdeutlicht die Situation im Jahr 1934 im Zuge der politischen „Gleichschaltung":

> „Vor allem muss ich meinem Erstaunen darüber Ausdruck geben, dass bei der Bürgermeisterwahl die Kreisleitung weder verständigt, noch über die Kandidatenfrage unterrichtet wurde. Es dürfte doch zur Genüge bekannt sein, dass jeder Bürgermeister der Bestätigung bedarf und man bestimmt nicht annehmen darf, der Kreisleiter würde einfach jeden ihm vom Gemeinderat vorgesetzten Bürgermeister bestätigen. Die Gemeinderäte haben sich [...] verpflichtet, bei der Bürgermeisterwahl den Anordnungen des Kreisleiters Folge zu leisten und ich werde nur dem von mir vorgeschlagenen Kandidaten meine Bestätigung geben. Ich erwarte, dass die Wahl einstimmig erfolgt."[84]

Auf Anordnung der Kreisleitung wurde die Wahl des Zweiten Bürgermeisters wiederholt. Der Kreisleiter schlug das NSDAP-Mitglied Sackenreuther vor, mit der Voraussage, nur diesem Kandidaten seine Bestätigung zu geben. Ferner konstatierte der Kreisleiter, dass durch die Wahl des Gemeinderats Beck zum 1. Bürgermeister ein Gemeinderatsposten frei würde und mit dem bisherigen Ortsgruppenleiter Gehring zu besetzen sei. Um sicherzugehen, dass den Bestimmun-

---

[78] Ebenda.

[79] Ebenda.

[80] StAN, Rep. 503. NSDAP Mischbestand. Kreisleitung Rothenburg o.d.T., Nr. 6.

[81] Horst Matzerath, Nationalsozialismus und kommunale Selbstverwaltung, Stuttgart 1970, S. 434.

[82] Zofka Zdenek, Dorfeliten und NSDAP. Fallbeispiele der Gleichschaltung aus dem Bezirk Günzburg, in: Broszat u.a. (Hg.): Bayern in der NS-Zeit. Bd. 4: Herrschaft und Gesellschaft im Konflikt. Teil C, München/Wien 1981. S. 383-433, S. 400.

[83] StAN, Rep. 503. NSDAP Mischbestand. Kreisleitung Rothenburg o.d.T., Nr. 6. Schreiben der Kreisleitung vom 18.11.1934 an den Gemeinderat Wildenholz.

[84] Ebenda.

gen der Kreisleitung Folge geleistet wurde, wohnte der Kreisleiter der Versammlung persönlich bei.[85]

In Stadt und Kreis Rothenburg gab es zahlreiche symbolische Akte der NSDAP-Ortsgruppen, wie zum Beispiel Fackelumzüge, Aufmärsche und das Anbringen von Hakenkreuzen an öffentlichen Gebäuden. Ferner beschloss der Stadtrat, Reichskanzler Adolf Hitler und Reichspräsident Generalfeldmarschall von Hindenburg zu Ehrenbürgern der Stadt Rothenburg zu ernennen.[86] Darüber hinaus häuften sich die Kundgebungen der Nationalsozialisten in Stadt und Parteikreis Rothenburg: Am 8. April 1933 sprach der bayerische Finanzminister und ehemalige Oberbürgermeister von Rothenburg, Ludwig Siebert, über das neue Deutschland.[87] Ferner stiftete Siebert der Stadt Rothenburg ein Hoheitszeichen der NS-Bewegung. Mit der Setzung des „Mahnmals" in der Alten Burg am 23. September zählte Rothenburg zu den ersten Städten, die ein Denkmal der NS-Bewegung ihr Eigen nennen konnten.[88]

Mit dem „Gesetz zur Wiederherstellung des Berufsbeamtentums"[89] vom 7. April 1933 gingen die willkürlichen Amtsenthebungen im öffentlichen Dienst zu Ende, doch machten sie nur einem systematischen Verfahren Platz.[90] Das Gesetz sah die Entlassung bzw. vorzeitige Pensionierung aller Beamten vor, die „nicht arischer Abstammung" waren oder aufgrund ihrer bisherigen politischen Betätigung nicht die Gewähr boten, dass sie „rückhaltlos für den nationalsozialistischen Staat" eintraten. Damit bot das Gesetz den rechtlichen Rahmen für die Entlassung von Beschäftigten ohne nationalsozialistische Gesinnung aus dem öffentlichen Dienst. Davon unmittelbar betroffen war beispielsweise Michael Em-

---

85 Ebenda.

86 FA 21.3.1934; FA 28.3.1933. StadtAR Fotosammlung, 082/06/0006. Ehrenbürgerbrief der Stadt an Adolf Hitler, Reichskanzler 1933.

87 FA 12.4.1933. Der politische Posten des Ministerpräsidenten blieb zwischen 1933 und 1945 erhalten, büßte aber seine herausgehobene exekutive Funktion nach der nationalsozialistischen Machtübernahme rasch ein. Als Vertreter des Bayerischen Staates wirkte Siebert trotz eingeschränkten Handlungsbereichs weiter und blieb Identifikationsfigur für die bayerische Verwaltung und Bevölkerung im zentralisierten Reich. Vgl. Hermann Rumschöttel, Ministerrat, Ministerpräsident und Staatskanzlei, in: Rumschöttel/Ziegler (Hg.): Staat und Gaue in der NS-Zeit, S. 41-75, S. 75.

88 Schöpfer des Mahnmals war der Künstler Johannes Oertel. Oertel verwendete das Mahnmal auch als Motiv für die spätere Ehrenmünze, die Siebert anlässlich seines 60. Geburtstages überreicht wurde. Vgl. FA 22.12.1934.

89 RGBl. Nr. 33, in: RGBl. Teil 1. Hg. v. Reichsministerium des Innern. Berlin 1933, S. 175-177.

90 Jane Caplan, Civil Service Support for National Socialism: An Evaluation, in: Gerhard Hirschfeld/Lothar Kettenacker (Hg.): Der „Führerstaat": Mythos und Realität. Studien zur Struktur und Politik des Dritten Reiches, Stuttgart 1981, S. 167-191, S. 178. Ulrich von Hehl: „Keine Beamten, sondern fanatische Apostel". Verwaltung und Beamtenschaft im Übergang vom autoritären zum nationalsozialistischen „Führerstaat", in: Rumschöttel/Ziegler (Hg.): Staat und Gaue in der NS-Zeit, S. 11-37, S. 23.

merling.[91] Darüber hinaus sorgte Bürgermeister Schmidt dafür, dass der spätere Kreispropagandaleiter Georg Höfler als Verwaltungsinspektor von der Stadtverwaltung Rothenburg im Bezirksamt übernommen wurde, da ein Beamter auf diesem Posten gewünscht wurde, dem man „sein uneingeschränktes Vertrauen schenken" konnte.[92] Ein Großteil jener Beamter und Angestellter im öffentlichen Dienst, der noch nicht 1933 in der NSDAP war, trat bis zum 1. Mai 1933 in die Partei ein.[93] Damit änderte sich die interne Dynamik der kommunalen Behörde hin zu einem eigenständigen Apparat des NS-Regimes, was für die Beamten und Angestellten Anpassungsleistungen hinsichtlich der „administrativen Normalität", d.h. des Kanons an Regeln und Werten, bedingte.[94]

Linientreue Beamte erhielten eine Beförderung. Am 16. Mai 1933 ernannte der bayerische Innenminister Adolf Wagner den Bezirksoberamtmann und Vorstand des Bezirksamtes Rothenburg Ferdinand Schmidt zum Oberregierungsrat bei der Regierung von Oberfranken und Mittelfranken.[95] Am 3. Juli 1933 übergab Oberregierungsrat Hermann das Bezirksamt Rothenburg an den neuernannten Amtsvorstand Bezirksoberamtmann Siegfried Fürst, nachdem Wagner dies genehmigt hatte.[96] Tags darauf fand die feierliche Diensteinführung vor etwa 300 Personen statt, darunter die Landräte der benachbarten württembergischen Ämter Mergentheim und Gerabronn.[97] Der Rothenburger Oberbürgermeister sowie Kreisleiter Mägerlein begrüßten die Einsetzung von Siegfried Fürst, nachdem sie sich über Unstimmigkeiten mit dem vorigen Amtsvorstand beklagt hatten.[98]

---

91 Jakobi, Gewerkschaften, S. 154; Der Angestellte Michael Emmerling war für die lokalen Nationalsozialisten der „geistige Führer der SPD und des Reichsbanners", weshalb man ihn als „Funktionär der SPD" im April 1933 in „Schutzhaft" nahm. Vgl. Schreiben des SA-Sonderkommissars und Standartenführer Konrad Rahner an das Arbeitsamt Ansbach vom 7.9.1933.

92 StAN, SpKA Rothenburg o.d.T., H172.

93 StAN, LRA Rothenburg o.d.T. Abg. 1975, Nr. 6077. Mitgliedschaft der Beamten zur NSDAP in Rothenburg ob der Tauber, Stand 1936.

94 Bernhard Gotto, Machtergreifung per Dienstanweisung. Administrative Herrschaftstechniken und Selbstgleichschaltung in der Augsburger Stadtverwaltung, in: Fritz Mayrhofer/Ferdinand Opll (Hg.): Stadt und Nationalsozialismus, Linz 2008. S. 183-216, S. 184f.

95 StAN, Reg. v. Mfr. K.d.I. Abg. 1968. Tit. II, Nr. 696. Schreiben von Adolf Wagner vom 3.5.1933; Adolf Wagner, geb. 1.10.1890 – gest. 12.4.1944, trat 1923 der NSDAP bei und befand sich ab 1924 im Führungskreis um Hitler. 1925 zählte er zu den Gründungsmitgliedern der NS-Landtagsfraktion. Wagner war 1928-1929 Gauleiter für den Gau Oberpfalz, 1929-1930 für den Gau Groß-München und 1930-1944 Gauleiter des Traditionsgaues München-Oberbayern. 1933-1942 war Wagner als bayerischer Innenminister und stellvertretender bayerischer Ministerpräsident eine zentrale Figur der bayerischen Staatsregierung. Vgl. Unger, Biogramme, S. 757.

96 StAN, Reg. v. Mfr. Abg. 1978, Nr. 306. Schreiben des Oberregierungsrates Hermann an die Regierung von Ober- und Mittelfranken vom 6.7.1933. Reg. v. Mfr. K.d.I. Abg. 1968. Tit. II, Nr. 696. Schreiben von Adolf Wagner vom 1.6.1933.

97 StAN, Reg. v. Mfr. Abg. 1978, Nr. 306. Schreiben des Oberregierungsrates Hermann an die Regierung von Ober- und Mittelfranken vom 6.7.1933

98 Ebenda.

In Stadt und Kreis Rothenburg war das Instrument der politischen Beurteilung durch die zuständige Parteidienststelle ein probates Mittel der Gesinnungsüberwachung. Auskünfte über die politische Zuverlässigkeit erteilten die Parteidienststellen.[99] Politische Führungszeugnisse wurden von Kreispersonalamtsleiter Thoma an das Bezirksamt Rothenburg übersandt, um die ideologische Ausrichtung der Beamten zu gewährleisten.[100] Die Berichterstattung hatte einmal im Jahr zu erfolgen.[101] Das Bezirksamt Rothenburg führte Buch über alle Aktivitäten und Mitgliedschaften der Beamten wie deren Zugehörigkeit zu Freimaurerlogen oder logenähnlichen Organisationen.[102] Bei Gehaltsregelungen war die NSDAP-Mitgliedschaft ein wichtiges Argument wie sich im Falle von Gustav Decker zeigte, dem eine zuverlässige nationale Einstellung bescheinigt wurde.[103] Sicherlich ein Grund, weshalb manch „Konjunkturritter" seinen Weg zur Partei fand.[104] Der Kreispersonalamtsleiter Thoma hatte bei allen Anträgen auf Gewährung öffentlicher Leistungen oder Beförderungen eine politische Unbedenklichkeitsbescheinigung auszustellen.[105] Somit waren die Beamten permanent einer scharfen Gesinnungsüberwachung ausgesetzt.[106] Dergestalt wurde in Rothenburg wiederholt die politische Einstellung, kirchliche Bindung sowie die rassische Abstammung der Beamten untersucht. In Rothenburg veranstaltete die NSDAP erste weltanschauliche Schulungen, um die Rothenburger Beamtenschaft und die Beamtenanwärter mit dem nationalsozialistischen Grundverständnis von Rasse, Familie, Volk und Staat sowie den sich daraus ergebenden Veränderungen für die Verwaltungsführung bekannt zu machen. Durch den Reichsbund der Deutschen Beamten (RDB) versuchte das Regime weiteren Einfluss auf die Staatsdiener zu nehmen. Neben der Einführung des „Hitler-Grußes" zum 4. August 1933 als „Deutschen Gruß" im Dienst und innerhalb der dienstlichen Gebäude wurde erwartet, dass außerhalb des Dienstes in gleicher Weise gegrüßt wurde.[107] Ab September 1933 wurde der „Deutsche Gruß" in den Schulen und Erziehungsanstalten eingeführt.[108]

99 StadtAR, Gemeindearchiv Leuzenbronn, Nr. 145.

100 StAN, LRA Rothenburg o.d.T. Abg. 1975, Nr. 1096. Schreiben des Kreispersonalamtsleiters Thoma, Kreisleitung Rothenburg ob der Tauber an das Bezirksamt Rothenburg ob der Tauber.

101 StAN, LRA Rothenburg o.d.T. Abg. 1975, Nr. 6077. Schreiben des Bayerischen Staatsministerium für Unterricht und Kultus an die Regierungen vom 15.2.1936.

102 StAN, LRA Rothenburg o.d.T. Abg. 1975, Nr. 6076.

103 StAN, Reg. v. Mfr. Abg. 1978, Nr. 236. Schreiben des Bezirksamtes vom 17.8.1935; StAN, SpKA Rothenburg o.d.T., D14. Der Sparkassenobersekretär Gustav Decker aus Rothenburg o.d.T., geb. 10.10.1909, war von 1933-1945 Mitglied der NSDAP.

104 NSDAP-Partei-Statistik. Bd. 1, Parteimitglieder, München 1935, S. 261.

105 StAN, LRA Rothenburg o.d.T. Abg. 1975, Nr. 6076.

106 Von Hehl, Keine Beamten, S. 28.

107 StAN, P 8944, Amtsblatt des Bezirksamtes Rothenburg ob der Tauber, Nr. 54. Schreiben des Bezirksamtes vom 15.8.1933; StAN Amtsblatt für das BA Rothenburg o.d.T. Jg. 1933, Nr. 8944 P, Nr. 54.

108 StAN, Amtsblatt für das BA Rothenburg o.d.T. Jg. 1933, Nr. 8944 P, Nr.59.

Der Parteiapparat in Stadt und Bezirk Rothenburg stützte sich während der Phase des Machtausbaus weiterhin auf die „Alten Kämpfer“, die größtenteils im Gegensatz zum gesellschaftlichen Establishment standen und damit die revolutionäre Dynamik der Partei verkörperten bzw. eine Art soziales Protestpotential bildeten.[109] Auf dieser Ebene gab es nicht nur politische Motive, sondern auch die Ansprüche der nationalsozialistischen „Alten Kämpfer“ auf Lohn für ihren Dienst und auf Beteiligung an der Herrschaft.[110] NSDAP-Mitglieder wie Georg Soldner, die ab 1931 „öffentlich durch Reden und durch Einsetzen [ihres] persönlichen Ansehens und [ihrer] Machtstellung im politischen und wirtschaftlichen Leben“ zur Begründung und Stärkung der nationalsozialistischen Herrschaft beigetragen hatten, wurden für ihr Engagement mit Funktionärsposten in der Partei gewürdigt.[111] Soldner, der sich bei NSDAP-Ortsgruppenversammlungen sehr für die Ziele der Partei einsetzte und bereits im Juli 1932 drohte „Wir werden aufhängen all die Schieber und Landesverräter [...]“ wurde 1934 mit dem Posten des Kreisbauernführers betraut.[112] In ökonomischen Belangen bevorteilte die Kreisleitung altgediente Parteigenossen. So entzog Fritz Mägerlein - im Einvernehmen mit den Gemeinderäten - dem Eierfahrer Löber die Konzession des Eiertransports für die Stadt und das Umland Rothenburgs und übertrug sie an das NSDAP-Mitglied Beisbarth von Oberscheckenbach.[113]

4.3. Vereine und Verbände

Durch die „Gleichschaltung“ der Vereine und Verbände erlangte die NSDAP die Kontrolle über die soziale Infrastruktur in und um Rothenburg. Folglich wurden in der Stadt Rothenburg die bestehenden 14 Innungen, wie die der Bäcker, Metzger und Schreiner etc., ab 1933 zur Kreishandwerkerschaft Rothenburg mit eigener Geschäftsstelle zusammengeschlossen.[114] Ebenso löste sich der landwirtschaftliche Verein für Kreis und Stadt Rothenburg im Jahre 1933 auf; die gesamte Landwirtschaft mit all ihren Verzweigungen unterstand nun der Rothenburger

---

109 Elke Fröhlich, Die Partei auf lokaler Ebene. Zwischen gesellschaftlicher Assimilation und Veränderungsdynamik, in: Gerhard Hirschfeld/Lothar Kettenacker (Hg.): Der „Führerstaat“: Mythos und Realität. Studien zur Struktur und Politik des Dritten Reiches, Stuttgart 1981, S. 255-268, S. 263.

110 Albrecht Tyrell, Auf dem Weg zur Diktatur: Deutschland 1930 bis 1934, in: Karl Dietrich Bracher u.a. (Hg.), Deutschland 1933-1945. Neue Studien zur nationalsozialistischen Herrschaft, Düsseldorf 1992, S.15-31, S. 27.

111 StAN, SpKA Rothenburg o.d.T. S47. Klageschrift der Spruchkammer des Kreises Rothenburg o.d.T. vom 13.5.1948.

112 StAN, SpKA Rothenburg o.d.T. S47. Durchschlag einer Beurteilung des Kreisbauernführers Soldner durch den Kreisleiter vom 10.8.1936; FA 4.7.1932.

113 BArch (ehem. BDC), PK, Mägerlein, Friedrich, geb. 12.9.1903. Schreiben von Kreisleiter Mägerlein an die Gemeinde Hartershofen vom 7.6.1934.

114 Wirsching, Rothenburg (Typoskript), S. 35.

Kreisbauernschaft des Reichsnährstands.[115] Den Rothenburger Turn- und Sportverein 1898, den die organisierte Arbeiterschaft gegründet hatte, löste die NSDAP 1934 komplett auf.[116] Der 1926 gegründete Rothenburger Fußballklub ging im selben Jahr ebenfalls im Reichsbund für Leibesübungen auf.[117]

Seit 1920 widmete die Stadt dem Volksbildungswesen besonderes Augenmerk. Am 28. März 1925 wählte der Stadtrat einen städtischen Volksbildungsausschuss, dessen Aufgaben der Stadtarchivar Martin Schütz erledigte. Das lokale Volksbildungswesen veranstaltete Vorträge, Konzerte und Theateraufführungen. Ab 1933 wurde die Arbeit auf dem Gebiet der Volksbildung eingestellt und an deren Stelle trat die nationalsozialistische Organisation „Kraft durch Freude".[118] Die 1920 gegründete Volksbücherei wurde 1933 politisch überprüft und zu 60 Prozent als „undeutsch" befunden. Die Rothenburger SS prüfte die Bücher auf ihre politische Zuverlässigkeit und transportierte den beanstandeten Teil per Lastkraftwagen nach Nürnberg zur angeblichen Nachprüfung. Der Stadtamtmann Wirsching erhielt weder eine Bestätigung über die Beschlagnahme noch eine Liste der konfiszierten Bücher. Selbst auf wiederholtes Nachfragen reagierte die Gauleitung nicht.[119] Von 1933 bis 1943 erfolgte eine Bestandsauffüllung der Bücherei durch sogenannte „deutsche Literatur".[120]

Die nationalsozialistische „Gleichschaltung" löste 1933 des Weiteren den örtlichen Künstlerbund auf. Die Künstler wurden dem Reichsbund der deutschen Künstler – Gau Franken – eingegliedert.[121] Sich kulturell Betätigende mussten Mitglied der jeweiligen Einzelkammer der Reichskulturkammer werden. Musiker in Rothenburg hatten sich zum Beispiel bei der „Ortsgruppe Ansbach der Reichsmusikkammer" unter Leitung von Hermann Mayer anzumelden.[122] Bei öffentlichen Tanzveranstaltungen und bei Unterhaltungsmusik in Gaststätten, an Kirchweihen und Märkten durften ab April 1934 nur Musiker tätig sein, die Mitglieder der Reichsmusikkammer waren.[123] Tagesausweise stellte Stützpunktleiter Hidde in Rothenburg aus. Die Gendarmeriestationen waren angewiesen, die Durchführung der Verordnung zu überwachen.[124] Für die konkrete Durchführung der „Gleichschaltung" zeugt ein Schreiben des Parteigenossen Richard Hidde, Stützpunktleiter der

---

115 Ebenda, S. 43.
116 Ebenda, S. 94.
117 Ebenda, S. 93.
118 Ebenda, S. 79.
119 Ebenda, S. 81.
120 1945 erfolgte wiederum eine Überprüfung der Literatur durch die amerikanische Armee, wobei wiederum 60 Prozent der Bücher aussortiert wurden. Vgl. Wirsching, Rothenburg (Typoskript), S. 80.
121 Wirsching, Rothenburg (Typoskript), S. 85.
122 StAN, Amtsblatt für das BA Rothenburg o.d.T. Jg. 1933, Nr. 8944 P, Nr.81.
123 StAN, LRA Rothenburg o.d.T., Abg. 1975, Nr. 4043; StAN, Amtsblatt für das BA Rothenburg o.d.T. Jg. 1934, Nr. 8944 P, Nr. 28.
124 StAN, Amtsblatt für das BA Rothenburg o.d.T. Jg. 1934, Nr. 8944 P, Nr. 28.

Ortsmusikerschaft für Rothenburg Stadt und Bezirk, an das Bezirksamt Rothenburg „bei Veranstaltungen auf dem Lande, eine Kontrolle der tätigen Musiker auf ihre Zugehörigkeit zu der Reichsmusikkammer durch die Gendarmerie vornehmen zu lassen. [...] Musikern, die ihre Zugehörigkeit zu der R.M.K. nicht einwandfrei nachzuweisen vermögen, ist das Spielen sofort zu untersagen.“[125]

Grundsätzlich wurden alle Vereine, sofern sie am 1. Juni 1933 noch bestanden, durch die von der NSDAP durchgeführten „Gleichschaltungsmaßnahmen“ aufgelöst oder in die Organisationen der NSDAP inkorporiert. So wurde der Rothenburger „Gesangsverein Rothenburg 1842“ in den „Fränkischen Sängerbund“ eingereiht, der sich der Gunst von Julius Streicher erfreute.[126] Die Vereinsmitglieder betrachteten es fortan als Selbstverständlichkeit „in allem und jedem mit der nationalsozialistischen Weltanschauung einig [zu] gehen, ja, selbst Schrittmacher dieser Weltanschauung“ zu sein.[127] Den Gesangsverein „Waldeslust“, der sich 1922 aus Arbeiterkreisen heraus gegründet hatte, verbot die NSDAP 1934.[128] Die Schützengesellschaft „Rothenburga“ berief sich auf ihre Treue zum „Reich“ und proklamierte in ihrer Generalversammlung am 9. November 1933 ihre „Schicksalsverbundenheit mit Volk und Führer“.[129] Für den Verein Alt-Rothenburg brachte die „Gleichschaltung“ nur eine Änderung in nomineller Hinsicht. Wie das Protokoll-Buch des Vereins Alt-Rothenburg berichtet, ernannten die Mitglieder den bisherigen Vorsitzenden Liebermann als „Führer des Vereins“.[130] Die 15. Sitzung des Vereins Alt-Rothenburg am 11. September 1933 thematisierte die „Gleichschaltung“ im eigenen Verein. Vorsitzender Liebermann verlas ein Schreiben des Nordbayerischen Verbandes der Heimatvereine. Darin wurde dem Verein Alt-Rothenburg bescheinigt, dass er keine „Gleichschaltung“ benötigte.[131] Der Verein war längst auf Linie. Von den 17 Mitgliedern der Vorstandschaft gehörten sieben der NSDAP an, ein Vereinsmitglied gehörte dem NS-Juristenverband an, sechs Personen waren Mitglieder des Stahlhelms.[132]

Die militärisch organisierte Gruppe der „Reichsflagge“ ging 1929 im „Stahlhelm, Bund der Frontsoldaten“ auf. Diese Organisation gliederte sich 1934 unter Führung von Beck in die SA-Reserve ein.[133] Von 1924 bis zur Auflösung 1935

---

125 StAN, LRA Rothenburg, Abg. 1975, Nr. 4043. Schreiben des Stützpunktleiters der Ortsmusikerschaft Hidde an das Bezirksamt Rothenburg o.d.T. vom 18.4.1934.

126 Wirsching, Rothenburg (Typoskript), S. 89.

127 StAN, Rep 503, NS-Mischbestand, Kreisleitung Rothenburg, Nr. 6. Schreiben des Gesangsverein Rothenburg o. Tbr. 1842.

128 Wirsching, Rothenburg (Typoskript), S. 91.

129 StadtAR, Berichtsbuch der Zimmerstutzen-Gesellschaft „Rothenburga“ Rothenburg o.d.T. 1933-1943, S. 5.

130 Protokollbuch des Vereins Alt-Rothenburg, S. 283. Im Privatbesitz von Richard Schmidt (Gebsattel).

131 Schmitt, 100 Jahre Verein Alt-Rothenburg, S. 31.

132 Protokollbuch des Vereins Alt-Rothenburg, S. 272.

133 Wirsching, Rothenburg (Typoskript), S. 94.

bestand eine Gruppe des „Tannenberg-Bundes". Als vorübergehende Erscheinungen bestanden vor 1934 kleine Gruppen der „Brigade Erhard", des „Wikingerbundes" und des „Bundes Oberland". Auch für die freiwillige Feuerwehr brachte das Jahr 1933 keine große Strukturänderung. Lediglich der Kommandant erfuhr als „Führer" der Wehr eine Neubezeichnung und hatte die Gesamtführung inne. Vorstand der Feuerwehr war Stadtamtmann Wirsching.[134] Unter der Führung des Bayerischen Roten Kreuzes bestanden bis 1934 der Männer- und der Frauenzweigverein des Roten Kreuzes von 1866/70 sowie die freiwillige Sanitätskolonne von 1897. Die drei Vereine wurden im Zuge der nationalsozialistischen „Gleichschaltung" zu einem Kreisverein des Deutschen Roten Kreuzes zusammengeschlossen. Der verantwortliche Leiter, Bürgermeister Schmidt, führte jetzt den Titel „Oberfeldführer".[135]

Der „Gleichschaltungsprozess" war ein Beweis für die eminente Bedeutung der paraprofessionellen Frontorganisationen.[136] Die Nationalsozialisten waren dadurch imstande, nicht nur die politische und gesellschaftliche Herrschaft zu übernehmen, sondern das gesamte Gesicht Rothenburgs binnen kurzer Zeit zu verändern. Anfang August 1934 waren die Prozesse der „Machtergreifung" und der „Gleichschaltung" vollendet, nachdem die Wehrmacht auf Hitler vereidigt war und die höchsten Staatsämter – Kanzlerschaft und Präsidentschaft – in der Hand des „Führers" lagen. Ein nachträgliches Plebiszit am 19. August 1934 legalisierte zum Schein die staatsstreichartige Schlussaktion.[137]

Fazit

Nach der „Machtergreifung" etablierte sich die nationalsozialistische Herrschaft in der Stadt und den umliegenden Kommunen Rothenburgs. Außerordentliche Wahlergebnisse zur Reichstagswahl 1933 weit über Reichsdurchschnitt – in manchen Gemeinden mit 100 Prozent – belegten die breite Vertrauensbasis für die NSDAP als auch deren Durchsetzungsfähigkeit vor Ort. Es folgte ein umfassender Machtausbau in Form der „Gleichschaltung" des öffentlichen Lebens und der Beseitigung pluralistischer Demokratie.

---

134 Wirsching hatte das Amt bis 1937 inne und musste 1937 zurücktreten, weil er kein Mitglied der NSDAP war. Ihm folgte „Wehrführer" Gerlinger. Nach der Besetzung durch die amerikanischen Truppen musste Gerlinger aufgrund seiner NSDAP-Mitgliedschaft zurücktreten. Vgl. Wirsching, Rothenburg (Typoskript), S 97.

135 Ebenda, S. 98.

136 Hannah Arendt, Elemente und Ursprünge totaler Herrschaft. Antisemitismus, Imperialismus, Totalitarismus, Frankfurt/M. 1955, S. 781.

137 Karl Dietrich Bracher, Demokratie und Machtergreifung: Der Weg zum 30. Januar 1933, in: Ders. u.a. (Hg.): Nationalsozialistische Diktatur 1933-1945, S. 17-36, S. 34. Bei einer Wahlbeteiligung von 98 Prozent stimmten in der Stadt Rothenburg 97,86 Prozent für die NSDAP. Vgl. FA 20.8.1934.

Da es sich in Stadt und Bezirk Rothenburg um NSDAP-Kerngemeinden handelte, stand der Neuausrichtung und -besetzung staatlicher und gesellschaftlicher Schlüsselfunktionen nichts im Weg. Getreue „Parteigenossen" und „Alte Kämpfer" profitierten von der NS-Herrschaft durch den Erhalt guter Posten sowie wirtschaftlicher Privilegien. Die NSDAP mit ihren Gliederungen und angeschlossenen Verbänden setzte sich vollends durch. Das Führerprinzip ersetzte Eigenverantwortlichkeit durch direkte Abhängigkeit von der Partei.

Die Nationalsozialisten übernahmen nicht nur die politische und gesellschaftliche Herrschaft, sondern begannen das Gesicht Rothenburgs zu verändern. Symbolisch wie praktisch übte das NS-Regime seine Herrschaft vor Ort aus. Die „Gleichschaltung" bemächtigte sich der sozialen Infrastruktur, der Presse, der Verbände sowie der Vereine. Das kulturelle Leben erfuhr Linientreue mit der NS-Ideologie, sofern es notwendig war. Die Konsolidierung der NS-Herrschaft in Stadt und Land Rothenburg geschah in der Hochburg der Bewegung reibungslos und war teilweise eine rein nominelle Angelegenheit.

Gleichzeitig baute das Regime vor Ort einen Terror- und Überwachungsapparat auf. Der Kreisleiter, der SA-Sonderkommissar sowie die Ortsgruppenleiter hielten das Zepter der Herrschaftsgewalt in der Hand. Oppositionelle Kräfte wurden mundtot gemacht. „Inschutzhaftnahmen" sowie eine scharfe Gesinnungsüberwachung erwiesen sich als probate Mittel und förderten die Bereitschaft zum Arrangement und zur Zusammenarbeit mit dem NS-Regime, wenn nicht mit aktiver Unterstützung, so doch in passiver Loyalität.

5. Instrumente der Herrschaft

Um die konkreten Folgen und Auswirkungen der NS-Herrschaft zu analysieren, ist es vorab nötig, den Herrschaftsbereich in Stadt und Kreis Rothenburg o.d.T. zu rekonstruieren. Als Teil Mittelfrankens gehörten Stadt und Kreis Rothenburg zum Gau Franken und befanden sich im direkten Einflussgebiet von Julius Streicher.[1] Der Gau Franken setzte sich aus 18 Parteikreisen zusammen. Die Festsetzung dieser Grenzen geschah nach den Weisungen von Adolf Hitler durch den Reichsorganisationsleiter.[2] Formal wurde die Stadt Rothenburg erst am 1. April 1935 im Zuge der „neuen deutschen Gemeindeordnung" in den Bezirk Rothenburg eingegliedert.[3] Neben der ehemaligen Reichsstadt Rothenburg umfasste der Landkreis 61 Gemeinden.[4] Insgesamt lebten im Jahr 1939 in dem Gebiet 26.971 Menschen.[5] In konfessioneller Hinsicht unterschied sich der Bezirk Rothenburg nicht von den umliegenden fränkischen Gebieten. Im Jahr 1939 waren im ganzen Landkreis insgesamt 24.078 Personen evangelisch, 2.449 katholisch und 207 Bürger anderen Glaubens bzw. konfessionslos.[6] In der Stadt waren insgesamt 7.613 Einwohner evangelisch, 1.151 katholisch und 175 anderen Glaubens bzw. konfessionslos.[7] Verzeichnete das Bayerische Statistische Landesamt im Jahr 1925 noch 79 Juden in der Stadt Rothenburg, so lebten im Jahre 1939 keine Bürger jüdischen Glaubens mehr im Kreis Rothenburg.[8] Außerhalb der Stadt Rothenburg lebten im Bezirk keine Juden.[9] Die Zahl der Erwerbstätigen belief sich in Land- und Forstwirtschaft auf 10.230, in Industrie und Handwerk auf 2.804,

---

1 Die regionale Grundstruktur in Form des Gausystems war eine Mischung von gewachsenen Regionalitäten, praktischen Erwägungen und personalpolitischen Eingriffen, die durch die Größe der Gaue dem zentralisierten Reich ein regionales System entgegenstellte. Vgl. Walter Ziegler, Gaue und Gauleiter im Dritten Reich, in: Möller u.a. (Hg.): Nationalsozialismus in der Region, S. 139-159, S. 143; Ders., Die Nationalsozialistischen Gauleiter in Bayern. Ein Beitrag zur Geschichte Bayerns im Dritten Reich, in: ZBLG 58 (1995), S. 427-460; Jeremy Noakes, Oberbürgermeister and Gauleiter. City Government between Party and State, in: Gerhard Hirschfeld/Lothar Kettenacker (Hg.): Der „Führerstaat": Mythos und Realität. Studien zur Struktur und Politik des Dritten Reiches, Stuttgart 1981, S. 194-227.

2 Reichsorganisationsleiter der NSDAP (Hg.), Organisationsbuch der NSDAP, München 1937, S. 136.

3 FA 11.4.1935.

4 StAN, LRA Rothenburg o.d.T. Abg. 1975, Nr. 510. Vgl. Bayer. Statistisches Landesamt (Hg.), Bayerische Gemeinde- und Kreisstatistik. Heft 6: Mittelfranken. Heft 132/6 der Beiträge zur Statistik Bayerns, München 1943, S. 90-105. Das Gemeindeverzeichnis findet sich im Anhang Nr. 1.

5 Bayerische Gemeinde- und Kreisstatistik, S. 90f. Zur Demographie des Landkreises Rothenburg o.d.T. siehe Anhang Nr. 2.

6 Ebenda, S. 90f.

7 Ebenda, S. 98f.

8 Ebenda, S. 175.

9 Damit war Rothenburg das einzige Bezirksamt in Mittelfranken, in dem keine Juden wohnten, vgl. Hambrecht, Aufstieg der NSDAP, S. 4.

in Handel und Verkehr auf 1.276 und im öffentlichen Dienst- sowie im privaten Dienstleistungssektor auf 834.[10] Die soziale Stellung der Erwerbspersonen untergliederte sich in 3.855 Selbstständige, 460 Beamte, 627 Angestellte, 4.541 Arbeiter und 6.007 mithelfende Familienangehörige.[11]

Die Berufsgruppenzugehörigkeit der NSDAP-Mitglieder zeigte nach Auswertung der Spruchkammerkartei Rothenburg o.d.T. folgendes Bild: 20 Prozent Angestellte, 18 Prozent Bauern, 17 Prozent Selbständige, 13 Prozent Handwerker, 9 Prozent Arbeiter, 8 Prozent Beamte, 4 Prozent Akademiker, und 11 Prozent sonstige Berufe.[12] Ein Hauptmerkmal der Erwerbsstruktur der NSDAP-Mitglieder in Stadt und Land Rothenburg o.d.T. war die Überrepräsentation der Angestellten, Selbstständigen und Bauern. Über die Hälfte der NSDAP-Mitglieder entstammte diesen Berufsgruppen. Der Großteil der NSDAP-Mitglieder trat erst ab 1933 in die Partei ein. Von den Personen, die sich eines Spruchkammerverfahrens unterziehen mussten, waren 71 Prozent der Männer und 34 Prozent der Frauen in der NSDAP.[13] Der Rest war Mitglied in den angeschlossenen Organisationen und Verbänden der Partei.[14]

5.1. Wirkungsmächtige Akteure – Die Kreisleiter

Unter den politischen Leitern in Rothenburg hatte der Kreisleiter eine exponierte Stellung inne.[15] Er fungierte als Koordinations- und Überwachungsinstanz über

---

10 Bayerische Gemeinde- und Kreisstatistik, S. 92f.

11 Ebenda, S. 92f.

12 Siehe Anhang Nr. 3. StAN, Kartei der Spruchkammer Rothenburg o.d.T. A-J. Als Material wurde die im Staatsarchiv Nürnberg liegende Kartei der Spruchkammer Rothenburg o.d.T. herangezogen. Die Auswertung der Spruchkammerkartei basierte auf den alphabetisch geordneten Akten der Buchstaben A bis J und ermöglichte eine repräsentative Stichprobe aus Stadt und Kreis Rothenburg o.d.T. Leider ließen die Zahlen keinen Rückschluss auf die tatsächliche prozentuale NSDAP-Mitgliedschaft der Bevölkerung für die Stadt und den Kreis während der nationalsozialistischen Herrschaft zu, da während und nach dem Zweiten Weltkrieg eine große Zahl an Personen verzogen war bzw. nach Rothenburg o.d.T. kam. Dieses methodische – aber leider nicht zu umgehende – Problem galt ebenso für die noch folgenden prozentualen Erhebungen aus der Spruchkammerkartei in dieser Arbeit.

13 Siehe Anhang Nr. 4 und Nr. 5 dieser Untersuchung.

14 Siehe Anhang Nr. 6.

15 Inzwischen gibt es ausführliche Regionalstudien zu den Kreisleitern der NSDAP, die Aufschluss über die soziale Praxis und die Sozialstruktur liefern Roth, Parteikreis und Kreisleiter; Armin Nolzen, Funktionäre in einer faschistischen Partei. Die Kreisleiter der NSDAP, 1932/33 bis 1944/45, in: Till Kössler/Helke Stadtland (Hg.): Vom Funktionieren der Funktionäre. Politische Interessenvertretung und gesellschaftliche Integration in Deutschland nach 1933, Essen 2004, S. 37-75; Barbara Fait, Die Kreisleiter der NSDAP – nach 1945, in: Martin Broszat u.a. (Hg.): Von Stalingrad zur Währungsreform. Zur Sozialgeschichte des Umbruchs in Deutschland, München 1988, S. 215-299; Beate Dorfey, 'Goldfasane' oder Hoheitsträger der Kreise? Die Kreisleiter im Gau Koblenz-Trier, in: Jahrbuch für westdeutsche Landesgeschichte 29 (2003), S. 297-424; Christine Arbogast, Herrschaftsinstanzen der württembergischen NSDAP. Funktion, Sozialprofil und Lebenswege einer

den territorial zugeordneten Parteiapparat.[16] Innerhalb seines „Hoheitsbereichs" – des Kreises – „war der Kreisleiter für die gesamte politische, kulturelle und wirtschaftliche Gestaltung aller Lebensäußerungen nach nationalsozialistischen Grundsätzen verantwortlich [...]" und bildete die unterste hauptamtlich geführte Dienststelle der NSDAP.[17] Die Rothenburger Kreisleiter waren direkt dem fränkischen Gauleiter unterstellt und besaßen das alleinige Vorschlagsrecht bei Ein- und Absetzungen der Ortsgruppenleiter sowie Weisungsbefugnis hinsichtlich der Parteigliederungen und deren Kreisamtsleiter.[18] Damit war der Kreisleiter der einflussreichste Vertreter der Partei außerhalb der Gauhauptstädte.[19] Die Rothenburger Kreisleitung umfasste 21 Ortsgruppen mit 25 Zellen und 28 Blocks.[20]

Die Kreisleiter unterhielten enge persönliche Kontakte sowohl zum vorgesetzten Gauapparat als auch zur unterstellten Ortsgruppenebene, wie zahlreiche Briefwechsel belegen.[21] Auf diese Weise sorgten die Kreisleiter von 1932 bis 1945 dafür, dass sich eng verzahnte Personenverbandsstrukturen bildeten, die eine Stabilisierung nach innen bewirkten.[22] Zwischen den Kreisleitern und ihrem

---

regionalen NS-Elite 1920 – 1960, München 1998; Kurt Düwell, Gauleiter und Kreisleiter als regionale Gewalten des NS-Staates, in: Möller u.a. (Hg.): Nationalsozialismus in der Region, S. 161-174; Peter Klefisch, Die Kreisleiter der NSDAP in den Gauen Köln-Aachen, Düsseldorf und Essen, Düsseldorf 2000; Sebastian Lehmann, Kreisleiter der NSDAP in Schleswig-Holstein. Möglichkeiten eines sammelbiografischen Ansatzes, in: Michael Ruck/Karl Heinrich Pohl (Hg.): Regionen im Nationalsozialismus, Bielefeld 2003, S. 147 – 156; Michael Rademacher, Die Kreisleiter der NSDAP im Gau Weser-Ems, Marburg 2005; Susanne Schlösser, Die Heilbronner NSDAP und ihre „Führer". Eine Bestandsaufnahme zur nationalsozialistischen Personalpolitik auf lokaler Ebene und ihren Auswirkungen „vor Ort", in: Christhard Schrenk/Peter Wanner (Hg.), Heilbronnica 2. Beiträge zur Stadtgeschichte, Heilbronn 2003, S. 281 – 318; Wolfgang Stelbrink, Die Kreisleiter der NSDAP in Westfalen und Lippe. Versuch einer Kollektivbiographie mit biographischem Anhang, Münster 2003; Michael Kißener/Joachim Scholtyseck (Hg.), Die Führer der Provinz. NS-Biographien aus Baden und Württemberg, Konstanz 1997; Ders., Die Kreisleiter der NSDAP in den beiden westfälischen Parteigauen, in: Michael Ruck/Karl Heinrich Pohl (Hg.): Regionen im Nationalsozialismus, Bielefeld 2003, S. 157-187.

16 Roth, Parteikreis und Kreisleiter, S. 110.

17 Organisationsbuch der NSDAP, S. 130. Für die Nationalsozialisten bezeichnete der Kreis die Zusammenfassung einer Anzahl örtlicher „Hoheitsbereiche". Unter der Bezeichnung Kreis ist, wenn nicht anders angegeben, stets der Parteikreis der NSDAP zu verstehen und nicht der staatliche Verwaltungskreis.

18 Allerdings hatten SA und HJ eine gewisse Selbstständigkeit. Vgl. Nolzen, Funktionäre, S. 40.

19 Kurt Düwell, Gauleiter und Kreisleiter als regionale Gewalten des NS-Staates, in: Möller u.a. (Hg.): Nationalsozialismus in der Region, S. 161-174, S. 163.

20 Stand: 1.1.1935. Vgl. Roth, Parteikreis, S. 509.

21 NS-Mischbestand. Kreisleitung Rothenburg ob der Tauber, Nr. 6. Schreiben der Ortsgruppenleitung Dombühl an die Kreisleitung Rothenburg o.d.T. vom 23.4.1936; Schreiben des Kreispropagandaleiters an die Kreisleitung der NSDAP Rothenburg o.d.T. am 30.11.1938; Schreiben des Kreispropagandaleiters an die Kreisleitung der NSDAP Rothenburg o.d.T. am 22.4.1943.

22 Roth, Parteikreis, S. 492.

Gauleiter herrschte bestes Einvernehmen.[23] Man kann hier von charismatisch strukturierten Beziehungen sprechen.[24]

Im Gegensatz zu den stärker auf parteiadministrative Funktionsbereiche orientierten Ortsgruppenleitern waren die Kreisleiter in der Lage, nonkonformes Verhalten zu bestrafen oder altgediente Parteigenossen sowie willfährige Mitläufer zu protegieren.[25] Als Adressaten von Denunziationen jeglicher Art und sogenannten Meldungen über Verstöße gegen die Parteisatzung stiegen die Kreisleiter zu Machthabern im lokalen NS-Herrschaftsgefüge auf, in dem sich das NS-Regime für den Einzelnen konkret manifestierte.[26] Die Kreisleiter koordinierten die Ausübung der Herrschaftsgewalt der NSDAP und waren Dreh- und Angelpunkt des Terrors, den die Partei gegen sogenannte Gegner des NS-Regimes praktizierte.[27]

5.1.1. Lokale „Hoheitsträger"

Die Leitung des Parteikreises Rothenburg übernahm am 1. August 1932 Friedrich Mägerlein.[28] Sein Amt als Kreisleiter hatte er bis 15. Oktober 1934 inne. Ihm folgte Karl Zoller bis 31. Juli 1935 ins Amt des Kreisleiters.[29] Daraufhin bekleidete Karl Steinacker das Amt für acht Jahre. 1944 wurde Erich Höllfritsch als Kreisleiter bis zum Kriegsende eingesetzt.[30] Die Hinwendung der vier Rothenburger Kreisleiter zum Nationalsozialismus erfolgte relativ früh. Mägerlein war 1930, Zoller und Steinacker waren schon 1927 der NSDAP beigetreten. Als Angehöriger einer späteren Generation trat Höllfritsch 1932 der NSDAP bei. Was die berufliche Herkunft angeht, so zeigt sich, dass die Rothenburger Kreisleiter dem Mittelstand angehörten. Mägerlein war Lehrer, Zoller war Forstverwalter, Steinacker war Verwaltungsangestellter und Höllfritsch war Diplom-Volkswirt. Ein genauerer Blick auf die Le-

---

23 Peter Diehl-Thiele, Partei und Staat im Dritten Reich. Untersuchungen zum Verhältnis von NSDAP und allgemeiner innerer Staatsverwaltung 1933-1945, München 1971, S. 176f.

24 Nolzen, Funktionäre, S. 49.

25 Dennoch hatte die Kreisleitung auch eine wichtige administrative Funktion. Vgl. NS-Mischbestand. Kreisleitung Rothenburg ob der Tauber, Nr. 4, 5, 7.

26 Christine Arbogast/Bettina Gall, Aufgaben und Funktionen des Gauinspekteurs, der Kreisleitung und der Kreisgerichtsbarkeit der NSDAP in Württemberg, in: Cornelia Rauh-Kühne/Michael Ruck (Hg.): Regionale Eliten zwischen Diktatur und Demokratie, München 1993, S. 151-169, S.157.

27 Nolzen, Funktionäre, S. 67. Siehe hierzu Kapitel 7 und 8. dieser Untersuchung.

28 StAN, Rep. 503. NS-Mischbestand, Gauleitung Nr. 137. Steinacker in einem Antwortbrief an das Gaupersonalamt vom 29.4.37; FA 6.11.1937. Siehe hierzu Kapitel 3 dieser Untersuchung.

29 Ebenda.

30 StAM, SpKA Rothenburg o.d.T., Nr. 728. Leider beinhalteten die Spruchkammerakten der Rothenburger Kreisleiter nicht genügend Informationen, um eine tiefere biographische Darstellung zu gewährleisten. Die Spruchkammerakten von Mägerlein, Zoller und Steinacker bestanden lediglich aus einem Meldebogen.

bensläufe von Mägerlein, Zoller und Steinacker offenbart sie als Akteure der ersten Stunde. Sie gründeten Ortsgruppen und waren ab 1927 auf der untersten Parteiebene in verschiedenen Funktionen tätig. Laut den Akten der Spruchkammer zeichneten sich die Kreisleiter durch eine mehrfache Mitgliedschaft in den angeschlossenen Gliederungen und Verbänden der NSDAP aus.

Fritz Mägerlein

Friedrich Mägerlein wurde am 12. September 1903 in Neustett als fünftes von sieben Kindern, als Sohn der Schuhmachereheleute Johann Leonhard Mägerlein und Anna Katharina Kaiser, in Neustett geboren und im evangelischen Glauben erzogen.[31] Nach Besuch der Volksschule und Lehrerbildungsanstalt war er Aushilfslehrer in Lipprichhausen, Ippesheim, Dentlein und Windelsbach und wurde am 1. November 1930 zum Lehrer in Windelsbach befördert. Am 6. Juni 1930 heiratete er. Aus seiner Ehe gingen zwei Kinder hervor. Von 1933 bis 1935 war er an der Volksschule in Rothenburg, von 1936 bis 1939 und 1941 lebte er in Marktsteft.[32]

Bereits 1919 wurde er Mitglied des „Deutschvölkischen Schutz- und Trutzbundes“, verlor aber 1921 die Verbindung zu dieser Organisation, da die sieben Mann starke Truppe in Schwabach sich der Reichsflagge anschloss. Parteipolitisch war Mägerlein bis 1924 in der Deutschnationalen Volkspartei tätig.[33] 1923 bis 1926 war er Mitglied der „Reichsflagge“. 1925 hielt er mehrere Wahlversammlungen für die Wahl Hindenburgs ab. 1929 betätigte er sich bei mehreren Versammlungen als Redner gegen den Young-Plan und kam so in Kontakt mit den Nationalsozialisten. Offizielles Mitglied der NSDAP wurde er zum 1. Juni 1930.[34] Genau einen Monat später, am 1. Juli, avancierte er zum Ortsgruppenleiter der Ortsgruppe Geslau.[35] Im Wahlkampf von 1930 war er bei zahlreichen Versammlungen als Redner tätig. Darüber hinaus war er Mitglied der SA (1930-1933), NSV (1934 - 1945), NSLB (1931-1945), NSRbfL (1936-1945), NSRKB (1936-1945) sowie Gauverbandsredner des Reichskolonialbundes (1936-1939).[36] Im Herbst 1931 übernahm er als Nachfolger von Konrad Rahner das Amt des Kreisleiters in Ro-

31 StAM, SpkA K 1100: Mägerlein Fritz. Schreiben von Fritz Mägerlein an den Vorsitzenden der Sitzgruppe VI der Lagerspruchkammer Hammelburg vom 11.2.1948.

32 Ebenda.

33 BArch (ehem. BDC), PK, Fritz Mägerlein, geb. 12.9.1903. Bestätigungszeugnis der Partei. NSDAP-Mitgliedsnummer: 267402.

34 Ebenda.

35 StAM, SpkA K 1100: Mägerlein Fritz. Auszug aus den CIC-Akten; BArch (ehem. BDC), PK, Fritz Mägerlein, geb. 12.9.1903.

36 StAM, SpkA K 1100: Mägerlein Fritz. Klageschrift des öffentlichen Klägers bei der Spruchkammer des Lagers Hammelburg. Aktenzeichen M-4209/BA-III an die Spruchkammer des Lagers Hammelburg vom 10.06.1948; Schreiben von Fritz Mägerlein an den öffentlichen Kläger der Lagerspruchkammer Hammelburg vom 01.04.1948.

thenburg bis Oktober 1934.[37] Damit hatte Mägerlein Weisungsbefugnis über 15 Ortsgruppen und fungierte als Schnittstelle zur Gauleitung.[38] In dieser Funktion bewährte er sich für die NSDAP als Organisator, Propagandist und Redner.[39] Außerdem agitierte Mägerlein als Gauredner der NSDAP im Gau Franken.[40] Darüber hinaus war Mägerlein von 1933 bis 1934 Bezirkstags- und Kreistagsmitglied der NSDAP.[41] Somit war er leitender Akteur während der Phase der „Machtergreifung" und der „Gleichschaltung". Aufgrund innerparteilicher Differenzen verschlug es Mägerlein nach Marksteft. Ermöglicht wurde dies durch das Entgegenkommen des Gauleiters Otto Hellmuth, Gau Mainfranken, und des Kreisleiters von Kitzingen.[42] 1938 übernahm Mägerlein dort das Amt des Kreispropagandaleiters.[43] Erst 1939, mit seiner Einziehung zur Wehrmacht, endete die Tätigkeit. 1941 lebte sie vorübergehend wieder auf. 1939 bis Januar 1941 und von Januar 1942 bis Kriegsende war er Soldat. Im April 1942 wurde er zum Leutnant befördert. 1940/41 war er bei einer Nachschubkolonnenabteilung in Frankreich. 1942 und 1943 war er Leutnant an der russischen Front. Infolge einer Verwundung kam er im Januar 1944 ins Lazarett und von dort zum Ersatztruppenteil, bei dem er wegen Frontdienstuntauglichkeit bis zu seiner Gefangennahme verblieb. Ab Juni 1944 versah er im Ersatztruppenteil den Dienst eines nebenamtlichen NS-Führungsoffiziers. Am 27. April 1945 geriet er in Kriegsgefangenschaft und war als Kriegsgefangener in den Lagern Bad Kreuznach, St. Avold und Heilbronn. Dort wurde er am 3. Oktober 1945 in das Zivilinterniertenverhältnis überführt und nach Ludwigsburg verlegt. Danach durchlief er die Internierungslager Ludwigsburg, Ulm, Heilbronn, Kornwestheim, Regensburg und Hammelburg.[44] Insgesamt befand sich Mägerlein fast drei Jahre in Haft.[45]

---

37 StAM, SpkA K 1100: Mägerlein Fritz. Schreiben von Fritz Mägerlein an den Vorsitzenden der Sitzgruppe VI der Lagerspruchkammer Hammelburg vom 11.2.1948.

38 Ebenda.

39 BArch (ehem. BDC), PK, Mägerlein, Friedrich, geb. 12.9.1903. Schreiben an die NSDAP, Gau Franken, in Nürnberg. 28.3.1934.

40 BArch (ehem. BDC), PK, Fritz Mägerlein, 12.9.1903. Personalfragebogen des Personalamtes, Abteilung II, vom 1.8.1943.

41 StAM, SpkA K 1100: Mägerlein Fritz. Schreiben von Fritz Mägerlein an den Vorsitzenden der Sitzgruppe VI der Lagerspruchkammer Hammelburg vom 11.2.1948.

42 Ein angesetztes parteigerichtliches Verfahren attestierte Mägerlein aufgrund fehlender Anhaltspunkte, dass er den Bestrebungen der NSDAP nicht zuwidergehandelt habe. Vgl. BArch (ehem. BDC), PK, Fritz Mägerlein, 12.09.1903. StAM, SpkA K 1100: Mägerlein Fritz. Ermittlungsbericht vom 9.3.1948; Otto Hellmuth, geb. 22.7.1895 – gest. April 1968, trat 1925 der NSDAP bei und gründete die Ortsgruppe Würzburg. 1928-1945 war Hellmuth Gauleiter des Gaues Unterfranken bzw. Mainfranken ab 1935. 1934 avancierte er zum Regierungspräsidenten von Unterfranken und 1942 zum Reichsverteidigungskommissar. Vgl. Unger, Biogramme, S. 746f.

43 StAM, SpkA K 1100: Mägerlein Fritz. Schreiben von Fritz Mägerlein an den öffentlichen Kläger der Lagerspruchkammer Hammelburg vom 1.4.1948.

44 StAM, SpkA K 1100: Mägerlein Fritz. Schreiben von Fritz Mägerlein an den Vorsitzenden der Sitzgruppe VI der Lagerspruchkammer Hammelburg vom 11.2.1948. Schreiben des Bayerischen Staatsministeriums für Sonderaufgaben Abtlg. VI: Internierungs- und Arbeits-

Karl Zoller wurde 1922 Mitglied des Bundes Oberland.[46] Von Herbst 1922 bis Januar 1924 trat er der „Reichsflagge“ bei. 1924 wurde er Mitglied der Deutschen Arbeiterpartei sowie des Völkischen Blocks.[47] Im November 1927 trat er mit der Mitgliedsnummer 70.772 in die NSDAP ein und war am 1. November 1927 einer der Mitgründer der Rothenburger NSDAP-Ortsgruppe.[48] Des Weiteren gründete er 1928 den SA-Sturm Rothenburg und war bis 1932 Adjutant des Sturmbannführers Rahner. Ab 1. Mai 1930 führte Zoller die Ortsgruppe Rothenburg der NSDAP und war im Kreis Rothenburg als Kreisredner tätig.[49]

Von 1. September 1934 an war er Stellvertreter des Kreisleiters Mägerlein. Mit der „Machtergreifung“ zog er im April 1933 als Fraktionsführer der NSDAP in den Stadtrat ein, der ihn am 15. Januar 1934 zum Zweiten Bürgermeister berief.[50] Wegen seiner Parteiverdienste im Kreis Rothenburg trat „Karl Zoller [...] mit dem 1. August 1935, die ihm aufgrund seiner Beförderung zum Forstverwalter übertragende Stelle in Mittelsinn im Spessart [...]“ an.[51] Am 1. August 1935 übertrug Streicher die Leitung des Kreises an Karl Steinacker.[52] Streicher wörtlich: „Wir holten [den] Parteigenossen Steinacker als Kreisleiter hierher [...] einen Mann, der einst als junger Parteigenosse, ganz auf sich allein gestellt, ohne Auftrag in Dinkelsbühl den Kampf aufgenommen hat.“ Der Gauleiter mahnte: „Er hat an der Front sich das Recht geholt, daß man an ihn denkt in dieser Stunde [...] Wer ihm nicht gehorcht, gehorcht mir nicht und damit nicht dem Führer.“[53]

---

lager Hammelburg vom 28. April 1948. Schreiben der Lagerleitung des Internierungs- und Arbeitslagers Hammelburg vom 9.4.1948.
Lagerkarte von Fritz Mägerlein.

45 StAM, SpkA K 1100: Mägerlein Fritz. Spruch der Spruchkammer des Internierungslagers Hammelburg vom 17.6.1948. Nachdem Mägerlein zuerst in die Gruppe I der Hauptschuldigen eingestuft worden ist, wurde er nach Jahren der Haft und Revisionsgerichtsurteilen in die Gruppe IV der Mitläufer eingereiht.

46 BArch, (ehem. BDC), PK, Karl Zoller. Schreiben Mägerleins an die Gauamtsleitung vom 12.6.1934.

47 BArch, (ehem. BDC), PK, Karl Zoller. Schreiben des Kreisleiters Mägerlein an die Gauamtsleitung des Amtes für Beamte vom 12.6.1934.

48 BArch, (ehem. BDC), PK, Karl Zoller. Schreiben von Karl Zoller an die NSDAP-Reichsleitung in München vom 14.3.1933.

49 BArch, (ehem. BDC), PK, Karl Zoller. Schreiben des Kreisleiters Mägerlein an die Gauamtsleitung des Amtes für Beamte vom 12.6.1934.

50 Von den anwesenden 17 stimmberechtigten Personen votierten 16 Stadträte für Zoller. Vgl. FA 16.1.1934; FA 30.7.1935. Ludwig Siebert beglückwünschte Zoller in einem persönlichen Schreiben zur ehrenamtlichen Berufung als zweiter Bürgermeister; BayHStA, StK 7481. Schreiben von Ludwig Siebert an Karl Zoller. München, den 26.2.1934.

51 FA 30.7.1935, FA 1.8.1935.

52 Stadtarchiv Nürnberg, Av.350,4.0, Verordnungsblatt der Gauleitung Franken der Nationalsozialistischen Deutschen Arbeiterpartei, 1.7.1936; FA 3.8.1935

53 FA 3.8.1935.

Steinacker, geb. am 3. April 1909, war laut Akten der Parteikanzlei und nach den Angaben seines Meldebogens Mitglied der NSDAP und SA von 1927 bis 1945.[54] Darüber hinaus gehörte er der NSV, NSKOV, NSRBfL und NSKK an. Bei der NSV hatte er das Amt des Kreisleiters von 1935 bis 1936 inne. Ferner war er Inhaber des Goldenen Parteiehrenzeichens. Als Kreisamts- und Oberbereichsleiter war er hauptamtlich tätig und Beauftragter der NSDAP für die Stadt Rothenburg. 1945 wurde er in die Parteikanzlei abkommandiert. Er bekam die zehn- und 15-jährige NSDAP-Dienstauszeichnung, das SA-Wehrsportzeichen, die Österreich- sowie die Sudetenmedaille.[55]

Der Sohn eines einfachen Handwerkers erhielt im April 1924 nach der Realschule einen Posten als Verwaltungsdienstanwärter beim Dinkelsbühler Stadtrat. Dort arbeitete Karl Steinacker als Angestellter im Verwaltungsdienst von 1924 bis 1934.[56] Am 1. Februar 1934 erfolgte seine Berufung in das Beamtenverhältnis. Ab August 1935 beurlaubte die NSDAP Steinacker, damit er hauptamtlich als Kreisleiter agieren konnte. Bei Kriegsbeginn meldete er sich freiwillig zur Wehrmacht. Es gelang ihm jedoch erst 1940 zur Wehrmacht zu kommen und von da an war er mit einer verkürzten Ausbildungszeit und der Abkommandierung zur Fahnenjunkerschule stets bei der kämpfenden Truppe an der Ostfront, zuletzt als vorgeschobener Beobachter der Artillerie im Rang eines Verbindungsoffiziers. Die Hauptkammer Ansbach hält ausdrücklich fest, dass Steinacker auf eigenen Wusch zur Kampftruppe in den Osten kam. Seit 24. Dezember 1936 war er verheiratet. Aus der Ehe gingen zwei Kinder, geboren 1937 und 1945, hervor, die evangelisch getauft wurden.[57]

In seiner Heimat Dinkelsbühl wohnte in einem Nachbarhaus die Mutter des ersten NSDAP-Organisationsleiters Gregor Strasser.[58] So kam er in seiner Jugend in Kontakt mit den damaligen Parteigrößen. Bereits im Alter von 15 Jahren war er Mitglied des Bundes Oberland.[59] Mit 18 trat Steinacker in Dinkelsbühl der NSDAP bei. Im Jahre 1927 war Steinacker Mitbegründer der NSDAP-Ortsgruppe

---

54 StAN, SpKA Rothenburg o.d.T., St 97. Meldebogen; BArch (ehem. BDC), PK, Steinacker, Karl, geb. 3.4.1909. NSDAP-Parteieintritt: 11.11.1927. NSDAP-Mitgliedsnr. 70.319. Lebenslauf von Karl Steinacker vom 6.3.1941.

55 StAN, SpKA Rothenburg o.d.T., St 97. Klageschrift des öffentlichen Klägers vom 8.4.1949.

56 BArch (ehem. BDC), PK, Steinacker, Karl, geb. 3.4.1909. Lebenslauf von Karl Steinacker vom 6.3.1941.; FA 5.8.1935.

57 StAN, SpKA Rothenburg o.d.T., St 97. Schreiben der Hauptkammer vom 28.4.1949.

58 Gregor Straßer, geb. 31.5.1892 – gest. 30.6.1934, trat 1921 in die NSDAP ein und beteiligte sich am Hitlerputsch. 1925-1929 war er Gauleiter des NSDAP-Untergaues Niederbayern. 1926-1927 avancierte er zum Reichspropagandaleiter und 1928-1932 war er Reichsorganisationsleiter der NSDAP. Nach einer Auseinandersetzung mit Hitler trat er am 8.12.1932 von allen Ämtern zurück. Straßer wurde am 30.6.1934 von der Gestapo verhaftet und von einem SS-Kommando erschossen. Vgl. Weiß, Personenlexikon 1933-1945, S. 447f.

59 FA 5.8.1935.

Dinkelsbühl. In Dinkelsbühl, das zur Kreisleitung Wassertrüdingen gehörte, hatte er das Amt eines Propaganda- und Organisationsleiters „in Vertretung" inne.[60] Im August 1935 berief ihn die NSDAP zum Kreisleiter für Rothenburg, wo er bis zu seiner Einberufung zur Wehrmacht im Juni 1940 tätig war. Ende 1944 kommandierte die Gauleitung Franken Steinacker zur informatorischen Tätigkeit in die Parteikanzlei ab. Dort war er durch die kriegsbedingte Verlagerung der Dienststellen in verschiedenen Städten, zuletzt in Straubing, tätig.[61]

Steinacker trat 1927 parallel zum Eintritt in die Partei der Dinkelsbühler SA bei und hatte 1935 den Rang eines Sturmführers.[62] Zuletzt war er in Dinkelsbühl Adjutant des SA-Sturmbannes III/6. Als Kreisleiter wurde er ehrenhalber bei der SA geführt. Des Weiteren engagierte er sich als stellvertretender Ortsgruppenleiter, als Schulungsleiter sowie Kreisredner. Wiederholt besuchte er parteiinterne Fortbildungen – sogenannte „Führerkurse" – wie zum Beispiel bei der Landesführerschule Hirschberg in Schlesien. Als Arbeitsdienstfreiwilliger ging Steinacker im Herbst 1934 in eines der ersten Arbeitsdienstlager Deutschlands (Friedrich-List-Kameradschaft in Reutlingen). Aufgrund seiner langjährigen Mitgliedschaft und seines Engagements war er Gast bei der Tagung der „350 Dienstältesten Amtswalter des Reiches" im Oktober 1933. Zum 1. März 1935 wurde Steinacker durch Streicher in die Gauleitung Franken nach Nürnberg berufen. Dort war Steinacker in allen Dienststellen der Gauleitung und ihrer Gliederungen tätig, wie zum Beispiel in der Kanzlei des Gauleiters, der Gaupropagandaleitung, im Gauorganisationsamt, im Schulungsamt oder in der Gauamtsleitung. Für den Kreis Rothenburg wurde Steinacker am 1. August 1935 als kommissarischer Kreisleiter eingesetzt.[63] Julius Streicher höchstpersönlich führte Steinacker in sein Amt ein.[64]

Was Steinackers Amt als Beauftragten der NSDAP für die Stadt Rothenburg betraf, so wurde der Kreisleiter nach den Bestimmungen der Deutschen Gemeindeordnung (1935) Paragraph 33 in Verbindung mit Paragraph 118 automatisch für alle kreisangehörigen Gemeinden zum Beauftragten ernannt.[65] Darüber hinaus fungierte er von Herbst 1935 bis Frühjahr 1936 als kommissarischer Kreisamtsleiter der NSV.[66] In der Spruchkammerverhandlung vor der Hauptkammer in Ansbach bestätigte er, ein überzeugter Nationalsozialist gewesen zu sein.[67]

Steinackers Einfluss auf die Gemeinde- und Stadtratspolitik war groß. So berief er die vier Landwirte Georg Dehner, Leonhard Appler, Johann Hiemer und

---

60 StAN, SpKA Rothenburg o.d.T., St 97; BArch (ehem. BDC), PK, Steinacker, Karl, geb. 3.4.1909. Entwurf für das Personalamt der Obersten Leitung der P.O.

61 StAN, SpKA Rothenburg o.d.T., St 97. Schreiben der Hauptkammer vom 28.4.1949.

62 FA 5.8.1935.

63 Ebenda.

64 FA 2.8.1935; FA 5.8.1935

65 StAN, SpKA Rothenburg o.d.T., St 97. Schreiben der Hauptkammer vom 28.4.1949.

66 Ebenda.

67 StAN, SpKA Rothenburg o.d.T., St 97. Schreiben von Kreisleiter Steinacker an die Bürgermeister in Schweinsdorf, ohne Datum.

Hans Pfeiffer zu Gemeinderäten in der Gemeinde Schweinsdorf.[68] In Gastenfelden, Ermetzhof, Erzberg, Faulenberg Frommetsfelden und weiteren Gemeinden setzte er ebenfalls die Gemeinderäte ein.[69] Ferner berief er am 26. September 1935 die zwölf ehrenamtlichen Ratsherren für die Stadt Rothenburg, darunter altgediente Parteigenossen und Mitglieder der Kreisleitung, wie den Kreiswirtschaftsbeauftragten Gottfried Imhof, den Kreispropagandaleiter Georg Höfler und den Kreisobmann der NSKOV Friedrich Koch.[70]

Während der Amtszeit von Karl Steinacker nahm die antisemitische Hetze in Rothenburg zu, angefangen von antisemitischen Kampagnen und Propagandaveranstaltungen bis hin zu sogenannten „Arisierungsmaßnahmen“. Der forcierte Antisemitismus unter Steinacker gipfelte in der Vertreibung der Rothenburger Juden.[71] Nach Steinackers Aussage war er als Hoheitsträger der NSDAP maßgeblich daran beteiligt.[72]

Der Stab des Stellvertreters des „Führers“ berief Steinacker im Frühjahr 1938 für einige Wochen nach Wien. Dort wurde er dem von Hitler mit der Führung der NSDAP in Österreich kommissarisch beauftragten Gauleiter Josef Bürckel zugeteilt.[73] Nach Auskunft von Kreisausbildungsleiter Arlt gab der Hoheitsträger die Richtlinien für die bevorstehende Arbeit vor, die den restlosen Einsatz der Politischen Leiter und der Führer der Gliederungen erforderten[74]

Auf Grund einer Anordnung der Parteikanzlei, wonach ein Kreisleiter nicht mehr als einen Kreis der NSDAP führen durfte, um die Führungsaufgaben im Hinblick auf die kriegsbedingten Notwendigkeiten der Heimat zu gewährleisten,

---

68 StAN, Rep 503, NS-Mischbestand, Kreisleitung Rothenburg, Nr. 1.

69 StAN, LRA Rothenburg, Abg. 1975, Nr. 5394. Schreiben des Kreisleiters Steinacker an das Bezirksamt Rothenburg vom 29.9.1935.

70 StAN, Rep 503, NS-Mischbestand, Kreisleitung Rothenburg, Nr. 1. Schreiben von Kreisleiter Steinacker an die Hauptkanzlei Nürnberg vom 26.9.1935. Höflers Engagement in der Partei wirkte sich auch beruflich für ihn positiv aus. 1939 wurde Georg Höfler zum städtischen Inspektor berufen, was die Wahrnehmung der Geschäfte der Kanzlei und deren Arbeiten nach sich zog. Vgl. FA 18.2.1939. Georg Höfler war ab 1928 Mitglied der NSDAP, wobei er ab 1.7.1934 bis 1939 das Amt des Kreispropagandaleiters der NSDAP ausübte. SA-Hauptsturmführer von 1933-1945. Ferner war er Mitglied in der NSV, im NSRKB, RSLB und DRK. Er war Träger des Goldenen Parteizeichens. Spruch der Spruchkammer Rothenburg o.d.T. vom 23. September 1948. StAN, SpKA Rothenburg o.d.T., H172.

71 Siehe Kapitel 8 dieser Untersuchung.

72 StAN, BLVW 339. Schreiben der Wiedergutmachungskammer für Ober- und Mittelfranken bei dem Landgerichte Nürnberg-Fürth vom 18.7.1952.

73 Josef Bürckel, geb. 30.3.1895 – gest. 28.9.1944, war ab 1925 NSDAP-Mitglied und 1926-1935 Gauleiter des Gaues Rheinpfalz. 1935-1944 betätigte er sich als Gauleiter des Gaues Saarpfalz (Westmark). 1938 wurde er mit der Reorganisation der österreichischen NSDAP beauftragt und avancierte 1938-1940 zum Reichskommissar für die Wiedervereinigung Österreichs mit dem Deutschen Reich sowie 1939-1940 zeitgleich zum Gauleiter für Wien. 1941 war er Reichstatthalter für die Westmark und Bevollmächtigter für den gesamten Arbeitseinsatz im Gau Westmark. Vgl. Unger, Biogramme, S. 740f.

74 FA 21.3.1938.

trat in der Führung des Kreises Rothenburg ein Wechsel ein.[75] Zum 6. Januar 1944 wurde Kreisleiter Wilhelm Seitz aus Ansbach, der seit März 1942, nach dem Wiedereintritt von Kreisleiter Steinacker in die Wehrmacht, den Kreis Rothenburg mitführte, von dieser Aufgabe entbunden.[76] Ab da führte Kreisleiter Seitz wieder nur den Kreis Ansbach. Zur Führung des Kreises Rothenburg, an Stelle des im Wehrdienst stehenden Kreisleiters Steinacker, wurde mit Wirkung vom 6. Januar 1944 der NS-Studentenführer für den Gau Franken, Erich Höllfritsch, berufen. In einem Mitgliederappell, am 6. Januar im Kaisersaal, verabschiedete der Hoheitsträger des Gaues Franken, Stellvertretender Gauleiter Karl Holz, den Ansbacher Kreisleiter Seitz und setzte den neuen Kreisleiter Höllfritsch ein.[77] Karl Holz pries Höllfritsch als einen „bewährte[n] Kämpfer der Bewegung, der schon in frühester Jugend im Nationalsozialistischen Schülerbund in aktivster Weise für die Partei gekämpft habe. [...] [Höllfritsch sei] seit Beginn dieses Krieges Soldat gewesen und habe sich an der Front ebenso bewährt wie einst im Kampf der Bewegung um die Macht. [...][78] Für die Leitung des Kreises wurde Höllfritsch vom Fronteinsatz zurückberufen.[79] Nach mehrjährigem Ostfronteinsatz als Soldat und Offizier war Kreisleiter Steinacker Ende August 1944 auf Befehl der Parteikanzlei in die Heimat zurückgekehrt, um – nach mehrwöchiger Tätigkeit in der Münchner Parteikanzlei – auf Anordnung des stellvertretenden Gauleiters Karl Holz zum 1. September 1944 die Führung des Kreises Rothenburg erneut zu übernehmen.[80] Gau-Studentenführer und Hauptabschnittsleiter Höllfritsch, der in Steinackers Vertretung seit Januar 1944 den Kreis führte, hatte inzwischen eine vorübergehende Tätigkeit in der Parteikanzlei aufgenommen, um später mit weiteren Aufgaben betraut zu werden. Doch nach sechs Wochen wurde Kreisleiter Steinacker erneut zum Fronteinsatz berufen und Gaustudentenführer Höllfritsch wieder mit der Führung des Kreises Rothenburg für die Dauer der Berufung Steinackers beauftragt.[81]

Erich Höllfritsch

Erich Höllfritsch wurde am 31. Dezember 1913 in Nürnberg als Sohn des Kommerzienrates Georg Höllfritsch geboren. Er war evangelischer Konfession. 1933 absolvierte er sein Abitur, um in Erlangen Volkswirtschaft zu studieren.

---

[75] FA 3.1.1944.

[76] Wilhelm Seitz, geb. 3.2.1891 – gest. 2.5.1945, war NSDAP-Mitglied von 1929-1945. Das Amt des Kreisleiters führte Seitz von 1932-1945, zuerst für Nürnberg-Land in den Jahren 1932-1941 und danach in Ansbach bis 1945. Vgl. Fitz, Ansbach unterm Hakenkreuz, S. 264.

[77] Ebenda.

[78] FA 8.1.1944.

[79] FA 7.1.1944.

[80] FA 2.9.1944.

[81] FA 17.10.1944.

Sein Studium schloss Höllfritsch an der Friedrich-Alexander-Universität am 7. April 1936 mit der Diplomprüfung für Volkswirte ab.[82] Höllfritsch war Mitglied der NSDAP vom 1. Februar 1932 bis 1945.[83] In Rothenburg hatte er das Amt des kommandierenden Kreisleiters inne und war 1944/45 in Personalunion Bereichs- sowie Hauptabschnittsleiter. Ferner war er Mitglied des NSKK von 1932 bis 1939, wo er das Amt des Obertruppführers bekleidete. In die SA trat er 1939 ein und war dort Hauptsturmführer und Verbindungsmann der SA zum NSDStB. Ab 1933 war Erich Höllfritsch Mitglied der Deutschen Studentenschaft, dort 1936 bis 1938 Studentenschaftsleiter. Im NSDStB war er Mitglied ab 1933, dort Gaustudentenführer von 1938 bis 1945. Daneben war er ab 1938 Mitglied im NS-Altherrenbund und der NSV.[84] In der Hitler-Jugend war Höllfritsch 1931/1932 Mitglied und hatte das HJ-Ehrenzeichen verliehen bekommen. Weiterhin hatte er die NSDAP-Dienstauszeichnung in Bronze und die Ehrennadel des NSDStB erhalten. Von 1939 bis 1943 war Höllfritsch bei der Wehrmacht. Zuletzt war er Oberleutnant und auf Antrag der Gauleitung Franken zurückgestellt worden. Nach dem Zweiten Weltkrieg kam er vom 24. September 1945 bis 28. April 1948 ins Internierungslager.[85]

Höllfritsch war als Gaustudentenführer im Zuge der „Gleichschaltungsaktionen" gegen andere studentische Verbände, auch konfessioneller Art, aktiv.[86] Die „Gleichschaltung" konfessioneller Studentenverbindungen geschah, wenn eine gütliche Übereinkunft nicht getroffen werden konnte, in Zusammenarbeit mit der Gestapo. Die entsprechenden Meldungen liefen über Höllfritsch. So wurde zum Beispiel der Philisterverein Th.St.V.eV. in Erlangen aufgelöst und verboten.[87] Ferner leitete Höllfritsch mit Unterstützung der Gestapo Nürnberg die Enteignung und Beschlagnahmung des Vermögens von konfessionellen Studentenverbänden in Bamberg und Erlangen ein.[88] Außerdem beauftrage Höllfritsch Mittelsmänner

---

82 StAM, SpKA 728: Höllfritsch, Erich. Prüfungsausschuss für Diplomvolkswirte an der Universität Erlangen vom 7.4.1936.

83 BArch (ehem. BDC), PK, Höllfritsch, Erich, geb. 31.12.1913. NSDAP-Mitglied seit 1.2.1932. Mitgliedsnr. 888.053. Aktennachweis der Parteikanzlei

84 StAM, SpKA 728: Höllfritsch, Erich. Bei der NSV und beim NS-Altherrenbund bekleidete er kein Amt. Schreiben des öffentlichen Klägers bei der Spruchkammer Rothenburg o.d.T. vom 28.4.1948.

85 StAM, SpKA 728: Höllfritsch, Erich. Spruch der Spruchkammer Rothenburg o.d.T. vom 5.6.1948.

86 StAM, SpKA 728: Höllfritsch, Erich. Siehe Protokoll des Gaustudentenführers Erich Höllfritsch und dem Leiter des Studentenwerks Erlangen Alfred Maier anlässlich der Aussprache zwischen Dekan Krodel als Vorsitzenden des Philistervereins der Südmark am 16.1.1939 in Neumarkt in der Oberpfalz.

87 StAM, SpKA 728: Höllfritsch, Erich. Siehe Schreiben des Dekans Krodel an die Gaustudentenführung vom 10.3.1939, wonach der Verband im Einvernehmen mit der Studentenführung „Selbstliquidation" vorzunehmen habe.

88 StAM, SpKA Rothenburg o.d.T., Nr. 728. Schreiben von Dekan Krodel an die Studentenführung Erlangen vom 10.3.1939.

für die Überwachung geistlicher Vorträge.[89] Als Studentenführer betätigte sich Höllfritsch publizistisch und verfasste nationalsozialistische Liedtexte. Ferner ging er gegen einen Studenten vor, der 1937 in Folge finanzieller Schwierigkeiten sich als Dekorateur in einem jüdischen Geschäft Geld hinzu verdient hatte.[90]

Nach seiner Zurückstellung im August 1939 zog die Wehrmacht den Gaustudentenführer Höllfritsch im Dezember 1939 ein.[91] Am Frankreichfeldzug nahm er in einer Panzerjägerkompanie teil und wurde mit dem EK II ausgezeichnet. Im Herbst setzte er sich während eines Arbeitsurlaubs für die Gaustudentenführung ein. Im November 1940 beauftragte der Reichsstudentenführer Gustav Adolf Scheel, der gleichzeitig als SS-Oberführer Befehlshaber der Sicherheitspolizei und des Sicherheitsdienstes (SD) im Elsass war, Höllfritsch dort zu einer vierwöchigen SD-Mitarbeit.[92] Zurück bei der Wehrmacht ernannte man ihn zum Feldwebel. Trotz seiner Bewährung im Feld hatte die Gauleitung Franken für Höllfritsch andere Pläne und entband ihn aus dem Militärdienst, um ihn als Kreisleiter einzusetzen. Dies erfolgte 1944 durch Gauleiter Holz.[93] Damit trug Höllfritsch als Hoheitsträger der Partei die Verantwortung über ein gesamtes Kreisgebiet in Personalunion eines Bereichs- und Hauptabschnittsleiters innerhalb der NSDAP.[94] Seine Befehlsgewalt steigerte sich mit der Erstellung des „Volkssturms" im Oktober 1944. Innerhalb des Kreises ging das Kommando, einschließlich der HJ-Einsatzgruppen, auf ihn über und er stand als „Hoheitsträger" der NSDAP an der Spitze dreier Volksturmbataillone. Damit war seine Stellung mit der eines Regimentskommandeurs gleichzusetzen.[95] Die Anweisungen von Höllfritsch mittels der untergeordneten Kommandostellen an den Volkssturm beinhalteten die Aufforderung zum Partisanenkrieg und die Bildung von „Werwolfeinheiten". Ferner erteilte Höllfritsch Weisungen, dass der Volkssturm hinter der Front des Gegners den Aufmarsch und Nachschub stören solle, was allerdings in „Zivil" zu geschehen habe.[96] Die Einbeziehung von Jugendlichen in

89 StAM, SpKA 728: Höllfritsch, Erich. Protokoll, niedergeschrieben am 18.1.1939 von Gaustudentenführer Erich Höllfritsch und dem Leiter des Studentenwerks Erlangen Alfred Maier anlässlich der Aussprache zwischen dem Gaustudentenführer Höllfritsch und Herrn Dekan Krodel als Vorsitzenden des Philistervereins der Südmark vom 16.1.1939.

90 Ebenda.

91 StAM, SpKA 728: Höllfritsch, Erich. Schreiben des öffentlichen Klägers. Das Amt des geschäftsführenden Gaustudentenführers übergab Höllfritsch im Dezember 1939 an den Studentenführer der Universität Erlangen Hans Meiler.

92 Ebenda.

93 StAM, SpKA 728: Höllfritsch, Erich. In Kriegsabwesenheit des Kreisleiters Steinacker konnte Höllfritsch nur zum kommissarischen Kreisleiter ernannt werden. Spruch der Spruchkammer Rothenburg o.d.T. vom 5.6.1948.

94 Ebenda.

95 StAM, SpKA 728: Höllfritsch, Erich: Schreiben des öffentlichen Klägers bei der Spruchkammer Rothenburg o.d.T. am 28.4.1948.

96 Ebenda. Entweder war sich Höllfritsch nicht bewusst, was diese Anweisungen im Fall einer Durchführung seitens Einzelner für jene und für die dortige Bevölkerung bedeutet hätte, oder er nahm es in Kauf.

diese Ausführungsanordnung war bezeichnend für seine fanatische Einstellung. Durch das Eingreifen eines Wehrmachtsangehörigen war die vermehrte Einberufung von Jugendlichen, die fast noch im Kindesalter waren, zum Großteil verhindert worden. Trotzdem mussten mehrere Jungen die Anordnungen Höllfritschs mit dem Tode büßen, da sie im Einsatz fielen.[97]

5.1.2. Herrschaftsapparat

Waren die Kreisleitungen bei der „Machtergreifung" als innerparteiliche Organisationsebene noch nicht ganz gefestigt, bildeten sie sich nach 1933 schnell zu Verwaltungsbehörden der NSDAP heraus.[98] Den Rothenburger Kreisleitern stand ein gut funktionierender Apparat von NSDAP-Aktivisten zur Seite.[99] Zu den führenden Stellen der Kreisämter gehörte der Kreisgeschäftsführer, der die Vollmacht besaß, politische Aufgaben zu erledigen. Daneben hatten die Kreisorganisations-, Kreisschulungs-, Kreispropaganda- und Kreispersonalamtsleiter eine wichtige Stellung im NS-Herrschaftsgefüge inne. Immerhin mussten diese politischen Ämter ständig besetzt sein und darüber hinaus durften die jeweiligen Amtsträger kein weiteres Amt gleichzeitig bekleiden.[100]

- Kasse der Kreisleitung: Fritz Lindner (Kreisamtsleiter)[101]
- Kreisamt für Agrarpolitik: Georg Soldner (Kreisamtsleiter)[102]
- Kreisamt für Kommunalpolitik: Heinrich Düll (Kreisamtsleiter)[103]
- Kreisamt für Technik: Siegfried Wobst (Kreisamtsleiter)[104]
- Kreisamt für Volksgesundheit: Gustav Paulus (Kreishauptstellenleiter)[105]

---

97 Ebenda.

98 Nolzen, Funktionäre, S. 41.

99 Organisationsbuch der NSDAP, S. 135. Die Aufstellung gibt eine Momentaufnahme aus dem Jahr 1938 unter Kreisleiter Steinacker wieder. Jedoch waren viele bereits unter Mägerlein in ihr Amt berufen worden, wie die Spruchkammerakten der Betreffenden erkennen lassen.

100 Organisationsbuch der NSDAP, S. 133.

101 StAN, Rep. 503. NS-Mischbestand, Kreis Rothenburg o.d.T., Nr. 8. Einladungsliste an die NSDAP und ihre Gliederungen. Ohne Datum.

102 StAN, SpKA Rothenburg o.d.T., S47. Klageschrift der Spruchkammer des Kreises Rothenburg o.d.T. vom 13.5.1948. Georg Soldner war Mitglied der NSDAP von 1931 bis 1945, von 1944 bis 1945 war er Kreisamtsleiter für das Landvolk. Vgl. BArch (ehem. BDC), PK, Georg Soldner, geb. 9.12.1885. Schreiben der Ortsgruppe Brunst an die NSDAP Gauleitung Franken vom 19.9.1942.

103 StAM, Internierten Gesamtkartei.

104 BArch (ehem. BDC), PK, Siegfried Wobst, geb. 16.5.1894. NSDAP-Parteieintritt: 1.3.1932. Mitgliedsnr. 97.8179. Ortsgruppenleiter der NSDAP-Ortsgruppe Rothenburg-Nord seit 16.5.1939; StAN, SpKA Rothenburg o.d.T., W173. Wobst war Mitglied der allgemeinen SS von 1938-1945, RDB 1935-1945 und des NSBd. Technik 1938-1945.

105 StAN, SpKA Rothenburg o.d.T., P10. Dr. med. Gustav Paulus, geb. 1898, gehörte vom 1.5.1933-1945 der NSDAP an. Ab 1934 bis 1939 betätigte er sich als NSDAP-Kreisamtsleiter für Volksgesundheit. Paulus war Mitglied der SA vom 1.7.1934-1945, wo-

- Kreisfilmstellenleiter: Friedrich Zürl[106]
- Kreisheimatpfleger: Ernst Unbehauen (Kreisbeauftragter)[107]
- Kreispersonalamt: Georg Thoma (Kreisamtsleiter)[108]
- Kreispresseamtsleiter des Fränkischen Anzeigers: Wilhelm Junker[109]
- Kreispropagandaleitung/Kreisorganisationsleiter: Georg Höfler (Kreisamtsleiter)[110]
- Kreisausbildungsleitung: Georg Arlt[111]
- Kreisrechtsamt: Otto Friedrich (Kreishauptstellenleiter)
- Kreisschulungsamt: Leonard Burkhardt (Kreisamtsleiter)[112]
- Kreiswirtschaftsberater: Gottfried Imhof (Kreishauptstellenleiter)[113]
- Rassenpolitisches Amt: Wilhelm Schmidt (Kreisbeauftragter)[114]
- Kreisamtsleitung der NS-Frauenschaft: Marga Schübel[115]

---

bei er ab 1937 den Rang eines Sanitätsobersturmführers versah. Ferner war Paulus Mitglied der NSV, des NS-Ärztebundes, des RLB, des VDA, des RKB, des NSRKB und des DRK. Mit Kriegsausbruch 1939 wurde der Arzt Sanitätsoffizier der Wehrmacht. 1945 geriet Paulus bis 8.5.1946 in Kriegsgefangenschaft und blieb von 10.5.1946 bis 26.4.1948 weiterhin in Haft.

106 BArch (ehem. BDC), PK, Zürl, Friedrich, geb. 8.8.1908. NSDAP-Parteieintritt: 1.9.1929. Mitgliedsnr. 146.916; StAN, LRA Rothenburg o.d.T. Abg. 1975, Nr. 1770. Zürl leitete ferner die Kreisbildstelle für den Landkreis Rothenburg o.d.T.

107 StAN, SpKA Rothenburg o.d.T., U6. Zu Unbehauen siehe Kapitel 6.2.5. dieser Untersuchung.

108 StAM, SpKA Rothenburg o.d.T., Nr. 1822. Karteikarte.

109 StAM, Internierten Gesamtkartei; BArch (ehem. BDC), PK, Wilhelm Junker, geb. 7.6.1904. Schreiben der Kreisleitung Rothenburg o.d.T. an die Gauleitung Franken vom 10.5.1943.

110 StAN, SpKA Rothenburg o.d.T., H172. Georg Höfler war von 1.7.1934 bis 1939 Kreispropagandaleiter. Spruch der Spruchkammer Rothenburg o.d.T. vom 23. September 1948.

111 StAM, SpKA 34. Klageschrift des öffentlichen Klägers bei der Spruchkammer des Kreises Rothenburg o.d.T. vom 17.10.1947.

112 StAN, SpKA Rothenburg o.d.T., B159; BArch (ehem. BDC), PK Leonhardt Burkhart, geb. am 1.12.1894. Personalkarte des Reichsschulungsamtes vom 10.1.1936.

113 BArch (ehem. BDC), PK, Imhof, Gottfried, geb. 21.11.1896. Erster NSDAP-Parteieintritt: 1923. Mitgliedsnr. 55.021. Zweiter Parteieintritt: 1.7.1929. Mitgliedsnr. 139.402. Mitbegründer der NSDAP-Ortsgruppe Rothenburg o.d.T. im Jahr 1923. 1930 trat der Kaufmann Imhof in die SA ein und war dort bis 1941. Er hatte den Rang eines Truppführers inne. Ab 1936 war er Kreiswirtschaftsberater der NSDAP. Von 1934 bis 1941 war Imhof Betriebsgemeinschaftswalter der DAF. Er war Träger der zehnjährigen Dienstauszeichnung der NSDAP. Schreiben des Mitgliedschaftsamtes an den Gauschatzmeister des Gaues Franken vom 26.8.1938; StAN, SpKA Rothenburg o.d.T., I6; StAN, Av.350, 4.0, Verordnungsblatt der Gauleitung Franken der Nationalsozialistischen Deutschen Arbeiterpartei, 1.11.1936.

114 StAN, SpKA Rothenburg o.d.T., Sch114. StAN, SpKA Rothenburg o.d.T., Sch114. Wilhelm Schmidt, geb. 1891, war Mitglied der NSDAP, DAF, NSV, VDA sowie des Reichskolonial- und des Reichskriegerbundes.

115 StAN, SpKA Rothenburg o.d.T., Sch184. StAN, SpKA Rothenburg o.d.T., Sch 184. Marga Schübel, geb. 1891, war Mitglied der NSDAP von 1937-1945, NSF 1933-1945, Kreisfrauenschaftsleiterin der NSF von 1936-1945, RLB 1939-1945, DRK 1922-1945.

Zur Seite standen der NSDAP-Kreisleitung die Nationalsozialistische Volkswohlfahrt NSV mit der Kreisverwaltung durch Theodor Beyerl,[116] die Kreis- und Ortswaltung der Deutschen Arbeitsfront DAF durch Heinrich Erhard,[117] der Reichsbund der Deutschen Beamten RDB mit dem Kreiswalter Eugen Haas,[118] der Nationalsozialistische Lehrerbund NSLB, geleitet vom Kreiswalter Georg Schmidt,[119] die Nationalsozialistische Kriegsopferversorgung NSKOV, geleitet von Friedrich Koch,[120] und der Nationalsozialistische Rechtswahrerbund unter der Aufsicht des Kreisobmanns sowie Kreisrichters Otto Friedrich.[121] Von der Weisungsberechtigung des Kreisleiters ausgenommen blieben die SS (Obersturmführer Georg Schmidt),[122] SA (Obersturmbannführer Georg Arlt),[123] NSKK (Obersturmbannführer Sperling), HJ (Standortführer Felix Fink), BDM (Führerin Elisabeth Sonntag und Mädelgruppenführerin Kathrin Reith) und der RAD (Oberfeldmeister Zimlich).[124]

Sofern die Kreisleiter den Gliederungen nicht angehörten, wurden ihnen ehrenhalber automatisch hohe Ränge verliehen. Damit dürfte dem Kreisleiter für diese Gliederungen eine zumindest indirekte Weisungsbefugnis zugekommen sein.[125] Die Kreisleitung Rothenburg o.d.T. war ein grundlegendes Instrument der nationalsozialistischen Herrschaft und nahm eine wichtige Stellung innerhalb des NS-Parteiapparats ein.

In Rothenburg residierten Kreis- und Kreisamtsleiter in einer gemeinsamen Dienststelle. Die Geschäftsstelle des Rothenburger Kreisstabes war vom 1. Juni 1932 bis zum 15. März 1934 in der Galgengasse 35 untergebracht und bezog ab 16. März 1934 in der Herrngasse 17 Quartier.[126] Verschiedene, im städtischen

---

116 StAN, Rep. 503 NS-Mischbestand, Kreis Rothenburg o.d.T., Nr. 8. Der kaufmännische Angestellte Theodor Beyerl, geb. 4.2.1902, trat der Partei erstmals 1923 bei. Sein Wiedereintritt erfolgte am 1.5.1933. 1936 wurde Beyerl Kreisamtsleiter der NSV. Vgl. StAN, SpKA Rothenburg o.d.T., B61.

117 StAN, SpKA Rothenburg o.d.T., E82. Der Rothenburger Sattlermeister Heinrich Erhard, geb. 23.12.1887, war NSDAP-Mitglied von 1932-1945. Ferner war er Kreisobmann der DAF von 1934-1939 in Personalunion mit dem Amt des Kreisamtsleiters.

118 StAN, SpKA Rothenburg o.d.T., H10. Eugen Haas, geb. 1882, war Kreisredner der NSDAP von 1936-1945. Ferner war er Kreisamtsleiter für Beamte und Mitglied des Reichsbundes der Deutschen Beamten.

119 StAN, SpKA Rothenburg o.d.T., Sch86. Georg Schmidt, geb. 1911, war Mitglied der NSDAP von 1932-1945. Ferner war er Mitglied der SS von 1933-1937, wobei er bis 1937 den Rang eines Rottenführers hatte.

120 StAN, SpKA Rothenburg o.d.T., K264. Siehe Kapitel 5.2. dieser Untersuchung.

121 StAM, Internierten Gesamtkartei.

122 StAN, SpKA Rothenburg o.d.T., Sch86.

123 StAM, SpKA 34. Kreisausbildungsleiter ab 1937. Auszug aus dem Fränkischen Anzeiger vom 20.9.1940.

124 StAN, Rep. 503 NS-Mischbestand, Kreis Rothenburg o.d.T., Nr. 8. Einladungsliste an die NSDAP und ihre Gliederungen. Ohne Datum.

125 Fait, Die Kreisleiter der NSDAP, S. 221.

126 StAN, Rep. 503. NS-Mischbestand, Gauleitung Nr. 137. Steinacker in einem Antwortbrief an das Gaupersonalamt vom 29.4.37.

Gebäude Herrngasse 17, leerstehende Räume wurden zu diesem Zwecke 1933 und 1934 von der NSDAP gemietet. Dort wurden die Geschäftsstellen der Kreisleitung, der Ortsgruppenleitung, der NSV-Kreisamtsleitung sowie weitere Dienststellen der Partei untergebracht. Steinacker sah in der Schaffung eines NSDAP-Kreishauses für eine Stadt von der Größe und der Bedeutung Rothenburgs eine unerlässliche Notwendigkeit, damit die Partei als Trägerin des Staates in entsprechenden Räumen untergebracht sei und Arbeits- wie auch Repräsentationsräume ihr Eigen nennen könne.[127] Das Kreishaus in der Herrngasse war für die umliegenden NSDAP-Ortsgruppen, deren Gliederungen und angeschlossenen Verbände der „Mittelpunkt des gesamten parteilichen Lebens" und die administrativ waltende Herrschaftszentrale in Stadt und Land Rothenburg.[128] Um die Vernetzung der „Partei- und Volksgenossen" zum Kreisleiter zu gewährleisten, hielt der „Hoheitsträger" regelmäßig Sprechstunden auf dem Land ab, um weiter entfernt wohnenden Partei- und Volksgenossen Gelegenheit zur Rücksprache zu geben. Bis zu viermal im Monat fanden diese Sprechstunden in Geslau, im Büro des Ortsgruppenleiters und im Schillingsfürster Rathaus statt.[129]

5.1.3. Regionale Einflussnahme

Der Kreisleiter hatte nicht nur auf Parteistellen Einfluss, sondern auch auf staatliche Verwaltungsstellen wie das Bezirks-, bzw. Landratsamt, die Stadt-, bzw. Gemeindeverwaltungen und die Polizeibehörden. In Rothenburg war dies am Mitspracherecht des Kreisleiters bei der Ämterbesetzung erkennbar.[130] Mit Umbildung der Kommunalgremien entwickelte sich im April 1933 auf der Ebene der Gemeinderäte ein deutlicher Überhang zugunsten der NSDAP.[131]

Die „Deutsche Gemeindeordnung" (DGO) schuf die Instanz eines „Beauftragten der NSDAP", der bei Berufung und Absetzung der Bürgermeister, Beigeordneten und Gemeinderäte mitzubestimmen hatte.[132] Nach § 51 der DGO fiel die Entscheidungshoheit für die personelle Einsetzung kommunalpolitischer Ämter Kreisleiter Steinacker zu.[133] Im Parteikreis Rothenburg verschob sich die politische Einflussnahme zum Vorteil der NSDAP, da Steinacker energischen Einfluss auf die Kommunalpolitik ausübte. In der Praxis bedeutete dies, dass mit Wirkung zum 1. Oktober 1935 die bisherigen Gemeinderäte ihre Befugnisse verloren und neue

---

[127] FA 21.8.1936.
[128] FA 10.10.1936.
[129] FA 20.1.1944.
[130] StAN, Rep. 503 NS-Mischbestand, Kreis Rothenburg o.d.T., Nr. 6. Schreiben der Kreisleitung Rothenburg o.d.T. vom 18.11.1934 an den Gemeinderat Wildenholz. Siehe Kapitel 4.2. dieser Untersuchung.
[131] Roth, Parteikreis und Kreisleiter, S. 222.
[132] Nolzen, Funktionäre, S. 63; FA 24.4.1935; Diehl-Thiele, Partei und Staat im Dritten Reich, S. 180ff.
[133] FA 1.10.1935.

Gemeinderäte ihr Amt antraten.[134] Ohne jegliches Wahlverfahren berief Steinacker die Ratsherren in Einvernehmen mit dem Bürgermeister.[135] Ferner setzte die NSDAP am Kreistag 1936 den neuen ersten rechtskundigen Bürgermeister der Stadt Rothenburg, Friedrich Schmidt, ein, um einen Beweis zu liefern, wie eng im NS-Staat das kommunale Leben mit der NS-Bewegung verbunden war.[136] Bei den Sitzungen des Gemeinderates war der Kreisleiter ebenfalls zugegen und schlug die Einsetzung der Beigeordneten vor, die einstimmig angenommen wurden. Auf der Gemeinderatssitzung im November 1935 wurde Heinrich Erhard gemäß der Deutschen Gemeindeordnung auf Vorschlag von Kreisleiter Steinacker Zweiter Beigeordneter der Stadt Rothenburg.[137] Für Steinacker war Erhard, der Kreiswalter der DAF, ein „äußerst fleißiger und tüchtiger Mitarbeiter im erweiterten Kreisstab" der NSDAP.[138] Mit der gleichen Begründung setzte der Kreisleiter im März 1936 den Obersturmbannführer Arlt zum Dritten Beigeordneten der Stadt ein.[139]

Im Zuge der politischen, kulturellen und wirtschaftlichen Gestaltung nach nationalsozialistischen Grundsätzen organisierte die Rothenburger Kreisleitung eine Reihe von Veranstaltungen wie zum Beispiel Kundgebungen, Arbeitstagungen und Propagandafahrten durch das Kreisgebiet sowie sogenannte Kreistage. Das bedeutete eine Fülle an Kundgebungen in Stadt und Kreis Rothenburg mit bis zu 100 Versammlungen in sechs Monaten.[140] Es gab keine Gemeinde und keinen größeren Ort, in dem nicht wenigstens eine oder zwei Veranstaltungen stattgefunden haben. Exemplarisch sei auf den März 1936 sowie das Winterhalbjahr 1940/41 verwiesen, in dem sieben Kreisredner über 70 Kundgebungen durchführten.[141] Bei der Erstellung des Versammlungsplans achtete die Kreisleitung darauf, jede Gemeinde des Kreisgebietes zu erfassen.[142]

Die ab 1936 stattfindenden Kreistage der NSDAP versuchten mit verschiedenen Aktionen die Arbeit der NSDAP in Szene zu setzen und sowohl die Bevöl-

---

134 Auf Vorschlag des Kreisleiters Steinacker und mit Liebermanns Einverständnis wurden folgende zwölf Ratsherren berufen: Christian Friedle, von Beruf Erbhofbauer und Gastwirt; Fritz Heckmann, Schreiner; Heinrich Herrmann, Baumaterialienhändler; Georg Höfler, Kanzlei-Sekretär; Leonhard Hörner, Erbhofbauer; Gottfried Imhof, Kaufmann; Friedrich Koch, Bürogehilfe; Bernhard Laher, Kaufmann; Michael Moll, Gastwirt; Hans Pickelmann, Landwirtschafts-Assessor; Wilhelm Sperling, Kraftwagenführer und der Buchbindermeister Georg Wittmann. Vgl. FA 2.10.1935.

135 FA 2.10.1935. Durch die DGO hielt das „Führerprinzip" noch mehr Einzug in die Gemeindearbeit, da der Bürgermeister nur gegenüber den vorgesetzten Stellen gegenüber Verantwortung zu tragen hatte. Vgl. FA 28.12.1935.

136 FA 10.10.1936.

137 FA 12.11.1935.

138 Ebenda; StAN, SpKA Rothenburg o.d.T., E82. Der Rothenburger Sattlermeister Heinrich Erhard, geb. 23.12.1887, war NSDAP-Mitglied von 1932-1945. Ferner war er Kreisobmann der DAF von 1934-1939 in Personalunion mit dem Amt des Kreisamtsleiters.

139 FA 6.3.1936.

140 FA 4.4.1941.

141 Ebenda.

142 FA 14.3.1936.

kerung als auch die Mitglieder der Partei zu mobilisieren. Als Reichsparteitage en miniature entpuppten sie sich als Werkzeuge der Machtentfaltung.[143] In Rothenburg brüstete sich die Kreisleitung damit, „mit zu den Kreisen im Gau Franken zu gehören, in denen das gesamte Führerkorps, nach dem Willen des Hoheitsträgers ausgerichtet, mit Energie und Tatkraft die Aufgaben anpackt und meistert, die das politische Leben stellt." [144] Die Kreistage wiesen einen deutlichen regionalen Bezug auf.[145] Ziel der Kreistage war es, in deren „Verlauf Höhepunkte [...] [des] Schaffens im Kreisabschnitt [...]" zu dokumentieren und Zeugnis von der Einsatzbereitschaft für die Partei abzugeben.[146] Neben der propagandistischen Außenwirkung wirkte der Kreistag als ein Disziplinierungsinstrument des Parteiapparates.[147]

Für die Veranstaltung wurden die Häuser, Wohnungen und Straßen in Rothenburg mit Hakenkreuzfahnen, Wimpeln und Plakaten geschmückt.[148] Die Kreistage erstreckten sich auf fünf bis sieben Tage.[149] Der Propagandaakt verband sich mit verschiedenen Höhepunkten des NS-Feierkalenders wie zum Beispiel Hitlers 50. Geburtstag oder dem 15-jährigen Bestehen der Ortsgruppe Rothenburg.[150] Für ihr Klientel organisierte die Kreisleitung Mitgliederappelle, Kundgebungen sowie Sonderfilmvorstellungen und hielt mit den politischen Amtsträgern Arbeitstagungen ab.[151] Das Programm der Kreistage bezog neben der NSDAP deren Gliederungen und angeschlossene Verbände ein. Für die musikalische Untermalung sorgten der „Bannmusik- und Bannspielmannszug 308 der HJ" sowie die Stadtkapelle mit Standkonzerten auf dem Marktplatz, im Burg- oder Klostergarten.[152] Neben dem öffentlichen Eintopfessen am Marktplatz, organisiert durch die NSV, fanden sportliche Aktivitäten, so genannte „Heimatwettkämpfe" und SA-Wehrsportkämpfe statt.[153] Der BDM gestaltete Kinderfeste und die NSDAP arrangierte Theaterabende für die Frauen, um möglichst alle Teile der Rothenburger Bevölkerung einzubinden.[154]

---

143 Hermann Rumschöttel, Das Symposium „Staat und Gaue in der NS-Zeit: Bayern 1933-1945". Eine zusammenfassende Einführung, in: Ders./Ziegler (Hg.): Staat und Gaue in der NS-Zeit, S. 1-9, S. 8.

144 FA 11.10.1937.

145 Roth, Parteikreis, S. 140.

146 FA 24.4.1939.

147 Roth, Parteikreis, S. 142.

148 FA 24.4.1939.

149 FA 28.8.1943.

150 FA 10.10.1936; FA 19.4.1939.

151 FA 19.4.1939.

152 FA 10.10.1936; FA 28.8.1943.

153 FA 28.8.1943.

154 FA 10.10.1936; FA 28.8.1943. Ab 1940 nannte die Kreisleitung die Veranstaltung „Kriegs-Kreistage". Allerdings zeichnete sich der Kriegskreistag 1944 durch ein stark reduziertes Programm aus und war mit jeweils nur ein bis zwei Veranstaltung pro Tag eher klein gehalten. Vgl. FA 28.9.1944; FA 29.9.1944.

Um ein Zeugnis für die Aktionsbereitschaft der Kreisleitung zu liefern, mit dem Ziel, die Bevölkerung auf dem Rothenburger Land zu mobilisieren, organisierte die Kreisleitung Propagandafahrten durch das Kreisgebiet. In Kolonnen mit bis zu 70 Kraftwagen, Omnibussen und Motorrädern, die geschmückt und mit Plakaten sowie Spruchbändern versehen waren, versuchten die Vertreter der Kreisleitung die Bevölkerung auf dem Land zu erreichen.[155] In zahlreichen Ortschaften fanden Kundgebungen statt, in denen Redner der Partei zu der Bevölkerung sprachen.[156] Die Fahrzeuge waren von Angehörigen der SA-Stürme 9/19, 17/19, 13/R.37 und des NSKK, Motorsturm 23/M.78, besetzt.[157] Die SS war mit eigenen Fahrzeugen vertreten und flankierte die Kolonnen. Die Kreiskapelle verteilte sich auf die Wagen. Von Rothenburg aus ging die Fahrt durch das fränkische Umland über Insingen, wo die Anwohner die Kolonnen bereits erwarteten, nach Wettringen. Vorab wurde die Bevölkerung in der lokalen Zeitung aufgefordert, durch ihr Erscheinen ihre Verbundenheit mit der NS-Bewegung zu bekunden.[158] Auf dem Dorfplatz hatte sich ein Großteil der Bevölkerung und mit ihr die ortsansässige SA, das Jungvolk und der BDM versammelt, um den Propagandamarsch der Rothenburger Formationen zu betrachten.[159] Im Anschluss sprach Kreisleiter Steinacker zu den Menschen. Danach fuhr die Kolonne weiter nach Leitsmeiler, Michelbach an der Lücke, Gailroth, Steinbach a.d.H., Arzbach und Erzberg. Über Groß- und Kleinwaldhausen sowie Ullrichtshausen steuerte die Abordnung nach Dombühl.[160]

Die Rothenburger Kreisleiter hatten die Aufgabe, die bis zu 21 Ortsgruppenleiter im Kreis Rothenburg zu kontrollieren, wobei sie auf die Umsetzung der NSDAP-Politik vor Ort achteten und die Amtsführung sowie Eignung der Ortsgruppenleiter überprüften.[161] Demgemäß waren die Rothenburger Kreisleiter für die Schulung der Ortsgruppenleiter im Kreis Rothenburg zuständig. Zu verschiedenen Anlässen, wie zum Beispiel der Vorbereitung auf den Wahlkampf, gestaltete die Kreisleitung Tagungen für Ortsgruppenleiter und Parteiamtsträger, um Richtlinien für Parteiaktivitäten zu geben. Ferner behandelten die Tagungen Fragen sowie Positionen grundsätzlicher Art hinsichtlich der Stellung regionaler Organisationen und Verbände in Stadt und Land Rothenburg.[162] Um zu zeigen, welch macht- und staatspolitische Bedeutung die Veranstaltungen auf regionaler Ebene hatten, hielt die Kreisleitung die Tagungen im Sitzungssaal des Rathauses ab.[163] Darüber hinaus partizipierten Vertreter der Nürnberger Gauleitung, wie

155 FA 4.4.1938.
156 FA 1.4.1938.
157 FA 23.3.1936.
158 FA 21.3.1936.
159 FA 23.3.1936.
160 Ebenda.
161 Nolzen, Funktionäre, S. 55.
162 FA 9.3.1936.
163 Ebenda; FA 3.2.1941; FA 14.12.1942.

Karl Holz, um Impulse aus der übergeordneten hierarchischen Ebene zu geben.[164] Die Kreisleitung gab personelle Umstrukturierungen im Parteikreis Rothenburg bekannt und setzte die neuen Kreisamtsleiter ein, die für ihr jeweiliges Ressort bestellt wurden.[165] Ferner berichteten Kreisschulungsleiter von ihren Besuchen in verschiedenen Einrichtungen, wie der Wehrmachtsverwaltung in Nürnberg, um einen Einblick in andere Organisationsarten zu liefern.[166]

Fazit

Die umfassende Vernetzung der NSDAP-Kreisleitung ermöglichte es, politische, kulturelle sowie wirtschaftliche Ziele in Stadt und Land Rothenburg o.d.T. zu realisieren. Die Rothenburger „Hoheitsträger" bündelten alle verfügbaren politischen und gesellschaftlichen Kräfte, um sie rigoros einzusetzen. Als Territorialstatthalter Hitlers oblag den Rothenburger Kreisleitern auf der mittleren Führungsebene zwischen dem vorgeordneten Gauleiter Streicher und den unterstellten Ortsgruppenleitern die politische Kontrolle der Region. Deren Überschaubarkeit ermöglichte engen Kontakt zur Bevölkerung in der Stadt und auf dem Rothenburger Land. Eng verzahnte Personenverbandsstrukturen, lokale Cliquen und über Jahre gewachsene persönliche Bindungen bewirkten eine immense Disziplinierung sowie Mobilisierung. Damit waren die Kreisleiter die zentralen Gestalten der NS-Herrschaft in Stadt und Land Rothenburg o.d.T.

Bei der Durchsetzung nationalsozialistischer Ziele und der NS-Ideologie bedienten sich die Kreisleiter der regionalen Bezüge und Strukturen. Im Rahmen ihrer Funktion als Multiplikatoren der Partei organisierten sie eine Masse an Veranstaltungen verschiedenster Beschaffenheit und regionalspezifischer Ausprägung. Bei den Kreisleitern Friedrich Mägerlein, Karl Zoller, Karl Steinacker und Erich Höllfritsch handelte es sich um überzeugte Vertreter der NS-Herrschaft. Die Karrierechancen im Partei- und Staatsapparat nach 1933 machten aus den „prewar extremists" schon bald „full time Nazis", deren beruflicher und politischer Lebensmittelpunkt die NS-Bewegung war.[167] Mit ihrer Kenntnis der Lage in der Rothenburger Region arbeiteten sie der Gauleitung Streichers stetig zu.

---

164 FA 3.2.1941; FA 14.12.1942.

165 FA 14.12.1942.

166 FA 16.6.1941.

167 Gerhard Paul/Klaus-Michael Mallmann, Sozialisation, Milieu und Gewalt. Fortschritte und Probleme der neueren Täterforschung, in: Dies. (Hg.): Karrieren der Gewalt. Nationalsozialistische Täterbiographien, Darmstadt 2011, S. 1-32, S. 13.

5.2. Stützpfeiler der Macht – Die Ortsgruppen

5.2.1. Aufbau und Funktion

Eines der Merkmale der NS-Herrschaft im Parteikreis Rothenburg war die Errichtung stark ausdifferenzierter bürokratischer Strukturen zur Organisation der Herrschaft. Dies spiegelte sich in den Ortsgruppen der NSDAP wider.[168] Während die Verwaltung in den Ortsgruppen vor 1932 auf einzelne Ämter beschränkt war, die engagierte Nationalsozialisten in Personalunion wahrnahmen, beschleunigte sich mit dem Anstieg der Zahl der NSDAP-Mitglieder der Ausbau der Parteiverwaltung an der lokalen Basis.[169] Gemäß den Parteirichtlinien sollten die Ortsgruppenleiter in der Ortsgruppenverwaltung die uneingeschränkte Führungsposition einnehmen und „über alle fachlichen und politischen Aufgaben hinaus Vorbild, Berater und Kamerad [...] sein. [Der Ortsgruppenleiter] hat auf die Geheimhaltung aller dienstlich zur Kenntnis gelangten Vorfälle bei seinen politischen Leitern zu achten [...].“[170] Ein charakteristisches Strukturelement des nationalsozialistischen Parteiaufbaus war die Verbindung einer institutionell normierten Beziehung von Vorgesetzten und Untergebenen mit dem „Führer-Gefolgschafts-Verhältnis“, zusammengehalten durch persönliche Bindungen.[171] Der Ortsgruppenleiter erhielt disziplinäre Befehlsgewalt über die angeschlossenen Verbände und trug die Gesamtverantwortung in der Ortsgruppe.[172] Um seine exponierte Stellung zu verdeutlichen, war er zum Tragen einer Dienstpistole, der sogenannten „Ehrenwaffe“ berechtigt.[173]

Bis 1933 bestand in Stadt und Parteikreis Rothenburg o.d.T. ein dichtes und gut funktionierendes Netz von 19 Ortsgruppen.[174] Bis 1935 wuchs die Zahl auf 21 Ortsgruppen mit insgesamt 25 Zeilen und 28 Blocks.[175] Ab 1938 blieb die Zahl konstant bei 20 Ortsgruppen.[176]

---

168 Wichtige Untersuchungen zu Aufbau und Funktion der NSDAP-Ortsgruppen finden sich bei Donald Morse Douglas, The early Ortsgruppen. The development of national socialist local groups 1919-1923, Lawrence, Kansas 1968; Carl-Wilhelm Reibel, Das Fundament der Diktatur: Die NSDAP-Ortsgruppen 1932-1945, Paderborn 2002; Christine Müller-Botsch, „Den richtigen Mann an die richtige Stelle“. Biographien und politisches Handeln von unteren NSDAP-Funktionären, Frankfurt 2009.

169 Reibel, Fundament der Diktatur, S.67.

170 Organisationsbuch der NSDAP, S. 123.

171 Wolfgang Horn, Führerideologie und Parteiorganisation in der NSDAP 1919-1933, Düsseldorf 1972, S. 431.

172 Reibel, Fundament der Diktatur, S. 89.

173 Ebenda.

174 StAN, Rep. 503. NS-Mischbestand, Kreisleitung Rothenburg o.d.T., Nr. 8. Siehe dazu Kapitel 3 sowie 5.2. dieser Untersuchung.

175 NSDAP-Partei-Statistik. Bd. 3: Mitglieder und Führende der Gliederungen, Ämter u. Verbände, vertikale Organisation der NSDAP, gebietliche Organisation der NSDAP, München 1935, S. 198.

176 Neuer Rothenburger Kalender mit Einwohnerverzeichnis von Stadt und Kreis auf das Jahr 1940, Rothenburg ob der Tauber 1940, S. 27.

- Stadt Rothenburg o.d.T.[177]

  Ortsgruppenleiter Süd: Friedrich Georg Götz[178] – Kassenleiter Süd: Richard Hidde[179]

  Ortsgruppenleiter Nord: Siegfried Wobst[180] – Kassenleiter: Fritz Weinberger[181]
- Binzwangen: Johann Georg Sauerhammer[182]
- Brunst: Friedrich Endlein[183]
- Diebach: Christian Streng[184]
- Dombühl: Hans Beutler[185]
- Frommetsfelden: Georg Käfer[186]
- Gailroth: Ernst Bödler[187]
- Gastenfelden: Michael Kallert[188]
- Geslau: Hans Schwab[189]
- Habelsee: Samuel Prehmus[190]
- Hartershofen: Johann Schmidt
- Insingen: Johann Strauß[191]

---

177 1938 wurde die Ortsgruppe Rothenburg ob der Tauber geteilt. Organisatorische Direktiven bekam die Kreisleitung direkt vom Hauptorganisationsamt der NSDAP. Vgl. StAN, Rep. 503. NSDAP Mischbestand, Kreisleitung Rothenburg o.d.T., Nr. 6.

178 BArch (ehem. BDC), PK, Götz, Friedrich, geb. 21.8.1897. NSDAP- Parteieintritt: 1930. Wiedereintritt in die Partei am 1.5.1933. NSDAP-Mitgliedsnr. 2.614.866; StAN, SpKA Rothenburg o.d.T., G89.

179 StAN, SpKA Rothenburg o.d.T., H147; Ermittlungsbericht; BArch (ehem. BDC), PK, Hidde, Richard, geb. 24.01.1891. NSDAP-Parteieintritt: 1.8.1929. Mitgliedsnr. 145.803. Hidde war Ortsgruppen-Kassenleiter seit 1.8.1930. Personalfragebogen der Gauleitung Franken vom 25.4.1938.

180 StAN, SpKA Rothenburg o.d.T., W173

181 StAN, SpKA Rothenburg o.d.T., W59. Friedrich Weinberger, geb. 1907, war Mitglied der NSDAP von 1933-1945, DAF 1934-1945 und VDA 1942-1943.

182 StAN, SpKA Rothenburg o.d.T., H147. Hidde war von 1930 bis 1945 Ortsgruppenkassenleiter. Spruch der Spruchkammer Rothenburg o.d.T. vom 17.3.1948.

183 StAM, Internierten Gesamtkartei.

184 StAN, Spruchkammerakt o.d.T., St95.

185 BArch (ehem. BDC), PK, Beutler, Hans, geb. 29.5.1898. NSDAP-Parteieintritt: 1.8.1928. Mitgliedsnr. 94.960; StAN, SpKA Rothenburg o.d.T., B165.

186 StAN, Rep. 503 NS-Mischbestand, Kreis Rothenburg o.d.T., Nr. 8.

187 Ebenda.

188 StAN, SpKA Rothenburg o.d.T., K15. Kallert war Ortsgruppenleiter von 1929-1944.

189 StAN, SpKA Rothenburg o.d.T., Sch226. Hans Schwab, geb. 1906, war Mitglied der NSDAP 1929-1945, SA 1931-1945, DAF 1934-1945, KDF 1938-1945, NSV 1934-1945, RKB 1938-1945 und RLB 1936-1945. Ferner war er Ortsgruppenleiter in Geslau.

190 BArch (ehem. BDC), PK, Prehmus, Samuel, geb. 10.6.1876. NSDAP-Parteieintritt: 25.2.1934 NSDAP-Mitgliedsnr. 195.008; StAN, SpKA Rothenburg o.d.T., P79. Prehmus war Ortsgruppenleiter in Habelsee von 1933-1945.

191 StAN, SpKA Rothenburg o.d.T., St70. Johann Strauß, geb. 1894, war Mitglied der NSDAP von 1.5.1933-1945. Er bekleidete das Amt des Ortsgruppenleiters von 1.4.1934-1.3.43. Ferner war er Mitglied der DAF 1935-1945, NSV 1934-1945 im Amt des stellvertretenden

- Leuzenbronn: Fritz Walther[192]
- Neusitz: Hans Friedlein[193]
- Oestheim: Leonhard Bernhardt[194]
- Ohrenbach: Hans Pfänder[195]
- Schillingsfürst: Friedrich Haaß[196]
- Wettringen: Georg König[197]
- Windelsbach: Georg Hirsch[198]

Zum Stab eines Ortsgruppenleiters gehörte in der Theorie eine Reihe von unterstellten politischen Leitern wie Propaganda-, NSBO-, Organisations- und Schulungsleiter.[199] Aber im Gegensatz zur Rothenburger Kreisleitung, der untersten hauptamtlich geführten Hoheitsstelle der Partei, deren politische Ämter in den meisten Fällen ständig besetzt waren, sah die Praxis auf Ortsgruppenebene im Parteikreis Rothenburg anders aus. In den Landgemeinden war der Ortsgruppenleiter häufig auf sich allein gestellt und hatte höchstens einige Blockleiter zur Seite.[200] Obwohl die Ortsgruppenführer bei genauer Pflichterfüllung einen hohen Arbeitsaufwand hatten, galt die bis zum Zusammenbruch des „Dritten Reiches" aufrechterhaltene Regelung, dass der Ortsgruppenleiter als einziger mit der Führung eines NS-Herrschaftsgebietes beauftragter Hoheitsträger seine Arbeit ehrenamtlich zu verrichten hatte.[201]

Ortsgruppenleiters, NSKOV 1933-1945, Reichskolonialbund 1938-1945, Reichsluftschutzbund 38-45 und des Kriegerverein Kyffhäuser 1920-1938.

192 StAN, SpKA Rothenburg o.d.T., W16. Fritz Walther, geb. 1902, war NSDAP-Mitglied von 1.12.1931-1945. Walther war NSDAP-Ortsgruppenleiter von 1935-1939. Ferner war er Mitglied der DAF 1939-1945, NSV 1940-1945 und des RKB 1940-1943.

193 BArch (ehem. BDC), PK, Friedlein, Hans, geb. 18.9.1910. NSDAP-Parteieintritt: 1.3.1932. Mitgliedsnr. 1.001.496; StAN, Rep. 503 NS-Mischbestand, Kreis Rothenburg o.d.T., Nr. 8.

194 StAN, SpKA Rothenburg o.d.T., B173. Der Landwirt Leonhardt Bernhardt, geb. 20.1.1901, war von 1927-1945 Mitglied der NSDAP. Mitgliedsnummer 62.585. Von 1927 bis 1930 war Bernhardt Mitglied der SA Ab 1933 hatte er das Amt des Ortsgruppenleiters für Oestheim inne.

195 BArch (ehem. BDC), PK, Pfänder, Hans, geb. am 28.9. 1900. NSDAP-Mitgliedsnr. 2.615.167. Schreiben des Ortsgruppenleiters Pfänder an die Kreisleitung vom 2.8.1933; Vgl. Neuer Rothenburger Kalender mit Einwohnerverzeichnis von Stadt und Kreis auf das Jahr 1938. Hg. v. Gebr. Schneider. Rothenburg ob der Tauber 1938, S. 27.

196 StAN, SpKA Rothenburg o.d.T., H14. Haaß war Ortsgruppenleiter von 1927-1945.

197 StAN, SpKA Rothenburg o.d.T., K265. König war Ortsgruppenleiter von 1932-1945.

198 StAN, SpKA Rothenburg o.d.T., H280. Hirsch war Ortsgruppenleiter von 1938-1945. Der Landwirt Georg Hirsch, geb. 1903, war Mitglied der NSDAP von 1931-1945, der NSV 1934-1945 und des RKB von 1941-1942.

199 Reibel, Fundament der Diktatur, S. 111ff.

200 Über die Blockleiter in der Region Rothenburg ist so gut wie kein Aktenmaterial überliefert. Für die Rolle des „Blockwarts" im NS-Regime sei verwiesen auf Detlef Schmiechen-Ackermann, Der „Blockwart". Die unteren Parteifunktionäre im nationalsozialistischen Terror- und Überwachungsapparat, in: VfZ 48 (2000), S. 575-602.

201 Reibel, Fundament der Diktatur:, S. 97.

5.2.2. Akteure

Ein Blick auf die Biogramme der Ortsgruppenleiter ließ drei politische Sozialisationskontexte einer „radicalizing career" erkennen.[202] Die Gewaltsozialisation der Älteren in den Grabenkämpfen und Stoßtrupps des Ersten Weltkrieges setzte sich in den Freikorps der Nachkriegswirren fort.[203] Ferner zeigte sich eine Einbindung der Jüngeren in die Gewalt- und Hasskultur der völkisch-nationalistischen bzw. nationalsozialistischen Organisationen während der Weimarer Republik sowie eine frühzeitig aktive Integration in die Organisationen der NSDAP.[204] Ein gruppenbiographisches Ergebnis der Ortsgruppenleiter hinsichtlich Alter, Konfession, Parteieintritt, Zugehörigkeit zu NS-Organisationen und Beruf ergab folgendes Bild: Es handelte sich um überwiegend Protestanten, geboren in den Jahren 1891 bis 1902, die während der NS-Herrschaft zwischen 31 und 42 Jahre alt waren. Die Ortsgruppenleiter in Stadt und Land Rothenburg o.d.T. zeichneten sich – nicht unüblich im reichsweiten Vergleich – durch einen relativ frühen Parteieintritt zwischen 1927 und 1933 aus.[205] Darüber hinaus waren sie in mehreren NSDAP-Organisationen, angeschlossenen Gliederungen und Verbänden aktiv oder passiv tätig, wie zum Beispiel in der SA, NS-Hago, NSKK, NSKOV, NSV, NSLB oder dem NSRKB. Selbst wenn die meisten Ortsgruppenleiter als Landwirte oder Selbstständige tätig waren, fanden sich darunter Akademiker, wie der Arzt Friedrich Haas oder der Lehrer Friedrich Götz.[206] Im Folgenden sollen sieben Ortsgruppenleiter einzeln vorgestellt werden, um einen vertieften biographischen Einblick zu gewährleisten.

Friedrich Georg Götz

Bei Friedrich Georg Götz handelte es sich um einen willigen politischen Konformisten, um einen sogenannten „band wagon Nazi", der nach 1933 die Gelegenheit ergriff, Karriere zu machen.[207] Götz trat 1930 in die NSDAP ein und avancierte am 1. November 1934 zum Ortsgruppenleiter für die Stadt Rothenburg. Geboren wurde er am 21. August 1897 als Sohn eines bayerischen Landwirts in Markt Bergel. In seinem Zivilberuf übte er das Amt des Lehrers aus. Er war verheiratet und

---

202 Gerhard Paul/Klaus-Michael Mallmann, Sozialisation, Milieu und Gewalt. Fortschritte und Probleme der neueren Täterforschung, in: Dies. (Hg.): Karrieren der Gewalt. Nationalsozialistische Täterbiographien, Darmstadt 2011, S. 1-32, S. 10.

203 Ebenda.

204 Ebenda.

205 StAN, Rep 503, NS-Mischbestand, Kreisleitung Rothenburg, Nr. 8. Reichsweit waren 85 Prozent der Ortsgruppenleiter bereits vor der Machtergreifung in die NSDAP eingetreten. Vgl. NSDAP-Partei-Statistik. Bd. 2: Politische Leiter, München 1935, S. 15.

206 StAM Internierten Gesamtkartei, StAN, SpKA Rothenburg o.d.T., B159, B165, B173, E40, F60, F61, F74, G89, H14, H154, H157, Sch85.

207 Paul/Mallmann, Sozialisation, Milieu und Gewalt, S. 17.

hatte fünf Kinder. Im Ersten Weltkrieg war er Soldat und wurde Ende des Jahres 1918 entlassen. Im Jahr 1924 wurde er aufgrund einer Körperverletzung gerichtlich mit 300 RM vorbestraft.[208] Im August 1939 rückte er als Leutnant der Reserve beim Pferdelazarett 570 ein. Seit dem 12. Juni 1942 befand er sich als Kompanieführer der Zweiten Kompanie beim Sicherungsbataillon 839. Als Kriegsauszeichnungen besaß er seit dem 20. April 1941 das Kriegsverdienstkreuz II. Klasse mit Schwertern, die Ostmedaille seit 15. August 1942 und das Kriegsverdienstkreuz I. Klasse seit 20. April 1943. Im April 1940 wurde er zum Oberleutnant der Reserve und im Juni 1942 zum Hauptmann der Reserve befördert.[209]

Darüber hinaus betätigte er sich als Ausbildungsleiter beim Kreisorganisationsamt und war Anwärter auf das Amt des Kreisredners der NSDAP. Ferner war er Mitglied des NSLB, Mitglied des Kreistages und Zweiter Beigeordneter der Stadtverwaltung von Rothenburg. Weiterhin trat er 1933 in die NSFK, NSV und den NSRKB ein. Kreisleiter Steinacker betonte in seiner politischen Beurteilung über Götz dessen „gefestigte weltanschauliche Haltung" und befürwortete die Ernennung zum Hauptlehrer. Bei der Ortsgruppenteilung im Mai 1939 erhielt Götz die Leitung der Ortsgruppe-Süd.[210]

Hinsichtlich des lokalen Antisemitismus trat Götz in Aktion. 1938 versah die Kreisleitung in Rothenburg die jüdischen Geschäfte mit Plakaten, die Deutsche vom Einkauf in jüdischen Geschäften abhalten sollten. Lina Ehrmann arbeitete zu dieser Zeit als Putzfrau bei der Familie Wimpfheimer. Als sie am 17. Dezember 1938 trotz SA-Aufgebot die Geschäftsträume betrat, wurde Ehrmann unter verbalen Beleidigungen sowie körperlicher Gewalt durch Ortsgruppenleiter Götz zur Kreisleitung gebracht. Dort musste Sie ihr Verhalten rechtfertigen.[211]

Anlässlich der Vertreibung der Juden aus Rothenburg 1938 hielt Götz eine Ansprache an die Schuljugend, in der er die antisemitischen Aktionen der Nationalsozialisten verherrlichte. Als Ortsgruppenleiter sorgte er für die Distribution antisemitischer Hetzschriften, wie dem Werk von Martin Schütz „Eine Reichsstadt wehrt sich", das seiner Ansicht nach einen „Einblick in das Wesen des Juden und in sein verderbliches Wirken in unserer Stadt zur Reichsstadtzeit vermittelt[e]".[212]

---

208 StAN, SpKA Rothenburg o.d.T., G89. Verfügung von Freiherr von Wrangel, Obergerichtsrat, am 20.5.1943.

209 Ebenda.

210 StAN, SpKA Rothenburg o.d.T., G89. Schreiben der Rothenburger Kreisleitung an die Gauleitung Franken der NSDAP vom 27.7.1941. Seit 1933 war die Praxis entstanden, bei wichtigen Personalentscheidungen Gutachten über die politische Einstellung bei den lokalen Parteiinstanzen erstellen zu lassen. Vgl. Dieter Rebentisch, Die „politische Beurteilung" als Herrschaftsinstrument der NSDAP, in: Detlev Peukert/Jürgen Reulecke (Hg.): Die Reihen fast geschlossen. Beiträge zur Geschichte des Alltags unterm Nationalsozialismus, Wuppertal 1981, S. 107-125, S. 111.

211 Ebenda.

212 Ebenda.

In seiner Amtszeit als Ortsgruppenleiter kam es zu zahlreichen Auseinandersetzungen mit den protestantischen Kirchengemeinden, da Friedrich Georg Götz als NSDAP-Führer in Konkurrenz zur kirchlichen Seelsorge und Gemeindearbeit trat. Die protestantische Kirchengemeinde Gebsattel war höchst empört und befand sich in großer Aufregung aufgrund der Eingriffe, die Ortsgruppenleiter Götz in ihre kirchlichen Angelegenheiten vornahm. Als Zeichen seiner antikirchlichen Gesinnung trat Götz am 23. August 1938 aus der Kirche aus, nachdem er im Juli für seine drei Söhne den Austritt erklärt hatte.[213] Seine Ehefrau war im Juni 1938 aus der Kirche ausgetreten.[214] Mit seinem Kirchenaustritt lehnte er ebenso den Orgeldienst ab. Götz denunzierte seinen Nachfolger an der Orgel, den Rothenburger Lehrer Gunst, bei der Kreisleitung, was für seinen Arbeitskollegen als Mitglied des NSLB das Ende des Orgelspiels bedeutete. Darüber hinaus störte der Ortsgruppenleiter und Lehrer bewusst die Abhaltung der Gottesdienste. Während des Passionsgottesdienstes ließ er seine Schulkinder auf dem Friedhof zwischen den Gräbern, an der Sakristei sowie vor der Kirche Fußball spielen. Ebenfalls ließ er während des Gottesdienstes vor der Kirche Marschlieder erklingen und an Feiertagen Radioübertragungen laufen. Des Weiteren leitete der Ortsgruppenleiter seine Schüler zu Manöverspielen zwischen den Gräbern und Friedhofsmauern an. Dabei wurden in der Kirche Fensterscheiben eingeworfen. Ferner brachte er aufgrund seiner antikirchlichen Haltung und seiner Äußerungen über Religion die Schüler dazu, keine ehrenamtlichen Dienste mehr für die Kirche zu leisten.[215] Außerdem wollte der Ortsgruppenleiter den kirchlichen Einfluss im karitativen Bereich eindämmen. So stellte der Ortsgruppenleiter einen Antrag beim Bürgermeister der Stadt Rothenburg, dass christliche Andachten im städtischen Krankenhaus verboten werden mit der Begründung: „Gemeinschaftliche Andachten sind in einem städtischen Krankenhaus einer nationalsozialistischen Stadt nicht mehr am Platz."[216] Die Andachten der evangelischen Schwestern im städtischen Krankenhaus liefen seiner nationalsozialistischen Gesinnung zuwider.

Hans Beutler

Hans Beutler wurde am 29. Mai 1898 in Oestheim im Kreis Rothenburg geboren. Nach dem Besuch der Volksschule absolvierte er eine Wagnerlehre in Oestheim und arbeitete als Wagnergeselle in Oestheim und Dorftrüdingen. Von

---

213 Evangelisches Pfarrarchiv St. Jakob. Signatur 2.2.2.11. Schreiben des Evang.-Luth. Pfarramtes an das Evang.-luth. Dekanat in Rothenburg o. Tb. vom 6.10.1938.

214 Ebenda.

215 StAN, SpKA Rothenburg o.d.T., G89. Beschwerdebrief der protestantischen Kirchengemeinde Gebsattel – St. Leonhard gegen Friedrich Götz bei der Kreisregierung von Mittelfranken vom 1.1.1939.

216 StAN, SpKA Rothenburg o.d.T., G89. Schreiben des Ortsgruppenleiters Götz an die Kreisleitung der NSDAP Rothenburg o.d.T. vom den 4.4.1939.

1917 bis 1919 diente er im Ersten Weltkrieg. Danach arbeitete er ein Jahr als Wagnergeselle in Hausen am Bach im benachbarten Württemberg. 1920 kaufte er sich ein landwirtschaftliches Anwesen mit Wagnerei in Hausen am Bach, war als selbstständiger Wagner tätig und absolvierte 1925 die Meisterprüfung. Nach dem Verkauf seines Anwesens erwarb er 1927 ein landwirtschaftliches Anwesen in Dombühl und errichtete eine Wagnerei. Von 1920 bis 1944 war Beutler verheiratet, blieb aber kinderlos.[217]

Im Jahr 1928 wurde in Dombühl die Ortsgruppe gegründet. Die Gründung erfolgte durch den NSDAP-Funktionär Grimm aus Ansbach.[218] SA-Standartenführer Georg Braun überzeugte Beutler zum Eintritt in die NSDAP unter der Ortsgruppenleitung von August Löschel.[219] In die SA trat Beutler 1933 ein und wurde später ehrenhalber zum Oberscharführer ernannt. Des Weiteren gehörte er ab 1933 dem NS-Kriegerbund an, der NSV seit 1935 und dem DRK seit 1938.[220] Als im Jahre 1934 der bisherige Ortsgruppenleiter von Dombühl, August Löschel, versetzt wurde, bestimmte der Kreisleiter ihn zum neuen Ortsgruppenleiter. Ausschlaggebend war für ihn nach eigener Aussage, dass er bei den Parteigenossen sehr beliebt war und sowohl Ansehen als auch Vertrauen genoss. Zusätzlich war er in Dombühl als ehrenamtlicher Bürgermeister von 1935 bis 1945 tätig.[221]

Friedrich Koch

Friedrich Koch wurde in Hartershofen als Bauernsohn am 17. Oktober 1906 geboren. Nachdem er die Volksschule und die Fortbildungsschule in Steinsfeld besucht hatte, arbeitete er auf dem Hof seines Vaters mit, da er später den Hof übernehmen sollte. Seit dem Jahr 1935 war er selbstständiger Landwirt. Aus seiner Ehe mit Emma Kurz gingen vier Kinder hervor.[222] Als sich am 19. September 1928 die Ortsgruppe Hartershofen unter dem Ortsgruppenleiter Friedrich Schmidt gründete, übernahm Friedrich Koch die Kasse sowie die Propagandaleitung.[223] In seiner Tätigkeit als Kassenwart (Ortsamtsleiter) führte er die verwaltungsmäßige Erledigung der Geldgeschäfte. In der „Kampfzeit“ von 1928 bis 1932 erstreckte sich der Einflussbereich der Ortsgruppe Hartershofen auf den

217 StAN, SpKA Rothenburg o.d.T., Nr. B 165. Lebenslauf von Hans Beutler vom 17.10.1947.
218 Höfler, Entwicklung der NSDAP im Kreis Rothenburg, S. 8.
219 StAN, Rep. 503. NS-Mischbestand, Gauleitung Nr. 136. Schreiben des Ortsgruppenleiters von Dombühl, Hans Beutler, an die Kreisleitung Rothenburg o.d.T. vom 15.7.1942.
220 StAN, SpKA Rothenburg o.d.T., Nr. B 165. Schreiben über den politischen Werdegang von Hans Beutler vom 17.10.1947.
221 Ebenda.
222 StAN, SpKA Rothenburg o.d.T., K 264. Schreiben von Friedrich Koch an die Lagerspruchkammer Hammelburg vom 24.8.1947.
223 StAN, Rep. 503. NS-Mischbestand, Gauleitung Nr. 136. Schreiben des späteren Ortsgruppenleiters Friedrich Koch an die Kreisleitung vom 15.7.1942.

nördlichen Bezirk des Kreises Rothenburg.[224] Besonders die SA hatte mit ihrem Sportangebot und den auswärtigen Veranstaltungen Kochs Interesse geweckt, da er sonst keine Möglichkeiten sah, von seiner Heimatgemeinde wegzukommen. So trat er am 1. November 1929 in die SA ein. Eine klare Organisation regelte die Mitgliedsverhältnisse der SA in Hartershofen. Kochs Aufgabe in der SA bestand darin, die Mitgliedsbeiträge einzusammeln. 1933 trat Koch aus der SA wieder aus. Die Jahre nach der Machtübernahme brachten für ihn als Landwirt eine wesentliche Verbesserung seiner wirtschaftlichen Verhältnisse, und er sah keinen „Anlass, der Partei, die ja die Regierung darstellte und von In- und Ausland Anerkennung hatte, irgendwie zu misstrauen."[225] Der Landwirt führte das Amt des NSKOV-Kreisobmanns und trat 1934 in die NSV sowie in den Reichskolonial- und Reichsluftschutzbund ein. Ferner erhielt er die 10- und 15-jährige Dienstauszeichnung der NSDAP. Als im Februar 1939 der bisherige Ortsgruppenleiter verstarb, erhielt Friedrich Koch vom Kreisleiter den Auftrag, die Ortsgruppe weiter zu führen.[226] Die Partei sah in ihm einen zugkräftigten Agitator. Im November 1939 wurde er zur Wehrmacht als Infanterist eingezogen, kam aber im Mai 1940 nach Hause und leitete erneut die Ortsgruppe Hartershofen. Bei seinem jüngsten Sohn fand keine Taufe statt, sondern Kreisleiter Höllfritsch vollzog die Namensgebung. 1942 musste er zurück an die Front.[227] Als Gefreiter geriet er 1945 in Kriegsgefangenschaft und wurde nach seiner Entlassung aufgrund seiner Parteiaktivitäten in Hammelburg interniert.[228]

Johann Georg Sauerhammer

Johann Georg Sauerhammer wurde 1901 in Binzwangen geboren und war evangelischer Konfession. 1930 übernahm er von seinen Eltern das landwirtschaftliche Anwesen mit einer Größe von 9,5 Hektar. Seine Familie hatte aufgrund der schlechten wirtschaftlichen Verhältnisse einen schweren Existenzkampf zu überstehen, nahe am Rand der Zwangsversteigerung. Am 1. Dezember 1931 trat er der NSDAP bei, nach eigener Aussage in dem Glauben an eine durch die Partei herbeizuführende Besserung der wirtschaftlichen Verhältnisse, insbesondere in der Landwirtschaft.[229] Die Ortsgruppe in Binzwangen wurde am 16. Januar 1932

224 Ebenda.

225 StAN, SpKA Rothenburg o.d.T., Nr. K 264. Schreiben von Friedrich Koch an die Lagerspruchkammer Hammelburg vom 24.8.1947.

226 Ebenda.

227 Ebenda.

228 Ebenda. Darüber hinaus war er zeitweise in Bad Aibling interniert. Vgl. StAN, SpKA Rothenburg o.d.T., Nr. K 264. Schreiben von Frau Koch an das Bayerische Staatsministerium für Sonderaufgaben im München vom 15.8.1947.

229 StAN, SpKA Rothenburg o.d.T., S12. Schreiben von Sauerhammers Anwalt Josef Grillmayer an die Spruchkammer Lager Regensburg vom 3.2.1948.

durch den späteren Kreisleiter Mägerlein gegründet.[230] Johann Georg Sauerhammer übernahm die Leitung der Ortsgruppe bis 1943.[231] Als im Jahre 1935 der Bürgermeister der Gemeinde Binzwangen sein Amt niederlegte, übernahm Sauerhammer auf Wunsch der Einwohnerschaft das Bürgermeisteramt. Er übte dieses Amt bis zu seiner Einberufung zur Wehrmacht im August 1943 aus.[232] Ferner gehörte Sauerhammer folgenden NS-Organisationen an: ab 1935 war er Mitglied der NSV, des DRK und des RKB. 1941 bekam er die 10-jährige Dienstauszeichnung der NSDAP verliehen.[233] Seit Mai 1945 war Sauerhammer in Kriegsgefangenschaft und ab 7. Juni 1945 in politischer Internierung.[234]

Richard Hidde

Richard Hidde, Jahrgang 1891, trat August 1929 in Rothenburg in die NSDAP ein.[235] Kreisleiter Mägerlein übertrug ihm 1930 das Amt des Kreiskassenleiters.[236] Beim SA-Sturmbann war Hidde Stabszahlmeister der SA-Standarte XV 31-31 sowie Verwaltungsführer und Kreisrevisor der SA. Ferner trat er ab 1933 einer Reihe von NS-Organisationen bei: dem RDB, KdF, NSV, NSKOV, NSRKB, DRK, Reichsluftschutzbund, Kriegerverein, Kriegsopferverband, der Reichskulturkammer als Stützpunktleiter in den Jahren 1933 bis 1934 und der Deutschen Christenbewegung (DC). Darüber hinaus war er im Besitz der zehnjährigen Parteidienstauszeichnung.[237]

Richard Hidde war vom 9. August 1933 bis 30. April 1943 bei der Allgmeinen Ortskrankenkasse Rothenburg beschäftigt. Nach der Kassenvereinigung vom 1. Mai 1943 bis 31. Dezember 1944 war er bei der Rechtsnachfolgerin, der Allgemeinen Ortskrankenkasse Mittelfranken, in der Verwaltungsstelle Rothenburg eingesetzt. Nach einer Beschäftigung als Krankenkontrolleur wurde er am 1. März in den Kassendienst übernommen, was für ihn hauptsächlich Verwaltungs-

230 Schreiben des Ortsgruppenleiters Sauerhammer an die Kreisleitung Rothenburg ob der Tauber vom 2.7.1942. StAN, Rep. 503. NS-Mischbestand, Gauleitung Nr. 136; Höfler, Entwicklung der NSDAP im Kreis Rothenburg, S. 11.

231 StAN, Rep. 503. NS-Mischbestand, Gauleitung Nr. 136. Schreiben des Ortsgruppenleiters von Binzwangen, Johann Georg Sauerhammer, an die Kreisleitung Rothenburg o.d.T. vom 2.7.1942.

232 StAN, SpKA Rothenburg o.d.T., S12. Begründungsschreiben der Spruchkammer.

233 Ebenda.

234 StAN, SpKA Rothenburg o.d.T., S12. Schreiben von Sauerhammers Anwalt Josef Grillmayer an die Spruchkammer Lager Regensburg vom 3.2.1948.

235 StAN, SpKA Rothenburg o.d.T., H147. Spruch der Spruchkammer Rothenburg o.d.T. am 17.3.1948.

236 PK, Hidde, Richard, geb. 24.01.1891. NSDAP-Parteieintritt: 1.8.1929. Mitgliedsnr. 145.803. Personalfragebogen der Gauleitung Franken vom 25.4.1938.

237 StAN, SpKA Rothenburg o.d.T., H147. Spruch der Spruchkammer Rothenburg o.d.T. am 17.3.1948.

arbeit bedeutete.[238] Belief sich sein Gehalt im August 1933 auf 40 RM im Monat, so verdiente er gegen Kriegsende monatlich 135 RM. Unter der Federführung von Kreisleiter Steinacker war Richard Hidde an den Verhandlungen der „Arisierungsmaßnahme“ des Hauses der Gebrüder Mann im Jahr 1938 beteiligt. Nach Kriegsende wurde sein Dienstverhältnis auf Grund der Gesetze und Weisungen der amerikanischen Militärregierung automatisch gelöst.[239]

Georg König

Georg König wurde 1902 in Wettringen im Landkreis Rothenburg geboren. Nach dem Besuch der Volks- und Berufsschule erlernte er auf dem elterlichen Hof den Beruf des Landwirts.[240] In Wettringen gründete Stegmann die Ortsgruppe im Mai 1927 in der Münz'schen Gastwirtschaft.[241] Zwei Jahre später wuchs die SA in Wettringen auf 21 Männer heran, die am Parteitag teilnahmen und sich bei größeren wie kleineren Aufmärschen beteiligten.[242] Im Jahre 1929 trat König der SA bei. Die Organisation der SA-Veranstaltungen war unter anderem seine Aufgabe. Im Oktober 1932 erhielt er den Dienstrang eines SA-Truppführers verliehen und wurde im Jahr 1938 zum SA-Haupttruppführer ernannt. Am 1. Februar 1931 trat er der NSDAP bei. Im April 1933 übertrug ihm der Kreisleiter das Amt des Ortsgruppenleiters von Wettringen.[243] Dieses Amt hatte er bis zu seiner Einberufung zur Wehrmacht im April 1943 inne. Im Jahre 1934 übergab ihm der Kreisleiter die Ortsamtsleitung der NSV, die er ebenfalls bis 1943 verwaltete. Mit seiner Einberufung zur Wehrmacht schied er aus seinen beiden Parteiämtern und seinem SA-Ehrenrang aus. Seine aktive NSDAP-Mitgliedschaft ruhte ab diesem Zeitpunkt. Des Weiteren trat er der VDA und dem RKB bei. 1938 wurde er Mitglied der DAF. Von SA-Sportabzeichen abgesehen, erhielt er keine Parteiauszeichnung. Am 19. April 1943 berief ihn die Wehrmacht und er geriet am 17. März 1945 in amerikanische Kriegsgefangenschaft.[244]

---

238 StAN, SpKA Rothenburg o.d.T., H147. Schreiben der Allgemeinen Ortskrankenkasse für Mittelfranken vom 17.12.1945.

239 StAN, SpKA Rothenburg o.d.T., H147. Mündliche Verhandlung in den Amtsräumen der Spruchkammer Rothenburg o.d.T. am 17.3.1948.

240 StAN, SpKA Rothenburg o.d.T., K265. Lebenslauf von Georg König.

241 StAN, Rep. 503. NS-Mischbestand, Gauleitung Nr. 136. Schreiben des Ortsgruppenleiters von Wettringen, Georg König, an die Kreisleitung Rothenburg o.d.T. vom 11.7.42.

242 Ebenda.

243 StAN, SpKA Rothenburg o.d.T., K265. Schreiben über den politischen Werdegang von Georg König.

244 Ebenda.

Karl Friedrich Haaß

Karl Friedrich Haaß war am Aufbau der NSDAP-Ortsgruppe Schillingsfürst maßgeblich beteiligt. Haaß, Jahrgang 1894, trat nach seiner Mitgliedschaft im Völkischen Block und des „Bund Oberland“ 1927 der NSDAP in Schillingsfürst bei.[245] Die Ortsgruppe Schillingsfürst gründete sich am 30. Oktober 1925 und war die älteste Ortsgruppe in der Rothenburger Region.[246] Ortsgruppenführer Stegmann verstand es, die Menschen aus der Gegend für den Nationalsozialismus zu mobilisieren. In die SA trat Dr. med. Karl Friedrich Haaß im Jahr 1933 ein und wurde kurze Zeit später zum Sanitätshauptsturmführer ernannt. Ab 1933 bekleidete er das Amt des Ortsamtsleiters der NSV. Darüber hinaus war er Mitglied beim NS-Ärztebund, dem RKB, VDA und DRK und Träger des Goldenen Parteiabzeichens. Im Jahr 1935 wurde ihm die Führung der Ortsgruppe Schillingsfürst übertragen.[247] Wie bei Ortsgruppenleiter Götz zeigte sich im Handeln des praktizierenden Arztes eine Opposition zur Kirche. Als in Schillingsfürst anlässlich des Fronleichnamsfestes im Jahr 1939 Birkenbäume vor dem Rathaus aufgestellt wurden, entfernte Haaß diese und rühmte sich seiner Tat. Als Ortsgruppenleiter war er stets darauf bedacht, die nationalsozialistische Weltanschauung aktiv im alltäglichen Leben zur Schau zu tragen. Er bestand auf dem „Hitler-Gruß“ und besuchte alle Versammlungen der Partei und ihrer angeschlossenen Gliederungen nur in Uniform. Weltanschaulich Andersdenkende, wie zum Beispiel Kastellan Fischer, die ihre Antipathie gegenüber der NSDAP offen bekundeten, denunzierte Haaß bei der Kreisleitung.[248]

5.2.3. Die Ortsgruppe der Stadt Rothenburg

Auf Grund einer Anordnung des Reichsorganisationsleiters der NSDAP im Jahre 1936 erfolgte eine Neuordnung der Block- und Zellenorganisation, um die weltanschauliche Vereinnahmung aller „Volksgenossen“ innerhalb der Ortsgruppe möglichst über die Blöcke und Zellen sowie über deren Leiter zu vollziehen.[249] Insgesamt bildeten 40 bis 60 Haushalte einen Block der NSDAP, den der Blockleiter anführte.[250] Die Zusammenlegung mehrerer Blocks ergab eine Zelle, die

---

245 StAN, SpKA Rothenburg o.d.T., H14. Ermittlungsergebnis der Spruchkammer. Haaß hatte die Parteimitgliedsnummer 57.324.

246 StAN, Rep. 503. NS-Mischbestand, Gauleitung Nr. 136. Bericht über die Gründung der Ortsgruppe Schillingsfürst an die Kreisleitung Rothenburg o.d.T.

247 StAN, SpKA Rothenburg o.d.T., H14. Ermittlungsergebnis der Spruchkammer.

248 Ebenda.

249 FA 8.6.1939.

250 Der Blockleiter war hinsichtlich ideologischer Indoktrination und Überwachung ein wichtiger Akteur im Alltag. Folglich wurde vom Hauptorganisationsamt darauf hingearbeitet, die „Volksbetreuung“ durch die Blockleiter sukzessive zu verbessern Vgl. Carl-Wilhelm Reibel: „Die Parteizentrale der NSDAP in München. Administrative Lenkung und Siche-

der Zellenleiter betreute. Insgesamt umfasste die Ortsgruppe der Stadt Rothenburg zehn Zellen.[251] So große Ortsgruppen sollten aufgrund der Neuordnung des Block- und Zellensystems geteilt werden. Nach den Bestimmungen des Jahres 1936 hatte eine Ortsgruppe nicht mehr als 1.500 Haushalte zu umfassen. Deshalb teilte die Kreisleitung die Ortsgruppe der Stadt Rothenburg, da deren Mitgliederstärke und Anzahl der Haushalte längst das zulässige Maß überstiegen hatten. Folglich gab es ab Juni 1939 zwei Ortsgruppen der NSDAP: die Ortsgruppen Süd und Nord.

Der Bereich der Ortsgruppe Süd erstreckte sich auf die Stadtteile, die rechts der Tauber, der Alten Burg, südlich der Klostergasse, des Kirchplatzes, der Heugasse, der Oberen Judengasse, des Weißen Turmes, des Milchmarktes, der Rödergasse und der Ansbacher Straße lagen.[252] Zur Ortsgruppe Süd gehörten die Zellen I, III, V, VI, VII. Die nördlich dieser Linie gelegenen Stadtteile bildeten die Ortsgruppe Nord. Sie bestand aus den Zellen II, IV, VIII, IX und X. Beide Ortsgruppenbüros waren im Kreishaus der NSDAP in der Herrngasse untergebracht.[253]

Die offizielle Teilung fand in der Mitgliederversammlung vom 7. Juni 1939 statt und Kreisleiter Steinacker entband Fritz Götz von seinem bisherigen Amt des Leiters der Gesamtortsgruppe, um ihm die Leitung der Ortsgruppe Süd zu übertragen. Der bisherige Ortsgruppenorganisationsleiter Siegfried Wobst wurde als kommissarischer Leiter der Ortsgruppe Nord in sein Amt eingeführt.[254] Parallel zur Neueinteilung der NSDAP-Ortsgruppe vollzog sich eine Teilung der Ortsgruppen der NSV, der DAF und der NSF.[255] Die Einteilung der Ortsgruppen dieser Verbände deckte sich gebietlich genau mit den NSDAP-Ortsgruppen. Demgemäß gab es sowohl bei der NSV als auch bei der DAF sowie der NSF je eine Ortsgruppe Nord und Süd. Dies erforderte eine personelle Umstrukturierung. Zum Leiter der NSV-Ortsgruppe Süd rückte der Ortsgruppenamtsleiter Johann Strobl auf, während die NSV-Ortsgruppe Nord der bisherige Zellenwalter Karl Engelmann übernahm.[256] Die Geschäfte der beiden DAF-Ortsgruppen ver-

---

rung der Diktatur, in: Stefanie Hajk/Jürgen Zarusky (Hg.): München und der Nationalsozialismus, Berlin 2008, S. 87-121, S. 105f.

251 FA 8.6.1939.

252 Ebenda.

253 Ebenda.

254 StAN, SpKA Rothenburg o.d.T., G89. Schreiben des Kreisleiters an die Gauleitung Franken der NSDAP vom 27.7.1941; BArch (ehem. BDC), PK, Siegfried Wobst, geb. 16.5.1894. NSDAP-Parteieintritt: 1.3.1932. Mitgliedsnr. 978.179. Ortsgruppenleiter der NSDAP-Ortsgruppe Rothenburg-Nord seit 16.5.1939; StAN, SpKA Rothenburg o.d.T., W173. Wobst war Mitglied der allgemeinen SS von 1938-1945, RDB 1935-1945 und des NSBd. Technik 1938-1945.

255 FA 8.6.1939.

256 StAN, SpKA Rothenburg o. d. T., St83. Johann Strobl, geb. 1889, war Mitglied der NSDAP von 1935-1945. Ferner war er Mitglied der NSV 1935-1945, DAF, Reichsbund der Kinderreichen, Reichsluftschutzbund, Reichskolonialbund, Reichsbund der deutschen Familie, Unterabteilungsleiter des WHW sowie zeitweise Leiter des rassenpolitischen Am-

sah der Kreisobmann und Ortsgruppenobmann Heinrich Erhard.[257] Was die NSF betraf, so wurde die Ortsfrauenschaft-Süd von Leni Schmidt, der Geschäftsführerin der Kreisfrauenschaftsleitung, geführt, während die bisherige Zellenschaftsleiterin Käthe Wagner die Leitung der Ortsfrauenschaft-Nord übernahm.[258] Um die Geschlossenheit der Parteigenossenschaft zwischen den Ortsgruppen Rothenburg Nord und Süd zu demonstrieren, fanden nach der Teilung gemeinsame Mitgliederversammlungen statt.[259]

5.2.4. Aktionen und Parteidisziplin

Die Leitung einer Ortsgruppe brachte viele Aufgaben mit sich. Zunächst innerparteiliche Verwaltungsaufgaben, wie die Weiterleitung von Parteimeldungen, das Eintreiben von Mitgliedsbeiträgen und das Erstellen von Arbeits- und Veranstaltungsplänen.[260] Somit lag die Hauptaufgabe des Ortsgruppenleiters im Vollzug der Personalkompetenz innerhalb seines Dienstbereichs.[261] Diese parteiinternen Tätigkeiten bildeten die Voraussetzung für sämtliche gegenüber der Bevölkerung unternommenen Propaganda- Kontroll- und Überwachungsmaßnahmen.[262] Ferner waren die Ortsgruppenleiter in der Pflicht, einmal im Monat eine NSDAP-Mit gliederversammlung abzuhalten. Die Ortsgruppen im Kreis Rothenburg führten solche Versammlungen regelmäßig durch, in denen die Gesinnung der Teilnehmer durch Vorträge über ideologische oder tagespolitische Themen propagandistisch beeinflusst wurde.[263] Reden wie „Deutschland muß wieder Kolonialmacht werden" dienten der politischen Bewusstseinsbildung und waren auf die Vergegenwärtigung aktueller politischer Ereignisse für die Mitglieder der NSDAP ausgerichtet.[264]

Für eine Mitgliederversammlung im Evangelischen Vereinshaus im April 1934 wurde die Bühne mit drei mächtigen Hakenkreuzfahnen geschmückt.[265] Die neu-

---

tes; StAN, SpKA Rothenburg o.d.T., E74. Der Rothenburger Karl Engelmann, geb. 22.6.1901, war Mitglied der NSDAP von 1937-1945, stellvertretender NSDAP-Blockleiter von 1944-1945, NSFK 1942-1945, NSV 1936-1945, Ortswalter der NSV von 1941-1945 und SS-Fördermitglied von 1937-1939.

257 StAN, SpKA Rothenburg o.d.T., E82. Der Rothenburger Sattlermeister Heinrich Erhard, geb. 23.12.1887, war NSDAP-Mitglied von 1932-1945. Ferner war er Kreisobmann der DAF von 1934-1939 in Personalunion mit dem Amt des Kreisamtsleiters.

258 FA 8.6.1939.

259 FA 1.11.1939.

260 Arbogast, Herrschaftsinstanzen, S. 74.

261 Reibel, Das Fundament der Diktatur, S. 89.

262 Müller-Botsch, Den richtigen Mann an die richtige Stelle, S. 38.

263 FA 14.4.1934; FA 21.6.1934; FA 19.7.1934; FA 2.8.1934; FA 20.12.1934; FA 27.5.1935; FA 20.6.1935; FA 27.6.1936; FA 24.11.1936; FA 12.12.1936; FA 27.2.1937; FA 23.4.1937; FA 11.6.1937; FA 30.10.1937; FA 14.9.1938; FA 19.10.1938; FA 26.11.1938.

264 FA 19.4.1937. Vgl. Hermann Zabel, „Es spricht der Ortsgruppenleiter" – Zum Sprachgebrauch eines NS-Funktionärs, in: Wirkendes Wort 37 (1987), S. 407-418, S. 416.

265 FA 14.4.1934.

en Mitglieder, die nach dem 30. Januar 1933 in die Partei eingetreten waren, wurden auf Anordnung der Reichs- bzw. Gauleitung in besonders feierlicher Form verpflichtet.[266] Zu diesem Anlass spielte die uniformierte Rothenburger Stadtkapelle. Bei Beginn der Veranstaltung um 20.00 Uhr versammelten sich die SA-Stürme vor dem Vereinshaus. Unter den Klängen des Badenweiler-Marsches betraten die Kreis- und Ortsgruppenleitung den Saal und gleich darauf erfolgte der Einmarsch der Sturmfahnen, die von den Anwesenden mit dem „Hitler-Gruß" begrüßt wurden. Nachdem die Fahnenabordnungen vor der Bühne Aufstellung genommen hatten, eröffnete der Rothenburger Ortsgruppenleiter Karl Zoller die Versammlung. Er sprach über die Entstehung der Bewegung in Rothenburg im November 1927 und referierte über die Anfänge mit einer Handvoll Anhänger in kleinen Hinterzimmern, über geheime Parteiversammlungen im „Wilden Mann" und pries das Engagement der damaligen Mitglieder. Anschließend ergriff Kreisleiter Mägerlein das Wort, um auf die Bedeutung des Nationalsozialismus als Weltanschauung hinzuweisen.[267] Er stellte den Parteiprogrammen der Parteien früherer Jahre, die je nach Lage und Stimmung der Wählermassen umgestellt wurden, das Programm Adolf Hitlers gegenüber, das zum ersten Mal am 24./25. Februar 1920 in München verkündet worden war. Ferner appellierte Mägerlein an die Zuhörer, sich verstärkt für den nationalsozialistischen Staat einzusetzen. Er erinnerte daran, dass die Mitgliedschaft in der NSDAP, neben einer Reihe von Privilegien, auch Pflichten mit sich bringe. Außerdem sprach Mägerlein über das nationalsozialistische Programm und den darin verankerten Antisemitismus. Für die Beendigung des offiziellen Teils der Veranstaltung spielte die Stadtkapelle das Horst-Wessel-Lied.[268]

Die Ortsgruppenleiter versuchten bei den Ortsgruppenversammlungen, neben der Besprechung partei-interner Angelegenheiten, die Mitglieder zu mobilisieren und appellierten an das Engagement des Einzelnen für die Bewegung.[269] Ferner wies man auf die anstehenden Veranstaltungen hin.[270] So wurden bei der Mitgliederversammlung der NSDAP-Ortsgruppe Rothenburg am 19. Juni 1935 zuerst organisatorische Tagungspunkte abgehandelt, wie die Ausstellung der Mitgliedsbücher, der bevorstehende Frankentag auf dem Hesselberg, der Besuch Görings und Streichers in Rothenburg und die Aufforderung, Fahrgemeinschaften zu bilden, um eine größtmögliche Präsenz der NSDAP-Ortsgruppe Rothenburg auf dem Hesselberg zu gewährleisten. Anschließend übergab Zoller dem Gastredner Donat das Wort, der eine Rede über die „nationalsozialistische Weltrevolution" und die herausragende Rolle Adolf Hitlers hielt. „Langanhaltender Applaus folgte [den] Ausführungen", bevor die Veranstaltung offiziell beendet wurde.[271]

---

266 Ebenda.
267 Ebenda.
268 Ebenda.
269 FA 2.8.1934.
270 Ebenda.
271 FA 20.6.1935.

Die Ortsgruppen in Stadt und Land Rothenburg nützten alljährlich kirchliche Festtage, um die Parteimitglieder zu vereinen.[272] So organisierten die Ortsgruppen jedes Jahr Weihnachtsfeiern und verschmolzen sakrale und nationalsozialistische Werte. Bei der Weihnachtsfeier am 21. Dezember 1934 wurde im Kaisersaal ein „altdeutsches Krippenspiel, aus alten Handschriften zusammengestellt und bearbeitet […]" aufgeführt.[273] Ferner gedachte der Ortsgruppenleiter Zoller des am 26. Dezember 1923 gestorbenen nationalsozialistischen Dichters Dietrich Eckart. Doch anstelle von Weihnachtsliedern stimmten örtliche SS-Männer wie Dürr die „Hitlerhymne „Gott segne unseren Führer"" an.[274]

Um die NSDAP-Mitglieder auf dem neuesten Stand der Entwicklung zu halten, führten die Ortsgruppen und Kreisredner vor Ort verschiedene Aktionen durch. So wurde im November 1936 für die „Versammlungswellen" der NSDAP geworben, um „Aufklärungsfeldzüge" im Sinne der NS-Ideologie abzuhalten.[275] Binnen kurzer Zeit versuchten die Ortsgruppen in den einzelnen Ortschaften, jeweils in Gasthäusern, die Menschen zu erreichen. Innerhalb von fünf Tagen kam es zu Versammlungen in zwölf Ortschaften.[276] Einen Höhepunkt des lokalen Geschehens stellte die Zehnjahresfeier der Ortsgruppe Rothenburg dar. Sieben Tage lang, vom 2. bis 9. November, feierten sich die lokalen Nationalsozialisten selbst. Propagandistisch zogen die Organisatoren alle Register: Vorträge der Gauleitung von Karl Holz und Heinz Preiß, Aufmärsche, Mitgliederappelle, Totengedenkfeiern sowie Standkonzerte erfüllten die Straßen. Für das Jubiläum konzipierte der Kreispropagandaleiter Georg Höfler eigens die Ausstellung „Aus dem Kampf der NSDAP im Reich und der Ortsgruppe Rothenburg". Darin lieferte er eine Übersicht über das politische Geschehen von 1925 bis 1933. Wahlaufrufe, Plakate, Flug- und Handzettel sowie Bilder aus dem Leben der NSDAP- und SA-Ortsgruppen stellte er dort aus, um den Aufstieg der Bewegung in Stadt und Parteikreis zu veranschaulichen.[277]

Die Veranstaltungen dienten allerdings auch der Parteidisziplinierung. Die Ortsgruppenführer appellierten an die Festigung der NS-Ideologie: „[…] die Nörgler und die Miesmacher und die 150proz. Nationalsozialisten, die zwar Heil Hitler rufen, [seien] aber innerlich noch weit davon entfernt […], sich das Ideengut unseres Führers zu eigen gemacht zu haben." [278] Daher sei es „äußerste Notwendigkeit, eine feste Gemeinschaft zu bilden".[279] Ferner kritisierten die Ortsgruppenführer mangelnde Einsatzbereitschaft, wenn die Parteigenossen

[272] FA 19.12.1934; Zur Umgestaltung christlicher Feiertage siehe Kapitel 6.1.6. dieser Untersuchung.
[273] FA 20.12.1934.
[274] Ebenda.
[275] FA 24.11.1936.
[276] FA 6.11.1936; FA 24.11.1936.
[277] FA 20.11.1937.
[278] FA 24.3.1934.
[279] Ebenda.

nicht zahlreich erschienen. So sprach sich Karl Zoller gegen Mitglieder aus, die nicht aus „innerster Ueberzeugung den Aufnahmeschein unterschrieben“ hätten und drohte, bei fortdauernder Abwesenheit die Mitgliedskarte ohne Angabe von Gründen einzuziehen. Hierzu sei er von der Gau- und von der Reichsleitung befugt.[280] Mit eindringlichen Worten missbilligte er das Verhalten einiger Parteigenossen und kündigte bei Aussagen und Handlungen, die nicht mit der NS-Weltanschauung zu vereinbaren seien, den Ausschluss aus der Partei an. Ferner erging er sich in scharfen Anordnungen seitens des Reichsnährstandes gegen Mitbürger, die „zwar nicht der Partei angehören, aber im Reichsnährstand zusammengeschlossen sind und die nach wie vor mit den Juden Geschäfte mach[t]en“.[281] Ein weiterer Punkt, der wiederholt von Zoller in den Ortsgruppenversammlungen angesprochen wurde, war der Verweis auf die Zahlung rückständiger Mitgliedsbeiträge an die Partei.[282]

Fazit

In der Stadt Rothenburg und den umliegenden Gemeinden war die Ortsgruppenorganisation ein tragendes Instrument zur Unterstützung und Aufrechterhaltung der NS-Herrschaft. Die Ortsgruppen bildeten den organisatorischen Rahmen zur Integration der Parteianhänger in das NS-Herrschaftssystem, um die politisch-ideologischen Ziele des Regimes zu realisieren.[283] Weiterhin legten sie den geographisch definierten Raum fest, in dem die jeweilige Bevölkerung überwacht sowie durch ideologische Manipulation zu staatskonformem Denken und Handeln im nationalsozialistischen Sinne erzogen werden sollte.[284] Eines der wichtigsten Strukturmerkmale der NSDAP war die Machtentfaltung auf der Ebene der Personalfragen: Die Position des Einzelnen wurde weniger durch das bekleidete Amt bestimmt als durch den Katalog persönlicher und systemimmanenter Verdienste und Qualitäten wie Führerbindung, Unterordnung, Härte und Durchsetzungskraft gegen Konkurrenten.[285] So selbstverständlich diese These erscheinen mag, so ergab die Auswertung der Spruchkammerakten für Stadt und Kreis Rothenburg o.d.T., dass die Entfaltung diktatorischer Machtpräsenz in den Ortsgruppen von der Person des Ortsgruppenleiters nicht zu trennen war.

Eine biographische Betrachtung der Ortsgruppenleiter in der Stadt und auf dem Land Rothenburg verdeutlichte, wie prägend ihre Gewaltsozialisation und ihre frühe Einbindung in die nationalsozialistischen Organisationen waren. Ihre

---

280 FA 14.4.1934.

281 FA 27.5.1935.

282 FA 2.8.1934.

283 Reibel, Fundament der Diktatur, S. 382.

284 Ebenda.

285 Wolfgang Benz, Partei und Staat im Dritten Reich, in: Martin Broszat/Horst Möller (Hg.): Das Dritte Reich. Herrschaftsstruktur und Geschichte, München 1983, S. 64-82, S. 72.

Zugehörigkeit zu mehreren NS-Organisationen vor Ort erlaubte ihnen einen breiten Wirkungsgrad und ermöglichte ein dichtes Beziehungsnetz. Die Ortsgruppenleiter in der Stadt sowie den umliegenden Gemeinden Rothenburgs schufen ein Netz lokaler Strukturen und Machteliten, wobei sie eng mit der Kreisleitung zusammenarbeiteten. Im Falle der analysierten Personen zeigte sich, dass die nationalsozialistische Herrschaft in der Rothenburger Region kein entpersonalisiertes Parteiengefüge war, sondern auf der aktiven Mitwirkung der lokalen Funktionäre beruhte.

5.3. Die Sturmabteilung

Die Sturmabteilung war ein entscheidendes Instrument, mit dem der Nationalsozialismus in der Stadt und auf dem Rothenburger Umland seine Herrschaft errang und verteidigte. Dabei ging die SA nicht zimperlich vor, sondern bewies ihr Durchsetzungsvermögen durch aggressives Taktieren. Das Vorgehen der SA trug in den Jahren 1929 bis 1934 entscheidend zur Erringung und Festigung der NS-Herrschaft bei.[286]

Die Aktivitäten der SA wurden von der örtlichen NSDAP-Führung honoriert. Noch Jahre später „[...] erinnerte [Kreisleiter Zoller] an die Zeit des Kampfes [...] in der auch in Rothenburg der Nationalsozialismus festen Boden faßte, als die erste Gruppe der SA hinaus zog, um draußen auf den Dörfern die Idee des Führers zu verbreiten."[287] In Stadt und Land Rothenburg o.d.T. traten SA-Mitglieder ab 1930 vermehrt in die NSDAP ein. Die Auswertung der Spruchkammerkartei ergab insgesamt eine Zugehörigkeit zur SA von 35 Prozent.[288] Bedeutsam ist die gemeinsame Zugehörigkeit zur SA und NSDAP, die somit die größte gemeinsame Schnittmenge aller angeschlossenen Verbände in Stadt und Parteikreis Rothenburg o.d.T aufwies.[289]

In Rothenburg und Umgebung schuf die SA eine Atmosphäre der Bedrohung und dynamisierte das Wechselspiel von Volkswillen und Staatsführung. Geplante Aktionen gegen Juden oder unkontrollierte Gewaltausbrüche von Seiten der Rothenburger SA waren keine Seltenheit, wie sich in der Phase der „Gleichschaltung" und des Machtausbaus zeigte.[290] Die bei derartigen Vorfällen zu Tage tretende Willkür von SA-Führern, die grundlos die Zivilbevölkerung terrorisierten –

---

286 Wolfgang Petter, SA und SS als Instrumente nationalsozialistischer Herrschaft, in: Bracher u.a. (Hg.): Deutschland 1933-1945, S. 76-94, S. 76. Für eine genauere Untersuchung der Entwicklung der SA sei verwiesen auf Peter Longerich, Die braunen Bataillone. Geschichte der SA, München 1989.

287 FA 27.5.1935.

288 Siehe Anhang Nr. 6 dieser Untersuchung.

289 Ebenda.

290 Siehe Kapitel 4 dieser Untersuchung.

ohne Rücksicht auf deren politische Einstellung – ‚war so verbreitet, dass sie in den Augen der Bevölkerung eine Landplage darstellte.[291]

Am 6. Mai 1933 fuhren drei Rothenburger SA-Männer über die württembergische Grenze, um in den Dörfern Lebensmittel für die SA-Küche zu sammeln.[292] Nach einem Trinkgelage in einer Gastwirtschaft in Bossendorf kam es zu einer Rauferei.[293] Am nächsten Tag machten sich zehn SA-Männer verteilt auf zwei Kraftwagen und ein Motorrad auf den Weg nach Bossendorf.[294] Dort prügelten sie wahllos Menschen mit Gummiknüppeln und Peitschen krankenhausreif, darunter einen 15-jährigen Jungen.[295] Laut dem Gendarmerie-Bericht äußerte sich der SA-Mann Rahner zu der Angelegenheit wie folgt: „Das ist doch eine ganz einfache Sache; da braucht man keine Polizeibeamten und keinen Staatsanwalt und kein Gericht; da entstehen nur Kosten. Wenn so ein Bursche was macht, dann kriegt er eben seine Hiebe [...].“[296] Die Anführer des Gewaltaktes waren der SA-Sonderkommissar Karl Kitzinger und der Sturmtruppführer Georg Arlt.[297] Wenn auch beide aus Mangel an Beweisen straffrei ausgingen, so waren sie doch für die Übergriffe verantwortlich.[298]

Da es sich bei dem SA-Standortführer Georg Arlt um einen wichtigen Akteur der lokalen SA handelte, erfolgt an dieser Stelle eine biographische Betrachtung seiner Person: Arlt, geb. am 20. September 1880, war zuerst ein Anhänger des Völkischen Blocks und trat im November 1928 der SA und 1929 der NSDAP bei. Im August 1930 wurde er mit der Führung eines SA-Sturmes beauftragt und im Jahre 1932 zum Sturmführer befördert.[299] Nach der „Machtübernahme“ im Jahr 1933 bekleidete Arlt das Amt eines Ratsherrn. Im selben Jahr wurde er Sturmbannführer der SA und führte bis 1935 den Sturmbann III/19. Ab Juni 1935 war Arlt Obersturmbannführer.[300] Im Zuge der Umgruppierung der SA hat-

291 Mathilde Jamin, Zur Rolle der SA im nationalsozialistischen Herrschaftssystem, in: Gerhard Hirschfeld/Lothar Kettenacker (Hg.): Der „Führerstaat“: Mythos und Realität. Studien zur Struktur und Politik des Dritten Reiches, Stuttgart 1981, S. 329-358, S. 349.

292 BayHStA, StK 5479. Schreiben des Präsidiums der Regierung von Ober- und Mittelfranken an das Staatsministerium des Innern vom 19.5.1933.

293 Ebenda.

294 Ebenda.

295 BayHStA, StK 5479. Schreiben des Präsidiums der Regierung von Ober- und Mittelfranken an die Reichskanzlei Berlin.

296 Ebenda.

297 BayHStA, StK 5479. Schreiben des Präsidiums der Regierung von Ober- und Mittelfranken an die Reichskanzlei Berlin vom 22.6.1933.

298 BayHStA, StK 5479. Schreiben des Präsidiums der Regierung von Ober- und Mittelfranken an die Reichskanzlei Berlin. Die Funktion des SA-Sonderkommissars war es, Unstimmigkeiten zwischen SA- und SS-Einheiten abzustellen. Ferner hatte er das Recht, Hausdurchsuchungen durchführen zu lassen und „Schutzhaft“ zu verhängen. Vgl. Amtsblatt für das BA Rothenburg o.d.T. Jg. 1933, Nr. 8944 P, Nr. 34.

299 FA 20.9.1940.

300 Ebenda.

te Obersturmbannführer Arlt Anfang Juni 1935 aufgrund seines Alters auf Befehl der nächsthöheren Dienststelle die Führung des Sturmbanns III/19 an seinen jüngeren SA-Kameraden Sturmführer Müller abzugeben.[301] Als Standortführer der SA trat Arlt bei Aufmärschen der Partei und ihrer Gliederungen hervor und gehörte ab 1937 dem Kreisstab der NSDAP als Kreisausbildungsleiter an und war von 1939 bis 1941 Kreisführer des NSRfL.[302] Aufgrund seiner großen Verdienste für die NS-Bewegung wurde er zum Rathaus-Hausmeister berufen und in das städtische Beamtenverhältnis übernommen. Seine Dienstzeit in der „Kampfzeit" wurde auf das Besoldungsdienstalter angerechnet.[303] Darüber hinaus war er Ausbildungsleiter der Wehrmannschaften sowie Volkssturmbataillonsführer. Arlt war Mitglied bei der DAF, dem RDB, dem RLB, der NSV, VDA, NSRKB und dem RKB. Im Zuge seiner Parteimitgliedschaft erhielt er die zehn- sowie die 15-jährige Dienstauszeichnung der NSDAP und war ab 1942 Inhaber des KVK II. Klasse.[304] Als Vereinsführer des ersten Fußballklubs Rothenburg und als Kreisringleiter des NS-Reichsbundes für Leibesübungen setzte er sich für die Belange des Sportes ein. Ferner gehörte er bis zu seiner Berufung zum Rathaus-Haumeister der Stadtverwaltung als Ratsherr an.[305]

Nach der sogenannten „Röhm-Revolte" vom 30. Juni bis 2. Juli 1934 hatte die SA ihre politische Bedeutung verloren.[306] Seit Januar 1935 verlief auch in Rothenburg eine umfassende Reorganisation der SA nach Kriterien der körperlichen Tauglichkeit sowie der militärischen Verwendungsfähigkeit nach Altersgruppen in aktive SA, SA-Reserve und SA-Landsturm. Als SA-Sondereinheiten wurden Marine-, Reiter-, Nachrichten-, Pionier- und Sanitätseinheiten aufgestellt.[307]

Standortführer der SA: Obersturmbannführer Georg Arlt[308]
Sturmbann III/19[309]
Stürme 21/19, 22/19, 23/19, 24/19,

---

301 FA 5.6.1935.

302 StAM, SpKA 34: Georg Arlt. Auszug aus dem Fränkischen Anzeiger vom 20.9.1940.

303 Stadtratsprotokolle Rothenburg. Öffentliche Beratung des Gemeinderates am 1.6.1937. Nr. 2621. Tagesordnungspunkt Nr. 29.

304 StAM, SpKA 34: Georg Arlt. Schreiben des öffentlichen Klägers bei der Spruchkammer des Kreises Rothenburg o.d.T. an die Spruchkammer Rothenburg o.d.T. vom 17.10.1947.

305 Ebenda.

306 Ernst Röhm, geb. 28.11.1887 – gest. 1.7.1934, führte 1923 den paramilitärischen Bund „Reichskriegsflagge" und beteiligte sich am Hitlerputsch. Als Auffangorganisation für die verbotene SA leitete er 1924-1925 den Wehrsportverband „Frontbann". 1928-1930 war Röhm Militärberater in Bolivien und 1931-1934 Stabschef der SA. 1934 wurde Röhm wegen angeblich hochverräterischer Umtriebe, dem sogenannten „Röhmputsch", verhaftet. Vgl. Unger, Biogramme, S. 751f.

307 Organisationsbuch der NSDAP, S. 364a.

308 StAM, SpKA Rothenburg o.d.T., Nr. 34.

309 Eine detaillierte Auflistung aller 125 Mitglieder des Sturms 21/19 findet sich unter StAN, Rep. 503 NS-Mischbestand Kreis Rothenburg o.d.T., Nr. 17.

Führer des Sturmbannes: Hans Fromm[310]
Sturm 21/19: Sturmführer Hans Geelmann[311]
Sturm 22/R/19: Obersturmführer Willibald Bromberger[312]
Nachrichtensturm R 2/19: Obertruppführer Dieter Edelhäuser[313]
Reitersturm 4/78: Obersturmführer Georg Stöhr[314]
Marinesturm 4/110: Truppführer Leonhard Jäger[315]

Hauptziel der Reorganisation war die systematische Verringerung der SA-Stärke, um einen gewissen Maßstab an Disziplin durchzusetzen:[316] „Während die politische Organisation der NSDAP die praktische politische Führung durchzuführen hat[te], [war] die SA Ausbildungs- und Erziehungsinstrument der Partei."[317] Charakteristisch hierfür waren die Bemühungen, die Sturmeinheiten aus den alten SA-Lokalen heraus in öffentliche Gebäude, Schulen, Turnhallen oder Parteiheime in Stadt und Kreis Rothenburg zu verlegen. Damit trat anstelle der innerhalb der SA propagierten Landsknechtsmentalität das Ideal des ordentlichen, bescheidenen und an Entbehrungen gewohnten SA-Mannes, der neben den Verbindlichkeiten in der „Parteiarmee" seinen beruflichen sowie familiären Pflichten nachkam.[318] Bei einer Versammlung der SA forderte Sturmführer Bromberger: „Mut, Tapferkeit, Ehrliebe, Kameradschaft bis in den Tod. Der SA-Mann hat in erster Linie an sich selbst, dann an seiner Familie und an seinen Volksgenossen zu arbeiten. Seine große Aufgabe muß es sein, [...] seine Kinder als wahrhaftige Nationalsozialisten zu erziehen."[319]

---

310 Rothenburger Kalender, S. 26.

311 Ebenda.

312 StAN, SpKA Rothenburg o.d.T., B134. Willibald Bromberger, geb. 25.7.1898, war NSDAP-Mitglied von 1935-1944, bei der SA-Reserve hatte er den Rang eines Obersturmführers des SA-Sturm 22/R/19. Ferner war er Mitglied beim RDB und dort ab 1935 Vertrauensmann. Am 30.6.1944 fiel er an der Front.

313 StAN, SpKA Rothenburg o.d.T., E25. StAN SpKA Rothenburg o.d.T., E25. Der Automechaniker Dieter Edelhäuser, geb. 1905, war ab 1930 Mitglied der NSDAP. 1932 trat er der SA bei. Hier avancierte er zum Sturmführer des SA-Nachrichtensturmes N2/19. In Briefwechseln der SA, NSDAP-Standarte 19 vom 8.8.1941 und 20.8.1941, wurde der Betroffene als SA-Obersturmführer bezeichnet.

314 StAN, SpKA Rothenburg o.d.T., St57. Georg Stöhr, geb. 1884, war Mitglied der NSDAP von 1933-1945. Ferner war er Mitglied der SA 1933-1945, RKB 1933-1945, NSV, 1936-1945, NSRKB 1933-1945, DRK 1936-1945 sowie des Deutschen Beamtenbundes 1933-1945.

315 StAN, SpKA Rothenburg o.d.T., J2. Der Sekretär Leonhard Jäger, geb. 10.4.1897, war Mitglied des SA-Marinesturms 4/110 und erhielt dort den Rang eines Truppführers. Ferner war er Mitglied der NSDAP, des NS-Beamtenbundes, der DAF und von 1934 bis 1935 Obmann der NSV. Schreiben der Spruchkammer vom 26.2.1948.

316 Longerich, Die braunen Bataillone, S. 221f. Im Zuge dieser Umgruppierung hatte der SA Obersturmbannführer Arlt die Führung des Sturmbannes III/19 an seinen jüngeren SA Kameraden Müller übertragen. Vgl. FA 5.6.1935.

317 Organisationsbuch der NSDAP, S. 358.

318 Longerich, Die braunen Bataillone, S. 223.

319 FA 16.3.1936.

Der Sturmführer Geelmann erklärte, dass es für ein Mitglied der SA „nur eines gebe, nämlich auf dem Platz [sic!] auf den in das Vertrauen des Führers und des Gauleiters berufen habe, seine Pflicht zu tun.“[320] Ferner traten Wehrsport sowie andere Formen militärischer Ausbildung in den Vordergrund, sodass nicht mehr die tägliche Bewährung als „Kämpfer“ gefragt war, sondern die regelmäßige Teilnahme am SA-Dienst. Damit war der Alltag des SA-Mannes geregelt.[321] Die Zielsetzung der SA war es, die soldatischen Tugenden zu pflegen und durch eine planmäßige Ausbildung die körperliche Ertüchtigung zu fördern sowie auf diese Weise für den Dienst in der Wehrmacht vorzubereiten.[322] Bei zahlreichen Gelegenheiten trat die SA an die Öffentlichkeit, beteiligte sich an Übungen im Katastrophenschutz und marschierte bei NS-Feiern mit.[323] Koordiniert wurden die Aktivitäten der Rothenburger SA im Sturmbannbüro in der Hofbronnengasse 18/1.[324] Um die gute Zusammenarbeit der SA mit der Stadtverwaltung zu verdeutlichen sowie ein Zeichen zu setzen für die Legitimation der SA, erhielt der Sonderbeauftragte des Obersten SA-Führers beim Bezirksamt Rothenburg, SA-Sturmführer Freiherr v. Harsdorf, ein Arbeitszimmer im Rathaus.[325]

Der SA-Reserve-Sturm Rothenburg wies bei Veranstaltungen stets auf die Bedeutung des alten Soldatentums hin, auf die soldatische Schule, durch die die Mehrzahl der Sturmangehörigen gegangen war.[326] Beim SA-Reserve-Sturm handelte es sich hauptsächlich um Veteranen des Ersten Weltkrieges. Sturmbannführer Apfelbeck und Obersturmbannführer Bromm in seiner Funktion als Führer des Sturmbanns III/19 leiteten den Sturm.[327]

Jedes Jahr gedachte die SA in Stadt und Land Rothenburg Horst Wessel. So versammelten sich auch 1937 die SA-Formationen in Gasthäusern und lauschten Radioübertragungen aus Berlin.[328] Dazu wurden Bilder Horst Wessels inmitten von Blattgrünschmuck in den Wirtshäusern aufgestellt, um die Bedeutung des Tages zu würdigen. Untermalt wurde der „NS-Gedenkakt“ mit Ansprachen der jeweiligen SA-Führer vor Ort sowie einer hymnischen Feierdichtung des „deutschen Gebets“ von Herbert Böhme und der Musik des Mannschaftschors.[329] Der Rothenburger SA-Sturmführer Geelmann hielt am 23. Februar 1937 die Rede zu diesem Anlass: „Wir schwören in heiligem Gedenken an den Führer [...] Horst

---

320 FA 23.4.1937.

321 Christoph Schmidt, Zu den Motiven „alter Kämpfer“ in der NSDAP, in: Peukert/Reulecke (Hg.): Die Reihen fast geschlossen, S. 21-43, S. 30.

322 Longerich, Die braunen Bataillone, S. 224.

323 Ebenda.

324 FA 31.5.1934.

325 StAN, Amtsblatt für das BA Rothenburg o.d.T. Jg. 1934, Nr. 8944 P, Nr. 27.

326 FA 16.3.1936.

327 Ebenda.

328 FA 24.2.1937.

329 Ebenda.

Wessel, Treue und Glauben [...] Ewig lebt die SA [...] Sieghaft steht die SA [...] Stark wird das Reich, und kein Tod löscht eine Fackel, die brennt."[330]

Darüber hinaus organisierte die SA Veranstaltungen wie feierliche Beförderungszeremonien und Propagandafahrten durch das gesamte Kreisgebiet. Derartige Aktivitäten sollten demonstrieren, „daß die SA, wie in der Kampfzeit, auch heute wieder einsatzbereit für die Sache des Führers steht."[331] NSDAP-Funktionäre wie Kreisleiter Steinacker und Gauleiter Streicher unterstützten die SA durch Reden auf deren Veranstaltungen. In regelmäßigen Abständen fanden Arbeitstagungen der SA-Standarte 19 statt. In deren Verlauf gab der Standartenführer den jährlichen Rechenschaftsbericht sowie die erzielten Gesamtleistungen, wie zum Beispiel bei SA-Wehrsportkämpfen, bekannt.[332] Neben Arbeitstagungen fanden in der Stadt Rothenburg Weiterbildungen statt, um die „Führer" der SA-Gruppe auf ihre Tätigkeit vorzubereiten.[333] Exemplarisch sei auf die Schulungstagungen der SA Franken verwiesen, die am 22. und 23. April 1937 in Rothenburg abgehalten wurden.[334] Dieter Edelhäuser, Schulungsleiter und Obertruppführer des Nachrichtensturms R 2/19 aus Rothenburg, war einer der Leiter der Schulungstagungen und unterwies die „Alten Kämpfer" in strategischer Kriegsführung.[335] Bei der Eröffnungsrede betonte der Führer der SA Franken, Gruppenführer von Obernitz, die wichtige Rolle der Rothenburger SA, die beim Aufstieg des Nationalsozialismus in der „Kampfzeit [...] einen harten, aber erfolgreichen Kampf geführt [...]" hatte.[336] Weiterhin lobte er „das ausgezeichnete Verhältnis zwischen SA und politischen Leitern im Kreis [...], für welche es nur eines gebe: den gemeinsamen Kampf für die Idee des Führers."[337]

Die Rothenburger SA führte eigene Spendensammlungen durch und erzielte im Kreisgebiet Summen von mehr als 1.000 RM.[338] Im Jahr 1936/37 übernahm die SA die Sammeltätigkeit für das Winterhilfswerk (WHW) und wies in eindringlicher und aufsehenerregender Form auf das Hilfswerk hin.[339] Drei Stoßtrupps der SA zogen bei Nacht, von Fackelträgern begleitet, durch die Straßen der Stadt. An markanten Punkten erklangen Hornsignale und Trommelschlag.

---

330 Ebenda.

331 FA 20.3.1936.

332 FA 3.1.1942; FA 5.1.1942; FA 24.6.1942; FA 28.10.1942 FA 1.7.1942.

333 FA 23.4.1937

334 Ebenda.

335 StAN SpKA Rothenburg o.d.T., E25. Der Automechaniker Dieter Edelhäuser, geb. 1905, war ab 1930 Mitglied der NSDAP. 1932 trat er der SA bei. Hier avancierte er zum Sturmführer des SA-Nachrichtensturmes N2/19.

336 FA 23.4.1937.

337 Ebenda; Hanns Günther von Obernitz, geb. 5.5.1899, war ab März 1933 Führer der SA-Gruppe Franken. Von September 1933 bis Juni 1934 war von Obernitz Polizeipräsident von Nürnberg-Fürth. Vgl. Erich Stockhorst: Fünftausend Köpfe. Wer war was im Dritten Reich, Velbert 1967, S. 311.

338 FA 19.4.1934.

339 FA 10.10.1936.

Die „Führer“ der Trupps verlasen eine Proklamation, in der alle Volksgenossen ermahnt wurden, durch Mitarbeit an dem „sozialen Hilfswerk des deutschen Volkes ihren Einsatz für die Volksgemeinschaft zu beweisen [...]“.[340]

In wechselndem Turnus führte die SA-Standarte Sportfeste und Kampftage im Kreis Rothenburg durch.[341] Im Rahmen der Frühjahrswettkämpfe setzte der Bezirksbeauftragte des SA-Reichssportführers am 15. April 1934 eine sportliche Veranstaltung an, damit die SA-Männer ihre körperlichen Fähigkeiten unter Beweis stellen konnten.[342] Angesetzt war ein 10-km Lauf im Stadion des Turnvereins Rothenburg. Ferner galt es, einen Gepäckmarsch von 25 km Länge auf der Strecke Rothenburg-Bettwar-Gattenhofen-Steinsfeld-Hartershofen-Unternordenberg-Schweinsdorf-Neusitz-Rothenburg zu absolvieren.[343]

Auf Grund eines Erlasses des „Führers“ hatte der Stabschef der SA 1939 angeordnet, dass während des Krieges eine vormilitärische Ausbildung und wehrgeistige Erziehung von der SA durchgeführt wurde.[344] Um die Ausbildung und den militärischen Stand der jungen Männer zu prüfen, fanden – wie überall im Reich – in und um Rothenburg in den ersten Kriegsjahren turnusmäßig SA-Wehrsportkämpfe, Frühjahrs- und Herbstwettkämpfe statt.[345] Kreisleiter Steinacker und der stellv. Führer der SA-Standarte 19, Reutelshöfer, riefen die jungen Rothenburger Männer zu einer „freiwilligen“ Kampfausbildung einmal pro Woche auf: „Wie der Soldat an der Front keinen Sonntag kennt, so wollen und werden auch die Männer, die bisher den feldgrauen Rock noch nicht tragen, sich der Helden draußen würdig erweisen und freudig einige Stunden des Sonntages dem großen Ziele opfern.“[346] Allen wehrtüchtigen deutschen Männern über 18 Jahre, die zum Dienst in der Wehrmacht noch nicht eingezogen waren, wurde damit die Gelegenheit gegeben, sich durch Teilnahme an einer vormilitärischen Ausbildung auf den Waffendienst vorzubereiten. Die praktischen Übungen erstreckten sich auf Geländedienst sowie Schießen. Weiterhin hatte die Mitgliedschaft in den Wehrmannschaften das Ziel, „die kameradschaftliche Verbundenheit im Sinne der nationalsozialistischen Weltanschauung zu festigen [...].“[347]

Die Wehrsportkämpfe galten als „Abschlussprüfung“ der innerhalb der SA-Einheiten des Sturmbanns III/19 Rothenburg o.d.T. erfassten Wehrmannschaften, aber auch als sichtbar zutage tretender Beweis des Erfolges der wehrsportlich-

340 Ebenda.

341 FA 31.5.1934, FA 30.5.1938. Der Stadtrat unterstützte die Durchführung des Standartenkampftages der SA-Standarte 19 und stellte Beträge bis zu 100.- RM bereit. Vgl. Stadtratsprotokolle Rothenburg. Niederschrift über die Beratung mit den Ratsherren am 30.8.1938. Tagesordnungspunkt Nr. 283.

342 Amtsblatt für das BA Rothenburg o.d.T. Jg. 1934, Nr. 8944 P, Nr. 25.

343 Ebenda.

344 FA 18.11.1939.

345 FA 27.11.1941; FA 24.6.1942; FA 27.5.1941; FA 4.10.1940.

346 FA 18.11.1939.

347 Ebenda.

vormilitärischen Aufgaben der SA.[348] Die Ableistung der „Kämpfe" bestand in einem 15 Kilometer langen Marsch, bei dem sechs wehrsportliche Übungen zu erfüllen waren, die sich auf ebenso viele Stationen verteilten. Ausgetragen wurden dabei: Keulenzielwurf, Entfernungsschätzen, Keulenweitwurf, Geländebeurteilung, Geländeorientierung und Kleinkaliberschießen.[349] Des Weiteren gab es einen Dreikampf bestehend aus Handgranatenweitwurf, Handgranatenfensterwurf sowie zehn Schüsse im Liegen, ohne sich abzustützen.[350] An den „Septemberkämpfen" 1941 beteiligten sich 759 Männer der SA-Standarte 19, darunter der Sturm 4/19 Lehrberg mit fünf Mannschaften. Die Stürme 13/19 Heilsbronn und 15/19 Neuendettelsau hatten je 39 Teilnehmer aufzuweisen.[351] Der Sturmbann III/19 Rothenburg o.d.T. stand mit elf Wehrmannschaften an der Spitze der Standarte.[352] An den „Oktoberwettkämpfen" 1941 beteiligten sich 940 Männer aus den Stürmen 22/19 mit neun und 21/19 mit sieben Mannschaften an der Spitze.[353] Die Reiter-Stürme 4/78 und 5/78 waren mit je zwei, der Marinesturm 4/110 mit einer Mannschaft, die Politischen Leiter mit drei und die Hitler-Jugend mit sieben Mannschaften beteiligt.[354] Daneben fanden reine Schießwettkämpfe statt.[355] Im November 1941 mobilisierte die SA für ihre gefechtsvorbereitenden Übungen 1.041 Schützen.[356] Im Zuge der Sportwettkämpfe verlieh Standartenführer Scheuber den Siegern als Trophäe das SA-Wehrsportabzeichen.[357]

Fazit

Bis 1934 leistete die SA in der Stadt Rothenburg sowie in der gesamten Region einen entscheidenden Beitrag zum Aufstieg des Nationalsozialismus und seiner Herrschaftskonsolidierung. Die SA schuf eine Atmosphäre der Bedrohung, indem sie die Bevölkerung terrorisierte. Die brutalen Exzesse verdeutlichten die Willkür, aber auch die zielgerichtete Aggression gegen Andersdenkende. Nach der umfassenden Reorganisation der SA vergaßen die lokalen NS-Funktionäre nicht ihre loyalen Weggefährten aus der „Kampfzeit", sondern ließen ihnen ökonomische Privilegien zuteilwerden. Bei zahlreichen Gelegenheiten trat die SA in der Stadt und dem Rothenburger Umland in Aktion, in engster Zusammenarbeit mit der Partei, ihren Gliederungen und angeschlossenen Verbänden. Mit ih-

---

[348] FA 3.8.1940.
[349] Ebenda.
[350] FA 27.11.1941.
[351] FA 14.10.1941.
[352] Ebenda.
[353] FA 27.11.1941.
[354] Ebenda.
[355] FA 28.10.1942.
[356] FA 5.1.1942.
[357] FA 30.9.1941.

ren Sammelaktionen, unermüdlicher Propagandatätigkeit sowie unzähligen paramilitärischen Übungen wirkte die SA prägend für die Region.

5.4. Einbindung der Jugend in Stadt und Land

Bereits vor der „Machtergreifung" richteten die Nationalsozialisten in Rothenburg o.d.T. ihre Aufmerksamkeit darauf, die Jugend zu gewinnen.[358] Jedoch war die Hitlerjugend in Stadt und Land Rothenburg vor 1933 bedeutungslos, wie die geringe Teilnehmerzahl der HJ Rothenburg bei ihrer ersten öffentlichen Versammlung am 19. März 1931 belegte.[359] Das Jahr 1933 verlieh der HJ ungeahnten Auftrieb.[360] Der Pluralismus kirchlicher, gesellschaftlicher sowie politischer Jugendorganisationen wurde seit 1933 aus Rothenburg verbannt, womit der Aufforderung des Reichsjugendführers Baldur von Schirachs Folge geleistet wurde: „Diese Organisationen müssen zugunsten der Hitler-Jugend verschwinden. Es ist ein unerträglicher Zustand, daß unter dem Motto irgendwelcher kirchlicher Sonderinteressen Jugendorganisationen geschaffen werden [...]".[361] Neben der Ausschaltung aller konkurrierenden jugenderziehenden Institutionen und Organisationen festigte das NS-Regime seine Herrschaft, indem es möglichst alle Funktionen und Bereiche der Jugendarbeit kontrollierte.[362] Die Anstrengungen der HJ waren darauf angelegt, ein Erziehungssystem zu errichten, das die Jugend in nationalsozialistischen Prinzipien unterrichtete und sie körperlich sowie geistig auf die Aufgabe, das „Dritte Reich" zu erhalten, vorbereitete.[363] Dabei ging es nicht um die Entfaltung der Jugend, sondern um ihre Einbeziehung in das NS-Regime.[364] Schließlich war die HJ die Nachwuchsorganisation für die NSDAP, deren Gliederungen und angeschlossene Verbände.[365]

Die Erziehung der Jungen in Stadt und Kreis Rothenburg begann – wie überall im „Dritten Reich" – mit dem Eintritt der Zehnjährigen in das Jungvolk, mit

358 Werner Ebermeier, Eingliederung der Jugend ins NS-System, in: Susanne Kowalsky (Hg.): Frauen im Licht – Frauen im Schatten, Landshut 2005, S. 97-103, S. 97.

359 FA 19.3.1931.

360 Hans-Christian Brandenburg, Die Geschichte der HJ. Wege und Irrwege einer Generation, Köln 1968, S. 161.

361 Baldur von Schirach, Die Eingliederung der evangelischen Jugend in die Hitler-Jugend. Dezember 1933, in: Georg Kretschmar (Hg.): Dokumente zur Kirchenpolitik des Dritten Reiches, 4 Bde. Bd. 1: Das Jahr 1933, München 1971, S. 181-183, S. 182.

362 Arno Klönne, Jugend im Dritten Reich, in: Bracher u.a. (Hg.): Deutschland 1933-1945, S. 218-239, S. 224f.

363 Peter Stachura, Das Dritte Reich und die Jugenderziehung: Die Rolle der Hitlerjugend 1933-1939, in: Bracher u.a. (Hg.): Nationalsozialistische Diktatur 1933-1945, S. 224-244, S. 232.

364 Reinhard Barth, Jugend in Bewegung. Die Revolte von Jung gegen Alt in Deutschland im 20. Jahrhundert, Berlin 2006, S. 85.

365 Arnold Klönne, Jugend im Dritten Reich. Die Hitler-Jugend und ihre Gegner, Düsseldorf/Köln 1982, S. 46.

vierzehn Jahren erfolgte die Eingliederung in die HJ.[366] Nach Ende der Lehr- oder Schulzeit folgten der Reichsarbeitsdienst und ab 1935 die zweijährige Wehrdienstzeit.[367] Anschließend kam es zum Eintritt in die Partei, in eine ihrer Gliederungen oder angeschlossenen Verbände.[368] Analog vollzog sich bei den Mädchen der Eintritt zu den Jungmädeln im Alter von zehn Jahren. Als 14-Jährige traten sie in den Bund Deutscher Mädel über. Dieser führte sie als Mitglieder bis zum 21. Lebensjahr.[369]

5.4.1. Manipulation bestimmt das Angebot

Das charakteristische Moment des Entwicklungsprozesses der HJ nach 1933 lag darin, die Jugend für NS-staatliche Zwecke einzubinden und sie nach nationalsozialistischer Weltanschauung auszurichten.[370] In diesem Sinne verabschiedete Kreisleiter Steinacker am 23. Oktober 1938 Hitlerjungen, die in die Parteigliederungen übertraten, mit den Worten: „Seid stolz, daß ihr die Größe dieser Zeit miterleben dürft und seid bestrebt, es dem Führer nachzutun."[371] Dabei verwies der Kreisleiter auf die bedeutsame Rolle der HJ am „Ewigkeitsbau Großdeutschlands".[372] Aufmärsche und Kundgebungen verschiedenster NSDAP-Gliederungen sowie angeschlossener Verbände wurden von Kindern und Jugendlichen – laut Zeitzeugin Wörthmann – als völlig normal empfunden und gehörten zum Alltag. Dennoch war es immer ein Erlebnis, wenn Militärparaden in der mit Hakenkreuz-

---

366 Erich Blohm, Hitler-Jugend – soziale Tatgemeinschaft, Witten 1979, S. 64ff.

367 Ab 1936 wurden alle Abiturienten, die studieren wollten, in den RAD aufgenommen. Vgl. LRA Rothenburg, Abg. 1975, Nr. 1066. Schreiben des Reichs- und Preußischen Minister des Innern: Zentralstelle für das Erfassungswesen vom 15.2.1936. Das RAD-Lager der Abteilung 6/282 „Herzog Friedrich von Rothenburg" war in der Ausführung von 1933 im Topplerweg 15 untergebracht. Dabei handelte es sich um eine Unterkunft im ehemaligen Schülerheim der Stadt. Ferner stand ein 15.000 m^2 großer Sportplatz zur Verfügung und eine 900 m^2 große Übungshalle. Die Arbeitseinsätze in Rothenburg umfassten Entwässerungsarbeiten sowie Bachregulierungen zum Beispiel beim Gut Schandhof wie auch in Gattenhofen. Vgl. Christoph Hölz, Reichsarbeitsdienstlager, in: Winfried Nerdinger (Hg.): Bauen im Nationalsozialismus. Bayern 1933-1945, München 1993, S. 179-213, S. 208. Zum Rolle des Arbeitsdienstes sei verwiesen auf Peter Dudek, Nationalsozialistische Jugendpolitik und Arbeitserziehung, in: Hans-Uwe Otto (Hg.): Politische Formierung und soziale Erziehung im Nationalsozialismus, Frankfurt/M 1991, S. 141-166. Ders., Erziehung durch Arbeit. Arbeitslagerbewegung und freiwilliger Arbeitsdienst 1920-1935, Opladen 1988.

368 Klaus Hornung, Das Totalitäre Zeitalter. Bilanz des 20. Jahrhunderts, Berlin 1993, S. 212.

369 HJ-Intern regelte der Bannbefehl die Entlassungen, Beauftragungen sowie Beförderungen des HJ-Bannes Rothenburg o. T. 308. Vgl. StAN, Rep. 503. NS-Mischbestand, HJ-5.

370 Arno Klönne, Hitler-Jugend und Jugendopposition im Dritten Reich, in: Aus Politik und Zeitgeschichte. Beilage zur Wochenzeitung Das Parlament, B 4-5/83 (29. Januar 1983), S. 17-25, S. 19.

371 FA 24.10.1938.

372 Ebenda.

fahnen geschmückten Stadt stattfanden.[373] Zu den „Diensten" der Jugend zählte die Teilnahme an zahlreichen Sammelaktionen.[374]

Der innere Aufbau der Gliederungen und die Ränge der Führer in der HJ und Jungvolk bzw. BDM und Jungmädel folgten einem militärischen Vorbild sowie dem Aufbau der NSDAP.[375] Die HJ wurde immer enger in staatliche Zwecke eingebunden, immer mehr in bürokratische Formen gezwängt und nach militärischen Vorbildern ausgerichtet.[376] Um die Jugendlichen an die organisatorische Parteiarbeit heranzuführen, organisierte die NSDAP offizielle Tagungen für „HJ-Führer und BDM-Führerinnen" des Bannes 308 im festlich ausgestalteten Bären-Saal.[377] Weniger offiziellen Charakter hatten die „Stammtreffen", die mehr einem Zeltlagerappell glichen.[378]

Im Fränkischen Anzeiger erschien ab Mai 1934 die „Jungvolk"-Ausgabe Rothenburg ob der Tauber sowie „Unser Glaube Deutschland. Blätter der Hitler-Jugend".[379] Hierbei handelte es sich um Zeitungsbeilagen für die HJ mit sämtlichen Aktionen in der Region, wie der anstehenden Osterfahrt des Rothenburger Jungvolks. Ein weiteres Mitteilungsblatt für den Rothenburger HJ-Bann nannte sich „Der Gralswächter der germanisch-deutschen Revolution deutscher Kultur-Sitte-christl. Glaubens".[380] Ziel des Mitteilungsblattes war es, die Eltern und die Kinder mit den Zielen und der Arbeit der HJ vertraut zu machen sowie die Kinder ideologisch zu indoktrinieren: Albert Merklein, Führer des Unterbanns II/8 Rothenburg und Albert Roderer, Führer des Bannes B8, schrieben die Geleitworte zur ersten Ausgabe 1934.[381]

> „Du deutscher Junge, Du Hitlerjunge bist Deutschlands Zukunft! Du Jugend im Hitlerkleide bist, da wir der Staat geworden, heute bereits als Wächter über diese Burg, über dieses stolze Gebäude Deutschland, in dem jetzt Ordnung, Zucht und Sitte herrscht, gesetzt. Dieses Wächteramt verpflichtet. Ungeist und Unehre sollen auch weiterhin an Deinem Schilde abprallen und dabei sollen Dir heilig werden die Begriffe: Volk, Rasse, Ehre und Wehr! Blut und Ehre! [...] Für diese beiden Begriffe, für das nationalsozialisti-

373 Zeitzeugengespräch mit Erika Wörthmann.

374 Hermann Giesecke, Vom Wandervogel bis zur Hitlerjugend. Jugendarbeit zwischen Politik und Pädagogik, München 1981, S. 196.

375 Organisationsbuch der NSDAP, S. 459f.

376 Klönne, Jugend im Dritten Reich, S. 225.

377 FA 28.3.1939, FA 13.10.1943.

378 FA 8.7.1943.

379 „Jungvolk. Nr. 1, Beilage zum „Fränkischen Anzeiger" Rothenburg ob der Tauber, Mai 1934. „Unser Glaube Deutschland. Blätter der Hitler-Jugend". Beilage zum „Fränkischen Anzeiger" Nr. 8. Rothenburg ob der Tauber April 1935.

380 Mitteilungsblatt des Unterbanns II/B8 Rothenburg ob der Tauber: „Der Gralswächter der germanisch-deutschen Revolution deutscher Kultur-Sitte-christl. Glaubens." Beilage des Fränkischen Anzeigers Rothenburg ob der Tauber. Nr. 1, Rothenburg ob der Tauber, Januar 1934.

381 Ebenda.

sche Staatsprinzip, ergreift das Schwert, um Gralswächter zu sein der ewigen heiligen germanischen Revolution!"[382]

Neben Lob und Anerkennung von Seiten des NS-Regimes erwuchsen für die Jugend in Stadt und Kreis Rothenburg viele Vorteile aus den Unternehmungen der HJ und des BDM. Ein reichhaltiges Angebot an Gemeinschaftsabenden, Fahrten, Ausflügen – einschließlich des Reichsberufswettkampfes oder des Gausporttreffens des BDM –, Zeltlagern und Aufmärschen gab den Jugendlichen das Gefühl, ein integrierter Bestandteil des nationalsozialistischen Systems zu sein.[383]

Für ihre Aktivitäten benötigte die HJ Räumlichkeiten. Der Stadtrat kümmerte sich um die Bereitstellung.[384] Der anfängliche Plan, die alte Fronfeste am Markusturm der HJ zu überlassen, wurde fallen gelassen.[385] Dafür stellte man die Wohnung Lorenz in der Gewerbehalle dem Jungvolk zur Verfügung. Der erste Stock des Hauses wurde in der Zeit vom 1. Oktober bis 30. April dem BDM übergeben. Die Kosten für die Einrichtung und Instandsetzung der Räume betrugen 1.200 RM. Den Betrag zahlte man mit 650 RM aus den Mitteln für die Instandhaltung des Bürgermeisterhauses, 120 RM in Form eines Zuschusses an die HJ, 200 RM aus dem Fond für die Renovierung der Stadtgärtnerwohnung, und 250 RM als Betrag für die Instandsetzung der Fronfeste."[386] Bis Mitte November 1938 entstanden für die über 1.000 HJ-Mitglieder des HJ-Standortes Rothenburg insgesamt drei HJ-Heime. Die Räume waren in der Burggasse, im Jakobsschulhaus und in der Gewerbehalle angesiedelt. Ferner erhielt die Ortsgruppe Rothenburg der Luftsportlandesgruppe 13 von der Gemeinde Rothenburg die Sanitätsbaracke, damit die HJ-Luftsportschar den Raum als Werkstätte benutzen konnte.[387]

Radioübertragungen des „Jugendführers des Deutschen Reiches" Baldur von Schirach und Vorträge von Vertretern der Gauverbände wie Clementine zu Castell, Beauftragte für das BDM-Werk „Glaube und Schönheit", unterstrichen immer wieder die Bedeutung der Jugend für den Nationalsozialismus.[388] Politische Leiter wie Kreisleiter Steinacker und Kreiswalter Eugen Haas nutzten jede Gelegenheit, wie z.B. Schulabschlussfeiern und Sportwettkämpfe des HJ-Bannes 308 bzw. des BDM-Untergaues 308, für Appelle an die Jugend, sich für den Na-

---

382 Ebenda.

383 StAN LRA Rothenburg o.d.T., Abg. 1975, Nr. 109.

384 StadtAR, Stadtratsprotokolle Rothenburg. Öffentliche Sitzung des Gemeinderates am 16. Juli 1936. Tagesordnungspunkt Nr. 102. Ferner übernahm der Stadtrat die Stromgebühren für die HJ. Vgl. Stadtratsprotokolle Rothenburg. Öffentliche Sitzung des Gemeinderates am 16.7.1936. Nr. 6635. Tagesordnungspunkt Nr. 101; StAN LRA Rothenburg o.d.T., Abg. 1975, Nr. 109. Mitwirkung der Gemeinden bei der Heimbeschaffung der Hitler-Jugend.

385 StadtAR, Stadtratsprotokolle Rothenburg. Öffentliche Sitzung des Gemeinderates am 16.7.1936. Tagesordnungspunkt Nr. 102.

386 Ebenda.

387 StadtAR, Stadtratsprotokolle Rothenburg. Öffentliche Beratung des Gemeinderates am 4. Juni 1936. Nr. 4497. Tagesordnungspunkt Nr. 52.

388 FA 20.4.1936; FA 2.11.1938.

tionalsozialismus zu engagieren und beim „Neubau des Reiches mitzuhelfen".[389] Hinzu kamen jährliche Rituale wie die Überführung des „Deutschen Jungvolks" in die HJ bzw. der „Jungmädel" in den BDM, die Anlass zu Festreden und Belobigungen der Jugend gaben.[390] Wie im gesamten „Dritten Reich" so war auch in Rothenburg der 20. April – Hitlers Geburtstag – der Stichtag für die Überführung des Deutschen Jungvolks (DJ) in die HJ sowie der Jungmädel (JM) in den BDM.[391] Im Fränkischen Anzeiger warb man mit Slogans wie „Wer sich nicht meldet, ist kein fränkischer Junge und kein fränkisches Mädel, auf die man stolz sein kann." [392] Neben markigen Reden von Rothenburger Amtsträgern wurden die Reden des Reichsjugendführers per Radio am Marktplatz übertragen.[393] Ebenfalls am 20. April wurden ältere Geburtenjahrgänge reichseinheitlich in die NSDAP überführt und zu verschiedenen Gelegenheiten Fahnenweihen durchgeführt.[394] Anschließend wurden die Fahnen feierlich an das Jungvolk-Fähnlein des Jungbannes B 1/8 übergeben.[395]

Politische Leiter, wie NSDAP-Ortsgruppenführer Schmidt aus Hartershofen, bestärkten die Jugendlichen in ihrem Engagement: „Die Hitler-Jugend erstand, wie die Gesamtbewegung aus dem Kampf um die Straße. So wie unsere Bewegung um den Mann, um die Frau unseres Volkes kämpfte, so war es Aufgabe der Hitler-Jugend, die Seele der deutschen Jugend zu gewinnen."[396] Die Bedeutung der verständnisvollen und raffinierten Rhetorik darf nicht unterschätzt werden.[397] Die Mitglieder der HJ in Rothenburg identifizierten sich mit der nationalsozialistischen Bewegung in hohem Maße und dokumentierten dies durch eigene Kundgebungen, wie: „Wir stehen als geschlossener, junger, brauner Block."[398] Feierliche Veranstaltungen, wie zum Beispiel der Appell des Rothenburger Jungvolks im Rothenburger Burggarten zum zehnjährigen Jubiläum der Ortsgruppe Rothenburg, vermittelten den Jugendlichen, ein wichtiger Bestandteil der nationalsozialistischen Bewegung zu sein.[399]

---

389 FA 5.4.1935; FA 7.8.1935; FA 20.4.1936; FA 13.7.1936; FA 3.9.1936; FA 23.10.1938. StAN, SpKA Rothenburg o.d.T., H10. Eugen Haas, geb. 1882, war Kreisredner der NSDAP von 1936-1945. Ferner war er Kreisamtsleiter für Beamte und Mitglied des Reichsbundes der Deutschen Beamten.

390 FA 22.4.1936.

391 FA 20.4.1936; FA 22.03.1938.

392 FA 22.3.1938.

393 FA 20.4.1936.

394 FA 26.2.1944; FA 11.2.1935.

395 Ebenda.

396 Ebenda.

397 Hermann Graml, Integration und Entfremdung Inanspruchnahme durch Staatsjugend und Dienstpflicht, in: Wolfgang Benz (Hg.): Sozialisation und Traumatisierung. Kinder in der Zeit des Nationalsozialismus, Frankfurt/M 1992. S. 70-79, S. 76.

398 FA 19.4.1937.

399 FA 2.11.1937.

Die HJ eröffnete der Jugend umfangreiche Möglichkeiten der Betätigung auf kulturellem, sportlichem sowie gesellschaftlichem Gebiet.[400] Gerade Jugendliche, die gegen die strengen Normen kirchlich-patriarchalischer Erziehung aufbegehrten, fühlten sich zur NS-Jugendorganisation hingezogen.[401] So nutzten heranwachsende Mädchen aus bürgerlichen Familien die BDM-Mitgliedschaft, um aus dem Elternhaus auszubrechen.[402] Jugendbewegtes Leben und Treiben wurde nun staatlich anerkannt und als Möglichkeit von jenen Jugendlichen genutzt, die in den Jugendverbänden vor 1933 zu kurz gekommen waren, d.h. besonders für Jungen und Mädchen in der Rothenburger Provinz. Die Freizeitmöglichkeiten und die verschiedenen Formen des Gemeinschaftslebens in Bezug auf Ausflüge oder Heimabende von Jungen und Mädchen, die die HJ-Führung in den Grundsätzen der Jugenderziehung propagierte, waren für den Nachwuchs in und um Rothenburg sehr attraktiv, wie Elisabeth Sonnentag in ihrem Spruchkammerverfahren zu Protokoll gab.[403] Wie sich die Zeitzeugin Wörthmann erinnerte, waren die gemeinsamen Volkstänze zusammen mit den Jungen aus der HJ sehr ansprechend. Liederstunden und Leseabende der Jungmädel gehörten zu gern besuchten Freizeitaktivitäten. Gelesen wurde unter anderem Hermann Löns' „Junglaub. Lieder und Gedichte“ und „Der kleine Rosengarten“.[404] Die Zeitzeugin Liselotte Schreiber fühlte sich bei den „Jungmädel“-Aktivitäten aufgehoben, weil sie dort eine Gemeinschaft vorfand.[405] Die Kinder und Jugendlichen empfanden es als eine sehr schöne Zeit mit einmaligen Erlebnissen.[406] Bei aller Attraktivität war den Kindern und Jugendlichen allerdings eines nicht bewusst: Die pädagogischen Mittel, Wege und Maßnahmen der Jugendführung sowie die erzieherische Arbeit dienten rein politischen Zwecken.[407]

Aus verschiedenen Teilen Deutschlands kam immer wieder „Deutschlands Jugend“ nach Rothenburg, um im Zuge eines „Adolf-Hitler-Marsches“ in Rothenburg Zeltlager abzuhalten.[408] Die HJ-Zeltlager waren meist in der Nähe der Stadt Rothenburg errichtet, wie zum Beispiel 1936 bei Eckartshof, auf der Weide, die

---

400 Karl Heinz Jahnke/Michael Buddrus, Deutsche Jugend 1933-1945. Eine Dokumentation, Hamburg 1989, S. 18.

401 Fröhlich, Partei auf lokaler Ebene, S. 267.

402 Birgit Jürgens, Zur Geschichte des BDM (Bund Deutscher Mädel) von 1923 bis 1939, Frankfurt/M 1994, S. 70.

403 StAN, SpKA Rothenburg o.d.T., S50. StAN, SpKA Rothenburg o.d.T., S50. Elisabeth Sonnentag, geb. 1916, war Mitglied des BDM 1933-1940, wobei sie in der Zeit von 1934-1940 als Jungmädelführerin tätig war.

404 FA 2.5.1934; Zeitzeugengespräch mit Erika Wörthmann.

405 Zeitzeugengespräch mit Liselotte Schreiber.

406 Zeitzeugengespräch mit Erika Unbehauer.

407 Gisela Miller-Kipp, „Auch Du gehörst dem Führer“. Die Geschichte des Bundes Deutscher Mädel (BDM) in Quellen und Dokumenten. Materialien zur Historischen Jugendforschung, München 2001, S. 97.

408 FA 3.9.1936.

sich zwischen dem Taubertal und der Bossendorfer Straße hinzieht.[409] Die Zeltlager waren groß angelegt, bis zu 500 „Pimpfe" des Bannes Rothenburg waren vertreten.[410]

Anfang August 1935 fanden sich 1.400 auslandsdeutsche Jungen aus fast allen Erdteilen in dem großen Zeltlager der Hitler-Jugend zusammen.[411] Über dem Lager wehten die verschiedenen Fahnen der Nationen neben den Bannern der deutschen Jugend. Zum Empfang der auslandsdeutschen Jungen hatten sich am Auffahrtplatz am Klingentor als Vertreter der Gauleitung Gaupropagandaleiter Baselsöder, stellvertretender Gaupropagandaleiter Schöller, Rothenburgs Kreisleiter Steinacker sowie Vertreter des Kreisstabs, der Standortführer der SA, Obersturmbannführer Arlt, eingefunden. Als Vertreter des Gebiets 18 Franken der HJ kam Bannführer Lorenz Schmidt. Der Leiter des internationalen Treffens war Oberbannführer und Leiter der Reichsführerschule Minke. Für die Gäste hatte die Rothenburger HJ eine Ehrenschar mit dem Bann-Spielmannszug und das Deutsche Jungvolk einen Ehren-Jungzug mit Fahnen antreten lassen. Als die Jungen ankamen, spielte die Stadtkapelle, die in historischen Kostümen aufmarschiert war. Transparente an den Omnibussen gaben Kunde von der Herkunft der Jungen. Sehr viele Länder hatten zu diesem „Welttreffen der HJ" ihre Vertreter entsandt. Die Kinder kamen aus Portugal, Kolumbien, Norwegen, Panama, Ungarn, Peru, Persien, Lettland, Türkei, Mexiko, Luxemburg, Argentinien, Brasilien, Cuba, Palästina, Guatemala, der Schweiz, Holland, Ägypten, China, Dänemark, Griechenland, Feuerland, Afrika, Frankreich, Italien und Großbritannien. Die Kinder sprachen deutsch und waren vertraut mit den Kommandos der deutschen HJ.[412] Ein Pressewagen und ein Filmteam begleiteten den Zug und hielten die Fahrt der Jungen durch Deutschland auf Film fest.[413] Im April 1941 kamen japanische Jugendführer, in Erwiderung eines Besuchs von Vertretern der Hitlerjugend in Japan, auf ihrer Reise durch Deutschland nach Rothenburg.[414] Zu Ehren der Gäste schmückte man das Rathaus mit den Fahnen Japans und der Hitlerjugend.[415]

5.4.2. Wehrertüchtigung und Leibeserziehung

Wehrertüchtigung und Leibeserziehung stellten Kernelemente des HJ-Erziehungsauftrages dar.[416] Um die Jugend für das Regime zu begeistern, hielt

409 FA 6.7.1936.

410 FA 5.6.1944.

411 FA 7.8.1935.

412 Ebenda.

413 Ebenda. Das Filmmaterial wurde im Rothenburger Stadtarchiv aufgrund von Brandgefahr entsorgt.

414 Hagen, Preservation, S. 198.

415 FA 8.4.1941.

416 Christoph Schubert-Weller, Hitler-Jugend. Vom „Jungsturm Adolf Hitler" zur Staatsjugend des Dritten Reiches, Weinheim/München 1993, S. 163.

die Leitung der Rothenburger HJ jährlich Bann- und Untergausportfeste ab. Die Sportfeste liefen unter Parolen wie „Vorwärts und durch!".[417] Dabei trugen die Wettbewerbe stark paramilitärische Züge, wenn die verschiedenen „technischen Einheiten" wie die „Flieger-HJ" oder die „Motor-HJ" miteinander wetteiferten. Dazu zählten Schießübungen im Schießhaus am Schwimmbad in Rothenburg.[418] Das Schießen war ein wesentlicher Teil der vormilitärischen Ausbildung und stand für alle Jungen im Alter von zehn bis 18 Jahren auf dem Programm.[419]

Die „Wettkämpfe der deutschen Jugend" wurden im Rothenburger Stadion abgehalten.[420] Die Leitung des „Jungvolks" hatte Willi Bayerlein.[421] Im Fränkischen Anzeiger warb er für die Veranstaltung mit markigen Worten, die Jungen und Mädchen „vor[zu]bereiten, würdige Träger des Staates zu sein, den sie einst übernehmen werden. [...] Wir wollen ein gesundes, kräftiges Geschlecht aus Ihnen heranbilden!"[422] Um für die Leibesertüchtigung zu werben, gab es Filmvorführungen. Als im Gasthaus „Bären" der Film „Front der Kameradschaft" aufgeführt wurde, appellierte Ortsgruppenleiter Götz „Sport zu treiben und sich einzureihen, in die Kameradschaft derer, die sich zur Aufgabe gesetzt haben, durch Ausübung von Sport und Leibesübungen die Bestrebungen des Führers zu unterstützen, damit die Leibesübungen zum Allgemeingut des ganzen Volkes werden [...]."[423]

Am 22. und 23. September 1934 fand im BDM Gau I/18 Mittelfranken in Rothenburg o.d.T. der „Tag des deutschen Mädels" statt.[424] Nach einer Morgenfeier im Rothenburger Stadion begann die Sportveranstaltung der „BDM-Mädels."[425] Als Überraschungsgast erschien der Bayerische Ministerpräsident Ludwig Siebert.[426] In seiner Rede wandte sich Siebert an die Jugend. Er erinnerte an Rothenburgs Vergangenheit vor dem Ersten Weltkrieg, als er noch als Oberbürgermeister die Geschicke der Stadt zu leiten hatte und verurteilte den Pluralismus und das Mehrparteiensystem, „die aber nunmehr durch die Tatkraft [des] Führers Adolf Hitlers beseitigt seien [...]".[427] Herzliche Glückwünsche gab Siebert den Siegerinnen mit auf den Weg und ermahnte sie, „stets einfach und bescheiden im Sinne der Volksgemeinschaft ohne Rücksicht auf Rang und Stand zu bleiben [...]".[428] Durch die Förderung des Jugendsports hatte der BDM teilweise

417 FA 13.7.1936.
418 FA 16.6.1939. Bilder dazu im FA am 19.6.1939; Zeitzeugengespräch mit Robert Förster.
419 Michael Kater, Hitler-Jugend, Darmstadt 2005, S. 32.
420 FA 22.6.1934.
421 Ebenda.
422 Ebenda.
423 FA 17.3.1939. Dabei handelte es sich um einen Film des Deutschen Turn- und Sportfestes Breslau aus dem Jahr 1938.
424 FA 20.9.1934.
425 Ebenda.
426 FA 25.9.1934.
427 Ebenda.
428 Ebenda.

großes Ansehen in der Bevölkerung erworben sowie in mancher Hinsicht mit alten Vorstellungen gebrochen, nach denen Mädchen in der Öffentlichkeit keinen Sport treiben sollten.[429]

Die Aktivitäten des Rothenburger HJ Bannes 308 erinnerten stark an eine paramilitärische Ausbildung und zeichneten sich durch Märsche sowie Kampfspiele aus.[430] Die Kinder lernten Exerzieren und schossen mit Luftgewehren im Rothenburger Schießhaus.[431] Großangelegte Geländespiele der HJ Südfranken simulierten die „Eroberung" von Bad Windsheim.[432] Alle Mitglieder der HJ aus Stadt und Land Rothenburg wurden aufgefordert, an der spielerischen Gefechtsübung teilzunehmen.[433] Es handelte sich um die Vorwegnahme des Ernstfalles für eine militärische Auseinandersetzung.[434] In Illersheim stationierte Flugzeuge wurden in das Manöver, durch den Abwurf von Flugblättern mit der Aufschrift „Bewohner von Bad Windsheim, ergebt Euch!", miteinbezogen.[435] Für den Zeitzeugen Jakobi war dieses „Kampfspiel" ein überaus spannendes Erlebnis.

Auf verschiedenste Weise versuchte man den männlichen Jugendlichen den militärischen Dienst am Vaterland schmackhaft zu machen. Die Zeltlager, Geländespiele sowie das „Wacheschieben" und „Posten-Halten" hatte für die Kinder einen Hauch von „Jugendromantik".[436] Anlässlich des „Tag[es] der Wehrmacht" hielten in Rothenburg die zwei Unteroffiziere A. Kolb und E. Lüber des Kampfgeschwaders 355 Ansbach einen Vortrag über den Dienst in der Luftwaffe, um zu zeigen, wie ungefährlich dieser sei, um die Bedenken ängstlicher Eltern zu zerstreuen.[437]

Am 17. und 18. Juni 1937 fanden die „Aufmarsch und Kampfspiele des HJ-Bannes 308" statt.[438] Im Zuge dieses Banntreffens gab es im Rathaus die Ausstellung „Das Hitler-Jugendheim – Zelle der Volkswerdung". Der HJ-Bann 308 organisierte die Ausstellung und brüstete sich in der lokalen Presse damit, als erster Bann des Gebietes Franken eine eigene Ausstellung geschaffen zu haben. Darüber hinaus errichtete die HJ-Führung unter Leitung des Bannführers, Albert Roderer, ein wuchtiges Lagertor, das über dem Hornburgweg vor den Mauern der Stadt stand. Über 2.000 Jungen fanden sich zu diesem Zeltlager ein, das militärisch organisiert war und Aufmarschstab sowie Lagerkommandos beinhaltete.[439] Zu Beginn der

---

429 Martin Klaus, Mädchen in der Hitlerjugend. Die Erziehung zur „deutschen Frau", Köln 1980, S. 52f.

430 StAN, Rep. 503. NS-Mischbestand Kreisleitung Rothenburg o.d.T., Nr. 8. FA 11.2.1935; FA 20.7.1937; 3.11.1937.

431 Zeitzeugengespräch mit Robert Förster.

432 Zeitzeugengespräch mit Wilhelm Jakobi.

433 Ebenda.

434 Bernd Hainmüller, Erst die Fehde – Dann der Krieg. Jugend unterm Hakenkreuz – Freiburgs Hitler-Jugend, Rombach 1998, S. 27.

435 Zeitzeugengespräch mit Wilhelm Jakobi.

436 Zeitzeugengespräch mit Rudolf Oerter.

437 FA 16.3.1939.

438 FA 20.7.1937.

439 Ebenda.

Kampfspiele des HJ-Banns 308 sprach Kreisleiter Steinacker zur HJ: „Möge die Jugend, wenn sie [...] aus den Mauern Rothenburgs hinausziehe, erfüllt sein von diesem Geist der Tatbereitschaft, des Opferwillens, damit sie, wenn sie der Führer einmal rufen werde, Kämpfer seien [...]“[440] Mit musikalischer Unterstützung marschierten die „HJ-Pimpfe“ mit ihren Fahnen und Wimpeln in Formation durch Rothenburg zu ihren „Kampfspielen“.[441] Die „Kampfspiele“ fanden im Rothenburger Stadion statt. Zum ersten Mal nahmen Sonderformationen wie Motor-HJ, Flieger-HJ, HJ-Reiter sowie die „Funktechnische Kameradschaft“ teil.[442]

5.4.3. *Reichsberufswettkampf*

Die HJ arbeitete mit anderen NS-Organisationen zusammen und organisierte zum Beispiel mit der Rothenburger Geschäftsstelle der DAF für die Region den „Reichsberufswettkampf“ (RBWK).[443] Um ein Verständnis für Organisation und Ablauf der Reichsberufswettkämpfe in Rothenburg zu gewinnen, sind im Folgenden die Reichsberufswettkämpfe der Jahre 1934, 1936 und 1939 dargestellt. Am 10. April 1934 trat, wie in ganz Deutschland, in Rothenburg die Jugend zum mehrtägigen „Reichsberufswettkampf“ an, um ihre Kräfte zu messen.[444] Beteiligt daran waren die HJ und deren politische Leiter, Lehrlinge, Meister, Betriebsleiter, Jungarbeiter, Lehrer und die DAF.[445] Der Wettkampfleiter und Hauptschullehrer Ernst Unbehauen sowie verschiedene Personen des von der HJ-Führung aufgestellten „Ehrenausschusses“, wie zum Beispiel Oberbürgermeister Liebermann, Bürgermeister Zoller, der Kulturreferent der HJ Ries, der Buchdruckereibesitzer Fritz Schneider als auch der Vorsitzende des Innungsausschusses Christian Erhard statteten verschiedenen Rothenburger Betrieben einen Besuch ab, um sich über den Fortgang und Verlauf des Reichsberufswettkampfes an Ort und Stelle zu überzeugen.[446] Der „Ehrenausschuss“ begutachtete die Lehrlinge bei ihren Prüfungsarbeiten. Besucht wurden die Schreinerei Mangold, die Bäckereien

---

440 FA 20.6.1937.

441 FA 20.7.1937.

442 Ebenda.

443 Hermann Giesecke, Vom Wandervogel bis zur Hitlerjugend. Jugendarbeit zwischen Politik und Pädagogik, München 1981, S. 191f. Die DAF unterhielt in Rothenburg eine eigene Rechtsberatungsstelle in der Geschäftsstelle der Deutschen Arbeitsfront, Rödergasse 5. Vgl. FA 04.01.1936. Um alle Jugendlichen in der Region zu erfassen, versandte die Leitung der Hitlerjugend an den Rothenburger Bürgermeister Rundschreiben mit der Aufforderung, die in der Berufsausbildung beschäftigten Jugendlichen von 14-18 Jahren in eine Übersicht aufzunehmen und an die Berufsfortbildungsschule Rothenburg zu senden. Vgl. Amtsblatt für das BA Rothenburg o.d.T. Jg. 1934, Nr. 8944 P, Nr. 23.

444 FA 11.4.1934.

445 Ebenda.

446 Ebenda; StAN, SpKA Rothenburg o.d.T., E80. Der Kaufmann Christian Erhard aus Rothenburg, geb. 7.2.1882, war NSDAP-Mitglied von 1935-1945. Ferner war er beim SA-Reitersturm von 1934-1945 als Truppführer.

Schmieg und Hellenschmidt, die Konditorei Breitschwerdt sowie die Lehrlinge des Rothenburger Schlachthofs.[447]

Die Kreisamtsleitung der Deutschen Arbeitsfront (DAF) leitete und organisierte 1936 den Reichsberufswettkampf in Rothenburg zusammen mit den Angehörigen des Technischen Arbeitsdienstes des „Ehrenausschusses" und des Prüfungs- und Wettkampfausschusses.[448] Bei der vorbereitenden Sitzung am 12. Januar 1936 tagte man im „Zeichen des Ehrenschildes der HJ" und des „Symbol[s] der Deutschen Arbeitsfront".[449] Den Vorstand hatten die Ortsgruppenleiter Apfelbeck, der in Vertretung der Kreisleitung erschienen war, und der Rothenburger Kreiswalter der DAF Heinrich Erhard.[450] Darüber hinaus nahmen verschiedene Vertreter der Partei, der Verwaltung sowie des Staates, des Handels, des Handwerks und der Industrie aus Rothenburg an der Arbeitstagung im Saal des Gasthauses zum Ochsen teil.[451]

Am Sonntag, 2. Februar 1936, begann der Reichsberufswettkampf (RBWK) des Kreises Rothenburg.[452] Unter Führung des Kreisjugendwartes Raab trat die Jugend an, um sich im Wettkampf zu messen. Neben Handel und Industrie war auch eine Abteilung des Nährstandes dabei. Eingeläutet wurde der RBWK mit einem Marsch der Ehrenformationen der HJ und ihren Spielmannszügen. Unter dem Kommando des Standortführers der HJ, Willi Bayerlein, traten 714 „Jungarbeiter und Jungarbeiterinnen" zum Reichsberufswettkampf 1936 an.[453] Für jeden Tag war eine andere Berufsgruppe an der Reihe, angefangen bei den Schlossern und Mechanikern bis hin zum Nährstand.[454] Der Nährstand trug seinen RBWK in Schillingsfürst aus und die Obmänner, der Verwalter Kallert aus Schillingsfürst, der Gutspächter Karl Gundel aus Schandhof und der Gutsbesitzer Babst aus Burgstall, trafen die Vorbereitungen, damit 30 bis 40 „Wettkämpfer" in den Gebäudeteilen wie Scheunen, Getreideböden und Stallungen den Wettbewerben nachgehen konnten.[455] Überwacht wurden die Einzelleistungen durch den Wettkampfstab, darunter der Kreis- und Bezirksjugendwart.[456]

---

447 Ebenda.

448 FA 14.1.1936. Finanzielle Unterstützung für die Reichsberufswettkämpfe lieferte der Stadtrat; StadtAR, Stadtratsprotokolle Rothenburg. Geheime Beratung des Gemeinderates am 18. Oktober 1937. Tagesordnungspunkt Nr. 205; StadtAR, Stadtratsprotokolle Rothenburg. Öffentliche Beratung des Gemeinderates am 22. April 1936. Nr. 3376. Tagesordnungspunkt Nr. 7.

449 FA 14.1.1936.

450 Ebenda; StAN, SpKA Rothenburg o.d.T., E82. Der Rothenburger Sattlermeister Heinrich Erhard, geb. 23.12.1887, war NSDAP-Mitglied von 1932-1945. Ferner war er Kreisobmann der DAF von 1934-1939 in Personalunion mit dem Amt des Kreisamtsleiters.

451 FA 14.1.1936.

452 FA 3.2.1936.

453 Ebenda.

454 FA 6.2.1936; FA 11.2.1936.

455 FA 11.2.1936.

456 Ebenda.

Beim RBWK 1939 nahmen im Kreis Rothenburg Ende Januar über 600 Menschen teil.[457] Der zuständige Wettkampfausschuss für sämtliche Fachabteilungen setzte sich zusammen aus dem Gewerbe-Oberlehrer Ernst Unbehauen, Standortführer der HJ, Lehrer Felix Fink, sowie der Untergauführerin Kathrin Reith.[458] Der RBWK begann am ersten Tag mit den Arbeiten der Fachabteilungen der Bäcker, Konditoren, Müller, Brauer und Molker. Während die praktischen Übungen der Bäcker, Konditoren und Brauer in Rothenburg selbst erledigt werden konnten, mussten die Müller in der Possenmühle bei Bettwar und die Molker in der Molkerei Geslau antreten. Der Dienstag gehörte den Fachabteilungen der Verwaltung, der Sozialversicherung und den Sparkassen bzw. Banken.[459]

Fazit

War die Hitlerjugend vor 1933 in Stadt und Land Rothenburg o.d.T. bedeutungslos, so änderte sich dies schlagartig mit der „Machtergreifung". Die örtliche NSDAP übernahm die Kontrolle über den Bereich der Jugendarbeit, um die jungen Menschen in der Stadt Rothenburg und den umliegenden Gemeinden im Sinne der NS-Ideologie auszurichten. Insgesamt offenbarte sich die Rothenburger HJ als ein wirkungsvolles Instrument, um die jungen Menschen in das NS-Regime einzubeziehen. Die HJ organisierte in der Stadt und auf dem Rothenburger Land vielfältige Angebote wie Gemeinschaftsabende, Ausflüge, Fahrten, Aufmärsche, Tagungen, Bann- und Gausporttreffen sowie Reichsberufswettkämpfe. Es waren die neuen Möglichkeiten und die Bandbreite an parteilicher Einbindung, die Jungen und Mädchen aus der mittelfränkischen Provinz in ihren Bann zogen. Ein Beleg dafür ist die vergleichsweise hohe Zahl an Kindern und Heranwachsenden, die das Angebot attraktiv fanden und sich für das Regime vereinnahmen ließen. Allein die drei HJ-Heime in der Burggasse, im Jakobsschulhaus und in der Gewerbehalle beweisen die Anziehungskraft in der Stadt. Doch sollte bei all der Modernität der Aktivitäten eines nicht vergessen werden: Kernelemente all dessen waren Leibeserziehung und Wehrertüchtigung der Rothenburger Jugend. Kriegsspiele gewährleisteten die paramilitärische Ausbildung der Rothenburger Jugendlichen und bereiteten sie spielerisch auf einen blutigen Kampf vor, der bald Realität werden sollte.

457 FA 3.2.1939.

458 BArch (ehem. BDC), PK, Reith, Kathrin, geb. 14.9.1909. NSDAP-Parteieintritt: 1.5.1937. NSDAP-Mitgliedsnr. 4.856.155. Bannmädelführerin des BDM in Rothenburg. Schreiben an die NSDAP Gauleitung für Volkswohlfahrt vom 23.7.1942.

459 FA 10.2.1939.

5.5. *Nationalsozialisten im Klassenzimmer*

Um die Erziehungsziele des Nationalsozialismus zu verwirklichen, brauchte das NS-Regime die Unterstützung der Institution Schule.[460] Überzeugte Nationalsozialisten gab es in Stadt und Land Rothenburg o.d.T. vor allem unter den Lehrern.[461] Organisiert waren diese im Nationalsozialistischen Lehrerbund (NSLB).[462] Gegründet wurde der NS-Lehrerbund, Ortsgruppe Rothenburg – Uffenheim, im Juli 1931.[463] Der NSLB in Rothenburg war für „die Durchführung der politisch-weltanschaulichen Ausrichtung aller Lehrer im Sinne des Nationalsozialismus verantwortlich."[464] Der Leiter des Kreisschulungsamtes und Berufschuldirektor Leonard Burkhardt betreute die Mitglieder des NSLB in Rothenburg ideologisch und politisch.[465] Monatliche Versammlungen des NSLB in der Stadt Rothenburg mit Vorträgen von Gauamtsleitern schulten die Lehrerschaft im nationalsozialistischen Sinne.[466]

Hitlers Chefideologe Alfred Rosenberg formulierte die Aufgabe des nationalsozialistischen Lehrers folgendermaßen: „Der Lehrer hat heute genauso eine revolutionäre Mission wie der nationalsozialistische Staatsmann und Soldat. Von dem Lehrer wird es zum großen Teil [...] abhängen, wie [...] unser junges nationalsozialistisches Geschlecht in die politischen Formationen der Bewegung

460 Heinz Boberach, Jugend unter Hitler, Düsseldorf 1982, S. 72.

461 Für eine Analyse der Affinität der Lehrer zum Nationalsozialismus vor der „Machtergreifung" sei verwiesen auf Marjorie Lamberti, German Schoolteachers, National Socialism, and the Politics of Culture at the End of the Weimar Republic, in: Central European history 34 (2001), S. 53-82.

462 Für tiefergehende Analysen zum Aufbau und der Funktion des NSLB und seine Wirkung auf das Schulsystem sei verwiesen auf Rolf Eilers, Die nationalsozialistische Schulpolitik. Eine Studie zur Funktion der Erziehung im totalitären Staat, Köln 1963; Willi Feiten, Der Nationalsozialistische Lehrerbund. Entwicklung und Organisation. Ein Beitrag zum Aufbau und zur Organisationsstruktur des nationalsozialistischen Herrschaftssystems, Weinheim/Basel 1981; Jürgen Finger, Konkurrenzkampf und Richtungsstreit im Prozess der Gleichschaltung, in: Andreas Wirsching (Hg.): Das Jahr 1933, Göttingen 2009, S. 250-277; Hilke Günther-Arndt, Volksschullehrer und Nationalsozialismus. Oldenburgischer Landeslehrerverein und Nationalsozialistischer Lehrerbund in den Jahren der politischen und wirtschaftlichen Krise 1930-1933, Oldenburg 1983; Konrad Hugo Jarausch, The perils of professionalism, in: German studies review 9 (1986), S. 107-137; Petra Josting, Der Jugendschrifttums-Kampf des Nationalsozialistischen Lehrerbundes, Hildesheim 1995; Charles Lansing, From Nazism to Communism. German Schoolteachers under two dictatorships, Cambridge/London 2010; Elke Nyssen, Schule im Nationalsozialismus, Heidelberg 1979; Uwe Schmidt, Lehrer im Gleichschritt: Der Nationalsozialistische Lehrerbund, Hamburg 2006; Edgar Weiß, Schule im Nationalsozialismus, Kiel 1992.

463 FA 3.7.1931.

464 Organisationsbuch der NSDAP, S. 252.

465 StAN, SpKA Rothenburg o.d.T., B159. BArch (ehem. BDC), PK, Burkhardt, Leonhardt, geb. 1.12.1894. NSDAP-Parteieintritt: 1.5.1933. Mitgliedsnr. 2.202.597. Kreisschulungsleiter, Kreisschulungswalter der DAF, NSV und Kreisredner.

466 FA 7.3.1937; FA 11.6.1937.

eintritt […].“[467] In Rothenburg sorgten Lehrer wie Georg Gunst dafür, dass der „Deutsche Gruß“ eingeführt wurde und Flaggenappelle stattfanden, wie der Zeitzeuge Gackstatter erzählte.[468] Selbst wenn sich der NSLB infolge der praktischen Zwangsmitgliedschaft in eine Art Standesorganisation verwandelte, blieb die enge Verflechtung mit der Partei gewahrt.[469] 1936 waren in Stadt und Bezirk Rothenburg 60 Prozent der Lehrer NSDAP-Mitglieder.[470] Davon waren 27,78 Prozent bereits vor 1933 in die Partei eingetreten.[471] 1934 lag die Parteizugehörigkeit der Lehrer in Stadt und Kreis Rothenburg mit 38,33 Prozent über dem Reichsdurchschnitt von 25 Prozent.[472]

5.5.1. NSLB und Schulgewalt

Der NSLB gewährleistete die Durchdringung des Schulalltags mit der NS-Ideologie.[473] Der Gauamtsleiter des NSLB, Friedrich Fink, erläuterte vor der versammelten Lehrerschaft in Stadt und Bezirk Rothenburg die Rolle der Lehrer und des NSLB bei der Durchsetzung der NS-Schulpolitik: Der NSLB,

> „der eine aktive, politische Organisation darstellt, ist bestrebt, die gesamte Lehrerschaft und alle Schulen vollständig nationalsozialistisch auszurichten. Ein Lehrer, der nicht innerlich die weltanschauliche Haltung des Nationalsozialismus hat, kann im Dritten Reich nicht Erzieher sein. […] Die Lehrer aller Schulen haben die Pflicht, in den Gliederungen der Partei, im Luftschutz oder NSV usw. tätig zu sein; kein Lehrer soll abseits stehen! […]“[474]

Bedeutungsvoll hierfür war die Personalunion zwischen Amtsträgern des NSLB und der unteren Ebene der staatlichen Schulverwaltung.[475] Lehrer, die gleichzei-

---

[467] Alfred Rosenberg, Die Aufgabe des Lehrers und Erziehers, in: Hans-Jochen Gamm (Hg.), Führung und Verführung. Pädagogik im Nationalsozialismus. Eine Quellensammlung, 2. Aufl. Frankfurt/New York 1984, S. 185-188, S. 186.

[468] Zeitzeugengespräch mit Fritz Gackstatter; Vgl. Jakobi, Gewerkschaften, S. 148.

[469] Hambrecht, Aufstieg der NSDAP, S. 172.

[470] StAN, LRA Rothenburg o.d.T., Abg. 1975, Nr. 6077. Hierbei handelt es sich um eine Auflistung aus dem Jahr 1936.

[471] Jakobi, Gewerkschaften, S. 148.

[472] Ebenda; Vgl. dazu auch Heinz Boberach, Jugend unter Hitler, S. 72.

[473] Tobias Arand, „… Ziel der deutschen Jugend und darüber hinaus dem deutschen Volk ein einheitliches Geschichtsbild zu schaffen“. Die Rolle des „Reichssachbearbeiters Geschichte im NSLB“ Moriz Edelmann im Prozess der Gleichschaltung des Geschichtsunterrichts im NS-Staat, in: Wolfgang Hasberg (Hg.): Geschichtsdidaktik(er) im Griff des Nationalsozialismus, Münster 2005, S. 121-143.

[474] FA 10.3.1936. Der NSDAP-Kommunalpolitiker und Volksschullehrer Fink übernahm im November 1935 das Schulreferat der Stadt Nürnberg und wurde durch sein Buch „Die Judenfrage im Unterricht“ bekannt. Vgl. Matthias Klaus Braun, Der Nürnberger Stadtrat im „Dritten Reich“. Ein Instrument nationalsozialistischer Kommunalpolitik, in: JfL 68 (2008), S. 239-264, S. 244

[475] Franz Sonnenberger, Der neue „Kulturkampf“. Die Gemeinschaftsschule und ihre historischen Voraussetzungen, in: Martin Broszat u.a. (Hg.), Bayern in der NS-Zeit, 6 Bde. Bd. 3: Herrschaft und Gesellschaft im Konflikt. Teil B, München/Wien 1981, S. 235-327, S. 274f.

tig hohe Funktionsträger waren, wie der Oberstudiendirektor Eugen Haas (Kreisamtsleiter des NSLB) und der Berufschuldirektor Leonhard Burkhardt (Kreisamtsleiter des Kreisschulungsamtes), ermöglichten nicht nur eine verstärkte Ausübung des Drucks auf die Mitglieder des NSLB, sondern auf die gesamte Lehrerschaft.[476] Ihr Einfluss zeigte sich zum Beispiel bei der Beförderung von Lehrern, indem sie politisch-weltanschauliche Beurteilungen erstellten und damit eine entscheidende Selektionsfunktion wahrnahmen.[477] Der Rothenburger Lehrer Hans Riegel war neben dem NSLB in verschiedenen angeschlossenen Organisationen und Verbänden der NSDAP aktiv.[478] Er war als NSLB-Obmann sowie als Vertrauenslehrer der HJ tätig. Als NSLB-Kreissachbearbeiter für körperliche Erziehung nahm Riegel regelmäßig an Lehrgängen und Fortbildungen teil und engagierte sich in Rothenburg als SA-Sturmsportwart. Ferner widmete er sich der Leitung der Ortsgruppe des Deutschen Jugendherbergsverbandes, die er bis 1. März 1938 inne hatte. In seiner Beurteilung wurde ihm eine ernsthafte nationalsozialistische Gesinnung zuerkannt.[479]

Hingegen besaß der Studienassessor Krebs aus Sicht der Partei-Kanzlei in weltanschaulicher Hinsicht nicht die ausreichende Festigung, die die NSDAP für einen Jugenderzieher voraussetzte.[480] Folglich setzte man 1943 seine Ernennung zum Studienrat aus, da er am politischen Zeitgeschehen zu wenig Anteil genommen hätte.[481] Andere Lehrer stiegen dagegen auf: Der Studienrat Paul Häublein trat am 23. März 1925 mit der Mitgliedsnummer 109 in die NSDAP ein.[482] Überall, wo Häublein beruflich tätig war – so bilanzierte die Beurteilung – stellte er sich der Partei zur Verfügung, sei es als Zellen- oder Blockleiter, als Organisations- oder Ortsgruppenleiter. Nach seiner Versetzung nach Kulmbach übertrug man ihm das Amt des Kreisschulungsleiters. 1939 wurde er stellvertretender Schuldirektor.[483]

Der NSLB organisierte Vorträge politischer Leiter, Kreisschulungsveranstaltungen und monatliche Versammlungen, um die Rothenburger Lehrerschaft

---

476 StAN, SpKA Rothenburg o.d.T., H10.Eugen Haas, geb. 1882, war Kreisredner der NSDAP von 1936-1945. Ferner war er Kreisamtsleiter für Beamte und Mitglied des Reichsbundes der Deutschen Beamten; StAN, SpKA Rothenburg o.d.T., B159. Der Berufschuldirektor Leonard Burkhardt, geb. 1.12.1894, war Mitglied der NSDAP von 1933-1945. Für die NSDAP-Kreisleitung war er 1934-1945 als Kreisschulungsleiter tätig. Des Weiteren war er Mitglied der DAF, NSFK und KDF. 1936-1945 war er Kreisjugendwart sowie Kreisschulungswart der NSV. Ab 1943 agierte Burkhardt als Kreisredner und Ortsgruppenleiter. 1943-1944 übernahm er das Amt des Luftschutzlehrers.

477 Ottwilm Ottweiler, Die Volksschule im Nationalsozialismus, Weinheim/Basel 1979, S. 24.

478 BayHStA, Reichsstatthalter 7429. Beurteilung des Studienassessors Hans Riegel.

479 Ebenda.

480 BayHStA, Reichsstatthalter 5278. Schreiben der NSDAP Partei-Kanzlei an den Herrn Reichsminister für Wissenschaft, Erziehung und Volksbildung in Berlin vom 20.1.1943.

481 Ebenda.

482 BayHStA, Reichsstatthalter 3613. Beurteilung des Studienrates Paul Häublein durch das Staatsministerium für Unterricht und Kultus in München vom 31.8.1939.

483 Ebenda.

ideologisch weiterzubilden und die Durchsetzung der NS-Weltanschauung im schulischen Alltag zu gewährleisten. Die Rothenburger Lehrer achteten dabei auf eine gute Zusammenarbeit mit der Kreisleitung.[484] So hielt der Regierungsschulrat Lehner in Zusammenarbeit mit der Kreisleitung eine Arbeitstagung ab, um Fragen der Jugenderziehung zu behandeln.[485] Ferner fand zum Beispiel am 7. Juni 1937 eine Kreisversammlung des NSLB in Schillingsfürst bei Hall statt. Bei der Erziehertagung waren der Rothenburger NSLB und die Kreisleitung vertreten.[486] Der Erziehertagung war die monatliche Kreisschulungstagung der Schulungsleiter und -redner des Kreises Rothenburg unter der Führung von Kreisschulungsleiter Burkhardt vorausgegangen.[487] Die Tagung des NSLB wurde durch Kreiswalter Schmidt aus Nordenberg moderiert.[488] Auf der regionalen Ebene war der NSLB überaus einflussreich.[489] Dieser Einfluss zeigte sich in Rothenburg sowohl bei der Ausgestaltung von Schulfeiern als auch bei der Einführung der „Gemeinschaftsschule".

Die örtliche Lehrerschaft bestärkte die Jugend in ihrer Verbindung zum NS-Regime. So wurden an der Rothenburger Realschule und dem Progymnasium die HJ-Fahnen gehisst. Lehrer und Schüler erschienen uniformiert und hörten den Ausführungen des Kreisleiters und weiteren Vertretern der Bewegung zu.[490] Des Weiteren duzten sich in der Schule jene Lehrer und Schüler, die in der HJ gemeinsam aktiv waren.[491] In manchen ländlichen Gebieten – auch mit evangelischer Bevölkerungsmehrheit – war die Entscheidung für die NSDAP ein klares Zeichen der Opposition gegen den örtlichen Pfarrer.[492] Rothenburger Lehrer wollten ihre Schüler zum Austritt aus der Kirche bewegen. Ferner befragten sie in der Schule ihre Schüler über Aussagen der Pfarrer, um dies gegen die Geistlichen zu verwenden.[493] Der Lehrer Eugen Haas, der seinen Wohnsitz mitten in der Stadt hatte, beobachtete, ob seine Schüler am Sonntag in die Franziskaner-

---

484 Der Einflussbereich des Kreisleiters durchzog neben der Lehrerschaft die Rothenburger Schullandschaft. Selbst bei der Wahl der Schulbeiräte war seine Erlaubnis von Nöten. Nach den Bestimmungen des Schulaufsichtsgesetzes vom Schulamt für die Stadt Rothenburg waren neben drei Lehrkräften sechs weitere Schulbeiräte im Einvernehmen mit dem Kreisleiter zu bestimmen. Drei Schulbeiräte wählte man aus den Reihen der Ratsmitglieder und drei weitere aus dem Kreis der Eltern. Vgl. StadtAR, Stadtratsprotokolle Rothenburg. Niederschrift über die Beratung mit den Ratsherren am 30.8.1938. Nr. 5494. Tagesordnungspunkt Nr. 289.

485 FA 30.6.1942.

486 FA 11.6.1937.

487 Ebenda.

488 Ebenda.

489 Andreas Kraus, Lehrerlager 1932-1945. Politische Funktion und pädagogische Gestaltung, Bad Heilbrunn 2004, S. 256.

490 FA 20.1.1936; Für Lehrer war es üblich, bei besonderen Anlässen in der Schule ihre Partei-Uniform zu tragen. Vgl. Zeitzeugengespräch mit Rudolf Oerter.

491 Zeitzeugengespräch mit Robert Förster.

492 Boberach, Jugend unter Hitler, S. 78.

493 Zeitzeugengespräch mit Robert Förster.

kirche zum Gottesdienst gingen. War dies der Fall, so waren die Kinder in der folgenden Schulwoche Sanktionen ausgesetzt und mussten während seines Unterrichts in der Ecke stehen oder bekamen vermehrt Hausaufgaben.[494] Eugen Haas formulierte seinen Erziehungsauftrag in strikter Ablehnung des kirchlichen Einflusses folgendermaßen:

> „In meiner Schule habe ich das [...] Bestreben, die Jungen im Geiste des Nationalsozialismus zum Dienst am Volk und zur Volksgemeinschaft zu erziehen, sie frei zu machen vom jüdischen Denken [...]. Uns nationalsozialistischen Lehrern stehen nun jene armseligen und verkrüppelten Geister gegenüber, [...] die sich berechtigt dünken, an der Erziehung unserer Jugend den gleichen Anteil zu haben."[495]

Der kirchenfeindlich eingestellte Lehrer bestrafte seine Schüler und Schülerinnen ebenfalls für den Besuch der Bibelstunden bei der evangelischen Gemeindejugend.[496] Eugen Haas schüchterte die Schüler mit Spott, abfälligen Äußerungen und Drohungen ein.[497] Der Lehrer forderte von seinen Schülern eine nationalsozialistische Einstellung.[498] Auch gegenüber den Eltern wurden Drohungen laut.[499] Ein Vorfall am 6. Februar 1939 verdeutlicht, wie stark die kirchliche Jugendarbeit den nationalsozialistischen Lehrern in Rothenburg ein Dorn im Auge war.[500] Sechs Schüler, die die Bibelstunde der evangelischen Gemeinde besuchen wollten, wurden dafür vor dem Jakobschulhaus von Hauptlehrer – und Ortsgruppenleiter – Friedrich Götz angeschrien und beleidigt.[501] Anschließend notierte er sich die Namen und Adressen der Jungen und verhörte sie.[502] Dabei erklärte er ihnen, dass „Pfarrer Heckel [...] ein Feind der Partei sei, daß er gegen das Jungvolk sei [...]".[503] Am Abend desselben Tages wurde eine Gruppe Jungen auf dem Heimweg vom „Jungendienst" aufgehalten. Hauptlehrer Friedrich Götz und Oberlehrer Eugen Haas nahmen die Jungen mit ins Schulhaus. Dort wurde ihnen eingebläut, dass „Pfr. Heckel ein Gegner des Dritten Reiches sei, die Pfaffen verherrlichten ja doch nur die Juden [...]".[504] Ferner musterten die zwei Na-

494 Zeitzeugengespräch mit Wilhelm Jakobi.

495 StAN, Reg. v. Mfr. Abg. 1978, Nr. 21078. Schreiben von Eugen Haas vom 6.12.1936.

496 Evangelisches Pfarrarchiv St. Jakob. Bericht über Behinderung evangelischer Gemeindejugendarbeit in Rothenburg o/T., St. Jakob an das Ev.Luth. Dekanat zur Weiterleitung an den Evang.Luth. Landeskirchenrat in München vom 10.2.1939.

497 Ebenda.

498 Zeitzeugengespräch mit Erika Unbehauer.

499 Evangelisches Pfarrarchiv St. Jakob. Bericht über Behinderung evangelischer Gemeindejugendarbeit in Rothenburg o/T., St. Jakob an das Ev.Luth. Dekanat zur Weiterleitung an den Evang.Luth. Landeskirchenrat in München vom 10.2.1939.

500 Ebenda.

501 Zu Person von Friedrich Götz siehe Kapitel 5.2.2. dieser Untersuchung.

502 Evangelisches Pfarrarchiv St. Jakob. Bericht über Behinderung evangelischer Gemeindejugendarbeit in Rothenburg o/T., St. Jakob an das Ev.Luth. Dekanat zur Weiterleitung an den Evang.Luth. Landeskirchenrat in München vom 10.2.1939.

503 Ebenda.

504 Ebenda.

tionalsozialisten die christliche Lektüre „Junge Kraft" sowie die Aufschreibebüchlein der Jungen und nahmen ihre Personalien auf. Einer der Jungen, der nicht Mitglied beim Jungvolk war, wurde als „Kommunist" betitelt. Am nächsten Tag, dem 7. Februar 1939, teilte der Schulleiter der Jakobsschule, Eugen Haas, an alle Klassenlehrer der fünften bis achten Jahrgangsstufe ein Rundschreiben aus, in dem die Namen aller Schüler und Schülerinnen eingetragen werden mussten, die in die Bibelstunde gingen. In einer Klasse, in der sich sehr viele Schüler und Schülerinnen meldeten, schimpfte der Lehrer und sprach vom „Verherrlichen der Juden".[505] Jene Eltern, die NSDAP-Mitglieder waren, wurden daraufhin bei der NSDAP-Kreisleitung vorgeladen und es wurde ihnen nahe gelegt, dass es sich „.nicht gehöre seine Kinder [...] dorthin zu schicken [...]."[506] Damit war die Kreisleitung die Strafgewalt in der Hinterhand der Schulleitung, was eine Überformung der traditionellen Schulgewalt mit sich brachte.[507]

Der Oberlehrer Heinrich Schmid aus Neusitz verfasste am 14. November 1938 ein Plädoyer für die Volksschullehrer, den Religionsunterricht niederzulegen.[508] Für Schmid war es unvereinbar, einerseits im Geschichtsunterricht mit „berechtigter Empörung die jüdische Gehässigkeit gegen alles Deutsche und die jüdische Verderbtheit zu kennzeichnen", jedoch im Fach Religion positiv über das jüdische Volk zu sprechen.[509] Diese Unvereinbarkeit hätte dazu geführt, die Geschichte des jüdischen Volkes aus dem Religionsunterricht zu entfernen, wogegen sich aber die Kirche aussprach.[510] Folglich hätte die Volksschullehrerschaft bezüglich des Lehrplans einstimmig beschlossen, „die Regierung um Entbindung von der Pflicht zur Erteilung des Religionsunterrichts zu ersuchen."[511] Kurz darauf legte fast die gesamte Lehrerschaft des Kreises Rothenburg den christlichen Religionsunterricht nieder.[512] Hauptlehrer Schwab aus Kirnberg verweigerte, wie die übrigen Lehrer des Rothenburger Bezirkes, den Religionsunterricht abzuhalten.[513] Er sah darin eine angebliche „Verherrlichung der Juden."[514] Schulleiter Eugen Haas achtete darauf, dass die Lehrer sich daran hielten, keinen Religionsunterricht mehr zu geben, da er „diese alten Judengeschichten aus dem A.T. [...]

---

505 Ebenda.

506 Ebenda.

507 Wilfried Breyvogel/Thomas Lohmann, Schulalltag im Nationalsozialismus, in: Peukert/Reulecke (Hg.): Die Reihen fast geschlossen, S. 199-221, S. 221.

508 Evangelisches Pfarrarchiv St. Jakob. Signatur 2.2.2.11. Schreiben des Evang.-Luth. Pfarramtes in Neusitz an das Evang.-Luth. Dekanat in Rothenburg ob der Tauber vom 17.11.1938.

509 Ebenda.

510 Ebenda.

511 Ebenda.

512 Evangelisches Pfarrarchiv St. Jakob. Signatur 2.2.2.11. Stellungnahme des Ev.luth. Dekanats Rothenburg o.T. vom 18.11.1938.

513 Evangelisches Pfarrarchiv St. Jakob. Signatur 2.2.2.11. Schreiben des Evan.-Luth. Pfarramtes in Rothenburg an das Evan.-Luth. Dekanat in Rothenburg o. T. vom 30.11.1938.

514 Ebenda.

nicht billigen könne […]“, da die Juden dort „verherrlicht“ würden.[515] Sollte das A.T. im Unterricht Verwendung finden, dann sollte man den Schülern deutlich machen, „daß diese Juden das Schlechteste sind, was es gibt […].“[516]

5.5.2. Eindringen der NS-Ideologie ins Schulleben

Neue Richtlinien in den Lehrplänen dienten der Umgestaltung des Erziehungswesens im Sinne der NS-Ideologie. Die Unterrichtsinhalte wurden massiv verändert.[517] Federführende Instanz war das Reichsministerium für Wissenschaft, Erziehung und Volksbildung. Die Bestimmungen betrafen alle Fächer und reglementierten die zu vermittelnden Kenntnisse mit dem Ziel der „Formung des nationalsozialistischen Menschen“.[518]

In den Rothenburger Schulen dominierte, laut Zeitzeugenaussage Jakobis, die Lektüre der Zeitungen „Der Stürmer“ und „Völkischer Beobachter“.[519] Die Lehrer behandelten ausgewählte Zeitungsartikel im Unterricht und lasen aus ihnen vor.[520] Schreiben des Regierungspräsidenten Hans Dippold an das Bezirksschulamt in Rothenburg ordneten die Behandlung bestimmter Aufgaben und Themen an.[521] „Aus diesem Anlaß ist wie im Vorjahr in allen Volks- und Berufsschulen des Gaues im Unterricht […] auf die geschichtliche Bedeutung des Frankentages und des Hesselberges näher einzugehen.“[522] Ferner schrieb man die gewünschten Unterrichtsmaterialien vor, um der weltanschaulichen Zielsetzung gerecht zu werden: „Wertvolle Unterlagen […] enthält das Maiheft 1937 der Zeitschrift „Das Bayerland“, das unter dem Titel „Der Hesselberg – der heilige Berg

---

515 Evangelisches Pfarrarchiv St. Jakob. Signatur 2.2.2.11. Schreiben von Leonhard Purrer, Pfarrverweser aus Schweinsdorf bei Rothenburg o./T,. an das Evang.-Luth. Dekanat in Rothenburg o./T. vom 24.10.1939.

516 Ebenda.

517 Georg Schwingl, Die Pervertierung der Schule im Nationalsozialismus. Ein Beitrag zum Begriff „Totalitäre Erziehung“, Regensburg 1993, S. 143.

518 Barbara Schneider, Die Höhere Schule im Nationalsozialismus. Zur Ideologisierung von Bildung und Erziehung, Köln/Weimar/Wien 2000, S. 397.

519 Zeitzeugengespräch mit Wilhelm Jakobi.

520 Zeitzeugengespräch mit Robert Förster.

521 StAN, LRA Rothenburg o.d.T., Abg. 1975, Nr. 1096. Hans Dippold, geb. 21.11.1876 – gest. 19.12.1958, war Regierungspräsident von 1934-1943 für Ober- und Mittelfranken und übte sein Amt im Sinne des NS-Regimes aus und galt als „willfähriges Werkzeug Streichers“. Vgl. Herbert Schott, Die Präsidenten des vereinten Regierungsbezirks Oberfranken und Mittelfranken (1933-1948), in: Die Präsidenten. 200 Jahre Regierung von Oberfranken in Bayreuth, Bamberg 2010, S. 339-390; Stephan Deutinger, Die bayerischen Regierungspräsidenten, in: Rumschöttel/Ziegler (Hg.): Staat und Gaue in der NS-Zeit, S. 379-417, S. 391.

522 StAN, LRA Rothenburg o.d.T., Abg. 1975, Nr. 1096. Schreiben des Regierungspräsidenten an die Stadtschulämter Nürnberg, Fürth, Ansbach, Erlangen, die Bezirksschulämter in Mittelfranken vom 6.6.1939. Zur Bedeutung des Hesselberges im Nationalsozialismus sei verwiesen auf Thomas Greif, Frankens Braune Wallfahrt. Der Hesselberg im Dritten Reich, Ansbach 2007.

der Franken" [...] erschienen ist."[523] Die Rothenburger Schulleiter wurden darauf hingewiesen, bei der Kreispropagandaleitung Material für die Klassenzimmer zu bestellen, wie die Wandkarte über „Deutschlands Kolonien".[524] Die NS-Rassenlehre erhielt in der siebten und achten Klasse ihren Platz im Lehrplan.[525] Zudem sollten die Schulleiter für ihre jeweilige Schulbücherei das antisemitische Buch „Eine Reichsstadt wehrt sich" von Martin Schütz anschaffen.[526] Im November 1944 forderte das Reichserziehungsministerium die Lehrer auf, im Schulunterricht auf das deutsche Heer, seine Geschichte, Bewaffnung und Kampfesweise einzugehen.[527] Ferner sollten die Lehrer den „heldischen Einsatz" der Soldaten würdigen.[528]

Das Eindringen der NS-Ideologie in das Schulleben zeigte sich an der Ausgestaltung der Schulfeiern.[529] Bei der Abschlussfeier der Realschule und des Progymnasiums am 24. März 1937 verlas man Stücke von Dichtern, die für die Nationalsozialisten von Bedeutung waren, wie zum Beispiel von Dietrich Eckart.[530] Exemplarisch sei auf die Schulschlussfeier der Volkshauptschulen in Rothenburg vom 4. April 1935 verwiesen. Die Feier fand im Kaisersaal des Rathauses statt, zu der sich eine große Zahl von Schülern und Eltern eingefunden hatte, sodass der große Saal bis zum letzten Platz besetzt war.[531] Nach zwei Frühlingsliedern, ein- und mehrstimmig von einer Knabenklasse vorgetragen, hieß Oberlehrer Burkhard die Anwesenden willkommen. Er begrüßte insbesondere die Herren Oberbürgermeister Liebermann, Stadtschulrat Strobel, die Vertreter des Stadtrates und der Geistlichkeit. Nach der Ouvertüre folgte die szenische Darstellung von sechs Bildern aus der deutschen Geschichte. Die Lehrerin Frieda Boß und der Rothenburger Dichter Fritz Boegner hatten die Texte zu diesen kleinen Theaterstücken geschrieben, die unter Leitung von Frau Boß und Hauptlehrer Kallert

523 Ebenda; Für eine Analyse der Zeitschrift „Das Bayerland" während der NS-Zeit sei verwiesen auf Ulla-Britta Vollhardt, „Das Bayerland" und der Nationalsozialismus. Zum Wirken einer Heimatzeitschrift in Demokratie und Diktatur, St. Ottilien 1998.

524 StAN, Amtsblatt für das BA Rothenburg o.d.T. Jg. 1937, Nr. 8944 P, Nr. 38.

525 Zeitzeugengespräch mit Gisela Nützel.

526 StAN, Amtsblatt für das BA Rothenburg o.d.T. Jg. 1938, Nr. 8944 P; FA 10.5.1938. Für eine genauere Analyse von Martin Schütz und seines Buches „Eine Reichsstadt wehrt sich: Rothenburg ob der Tauber im Kampfe gegen das Judentum" sei verwiesen auf Kapitel 8.3. dieser Untersuchung.

527 FA 23.11.1944. Zum Einfluss der Wehrmacht auf die Schulpolitik sei verwiesen auf Franz-Werner Kersting, Militär und Jugend im NS-Staat. Rüstungs- und Schulpolitik der Wehrmacht, Wiesbaden 1989.

528 FA 23.11.1944.

529 Margarete Götz, Die Grundschule in der Zeit des Nationalsozialismus. Eine Untersuchung der inneren Ausgestaltung der vier unteren Jahrgänge der Volksschule auf der Grundlage amtlicher Maßnahmen, Bad Heilbrunn 1997, S. 355.

530 FA 25.3.1937.

531 FA 5.4.1935.

von den Schülerinnen und Schülern gespielt wurden.[532] Die Szenen brachten Ausschnitte aus der Germanenzeit, aus der Minnesängerzeit, aus dem 30-jährigen Krieg, aus der Goethezeit, aus dem Ersten Weltkrieg sowie aus der Zeit des Nationalsozialismus.[533] Neben den farbenprächtigen Kostümen zeichneten sich die darstellenden Szenen durch Reigen und Tänze aus. Nach der Aufführung dieser „geschichtlichen Bilder“ wandte sich der Lehrer Eugen Haas an die Eltern und an die Jugend, um, anknüpfend an das Wort

> „des Führers „Seit 2 1/2 Jahrtausenden sind fast sämtliche Revolutionen daran gescheitert, daß ihre Führer nicht wußten, daß nicht die Eroberung der Macht, sondern die Erziehung der Menschen entscheidend ist“ zu betonen, daß dieses Wort richtungsgebend sein muß für jeden Lehrer, für jeden Lehrmeister und für jeden Erwachsenen, kurz für Jeden [sic!], der guten Willens ist, am Neubau des Reiches mitzuhelfen. In einem 14-jährigen zähen und unermüdlichen Kampf hat die Bewegung Hitlers diesen Staat geschaffen und diese Bewegung als Schöpferin des Staates ist der Ausgangspunkt der neuen deutschen Schule. [...]“[534]

Ein Kernstück nationalsozialistischer Schulpolitik war die Propagierung der Gemeinschaftsschule, die letzten Endes nicht nur die Säkularisierung des Schulwesens, sondern auch seine Funktionalisierung im Rahmen eines neuen Weltanschauungsstaates als Ziel hatte.[535] Das zentrale Argument für die Gemeinschaftsschule war die deutsche „Volksgemeinschaft“, die zum „Orientierungspfeiler alles politischen und damit pädagogischen Handelns“ stilisiert wurde.[536] Am 7. März 1936 sprach der Gauamtsleiter des NSLB, Fink, zu der gesamten Lehrerschaft aus Stadt und Bezirk Rothenburg sowie Schillingsfürst.[537] Was das Thema „Gemeinschaftsschule“ betraf, so verkündete Fink, dass, nachdem in Nürnberg 95 Prozent aller Eltern für diese Schulart gestimmt hätten, in Rothenburg im nächsten Schuljahr die Entscheidung in den Händen der örtlichen Elternschaft läge. Fink prognostizierte, dass, wie in den allermeisten Städten, auch in Rothenburg die „vernünftigen, deutschdenkenden Eltern“ sich für die Gemeinschaftsschule entscheiden werden, in der die Kinder nicht nach Konfessionen getrennt seien.[538]

Am 1. Dezember 1937 wurde auf Drängen der Kreisleitung über die Einführung der Gemeinschaftsschule im Kreisgebiet Rothenburg abgestimmt, wobei sich die Erzieher für den von der NSDAP propagierten Schultypus ausspra-

---

[532] StAN, SpKA Rothenburg o.d.T., B103. Die Lehrerin Frieda Boss aus Tauberzell, geb. 20.7.1892, war Mitglied der NSF von 1.2.1938-1945; StAN, SpKA Rothenburg o.d.T., B91. Der Reichsb. Insp. a.d. Fritz Boegner aus Rothenburg o.d.T., geb. 21.8.1877, war Mitglied der NSV von 1934-1945, RDB, NSRKB und NSRFL.

[533] FA 5.4.1935.

[534] Ebenda.

[535] Sonnenberger, Der neue „Kulturkampf“., S. 326.

[536] Franz Sonnenberger, Die vollstreckte Reform – Die Einführung der Gemeinschaftsschule in Bayern 1935-1938, in: Michael Prinz (Hg.): Nationalsozialismus und Modernisierung, Darmstadt 1994, S. 172-198, S. 191.

[537] FA 10.3.1936.

[538] Ebenda.

chen.[539] Gegen den Willen der lokalen Bevölkerung richteten die Nationalsozialisten die neue Schulart ein, um den kirchlichen Einfluss einzudämmen und brachen so mit einer langen Tradition. Die Durchführung der Abstimmung lag bei den Lehrern der einzelnen Schulgemeinden in Verbindung mit den zuständigen Bürgermeistern des Kreises.[540] Die Bürgermeister im Kreis Rothenburg erhielten Anweisung, einen Antrag auf Umwandlung der Schule in eine Gemeinschaftsschule an die Regierung einzureichen. Die durch das Bezirksamt angeordneten Schulsitzungen über die Einführung der Gemeinschaftsschule fanden auf Erlaubnis der Kreisleitung teilweise ohne Pfarrer statt.[541] In anderen Gemeinden, wie zum Beispiel in Diebach, verhinderten Lehrer die Teilnahme des Pfarrers.[542] Kreisleiter Steinacker und NSLB-Kreiswalter Schmidt informierten die Lehrer im Kreishaus über die Formalitäten der Abstimmung.[543] Der Besprechung ging eine Abstimmung unter der Erzieherschaft des Kreises Rothenburg voraus, die vollzählig versammelt war.[544] Die Erzieher bekannten sich geschlossen zur Einführung der Gemeinschaftsschule im Kreis Rothenburg. Nachdem in der Stadt Rothenburg und der Ortschaft Gebsattel bereits seit Mitte des Jahres die Bekenntnisschule von der Gemeinschaftsschule abgelöst worden war, hatten sich nun auch die Landschulorte des Kreises Rothenburg für die von der NS-Schulpolitik präferierte Schulform ausgesprochen.[545] Die Umgestaltung in Gemeinschaftsschulen erfolgte in mehreren Etappen. Die Eingriffe, die der Nationalsozialismus in der Rothenburger Schulstruktur vornahm, hielten sich aber in Grenzen. Zwar bestanden nach Ostern 1941 formal nur noch Gemeinschaftsschulen, dennoch unterrichteten dieselben Lehrer die Kinder wie zuvor.[546]

Fazit

Der Blick auf den NSLB und die damit verbundenen Änderungen im Rothenburger Schulwesen zeigten die enorme Durchsetzungskraft der NS-Ideologie und ihre konkreten Auswirkungen für Lehrer, Kinder und Eltern. Da es in Stadt und Land

539 FA 2.12.1937.

540 Ebenda.

541 LAELKB, KKE Nr. 48. Schreiben der KB. Insingen an das Amt für Volksmission in Nürnberg vom 28.1.1938.

542 LAELKB, KKE Nr. 48. Schreiben des Pfarramtes Lohr-Bockenfeld an das Evang.-Luth. Dekanat Insingen vom 28.1.1938.

543 FA 2.12.1937.

544 Ebenda.

545 Ebenda.

546 Boberach, Jugend unter Hitler, S. 81. Anfang der 40er Jahre baute man die sechsklassige Oberschule für Jungen in Rothenburg zur Vollanstalt aus. Im Schuljahr 1941/42 wurde eine 7. Klasse und im folgenden Schuljahr eine 8. Klasse angegliedert. Ab Beginn des Schuljahres 1941/42 führte die Anstalt die Bezeichnung „Oberschule für Jungen“. Vgl. BayHStA, MF 68302. Schreiben des Bayerischen Staatsministeriums für Unterricht und Kultus in München an das Direktorat der Oberschule für Jungen in Rothenburg, vom 20.12.1940.

Rothenburg vor allem unter den Lehrern überzeugte Nationalsozialisten gegeben hatte, gründete sich bereits im Jahr 1931 eine Ortsgruppe des NSLB. Schon 1934 lag die Parteizugehörigkeit der Lehrer in Stadt und Land Rothenburg weit über dem Reichsdurchschnitt. Systemwichtige Funktionsträger der NSDAP-Kreisamtsleitung, wie Oberstudiendirektor Eugen Haas oder Berufschuldirektor Leonhard Burkhardt, ermöglichten nicht nur eine forciert ideologische Ausrichtung auf die NSLB-Mitglieder, sondern übten mit ihren politisch-weltanschauliche Beurteilungen enormen Druck auf die gesamte Lehrerschaft aus. Der NSLB gewährleistete die Durchdringung des Schulalltags mit der NS-Ideologie und bestärkte die Jugend in ihrer Verbindung zum NS-Regime durch gelebtes Vorbild im Lehrkörper. Der Nationalsozialismus hielt Einzug ins Klassenzimmer und ins Schulleben. Autoritätshörigkeit hatte Vorrang. Der Lehrer befahl, die Schüler folgten. Die Kirchenfeindlichkeit mancher Lehrer in Rothenburg und Umgebung wirkte sich negativ auf Schüler aus, die dem Gottesdienst und den Bibelstunden treu blieben. Vorladungen der Eltern bei der Kreisleitung verdeutlichten den Ernst der Lage ebenso wie die Zusammenarbeit von Schulleitung mit der NSDAP.

5.6. Fürsorge und Kontrolle – Die Wohlfahrt der NSV

Als Herrschaftsinstrument der NSDAP war die nationalsozialistische Sozialpolitik überaus wichtig. Aus dem politischen Führungsanspruch der NSDAP leiteten die Nationalsozialisten die Grundsätze der Nationalsozialistischen Volkswohlfahrt (NSV) ab.[547] Die Hilfsleistungen der NSV wurden zu prestigeträchtigen Beispielen eines nationalen Sozialismus, mit denen sich die NSDAP eine Monopolstellung in der Wohlfahrtspflege sicherte.[548] Die sozialintegrative Kraft der NSV wie auch die Umgestaltung sozialer Fürsorge war im Sinne eines „volksgemeinschaftlichen Handelns“.[549] In ihrer ideologisch-konzeptionellen Ausrichtung führte die NSV ab dem Frühjahr 1933 weg von der traditionellen Wohlfahrtspflege hin zu einer „Volks“-Wohlfahrt, die sich vorrangig bevölkerungspolitisch verstand.[550] Dabei zeigte sich die NSV als ein Integrations- und Identifikationsfaktor ersten Ranges, der den Aufbau eines stolzen Wir-Gefühls ermöglichte.[551]

547 Hans Buchheim, Die Übernahme staatlicher Fürsorgeaufgaben durch die NSV, in: Institut für Zeitgeschichte (Hg.): Gutachten des Instituts für Zeitgeschichte, München 1966, S. 126-132, S. 127.

548 Fritz Heine, Die Nationalsozialistische Volkswohlfahrt, Bonn 1988, S. 5; Jochen-Christoph Kaiser, NS-Volkswohlfahrt und freie Wohlfahrtspflege im „Dritten Reich“, in: Hans-Uwe Otte (Hg.): Politische Formierung und soziale Erziehung im Nationalsozialismus, Frankfurt/M 1991, S. 78-105.

549 Herwart Vorländer, Die NSV. Darstellung und Dokumentation einer nationalsozialistischen Organisation, Boppart am Rhein 1988, S. 179f.

550 Herwart Vorländer, NS-Volkswohlfahrt und Winterhilfswerk des deutschen Volkes, in: VfZ 34 (1986), S. 341-380, S. 359.

551 Vorländer, Die NSV, S. 179.

Das Wesen der Fürsorge- und Wohlfahrtsarbeit in Stadt und Land Rothenburg war in Bezug auf den Charakter der NS-Sozialpolitik besonders aussagekräftig, weil sie es den Nationalsozialisten einerseits ermöglichte, eine große Menge an Menschen für ihre Ziele zu instrumentalisieren, andererseits nonkonforme Mitmenschen kategorisch auszugrenzen. Um die Bevölkerung mit den sozialen Aufgaben der NSV bekannt zu machen, lud die NSV-Ortsgruppenamtsleitung zu Versammlungen in Gasthäusern, wie zum Beispiel im „Bären", ein.[552] Ferner organisierte die Kreisleitung Kundgebungen und Konzerte, bei denen sie für das Engagement beim WHW warb.[553] Mit einem prozentualen Anteil von 10,31 Prozent NSV-Mitgliedern belegte Franken Rang zwölf der Reichsstatistik.[554] Von den Rothenburgern mit einem Spruchkammerverfahren waren 16 Prozent Mitglied in der NSV.[555] Turnusmäßig ergingen Aufrufe zu Spendensammlungen an die Bevölkerung in Stadt und Land Rothenburg o.d.T.[556] Hatten am Anfang noch Sachspenden Priorität, vor allem Lebensmittelabgaben sowie Brennmaterialien, überwogen ab 1937 die Geldspenden mit 2.259 RM.[557]

In die Sammler- und Hilfstätigkeiten wurden die Angehörigen verschiedener NS-Organisationen als freiwillige Helfer einbezogen. „„In Treue verschworen zum Volk" [...] Auch in Stadt und Kreis Rothenburg werden am 1. und 2. Februar die Männer von der SA, der SS und dem NSKK sich in den Dienst der schönen Sache stellen und das schmucke WHW-Abzeichen [...] verkaufen."[558] Dabei gelang es den Nationalsozialisten eine Vielzahl ehrenamtlicher Sammler zu rekrutieren. Beispielsweise standen dem WHW im Winter 1935/36 über 700 ehrenamtliche Helfer zur Verfügung.[559]

Die Verantwortlichen der Rothenburger NSV appellierten an das soziale Gewissen der Rothenburger.[560] Die Spendenbereitschaft wurde zum „wahre[n] Christentum der Tat" stilisiert.[561] Zwar ergingen stets Appelle an die Opferbereitschaft der Menschen, jedoch waren diese von vornherein einer sozialen Kontrolle mit einer Vielzahl abgestufter Zwangsmittel unterworfen.[562] Bei Verdacht auf „asoziale[s] Verhalten" leiteten die Gemeinden Auskünfte über einzelne Personen an die NSV weiter und vice versa.[563] Eine Verweigerung der Hilfeleistung

552 FA 6.7.1936.
553 FA 20.10.1935; FA 2.12.1935.
554 Katja Klee, Nationalsozialistische Wohlfahrtspolitik am Beispiel der NSV in Bayern, in: Rumschöttel/Walter Ziegler (Hg.): Staat und Gaue in der NS-Zeit, S. 557-620, S. 580.
555 Siehe Anhang Nr. 6 dieser Untersuchung.
556 FA 6.1.1936, FA 3.10.1938, FA 6.10.1938.
557 FA 6.12.1937.
558 FA 31.1.1936.
559 FA 25.10.1935.
560 FA 1.4.1942.
561 FA 21.10.1935.
562 Vorländer, Die NSV, S. 61.
563 StadtAR, Gemeindearchiv Leuzenbronn, Nr. 145. Schreiben des Bezirksamtes Rothenburg an die Bürgermeister des Amtsbezirks vom 1.2.1936.

wurde als Boykottierung des Winterhilfswerks betrachtet und konnte eine Denunziation beim Kreis- oder Ortsgruppenleiter zur Folge haben.[564] Diese wiederum führten die Betroffenen in einer Liste auf und leiteten entsprechende Sanktionen ein: Streichung jeglicher Zuschüsse und Unterstützungen für Holzgelder, Steuer- und Umlagenerlässe, um die Betreffenden „auf ihre Pflichten gegenüber Volk und Staat aufmerksam zu machen".[565] Zum Beispiel wandte sich Karl Zoller an das Bezirksamt, um die Bauzuschüsse für Leonhard Städtler aus Wettringen und für Georg Dümmler einzustellen, da sie sich weigerten, für das WHW zu spenden.[566] Kreisbauernführer Soldner setzte sich beim Bezirksamt Rothenburg dafür ein, dass der Landwirt Georg Tauber aus Schorndorf, Gemeinde Stilzendorf, keine Fuhrlöhne mehr erhielt, da er für das Winterhilfswerk nichts gespendet hatte.[567] Eine weitere Maßnahme war „Schutzhaft".[568] Die „Inschutzhaftnahme" wurde im Fränkischen Anzeiger in der Rubrik „Aus Rothenburg ob der Tauber und Umgebung" öffentlich bekanntgegeben.[569] Hier offenbart sich die besondere Eigentümlichkeit der NSV: Die Verbindung des angeblichen Prinzips der Freiwilligkeit mit einem straff organisierten Kontributionssystem.[570]

Bis zum Jahr 1936 leitete der Kreisleiter offiziell die NSV in Personalunion. Durch die rapid zunehmende Aufgabenfülle und der Verbreiterung des Tätigkeitsspektrums kam es im Sitzungssaal des Rathauses zur Einsetzung des neuen Kreisamtsleiters der NS-Volkswohlfahrt, Theodor Beyerl, durch den stellvertretenden Gauamtsleiter Rackelmann.[571] In Beyerl hatte die Rothenburger NSDAP einen frühen Mitstreiter, der 1923 in die Partei eingetreten war.[572] Für die Feierlichkeit waren sämtliche Mitarbeiterinnen und Mitarbeiter der NSV vor Ort.[573]

---

564 StAN LRA Rothenburg o.d.T., Abg. 1975, Nr. 6188. Schreiben des Kreisbauernführer Soldner an das Bezirksamt Rothenburg ob der Tauber vom 12.1.1935.; StadtAR, Nachlass Edwin Böhne (NSDAP). Ohne Signatur, Eidesstattliche Erklärung von August Dürnhofer vom 10.3.1948.

565 StAN, SpKA Rothenburg o.d.T., H172; LRA Rothenburg o.d.T., Abg. 1975, Nr. 1096. Schreiben von Kreisamtsleiter Höfler an das Rothenburger Bezirksamt vom 9.12.1936.

566 BArch (ehem. BDC), PK, Zoller, Karl. Schreiben von Karl Zoller an das Rothenburger Bezirksamt vom 7.12.1934.

567 StAN, LRA Rothenburg o.d.T., Abg. 1975, Nr. 6188. Schreiben des Kreisbauernführer Soldner an das Bezirksamt Rothenburg ob der Tauber vom 12.1.1935.

568 Siehe Kapitel 7.2. dieser Untersuchung.

569 FA 28.12.1935.

570 Vorländer, Die NSV, S. 61.

571 FA 22.9.1936, FA 23.9.1936. StAN, SpKA Rothenburg o.d.T., B61. Der kaufmännische Angestellte Theodor Beyerl, geb. 4.2.1902, trat der Partei erstmals 1923 bei. Sein Wiedereintritt erfolgte am 1.5.1933. 1936 wurde Beyerl Kreisamtsleiter der NSV; Leonhard Rackelmann, geb. 15.1.1907, trat 1930 in die NSDAP ein. 1933 wurde er Ortsgruppenleiter sowie Geschäftsführer der Kreisleitung in Nürnberg. 1935 avancierte Rackelmann zum stellvertretenden Gauamtsleiter der NSV und 1938 zum Gauamtsleiter der NSV. 1941 enthob man Rackelmann wegen angeblichen „Amtsmissbrauch" seiner Ämter und schloss ihn aus der NSDAP aus. Vgl. Klee, Nationalsozialistische Wohlfahrtspolitik, S. 594.

572 StAN, Spruchkammerkartei Rothenburg ob der Tauber.

573 FA 22.9.1936.

5.6.1. Das Rothenburger „Winterhilfswerk“ und die Initiative „Mutter und Kind“

Zwei Hauptaufgabengebiete der NSV im Parteikreis Rothenburg waren das „Winterhilfswerk“ (WHW) und das Hilfswerk „Mutter und Kind“. Hatte das WHW zunächst die Aufgabe, die im Winter erhöhte Not Arbeitsloser zu lindern, wurde es später zu einer allgemeinen Hilfsorganisation, die sich durch Spenden oder Lohn- und Gehaltsabzüge bei den Arbeitnehmern finanzierte.[574] Darüber hinaus erteilte die Rothenburger Stadtverwaltung finanzielle Zuwendungen, wie die Rechnungsbücher der Stadt Rothenburg erkennen ließen.[575] Die Ausschüsse des WHW in den einzelnen Ortsgruppen verteilten Schuhe und Wäsche an Hilfsbedürftige.[576] Zusätzlich fanden im „Kraft durch Freude Raum“ am Marktplatz in der Stadt Rothenburg mehrere Eintopfsonntage statt, die ihre propagandistische Wirkung auf die Rothenburger Bevölkerung nicht verfehlten.[577] Der Fränkische Anzeiger warb: „Wir wollen besonders den [...] Eintopfsonntag [...] zu einem wahren Feiertag machen [...] Auch am kommenden Sonntag wird ein öffentliches Essen alle Volksgenossen vereinen.“[578] Funktionäre und einfache Mitglieder der Partei und ihrer Gliederungen waren zusammen mit den lokalen Behörden „geschlossen zum Eintopfessen versammelt. Männer und Frauen des öffentlichen Lebens und viele Volksgenossen aus allen Schichten der Bevölkerung [...]“ nahmen daran teil.[579]

Für das Rothenburger Winterhilfswerk schuf die NSDAP in der Stadt ein eigenes „Mahnmal“.[580] Enthüllt wurde es anlässlich der Eröffnung des Winterhilfswerkes 1935/36 auf dem Marktplatz.[581] Das „WHW-Mahnmal“, angebracht am Gebäude der Stadt- und Bezirkssparkasse, sollte die „Volksgenossen stets an ihre Pflicht ermahnen [...] dem Führer in seinem Kampf für das Wohl des ganzen deutschen Volkes zu helfen“.[582] Bei der Eröffnungsfeier partizipierten sämtliche Gliederungen der NSDAP sowie die Kreisleitung. Die Ortsgruppenleiter versammelten sich mit den Mitwirkenden aus ihren Ortschaften am Judenkirchhof. Von dort marschierten die Gliederungen der NSDAP und ihre angeschlossenen Verbände zum Marktplatz, wo Kreisleiter Steinacker bei Fanfarenklängen und Sprechchören der HJ das Denkmal enthüllte.[583] Bilder des Mahnmals fan-

---

574 Heinz Lampert, Staatliche Sozialpolitik im Dritten Reich, in: Bracher u.a. (Hg.): Nationalsozialistische Diktatur 1933-1945, S. 177-205, S. 199.

575 StadtAR, NS-Rechnungsbücher. Ohne Signatur. 1933-1939.

576 StAN LRA Rothenburg o.d.T., Abg. 1975, Nr. 6196. Schreiben der Gendarmeriestation Schillingsfürst an Bezirksamt Rothenburg o.d.T. vom 6.3.1936.

577 FA 9.10.1938.

578 FA 6.10.1938.

579 FA 10.10.1938.

580 FA 25.10.1935.

581 FA 19.10.1935.

582 Ebenda.

583 Ebenda.

den schnell ihre Verbreitung in ganz Deutschland.[584] Bereits am ersten Tag konnte der Sammelbüchse des Mahnmals ein Betrag von über 80 Reichsmark entnommen werden. Die Kreisleitung ließ Postkarten des Mahnmals herstellen, die die Bevölkerung in alle Welt versenden sollte. Der Reinerlös käme restlos dem WHW zu, so dass „auf der anderen Seite auch die Welt dadurch erfahren könne, wie in Rothenburg der Gedanke der Volksgemeinschaft marschiere“.[585] Das beleuchtete WHW-Mahnmal bildete in Rothenburg meist den Ausgangspunkt der Straßensammlungen. Dort erfolgte die Verteilung der Sammelbüchsen, Abzeichen und Armbinden für die Sammler.[586]

Im Rahmen der Arbeit der NSV nahm das Hilfswerk „Mutter und Kind“ eine wichtige Stellung ein. Hierbei wird deutlich, auf welche Art und Weise die NS-Ideologie in die Praxis umgesetzt wurde.[587] Der Kreisamtsleiter der NSV, Beyerl, setzte bei Arbeitsbesprechungen für die Kreisfrauenschaftsleiterin, die Hilfsstellenleiterinnen für „Mutter und Kind“, die Kreisfachbearbeiterin für dieses Hilfswerk sowie für die „NS-Schwestern“ aus dem Kreis Rothenburg die Richtlinien fest.[588] Als Instrument der NSDAP und ihrer Ideologie legte das Hilfswerk „Mutter und Kind“ bei der Betreuung strenge „rassische und erbbiologische“ Maßstäbe an. Damit wurde das NSV-Hilfswerk grundsätzlich auf eine weltanschauliche Basis gestellt. Das Hilfswerk „Mutter und Kind“ in Rothenburg war unter anderem für die „Erholung erwerbstätiger Mütter und Hausfrauen aus kinderreichen Familien“ und für „Kindererholung auf dem Lande“ zuständig.[589] Daneben bot es verschiedene Sozialleistungen an, wie Arbeitsplatzhilfe, Fürsorge für werdende Mütter, Erziehungsberatung und Jugenderholungspflege. Aus dem Arbeitsprogramm der NSV in Rothenburg lässt sich eine Übersicht über die Aufgaben und Arbeitsmaßnahmen des Hilfswerkes „Mutter und Kind“ im Kreis Rothenburg im Dienste der sogenannten „Volksgemeinschaft“ ersehen.[590] Anlässlich der bevorstehenden Aktion „Mutter und Kind“ machte die Gauführung Mittelfranken der NSV klar, dass es sich hierbei nicht um eine vorübergehende Maßnahme handelte, sondern um eine Dauereinrichtung, die zu den Hauptaufgaben der NS-Volkswohlfahrt überhaupt zählte. Der Arbeitsausschuss setzte sich in Rothenburg unter Führung der NSV aus der NSF, dem NS-Ärztebund, dem NS-Lehrerbund, der HJ, dem BDM und aus öffentlichen Fürsorgestellen zusammen. Die vordringlichen Maßnahmen im Jahr 1934 waren die Aktionen „Kindererholung auf dem Lande“ und die „Mütterschulungen“. Bei der Aktion „Kindererholung auf dem Lande“, sollten erholungsbedürftige Kinder für den Zeitraum von

584 FA 25.10.1935.
585 Ebenda.
586 FA 3.1.1936.
587 Vorländer, NS-Volkswohlfahrt und Winterhilfswerk, S. 363.
588 FA 25.10.1940.
589 FA 11.4.1934.
590 Ebenda.

drei bis sieben Wochen in den Monaten Mai bis September jeden Jahres in Landpflegestellen gegeben werden.[591]

Darüber hinaus bot die NSV eine „Mütterschulung" durch die NS-Frauenschaft für Frauen und Hausfrauen an. Bevorzugt wurden Frauen aus kinderreichen Familien.[592] Die Mindestdauer war 14 Tage, meist wurden die Kurse jedoch vier bis sechs Wochen besucht. Die „Mütterschulung" hatte das Ziel der seelischen Ertüchtigung der Frauen für ihre Stellung als Mutter und Erzieherin. Ferner bot die NSV für werdende Mütter neben einer Beratungsstelle auch eine zuständige Haushaltshilfe vier Wochen vor und vier Wochen nach der Entbindung an. Des Weiteren waren Wöchnerinnen- und eine Säuglingsfürsorge im Angebot. Einen besonderen Platz nahm die Fürsorge für ledige Mutter im Arbeitsprogramm der NS-Volkswohlfahrt ein. Die bisherigen Ansichten über ledige Mütter wurden verändert, weshalb sie die gleichen Hilfsmaßnahmen erfuhren wie die verheirateten werdenden Mütter. Die Möglichkeit zur Eheschließung wurde gefördert, wobei in diesem Fall mit dem Arbeitsamt zwecks Arbeitsbeschaffung verhandelt wurde. Die Arbeitsplatzhilfe sollte vor allem den Familienvätern unter die Arme greifen, ebenso wie alleinstehenden Frauen. Die NSV versuchte, die Mütter möglichst an die Familie zu binden, um deren Arbeitsplätze an Arbeitslose zu vermitteln. Weitere vordringliche Aufgaben der NSV waren die Unterstützung bei der Wohnungsvermittlung und Beschaffung „gesunder Wohnungen, die Förderung des Siedlungs- und Kleinwohnungswesens, Erziehung von Hausbesitzern zum Volksgemeinschaftsgedanken".[593] Ein Ziel sah die NSV darin, für jedes Kind ein eigenes Bett zu beschaffen.[594]

5.6.2. Einsatz und Ergebnisse

Um die Arbeit der NSV zu unterstützen, setzte man „NS-Schwestern" ein. Am 14. Oktober 1935 führten Kreisleiter Steinacker und „Gauschwester Ella" die „NS-Schwester" Mathilde Staudacher in der Mönitheimschen Gastwirtschaft in Wettringen in ihr Amt als Gemeindeschwester ein.[595] Wenige Monate vorher hatte eine „braune Schwester" in Schillingsfürst ihre Gemeindearbeit begonnen. Neben NSDAP-Ortsgruppenführer König und Bürgermeister Kern aus Wettringen fanden sich Bürgermeister und Gemeinderäte aus den umliegenden Gemeinden ein. Gauorganisationsleiter Schierer sowie ein Vertreter des Bezirksamtes, Oberamtmann Fürst, nahmen ebenfalls daran teil.[596] Die Gemeinden und

---

591 Ebenda.

592 Ebenda.

593 Ebenda.

594 Ebenda.

595 LAELKB, BayD Insingen Nr. 366. Abdruck aus der Fränkischen Tageszeitung vom 16.10.1935, Nr. 242.

596 Ebenda.

Gemeindeverbände hatten nach Maßgabe ihrer Finanzlage und des öffentlichen Bedürfnisses für Pflege Mittel für die Finanzierung der Gemeindeschwesternstellen bereitzustellen, die mit „NS-Schwestern" zu besetzen waren.[597] Bei auftretenden Schwierigkeiten hinsichtlich der Einsetzung der „NS-Schwestern" war die Geschäftsstelle der NSV zu kontaktieren.[598]

Je nach Möglichkeiten gingen NSV-Untergliederungen in Zusammenspiel mit der kommunalen Verwaltung gegen konfessionelle Wohlfahrtseinrichtungen vor.[599] Ein Schreiben des Bayerischen Staatsministeriums für Unterricht und Kultus an das Bezirksamt Rothenburg verdeutlichte die Zielsetzung: „Die nationalsozialistische Weltanschauung verlangt die Beseitigung aller klösterlichen und sonstigen bekenntnismäßig geführten Schulen."[600] 1933 führte die Stadt Rothenburg ein Waisenhaus und eine Kleinkinderbetreuungsanstalt mit durchschnittlich 200 Kindern.[601]

Die „Kleinkinderbewahranstalt" war seit ihrer Gründung eine städtische Anstalt, finanziert aus den Mitteln einer Amerikanerin namens Eichler.[602] Aufsicht und Leitung der Einrichtung hatte das Pfarramt zum Heiligen Geist. Da die geistliche Obhut den Nationalsozialisten ideologisch widersprach, versuchte die örtliche Partei Änderungen auf dem Verwaltungswege herbeizuführen.[603] Da dies aufgrund der Stiftungsbestimmungen scheiterte, schaltete die Partei die NSV ein, um dadurch nicht nur die konfessionellen Kindergartenschwestern, sondern auch den Pfarrer aus der Verantwortung zu nehmen.[604] Durch die neue Regierung wurden die Einrichtungen der städtischen Verwaltung entzogen und in die Verantwortlichkeit der NSV überführt.[605] 1935 kaufte die Stadt Rothenburg in Detwang ein Anwesen für 4.500 RM, bestehend aus Wohnhaus, Scheune, Stall und Wiese, und errichtete dort für das Taubertal eine „Kleinkinderbewahran-

---

597 LAELKB, BayD Insingen Nr. 366. Abschrift aus dem Ministerialblatt für die Preussische innere Verwaltung; Ausgabe A Nr. 23 vom 5.6.1935. RdErl.d. RuPrMdI. v. 29.5.1935 – V W 1520 a /18.5.

598 LAELKB, BayD Insingen Nr. 366. Schreiben des Landesführers der Inneren Mission in Bayern, Geschäftsstelle Nürnberg/Untere Talgasse 20 an die Dekanate der Evang. Luth. Kirche in Bayern r.d.Rh. vom 12.6.1935.

599 Eckhard Hansen, Wohlfahrtspolitik im NS-Staat: Motivation, Konflikte und Machtstrukturen im „Sozialismus der Tat" des Dritten Reiches, Augsburg 1991, S. 72.

600 StAN, LRA Rothenburg o.d.T., Abg. 1975, Nr. 1797. Adolf Wagners Einsatz beim Abbau der Bekenntnisschulen war signifikant für die ideologische und propagandistische Ausrichtung des Ministeriums. Vgl. Winfried Müller, Das Bayerische Staatsministerium für Unterricht und Kultus: Verwaltung und Personal im Schatten der NS-Politik, in: Rumschöttel/Ziegler (Hg.): Staat und Gaue in der NS-Zeit, S. 197-215, S. 206.

601 Wirsching, Rothenburg (Typoskript), S. 61.

602 StAN, Akten der Wiedergutmachungsstelle. III a 58. Schreiben von Hans Wirsching an den Stadtrat von Rothenburg o.Tbr. vom 20.1.1949.

603 Ebenda.

604 Ebenda.

605 StAN LRA Rothenburg o.d.T., Abg. 1975, Nr. 2178. Schreiben des Bürgermeisters der Stadt Rothenburg ob der Tauber an den Landrat Rothenburg ob der Tauber vom 16.10.1942.

stalt“ der NSV.[606] Kommunale Vertreter der NS-Herrschaft leiteten im Juni 1941 den „Abbau der drei noch bestehenden konfessionellen Kindergärten […]“ ein.[607] Mit der Begründung, dass „[…] der Betrieb von Unterrichts- und Erziehungsanstalten […] nach den Grundsätzen des nationalsozialistischen Reiches eine öffentliche und keine private Angelegenheit“ sei, wurden die bestehenden Kindergärten geschlossen.[608] Die NSV übernahm die Leitung des evangelischen Kindergartens des Elisenstifts, des katholischen Kindergartens im Kloster der Armen Schulschwestern und des katholischen Kindergartens in Gebsattel.[609] Die Erzieherinnen in den kirchlichen Kindergärten wurden ihrer Tätigkeit enthoben.[610] Damit war die NSV allein für die Kinderfürsorge in erzieherischer sowie gesundheitlicher Beziehung in Stadt und Kreis Rothenburg zuständig.

Die ideologische Ausrichtung der Kinderbetreuung war durch Veranstaltungen der NSV gewährleistet. Im Rahmen der Kinderbetreuung organisierte die NSV-Rothenburg Arbeitstagungen für die Kindergartenleiterinnen, Kinderpflegerinnen und Helferinnen des „Frauendienstes“ aus den Kreisen Rothenburg und Uffenheim. Dabei wurden von führenden Leitern des Kreisamtes Rothenburg Vorträge gehalten wie „Die Bedeutung des Kindes im Leben eines Volkes“.[611] Im Rahmen der Elternarbeit organisierte die NSV Sommerfeste im „NS-Kindergarten“.[612] Neben der Funktion, die Mütter zu entlasten, war es das Ziel der NS-Kindergärten, die Kleinkinder zur „Volksgemeinschaft“ zu erziehen.[613]

Wie das Reich, so stand auch Rothenburg am 7. Dezember 1935 im Zeichen des „Tages der nationalen Solidarität“, der einen Höhepunkt im Rahmen der Geldspendensammlung für das Sammelwerk des WHW darstellte.[614] Für die Sammelaktion mobilisierte die NSV ein Sammler-Korps mit über 100 Personen.[615] Zum „Tag der nationalen Solidarität“ im Jahr 1935 spendete die Bevölkerung der Stadt Rothenburg einen Betrag von 2.390,94 RM und übertraf das

606 Wirsching, Rothenburg (Typoskript), S. 61; StadtAR, Stadtratsprotokolle Rothenburg. Niederschrift über die Beratung mit den Ratsherren am 30.8.1938. Tagesordnungspunkt Nr. 290.

607 StAN LRA Rothenburg o.d.T., Abg. 1975, Nr. 1797. Schreiben des Bayerischen Staatsministerium für Unterricht und Kultus an das Bezirksamt Rothenburg vom 22.12.1938.

608 Ebenda.

609 Ebenda; Zum Verhältnis von NSV zu konfessionellen Einrichtungen sei verwiesen auf Peter Hammerschmidt, Die Wohlfahrtsverbände im NS-Staat. Die NSV und die konfessionellen Verbände Caritas und Innere Mission im Gefüge der Wohlfahrtspflege des Nationalsozialismus, Opladen 1999.

610 StAN LRA Rothenburg o.d.T., Abg. 1975, Nr. 1120. Schreiben der Gauleitung Franken, Amt für Volkswohlfahrt Reißer (Finanzrechtssachen), an den Landrat Rothenburg o.d.T. vom 19.4.1941.

611 Ebenda.

612 FA 10.7.1940.

613 Vorländer, NS-Volkswohlfahrt und Winterhilfswerk, S. 364.

614 FA 7.12.1935.

615 FA 3.12.1935.

Sammelergebnis des Vorjahres um ein Vielfaches.[616] Im Bereich des Kreises Rothenburg wurden 1.200,64 RM gespendet.[617] Wenn auch die Höhe der Beiträge im Vergleich zur Stadt Rothenburg nicht ganz so hoch war, lässt sich feststellen, dass auf dem Land die Spendenbereitschaft gegenüber dem Vorjahr eine Steigerung erfahren hatte.[618] Mit einem Gesamtergebnis des Kreises Rothenburg in Höhe von 3.391,58 RM stand Rothenburg mit dieser Summe nach Einschätzung der Kreisleitung, „prozentual nach Größe und Einwohnerzahl gerechnet, an der Spitze des Gaues Franken. […]“[619] Zwischen 1934 und 1937 vervierfachte sich das Sammelergebnis in der Stadt Rothenburg zum „Tag der nationalen Solidarität“ auf 2.259,04 RM.[620] Die Ergebnisse der Straßensammlungen, Abzeichensammlungen und der Eintopfsonntage im Kreis Rothenburg nahmen kontinuierlich zu und übertrafen jeweils das Resultat des Vorjahres.[621] Turnusmäßig proklamierte die lokale Presse erneute Rekordergebnisse der Sammlungen, auch in Bezug auf die einzelnen Ortsgruppen.[622]

Die Straßensammlungen des WHW standen unter Parolen wie „Heimatkultur“, „Volkssport und Volkslied“, „Im Zeichen reichsstädtischer Wappen“ oder auch „Die alten Frontsoldaten kämpfen für das Winterhilfswerk wieder in vorderster Front!“[623] Im Rahmen der 5. Reichssammlung für das WHW verkauften die örtliche SA, SS sowie das NSKK das WHW-Abzeichen, die „Wolfsangel“.[624] Daneben stellten sich die HJ, BDM oder die NSF in den Dienst der Sammlung für das Winterhilfswerk.[625] Ehemalige Offiziere aus dem „Kyffhäuserbund“ führten eine Straßensammlung durch.[626] Aber auch die Rothenburger Polizei unterstützte die Aktionen der NSV und führte eine Straßen- und Haussammlung durch, indem Sie Abzeichen verkaufte. Zu derartigen Anlässen trugen die amtlichen Gebäude Flaggenschmuck.[627] Ferner spielte die Kapelle des 21. Infanterieregiments der Wehrmacht im Wildbadsaal zugunsten des Winterhilfswerks.[628] Die Nationalsozialistische Kriegsopferversorgung (NSKOV) stellte sich in Rothenburg ebenfalls in den Dienst der NSV. Die Ortsgruppe Rothenburg hielt Mitgliederversammlungen und Kundgebungen ab, um der Öffentlichkeit in Stadt und Bezirk die Bedeutung der Kriegsopfer und Kriegsopferversorgung im

---

616 FA 9.12.1935. Darin: Abschrift des Telegramms von Kreisleiter Steinacker an Gauleiter Streicher.
617 FA 9.12.1935.
618 Ebenda.
619 Ebenda.
620 FA 6.12.1937.
621 FA 15.5.1937.
622 FA 18.1.1940.
623 FA 3.1.1936; FA 15.1.1940; FA 26.1.1942; FA 22.9.1943; FA 26.3.1943; FA 24.9.1943.
624 FA 31.1.1936.
625 FA 19.12.1934.
626 FA 6.1.1936.
627 FA 19.12.1934.
628 FA 2.12.1935.

nationalsozialistischen Staat darzulegen.[629] Darüber hinaus beteiligten sich Abordnungen der NSKOV an den Sammelaktionen der NSV.[630] Die Kreispropagandaleitung der NSV bediente sich kirchlicher Feiertage und appellierte an die christliche Nächstenliebe, um ihre ideologischen Ziele zu verfolgen. So rief sie die Rothenburger Bevölkerung auf, sogenannte „Liebesgaben-Pakete" zu schnüren, die als Weihnachtsgeschenk an bedürftige „Volksgenossen" ausgegeben wurden.[631] Aus all dem wird klar, wie umfassend die NSDAP es mittels der NSV bewerkstelligte, die Bevölkerung zu mobilisieren.

Exemplarisch sei auf die Anstrengungen des WHW in den Jahren 1934-1936 verwiesen. Die Tagung des Kreisbeirates und der Arbeitsgemeinschaft des WHW im Winter 1935/36 im Sitzungssaal des Rathauses lieferte einen detaillierten Einblick in die Wohlfahrtstätigkeit bei der Betreuung der Hilfsbedürftigen.[632] Bei der Tagung veröffentlichte Kreisleiter Steinacker eine Liste der Spenden, die im vergangenen Winterhilfswerk im Kreis Rothenburg aufgebracht bzw. verteilt wurden: Dabei handelte es sich um 7.800 Kohlengutscheine, 9.000 Gutscheine á 0.50 RM, 4.200 Gutscheine á 1,00 RM, 1.700 Zentner Kartoffeln, 1.450 Zentner Mehl, 4.000 Pfund Fischfilet, 1.500 Kilo Fleischkonserven, 1.600 Pfund Fett, 1.600 Pfund Haferflocken, 1.600 Pfund Malzkaffee, 800 Pfund Grieß, 1.600 Pfund Grünkern, 40 Hasen, 2.000 Pfund sonstige Lebensmittel, 870 Paar Schuhe sowie einige tausend Kleidungsstücke und Wäsche.[633] Die Vergabe der Gutscheine an „Hilfsbedürftige" fand in den Räumen des Arbeitsamtes in der Kirchgasse statt.[634] Der erste Eintopfsonntag im Jahr 1935 brachte im Kreis Rothenburg ein Ergebnis von 1.711,80 RM, gegenüber 1.429,30 RM beim ersten Eintopfsonntag des Vorjahres. Das war eine Steigerung von 20 Prozent innerhalb eines Jahres.[635] Um nicht nur auf Spenden – sondern auch auf eigene Ressourcen –zurückzugreifen, organisierte man im Rahmen des Ernährungshilfswerks der NSV Stallungen für Mastschweine. Gleichfalls erlaubte der Stadtrat der NSV die Einrichtung von Schweineställen zu Mastzwecken in der städtischen Zuchttieranstalt.[636]

Was die Zahl der unterstützten Personen in Rothenburg betrifft, so wurden im Winterhilfswerk 1935/36 im Kreis Rothenburg 792 Familien (=3.013 Personen), davon in Rothenburg selbst 497 Familien (=1.787 Personen),[637] darüber hinaus im Kreis Rothenburg 350 Einzelpersonen mit Kind (=697 Personen), davon in Rothenburg selbst 300 Einzelpersonen mit Kind (=456 Personen) unterstützt, d.h.

629 FA 18.2.1935.
630 FA 3.1.1936; FA 6.1.1936.
631 FA 19.12.1934.
632 FA 25.10.1935.
633 Ebenda.
634 FA 15.1.1936.
635 FA 25.10.1935.
636 StadtAR, Stadtratsprotokolle Rothenburg. Niederschrift über die Beratung mit den Ratsherren am 30.8.1938. Nr. 5672. Tagesordnungspunkt Nr. 308.
637 FA 25.10.1935.

im Kreis Rothenburg 1.142 Haushalte. Das entsprach einer Menge von 3.710 Personen, wovon in der Stadt Rothenburg selbst 797 Haushalte betroffen waren, was eine Summe von 2.243 Personen bedeutete. Da der Kreis Rothenburg insgesamt 28.651 Einwohner hatte, standen mit den 3.710 Einwohnern 13 Prozent in Betreuung des WHW.[638] Um die Betreuung zu gewährleisten, stellten sich mehr als 700 ehrenamtliche Helfer zur Verfügung.[639] Zum Vergleich: Im WHW 1934/35 waren es 1.100 Familien mit insgesamt 3.900 Personen, die betreut wurden.[640]

Der Rothenburger NSV gelang es durch das jährliche Winterhilfswerk riesige Spendensummen zu sammeln: 1933/34: 7.916,26 RM, 1934/35: 9.812,64 RM, 1935/36: 10.913,90 RM, 1936/37: 12.593,76 RM, 1937/38: 23.253,76 RM, 1938/39: 31.748,51 RM, 1939/40: 81.161,25 RM, 1940/41: 115.902,22 RM, 1941/42: 168.095,40 RM.[641] Zusammen ergab das eine Spendensumme von 451.940,09 RM.[642] Die stetig steigenden Zahlen sind sowohl ein Beweis für die enormen Anstrengungen der NS-Organisationen als auch für den Konsens der Bevölkerung mit dem Regime.

Die Sozialpolitik stand ab 1939 im Visier der forcierten Kriegsvorbereitung und Kriegsführung.[643] Damit war die NSV vor die Aufgabe gestellt, schnelle Nothilfeaktionen zu organisieren.[644] Es lag in der Natur der NSV, dass die kriegsbedingten Nöte in ihr Ressort fielen.[645] Durch den Zweiten Weltkrieg wurde das Aufgabenspektrum der NSV in Rothenburg erweitert. Genannt seien die Betreuung der Evakuierten aus dem Westen und der Rückwanderer aus den Ostgebieten.[646] In Rothenburg verpflegte die NSV im Jahre 1940 nahezu ein dreiviertel Jahr lang 270 Umsiedler aus „Wolhynien“ und weitere vier Monate etwa 300 „Volksdeutsche“ aus „Bessarabien“.[647]

Die NSV entwickelte sich in Rothenburg ab 1939 zu einem sehr großen Apparat. Allein im Jahr 1942 wurden im Rahmen der Müttererholungsfürsorge 400 Mütter in Heime verschickt, während zur Entlastung kinderreicher Mütter 60 Haushaltshilfen durchschnittlich eineinhalb Jahre lang in verschiedenen Familien des Kreise Rothenburg eingesetzt waren. Ein in der Stadtmitte Rothenburgs eingerichtetes „Maidenlager“ bot zehn jungen Frauen des Frauenhilfsdienstes Unterkunft sowie Verpflegung nach ihrer Tätigkeit. In der Jugenderholungspflege

---

638 Ebenda.

639 Ebenda.

640 Ebenda.

641 FA 22.4.1942.

642 Ebenda.

643 Uwe Mann/Eckart Reidegeld, Die nationalsozialistische „Volkswohlfahrtspflege“ – Dimensionen ihrer Ideologie und Praxis, in: Theorie und Praxis der sozialen Arbeit 11 (1988), S. 13.

644 Vorländer, NS-Volkswohlfahrt und Winterhilfswerk, S. 375.

645 Vorländer, Die NSV, S. 127.

646 FA 22.4.1942.

647 Ebenda.

wurden 550 Kinder aus dem Kreisgebiet in Heime und ca. 900 Kinder in anderen Gauen durch die „Kinderlandverschickung“ untergebracht.[648] Demgegenüber wurden im Zeitraum von 1937 bis 1941 insgesamt 1.220 Kinder im Kreis Rothenburg aufgenommen.[649] Das Winterhilfswerk der NSV hatte 1940 in Rothenburg das Motto „Keiner soll hungern und frieren“. Das Hauptgewicht der Betreuung war zunächst auf die wirtschaftliche Fürsorge gelegt.[650]

Hinzu kamen Sonderspenden während des Krieges, wie zum Beispiel die „Liebesgabensammlung“ in Höhe von 4.661,54 RM. Das Kriegshilfswerk für das Deutsche Rote Kreuz erbrachte eine Summe von 132.487,27 RM. Die „Bauernspende“ belief sich in bar auf 73.589,92 RM. Damit ergab sich in zehn Jahren insgesamt eine Spendensumme von 662.678,12 RM. Hinzu kamen die schon vor dem Zweiten Weltkrieg üblichen Bauernspenden in Form von Naturalien und Alt-Kleidersammlungen.[651]

Die kriegsbedingte Veränderung schlug sich nominell nieder. Aus dem „Winterhilfswerk“ (WHW) erwuchs das „Kriegs-Winterhilfswerk“ (KWHW). Als „hilfsbedürftig im Sinne des 2. KWHW [...]“ galten Rothenburger, die durch Kriegsauswirkungen in Not geraten waren, wie zum Beispiel „Kriegerhinterbliebene, Kriegsbeschädigte oder Wohlfahrtsunterstützungsempfänger“ sowie jene, die durch die Umstellung des Wirtschaftslebens und der dadurch bedingten Veränderung ihrer Einkommensverhältnisse einer zusätzlichen Betreuung bedurften.[652] Die Menschen konnten im Kreishaus der NSDAP die Hilfe beantragen.[653] Im Umkehrschluss bedeutete dies, dass die NS-Organisation entschied, wer Unterstützung bekam und wer nicht. Um die Arbeit des Kriegswinterhilfswerks zu planen, setzte Kreisamtsleiter Beyerl jedes Jahr im November eine Tagung an, um die Richtlinien für das angelaufene KWHW zu besprechen.[654] So wurden zum Beispiel für die Straßensammlung des KWHW im Jahr 1941 Bildheftchen vom „Kampf im Westen“ als Zeichen der Dankbarkeit für Spenden verteilt.[655] Im Zuge des Hilfswerkes 1942 wurden unter anderem Wintersachen für die Front gesammelt wie Pelzstiefel, Pullover, gefütterte Westen, Decken, Skistiefel und Ski-Anzüge.[656] Die Sammlung im Kriegsjahr erbrachte 36.739 Stück.[657] Über 300 ehrenamtliche NSV-Helfer und -Helferinnen waren in Stadt und Land Ro-

---

648 Ebenda.

649 Für die einzelnen Jahre ergab sich folgende Verteilung: Im Jahr 1937 waren es 300 Kinder, 1938 erhöhte sich die Anzahl auf 330 Kinder, 1939 handelte es sich um 250 Kinder und 1940 waren es 340 Kinder. Vgl. FA 22.4.1942.

650 FA 22.4.1942.

651 Ebenda.

652 FA 13.9.1940.

653 Ebenda.

654 FA 11.9.1941; FA 16.9.1942.

655 FA 27.8.1941.

656 FA 6.1.1942; FA 22.12.1941; FA 13.6.1942.

657 FA 14.1.1942.

thenburg im Einsatz.[658] Bei der Solidaritätsbekundung lag Rothenburg zusammen mit dem Kreis Ansbach an erster Stelle im Gau Franken.[659]

Fazit

Die faktische Macht der Rothenburger NSV bestand in ihren wohlfahrtspflegerischen Aktivitäten in Stadt und Land. Die Leitprinzipien der NSV verdeutlichten, dass die Wohlfahrtspflege als Herrschaftsinstrument eingesetzt wurde.[660] Die volksdisziplinierende Ausrichtung der Fürsorge ließ die soziale Hilfe im Sinne der NS-Ideologie nur jener Bevölkerungsgruppe zuteilwerden, die den weltanschaulichen Kriterien der Partei entsprach.[661] Mit der Einstufung als „rassisch minderwertig" oder „asozial" drängte die NSV Menschen an den Rand der Gesellschaft.[662] Über die Jahre wandelte sich die NSV vom Kontrollinstrument zum „Erfüllungsorgan einer menschenverachtenden Politik" der nationalsozialistischen Herrschaft.[663] Das Rothenburger NSV-Hilfswerk „Mutter und Kind" legte in seiner praktischen Umsetzung rassistische Maßstäbe an. Die Sanktionen der Kreisleitung gegenüber jenen Menschen in der Rothenburger Region, die sich den Spendenaktionen entziehen wollten und folglich denunziert wurden, belegten die Radikalisierung des Kontributionssystems. Jene Menschen in der Region, die konform mit dem Regime liefen, profitierten von den Hilfsleistungen der NSV; und es waren Tausende. In Stadt und Land Rothenburg gelang es der NSV, eine sehr breite und fein verästelte Organisationsstruktur aufzubauen. Die beträchtlichen Geldsummen, Lebensmittelabgaben sowie die Massen an ehrenamtlichen Helfern bei Sammel- und Hilfstätigkeiten belegten die Durchsetzungsfähigkeit aber auch das Mobilisierungspotenzial der nationalsozialistischen Idee. In Zusammenarbeit mit den kommunalen Behörden schaltete die NSV jegliche Konkurrenz auf karitativem Gebiet aus, wie die verordneten Übernahmen konfessioneller pädagogischer Einrichtungen zeigten. Symbolisch prämiert mit einem „Winterhilfswerk-Mahnmal", erhielt die Rothenburger NSV ihren Platz im öffentlichen und parteilichen Leben.

5.7. Frauen im Dienst der NSF

Die Nationalsozialistische Frauenschaft (NSF) und das Deutsche Frauenwerk (DFW) waren, im Zuge der „Gleichschaltung" nach Verbot und Auflösung einer

658 FA 22.4.1942.
659 FA 14.1.1942.
660 Lampert, Staatliche Sozialpolitik, S. 200.
661 Ebenda, S. 201.
662 Klee, Nationalsozialistische Wohlfahrtspolitik, S. 618.
663 Ebenda, S. 618.

Vielzahl von Gruppierungen, die einzig offiziell erlaubten Frauenorganisationen.[664] Die NSF war verantwortlich für die Vermittlung der NS-Ideologie an alle Frauen.[665] Dazu bestand innerhalb eines NSDAP-Ortsgruppenbereichs eine Ortsfrauenschaft.[666] Sinngemäß galt das gleiche für den NSDAP-Parteikreis. Nach Hitlers Ansicht hatte das „Ziel der weiblichen Erziehung [...] unverrückbar die kommende Mutter zu sein".[667] Somit lag die Bestimmung der Frau in der Familie und Mutterschaft.[668] Eine Hauptaufgabe lag im Unterricht werdender Mütter.[669] Demgemäß hatte der „Reichsmütterdienst" – eine Unterabteilung der NSF – „die Aufgabe, durch seine Einrichtungen eine gesunde Familiengründung und Familienführung zu unterstützen".[670] Seit 1933 wuchs die NSF in Rothenburg erheblich

664 Die NSF war gegenüber dem DFW als Elitekader konzipiert. Vgl. Michael Kater, Frauen in der NS-Bewegung, in: VfZ 31 (1983), S. 202-241, S. 220.

665 Susanne Dammer, Kinder, Küche, Kriegsarbeit – Die Schulung der Frauen durch die NS-Frauenschaft, in: Mutterkreuz und Arbeitsbuch. Zur Geschichte der Frauen in der Weimarer Republik und im Nationalsozialismus, Frankfurt/M 1981, S. 215-245, S. 228.

666 Organisationsbuch der NSDAP, S. 272.

667 Adolf Hitler, Mein Kampf, München 1933, S. 460.

668 Ludwig Eiber, Frauen in der Kriegsindustrie. Arbeitsbedingungen, Lebensumstände und Protestverhalten, in: Martin Broszat u.a. (Hg.): Bayern in der NS-Zeit. 6 Bde. Bd. 3: Herrschaft und Gesellschaft im Konflikt. Teil B, München/Wien 1981, S. 569-644, S. 659. Zur Rolle der Frau im Nationalsozialismus sei verwiesen auf Sybille Steinbacher (Hg.), Volksgenossinnen. Frauen in der NS-Volksgemeinschaft, Göttingen 2007; Christina Herkommer, Frauen im Nationalsozialismus. Ein diskursgeschichtlicher Überblick, in: Theresienstädter Studien und Dokumente 14 (2008), S. 288-327.; Claudia Koonz, Mütter im Vaterland. Frauen im Dritten Reich, Reinbek 1994; Jill Stephenson, Nationalsozialistischer Dienstgedanke, bürgerliche Frauen und Frauenorganisationen im Dritten Reich, in: Geschichte und Gesellschaft 7 (1981), S. 555-571; Heide Manns, Frauen für den Nationalsozialismus. Nationalsozialistische Studentinnen und Akademikerinnen in der Weimarer Republik und im Dritten Reich, Opladen 1997; Elizabeth Harvey, „Der Osten braucht dich!". Frauen und nationalsozialistische Germanisierungspolitik, Hamburg 2010; Louise Willmot, Women in the Third Reich: The Auxiliary Military Service Law of 1944, in: German history 2 (1985), S. 10-20. Für regionale Analysen der NSF seien genannt: Bärbel Wallner, Die NS-Frauenschaft in Augsburg, in: Michael Cramer-Fürtig/Bernhard Gotto (Hg.): „Machtergreifung" in Augsburg. Anfänge der NS-Diktatur 1933-1937, Augsburg 2008, S. 54-60. Beatrix Schönewald, Frauen im Nationalsozialismus, in: Sammelblatt des Historischen Vereins Ingolstadt 113 (2004), S. 275-288; Elisabeth Maisser/Christine Roiter, Organisierte Frauen als Täterinnen am Beispiel der NS-Frauenschaft (NSF) und des Deutschen Frauenwerks (DFW) im Kreis Wels, in: Andreas Baumgartner (Hg.): Zwischen Mutterkreuz und Gaskammer, Wien 2008; Renate Wiggershaus, Frauen unterm Nationalsozialismus, Darmstadt 1984.

669 David Schoenbaum, Die braune Revolution. Eine Sozialgeschichte des Dritten Reiches, München 1980, S. 230; Georg Tidl, Die Frau im Nationalsozialismus, Wien 1984, S. 128; Dorothee Klinksiek unterscheidet zwei Phasen in Bezug auf die Stellung der Frau. Die erste Phase 1933-1936 beschränkte die Frau auf ein Hausfrauen- und Mutterdasein. Die zweite Phase 1936-1939 ermöglichte der Frau, sich im Rahmen der nationalsozialistischen Wirtschaftspolitik beruflich zu organisieren bzw. sich während des Krieges in der Kriegsindustrie zu betätigen. Vgl. Dies.: Die Frau im NS-Staat, Stuttgart 1982, S. 100ff.

670 Organisationsbuch der NSDAP, S. 268.

und verfügte über eine differenzierte Binnenstruktur, wie der Organisationsplan und das Verzeichnis der Ortsfrauenschaftsleiterinnen belegten.[671]

In Rothenburg und Umgebung veranstaltete die NSF im Rahmen der „Mütterschulungsarbeit" regelmäßig Schulungsveranstaltungen.[672] Als Trägerin der „Mütterschulungskurse" organisierte die NSF mit der NSV im Bezirk Lehrgänge über Säuglings- und Kleinkinderpflege, Gesundheits- und Krankenpflege sowie Erziehungsfragen und Hauswirtschaft.[673] Dahinter stand ein emanzipationsfeindliches und rassistisch geprägtes Frauenleitbild.[674] Die Organisation und den Ablauf der Kurse übernahm die Kreisamtsleitung der NSF Rothenburg unter Leitung der Kreisfrauenschaftsleiterin Marga Schübel.[675] Auch wenn das zunächst harmlos klingt, so sorgte die NSF für die Indoktrination der Teilnehmerinnen im Sinne der NS-Ideologie.[676]

Kreisleiter Steinacker unterstützte die Arbeit der NSF in Stadt und Kreis Rothenburg und nahm an den Kundgebungen als höchster politischer Leiter teil.[677] Neben den Bemühungen, Mütter und Ehefrauen auszubilden, gab es lokale Frauenschaftsversammlungen, bei denen die Frauen mit der NS-Ideologie vertraut gemacht wurden. Um das Potenzial für die Idee der „Volksgemeinschaft" zu nützen, das in den Funktionen der Frau als Mutter, Ehefrau und Arbeitskraft steckte, war es nötig, die Frauen aus der Privatsphäre zu lösen und zielgerichtet zu beeinflussen.[678] Außer den Kameradschaftsabenden und monatlichen Pflichtversammlungen fanden in Stadt und Land Rothenburg regelmäßige Kundgebungen der NSF sowie des Deutschen Frauenwerks statt.[679] Die turnusmäßigen Veranstaltungen banden die weiblichen Mitglieder an das NS-Regime.[680] Die Mitwirkung in den Frauenorganisationen lässt sich als ehrenamtliches Engagement für den NS-Staat beschreiben.[681] Im Kreis Rothenburg war der Einsatz der ortsansässigen Frauen in der NSF beträchtlich. Der Beitrag in der NSF war zum ei-

---

671 StAN, Rep. 503. NS-Mischbestand. Kreisleitung Rothenburg o.d.T., Nr. 1. Schreiben der Kreisleitung vom 26.2.1937; Verzeichnis der Ortsfrauenschaftsleiterinnen, erstellt von der Kreisfrauenschaftsleiterin Marga Schübel vom 31.8.1939.

672 StAN, LRA Rothenburg o.d.T., Abg. 1975, Nr. 2210. Schreiben der NSF-Ortsgruppe Schillingsfürst vom 18.1.1935 und 22.1.1935.

673 Ebenda.

674 Hans-Jürgen Arendt, Grundzüge der Frauenpolitik des faschistischen deutschen Imperialismus, in: Jahrbuch für Geschichte 24 (1981), S. 313-349, S. 333.

675 StAN, SpKA Rothenburg o.d.T., Sch184. Marga Schübel, geb. 1891, war Mitglied der NSDAP von 1937-1945, NSF 1933-1945, Kreisfrauenschaftsleiterin der NSF von 1936-1945, RLB 1939-1945, DRK 1922-1945.

676 Kathrin Kompisch, Täterinnen. Frauen im Nationalsozialismus, Köln/Weimar 2008, S. 59.

677 FA 6.9.1935.

678 Klinksiek, Frau im NS-Staat, S. 136.

679 FA 19.3.1936; FA 20.11.1937; FA 2.5.1938; FA 16.5.1939.

680 Kompisch, Täterinnen, S. 59.

681 Nicole Kramer, Krieg und Partizipation. „Volksgenossinnen" in den NS-Frauenorganisationen, in: Christine Hikel (Hg.): Lieschen Müller wird politisch, München 2009, S. 73-84, S. 82.

nen das Ergebnis der Mobilisierungsmaßnahmen von oben, entsprang aber ebenso dem Partizipationsbegehren der Akteurinnen.[682]

Die NSF bemühte sich um die Verbreitung des sogenannten deutschen Brauchtums, schließlich galten gerade Mütter als primäre Vermittlungsinstanz „völkischer" Kultur.[683] Vorträge wie „Die deutsche Frau ist die Hüterin deutschen Blutes und deutscher Rasse" und „Die germanische Lebensform ist ohne das Gesetz des Blutes nicht zu denken" erfüllten die Zielsetzungen der NSDAP.[684] Ein erheblicher Beitrag der Frauenarbeit der NSF beschränkte sich in Rothenburg auf „Arterhaltung", Hauswirtschaft und Wohlfahrt. Propagandistisch versuchte die Partei die Rolle der Frau im NS-Staat aufzuwerten. Zum Muttertag im Jahr 1939 zeichnete die NSDAP erstmals Mütter mit dem „Ehrenkreuz der deutschen Mutter" im Kreis Rothenburg aus.[685] Im Oktober verlieh der Kreisleiter im Rahmen eines Festaktes 137 „kinderreiche[n] Mütter[n]" das „Mutterkreuz".[686] Im Dezember 1939 erhielten bereits eintausend „kinderreiche" Mütter aus dem Parteikreis Rothenburg das „Mütter-Ehrenkreuz". Am 17. Dezember veranstaltete die NSDAP sowohl in der Stadt Rothenburg wie in allen Ortsgruppen des Kreisgebietes „Mütter-Ehrungsfeiern". Daneben ergingen Aufrufe an die Frauen, die Arbeit des WHW zu unterstützen, für das Deutsche Rote Kreuz zu sammeln oder freiwilligen Erntedienst zu leisten. Bilder im Fränkischen Anzeiger belegten das Engagement der organisierten Frauenschaft in Stadt und Land Rothenburg bei der Erntehilfe.[687]

Im Zuge des Zweiten Weltkrieges versuchte die NSDAP die NSF im Kreisgebiet Rothenburg zu mobilisieren. Dabei verlagerte sich die Ausrichtung der NSF weg von einem Frauenbildungswerk hin zu einer „Arbeits- und Tatgemeinschaft".[688] So wurden die Rothenburger „Maiden" des BDM für den Reichsarbeitsdienst zum „verschärften Kriegseinsatz" aufgerufen.[689] 1941 musste der Geburtsjahrgang 1923 der weiblichen Jugend zur Musterung für den Reichsarbeitsdienst antreten.[690]

---

682 Kompisch, Täterinnen, S. 59.

682 Kramer, Krieg und Partizipation, S. 83.

683 Kompisch, Täterinnen, S. 59.

684 FA 22.1.1937; FA 6.11.1937

685 FA 22.5.1939.

686 FA 1.10.1939.

687 FA 20.9.1938.

688 Nicole Kramer, Volksgenossinnen an der Heimatfront. Mobilisierung, Verhalten, Erinnerung, Göttingen 2011, S. 69.

689 FA 7.8.1941. Das RAD-Lager für Frauen der Abteilung 6/190 befand sich in der St. Leonhardstraße 32. Dabei handelte es sich um ein Kleinlager, das im ehemaligen Waisenhaus von 1937-45 untergebracht war. Vgl. Christoph Hölz, Reichsarbeitsdienstlager, in: Winfried Nerdinger (Hg.): Bauen im Nationalsozialismus. Bayern 1933-1945, München 1993, S. 179-213, S. 208.

690 StAN, Amtsblatt für das BA Rothenburg o.d.T. Jg. 1941, Nr. 8944 P, Nr. 32.

Die Partei führte im Februar 1943 im Kreisgebiet eine zweiwöchige „Aufklärungs- und Betreuungsaktion" durch.[691] In diesen Versammlungen und Veranstaltungen sprachen die lokalen Agitatoren der NSDAP über die Einbindungs- und Verwendungsmöglichkeiten der Frauen und Mädchen „im Einsatz für den Krieg" [692] Den theoretischen Ausführungen folgte harte Realität. Der Schock war groß, als junge Frauen 1945 zum Kriegsdienst als Flakhelferinnen abbeordert wurden.[693] Die Frauen, die überlebten, kamen mit dem Schrecken davon.[694]

Die „Aufklärungswellen" für Frauen im Parteikreis Rothenburg wurden gemeinsam von der NSDAP-Kreisfrauenschaftsleitung und der Kreisleitung durchgeführt.[695] Kreisleiter Steinacker rief die Frauen und Mädchen zu höchstem Einsatz auf und forderte sie in weltanschaulicher und hauswirtschaftlicher Hinsicht auf, „ein Bekenntnis ab[zu]legen zu den hohen Gütern unserer Nation [...]" und „den Bestand unseres Volkes und Reiches bis in ferne Jahrhunderte" zu garantieren, „[...] an denen vor allem die deutsche Frau höchsten Anteil und auch höchsten Gewinn hat."[696]

Trotz des Krieges versuchte die NSF die alltägliche Normalität zu wahren, was hinsichtlich der grausamen Realität zu einem perfiden Schauspiel verkam. Vom 1. bis 7. Februar 1942 führte die NSF im Gau Franken in den Räumen der Flugmodellbauschule Rothenburg ein Schulungslager für die Jugendgruppenführerinnen und Kindergruppenleiterinnen der NSF im Gau Franken durch.[697] Das Schulungslager stand unter der Leitung der Gaujugendgruppenführerin und Gau-Kindergruppenleiterin Erika Krieger.[698] Bei dieser Veranstaltung vermischten sich ideologische Schulung mit wenig anspruchsvollen Kulturveranstaltungen.[699] Zu Beginn sprach der Kreisschulungsleiter der NSDAP Burkhardt über das Thema „Ist uns der Ostraum fremdes Land".[700] Daneben kamen Märchentheater wie „Das arme Königskind" und „Dornröschen" zur Aufführung.[701]

Bei der „Wintersachensammlung für die Front im Kreise Rothenburg" leisteten 1.570 Frauen des NSF freiwillig 10.737 Arbeitsstunden in drei Nähstuben der

691 FA 13.2.1943.

692 Ebenda.

693 Erika Wörthmann, Aus meiner Kindheit und Jugend im 3. Reich. Privates unveröffentlichtes Manuskript, Rothenburg ob der Tauber, ohne Datum, S. 25.

694 Ebenda, S. 40.

695 FA 5.1.1943.

696 Ebenda.

697 FA 11.2.1942.

698 Ebenda; Für eine Analyse der NS-Funktionärinnen auf Gauebene sei verwiesen auf Anette Michel, "Führerinnen" im Dritten Reich. Die Gaufrauenschaftsleiterinnen der NSDAP, in: Dies. (Hg.): Volksgenossinnen. Frauen in der NS-Volksgemeinschaft, Göttingen 2007, S. 115-137.

699 FA 11.2.1942.

700 Ebenda.

701 Ebenda.

NS-Frauenschaft.[702] Aber nicht nur in der Stadt Rothenburg, sondern auch im Kreisgebiet fanden sich in vielen Ortsgruppen zahlreiche Frauen und Mädchen zusammen, um die eingegangenen Spenden umzuarbeiten bzw. Einzelgegenstände zu fertigen.[703]

Die Statistik der Kreisfrauenschaftsleitung liefert einen Einblick in die Tätigkeiten der NSF und des „Deutschen Frauenwerks" des Jahres 1940. Für die Sammlungen des Kriegs-Winterhilfswerks und für die NSV steuerten die Angehörigen der NSF 5.100 RM bei. Insgesamt gaben die Frauen der NSF über 19.000 Mittagessen aus. Hinzu kam eine entsprechende Zahl von Tagesverpflegungsportionen.[704] Der Wert, der für die NSV durchgeführten Lebensmittelsammlungen, betrug etwa 2.900 RM. Ferner initiierte man eine Sammlung von Altwäschestücken, die ausgebessert, gewaschen und bedürftigen Mitbürgern zur Verfügung gestellt wurden im Wert von über 2.200 RM. Auf dem Gebiete der helfenden Fürsorge waren die ehrenamtlichen Krankenbesuche bemerkenswert, die im Kriegsjahr 1940 nicht weniger als 1.408 Stunden in Anspruch nahmen. Die für Wöchnerinnenbesuche aufgewandten Stunden betrugen rund 350. Ferner führte die NSF 112 Wohnungskontrollen durch, die dazu dienten, „in hygienisch nicht einwandfreien Wohnungen nach dem Rechten zu sehen [...]".[705] Im Rahmen der Land- und Erntehilfe leisteten die Angehörigen der NSF über 28.000 Arbeitsstunden. Bei der Versorgung der Soldaten in Rothenburg mit Zeitungen und bei einer Feldpostpaketaktion kamen über 1.900 Arbeitsstunden zusammen.[706]

Fazit

Als Instrument der nationalsozialistischen Bewegung erfüllte die NSF in und um Rothenburg o.d.T. eine wichtige Funktion zur Unterstützung der NS-Herrschaft. Die Vermittlungstätigkeit der NS-Ideologie an die weibliche Bevölkerung sowie die soziale Einbindung in die Aktivitäten vor Ort waren beachtlich. „Mütterschulungskurse" unter Leitung der Kreisfrauenschaftsleiterin propagierten ein rassistisch geprägtes Frauenleitbild. Generell war der Arbeitseinsatz der Frauen für die NSF in Stadt und Land Rothenburg beträchtlich. Die Mobilisierung der Frau für den Nationalsozialismus in der Region Rothenburg gelang. Dies zeigte sich an zahllosen freiwilligen Arbeitseinsätzen der NSF jeglicher Couleur und der Flankierung des parteilichen Lebens während der NS-Herrschaft.

702 FA 15.1.1942.
703 Ebenda.
704 FA 4.2.1941.
705 Ebenda.
706 Ebenda.

6. Elemente der Herrschaft

6.1. Rothenburg als Herrschaftssymbol

Die Stadt Rothenburg ob der Tauber erfüllte für die Nationalsozialisten eine besondere symbolische Bedeutung. Im „Dritten Reich" galt Rothenburg galt als einer der „schönsten Plätze" für die Erholung der „Volksgenossen".[1] „Rothenburg hat in allem und jedem [sic!] was die Schöpfungen seit Beginn des Dritten Reiches angeht, gezeigt und bewiesen, daß es sich von anderen Städten nicht übertreffen lässt." postulierte der Fränkische Anzeiger am 12. Februar 1935.[2] Das Stadtbild entsprach dem idealisierten Bild des nationalsozialistischen Deutschlands.[3] Gerade die mittelalterliche Kulisse eignete sich für die Selbstdarstellung der Nationalsozialisten, dem Anspruch der NS-Bewegung, der Erfüllung der deutschen Geschichte seit dem Mittelalter, besonders gerecht zu werden.[4] Während einer seiner Kurzbesuche wies Streicher die Bürger Rothenburgs in einer Rede am 6. Januar 1937 darauf hin, dass „Rothenburg immer ein Beispiel für ganz Deutschland [...]" sein würde.[5] Ferner diente die Stadt Rothenburg den Nationalsozialisten als Symbol einer traditionellen deutschen „Volksgemeinschaft". Nationalsozialistische Ideale wie Gründlichkeit und Reinheit mündeten in ein Stadtverschönerungsprogramm. Mit ihrem harmonistischen, auf Veredelung sowie Verschönerung angelegten Kulturverständnis traten die Nationalsozialisten als Bewahrer des kulturellen Erbes auf.[6] In Verbindung mit den NS-Denkmälern, NS-Gemälden an Hauswänden, Judentafeln und der Beflaggung der Gebäude mit Hakenkreuzfahnen wurde die Stadt ein Prestigeobjekt des „Dritten Reiches".[7] Für die Nationalsozialisten verkörperte Rothenburg „fränkische Sitte und Brauchtum, fränkisches Spiel und Tanz" in außergewöhnlichem Maße sowie „wahre Volksverbundenheit und Volksgemeinschaft".[8] Mit der kleinstädtischen, mittelalterlich angehauchten Idylle und der umliegenden Landschaft erfüllten Stadt und Land die Sehnsucht nach dem Landleben mit seiner handwerklichen Tradition, seinem Bauerntum und der Besinnung auf tradierte Formen.[9]

---

1 FA 9.5.1936.
2 FA 12.2.1935.
3 Hagen, Preservation, S. 220.
4 Bernd Rusinek, „Die deutscheste aller deutschen Städte". Nürnberg als Hauptstadt des Nationalsozialismus, in: Bodo-Michael Baumunk/Gerhard Brunn (Hg.): Hauptstadt: Zentren, Residenzen, Metropolen in der deutschen Geschichte, Köln 1989, S. 92-98, S. 92.
5 FA 7.1.1937.
6 Franz Dröge/Michael Müller, Die Macht der Schönheit. Avantgarde und Faschismus oder die Geburt der Massenkultur, Hamburg 1995, S. 229.
7 Für eine Analyse der Judentafeln sei verwiesen auf Kapitel 8.4. dieser Untersuchung.
8 FA 16.2.1937.
9 Peter Adam, Kunst im Dritten Reich, Hamburg 1992, S. 279.

6.1.1. Inszenierung des Mittelalters – Das Ideal der „Alten Deutschen Stadt"

Die Nationalsozialisten verherrlichten das Mittelalter als Paradebeispiel einer Epoche mit „geschlossener Weltanschauung".[10] Das Alt-Rothenburger Stadtbild sollte als direkter Ausdruck der nationalsozialistischen Herrschaft gelten. Im lokalen Heimatschrifttum wurde die Stadt zum Kleinod Deutschlands hochstilisiert.[11] Das mittelalterliche Stadtbild hatte für die Rothenburger eine „Mission in der Welt".[12] Es entsprach der Idee einer „arteigenen" deutschen Stadt – eine „invented tradition".[13] Dabei erfolgte das Verweisen auf die historischen architektonischen Bezugsfelder zwar in Bezug darauf, die historische Kontinuität zu wahren, doch ging es in erster Linie darum, mit Hilfe vertrauter Architekturformen und Zeichen die Überzeugungskraft der NS-Ideologie zu steigern.[14]

Dabei setzte man bewusst politische Symbole ein, um die Architektur zu ikonologisieren.[15] Da sich Rothenburg „von Anbeginn an als eine Hochburg des Nationalsozialismus gezeigt und bewährt hat[te]", stiftete der Bayerische Ministerpräsident Ludwig Siebert der Stadt ein Ehrendenkmal.[16] Die Architektur Alt-Rothenburgs ließ sich sehr gut für den nationalsozialistischen Gestaltungsdrang instrumentalisieren.[17] Das Ensemble der Bauten sollte eine soziale Kontrolle ausüben, die dem herrschaftstechnisch hohen Stand der NS-Führung entspräche.[18] Lokale Nationalsozialisten priesen den Anblick der Stadt im Landschaftsbild des Taubertals: „Wer [...] das malerische Landschaftsbild, dich alte Feste mit diesen trutzigen Mauern und Türmen, deiner wehrhaften Spitalbastei gesehen, wird entzückt und begeistert sein! [...]".[19] Stadtmauer und Türme ließen sich als militärische Überlie-

---

10 Holger Brülls, Neue Dome. Wiederaufnahme romanischer Bauformen und antimoderne Kulturkritik im Kirchenbau der Weimarer Republik und der NS-Zeit, Berlin/München 1994, S. 219.

11 Martin Schütz, Rothenburg ob der Tauber: Das Kleinod deutscher Vergangenheit, Rothenburg 1927; Ders., Rothenburg ob der Tauber: Die alte, deutsche Stadt, in: Das Bayerland 50 (1939), S. 137-144.

12 FA 30.6.1937.

13 Susanne Fleischner, „Schöpferische Denkmalpflege". Kulturideologie des Nationalsozialismus und Positionen der Denkmalpflege, Münster 1999, S. 7; Eric Hobsbawm, Introduction: Inventing Traditions, in: Eric Hobsbawm/Terence Ranger (Hg.), The Invention of Tradition, Cambridge 1983, S. 1-14, S. 1.

14 Joachim Petsch, Architektur und Städtebau im Dritten Reich – Anspruch und Wirklichkeit, in: Peukert/Reulecke (Hg.), Die Reihen fast geschlossen, S. 175-195, S. 187.

15 Klaus von Beyme, Politische Ikonologie der Architektur, in: Hermann Hipp/Ernst Seidl (Hg.), Architektur als politische Kultur. Philosophia Practica, Berlin 1996, S. 19-34, S. 23.

16 FA 19.9.1934. Für eine Beschreibung des „Ehrendenkmals" mit Bild siehe Kapitel 6.1.5.1. dieser Untersuchung.

17 Gustav Steinlein, Bauen in einer alten deutschen Stadt: Umbauten in Rothenburg o. T. von Arch. August Gustav Schmidt, in: Die Bauzeitung 34 (1937), S. 95-99, S. 98.

18 Hildegard Brenner, Die Kunstpolitik des Nationalsozialismus, Hamburg 1963, S. 118.

19 FA 29.7.1935.

ferung aus dem Mittelalter glorifizieren.[20] Als Überreste der Vergangenheit waren die Baudenkmäler als historische Szenerie für die politische Gegenwart prädestiniert und verliehen dem Ganzen einen überzeitlichen Rahmen.[21] Man beabsichtigte eine „Vermählung deutscher Gegenwart und deutscher Vergangenheit."[22] Die Kulisse diente als Symbol einer in sich gefestigten selbstbewussten NS-Herrschaft.[23]

Die Nationalsozialisten maßen das mittelalterliche Stadtbild an einem konstruierten Ideal.[24] Die mittelalterliche Stadt verkörperte für das Regime den Beleg einer kulturellen Leistungsfähigkeit, die an die Vorstellung einer spezifisch „deutschen" Geschichte anknüpfte.[25] Die Geschichtsklitterung des NS-Regimes mit seiner Hinwendung zum Mythos fand einen symbolischen Wert in der sittlichen Überhöhung des Alten gegenüber der Neuzeit.[26] Der „Geist der Väter" würde in der Stadt herrschen, „der schaffend und wertend die stolze Vergangenheit baute, über Krieg, Verwüstung [...] und Verfall."[27] Hier sollten sich die deutschen Grundeigenschaften der Vorfahren verbinden mit „Männerstolz und Frauentugend [...] und wehrhaftem Sinn für sich und die Gemeinschaft."[28] In der Bewunderung für das mittelalterliche Stadtbild lag die politisch-religiöse Sehnsucht nach Ordnung und Einheit.[29] Architektur galt den Nationalsozialisten als ein propagandistisch wirksames Instrument und war neben der ökonomischen Bedingtheit ebenso herrschaftstechnisch determiniert.[30] Ziel war die Verkörperung „wahrer Volksgemeinschaft" sowie „Das Vertrauen auf sich selbst und den Glauben an die Gerechtigkeit im neuen nationalsozialistischen Reich".[31] Die

---

20 Barbara Miller Lane, Architektur und Politik in Deutschland 1918-1945, Braunschweig/Wiesbaden 1986, S. 186.

21 Fleischner, „Schöpferische Denkmalpflege", S. 12.

22 Hans Gstettner, Auf Strassen der Gegenwart vor den Mahntafeln deutscher Geschichte, in: Ludwig Siebert (Hg.): Wiedererstandene Baudenkmale. Ausgewählte Arbeiten aus dem Ludwig-Siebert-Programm zur Erhaltung Bayerischer Baudenkmale, München 1941, S. 11-18, S. 12.

23 Hildegard Brenner, Die Kunstpolitik des Nationalsozialismus, Hamburg 1963, S. 122.

24 Hans-Georg Meier, Das Mittelalter in Ideologien des Nationalsozialismus in der Zwischenkriegszeit, Karlsruhe 1985, S. 75.

25 Yvonne Karow, Zur Inszenierung der totalen Herrschaft: Ursprungskult bei den Reichsparteitagen der NSDAP, in: Konstruktionen der Macht. Architektur, Ideologie und soziales Handeln, Hamburg 2006, S. 351-371, S. 353.

26 Fleischner, „Schöpferische Denkmalpflege", S. 15.

27 Münchner Zeitung 18.8.1933.

28 StadtAR, Pressestimmen über Rothenburg, ohne Signatur. Zeitungsausschnitt: Aus der Wartburgstadt Eisenach, Nr. 189, Jg. 54.

29 Holger Brülls, Neue Dome. Wiederaufnahme romanischer Bauformen und antimoderne Kulturkritik im Kirchenbau der Weimarer Republik und der NS-Zeit, Berlin/München 1994, S. 219.

30 Hans Reichhardt/Wolfgang Schäche, Von Berlin nach Germania: Über die Zerstörungen der „Reichshauptstadt" durch Albert Speers Neugestaltungsplanungen, Berlin 2008, S. 23.

31 StadtAR, ad R VI, 11. Martin Weigel in einem Rundbrief an die Mitglieder des Vereins Alt-Rothenburg. 1940.

Nationalsozialisten versuchten „Das alte Rothenburg ob der Tauber" wiederaufleben zu lassen.[32] Der „Völkische Beobachter" pries Rothenburg als „Heimstätte urdeutschen Wesens", die sich aus der Vergangenheit in die „hastige und lärmende" Gegenwart herübergerettet hätte und Bewohner einer „alles gleichmachenden Großstadt" in ihren Bann schlagen werde.[33] In der Stadt, dem „mächtige[n] Denkmal stolzen Gemeinsinns sollten sich die Deutschen „die Kraft für [ihre] Zukunft holen [...]"[34] Wegweisendes Element war der Vergangenheitsbezug, der dem Willen und der Kraft der Machthaber zur Wiedererweckung verschütteter Kulturkräfte Ausdruck verlieh.[35]

In der Artikelserie „Aus den süddeutschen Gauen – Städte im neuen Deutschland" beschrieb Oberbürgermeister Liebermann wie die Stadt Rothenburg versuchte, ihr mittelalterliches Antlitz zu bewahren.[36] Allerdings sei es nicht das Ziel, Rothenburg zu einer „Dornröschenstadt" zu machen.[37] Viel wichtiger sei es zu betonen, dass die Stadt alles versuchte, um „an dem neuen Aufstieg Deutschlands blutvoll und mit aller Kraft mitzuwirken als der getreuesten eine."[38]

Die Anziehungskraft Rothenburgs steckte in der Unversehrtheit des mittelalterlichen Stadtbildes mit den künstlerisch bedeutenden Bauwerken.[39] Mit der „rassigen Silhouette" und der Wucht fortifikatorischer Erscheinung kündeten die imposanten Wehrbauten von der Unmittelbarkeit der Stadt und kennzeichneten jenen „ritterliche[n] Geist [...], [der] das urdeutsche Antlitz der Stadt geformt" hatte.[40] Die historische Symbolik sollte dem Einzelnen die Möglichkeit zur Identifikation mit der ihn umgebenden Kulturlandschaft geben.[41] Ein Gang durch Rothenburg sollte ein Stück Mittelalter erfahrbar machen.[42] Man stilisierte die Stadt als „lebendiges Mittelalter".[43] Dazu gehörte der Nachtwächter und Ausrufer, die Bürgerwehr sowie die alte Musik. Für Radio und modernen Tanz war in den Cafés kein Platz, da es nicht in den Rahmen des Ganzen passte. Man wollte nur deutsche und altdeutsche Musik hören, gespielt von kostümierten Musikern. Alles Moderne war verpönt.[44] Zur

32 FA 18.5.1934.

33 Sonntagsbeilage des Völkischen Beobachters, Nr. 239.

34 Münchner Zeitung 18.8.1933.

35 Fleischner, „Schöpferische Denkmalpflege", S. 9.

36 FA 27.1.1934.

37 Ebenda.

38 Ebenda.

39 Arthur Schlegel, Nördlingen, Dinkelsbühl und Rothenburg o.d.T, in: Das Bayerland 50 (1939), S. 129-136, S. 129.

40 Ernst Eichhorn, Der Gedanke der freien Deutschen Reichsstadt. Sein Niederschlag in Stadtbild und Befestigung Rothenburgs o.T., Nürnberg 1944, S. 35.

41 Fleischner, „Schöpferische Denkmalpflege", S. 17.

42 StAN, SpKA Rothenburg o.d.T., U6. Pläne für die Erhaltung Rothenburgs. Von Kunstmaler und Gewerbeoberlehrer Ernst Unbehauen.

43 Bremer Nachrichten 4./5.6.1933.

44 StAN, SpKA Rothenburg o.d.T., U6. Pläne für die Erhaltung Rothenburgs. Von Kunstmaler und Gewerbeoberlehrer Ernst Unbehauen.

Abendunterhaltung bot man alte deutsche Tänze und Schwänke, die bei Fackelbeleuchtung vor der Kulisse der alten Häuser und Mauern aufgeführt wurden.[45]

Um Verständnis für „altes Brauchtum" als „wesentlichen Bestandteil deutschen Wesens" zu schaffen, führte man in Rothenburg Postkutschenfahrten durch die historische Altstadt und das Taubertal ein.[46] Mit den Postkutschenfahrten offenbarte sich der Eklektizismus des Nationalsozialismus. Die Eröffnung des planmäßigen Betriebes der „Rothenburger Postkutsche" war für den 21. Juni 1939, den Tag der Sonnenwende, angesetzt. Kreisleiter Steinacker und Bürgermeister Schmidt hatten als Ehrengäste den Präsidenten der Reichspostdirektion Nürnberg, Laurmann, sowie einen Vertreter der Gauleitung Franken, Gauobmann Petzler, eingeladen. Eine Postkutsche, die in Form und Gestalt an die Modelle vergangener Zeit angepasst worden war, besetzt mit weiblichen Fahrgästen im schmucken Biedermeierkostüm, um „völkisches Leben" zu zeigen, hieß die Gäste willkommen.[47] Doch damit nicht genug. Am Bahnhof entboten Landsknechte einen historischen Gruß.[48] Kostümierte Rothenburger zu Fuß und zu Pferd führten die Besucher durch die Stadt.[49]

Die lokale Presse lobte Rothenburgs mittelalterliche und landschaftliche Sonderstellung sowie den „echt deutschen Geist" der dort herrschen würde.[50]

> „Rothenburg sei keine beliebige Stadt des Mittelalters, auch im Mittelalter ragte sie unter ihren Schwestern durch Schönheiten und Besonderheiten hervor. Rothenburgs landschaftliche Schönheit sei durch seine Lage begründet. Aus allen Gassen und Winkeln werde zu den Gästen der deutsche Geist sprechen und besonders sei es das Mahnmal in der alten Burg, das ihnen innere Stimmung und Erholung gebe."[51]

In Rothenburg versuchte man stets, an die kulturgeschichtliche Tradition des Mittelalters anzuknüpfen.[52] Dabei stützten sich die Nationalsozialisten auf die

---

45 Ebenda.

46 FA 22.6.1939.

47 Ebenda.

48 StadtAR, Pressestimmen über Rothenburg, ohne Signatur. Thüringer Allgemeine Zeitung 28.6.1933.

49 Das Bayerische Vaterland 18.8.1933; Münchner-Augsburger Abendzeitung 1933, Nr. 223.

50 FA 3.6.1935.

51 Ebenda.

52 Hildegard Brenner, Die Kunstpolitik des Nationalsozialismus, Reinbek bei Hamburg 1963, S. 125. Bei dem gescheiterten Versuch, Rothenburg zu einer Garnisonsstadt zu machen, führte der Stadtrat ebenfalls das Argument an, dass Rothenburg aufgrund seiner Vergangenheit das „Paradebeispiel einer deutschen Stadt" sei. Der Stadtrat stilisierte Rothenburg als eine Stadt, die Kraft ihrer historischen Geschichte wie kaum eine andere Stadt berufen sei, „Trägerin des deutschen Wehrgedankens" zu werden und ihre Tradition „im Kampf um Deutschlands Erneuerung in vorderster Front" hochgehalten hätte. Ferner spräche aus Sicht des Stadtrats für Rothenburg als Garnisonsstadt, dass die Umgebung der Stadt mit der Vielfältigkeit an Bodenformen ein ideales Truppenübungsgelände böte und die Stadt über einen ausgedehnten Grundbesitz verfügen würde. Nachdem Rothenburg im 19. Jahrhundert wiederholt ohne Ergebnis als Garnisonsort ins Auge gefasst worden war, richtete die Stadtverwaltung an Generalleutnant Adam des Wehrkreiskommando VII die Bitte, Rothenburg

romantisierte mittelalterliche Tradition in Rothenburg, als „Kultur-Denkmal seltenster Art. Trutzig und stolz [...]".[53] Das NS-Regime pries den Ort für seine „Deutsche Geisteshaltung [...]".[54] Ebenfalls lobte man die „Geradlinigkeit und konsequente[...] Lebensauffassung" ihrer Einwohner und die daraus resultierende Judenfeindlichkeit: „Rothenburgs Bürger schufen nicht nur aus Stein Zeugen deutscher Art, sondern sie fühlten sich berufen, auch Wächter deutschen Glaubens und deutschen Wesens, deutschen Blutes zu sein."[55] Das plakative Vergangenheitsbild zeichnete sich weniger durch eine sozio-ökonomische Entwicklung aus, als vielmehr durch rassenideologische Komponenten.[56] Hierbei berief man sich auf mittelalterliche Quellen, in denen die Rothenburger „in weiser Voraussicht vor 400 und noch mehr Jahren schon in diesem fränkischen Land den alten und ewigen Feind deutschen Wesens erkannten, die eine große Gefahr laut und eindringlich mit Namen nannten: das Judentum."[57] Jener mittelalterliche Antijudaismus, der die Bürger der Stadt in den Jahren um 1512-20 „zum gerechten Abwehrkampf" aufreif, galt jetzt als Leitbild:

„Ein Reichsstadt an der Tauber leyt,
ist Rothenburg genannt.
Da haben die Juden lange Zeit,

---

dieses Mal zu berücksichtigen. Im Rahmen der bei der Reichswehr zu erwartenden Neueinstellungen sollte Mitte der 30er Jahre eine Vermehrung der Standorte erfolgen. In der Argumentation des Stadtrats nahm Rothenburg im 14. und 15. Jahrhundert als Schnittstelle der fränkischen und schwäbischen Städte auf dem Gebiet des Militärwesens eine führende Position ein, die erst der 30jährige Krieg beenden konnte. Rothenburg verfüge – so der Stadtrat – auf militärischem Gebiet über eine große Tradition, die sie anderen Garnisonsstäten ebenbürtig machte, auch wenn Rothenburg selbst noch nie Garnisonsstadt gewesen sei. Des Weiteren betonte die Stadtverwaltung die „Wehrhaftigkeit" der Stadt, da „Rothenburgs Söhne und Truppenkontingente [...] in allen kriegerischen Verwicklungen [...] auf Seiten der Träger des deutschen Reichsgedankens, bis [...] die Auflösung der Bürgerwehr und der Nationalgarde III. Kl. Rothenburg selbst den letzten Rest eiserner Wehrmacht nahm [...]", teilgenommen hätten. Sowohl die Stadt als auch die Regierungs- und Militärstellen hätten immer wieder den Entschluss gefasst, die Stadt zum Sitz einer Garnison zu machen. Unmittelbar nach Aufhebung der alten Reichsfreiheit fasste der Bayerische Staat den Plan, die westliche Grenzstadt mit einer Garnison zu belegen. Man beauftragte den bayerischen Ingenieur Obristleutnant Caspars damit, die Unterbringung einer ständigen Garnison von 300 Mann Kavallerie mit 165 Pferden zu planen. Das Projekt scheiterte jedoch aufgrund der hohen Kosten. Infolge des Pariser Vertrags verlor die Stadt im Jahr 1810 über die Hälfte des ehemaligen Territoriums und somit den Hauptkreis ihres Absatzgebietes. Dadurch gerieten Gewerbe und Handwerk in schwere wirtschaftliche Schwierigkeiten. Um einen gewissen Ausgleich bemüht, versuchte der Magistrat der Stadt in den Jahren 1837 und 1838 erfolglos beim Bayer. Pflegskommissariat aus Rothenburg eine Garnisonsstadt zu machen. Vgl. BayHStA, StK 4247. Schreiben des Stadtrats von Rothenburg o.d.T. an das Wehrkreiskommando VII, Generallt. Adam vom 16.8.1934.

53 FA 2.8.1937.

54 Ebenda.

55 Ebenda.

56 Fleischner, „Schöpferische Denkmalpflege", S. 11.

57 FA 2.8.1937.

Getrieben große Schant.
Mit Wucherey und scharfer List,
damit gar mancher Frummer
zu Grund verdorben ist.
(Lied um 1520) "[58]

Der Pfarrer und Lokalhistoriker Martin Weigel sprach sich in einem Rundbrief an die Mitglieder des Vereins Alt-Rothenburg dafür aus, zum Aufbau der Stadt Rothenburg im Sinne Adolf Hitlers beizutragen.[59] Rothenburg sei reich an jenen Werten, die der Führer forderte: In Rothenburg herrschte der „kampffrohe, fränkisch-deutsche Geist, der je und je unserem heimischen Blut und Boden entsproß [sic!] […]"[60] Weigel sah den Wert Rothenburgs in seiner Bedeutung für die „innere Erneuerung [des] Volkes, für die Erwachung und Stärkung jener deutschen Ideale, die [die] Gegenwart braucht und [der] […] Führer sehen will […]".[61] Daher war es nach Ansicht Weigels für die Rothenburger geradezu eine Pflicht, die historischen Werte zu schützen und zu erhalten.[62]

Nach der NS-Ideologie barg die „Volksgemeinschaft" eine der materialistischen Industriegesellschaft überlegene Gesellschaftsform, die dazu beitrug, das architektonische Erscheinungsbild zu inszenieren.[63] Es war die Vorstellung von einer Stärkung des Volksgeistes, einer neuen deutschen Kultur sowie der symbolischen Kraft des auch noch so kleinsten Bauernhauses, die einer Ideologisierung den Weg bereitete.[64] Gemäß dem Anspruch, die „Volksgemeinschaft" in ihrem kulturellen und geistigen Niveau zu heben, war die Bewertung der städtebaulichen Gegebenheit ebenso moralisierend gemeint.[65] Die Symbolik war gleichzeitig ein sozialer Funktionsträger für eine gelenkte Wirklichkeitsdeutung.[66] In der Theorie erreichte die Stadt eine einzigartige Synthese von Nutzen und Kunst, Geist und Natur als Ausdruck der „nationalen Eigenart" und noch enger gefasst der „fränkischen Stammesgebundenheit".[67] Zusammen bildete das eine Antipode zur „Asphaltkultur" mit ihrem „Asphaltmenschentum" der Großstädte.[68] Die

---

58 Ebenda.
59 StadtAR, ad R VI, 11. Martin Weigel in einem Rundbrief an die Mitglieder des Vereins Alt-Rothenburg. 1940. Zur Person Martin Weigel siehe Kapitel 9.1.1. dieser Untersuchung.
60 Ebenda.
61 Ebenda.
62 FA 14.6.1935.
63 Susanne Fleischner, Kultur und Ideologie: „Schöpferische Denkmalpflege" in der NS-Zeit, in: Hubert Fehr/Egon Johannes Greipl (Hg.): 100 Jahre Bayerisches Landesamt für Denkmalpflege, Regensburg 2008, S. 153-157, S. 153.
64 Ebenda.
65 Ebenda.
66 Peter Reichel, Der schöne Schein des Dritten Reiches. Faszination und Gewalt des Faschismus, München 1992, S. 83.
67 Ernst Eichhorn, Der Gedanke der freien Deutschen Reichsstadt. Sein Niederschlag in Stadtbild und Befestigung Rothenburgs o.T., Nürnberg 1944, S. 53.
68 Adam, Kunst im Dritten Reich, S. 277.

Nationalsozialisten inszenierten das architektonische Erscheinungsbild, um ideell eine der Industriegesellschaft überlegene Gemeinschaftsform zu schaffen.[69]

6.1.2. Ein Prestigeobjekt des „Dritten Reiches" – Die Botschafterrolle Rothenburgs

Mit seinen geschichtlichen Bauwerken avancierte Rothenburg o.d.T. zum Vorzeigeobjekt für das „Dritte Reich".[70] Aus historischer Perspektive handelte es sich für die Nationalsozialisten bei Rothenburg um einen mustergültigen Inbegriff der „alten deutschen Reichsstadt" und eine „einmalige Kostbarkeit".[71] Dieses Bild setzten die Nationalsozialisten sowohl reichsweit als auch international in Szene. Selbst im olympischen Dorf am Reichssportfeld in Berlin gab es ein Haus „Rothenburg".[72] Die Vertreter der Stadt luden gezielt die Auslandspresse ein, um den Bekanntheitsgrad Rothenburgs zu steigern.[73] Im Zuge der Reichsparteitage weilten die in Berlin akkreditierten Vertreter der ausländischen Nationen in Nürnberg, um als persönliche Gäste des „Führers" am Reichsparteitag teilzunehmen.[74] Seit 1933 unternahmen hochrangige NS-Größen mit ausländischen Diplomaten und Funktionären Ausflüge nach Rothenburg, um „das weltberühmte städtebauliche Kleinod" zu präsentieren.[75] Exponierte Leiter der NSDAP, Gauleiter, Ministerpräsidenten sowie hochrangige Vertreter des Heeres aus ganz Deutschland nützten die Gelegenheit der Reichsparteitage für einen Besuch in Rothenburg o.d.T., wie zum Beispiel der bayerische Ministerpräsident Siebert, Reichsinnenminister Frick, SS-Obergruppenführer Erbprinz zu Waldeck-Pyrmont, Gauleiter von Baden Wagner, der Gauleiter von Württemberg Murr und der Hamburger Gauleiter Kaufmann, der badische Ministerpräsident Köhler, Staatssekretär Reinhard vom Reichsfinanzministerium, Generalleutnant Klepke, Prinz Albrecht von Hohenzollern, der ungarische Ministerpräsident Imredy und die Minister Rainthaler und Glaisé-Horstenau aus Wien.[76] Dies belegt, welche Stellung Rothenburg für das NS-Regime einnahm.[77] Man brachte die Gä-

---

69 Fleischner, „Schöpferische Denkmalpflege", S. 32.

70 BayHStA, MK 51132/24. Schreiben des Bürgermeisters Schmidt an das Reichsinnenministerium der Finanzen in Berlin vom 5.1.1937.

71 StAN, Reg. v. Mfr., Abg. 1978, Nr. 20367. Schreiben des Bayerischen Landesamtes für Denkmalpflege vom 11.12.1936.

72 StadtAR, Stadtratsprotokolle Rothenburg. Öffentliche Sitzung des Gemeinderates am 16.7.1936. Nr. 6217. Tagesordnungspunkt Nr. 72. Die Stadt Rothenburg stiftete Gemälde, um das Haus auszuschmücken.

73 StadtAR, Pressestimmen über Rothenburg, ohne Signatur. Stadt-Nachrichten und General-Anzeiger der Münchner Neuesten Nachrichten 1933.

74 FA 14.9.1936.

75 Ebenda.

76 FA 8.9.1934; FA 9.9.1938; Joshua Hagen, Preservation, Tourism und Nationalism. The Jewel of the German Past, Aldershot 2006, S. 197.

77 Siehe auch Hagen, Wie Rothenburg zum Kleinod der deutschen Vergangenheit wurde, in: Rupp /Borchardt (Hg.), Rothenburg, S. 551-568, S. 562.

ste in mehreren Kraftwagen und in Begleitung der von der 4. SS-Reiter-Standarte Berlin gestellten Herren vom Ehrendienst des Diplomatenzuges, die zugleich als Dolmetscher fungierten, nach Rothenburg.[78] So bereisten zum Beispiel im September 1938 italienische und irakische Jugendführer die Stadt.[79] Um den Eindruck Rothenburgs als Vorzeigeobjekt zu unterstreichen, organisierten die lokalen Funktionäre Militärparaden und Aufmärsche der NSDAP, ihrer Gliederungen und angeschlossenen Verbände.[80] Des Weiteren errichtete man in der Stadt riesige Triumphbögen und schmückte die Stadt mit Flaggen und Wimpeln.[81]

Exemplarisch sei ein derartiger Besuch anhand des Jahres 1936 dargestellt.[82] Am 13. September empfing Bürgermeister Schmidt die Gäste zusammen mit Mitgliedern des Historischen Festspiels in ihren historischen Kostümen, die am Portal des Rathauses Aufstellung genommen hatten. Im Sitzungssaal entbot der Bürgermeister den ausländischen Gästen den Willkommensgruß der Stadt. „Rothenburg ob der Tauber" sei ein Name, der weit über die Grenzen des Heimat- und Vaterlandes hinaus gedrungen und in der ganzen Welt bekannt sei. Zweifellos gäbe es auch in den Staaten, deren Botschaften in Berlin die Diplomaten leiteten, Menschen, die Rothenburg aus eigener Anschauung oder mindestens dem Namen nach kennen würden. Bürgermeister Schmidt betonte, dass es ihm eine Ehre sei, die Gäste durch die Stadt, die das „steinerne Märchen des deutschen Mittelalters" genannt wurde, zu führen.[83] Rothenburg sei mit „seinen Toren und Türmen, Mauern und Basteien, spitzgiebeligen Bürgerhäusern und Domen und seiner wehrhaften Befestigung […] ein Zeugnis deutschen Wesens und deutscher Art aus einem Zeitraum von einem Jahrtausend."[84] Die Stadt lebe in „den Herzen der Rothenburger als ein Erbgut aus vergangener Zeit, das sie lieben, tragen und wahren werden für ihr Vaterland, aber auch für die Menschen, die aus aller Welt nach Rothenburg kommen und sich freuen an den Schönheiten dieser Stadt, die in fränkisches Land hineingestellt […]" sei.[85] Um den Gästen die historische Komponente näherzubringen, lud Bürgermeister Schmidt die Gäste ein, zum Abschluss der Stadtwanderung dem Historischen Schäfertanz beizuwohnen, der wiederholt Deutschland auf internationalen Kongressen repräsentierte. Bevor das Festspiel begann, sprach der „Festspiel-Kellermeister" mit mehreren Generälen nach „altem Brauch und alter Sitte" den Gästen den historischen Willkommensgruß der Stadt aus.[86]

78 FA 14.9.1936.
79 Ebenda.
80 Ebenda.
81 FA 11.9.1935.
82 FA 14.9.1936.
83 Ebenda.
84 Ebenda.
85 Ebenda.
86 Ebenda.

Selbst italienische Faschisten zeigten ihr Interesse gegenüber Rothenburg. Der Direktor des faschistischen Kulturinstituts in Florenz, Albert Luchini, weilte im Oktober 1936 für einige Tage in Rothenburg.[87] Kreisleiter Steinacker und Kreisamtsleiter Haas übernahmen für den italienischen Gast höchstpersönlich das Amt des Stadtführers durch die Tauberstadt. Luchini schwärmte in einem Dankesschreiben über die bleibenden Eindrücke und sprach seine Bewunderung aus für Rothenburgs „Verwurzelung in dem Boden der Heimat und seiner Geschichte [...]".[88] Im Zuge seiner Begeisterung nahm sich Luchini vor, Rothenburg in den Mittelpunkt seines neuen Romans zu stellen.[89]

Ständig brachten Omnibusse Teilnehmer des Reichsparteitags aus allen Teilen des Deutschen Reiches nach Rothenburg.[90] Folglich hatte die Rothenburger Tourismusbranche Hochbetrieb, wie zum Beispiel die Stadtführer, die Gaststätten oder das Rothenburger „Rundfahrt-Unternehmen".[91] 550 Junker der NSDAP-Ordensburg Vogelsang i.d.Eifel ließen den Reichsparteitag 1936 mit einem abschließenden Besuch ausklingen.[92] Kreisleiter Steinacker und Bürgermeister Schmidt riefen Privatpersonen auf, Freiquartiere zur Verfügung zu stellen, um allen Gästen einen Schlafplatz zu gewährleisten.[93]

Rothenburg war ein Fremdenverkehrsort von größter Bedeutung.[94] Die nationale und internationale Presse pries die Stadt mit dem mittelalterlichen Antlitz, in der die Zeit stehen geblieben sei.[95] Im Jahre 1936 besuchten 65.000 Touristen die Stadt, wovon allein 8.900 Personen mit 8.600 Übernachtungen ausländische Touristen waren.[96] Nach Mitteilungen der Reichsbahn, der Reisebüros und Rundreisegeschäfte sowie der Zählung von Kraftfahrzeugen machte der Tagesverkehr 1936 ca. 500.000 Besucher aus, wovon etwa 50.000 ausländische Besucher waren.[97] Die

---

87 FA 27.10.1936; Hagen, Preservation, S. 198.

88 Ebenda.

89 Ebenda.

90 FA 10.9.1934.

91 Ebenda.

92 FA 3.9.1936.

93 Ebenda.

94 BayHStA, MK 51132/24. Schreiben des Rothenburger Bürgermeisters an den Reichsminister der Finanzen in Berlin vom 5.1.1937,

95 StadtAR Pressestimmen über Rothenburg, ohne Signatur; Leipziger Neueste Nachrichten 28.5.1933. Minnesota Journal of Education. April 1933; Pages from a Traveler's Notebook; Akropolis. Heft 2, 10. Januar 1933; Bäderbeilage zur Kölnischen Zeitung 17.9.1933; Bilderschau der Freiburger Zeitung. April 1933. Die Reisepost. Beilage der Berliner Morgenpost. 1933; Frankfurter Volksblatt 14. August 1933. Hinaus in die Ferne. Deutsche Illustrierte Reisezeitschrift. August 1933.; Reiseblatt des „8 Uhr Abendblatt". 1. April 1933; Reisezeitung für Schweiz und Ausland. August 1933; Deutsche Frauenkultur. Juni 1933.

96 BayHStA, MK 51132/24. Schreiben des Rothenburger Bürgermeisters an den Reichsminister der Finanzen in Berlin vom 5.1.1937, Die ausländischen Besucher waren vor allem Briten, Amerikaner, Holländer, Dänen und Österreicher. Vgl. Hagen: Preservation, S. 198.

97 StAN, Reg. v. Mfr., Abg. 1978, Nr. 20367; BayHStA, MK 51132/24. Schreiben des Rothenburger Bürgermeisters an den Reichsminister der Finanzen in Berlin vom 5.1.1937,

Zahl der parkenden Kraftfahrzeuge belief sich 1936 auf 20.780.[98] Die Gesamtsumme der nach Rothenburg gekommenen Kraftfahrzeuge war auf etwa 60.000 anzusetzen. Die Zahlen belegen die Bedeutung Rothenburgs für den Reiseverkehr in Deutschland und im internationalen Vergleich. Damit war Rothenburg lebende Propaganda für das „Dritte Reich“ und hatte als deutsche Vorzeige- und Musterstadt eine große kulturelle Bedeutung.[99]

Bei einer Arbeitstagung der KDF in Rothenburg betonte Kreisleiter Steinacker am 15. Februar 1937, „daß Rothenburg nun einmal Zug- und Angelpunkt für das Frankengebiet ist und darum besonders bei der Werbung auch in den Vordergrund gestellt werden muß.“[100] Weiterhin sollte die Stadt als Ausflugsziel dienen, um die körperliche und geistige Verfassung des Volkes zu verbessern.[101] Deshalb war Rothenburg ein beliebtes Reiseziel für Touristen und KDF-Reisende.[102] Seit 1933, dem Beginn der nationalsozialistischen Herrschaft, gab es in der Stadt eine gewaltige Zunahme des Fremdenverkehrs. Rothenburg erhielt einen exponierten Platz im deutschen Fremdenverkehr, vor allem durch Mitwirkung Sieberts.[103] Waren es 1933 noch 55.800 Besucher, reisten vier Jahre später bereits 140.000 in die Stadt. Des Weiteren konnte die Stadt Rothenburg im Jahr 1937 weitere 800.000 Tagesbesucher verzeichnen.[104] Die Reisenden setzten sich aber nicht nur aus KDF-Urlaubern zusammen. So besuchten im Jahr 1937 3.390 Engländer, 1.846 Amerikaner, 1.628 Holländer, 1.141 Dänen, 875 Österreicher, 580 Tschechoslowaken, 454 Schweden, 438 Norweger, 408 Schweizer und 369 Belgier die Stadt.[105] Besucher aus Bulgarien, Frankreich, Dänemark und Holland kamen um die „Schönheiten [der] alten Stadt kennenzulernen.“[106] Die Holländer betonten, „der Ruhm Rothenburgs sei bis nach Holland gedrungen und werde durch Literatur und durch Bilder von Rothenburg immer mehr vertieft.“[107] Rothenburg sei

---

98 Ebenda.

99 Ebenda.

100 FA 16.2.1937.

101 Hagen, Preservation, S. 220.

102 Ebenda, S. 190f. Zur Organisation der Nationalsozialistischen Gemeinschaft “Kraft durch Freude” sei verwiesen auf Wolfhard Buchholz, Die nationalsozialistische Gemeinschaft „Kraft durch Freude“. Freizeitgestaltung und Arbeiterschaft im Dritten Reich, München 1976; Daniela Liebscher, Mit KDF die Welt erschließen: Der Beitrag der KdF-Reisen zur Außenpolitik der Deutschen Arbeitsfront 1934-1939, in: Zeitschrift für Sozialgeschichte des 20. und 21. Jahrhunderts 14 (1999), S. 42-72.

103 Vossische Zeitung 17.5.1933.

104 FA 1.3.1938.

105 Ebenda.

106 FA 8.8.1936. International war Rothenburg bereits vor der NS-Herrschaft ein Begriff für sein mittelalterliches Flair. Vgl. StadtAR, Pressestimmen über Rothenburg, ohne Signatur; Europe for the travel Agent. Nr. 2, March 1932; Germany and You. May 1932; New York Herold. 18. Juni 1932; The Graphic Weekly. Wochenbeilage der Chicago Sunday Tribune. 4. September 1932; The Sketch Book Magazine. Travel Architecture and Art Pictorial. Nr. 10, August 1931.

107 Ebenda.

für sie ein Paradebeispiel deutscher Kultur und hätte einen „tiefen Eindruck" hinterlassen.[108] Kreisleiter Steinacker war von der Wirkung Rothenburgs auf die Besucher überzeugt: „Ein Gang durch die alten Gassen Rothenburgs werde den Gästen zeigen, was deutscher Geist, deutscher Wille und deutsche Kraft in früheren Jahren geschaffen haben."[109] Zu Ehren der KDF-Reisenden hielt die NSDAP-Ortsgruppe Rothenburg größere Kameradschaftsabende ab, wie im Falle des Besuchs von 100 NSKOV-Mitgliedern aus dem Rheinland oder 200 schwäbischen Kriegsopfern im Jahr 1936.[110] Dabei wurde immer die besondere Rolle Rothenburgs betont. Der Fränkische Anzeiger pries die Stadt: „Rothenburg ist für unsere Arbeitskameraden der Ort der Erholung, die Stadt, die erholungs- und ruhebedürftigen Volksgenossen ungemein viel zu bieten vermag. [...] Immer wenn „Kraft durch Freude" ihre Sonderzüge durchs Land rollen läßt [ist] Rothenburg [...] das Reiseziel."[111] Auch die KDF-Reisenden der NSDAP-Ortsgruppe Danzig waren begeistert von dem Ambiente der Stadt.[112]

Im Hinblick auf die Botschafterrolle der fränkischen Kleinstadt sah es die NSDAP für wichtig an, die Bevölkerung Rothenburgs aufzufordern, mustergültige Bürger einer „idealen deutschen Stadt" zu sein:

> „Wir wollen immer daran denken, daß unsere Gäste die besten Propagandisten für Deutschland und nicht zuletzt auch für unser Rothenburg sind. [...] Wir wollen stolz sein auf unsere Heimat, auf das „Schatzkästlein deutscher Vergangenheit", das, wie kaum eine andere Stadt, geeignet ist, den Gästen, kommen Sie [sic!] aus dem Ausland oder aus den Deutschen [sic!] Gauen, das zu bieten, was sie bei uns suchen: Deutsche Geschichte, deutsches Wesen, deutsche Kultur".[113]

Aufmärsche von militärischen Einheiten wurden ebenfalls benützt, um der propagandistischen Wirkung Rothenburgs Ausdruck zu verleihen.[114] Beispielsweise marschierten am 6. September 1937 1.000 Marineinfanteristen durch die Stadt. Die Soldaten nahmen am Marktplatz in den einzelnen Kompanien Aufstellung. Anlässlich der Besuche wurden Festspiele, wie der „Historische Schäfertanz" und der „Meistertrunk", abgehalten. Solche Gelegenheiten nützte Kreisleiter Steinacker, um die prestigeträchtige Rolle Rothenburgs für die nationalsozialistische Bewegung hervorzuheben: „Es gebe keine Stadt, wo sich der Gedanke der Wehrhaftigkeit mit dem Gedanken höchster Kultur so wunderbar vereint habe, wie in Rothenburg."[115]

Trotz der ökonomischen Erfolge im Fremdenverkehr sah der NSDAP-Kreisleiter die wirtschaftliche Zukunft nicht allein in der Tourismusbranche. Vielmehr sollte

---

108 Ebenda.
109 FA 6.9.1937.
110 FA 9.5.1936.
111 Ebenda.
112 FA 16.6.1936.
113 FA 10.8.1936.
114 FA 6.9.1937.
115 Ebenda.

Rothenburg darauf bedacht sein, seinen Handwerkerstand zu erhalten und wenn möglich durch Niederlassung industrieller Werke der Bevölkerung Aussicht und Gewähr zur Existenzsicherung liefern. Daher würde sich eine zu starke Fixierung auf den Fremdenverkehr negativ darauf auswirken, was „Rothenburg dem deutschen Volke wirklich zu sagen [...] hätte."[116] Vielmehr sei Rothenburg ein „Kapital für die Weltgeltung und das Ansehen Deutschlands".[117] Grundsätzlich kehrten die Nationalsozialisten einer „materialistischen Einstellung" den Rücken, jedoch sollten die idealistischen Unternehmungen der Nationalsozialisten der Ökonomie nützen.[118] Zwar wollte man aufgrund der schlechten wirtschaftlichen Situation einerseits aus dem mittelalterlichen Gepräge der Stadt Kapital schlagen, doch andererseits nicht in ein „falsches „Fremdenverkehrssystem" geraten", schließlich sollte Rothenburg eine „Pilgerstätte für jeden echten Deutschen" sein.[119]

Mit Beginn des Zweiten Weltkriegs sanken die Besucherzahlen deutlich. Dennoch wurde Rothenburg weiterhin als Ausflugsziel gewählt und es wurde versucht, die Schrecken des Krieges in der Idylle der Stadt zu verdrängen. Diese Normalität, die in der Stadt herrschte, bewog den Fränkischen Anzeiger dazu, Rothenburg als Musterbeispiel für die deutsche Nation zu beschreiben, da die Kriegsjahre die Lebensqualität „an der Heimatfront" in Rothenburg nicht mindern würden.[120]

6.1.3. Im Zeichen „Schöpferischer Denkmalpflege"

In Rothenburg war bis 1934 die Schaffung einer Thingstätte angedacht, wie die „Landesstelle Bayern des Reichsministeriums für Volksaufklärung und Propaganda" bekanntgab.[121] Jedoch erfolgte keinerlei konkrete Planung. Vorgesehen war die Ausgestaltung des freien Platzes am westlichen Ende der Burganlage zu einer Art Gedenkstätte für Aufmärsche.[122] Allerdings gab man die Planung des Thingplatzes wohl zugunsten des von Siebert gestifteten Denkmals auf.

---

116 FA 29.7.1942.

117 BayHStA, MK 51132/24. Schreiben des Rothenburger Bürgermeisters an den Reichsminister der Finanzen in Berlin vom 5.1.1937,

118 Ludwig Siebert, Deutsches Kulturschaffen als Völkische Pflicht, in: Ders. (Hg.): Wiedererstandene Baudenkmale. Ausgewählte Arbeiten aus dem Ludwig-Siebert-Programm zur Erhaltung Bayerischer Baudenkmale, München 1941, S. 7-10, S. 8f.

119 StAN, SpKA Rothenburg o.d.T., U6. Pläne für die Erhaltung Rothenburgs. Von Kunstmaler und Gewerbeoberlehrer Ernst Unbehauen.

120 FA 24.10.1942. Siehe Kapitel 10 dieser Untersuchung.

121 Münchner Neueste Nachrichten 9.7.1934; FA 18.7.1934; Die Thing-Bewegung spielte zu Beginn der NS-Herrschaft eine wichtige kulturpolitische Rolle. Propagiert wurde sie vom Reichspropagandaministerium Reichsbund der deutschen Freilicht- und Volksschauspiele (RMVP). Anknüpfend an germanische Versammlungen sollten die Thingstätten repräsentative Bühnen für Veranstaltungen des NS-Feierjahres sein. Ursprünglich war geplant, das „Dritte Reich" flächendeckend mit Thingstätten zu überziehen, wobei der Reichsbund mit den regionalen Parteistellen die Auswahl vornahm. Vgl. Greif, Frankens Braune Wallfahrt, S. 311.

122 FA 9.7.1934. Vgl. Gabriele Schickel, Kultur, Sport, Freizeit, in: Winfried Nerdinger (Hg.): Bauen im Nationalsozialismus. Bayern 1933-1945, München 1993, S. 331-363, S. 360.

Die Enthüllung des „Ehrendenkmals“ in der „Alten Burg“ fand, wie aus der Einladung des Stadtrates an die Gesamtbevölkerung hervorging, am 23. September 1934 statt.[123] Damit zählte Rothenburg mit zu den ersten Städten sowohl in Bayern als auch im gesamten Deutschen Reich, in denen die nationalsozialistische Bewegung ein „Ehrenmal an alter, [...] geweihter Stätte“ bekam.[124] Dabei priesen die Nationalsozialisten die „alte Tauberstadt, die in Jahrhunderten Aufschwung und Niedergang deutschen Geschehens und deutschen Volkstums überdauert[e] [und] die sich [...] von Anbeginn an als eine Hochburg des Nationalsozialismus gezeigt“ hatte.[125] Das für die lokalen Nationalsozialisten hochbedeutsame Ereignis bekam durch die Mitwirkung des ehemaligen Stadtoberhauptes Ludwig Siebert nach außen hin eine ganz besondere Wertung und Symbolwirkung.[126]

Im Vergleich zu dem stilisierten Bild der Nationalsozialisten ließ der Zustand der Gebäude und mittelalterlichen Befestigungsanlagen zu wünschen übrig. Die 34 Türme und die fünf kilometerlange Stadtmauer bedurften dringend einer Restaurierung, um größerem Verfall entgegenzuwirken.[127] Letzten Endes sah sich die städtische Baubehörde sogar gezwungen, Abschnitte des alten Wehrgangs völlig zu sperren, da das Betreten aufgrund von Lebensgefahr nicht mehr verantwortet werden konnte.[128] Dies betraf zum Beispiel den Wehrgang vom Klingentor bis zum Galgentor, der wegen Einsturzgefahr der Stadtmauer gesperrt werden musste.[129] Darüber hinaus hatte sich in dem Abschnitt zwischen dem Pulverturm und dem Heppentürlein die Stadtmauer zum Teil mit bis zu 70 Zentimeter nach außen verschoben und drohte einzustürzen.[130] Das malerische Portal im Lichthof, das sich zwischen den beiden Rathausteilen befand, wies lediglich kümmerliche Spuren seiner reichen Verzierung auf.[131] Die für das idyllische Stadtbild so essentiellen Brunnen waren allesamt renovierungsbedürftig.[132] Die Ziehbrunnen drohten auseinanderzufallen, die Brunnenfiguren waren verwittert und die Brunnenträger zersprungen.[133] Der Verfall Alt-Rothenburgs war offenkundig.[134]

---

123 FA 19.9.1934. Für eine Beschreibung des Ehrendenkmals mit Bild siehe Kapitel 6.1.5.1 dieser Untersuchung.

124 Ebenda.

125 Ebenda.

126 Ebenda.

127 BArch, R 43 II, 1235b. Schreiben Ludwig Sieberts an den Chef der Reichskanzlei, Staatssekretär Lammers, vom 8.6.1937.

128 Martin Schütz, Rothenburg ob der Tauber – die alte, deutsche Stadt, in: Das Bayerland 50 (1939), S. 137-144, S. 142.

129 Bayerisches Landesamt für Denkmalschutz. 91541 Rothenburg o.d.T. Stadtmauer-Türme. 1937-1964.

130 Vgl. Schütz, Rothenburg ob der Tauber – die alte, deutsche Stadt, S. 142.

131 Ebenda.

132 BayHStA, MK 51132/24. Schreiben des Rothenburger Bürgermeisters an das Reichsministerium der Finanzen in Berlin vom 5.1.1937.

133 Ebenda.

134 Schütz, Rothenburg ob der Tauber – die alte, deutsche Stadt, S. 142.

Viele in privatem Eigentum stehende, künstlerisch und geschichtlich bedeutende Gebäude waren ebenfalls vom Verfall bedroht.[135] Die Hauseigentümer konnten sich aufgrund von Wirtschaftskrise und Inflation den Unterhalt der Häuser nicht mehr leisten. Der Stadtverwaltung blieb in manchen Fällen nichts anderes übrig, als die Immobilien zu kaufen und zu renovieren, um sie vor dem Abriss zu bewahren. Da dies aufgrund der finanziell schlechten Lage der Stadt nicht immer möglich war, fanden sich die Hauseigentümer damit ab, dass die Gebäude von der Stadtverwaltung gesperrt wurden, wie dies zum Beispiel am Haus des Hafnermeisters Pfanz in der Spitalgasse Nr.17 zu sehen war.[136] Stark renovierungsbedürftig war der Fachwerkbau des weltberühmten Plönlein und das Breyer'sche Haus am Markusturm. Die Renaissancefassade des Baumeisterhauses sah einer Ruine gleich.[137] Die Stadt Rothenburg kaufte 1935 das Dominikanerinnenkloster für 50.000 RM und baute es für weitere 35.000 RM zu einem historischem Stadtmuseum aus, um das historische Gebäude mit seinen wertvollen Innenräumen zu erhalten.[138] In der St. Wolfgangskirche hatte man zwar ein ansehnliches Beispiel für eine befestigte Kirchenanlage dem allgemeinen Besuch erschlossen, doch deckten die Gesamtbeträge der Eintrittsgelder in den Museen bei weitem nicht die notwendigen Ausgaben.[139]

Die Stadt Rothenburg war mit der Erhaltung ihres mittelalterlichen Charakters, ihrer Befestigungsanlagen, Mauern, Museen und den öffentlichen Gebäuden finanziell überfordert.[140] Gleichzeitig sah man sich in Rothenburg berufen, „diese Aufgaben nicht nur vor der Bevölkerung der eigenen Stadt, sondern vor dem ganzen deutschen Volk, ja der gesamten Welt zu erfüllen."[141] Da der Verfall „Alt-Rothenburgs" unerbittlich voranschritt, machten sich die lokalen Akteure Gedanken, wie man das „Kleinod Rothenburg" denn retten könnte.[142] Für Martin Schütz war die Erhaltung dieser „deutschen Stadt aus dem Mittelalter eine heilige Pflicht der Gegenwart."[143] Folglich müsse sich das gesamte deutsche Volk der Bewahrung dieses „einzigartigen Zeugen deutschen Wehrgeistes und deutscher Baukunst im Mittelalter" widmen.[144]

---

135 BayHStA, MK 51132/24. Schreiben des Rothenburger Bürgermeisters an das Reichsministerium der Finanzen in Berlin vom 5.1.1937.

136 Ebenda.

137 Ebenda.

138 BayHStA, MK 51132/24. Schreiben des Bürgermeisters der Stadt Rothenburg an das Bayerische Staatsministerium für Unterricht und Kultus vom 15.04.1935.

139 BayHStA, MK 51132/24.

140 FA 30.6.1937.

141 Ebenda.

142 Ebenda; Hagen, Preservation, S. 199.

143 Schütz, Rothenburg ob der Tauber – die alte, deutsche Stadt, S. 144. Informationen zur Person von Martin Schütz finden sich in den Kapiteln 6.2. sowie 8.3. dieser Untersuchung.

144 Ebenda, S. 143.

Die Resonanz der zuständigen Regierungsstellen war zunächst spärlich. Aus den „Mitteln zur Erhaltung von Bauwerken von besonderer geschichtlicher Bedeutung“ bewilligte der Reichsminister des Innern 1934 dem Rothenburger Stadtrat lediglich eine einmalige Beihilfe von 1.500 RM.[145] Ein Jahr später genehmigte das Staatsministerium des Innern in München der Stadt Rothenburg die Veranstaltung einer Geldlotterie für die Erhaltung ihrer alten Bauwerke.[146] Nach dem Verlosungsplan wurden 240.000 Lose zum Preise von 0.50 RM ausgegeben. Die Gewinnziehung fand am 29. Juni 1935 statt.[147] Die finanziellen Hilfen erwiesen sich aber als ein Tropfen auf dem heißen Stein.

Bürgermeister Schmidt arbeitete eine „Denkschrift“ über die Finanz- und Wirtschaftslage sowie die vordringlichen Aufgaben in Rothenburg aus.[148] Die Inflation und die Krisenjahre hatten die Finanz- und Wirtschaftslage der Stadt Rothenburg erheblich verschlechtert. Neben einer hohen langfristigen Verschuldung bildeten kurzfristig aufgenommene Kredite große Schwierigkeiten für die Kassenlage.[149] War es 1936/37 möglich, die kurzfristige Verschuldung fast völlig zu beseitigen, so brachte der Haushaltsplan für das Jahr 1937/38 große Probleme, da sowohl neue Mehrbelastungen durch den Finanzbedarf des Reiches erfolgten als auch Einnahmenssteigerung nicht zu erwarten waren.[150] Mit seiner „Denkschrift“ wollte Schmidt um Hilfe werben, um die wirtschaftlich und finanziell schwierige Lage der Bevölkerung und der Stadtverwaltung zu beheben.[151] Wie in ähnlich situierten Städten, zum Beispiel in Dinkelsbühl, Nördlingen, Laufen oder Tittmoning, mangelte es laut Schmidt in Rothenburg an einem ausreichenden örtlichen Erwerbsleben.[152] Außer kleinen Handwerks- und Handelsbetrieben hatte Rothenburg keine größeren wirtschaftlichen Unternehmen. Da der Fremdenverkehr lediglich in drei bis vier Monaten während des Jahres effektiv belebt war, konnte dies keinen Ersatz für den chronischen Wirtschaftsmangel bieten. Nach den gegebenen finanziellen

---

145 BayHStA, MK 51132/24. Schreiben des Bayer. Staatsministeriums für Unterricht und Kultus in München an die Regierung, Kammer des Innern, von Oberfranken und Mittelfranken vom 5.10.1934.

146 BayHStA, MK 51132/24. Schreiben des Staatsministeriums des Innern in München an den Stadtrat Rothenburg o. T. vom 22.12.1934.

147 Ebenda.

148 BayHStA, MHIG 4561. Deutscher Gemeindetag, Landesdienststelle Bayern an den Reichstatthalter in Bayern, Landesplanungsstelle, München den 17.3.1939.

149 So standen beim Rechnungsabschluss 1935/36 den Einnahmen in Höhe von 1.163.768,77 RM Ausgaben von 1.370.836,93 RM gegenüber und damit eine Mehrausgabe 207.068,16 RM. Der Nachtragshaushalt aus dem Jahr 1935 schloss ebenfalls mit einer Mehrausgabe von 207.739,27 RM ab. Vgl. StadtAR, Stadtratsprotokolle Rothenburg. Geheime Beratung des Gemeinderates am 24.6.1937. Tagesordnungspunkt Nr. 34.

150 StadtAR, Stadtratsprotokolle Rothenburg. Niederschrift über die Beratung mit den Ratsherren am 19.4.1937. Nr. 1092. Tagesordnungspunkt Nr. 2.

151 BayHStA, MHIG 4561. Deutscher Gemeindetag, Landesdienststelle Bayern an den Reichstatthalter in Bayern, Landesplanungsstelle, München den 17.3.1939.

152 Ebenda.

und wirtschaftlichen Kräften der Stadt war es ausgeschlossen, dass die Stadt schwarze Zahlen schreibe. Der Gesamtkostenaufwand von fünf Millionen RM überstieg bei weitem die jährlichen Einnahmen.[153]

An die maßgebenden Regierungsstellen in Bayern und im Deutschen Reich sandte Bürgermeister Schmidt die „Denkschrift", die die einzelnen Schäden auflistete, unter denen das mittelalterliche Rothenburg litt.[154] In einem Schreiben des Bürgermeisters der Stadt Rothenburg an das Reichsministerium der Finanzen in Berlin argumentierte der Bürgermeister damit, dass Rothenburg die Pflicht habe, den mittelalterlichen Charakter seiner Mauern, Türme, Befestigungen, Museen, Kirchen und öffentlichen Gebäude zu erhalten.[155] Diese Verpflichtung bestehe nicht nur vor der Stadtbevölkerung, sondern vor dem ganzen deutschen Volk und vor der ganzen Welt.[156] Sollte die weltberühmte historische Architektur der Stadt zerfallen, wäre dies eine Schande für die Stadt und würde das Ansehen des „Dritten Reiches" schmälern.[157] Daher müsse der Verfall Rothenburgs durch finanzielle Hilfen verhindert werden, da die Stadt nicht in der Lage sei, die notwendigen Mittel selbst aufzubringen.[158]

Um den Hilferuf für die Erhaltung Alt-Rothenburgs zu untermauern, schalteten die lokalen Akteure das Bayerische Landesamt für Denkmalpflege in München ein. Das Landesamt inspizierte den Bauzustand der in städtischem Besitz befindlichen historischen Bauwerke, wie den Mauerring und die Wehranlagen, im Dezember 1936.[159] Über den Bauzustand der historischen Bauteile der Stadt Rothenburg bemerkte das Landesamt für Denkmalpflege, dass Rothenburg zu jenen historischen Stadtgebilden zählte, die infolge der Menge an Baudenkmälern nicht die Mittel aufbringen könnten, um den natürlichen Verfall zu verhindern. Die Mittel des Landesamtes wären ebenfalls zu gering, um dem Verlust an historischer Substanz in der Tauberstadt Einhalt zu gebieten. Daher schlug das Landesamt für Denkmalpflege vor, einen so großen Baudenkmal-Organismus wie Rothenburg zum „Reichsdenkmal" zu erheben und zu erhalten. Aus Sicht des Amtes war Rothenburg in ganz Deutschland jene Stadt mit den meisten Bauwerken, die Denkmals- und Museumscharakter hätten, und bilanzierte deshalb: „[...] Deutschland

153 Ebenda.

154 FA 30.6.1937.

155 BayHStA, MK 51132/24. Schreiben des Bürgermeisters der Stadt Rothenburg an das Reichsministerium der Finanzen Berlin vom 5.1.1937.

156 StAN, Reg. v. Mfr., Abg. 1978, Nr. 20367. Schreiben des Bürgermeisters der Stadt Rothenburg an den Kreistag von Mittelfranken.

157 Ebenda.

158 BayHStA, MK 51132/24. Schreiben des Bürgermeisters der Stadt Rothenburg an das Reichsministerium der Finanzen Berlin vom 5.1.1937.

159 BayHStA, MK 51132/24. Schreiben des Landesamtes für Denkmalpflege in München an die bayerische Staatskanzlei und das Bayer. Staatsministerium für Unterricht und Kultus in München vom 14.5.1937.

als historischer Begriff ist ohne Rothenburg, als dem Prototyp der alten deutschen Reichsstadt, nicht denkbar."[160] Daher dürfe das „Dritte Reich" nicht „diese in der Welt einmalige Kostbarkeit, die wie ein Wunder alle Fährnisse der Jahrhunderte stolz überdauert hat […]", aufgrund von Sparmaßnahmen verkommen lassen.[161] In seinem Gutachten schloss sich das Landesamt für Denkmalschutz dem Wiederaufbauanliegen der Rothenburger an. Eine Bedingung für die Nachhaltigkeit der Instandsetzung sah das Landesamt in einem Verkehrsverbot für Lastkraftwagen und schwere Autobusse in der Innenstadt.[162]

Anhand des Gutachtens des Bayerischen Landesamts für Denkmalpflege bewies Schmidt den zuständigen Regierungsstellen den Zustand der Stadttürme, der Stadtmauern, der öffentlichen Gebäude und Brunnen, der Museen und Sehenswürdigkeiten sowie der künstlerischen und geschichtlichen Privatgebäude, um dann aufgrund der Wirtschafts- und Finanzlage das Unvermögen der Stadt hervorzuheben, aus eigenen Mitteln Abhilfe schaffen zu können.[163] Darüber hinaus hob die „Denkschrift" Rothenburgs Bedeutung für Deutschland und die Welt hervor. Dabei betonte Schmidt die Notwendigkeit finanzieller Zuwendungen, um die geschichtsträchtigen Bauwerke der Stadt als „Kapital für die Weltgeltung und das Ansehen Deutschlands zu erhalten."[164]

Der Bayerische Ministerpräsident nahm sich der Sache an.[165] Siebert, der ehemalige Bürgermeister Rothenburgs, wollte „den Kampf gegen den weiteren Verfall unserer geschichtlichen Baudenkmäler […]" aufnehmen.[166] Höchstpersönlich setzte er sich für die Wiederherstellung der Türme, der Stadtmauer, der Brunnen und weiterer Bauobjekte ein.[167] Rothenburg war für ihn ein „Sinnbild trutzigen Bürgerstolzes" und eine Ikone „deutscher politischer und Kultur-Geschichte", die vor dem Verfall gerettet werden musste.[168] Der bayerische Ministerpräsident sah in der Befestigung der Mauern und Türme Alt-Rothenburgs einen der bekanntesten Marksteine auf dem Wege zu einem Erfolg, der die Betreuung alter Kulturgüter über Bayerns Gaue hinaus bekannt machte. Es war Sieberts Ziel, die „altehrwürdigen" Baudenkmäler vor dem Verfall zu retten, „um sie wieder in das Leben der Nation einzuschalten und hierfür dienstbar zu machen, sei es für repräsenta-

160 Ebenda.

161 Ebenda.

162 Ebenda.

163 FA 30.6.1937.

164 Ebenda.

165 Ebenda.

166 Siebert, Deutsches Kulturschaffen als Völkische Pflicht, S. 8. Siebert wurde am 16.1.1908 Bürgermeister der Stadt Rothenburg und am 15.11.1919 Bürgermeister der Stadt Lindau. StAM, SpKA K 1527. Meldebogen von Ludwig Siebert, datiert auf den 30.1.1949.

167 Vgl. FA 30.6.1937.

168 Vgl. BArch, R 43 II, 1235b. Schreiben Ludwig Sieberts an den Chef der Reichskanzlei, Staatssekretär Lammers, vom 8.6.1937; Schreiben Ludwig Sieberts an den Chef der Reichskanzlei, Staatssekretär Lammers, vom 25.6.1937.

tive Bedürfnisse des Staates und der Partei, sei es für allgemeine kulturelle Zwecke, als Stätten der Schulung, der Erbauung oder Erholung aller Schichten unseres Volkes."[169] Es handelte sich für den Bayerischen Ministerpräsidenten um die Erhaltung von Werten höherer Ordnung, die im nationalsozialistischen Staat durch die praktische Denkmalspflege wieder ins rechte Licht gerückt werden.[170] Ferner sei die Instandsetzung ein wichtiger Schritt „im Kampf gegen den Verfall deutscher Kulturgüter."[171] Für Siebert war es eine „Maßnahme der besonderen Art, deren Durchführung in letzter Stunde die Mauern, Türme, Wehrgänge, Bastionen, Erker und Brunnen der baulich so wunderbaren ehemals Freien Reichstadt [...] vor dem Verfall sicherte."[172]

Siebert betonte die symbolhafte Wirkung Rothenburgs für die NS-Bewegung durchaus bewusst und erklärte, „daß gerade in dieser Stadt die Idee und der Geist Adolf Hitlers rasch und umfassend eingezogen ist und daß er von hier hinausleuchtete und weiter hinausleuchten wird in die Lande."[173] Für den Bayerischen Ministerpräsidenten hatte die Stadt eine weit über den Rahmen ihrer eigenen gemeindlichen Aufgaben hinausreichende Pflicht: die Erhaltung ihres reichen mittelalterlichen Bestandes.[174] Diese Verpflichtung bestehe nicht nur vor der eigenen Bevölkerung, sondern „gegenüber dem gesamten deutschen Volk und in gewisser Hinsicht vor der ganzen Welt."[175] Sollten die in allen Erdteilen bekannten Baudenkmäler in Rothenburg, wie die Stadtmauern und –tore oder ganze Straßenzüge, verfallen, so würde dies dem Ansehen des ganzen Reiches schaden. Vor allem aber würde „jeder kostbare Schatz an lebendigen Zeugnissen deutscher Vergangenheit eine empfindliche Einbuße erleiden, der, wie der Führer sagt, noch stets ein unversiegbarer Kraftquell der Nation und Ausgangspunkt ihrer inneren Erneuerung [...] war."[176] Ziel der NS-Baupolitik war die „Konstruktion von Tradition".[177]

In einem Schreiben an Bürgermeister Schmidt teilte Siebert mit, dass er sich der Erhaltung Alt-Rothenburgs mit den Vertretern der beteiligten Ministerien mit Hilfe eines Gutachters des Landesamtes für Denkmalspflege angenommen hatte.[178] Der Bayerische Ministerpräsident machte es zu seiner persönlichen Angelegenheit, die finanziellen Mittel für die Erhaltung der Türme, der Stadtmauern,

---

169 Siebert, Deutsches Kulturschaffen als Völkische Pflicht, S. 7.
170 FA 19.1.1939.
171 Ebenda.
172 Ebenda.
173 FA 16.9.1936.
174 FA 7.2.1939.
175 Ebenda.
176 Ebenda.
177 Georg Seiderer, Nürnberg – Die „Stadt der Reichsparteitage". Selbstinszenierung einer Großstadt im „Dritten Reich" (1933-1939), in: Fritz Mayrhofer/Ferdinand Opll (Hg.): Stadt und Nationalsozialismus, Linz 2008, S. 311-340, S. 326.
178 FA 30.6.1937.

der Brunnen und des architektonischen Gesamtbildes zu beschaffen.[179] Im Rahmen eines Dreijahresplanes sollten die notwendigen Schäden behoben werden.[180] Die Finanzierung, die mehrere Hunderttausend Mark erforderte, erfolgte durch das Eingreifen Sieberts. Die Stadt Rothenburg selbst war zu einem kleineren, der städtischen Haushaltslage entsprechenden Teil an der Finanzierung beteiligt.[181]

Nach den Feststellungen des Landesamtes für Denkmalpflege belief sich die notwendige Summe für die Instandhaltung der Wehrgänge, der Türme, der öffentlichen Gebäude auf 360.000 RM. In Berlin kam es 1936 zu Verhandlungen über die Gewährung eines größeren Zuschusses für „Alt-Rothenburg".[182] Durch Sieberts Einsatz konnten für die Erhaltung der Stadt Rothenburg 310.000 RM bereitgestellt werden.[183] Der von der Stadt zu leistende Beitrag in Höhe von 50.000 RM wurde auf drei Jahre verteilt.[184] In seiner Eigenschaft als Finanzminister stellte Siebert einen Beitrag von 125.000 RM zur Verfügung, da er „die einmalige Bedeutung Rothenburgs erkannt [...]" hätte.[185] Damit war die Wiederherstellung und Erneuerung der alten Gebäude gesichert.[186]

Adolf Hitler bejahte in einem Gespräch mit Siebert die Wichtigkeit der Erhaltung Alt-Rothenburgs.[187] In den Augen Hitlers waren die Stadtmauern und Burgen des Mittelalters Monumente der Gemeinschaftsarchitektur vergangener Zeiten.[188] Hitler nahm an der Aufnahme der Instandsetzungsarbeiten in Rothenburg lebhaften Anteil und stellte neben der bereits zur Verfügung stehenden Summe von 350.000 RM seinerseits ebenfalls eine „erhebliche Summe" aus privaten Mitteln zur Verfügung.[189] Am 22. Juni 1937 erreichte Siebert ein Schreiben

---

179 Ebenda.

180 Ebenda; Hagen, Preservation, S. 198.

181 Ebenda.

182 StadtAR, Stadtratsprotokolle Rothenburg, Öffentliche Beratung des Gemeinderates am 25.11.1936. Nr. 10941. Tagungsordnungspunkt Nr. 208.

183 BayHStA, ABT. II, Geheimes Staatsarchiv, Reichsstatthalter 278/1. Monatsbericht des Regierungspräsidiums von Oberfranken und Mittelfranken an den Reichsstatthalter in München vom 6.9.1937. Monatsbericht für August 1937.

184 BArch, R 43 II, 1235b. Schreiben Ludwig Sieberts an den Chef der Reichskanzlei, Staatssekretär Lammers, vom 8.6.1937. Aus eigener Kraft hätte die Stadt Rothenburg die Kosten für die Instandsetzung nie aufbringen können und war bereits mit 50.000 RM schwer belastet.

185 FA 16.8.1937.

186 StadtAR, Stadtratsprotokolle Rothenburg. Geheime Beratung des Gemeinderates am 29.6.1937. Tagesordnungspunkt Nr. 42.

187 BArch, R 43 II, 1235b. Schreiben Ludwig Sieberts an den Chef der Reichskanzlei, Staatssekretär Lammers, vom 9.8.1937.

188 Brigitte Huber, Denkmalpflege zwischen Kunst und Wissenschaft. Ein Beitrag zur Geschichte des Bayerischen Landesamtes für Denkmalpflege, München 1996, S. 49; Klaus Backes, Hitler und die bildenden Künste. Kulturverständnis und Kunstpolitik im Dritten Reich, Köln 1988, S.185.

189 BArch, R 43 II, 1235b. Schreiben Ludwig Sieberts an den Chef der Reichskanzlei, Staatssekretär Lammers, vom 9.8.1937.

hinsichtlich eines finanziellen Zuschusses von Adolf Hitler für die Erhaltung und Instandsetzung der „Zeugen deutscher Geschichte".[190] 100.000 RM war ihm die Renovierung der Stadtmauer wert.[191]

Die Instandhaltung Alt-Rothenburgs folgte dem Grundgedanken, dass Rothenburg als „Repräsentant mittelalterlicher Städtebaukunst unter allen anderen Städten eine einmalige Erscheinung" gewesen sei.[192] Daher habe Siebert es sich zum Ziel gesetzt, „neben der Wiederherstellung des Trifels und anderer staatlicher Baudenkmale in der Westmark als nationale Weihestätte und als ein Denkmal von gewaltiger geschichtlicher Bedeutung auch die Wiederinstandsetzung der alten Stadt Rothenburg durchzuführen."[193] Darüber hinaus spielte die Instandhaltung Rothenburgs ebenso eine soziale und wirtschaftliche Rolle, da durch den Dreijahresplan auch Arbeit beschafft werden konnte.[194] Zur Durchführung der Erhaltungsarbeiten stellte man von verschiedenen Stellen Gelder bereit, unter anderem aus Landesmitteln.[195] Die Stadt verwaltete die Mittel, die ab 1937 flossen.[196] Dabei war das „Hilfswerk Alt-Rothenburg" ein stiftungsmäßig gebundener Fond, der getrennt von dem Gemeindevermögen unter staatlicher Aufsicht stand[197] Für den ersten Teil des Dreijahresplanes war 1937 ein Kapitalgrundstock von 125.000 RM vorgesehen.[198] Die Regierung von Ober- und Mittelfranken stellte 1937 insgesamt einen Betrag von 13.000 RM zur Erhaltung öffentlicher Baudenkmale zur Verfügung.[199] Im Februar 1938 gab der Chef der Reichskanzlei, Hans Heinrich Lammers, weitere 100.000 RM für die Überholung der Türme und Stadtmauern frei.[200] Die Regierung bewilligte 1938 einen Zuschuss in Höhe von 42.000 RM.[201] Man rief das „Ludwig-Siebert-Hilfswerk für Alt-Rothenburg" ins Leben, um die Festungsanlagen und kulturellen Baudenkmäler der Tauberstadt zu renovieren.[202] Dies geschah im Rahmen von Sieberts kulturellem Aufbauprojekt, das die Wiederherstellung verfallender geschichtli-

---

190 Ebenda;

191 Backes, Hitler und die bildenden Künste, S.185.

192 FA 18.8.1937.

193 Ebenda.

194 Ebenda.

195 StadtAR, Hilfswerk Alt-Rothenburg. Schreiben an den Landrat vom 6.9.1940.

196 Ebenda.

197 StadtAR, Hilfswerk Alt-Rothenburg. Schreiben an das Finanzamt Rothenburg o.d.T. vom 29.7.1948.

198 FA 18.8.1937;

199 StAN, Reg. v. Mfr., Abg. 1978, Nr. 20367.

200 BArch, R 43 II, 1235b, Eingangsbestätigung der Bayerischen Staatskanzlei von 100.000 RM auf das dienstliche Konto des Bayerischen Ministerpräsidenten Siebert Nr. 78.598 bei der Bayerischen Staatsbank München vom 16.2.1938.

201 StadtAR, Stadtratsprotokolle Rothenburg. Niederschrift über die Beratung mit den Ratsherren am 30.8.1938. Tagesordnungspunkt Nr. 345.

202 Schütz, Rothenburg ob der Tauber – die alte, deutsche Stadt, S. 142.

cher Baudenkmale zum Ziel hatte.[203] Siebert sah in den „geschichtlichen Baudenkmäler[n] herrliche unschätzbare Kunstwerke, [...] unvergängliche Zeugen höchster deutscher Kultur, vor allem aber [...] Zeugen dessen, welch‘ große Leistungen ein zielsicherer führender Wille zu vollbringen vermag [...]“.[204] Mit den Instandhaltungsmaßnahmen stand Rothenburg in einer Reihe mit der Wiederherstellung der Nürnberger Kaiserburg, der Würzburger Feste, dem Trifels und der Plassenburg.[205] Jedoch handelte es sich bei dem Wiederherstellungsprojekt für Rothenburg um eine ganze Stadt.[206] Die Leitung und Überwachung aller Arbeiten erfolgte unter Aufsicht des Bürgermeisters, der Stadtbaumeister und des Landesamtes für Denkmalspflege.[207]

Die Wiederherstellungsarbeiten lassen sich in den Kontext der „Schöpferischen Denkmalpflege“ stellen.[208] Dabei dominierte eine moderne Nutzungsfunktion die Abkehr vom Originalbestand.[209] Begonnen wurde mit der Stadtmauer vom Klingentor bis zum Galgentor, den Türmen und Brunnen der Stadt sowie allen Bauwerken, die baurepräsentativen Charakter hatten und im Gesamtbild der Stadt eine wesentliche Rolle spielten, wie zum Beispiel der Plönleinbrunnen und damit auch das Plönlein selbst.[210] Im Zuge der „schöpferischen Denkmalpflege“ unterzogen die Nationalsozialisten die „Alte Burg“ einer gärtnerischen Neugestaltung.[211] Der Stadtgarten bekam ein völlig neues Gesicht durch die „Entfernung aller überflüssigen Wege und der störenden, sowie schlechten Bäume“ und die „harmonische Eingliederung einiger schöner Rasenflächen“.[212] Verantwortlich dafür zeigten sich das Stadtoberhaupt Bürgermeister Schmidt und der Stadtgärtner Denzner. Letzterer brachte seine künstlerischen und handwerklichen Fähigkeiten ein, um die Rothenburger und auswärtige Besucher des neugestalteten Burggartens mit einem „gärtnerischen Schmuckkästlein [...]“ zu erfreuen: „Die Vorteile, die aus diesen Arbeiten erwuchsen, wird jeder Volksgenosse ermessen können, der offenen und prüfenden Auges nun die Burg durchwandert.“[213]

Neben der gärtnerischen Umgestaltung des Burggartens wurde der Rosengarten vor dem Galgentor instand gesetzt.[214] Ferner wurde der Garten allen „Volks-

---

[203] Ludwig Siebert (Hg.), Wiedererstandene Baudenkmale. Ausgewählte Arbeiten aus dem Ludwig-Siebert-Programm zur Erhaltung Bayerischer Baudenkmale, München 1941, Vorwort S. 6.

[204] Siebert, Deutsches Kulturschaffen als Völkische Pflicht, S. 7.

[205] Ebenda, S. 8.

[206] Hagen, Preservation, S. 205.

[207] FA 18.8.1937.

[208] Zum Begriff „Schöpferische Denkmalpflege“ sei verwiesen auf Fleischner, „Schöpferische Denkmalpflege“, S. 21ff.

[209] Ebenda.

[210] FA 18.8.1937.

[211] FA 13.5.1938.

[212] Ebenda.

[213] Ebenda.

[214] FA 22.5.1937.

genossen" zugänglich gemacht, was vorher nicht der Fall gewesen war. Des Weiteren renovierte man das Galgentor und brachte die beiden großen Türen wieder am Tor an. Beim Eingang in die „Alte Burg" entfernte man die „unschön wirkende Bude" und errichtete dort ein zweites Häuschen.[215] Darüber hinaus reponierte man die früher am Burgtor bestandene Zugbrücke.[216] Auch die Johanneskirche erfuhr an der Oberseite eine kleine bauliche Veränderung.[217]

Für die Wiederherstellungsarbeiten „Alt-Rothenburgs" rief man 1937 eine zentrale Koordinationsstelle ins Leben, den „Bauhof des Ludwig-Siebert-Hilfswerkes für Alt-Rothenburg", der auf dem „kleinen Brühl" errichtet worden war.[218] Neben der praktischen Arbeit und dem wirtschaftlichen Aspekt der denkmalpflegerischen Unternehmung sah Siebert dahinter ein höheres pädagogisches Ziel: Die neuartigen handwerklichen Methoden zielten auf die Entwicklung und Bildung einer Handwerkerschule für die Denkmalpflege, da sich bewährte Kräfte gegenseitig austauschen könnten und sie heimische Handwerksmeister sowie junge Baubeamte anlernen sollten.[219] Stadtbaumeister Hans Birkel leitete den Bauhof, der Steinhauer-, Zimmermann- und Schreinerwerkstätten aufwies.[220] Bei der Durchführung der Instandsetzungsarbeiten für Alt-Rothenburg pochte die Rothenburger Bauinnung im Einvernehmen mit dem Reichsinnungsverband – Bezirksstelle Bayern – darauf, nur Experten einzusetzen, die in die „Eigenart der Arbeit" eingeweiht waren.[221] Folglich holte man sich aus ganz Bayern Experten, um die Planungen erfolgreich umzusetzen. So wurde zum Beispiel im August 1939 der Bauinspektor Hans Penning an der Landbauamts-Außenstelle Coburg zur Durchführung der Fassadeninstandsetzung nach den Plänen des Landesamts für Denkmalpflege nach Rothenburg abgeordnet.[222] Das örtliche Baugewerbe schaltete sich bei der Instandsetzung von Privatbauten ein, was zum Beispiel die Errichtung von neuen Stützpfeilern betraf.[223] Die Wiederherstellung „Alt-Rothenburgs" ging reichsweit durch die Medien. In etwa 200 Zeitungen wurde von dem Bauprojekt berichtet.[224]

---

215 Ebenda.

216 Ebenda.

217 FA 22.5.1937.

218 Schütz, Rothenburg ob der Tauber – die alte, deutsche Stadt, S. 143f.

219 Siebert, Deutsches Kulturschaffen als Völkische Pflicht, S. 10.

220 FA 20.11.1937; StAN, SpKA Rothenburg o.d.T., B68. Der Stadtbaumeister Hans Birkel aus Rothenburg o.d.T., geb. 14.1.1880, war Mitglied der NSDAP von 1.5.1933-1945. Er war für die Jahre 1934-1945 Fördermitglied der SS.

221 StadtAR, Stadtratsprotokolle Rothenburg. Öffentliche Beratung des Gemeinderates am 1.10.1937. Nr. 5579. Tagesordnungspunkt Nr. 74.

222 StAN, Reg. v. Mfr. Abg. 1978, Nr. 20390. Schreiben des Staatsministeriums des Innern an den Regierungspräsidenten in Ansbach vom 19.8.1939.

223 StadtAR, Stadtratsprotokolle Rothenburg. Öffentliche Beratung des Gemeinderates am 1.10.1937. Nr. 5579. Tagesordnungspunkt Nr. 74.

224 StadtAR, Stadtratsprotokolle Rothenburg. Geheime Beratung des Gemeinderates am 23.7.1937. Tagesordnungspunkt Nr. 43.

Der Plan sah vor, mit den Stadtmauern und Wehrtürmen, die die Altstadt einschlossen, zu beginnen. Im Laufe des ersten Baujahres 1938 restaurierte man den Klingentorturm, die Klingenbastei, die Wolfgangskirche und die Mauerwerke vom Klingentor bis zum Pulverturm.[225] Der Fokus der Wiederinstandsetzungen lag auf dem Klingentorturm und der anschließenden Klingentorbastei, die neben den Wiederherstellungsarbeiten an Teilen der Stadtmauer das Hauptaugenmerk der Öffentlichkeit auf sich zog.[226] Die Schäden, die sich bei den Arbeiten an den Türmen und der Stadtmauer offenbarten, übertrafen die Befürchtungen.[227] Bei den schadhaften Stellen, die sich an den Türmen und der Mauer zeigten, setzte man anstelle des zerbröckelten sowie zerbrochenen Materials neue Steine ein und erneuerte die ausgewitterten Fugen. So war zum Beispiel der auf der Seite gegen die Klingengasse zu im Mauerwerk des Klingenturmes eingelassene Spitzbogen aus Sandstein völlig ausgewittert und musste durch neue Quader ersetzt werden. Ferner erneuerte man am Klingenturm den östlichen Erker, der ebenfalls stark unter dem Einfluss der Witterung gelitten hatte. Das schadhafte Dach des Turmes wurde umgedeckt und die Turmspitze mit einem neuen Schutzanstrich versehen.[228]

Im Mittelpunkt der Instandsetzungen für das Jahr 1939 stand der Würzburgertorturm. Allein die Einrüstung zog sich fast ein Jahr hin. Die Schäden an dem Bauwerk erwiesen sich größer als man ursprünglich angenommen hatte. In den Fugen zwischen den einzelnen Steinen war das Material zum Teil 40 bis 50 Zentimeter tief ausgewittert, was die Standfestigkeit des Turmes wesentlich beeinträchtigt hatte.[229] Ferner war im obersten Teil des Turmes die Westseite bis zu sechs Zentimeter auseinandergerückt. Daher mussten, ähnlich wie beim Klingentorturm, an verschiedenen Stellen Eisenklammern eingesetzt werden. Das Fachwerk des obersten Turmteiles und die Westseite war vollständig verwittert und verfault, weshalb man es ganz herausnehmen und erneuern musste. Am Dach des Turmes erstreckten sich die Arbeiten auf Ergänzungs- und Umdeckarbeiten.[230]

1939 konzentrierten sich die behandelten Instandsetzungsarbeiten auf die Wiederherstellung der inneren Wallgrabenmauern und sowie der Stützpfeiler von der Klingenweth bis zum Strafturm. Des Weiteren kam es zur Restaurierung der äußeren Wallgrabenmauer einschließlich der Brücke vor dem Klingentor, des

---

225 Schütz, Rothenburg ob der Tauber – die alte, deutsche Stadt, S. 142; FA 21.12.1938. Eine detaillierte Auflistung von Rechnungen des Siebert-Programms und Instandhaltungsmaßnahmen findet sich unter StAN LRA Rothenburg o.d.T., Abg. 1975, Nr. 4090, 4091; StadtAR, „Hilfswerk für Alt-Rothenburg" Ausgaben III/1-IV/1; IV/1-VIII. Zum Siebert-Programm sei verwiesen auf Paul Erker, „NS-Wirtschaftsaufschwung" in Bayern? Das Siebert-Programm und die nationalsozialistische Wirtschaftspolitik (1933-1939), in: Rumschöttel/Ziegler (Hg.): Staat und Gaue in der NS-Zeit, S. 245-294.

226 FA 4.11.1939.

227 Schütz, Rothenburg ob der Tauber – die alte, deutsche Stadt, S. 142f.

228 FA 20.11.1937.

229 FA 4.11.1939.

230 Ebenda.

Stadtmauerteils bei der neuen Weganlage am südlichen Burgausgang und der Stützmauer für das kleine Gärtchen zwischen Eselssteige und Burggarten. Insgesamt galt es bei den genannten Maßnahmen 250 Kubikmeter Mauerwerk vollständig abzutragen und zu erneuern. Die Ausbesserungsarbeiten am Galgentorturm wurden 1939 abgeschlossen.[231] Trotz vieler vollendeter Projekte brachte der Kriegsbeginn 1939 die Arbeiten zum Erliegen, da viele Facharbeiter in den Krieg zogen.[232] Die Instandsetzung sollte nach Kriegsende fortgesetzt werden.[233]

Selbst wenn das Gesamtprojekt mit Kriegsbeginn ins Stocken geriet, minderte dies nicht die gewaltige restaurative Leistung bis 1939. Jedoch sollte eines dabei nicht außer Acht gelassen werden. Die Instandhaltungsarbeiten zielten nicht primär auf die Rekonstruktion und Bewahrung der Mauern und Gebäude, sondern maßgeblich auf eine Funktionalisierung für die NS-Ideologie.[234]

6.1.4. Bauliche Veränderungen durch Privatpersonen

Die Rothenburger Bevölkerung wurde aufgerufen mitzuhelfen, um das Image der Stadt zu verbessern: „Alle Volksgenossen, denen die Schönheit und Reinheit ihrer Heimat etwas bedeutet, müssen mithelfen durch Wort und Tat, daß in unserem Rothenburg, der steingewordenen Märchenstadt, der Begriff „Schönheit in Stadt und Land“ zur Wirklichkeit wird.“[235] Der historische, malerische und kulturelle Wert Rothenburgs käme bei den Straßen- und Häuserpartien erst dadurch zur vollen Geltung, wenn alle Häuser in ihrer Bauart und Eingruppierung einen guten Eindruck machten, da eine sauber gehaltene Hausfront mit frisch gestrichenen weißen Fenstern mit farbenfreudig geschmückten Blumen zu sehen sein sollte.[236] Auch die Haustüren und die Fensterläden mussten einen soliden und sauberen Eindruck machen.[237]

Im Januar 1937 sprach der Gauheimatpfleger und Oberregierungsbaurat Höpfel aus Nürnberg über „Die Aufgaben der Heimatpflege in Franken“.[238] Dabei legte er den Rothenburgern nahe, im Stadt- und Landschaftsbild ihren fränkischen Stammesstolz zum Ausdruck zu bringen. So sollte sich jeder Rothenburger fragen, ob er bei Bauvorhaben oder baulichen Veränderungen seines Hauses die Veränderung gegenüber seinem „Stammesbewußtsein und der Eigenart des

231 Ebenda.

232 StadtAR, Hilfswerk Alt-Rothenburg. Schreiben an den Landrat vom 6.9.1940. Johannes Örtel beendete 1940 die Restaurierung des Baumeisterhauses. Die Ausbesserungsarbeiten am Plönlein endeten 1941. Vgl. Hagen, Preservation, S. 218.

233 Ebenda.

234 Seiderer, Nürnberg – Die „Stadt der Reichsparteitage“, S. 332f.

235 FA 25.7.1939.

236 Ebenda; Hagen, Preservation, S. 203.

237 Ebenda.

238 FA 14.1.1937.

fränkischen Landschaftsbildes" verantworten könnte.[239] Schließlich sei „[...] jedes Stadt- und Dorfbild in Franken [...] nichts anderes wie die Stein gewordene Seele des fränkischen Menschen."[240] Die Verschönerung der Häuser propagierte man als Dienst an der Stadt, aber auch als Dienst an sich selbst.[241] Bei seinen Auftritten für die NSDAP verkündete Bürgermeister Schmidt den Rothenburgern: „Liebe zur Heimat, Liebe zum Land, Liebe zum Reich ist es, die die schönste Stadt Deutschlands, Rothenburg, besitzt".[242] Dabei galt die Heimatstilarchitektur als Ausdruck der Volkstumsidylle.[243] Als Fortführung des traditionellen Bauens der 20er Jahre erklärten die Nationalsozialisten dies zur architektonischen Sprache des Volkes und suggerierten die Rückkehr zu ewig gültigen architektonischen Gesetzen.[244]

Die Rothenburger Bevölkerung beteiligte sich an den Änderungsarbeiten der mittelalterlichen Altstadt durch verschiedene Reinigungs- und Ausbesserungsaktionen, das Anlegen von Gärten und die Instandsetzung von Fassaden.[245] Des Weiteren wurden mehrere Dachstühle erneuert, Gastwirtschaften und Cafés ausgebaut.[246] Die Umbauarbeiten an Privatanwesen zeugten für das lokale NS-Regime von der „Heimatliebe und [dem] Kunstverständnis" der Mitbürger, die die neue Marschrichtung unterstützten.[247] Allerdings bestimmte nicht der individuelle Geschmack die Umbauten, sondern man hatte sich an den Richtlinien der Nationalsozialisten zu orientieren, um den Häusern ein besonders malerisches Aussehen zu geben. Widerspruch wurde nicht geduldet: Die Hausbesitzer mussten sich bei Umbaumaßnahmen zur Verschönerung des Straßenbildes den Vorstellungen des lokalen NS-Regimes bzw. der NS-Funktionselite beugen.[248] Die Nationalsozialisten beriefen sich darauf, dass Rothenburg hinsichtlich der baupolizeilichen und „denkmalschützerischen" Vorschriften eine Sonderstellung in ganz Deutschland eingenommen hätte.[249] Die Regierung von Ober- und Mittelfranken hatte diese Tatsache auch immer genügend gewürdigt. Mit dem Erlass der Verordnung über die Baugestaltung vom 10. November 1936 war der Baupolizeibehörde ein Mittel an die Hand gegeben, die Renovierung von Schäden, die sich an einem Haus befanden, einzufordern.[250]

---

239 Ebenda.
240 Ebenda.
241 FA 28.6.1938; Hagen, Preservation, S. 203.
242 FA 14.1.1937.
243 Fleischner, „Schöpferische Denkmalpflege", S. 7.
244 Ebenda.
245 FA 28.6.1938.
246 Ebenda.
247 FA 18.5.1934.
248 FA 22.5.1937.
249 StAN, Reg. v. Mfr. Abg. 2000, Nr. 15555. Schreiben des Bürgermeisters der Stadt Rothenburg an die Reg. v. Ober- und Mittelfranken vom 1.8.1938.
250 Ebenda.

Zahlreiche Immobilienbesitzer gaben infolgedessen ihrem Haus ein neues Aussehen.[251] Sie trugen dazu bei, das Stadtbild zu verändern und kamen dem Ruf der verantwortlichen Stellen der Stadt „Rothenburg noch schöner" nach.[252] So wollte Johann Geringer 1937 aufgrund von Eigenbedarf dringend sein Anwesen in Rothenburg ausbauen.[253] Bei seinem Umbaugesuch orientierte er sich an die Richtlinien des Gauheimatpflegers Höpfel. Sein einstöckiges Haus mit dem hohen Dach hatte drei übereinanderliegende Dachböden, wobei im oberen Teil des Daches drei Dachgauben enthalten waren und drei weitere Dachgauben eingebaut werden sollten. An den Gauben angebrachte Blumen sollten eine „gute malerische Wirkung erzielen."[254] In seinem Schreiben erklärte sich Geringer bereit, seinen „Willen" zu zeigen, und zur „Verbesserung des Gesamtbildes" mitbeizutragen.[255] Selbstverständlich gab es diese Verschönerungsmaßnahmen auch auf dem Land. So ließ zum Beispiel Wilhelm Letterer in Tauberscheckenbach an seinem Wohnhaus das Fachwerk freilegen, wofür er einen Zuschuss vom Bezirkstag in Höhe von 200 RM erhielt.[256]

Neben Verputzarbeiten an verschiedenen Häusern kam es zu kompletten Umbauten der Häuser, ganz im Sinne der Nationalsozialisten.[257] So wurde die bisher im oberen Stockwerk des Gasthauses „Grüner Baum" bestehende Scheinfassade, die als sehr „unästhetisch" empfunden wurde, ausgebaut.[258] Die beiden angebauten Häuser wurden in die Umbauarbeiten mit einbezogen. Über die Fassade, die zu den drei Häusern gehörte, wurde ein Walmdach konstruiert, das sich dem Straßenbild anpasste und dessen Plan beim Landesverband für Denkmalspflege Anerkennung fand. Das Nachbarhaus wurde entsprechend in der Farbe angepasst, um die Sandsteinfassade zu beleben. Darüber hinaus wurde der Dachstuhl des Burgcafés inklusive seiner Zimmereinbauten erneuert. Dort galt es, sowohl die Form des alten Bauwerkes beizubehalten als auch mit dem Burgturm in Einklang zu bringen. Der bereits vorhandene Fachwerkgiebel fand dabei seine Wiederverwendung. Die Pläne für die beiden genannten Umbauten entwarf der Architekt Kerndter.[259]

An verschiedenen Stellen wurden die Fassaden verändert, um die Gebäude dem Charakter der Stadt anzupassen. An der Weinstube zur Alten Burg (Burgcafé) wurde die Giebelseite verändert. Hier brachte man ein Freskogemälde des

[251] FA 28.6.1938.
[252] Ebenda.
[253] StAN, Reg. v. Mfr. Abg. 2000, Nr. 15555. Schreiben von Johann Geringer an den Bürgermeister von Rothenburg vom 15.9.1937.
[254] Ebenda.
[255] Ebenda.
[256] StAN, Reg. v. Mfr. Abg. 1978, Nr. 20380. Schreiben des Rothenburger Bezirksamtes vom 6.6.1936.
[257] FA 28.6.1938.
[258] Ebenda.
[259] Ebenda.

Kellermeisters aus dem Rothenburger Festspiel zusammen mit einem Spruchband an, um das Gebäude sowohl künstlerisch zu bereichern sowie auf den Ausschank im Innern des Hauses aufmerksam zu machen. Ebenfalls auf die Bierstube und die gute „Gasterey“ wiesen der am „Hotel Eisenhut“ aufgemalte Spruch und das sich daneben befindliche Schildband hin. Beide Malereien am Burgcafé und am Hotel Eisenhut waren das Werk des Kunstmalers Ernst Unbehauen.[260]

Um das Stadtbild dem Zeitgeist entsprechen zu lassen, baute man die Weinstube „Zum Schöppler“ um.[261] Auch das Bauersche Haus am Weißen Turm wurde sowohl an der West- wie an der Südseite umgebaut, damit es sich besser in das Gesamtbild einfügen konnte. Das Hotel Eisenhut wurde ebenfalls architektonisch verändert. So wurde die „Rot-Garage“ befestigt, und die ganze Außenfront wurde zu einem geschlossenen Ganzen vereinheitlicht. Ferner wurden die Räume im Innern des Hotels vergrößert. Der Holsteinsche Neubau, der sich vor der Stadt befand und nach verschiedenen Änderungen erst seine Genehmigung erfahren hatte, erbrachte für Schmidt den Beweis, dass er sich weit besser in das Landschaftsbild eingefügt hätte, als die in den letzten Jahren und Jahrzehnten entstandenen Neubauten. Des Weiteren kam es zu baulichen Umgestaltungen im Rathaus, darunter die Umänderungen im Sitzungssaal und die Fertigstellung des Festspielzimmers. Hierbei orientierte man sich am Museumsbau. Außerdem wurde der alte Ziehbrunnen, der bisher vor dem Galgentor stand, im Klosterhof aufgestellt.[262]

Auch der Kaufmann Wilhelm Reingruber gab seinem Anwesen durch die Mithilfe von fachkundiger Seite ein neues Gewand, indem er um den ganzen Hof bei zwei Stockwerken das Fachwerk freilegte sowie sämtliche Fenster mit Rundscheiben versah und mit Blumenschmuck verzierte.[263] Das Langenbuchsche Haus am Markt wurde ebenfalls einem Umbau unterzogen.[264] So erfuhr die Zehntscheune im Spitalhof einen Umbau zu einer Jugendherberge, die nun 320 Betten und entsprechende Aufenthaltsräume aufweisen konnte. Wirtschaftlich sollte dieser Bau für Rothenburg von wesentlicher Bedeutung werden.[265] Wie das Staatsministerium der Finanzen mitteilte, wurden die Umbauarbeiten an der Jugendherberge in Rothenburg aus den Haushaltsmitteln für 1937 mit 15.000.- RM bezuschusst.[266]

Um das Straßenbild zu verschönern, forderte Bürgermeister Schmidt die gesamte Bevölkerung in Stadt und Land Rothenburg auf, Blumenschmuck an den

---

260 Ebenda. Zur Person des Künstlers Ernst Unbehauen sei verwiesen auf Kapitel 6.2.5. dieser Untersuchung.

261 FA 22.5.1937.

262 Ebenda.

263 FA 18.5.1934.

264 FA 22.5.1937.

265 Ebenda.

266 StadtAR, Stadtratsprotokolle Rothenburg. Geheime Beratung des Gemeinderates am 23.7.1937. Nr. 4217. Tagesordnungspunkt Nr. 45. Schreiben des Staatsministeriums vom 12.7.1937. Nr. 20951.

Fenstern und Erkern anzubringen.[267] Doch damit nicht genug. Er verlangte von den Hausbesitzern, die Tellerlampen, die sich vor ihrem Haus befänden, durch die zum Rothenburger Straßenbild passenden Laternen auf eigene Rechnung zu ersetzen.[268] Im Zuge der Verschönerungsarbeiten legte man in vielen Privathäusern die Stuckdecken frei.[269] Es handelte sich dabei um eben jene Dinge des Alltags, deren Wirkungsmöglichkeiten in die nationalsozialistische Umgestaltung mit einbezogen wurden, um eine kulturelle Atmosphäre zu beeinflussen.[270]

Die Wünsche der einzelnen Hausbesitzer hinsichtlich baulicher Veränderungen wurden nur berücksichtigt, sofern sie zum „gesteckten idealen Ziel" hinführten.[271] Umbauten, die nicht in das Bild der Nationalsozialisten passten, wurden abgelehnt.[272] Die folgenden Beispiele verdeutlichen die Praxis: Am Marktplatz in Rothenburg stand das Haus des prakt. Arztes Dr. Beck, der ein Baugesuch auf Errichtung eines Kamins und Einbau von Dachkammern einreichte.[273] Sein Gesuch wurde unter der Voraussetzung genehmigt, dass er die Fassade seines Hauses renovierte, die sich in einem schlechten Zustand befand und nach Ansicht des Bürgermeisters Schmidt das Bild des Marktplatzes „aufs gröbste stört und verunziert".[274] Beck willigte ein, da er ansonsten sein Haus nicht hätte umbauen dürfen.[275] So wurde die Giebelseite des Hauses in seiner ursprünglichen Form durch Wiederherstellung des Kellereingangs und durch Abänderung der Torflügel geändert.[276] Das Landesamt für Denkmalpflege sowie das städtische Bauamt berieten Beck dabei.[277]

Sowohl Bürgermeister Schmidt als auch das Landesamt für Denkmalpflege lehnten im Oktober 1938 das Baugesuch von Georg Unger für sein Haus in der Herrengasse 12 in Rothenburg ab, da der Ladeneingang zu modern gestaltet werden würde.[278] Eine Verlegung des Ladenzugangs hätte eine „völlige Entwer-

---

267 FA 22.5.1937.

268 Ebenda.

269 Harro Schaeff-Scheefen, Haus und Schicksal. Die Bedeutung der Häuserforschung für die fränkische Heimatgeschichte, in: Jahresbericht des Vereins „Alt-Rothenburg" 33 (1936/37), S. 38-45, S. 45.

270 Klaus Herding/Hans-Ernst Mittig, Kunst und Alltag im NS-System. Albert Speers Berliner Straßenlaternen, Gießen 1975.

271 StAN, Reg. v. Mfr. Abg. 2000, Nr. 15555. Schreiben des Landesamtes für Denkmalpflege an die Reg. v. Ober- und Mittelfranken vom 10.12.1938.

272 FA 22.5.1937.

273 StAN, Reg. v. Mfr. Abg. 2000, Nr. 15555. Schreiben des Bürgermeisters der Stadt Rothenburg an die Reg. v. Ober- und Mittelfranken vom 1.8.1938.

274 Ebenda.

275 StAN, Reg. v. Mfr. Abg. 2000, Nr. 15555. Schreiben des Rothenburger Bürgermeisters an die Reg. v. Ober- und Mittelfranken vom 29.8.1938.

276 StAN, Reg. v. Mfr. Abg. 2000, Nr. 15555. Schreiben von Beck an den Bürgermeister der Stadt Rothenburg vom 24.8.1938.

277 Ebenda.

278 StAN, Reg. v. Mfr. Abg. 2000, Nr. 15555. Schreiben des Landesamtes für Denkmalpflege an den Bürgermeister von Rothenburg vom 25.10.1938.

tung des schönen alten Tores bedeutet".[279] An die Stelle einer reich verzierten Fassade wäre ein „gähnendes dunkles Loch mit unruhigen Verschneidungen im Hintergrund" hervorgetreten.[280] Das Bauvorhaben von August Dürnhöfer wurde ebenfalls abgelehnt.[281]

Ferner wurde an der Stadtmauer ein beim Sterngarten angebrachtes Nebengebäude abgerissen, da es nicht ins Stadtbild passte.[282] Der Besitzer des Geringerschen (früher Utzschen) Hauses in der Judengasse beabsichtigte, in das alte Dach eine Wohnung einzubauen.[283] Der Verein Alt-Rothenburg sah darin eine Maßnahme, die den Interessen der Erhaltung Alt-Rothenburgs widersprach und zudem aus Gründen des Luftschutzes nicht genehmigt werden konnte.[284]

Im Zuge der sogenannten „Verschönungsarbeiten" stellte die Stadtverwaltung jeden Einwohner „in den Dienst der Heimat".[285] In der lokalen Presse wurden die Einwohner der Stadt aufgerufen, die Straßen, Plätze und Gassen von Schmutz wie Papierfetzen etc. zu reinigen. Jeder sollte dafür Sorge tragen, dass die Gasse, die an seinem Haus vorüber führte, gekehrt werde. Ferner war es notwendig, die Höfe von „unnützem Gerümpel" zu befreien.[286] Damit sich der Besucher der Stadt heimisch fühlen konnte, sollte er saubere Plätze und Straßen vorfinden, damit er von der „Reinlichkeit der Straßen und Plätze auf die freundliche Gesinnung der Bevölkerung schließen" konnte.[287]

Am 15. Februar 1936 wurde angeordnet, dass die gröbsten Verunstaltungen der Landschafts- und Ortsbilder beseitigt werden.[288] Die Bürgermeister und Amtsvorstände wurden persönlich dafür verantwortlich gemacht und sollten dafür Sorge tragen, dass zum Beispiel die Düngerstätten in Ordnung waren, sodass keine Jauche auf die Straßen ausfließen könnte. Ferner sollte auf gemeindlichen Plätzen kein Material mehr ungeordnet lagern. Darüber hinaus sollte die Instandsetzung schadhafter Häuser vorangetrieben werden und überhaupt müssten die polizeilichen Vorschriften zum Heimatschutz mehr Beachtung finden.[289] Ferner untersagte die Stadtverwaltung im Jahr 1937 Fahrzeugen mit über 3,5 Tonnen durch die Stadt zu fahren, da man in den schweren Lastkraftwagen eine

---

279 StAN, Reg. v. Mfr. Abg. 2000, Nr. 15555. Schreiben des Landesamtes für Denkmalpflege an die Reg. v. Ober- und Mittelfranken vom 10.12.1938.

280 Ebenda.

281 StAN, Reg. v. Mfr. Abg. 2000, Nr. 15555. Schreiben von August Dürnhöfer. Ohne Datum.

282 FA 22.5.1937.

283 Ebenda.

284 Ebenda.

285 FA 6.4.1937.

286 Ebenda.

287 Ebenda.

288 StAN, Amtsblatt für das BA Rothenburg o.d.T. Jg. 1936, Nr. 8944 P, Nr. 13.

289 Ebenda.

Gefahr für die Erhaltung der alten Häuser sah.[290] Außerdem veranlasste man die Treibstofffirmen, ihre Tankstellen durch schlichte Farbgebung „zu tarnen", damit sie nicht das Gesamtbild stören.[291]

Hinsichtlich der Verschönerung des Stadtbildes achtete man auf Details. Dies lässt sich am Beispiel der Reklametafeln verdeutlichen. Die Geschäftsleute, egal ob Kaufmann, Gaststättenbesitzer oder Handwerksmeister, sollten zum weiteren Schmuck ein schönes altes Schild anbringen lassen, das sich wiederum dem Gesamtbild anzupassen hätte.[292] Als Experte für künstlerische Außenreklamen organisierte Ernst Unbehauen extra eine Ausstellung im ehemaligen Tanzhaus.[293] In der Gemeinderatssitzung am 22. April 1936 ging Bürgermeister Schmidt auf die Absichten des Gewerbeoberlehrers Unbehauen ein, „Reinlichkeit und Sauberkeit in den Straßen und Plätzen der Stadt" zu verbreiten.[294] Schmidt bat die Ratsherren dieses Anliegen zu unterstützen.[295] Gleichzeitig drohte Schmidt, falls „bei einem oder dem anderen Volksgenossen diese Einsicht nicht vorhanden sein sollte, so werde er dafür Sorge tragen, daß mit allen Mitteln gegen solche unbelehrbare Volksgenossen vorgegangen wird."[296]

Für die Nationalsozialisten galt Rothenburg in Bezug auf das „Reklameunwesen" als „Gegenstück und Schönheit deutscher und Rothenburger Handwerkskunst".[297] Als Paradebeispiele galten das Schild des Hotels Eisenhut, der eiserne Helm sowie die innere Ausgestaltung des Hotels. So sollte ein Schlussstrich gemacht werden unter die

> „Verirrungen einer vergangenen Zeit, [um] sich auch in unserem schönen Franken [...] unserer schönen und großen Vergangenheit wieder bewußt [sic!] [zu] werden, daß sich bei uns Franken jenes stolze Gefühl der Heimatverbundenheit anmeldet. Dann wird es auch im Rothenburger- und im Frankenland vom Standpunkt der Heimatpflege aus wieder schön und herrlich werden."[298]

Amerikanische Reklametafeln wurden dagegen als Beweise baulicher und geistiger Verwilderung einer „liberalistisch-marxistischen Zeit" mit „Schund und Kitsch" angesehen, die „jüdischen Geist" atmeten.[299] Oberbürgermeister Schmidt

---

290 FA 22.5.1937.
291 Jenaische Zeitung 29.6.1933.
292 FA 25.7.1939.
293 FA 22.5.1937.
294 StadtAR, Stadtratsprotokolle Rothenburg. Öffentliche Beratung des Gemeinderates am 22.4.1936. Nr. 3676. Tagesordnungspunkt Nr. 14. Anwesend: Erster Beigeordneter Schmidt als Vorsitzender, Zweiter Beigeordneter Heinrich Erhard, Dritter Beigeordneter Georg Arlt.; Hagen, Preservation, S. 200.
295 Ebenda.
296 Ebenda.
297 FA 14.1.1937.
298 Ebenda.
299 Ebenda.

prophezeite „Ein Sturm wird über Rothenburg gehen, wenn die Reklametafeln und die Schaukästen in der nächsten Zeit entfernt werden."[300]

Im Zuge der Verschönerungsarbeiten brachte man an mehreren Häusern Wirts- und Gewerbeschilder an, wie zum Beispiel am Gasthaus „Zur Glocke".[301] Die Reklametafel an der ehemaligen Ratstrinkstube über dem Eingang zur Stadthalle wurde, ebenso wie der dort angebrachte Briefmarkenautomat und der Briefkasten, entfernt.[302] Vor dem Galgentor beseitigte man die Litfaßsäule, und an deren Stelle brachte man eine Reklametafel am Vereinshaus an.[303] An einer Vielzahl der Häuser, besonders an den Gaststätten, ersetzte man die als „unschön" empfundenen Blechtafeln durch Holztafeln.[304] Auch das Gewerbeschild der Schneiderschen Buchdruckerei der Gebrüder Schneider an dem wiederhergestellten Geschäftshaus wies auf die Art des Geschäftsbetriebes hin.[305] Die Entwürfe und Ausführungen der Schilder stammten allesamt von Ernst Unbehauen.[306] Unbehauen verlangte mit Nachdruck, dass „liederliche, häßliche und stillose Reklamezeichen und Aufschriften baldigst aus dem Stadtbild verschwinden."[307] Im Zuge der Reklamevorschriften konnte man fast ausschließlich die deutsche Frakturschrift, die gotische sowie die Renaissanceschrift an Reklametafeln finden.[308] Die lateinischen Schriftzeichen verschwanden aus dem Rothenburger Stadtbild bis auf wenige Ausnahmen, wie zum Beispiel Antiquaschilder.[309] Diese „Reinigung" des Stadtbildes verbuchte der Stadtrat als Erfolg und versandte Lichtbildmappen an den Ministerialrat Ernst Hieke vom Reichs- und Preußischen Ministerium für Wissenschaft, Erziehung und Volksbildung.[310] Auch die Reichsminister Göbbels und Frick erhielten die neuesten Bilder.[311]

---

300 Friedrich Schmidt, Alt-Rothenburg und seine Aufgaben in Gegenwart und Zukunft, in: Jahresbericht des Vereins „Alt-Rothenburg" 32 (1934/35), S. 7-11, S. 10.

301 FA 28.6.1938.

302 FA 22.5.1937.

303 Ebenda.

304 Ebenda.

305 FA 28.6.1938.

306 Ebenda.

307 Ernst Unbehauen, Bericht über die Bauberatung in den Jahren 1934 und 1935, in: Jahresbericht des Vereins „Alt-Rothenburg" 32 (1934/35), S. 18-20, S. 20.

308 Ebenda, S. 19; Vgl. Hagen, Preservation, S. 205.

309 Ernst Unbehauen, Tätigkeitsbericht über die künstlerische Bauberatung des Vereins „Alt-Rothenburg", in: Die Linde 26 (1936), S. 109-110, S. 110.

310 StadtAR, Stadtratsprotokolle Rothenburg. Öffentliche Beratung des Gemeinderates am 19.3.1937. Nr. 1496. Tagesordnungspunkt Nr. 294.

311 StadtAR, Stadtratsprotokolle Rothenburg. Öffentliche Beratung des Gemeinderates am 19.10.1936. Nr. 7363. Tagesordnungspunkt Nr. 163. Nr. 9152. Tagesordnungspunkt Nr. 164; Hagen: Preservation, S. 202.

Die Stadt Rothenburg erfüllte für die Nationalsozialisten eine besondere symbolische Bedeutung, indem sie dem idealisierten Bild des nationalsozialistischen Deutschlands entsprach. Vor allem die mittelalterliche Kulisse eignete sich für die Inszenierung und Instrumentalisierung Rothenburgs.

Die lokalen Akteure traten vor Ort als Bewahrer des kulturellen Erbes auf und initiierten Stadtverschönerungsprogramme auf der Basis eines harmonistischen, auf Veredelung angelegten Kulturverständnisses.[312] Die bewusste Setzung politischer Symbole verhalf zur Instrumentalisierung der Architektur. Die Vereinigung von NS-Denkmälern, NS-Gemälden an Hauswänden sowie „Judentafeln“ an den Stadttoren machte die Stadt in Verbindung mit ihrem mittelalterlichen Erscheinungsbild zu einem Prestigeobjekt des „Dritten Reiches“.[313] Mit vertrauten Architekturformen und Zeichen steigerte das Regime mittels der Stadt und des Rothenburger Umlands die Überzeugungskraft der NS-Ideologie.

Die Nationalsozialisten priesen den Anblick der Stadt im Landschaftsbild des Taubertals. Die kleinstädtische mediävale Idylle bediente zusammen mit dem Umland die Sehnsucht nach handwerklicher Tradition und dem Bauerntum als integralen Bestandteil der „Blut-und-Boden-Ideologie“, was sich als Besinnung auf überlieferte Lebensentwürfe instrumentalisieren ließ.[314] Als direkten Ausdruck ihrer nationalsozialistischen Herrschaft stilisierten die Nationalsozialisten Rothenburg zum Kleinod Deutschlands mit missionarischem Charakter als „arteigene“ deutsche Stadt.[315]

Sowohl reichsweit als auch international setzten die Nationalsozialisten die Stadt in Szene. Akkreditierte Vertreter des In- und Auslands lernten Rothenburg als Vorzeigeobjekt kennen. Rothenburg gedieh zur lebendigen Propaganda für das „Dritte Reich“ und hatte als deutsche NS-Musterstadt höchste kulturelle Bedeutung. Die Aktionen der Partei mit ihren Gliederungen und Verbänden perfektionierten die Inszenierung und die Botschafterrolle der fränkischen Kleinstadt. Hunderttausende Besucher erlebten jedes Jahr die „ideale deutsche Stadt“. Der Nationalsozialismus bescherte Rothenburg eine ganz besondere Wertung und Symbolwirkung. Für die Nationalsozialisten war Rothenburg als Repräsentant mittelalterlicher Städtebaukunst eine einmalige Erscheinung und erlangte reichsweite Berühmtheit. Mit den Instandhaltungsmaßnahmen stand der „Prototyp der alten deutschen Reichsstadt“ in einer Reihe mit der Wiederherstellung der Nürnberger Kaiserburg, der Würzburger Feste und dem Trifels. Der Bayerische Mini-

---

312 Franz Dröge/Michael Müller, Die Macht der Schönheit. Avantgarde und Faschismus oder die Geburt der Massenkultur, Hamburg 1995, S. 229.

313 Für eine nähere Analyse der Judentafeln sei verwiesen auf Kapitel 8.4. dieser Untersuchung.

314 Adam, Kunst im Dritten Reich, S. 279.

315 Fleischner, „Schöpferische Denkmalpflege“, S. 7.

sterpräsident Siebert setzte sich höchstpersönlich für die Wiederherstellung Alt-Rothenburgs ein. Er machte es zu seiner persönlichen Angelegenheit, die finanziellen Mittel für die Erhaltung der Türme, der Stadtmauern, der Brunnen und des architektonischen Gesamtbildes zu beschaffen. Sein Eingreifen sicherte die Finanzierung. Adolf Hitler erkannte die Wichtigkeit der Erhaltung Alt-Rothenburgs sowie seine Funktionalisierung und Symbolwirkung, weshalb er lebhaften Anteil an den Instandsetzungsarbeiten nahm, indem er eine erhebliche Summe aus seinen privaten Mitteln zur Verfügung stellte. Die Restaurierung des mittelalterlichen Stadtbildes stand in direktem Zusammenhang mit der Bedeutung Rothenburgs für die Nationalsozialisten. Als begehrtes Ausflugsziel der KDF und langjährige Hochburg der NSDAP hatte die Stadt einen hervorgehobenen Status.

Die Botschafterrolle der fränkischen Kleinstadt eröffnete der NSDAP auch eine soziale Kontrolle, indem die Partei die Bevölkerung Rothenburgs aufforderte, mustergültige Bürger einer „idealen deutschen Stadt" zu sein.[316] Im Zuge der Altstadtsanierung stellten NSDAP und Stadtverwaltung die Bewohner von Stadt und Land Rothenburg in den „Dienst der Heimat". Sie sollten mithelfen das Image zu verbessern, indem sie ihre Privathäuser anpassten. Richtlinie war die Heimatstilarchitektur als Ausdruck der Volkstumsidylle.[317] Die Rothenburger unterstützen die Verschönerungsarbeiten durch verschiedene Reinigungs- und Ausbesserungsaktionen, das Anlegen von Gärten und die Instandsetzung von Fassaden oder Dachstuhlerneuerungen. Damit entsprachen die Bewohner dem Anliegen des lokalen NS-Regimes und beugten sich den Richtlinien, um ihre Privathäuser dem Charakter der Stadt anzugleichen. Die Umgestaltung beeinflusste die kulturelle Atmosphäre und machte selbst innerhalb der privaten vier Wände nicht Halt. Nichts durfte das Gesamtbild stören. Der Fokus lag im Detail, sei es die Tellerlampe vor der eigenen Haustür oder das hölzerne Gewerbeschild in Fraktur. Mit der Adaption engster historischer Bezüge versuchten die Nationalsozialisten Rothenburg in Szene zu setzen. Die lokalen Akteure des NS-Regimes gaben sich betont geschichtsbewusst und instrumentalisierten Rothenburgs historische Vergangenheit und Architektur. Die Kulisse der mittelalterlichen Stadt wurde zusammen mit den historischen Festspielen sowie der ländlichen Idylle und der Fokussierung auf traditionelles fränkisches Brauchtum ein Prestigeobjekt des „Dritten Reiches", um die wiederauferstandene altdeutsche Herrlichkeit zu präsentieren. Das Ensemble der Bauten sowie die umgebende Landschaft sollten Zeugnis ablegen von der gefestigten NS-Herrschaft.[318] Das Regime betonte die Berufung der Stadt „als Trägerin des deutschen Wehrgedankens" und glorifizierte den wehrhaften Charakter der Bevölkerung ins Utopische.[319] Die Anziehungs-

316 FA 10.8.1936.

317 Fleischner, „Schöpferische Denkmalpflege", S. 7.

318 Hildegard Brenner, Die Kunstpolitik des Nationalsozialismus, Hamburg 1963, S. 122.

319 BayHStA, StK 4247. Schreiben des Stadtrats von Rothenburg o.d.T. an das Wehrkreiskommando VII, Generallt. Adam vom 16.8.1934.

kraft Rothenburgs mit seinen imponierenden Wehrbauten und seiner fortifikatorischen Erscheinung flankierte das konstruierte sowie romantisierte mittelalterliche Ideal. Die gelenkte Wirklichkeitsdeutung rückte das „urdeutsche Antlitz“ mit seiner „rassigen Silhouette“ in den Fokus.[320] Ein Gang durch Rothenburg sollte ein Stück Mittelalter erfahrbar machen und dadurch Anreiz zur Identifikation geben. Zum lebendigen Mittelalter gehörten Nachtwächter und Ausrufer, die Bürgerwehr sowie altdeutsche Musik oder die Fackelbeleuchtung alter Mauern, was im Umkehrschluss die Entfernung oder Verschleierung alles Modernen bedingte. Als Ergänzung prägten mittelalterlich gewandete Rothenburger zu Fuß und zu Pferd das Stadtbild und hauchten der Kulisse Leben ein.

Die lokalen Funktionäre der NSDAP sahen in Rothenburg und seiner Umgebung jene deutschen Ideale der Vergangenheit, die sie in der Gegenwart für unabdingbar hielten, weshalb Schutz und Erhalt der historischen Werte höchste Priorität erfuhren. Vor Ort inszenierte die Partei einen Kraftquell für die Deutschen, um verschüttete Kulturkräfte freizulegen.[321] Dabei vermengten die Nationalsozialisten fränkische Sitte sowie Brauchtum und instrumentalisierten dies für ihre deutsche „Volksgemeinschaft“. Die Inszenierung des mittelalterlichen Erscheinungsbildes der Stadt und des heimatlich-fränkischen Umlandes trug der propagandistischen Aufwertung der Region Rechnung. Als sozialer Funktionsträger der NS-Herrschaft avancierten Stadt und Land Rothenburg für die lokalen Nationalsozialisten zum mustergültigen Vorbild.

6.1.5. Die Förderer Rothenburgs

6.1.5.1. Der Bayerische Ministerpräsident Ludwig Siebert

Biogramm

Am 17. Oktober 1874 wurde Ludwig Siebert in Ludwigshafen am Rhein geboren.[322] Er war evangelischer Konfession.[323] Nach der Ablegung der juristischen

---

320 Peter Reichel, Der schöne Schein des Dritten Reiches. Faszination und Gewalt des Faschismus, München 1992, S. 83.

321 Fleischner, „Schöpferische Denkmalpflege“, S. 9.

322 Hauptquelle für eine Biografie Sieberts ist seine Spruchkammerakte: StAM, SpKA K 1527. Für eine detaillierte Darstellung der biographischen Daten sei verwiesen auf Erich Stockhorst, 5000 Köpfe. Wer war was im 3. Reich, Kiel 1985, S. 363; Helge Dvorak, Biographisches Lexikon der Deutschen Burschenschaft. Bd. I: Politiker. Teilband 5: R-S. Christian Hünemörder (Hg.), Heidelberg 2002, S. 429-430; Joachim Lilla, Statisten in Uniform. Die Mitglieder des Reichstags 1933-1945. Ein biographisches Handbuch. Unter Einbeziehung der völkischen und nationalsozialistischen Reichstagsabgeordneten ab Mai 1924, Düsseldorf 2004, S. 617; Karl Bosl (Hg), Bosls Bayerische Biographie, Regensburg 1983, S. 726; Unger, Biogramme, S. 755. Ebenfalls sei verwiesen auf die Dissertation von Daniel Rittenauer, Der Ministerpräsident in Bayern 1933-1945, (Arbeitstitel).

323 StAM, SpKA K 1527.

Staatsprüfung im Jahre 1900 fand Siebert seine erste Verwendung im bayerischen Justizstaatsdienst.[324] Ab 1. März 1901 war er in Bad Dürkheim tätig und wechselte am 16. Oktober 1901 nach Neustadt/a.H. Am 15. Februar 1906 bekleidete er das Amt des Staatsanwalts in Fürth.[325] Zum 1. September wurde er rechtskundiger Magistratsrat in Lindau, am 16. Januar 1908 Bürgermeister der Stadt Rothenburg und am 15. November 1919 Bürgermeister der Stadt Lindau.[326] Bereits 1931 trat Siebert der NSDAP bei.[327] Damit war er der erste Oberbürgermeister der NSDAP in Bayern.[328] Ferner war er Mitglied der SA.[329] Nach der „Machtergreifung" der NSDAP wurde er zunächst kommissarisch zum Staatsminister der Finanzen ernannt; später mit Erlass des Reichsstatthalters in Bayern vom 12. April 1933 zum Ministerpräsidenten, Vorsitzenden der Landesregierung und Staatsminister der Finanzen ernannt. Daneben übernahm er die Leitung der Landesforstverwaltung. Das Amt des Staatsministers für Wirtschaft wurde ihm am 1. Dezember 1936 zuteil.[330] Damit trug er eine Reihe der höchsten bayerischen Staatsämter. Am 12. April 1938 verlieh ihm die NSDAP das Goldene Parteiabzeichen.[331] Darüber hinaus avancierte Siebert zum SA-Obergruppenführer, Ehrengauführer im Reichsarbeitsdienst und NS-Reichsredner. Er erhielt den Vorsitz im Aufsichtsrat der Bayerischen Berg-, Hütten- und Salzwerke und der Bayernwerk AG und wurde Präsident der Deutschen Akademie. Bei der Gründung der Reichswerke A.G. für Binnen-Schifffahrt „Hermann Goering" wurde er am 17. Januar 1940 in den Aufsichtsrat berufen.[332] Er verstarb am Morgen des 1. November 1942 in Priem am Chiemsee.[333]

---

324 Während seines Studiums war Siebert Mitglied der Münchner Burschenschaft Apollo. Vgl. Paul und Isolde Heß (Hg.), Festschrift zur Hundertjahrfeier der Münchner Burschenschaft Apollo 1865-1965, München 1965, S. 41, 49.

325 StAM, SpKA K 1527.

326 StAM, SpKA K 1527. Meldebogen von Ludwig Siebert, datiert auf den 30.1.1949. Für weiterführende Literatur zu Siebert und seine Verbindung zu Lindau sei verwiesen auf Manfred Stoppel, Die Entwicklung der frühen NSDAP (1922-1933) in Lindau am Bodensee. Parallelen und Berührungspunkte mit Vorarlberg, in: Jahrbuch des Landkreises Lindau, Lindau 2002, S. 106-122; Karl Schweizer, Jüdisches Leben und Leiden in Lindau, Lindau 1989.

327 StAM, SpKA K 1527. Siebert hatte die Mitgliedsnummer: 356.673. Vgl. Klaus Patzwall, Das goldene Parteiabzeichen und seine Verleihungen ehrenhalber 1934–1944, Norderstedt 2004, S. 87.

328 „Lindauer Oberbürgermeister Nationalsozialist", in: „Völkischer Beobachter" Nr. 9 vom 9. Januar 1931.

329 StAM, SpKA K 1527.

330 Ebenda.

331 Vgl. Patzwall, Das goldene Parteiabzeichen, S. 87.

332 StAM, SpKA K 1527. Schreiben der Special Projects Division an den Generalkläger beim Kassationshof vom 12.1.1949.

333 StAM, SpKA K 1527. Sterbeurkunde von Ludwig Siebert. Haas, Josef: Nachruf für den verewigten Ehrenbürger und langjährigen Bürgermeister der Stadt Lindau. Ministerpräsident Siebert. Gesprochen von Bürgermeister Josef Haas in der Trauersitzung mit den Ratsherren der Stadt Lindau am Montag, den 2.11.1942 im großen Sitzungssaal des alten Rathauses. Lindau 1942.

Der Bayerische Ministerpräsident Ludwig Siebert war ein exponierter Funktionär während der nationalsozialistischen Herrschaft in Bayern. Zwischen 1934 und 1942 bekleidete er repräsentative Posten in der NSDAP, ihren Gliederungen und angeschlossenen Verbänden. Während seiner Amtszeit als Bayerischer Ministerpräsident hielt Siebert stets Kontakt zu der Stadt Rothenburg o.d.T. und förderte sowohl die Stadt als auch Einzelpersonen für den Nationalsozialismus. Gerade seine Unterstützung verhalf der Stadt Rothenburg dazu, ein reichsweites Symbol für den Nationalsozialismus zu werden.

Als sich nach der „Machtergreifung" 1933 die Kundgebungen der Nationalsozialisten in Stadt und Land Rothenburg häuften, sprach Siebert über „Das neue Deutschland" im Kaisersaal des Rathauses der Stadt.[334] Die Stadtkapelle unter Leitung des Musikmeisters Streckfuß umrahmte die Veranstaltung mit Militärmärschen. Flankiert wurde dies durch Aufmärsche verschiedener Abteilungen wie zum Beispiel der Sturmabteilung (SA), der Schutzstaffel (SS) und der Hitler-Jugend (HJ). Nachdem Oberbürgermeister Liebermann die Begrüßungsrede gehalten hatte, eröffnete Karl Zoller offiziell die Versammlung der NSDAP. Sodann ergriff Siebert das Wort „nicht als Staatsmann, sondern in seiner Eigenschaft als Rothenburger [...]" und hielt einen Vortrag über die „nationale Erhebung und Revolution".[335] Dabei pries Siebert die NS-„Gleichschaltung" der Länderparlamente und Gemeinden und sprach sich in seinen Ausführungen gegen den Föderalismus aus: „Es wird durch das Gesetz über die Einrichtung von Reichsstatthalterschaften die letzte Wurzel ausgerottet, die etwa die Möglichkeit geben könnte, daß die politische Willensbildung im Reich und in den Ländern nicht auf der gleichen Grundlage beruhe."[336] Es dürfe, so Siebert, nur „eine deutsche Politik geben" und keine, die mit dem Zusatz bayerisch-deutsche oder württembergisch-deutsche oder sächsisch-deutsche versehen ist."[337] Ziel allen Strebens sei „ein Deutschland frei in Ehren, stark und mächtig [...]".[338] Sollte sich die nationale Regierung nicht durchsetzen, könnte keine Partei mehr die Geschichte meistern und „das Gespenst des Kommunismus und Bolschewismus" würde seine Macht antreten; darum „werde die nationale Regierung den Abwehrkampf mit allen zu Gebote stehenden Mitteln [...]" weiterführen.[339] Siebert schloss seine Ausführungen mit „einem dreifachen Sieg-Heil" auf das „deutsche Volk und Vaterland" und den „Reichskanzler Adolf Hitler".[340]

Der Bayerische Ministerpräsident nahm regen Anteil an der Ausbreitung des NS-Herrschaftsanspruchs in Rothenburg. So beglückwünschte er im Februar

---

334 FA 12.4.1933.
335 Ebenda.
336 Ebenda.
337 Ebenda.
338 Ebenda.
339 Ebenda.
340 Ebenda.

1934 den Parteigenossen – und späteren Rothenburger Kreisleiter – Zoller zu dessen Berufung zum ehrenamtlichen Zweiten Bürgermeister. Siebert war überzeugt, dass Zoller sein Ehrenamt „in richtigem nationalsozialistischem Wollen und Handeln" ausüben werde:[341] „Schwierigkeiten werden Ihnen ja keine erwachsen, zumal Herr Oberbürgermeister Dr. Liebermann [...] sich zu einem der 150%igen Nationalsozialisten entwickelt."[342] Die Verbundenheit beruhte auf Gegenseitigkeit und so ernannte der Stadtrat den Ministerpräsidenten Ludwig Siebert in der Sitzung vom 24. April 1933 einstimmig zum Ehrenbürger der Stadt Rothenburg.[343] Weniger als ein Jahr später wurde ihm das Ehrenbürgerrecht des Bezirks Rothenburg verliehen.[344] In dem historischen Sitzungssaal des Rathauses brachte man ein Portrait Ludwig Sieberts an.[345]

In regelmäßigen Abständen hielt Siebert propagandistische Reden für das NS-Regime in Rothenburg. Anlässlich seiner Visiten ergingen Aufrufe des Fränkischen Anzeigers an die Bevölkerung: „Rothenburger! Lasst zu Ehren des Gastes und des Tages die Fahnen der nationalsozialistischen Revolution wehen!"[346] Bei den großangelegten Empfängen nahmen die NSDAP, ihre Gliederungen und angeschlossenen Verbände auf dem Marktplatz Aufstellung. Die Bevölkerung aus Stadt und Land kam zusammen, um Siebert die Ehre zu erweisen. Die Straßen waren ebenso wie die Fenster der Häuser dicht belagert; überall wurden jubelnde Zurufe laut.[347] Am 13. Mai 1934 sprach der Ministerpräsident über „Unser Deutschland" im Kaisersaal des Rothenburger Rathauses.[348] Im Zuge seiner Ausführungen wies Siebert darauf hin, dass er immer schon die deutsche „Volksgemeinschaft als das Höchste" gepriesen hätte und betonte die besondere Rolle des Bauernstandes.[349] Für Siebert sei der Bauerstand „der stets sich erneuernde Blutquell unseres Volkes, der Rückhalt unserer Wehrmacht und der Jungbrunnen der Erbgesundheit [...]"; deshalb forderte er die bäuerliche Bevölkerung in Rothenburg auf, „richtige Nationalsozialisten zu sein und den Spruch „Gemeinschaft geht vor Eigennutz" in den Vordergrund zu stellen [...] und wahre Volksgemeinschaft zu üben."[350] Es sei notwendig, dass die einzelnen Stände hinter das Wohl der Allgemeinheit zurücktreten müssten.[351] Siebert artikulierte hier ein Kernstück

341 BayHStA, StK 7481. Schreiben Sieberts an Zoller vom 26.2.1934.
342 Ebenda.
343 FA 25.4.1933.
344 FA 12.3.1934. Im Laufe seiner Amtszeit wurde Siebert in mehreren Städten und Gemeinden Ehrenbürger. Vgl. Karl-Heinz Schroll, Ministerpräsident Ludwig Siebert, in: Ders. (Hg.): Ehrenbürger der Stadt Lohr am Main, Lohr a. Main 2007, S. 263-270.
345 FA 7.11.1934.
346 FA 11.4.1934.
347 FA 14.5.1934.
348 FA 13.5.1934.
349 FA 14.5.1934.
350 Ebenda.
351 Ebenda.

der NS-Gesellschaftsideologie: die nationalsozialistische Idee der „Volksgemeinschaft“.[352] Dabei galt das Führerprinzip als grundlegendes Organisationsprinzip mit der Ausrichtung auf Adolf Hitler.[353] Siebert fungierte hierbei als „Führer der bayerischen Landesregierung“ und spornte die Rothenburger an, dafür zu „kämpfen […], dass das hohe geistige Ethos des Nationalsozialismus uns immer erhalten bleibe. […] für die große Idee und die Mission unseres Führers […]“.[354]

Bei seinen Propagandaauftritten in Rothenburg betonte Siebert stets seine Verbundenheit zu der Stadt und seine „Heimatliebe“.[355] Für ihn bedeutete es „stets aufs neue glücklich erlebtes Leben[,] wen[n] er durch die Tore dieser schönen Stadt einziehen und ihre einzigartige und einmalige Schönheit in sich aufnehmen“ könnte.[356] Als ehemaliger Oberbürgermeister sei er der Stadt nahezu seit 30 Jahren verbunden, so unlöslich, wie „nur ein Mensch mit einer Stadt verbunden sein könne.“[357]

Im Zuge dieser politischen Auftritte zeigte Siebert großes Interesse an den lokalen Ereignissen. So besuchte er am 14. Mai 1934 die renovierte Detwanger Kirche. Als Zeichen seiner Anerkennung überreichte er der Kirchenverwaltung einen Scheck über 1.000 RM als Grundstock für die neue Orgel.[358] Am gleichen Tag besichtigte er mit seiner Gattin die Ausstellung „Tausend Jahre deutsche Stadt“ in Rothenburg, sprach den Verantwortlichen seine große Anerkennung aus und sicherte ihnen Unterstützung zu.[359] Wie viele andere politische Funktionäre der NSDAP nützte der Bayerische Ministerpräsident die jährlichen Reichsparteitage in Nürnberg für einen Besuch in der Stadt Rothenburg.[360] Die Rothenburger „Hans-Sachs-Vereinigung“ lud den Ministerpräsidenten Ludwig Siebert zusammen mit dem Rothenburger Kreisleiter zu einem musikalischen Abend ein.[361] Neben rein offiziellen Anlässen stattete der Ministerpräsident der Stadt Stippvisiten ab, wenn er auf der Durchreise war. So legte Siebert im Juli

352 Zum Konzept der „Volksgemeinschaft“ sei verwiesen auf Volker Dahm, Die nationalsozialistische Volksgemeinschaft und ihre Organisationen, in: Horst Möller u.a. (Hg.): Die tödliche Utopie. Bilder, Texte, Dokumente, Daten zum Dritten Reich. 4. Aufl. München 2002, S. 95-150; Ian Kershaw, „Volksgemeinschaft“ Potenzial und Grenzen eines neuen Forschungskonzepts, in: VfZ 59 (2011), S. 1-17.

353 Dahm, Die nationalsozialistische Volksgemeinschaft und ihre Organisationen, S. 99.

354 FA. 30.3.1936.

355 FA 16.8.1937. Diese Verbundenheit kam ebenfalls in seinen Briefwechseln mit dem Stadtrat zum Ausdruck. Vgl. FA 24.5.1934; StadtAR, Stadtratsprotokolle Rothenburg, Öffentliche Beratung des Gemeinderates am 25. November 1936. Nr. 9876. Tagungsordnungspunkt Nr. 193; Stadtratsprotokolle Rothenburg. Öffentliche Beratung des Gemeinderates am 1. Oktober 1937. Tagesordnungspunkt Nr. 71.

356 FA 16.8.1937.

357 Ebenda.

358 FA 15.5.1934.

359 Ebenda.

360 FA 9.9.1938.

361 FA 18.8.1937. Die Stücke von Hans Sachs wurden hierbei szenisch und musikalisch untermalt. So spielte zum Beispiel Thomas Schletterer die Figur des Hans Sachs.

1934 auf seiner Fahrt nach Bad Kissingen im Hotel Eisenhut eine kurze Kaffeepause ein.[362] Aber auch bei privaten Anlässen zeigte der Ministerpräsident Präsenz im Taubertal, wie zum Beispiel bei Beerdigungen.[363]

Beim Gausportreffen des BDM in Rothenburg am „Tag des deutschen Mädels“ 1934 nahm Ludwig Siebert als Überraschungsgast teil.[364] Dabei pries er den Austragungsort des Gausporttreffens:

> „Wir befinden uns […] inmitten einer herrlichen fränkischen Landschaft. Dort drüben überm Tal steht das Kleinod deutscher Vergangenheit, das mittelalterliche Rothenburg, jene deutscheste aller deutschen Städte. Diese Abendfeier in wundervoller Septembernacht in diesem großartigen Rahmen soll für alle Mädels ein Erlebnis sein, das sie nie vergessen werden, bis ins hohe Alter. Die deutschen Buben und Mädels, die sich allenthalben unter der Fahne Adolf Hitlers zusammengefunden haben, sind die Garantie für das Bestehen des deutschen Reiches. […]“[365]

Siebert hielt eine seiner markigen Reden und richtete seine Worte an die Jugend. Dabei erinnerte er an die Zeit vor dem Ersten Weltkrieg, als er noch Bürgermeister Rothenburgs war. Er prangerte die „Zerrissenheit in Parteien, Klassen und Stände[n] an, die aber nunmehr durch die Tatkraft unseres Führers Adolf Hitlers beseitigt […]“ seien.[366] „Gerade Franken […] marschiere auch heute mit an der Spitze der neuen Bewegung im Sinne unseres Führers.“[367] Anschließend appellierte Siebert an die Siegerinnen des Gausporttreffens, stets im „Sinne der Volksgemeinschaft“ zu handeln.[368]

Das nationalsozialistische Gedankengut war im kulturellen Leben Rothenburgs häufig anzutreffen und der Ortsverband der Rothenburger NS-Kulturgemeinde – geleitet von Martin Schütz – richtete seine kulturellen Veranstaltungen mit den Konzert-, Vortrags- und Theaterreihen nach den Richtlinien der NSDAP aus.[369] Traditionelle Rothenburger Aufführungen wie „Der Meistertrunk“, die bereits vor der NS-Herrschaft aufgeführt worden waren, fanden hier ihre Verwendung. Ludwig Siebert lobte den Hauptausschuss des historischen Festspiels – zum Beispiel den Justizrat Otto Frauenholz – und die Aufführung in den höchsten Tönen: „ist doch sein Inhalt reines nationalsozialistisches Gedankengut – Gemeinnutz, Hingabe an Volk und Heimat, Einstehen des Volkes und Staates für den Einzelnen.“[370]

---

362 FA 23.7.1934. Siebert war des Öfteren Gast im Hotel „Eisenhut“. Vgl. Gästebucheintrag Hotel „Eisenhut“ vom 23.3.1936.

363 FA 30.7.1934; FA 14.7.1937.

364 FA 25.9.1934.

365 Ebenda.

366 Ebenda.

367 Ebenda.

368 Ebenda.

369 FA 10.1.1935; FA 22.11.1935. Zu Martin Schütz siehe Kapitel 6.2. sowie 8.3. dieser Untersuchung.

370 FA 6.7.1935.

In Rothenburg besuchte er im Rahmen des Pfingstprogramms 1935 die Hans-Sachs-Schwänke „Das böse Weib mit Worten, Kräutern und Steinen wieder gut zu machen“ und der „Roßdieb von Fünfing“.[371] Ebenfalls wurden altfränkische Tänze und der historische „Schäfertanz“ aufgeführt. Siebert begutachtete die Aufführung des „Schäfertanzes“ vom Bürgermeisterzimmer des Rathauses aus.[372] Verschiedene Briefwechsel bezeugten die Verbundenheit Ludwig Sieberts mit den Kulturschaffenden in Rothenburg.[373] In einem Dankesschreiben an die Mitglieder des historischen Festspiels „Meistertrunk“ und des historischen „Schäfertanzes“ brachte Siebert, der Ehrenpräsident der beiden Vereine, seinen Dank für das „Gelöbnis treuer Mitarbeit im Sinne und Geiste unseres großen Führers Adolf Hitler an seinem hohen Ziele zum Ausdruck.“ [374] Für Siebert vermittelte das historische Festspiel Meistertrunk „ein Bild treuer Volksgemeinschaft im Sinne der neuen Zeit“.[375] In seinem Brief an den historischen Schäfertanz bedankte sich Siebert für die „Wiedererweckung [...] [des] schönen, alten, heimatlichen Brauch[es].“ [376] Als Zeichen seiner Anteilnahme am nationalsozialistischen Kulturleben überwies er 300 RM auf das Konto des Hauptausschusses, um die Ausgestaltung der Festspielrequisiten zu unterstützen. Die örtliche Propaganda instrumentalisierte den Ministerpräsidenten Siebert als ein Idol, um die Rothenburger Bevölkerung anzuspornen, sich unentwegt in den „Dienst des Heimatspieles und damit der Vaterstadt zu stellen, schon in dem Bewußtsein, auch hierdurch nationalsozialistisches Gedankengut in die Tat“ umzusetzen.[377] Der Ehrenbürger galt als „Mahner und Vorbild“ für seine „zweite Heimat“.[378]

Da sich Rothenburg „von Anbeginn an als eine Hochburg des Nationalsozialismus gezeigt und bewährt hat[te]“, stiftete Ludwig Siebert der Stadt im Jahr 1934 ein Ehrendenkmal.[379] Die fünfeinhalb Meter hohe Kalksteinsäule im Burggarten trug einen Bronzeadler und ein Hakenkreuz sowie die Inschrift „Deutschland ist erwacht“.[380] Mit der Errichtung eines „Hoheitszeichen[s] der Bewegung“ wollte Siebert seiner „lieben Stadt Rothenburg ein kleines Erinnerungszeichen an die Großtat unserer geistigen Revolution verschaffen.“[381] Den Auftrag erteilte er an Johannes Örtel. Siebert sah in Örtel einen Mann, der „sich um die Bewegung sehr verdient gemacht, für sie gekämpft [hat] [...] und an dem organischen Aufbau der Ortsgrup-

---

371 FA 11.6.1935.
372 Ebenda.
373 Abgedruckt in FA 14.3.1934
374 Ebenda.
375 Ebenda.
376 Ebenda.
377 Ebenda.
378 FA 4.11.1942. Trauerrede des Beigeordneten Erhard zum Tode von Ludwig Siebert.
379 FA 19.9.1934; FA 23.9.1934.
380 Vgl. Greif, Frankens Braune Wallfahrt, S. 333.
381 BayHStA StK 7481. Schreiben von Ludwig Siebert an Johannes Örtel. München, den 7.3.1934.

pe der SA Rothenburg o.T. reichlichen Anteil [hatte].“[382] Der Ministerpräsident wollte den in wirtschaftlicher Not befindlichen Künstler mit der Zuweisung von Auftragsarbeiten unter die Arme greifen.[383] Für die Herstellungskosten organisierte Siebert einen Betrag von 3.500 RM, der nicht aus Staatsgeldern, sondern aus privaten Mitteln stammte.[384] Auf Sieberts Wunsch wurde die Inschrift „Gestiftet und feierlich übergeben am 23. September 1934 von dem bayerischen Ministerpräsidenten Ludwig Siebert von 1908 bis 1919 erster Bürgermeister der Stadt Rothenburg ob der Tauber“ in „deutscher Schrift“ in die Säule eingehauen.[385]

Zur Erhaltung „großer Zeugen deutscher Vergangenheit“ stellte Siebert über vier Millionen RM bereit.[386] Dabei betrachtete er die Erhaltung Alt-Rothenburgs als seine persönliche Angelegenheit und setzte sich für eine Restauration Alt-Rothenburgs aus.[387] Das „Ludwig-Siebert-Programm“ ermöglichte es, weite Teile Rothenburgs einer Instandhaltung zu unterziehen.[388] Auch hielt der Stadtrat ihn über das Voranschreiten der Baumaßnahmen auf dem Laufenden.[389] Die Akademie zur Wissenschaftlichen Erforschung und Pflege des Deutschtums in München honorierte Sieberts Einsatz für die Wiederherstellungsarbeiten. Er „hat sich als alter Mitkämpfer des Führers, als Chef der Bayerischen Landesregierung und als Staatsminister der Finanzen und für die Wirtschaft immer in vorderster Front für die deutsche Wiederaufrichtung, für die völkische und wirtschaftliche Erstarkung Deutschlands eingesetzt. Sein besonderes Augenmerk widmet er der Erhaltung sinnvoller Zeugen deutschen Wesens.“[390] Siebert bilanzierte bei seinem Auftritt in Rothenburg im August 1937 seine Leistungen für die „deutsche [...] Kultur und Kunst“ durch seine Bewahrung der „Zeugen deutscher Vergangenheit [...]“.[391] Er reihte die Sanierung Rothenburgs ein in die Restauration der Nürn-

382 Ebenda.

383 Ebenda. Örtel trat bereits 1930 in die NSDAP ein und leistete ab 1933 ehrenamtliche Tätigkeiten im Dienste der NSDAP wie in seiner Funktion als Blockwart und Mitglied des Stadtrats. 1935 fertigte Johannes Örtel im Auftrag der Reichsleitung der NSDAP – Hauptamt für Volkswohlfahrt – vier lebensgroße Architektur-Plastiken für die Ehrenhalle der Ausstellung: „Der Feldsoldat“, „Der SA-Mann“, „Der ehrenamtliche Helfer“ und „Mutter und Kind“. BayHStA StK 7481. Dankesschreiben von Ludwig Siebert an den Reichsleiter für Volkswohlfahrt Hilgenfeld mit der Bitte, den Künstler Örtel weiterhin mit Aufträgen zu unterstützen. München, den 19.7.1935.

384 BayHStA StK 7481. Schreiben von Ludwig Siebert. München, den 7.3.1934.

385 BayHStA StK 7481. Schreiben des Ministerialrats Von Bezold an Örtel vom 13.2.1941.

386 BArch, R 43 II, 1235b; Siebert, Deutsches Kulturschaffen als Völkische Pflicht, S. 8.

387 FA 16.8.1937.

388 Vgl. Kapitel 6.1.3. dieser Untersuchung. Zum Siebert-Programm sei verwiesen auf Erker, „NS-Wirtschaftsaufschwung“, S. 245-294. Erker bilanziert, dass es um eine Anpassung an die wirtschaftspolitischen Interessen des NS-Regimes ging. Vgl. Erker, S. 293.

389 StadtAR, Stadtratsprotokolle Rothenburg. Öffentliche Beratung des Gemeinderates am 29.9.1936. Nr. 8778. Tagungsordnungspunkt Nr. 132.

390 Gustav Fochler-Hauke, Geleitwort, in: Ders. (Hg.): Von deutscher Art. Deutsche Akademie München, München 1939, S. 6.

391 FA 16.8.1937.

berger Kaiserburg, der Plassenburg, der Marienfeste in Würzburg und des Bayreuther Markgrafentheaters.[392] Siebert widmete noch 1941 sein Interesse der Erhaltung alter Baudenkmale, wie er Martin Bormann verdeutlichte.[393]

Die NSDAP-Kreisleitung in Rothenburg arbeitete dem Ministerpräsidenten zu, wie ein Schreiben von Kreisleiter Steinacker bezeugt: „Im Vergleich zu den grossen [sic!] Plänen, die Sie für Ihr Rothenburg durchzuführen gedenken, ist und wird auch in der Zukunft unsere Arbeit in Rothenburg ein ganz bescheidener Beitrag sein. Gerne und stets erfüllt mit Freude und Stolz wird die Partei im Kreise Rothenburg jeden Wunsch von Ihnen, Herr Ministerpräsident, soweit es in unseren schwachen Kräften steht, erfüllen“.[394] Steinacker weiter: „In Ihnen, hochverehrter Herr Ministerpräsident, sehen wir immer und stets erneut den edelsten Freund unseres Rothenburg[s]“.[395]

Weitere Mittel des Ludwig-Siebert-Programms flossen direkt in die Hände der Bevölkerung in der Stadt und auf dem Land Rothenburg. Die Maßnahme galt der Milderung der Dienstbotennot und der Arbeitserleichterung in der Landwirtschaft. Die Gelder wurden für Geräte und Maschinen gewährt, die nicht durch Zuschüsse anderer Stellen, wie durch den Reichsnährstand, bedacht worden waren.[396] Ferner wurden einfache Anlagen für Wasser- oder Elektroanschlüsse bezuschusst sowie wohnliche Baumaßnahmen, um Dienstbotenzimmer auszustatten. Die Zuschüsse wurden vor allem an landwirtschaftliche Betriebe verteilt, die eine Größenordnung von vier bis 35 Hektar aufwiesen. Die Auswahl der zu unterstützenden Landwirte wurde von der Landwirtschaftsstelle und von dem Kreisbauernführer bestimmt.[397] Allerdings musste der Rothenburger NSDAP-Kreisleiter den Antragsteller als „würdig“ anerkennen.[398]

Sieberts persönliche Affinität zu Rothenburg zeigte sich in seinem persönlichen Engagement für die Belange der alten Reichsstadt. So sollten 1941 die historischen Glocken der Jakobskirche abgenommen werden.[399] Nachdem Siebert davon erfahren hatte, beauftragte er den Landrat, von der Abnahme der Glocken abzusehen, um „der alten Reichsstadt ihr schönes, alts [sic!] Geläute zu erhalten“.[400] Siebert war sich „dessen geschichtliche[r] und traditionsreiche[r] Bedeu-

---

[392] BArch, R 43 II, 1235b. Schreiben von Ludwig Siebert; FA 16.8.1937.

[393] BArch, DS, (ehem. BDC), Ludwig Siebert, geb. 17.10.1874. Schreiben von Ludwig Siebert an Martin Bormann vom 25.2.1941.

[394] BayHStA StK 5575. Karl Steinacker an Ludwig Siebert vom 18.9.1941.

[395] Ebenda.

[396] FA 27.3.1939.

[397] Ebenda.

[398] Ebenda.

[399] Die allgemeine Beschlagnahme von „entbehrlichen“ Bronzeglocken war auf dem kriegsbedingten Metallmangel begründet.

[400] Privates Material. Schreiben Ludwig Sieberts an Fritz Bögner in Rothenburg o.d.T. vom 9.1.1942.

tung“ durchaus bewusst.[401] Letztendlich war es auf sein persönliches Eingreifen zurückzuführen, dass die Glocken der Jakobskirche vor dem Einschmelzen gerettet wurden.[402] Dennoch zeigt sich auch hier Sieberts ideologische Gesinnung, wenn er diesbezüglich in einem Briefwechsel mit dem Rothenburger Fritz Bögner zugleich einräumte, dass „allem anderen die Sorge für den Endsieg in dem gewaltigen Ringen um Sein oder Nichtsein vor[gehe]“.[403]

Der ehemalige Rothenburger Oberbürgermeister hatte die Sympathien der Rothenburger Bürger längst gewonnen. Sie sahen in seinen Besuchen und seinem Engagement dessen innige Verbindung mit der Stadt, die er in den Jahren nach 1919 immer wieder bewies und sich so den „Anspruch auf den Dank der Stadt und ihrer Bewohner“ erworben hatte.[404] Die Rothenburger versuchten auf verschiedenste Weise, „ihrem“ Siebert den nötigen Tribut zu zollen. Bei einem Besuch Sieberts überreichte Musikmeister Streckfuß dem Ministerpräsidenten ein Manuskript für einen „Ludwig-Siebert-Marsch“.[405] Neben Gratulationen von Seiten des Gemeinderates an seinem 60. Geburtstag überreichte der Rothenburger Oberbürgermeister, Liebermann, Siebert die Bürger-Ehrenmünze.[406] Die Schöpfer dieser Ehrenmünze waren die Künstler Oertel und Unbehauen.[407] Als Motiv für die Münze wählte man das von Siebert gestiftete Mahnmal in der Alten Burg.[408]

Die örtliche Presse wies auf die besondere Verbindung der Rothenburger Einwohnerschaft zu „ihrem“ Siebert hin und reihte ihn ein unter die „bewährtesten und erfolgreichsten Mitarbeiter unseres großen Führers“.[409] Derartige Ehrenbezeugungen gingen auch von den angeschlossenen Gliederungen und Verbänden der NSDAP aus. Die Flieger-Ortsgruppe Rothenburg taufte am 4. April 1935 ein Segelflugzeug in einer feierlichen Zeremonie auf den Namen „Ludwig Siebert“.[410]

Exemplarisch sei an dieser Stelle auf eine Großveranstaltung zu Ehren von Siebert im September 1941 verwiesen. Anlässlich eines angekündigten Besuchs von Siebert organisierte die NSDAP-Kreisleitung eine Parteiveranstaltung.[411] Begleitet wurde Siebert von seiner Frau und seinem Sachbearbeiter für Rothenburg

---

401 Ebenda.

402 StAM, SpKA K 1527. Eidesstattliche Erklärungen von Julius und Theo Wünsch vom 28.12.1948.

403 StAM, SpKA K 1527. Schreiben Ludwig Sieberts an Fritz Bögner in Rothenburg o.d.T. vom 9.1.1942.

404 StAM, SpKA K 1527. Eidesstattliche Erklärungen von Julius und Theo Wünsch vom 28.12.1948.

405 FA 11.6.1934.

406 FA 23.10.1934.

407 Ebenda.

408 FA 22.12.1934.

409 FA 17.10.1934.

410 FA 8.4.1934.

411 BayHStA, StK 5575. Organisationsplan der NSDAP-Kreisleitung Rothenburg o.d.T. für die Veranstaltung aus Anlass des Besuchs des Ministerpräsidenten Ludwig Siebert vom 2.9.1941.

Ministerialrat von Bezold, seinem Pressechef Regierungsrat Bäuml und seinem Adjutanten SS-Hauptsturmführer Hang.[412] Am Samstag, dem 6. September 1941, wurde Ludwig Siebert gegen 18 Uhr an der Kreisgrenze bei Dombühl durch den Kreisleiter, den Kreisbauernführer und den Landrat empfangen. Nach der Ankunft in Rothenburg folgte die Begrüßung durch den Bürgermeister und die NS-Ortsgruppenführer der Stadt im „Hotel Eisenhut". Am Abend folgte gegen 20 Uhr eine „Serenade" im Burggarten.[413] Der Veranstaltungssonntag, der 7. September 1941, begann morgens um 10.15 Uhr mit einem Konzert der Schutzpolizei-Kapelle Nürnberg-Fürth auf dem Marktplatz. Anschließend folgte eine Vorstellung der Behördenleiter, der Kreisstabsangehörigen und der Führer der Gliederungen im Festspielzimmer im zweiten Stock des Rathauses. Diese Vorstellung wurde von einer Fest-Sitzung mit den Ratsherren im Sitzungssaal abgeschlossen. Der Nachmittag war verbunden mit einem Kinderfest der NS-Gemeinschaft „Kraft durch Freude" in den Wildbad-Anlagen. Am Abend, gegen 20 Uhr, wurde zu einer Kundgebung im Kaisersaal des Rathauses eingeladen. Der Montag beschloss die Veranstaltung mit einem Festakt in der „Ludwig-Siebert-Oberschule für Jungen" in Rothenburg.[414] Dabei stiftete Siebert der Schule ein Bronze-Bildnis Adolf Hitlers.[415]

Gegenüber der Rothenburger Region zeigte sich Siebert gern als Wohltäter. Aus Anlass eines Besuchs in Rothenburg sicherte Siebert dem Bürgermeister der Stadt und dem Kreisleiter je 1.000 RM zu, zur Verteilung in 50 Teilbeträgen von jeweils 20 RM „zur Unterstützung braver Familien" der Stadt und des Kreises.[416] Der Kreisleiter bestimmte die Begünstigten dieser Spende im Einvernehmen mit der Nationalsozialistischen Kriegsopferversorgung und dem Reichsbund der Deutschen Familie.[417] Bei derartigen Anlässen bedachte Siebert auch die junge Generation. Für den herzlichen Empfang und das damit verbundene Engagement bedankte sich Siebert bei der Jungmädelgruppe 6/308 und den Fanfarenbläsern der HJ mit Büchern, Musikinstrumenten sowie weiteren Sachgeschenken.[418] In einem persönlichen Schreiben sprach Siebert, in seiner Rolle als Ehrenmitglied der Kriegerkameradschaft, seine guten Wünsche für die Kameradschaft aus und

---

[412] BayHStA StK 5575. Nach Siebert handelte es sich hierbei um einen Nachkommen des Altbürgermeisters Bezold im Festspiel. Vgl. Schreiben Sieberts an die Kreisleitung am 30.8.1941.

[413] BayHStA StK 5575. Schreiben der Kreisleitung Rothenburg ob der Tauber vom 2.9.1941.

[414] Ebenda.

[415] BayHStA StK 5575. Schreiben Ludwig Sieberts an Kreisleiter Steinacker. München, den 30.8.1941.

[416] BayHStA StK 5575. Schreiben des Bayerischen Ministerpräsidenten. Bad Kissingen, den 12. September 1941. Der Betrag von 2.000 RM wurde zu Lasten seines Fonds bei der Staatsbank, Zweigstelle Ludwigsstraße, hergenommen und in zwei Beträgen von je 1.000 RM auf die Stadt- und Bezirkssparkasse Rothenburg ob der Tauber je zu Gunsten des Bürgermeisters der Stadt Rothenburg und des Kreisleiters überwiesen.

[417] BayHStA StK 5575. Karl Steinacker an Ludwig Siebert vom 18.9.1941.

[418] FA 31.3.1936.

übermittelte eine Spende von 200 RM, die im freien Ermessen zugunsten der Vereinigung verwendet werden konnte.[419] Es liegt auf der Hand, welchen bleibenden positiven Eindruck dies auf die betreffenden Personen machte.

Am 27. März 1941 genehmigte Adolf Wagner den Antrag des Bürgermeisters der Stadt Rothenburg, dass die Oberschule für Jungen in Rothenburg den Namen „Ludwig-Siebert-Oberschule für Jungen" führen durfte.[420] Auf Sieberts Wunsch hin erfolgte die Schaffung eines Schülerheims für die Oberschule.[421] Anlässlich zur Feier der Erhebung der sechsklassigen Oberschule in Rothenburg zu einer Vollanstalt am 8. September 1941 errichtete Siebert eine Stiftung für besonders würdige Schüler, um sie in ihrem Studium zu unterstützen.[422] In erster Linie kamen dafür Schüler aus dem Kreis Rothenburg in Frage.[423] Das Vermögen der Stiftung bestand aus einem Betrag von 10.000 RM, den Siebert der Stadt für die Gründung der Stiftung zur Verfügung stellte. Die Stadt Rothenburg sollte ihrerseits einen Betrag von 5.000 RM dem Stiftungskapital zuwenden.[424] Ferner appellierte Siebert an die Stadt und deren Bürger, durch weitere Zuschüsse das Kapital der Stiftung zu erhöhen.[425] Die Stiftung führte die Bezeichnung „Ludwig-Siebert-Oberschule-Stiftung" und betrug ab dem Jahre 1943 als Studienhilfe für einen fleißigen sowie bedürftigen Schüler jährlich 150 RM. Die Stiftung hatte ihren Sitz in Rothenburg und wurde vom Bürgermeister verwaltet. Die Verteilung des Stipendiums erfolgte jeweils zum Schulschluss durch den Bürgermeister aufgrund der Vorschläge des Leiters der Oberschule.[426]

Der Fall Friedle

Während der nationalsozialistischen Herrschaft erfolgten in Rothenburg mehrere Enteignungen unter Mitwirkung der Rothenburger NSDAP. Dabei wurden sowohl jüdische Kultgegenstände als auch mehrere Wohnhäuser, Gewerbebetriebe und

---

419 FA 28.4.1942.

420 BayHStA StK 5575. Schreiben Adolf Wagners an Ludwig Siebert. München, den 27.3.1941; Hagen, Preservation, S. 218.

421 StadtAR, Stadtratsprotokolle Rothenburg. Niederschrift über die Beratung mit den Ratsherren am 11.11.1941. Beratungsgegenstand Nr. 593.

422 BayHSTA MK 29869: Schreiben des Bayerischen Ministerpräsidenten an den Bürgermeister der Stadt Rothenburg vom 25. April 1942.

423 StadtAR, Ludwig-Siebert-Oberschule Stiftung. Schreiben des Rothenburger Bürgermeisters an den Landrat vom 6.8.1942.

424 StadtAR, Stiftungsurkunden, L.Siebert-O'Sch.Stfg.

425 BayHSTA MK 29869: Urkunde über die Errichtung einer Stiftung für die Oberschule für Jungen in Rothenburg o.d.T.

426 BayHSTA MK 29869: Urkunde über die Errichtung einer Stiftung für die Oberschule für Jungen in Rothenburg o.d.T. Nach Sieberts Tod kam es zu weiteren Zuwendungen für die Ludwig-Siebert-Stiftung. Vgl. FA 12.5.1943.

Anwesen zwangsweise übereignet.[427] Zuständig dafür waren die unteren Verwaltungsbehörden sowie der Rothenburger Landrat und der Oberbürgermeister.[428]

Enteignet wurden unter anderem die Immobilien von Johann Martin Friedle.[429] Freiherr Löffelholz von Colberg strebte den Kauf des Hauses im Nuschweg Nr. 7 in der Stadt Rothenburg an, das dem amerikanischen Staatsbürger Friedle gehört hatte und wegen Steuerschulden gepfändet worden war.[430] Mit Rücksicht auf die „großen Verdienste des Obergeneralarbeitsführers um die Partei und den Arbeitsdienst" setzte sich Siebert persönlich dafür ein, dass Baron Löffelholz das Haus entweder per Zwangsversteigerung oder „freihändig" erwerben konnte.[431] Am 9. Februar 1942 schrieb Siebert:

> „Ich würde Baron Löffelholz gerne zu der Erfüllung seines Wunsches behilflich sein. Könnte man sich nicht nochmals an den Oberfinanzpräsidenten insbesondere unter Schilderung der Verdienste des Barons Löffelholz um die Bewegung, insonderheit aber um den Reichsarbeitsdienst wenden? Dabei könnte man vielleicht anfragen, ob und welche politischen Schritte man unternehmen könnte. Friedle ist ein ganz schlechter Mensch, wie mir berichtet wurde. Seine kleineren Stiftungen in Rothenburg o.T., für die er sich immer beweihräuchern ließ, hatte er aus seiner Haupteinnahmequelle (Halten eines oder mehrerer Bordelle) finanziert. Ich bin froh, dass er nicht noch Ehrenbürger wurde. Im Übrigen zeigen ja auch seine devisen- und steuerrechtlichen Vergehen, wess' [sic!] Geist der Mann ist. Irgendwelche Schonung verdient er wahrhaftig nicht."[432]

Schmidt, Bürgermeister der Stadt Rothenburg, wurde über den Sachverhalt unterrichtet und teilte der Staatskanzlei mit, dass auf dem Anwesen von Friedle eine Hypothek von 20.000 RM für die Stadtsparkasse Rothenburg eingetragen sei. Die Stadt wäre bereit, diese an Löffelholz abzutreten, sodass gegebenenfalls von seiner Seite selbst die Zwangsversteigerung betrieben werden könnte, da auch Zinsrückstände vorhanden seien. Das Höchstgebot hätte bereits in Folge eines Preisstopps 35.000 RM betragen.[433] Nur mit der Unterstützung eines Richters am

---

427 Das Bezirksamt Rothenburg ob der Tauber regelte den bürokratischen Ablauf des Einsatzes jüdischen Vermögens. Vgl. StAN, LRA Rothenburg o.d.T., Abgabe 1975, Nr. 325. Schreiben des Regierungspräsidenten an die Oberbürgermeister der Stadtkreise, die Bürgermeister der fr. kreisunmittelbaren Städte, die Landräte vom 13.2.1940.

428 Ebenda.

429 StAN, BLVW 325a. Schreiben an das Landesamt für Vermögensverwaltung und Wiedergutmachung vom 28.1.1947; Revisionsbericht der Aussenstelle Ansbach, Zweigstelle Nord, Bericht Nr. 1678 b. Siehe Kapitel 7.3. dieser Untersuchung.

430 BayHStA, StK 5542. Schreiben an den Reichsminister der Finanzen in Berlin vom 28.7.1942.

431 Ebenda.

432 BayHStA StK 5542. Schreiben von Ludwig Siebert. München, den 9.2.1942 an das Referat 4.

433 BayHStA StK 5542. Schreiben des Ministerialrats Bezold an den Obergeneralarbeitsführer in der Kanzlei des Führers, Freiherrn Löffelholz von Colmberg betreffend den Erwerb des Hauses Nuschweg 7. München, den 2.3.1942.

Amtsgericht Rothenburg konnten Freunde der Familie Friedle das Anwesen am Nuschweg Nr. 7 erstehen.[434]

Fazit

Der Bayerische Ministerpräsident Ludwig Siebert war ein tragender Pfeiler der nationalsozialistischen Herrschaft in Bayern und bekleidete wichtige Funktionen in der NSDAP, ihren Gliederungen und angeschlossenen Verbänden. Siebert nahm Anteil an der Ausbreitung des NS-Herrschaftsanspruchs in Rothenburg und hielt in regelmäßigen Abständen propagandistische Reden für das NS-Regime. Der ehemalige Oberbürgermeister fühlte sich Rothenburg stets verbunden und zeigte seine persönliche Affinität in seiner Eigenschaft als Wohltäter. Sieberts persönliches Engagement verhalf der Stadt dazu, ein reichsweites Symbol des Nationalsozialismus zu werden.

6.1.5.2. Der Gauleiter Julius Streicher

Als Gauleiter war Julius Streicher in seinem Herrschaftsbereich Mittelfranken der direkte Stellvertreter Adolf Hitlers sowie Aushängeschild eines radikalfanatischen Antisemitismus.[435] Mit direkter Weisungsbefugnis über die NSDAP in Stadt und Land Rothenburg wirkte der sogenannte „Frankenführer“ in der Region. Seine Direktiven verliefen unmittelbar über den Rothenburger Kreisleiter, der das Erfüllungsorgan Streichers war.

Bereits Ende der 20er Jahre hielt Streicher in Stadt und Land Rothenburg erste Propagandaauftritte für die Partei ab.[436] Nach den innerparteilichen Streitereien zwischen dem Gauleiter und Stegmann, die zur Verhaftung Stegmanns führten,

---

434 StAN, BLVW 325a. Schreiben an das Landesamt für Vermögensverwaltung und Wiedergutmachung vom 28.1.1947.

435 Franco Ruault, „Neuschöpfer des deutschen Volkes“. Julius Streicher im Kampf gegen „Rassenschande“, Frankfurt/M 2006; Randall L. Bytwerk, Julius Streicher, New York 1983; Thomas Greif, Julius Streicher und Franken, in: Täubrich u.a. (Hg.): Bilderlast, S. 32-39; Ders., Frankens Braune Wallfahrt. Der Hesselberg im Dritten Reich, Ansbach 2007; Ders., Julius Streicher (1885-1946), in: Erich Schneider (Hg.): Fränkische Lebensbilder. Bd. 21, Würzburg 2006, S. 327-348. Bis heute fehlt eine umfassende Biographie Streichers, die über biographische Skizzen hinausgeht und nicht nur seinen Antisemitismus sondern verschiedene Facetten seinen Wirkens beleuchtet; Julius Streicher, geb. 12.2.1885 – gest. 16.10.1946, trat 1922 der NSDAP bei. 1923 gründete er die Parteizeitschrift „Der Stürmer“ und beteiligte sich am Hitlerputsch. 1925 trat er in die neubegründete NSDAP ein. 1925-1940 war er Gauleiter für Franken. 1933 leitete er das „Zentralkomitee zur Abwehr der jüdischen Greuel- und Boykotthetze“. 1940 wurde gegen ihn ein Parteigerichtsverfahren eingeleitet, jedoch nicht förmlich abgeschlossen. Streicher zog sich aus der Politik zurück. 1945 meldete er sich freiwillig zur Verteidigung der „Alpenfestung“. Bei Kriegsende tauchte Streicher unter. Nach seiner Verhaftung wurde er 1946 im Nürnberger Kriegsverbrecherprozess zum Tode verurteilt. Vgl. Unger, Biogramme, S. 756.

436 FA 11.10.1929; Vgl. Kapitel 3.

stand dem machtpolitischen Einfluss Streichers ab März 1933 in der Region nichts mehr im Weg.[437] Die Anhänger Stegmanns, die sich dem „Freikorps Franken" angeschlossen hatten, kehrten nach dessen Verbot wieder zurück in die Organisationen und angeschlossenen Verbände der NSDAP.[438] Damit wirkte die „Machtergreifung" für die Partei in der Region auch intern stabilisierend.

Als Gauleiter hatte Streicher direkte Weisungsbefugnis über die Rothenburger NSDAP. Es lag in seiner persönlichen Verantwortung, welche Personen das Amt des Kreisleiters ausübten.[439] Darüber hinaus entschied Streicher über die parteiliche Karriere seiner Protegés. Bevor zum Beispiel Karl Steinacker als Kreisleiter in Rothenburg eingesetzt wurde, durchlief er sämtliche Dienststellen der Gauleitung.[440] Seine Einflussnahme bewies der „Frankenführer" bei der Besetzung kommunalpolitischer Ämter wie zum Beispiel bei der Auswahl des Bürgermeisters. Kurzerhand beschloss Streicher im August 1936, dass Friedrich Schmidt das Amt erhalten sollte.[441] Ebenfalls bestimmte Streicher die Einsetzung von Stadträten.[442] Die Kreisleiter waren sich des unumschränkten Einflusses ihres Gauleiters bewusst. Mit ihrer Kenntnis der Lage in der Rothenburger Region arbeiteten sie der NS-Führung stetig zu.[443]

Symbolische Gesten bei propagandistischen Veranstaltungen legten nach außen ein Zeugnis für die geschlossene Front der Parteilinie ab.[444] Zum Zeichen der guten Zusammenarbeit ernannte die Stadtverwaltung Rothenburgs auf Antrag von Kreisleiter Steinacker den Gauleiter zum Ehrenbürger. Die Ehrenbürgerurkunde überbrachten zwei Mitglieder des Schäfertanzes in ihrer Schäfertracht in einem Ehrenschrein.[445]

Am 12. Februar 1936 enthüllte die Rothenburger NSDAP anlässlich Streichers 51. Geburtstags eine „Mahntafel" am Rödertor und verlieh dem Gauleiter das Ehrenbürgerrecht.[446] Die Gliederungen der NSDAP, deren angeschlossene Organisationen und Verbände marschierten mit der Kreiskapelle und dem SA-

---

437 Hambrecht, Der Aufstieg der NSDAP, 405f.

438 Greif, Frankens Braune Wallfahrt, S. 98.

439 FA 2.8.1935; FA 5.8.1935.

440 FA 5.8.1935.

441 StadtAR, Stadtratsprotokolle Rothenburg. Öffentliche Beratung des Gemeinderates am 13.8.1936. Tagesordnungspunkt Nr. 106; Stadtratsprotokolle Rothenburg. Öffentliche Beratung des Gemeinderates 31. August 1936. Nr. 7388. Tagesordnungspunkt Nr. 108.

442 FA 4.7.1933.

443 Für den Historiker Ian Kershaw ermutigte Hitlers personalisierte Herrschaftsform seine Anhänger zu radikalen Initiativen und bot ihnen Rückendeckung, solange sie mit Hitlers Zielsetzungen übereinstimmten. Das Konzept des „dem Führer entgegen zu arbeiten" förderte auf allen Ebenen des Regimes eine scharfe Konkurrenz. Die Akteure mussten die „Initiative ergreifen, um das voranzutreiben, was den Zielen und Wünschen Hitlers dienlich erschien." Dies führte zu einer unaufhaltbaren Radikalisierung und der Herausbildung konkreter politischer Ziele. Vgl. Ian Kershaw, Hitler 1889-1936, Stuttgart 1998, S. 666f.

444 FA 12.2.1936.

445 Ebenda.

446 FA 13.2.1936.

Spielmannszug vom Judenkirchhof aus durch die Klingengasse, Marktplatz, Hafen- und Rödergasse, um in langen Reihen vor dem Rödertor Aufstellung zu nehmen. Die Tafel war mit einer Hakenkreuzfahne verdeckt. Die alte Mauerpartie am Rödertor erstrahlte im Scheinwerferlicht. Um 20.00 Uhr erschien Kreisleiter Steinacker und schritt mit erhobenem rechten Arm durch die schmale Gasse der Formationen. Steinacker kam gerade von einer Unterredung mit Streicher aus Nürnberg zurück. Infolgedessen erachtete Steinacker die „gedeihliche Zusammenarbeit im nationalsozialistischen Geiste [...] zwischen unserer Stadt und unserem Kreis mit dem Gau [...]“ für gesichert.[447] Steinacker schilderte den Zuhörern, wie er Streicher darüber informierte, am Rödertor eine Tafel anzubringen, woraufhin Streicher die Sätze für die Mahntafel festlegte. Der Künstler Ernst Unbehauen entwarf die Steintafel und gab die Sätze Streichers in alter gotischer Schrift wieder. Angebracht wurde das große steinerne Werk an der Seite des Pförtnerhäuschens am Rödertor. Auf der Tafel stand: „Die Weltgeschichte nennt die Namen der Völker, die am Juden zugrunde gingen. Ihr tragisches Ende ist eine furchtbare Mahnung für die Völker, die noch am Leben sind. 12. Februar 1936. Julius Streicher.“[448]

Seit Anbringen der Mahntafel am Rödertor wurde dem Gauleiter dort jährlich zu Ehren seines Geburtstages gedacht.[449] Zu Streichers 54. Geburtstag im Jahr 1939 feierte man die Vertreibung der Rothenburger Juden und sah darin einen Beleg für die gute Kooperation von Gau- und Kreisleitung.

> „Wir Rothenburger haben in diesem Jahr besonderen Anlaß, des Geburtstages unseres Frankenführers zu gedenken. Feiern wir diesen Tag doch zum erstenmal in einer judenfreien Stadt und in einem judenfreien Kreis. Daß wir judenfrei sind, das verdanken wir der unermüdlichen Aufklärungsarbeit Julius Streichers und seiner getreuen Kämpfer im Kreise Rothenburg. Diese Arbeit gab die Voraussetzung dafür, daß in den Oktobertagen des vergangenen Jahres der letzte Jude aus Rothenburg auszog.“[450]

Streicher stattete der Stadt und dem Kreis Rothenburg zahlreiche Besuche ab. 1934 besuchte er die Stadt zusammen mit seinem Adjutanten, dem Sturmbannführer und Reichstagsabgeordneten, König, sowie einigen ausländischen Gästen und logierte mit ihnen im Hotel Eisenhut.[451] Am 24. März 1935 war bei Reichelshofen im Kreis Rothenburg die „Bereitschaft Landwehr“ vor den politischen Leitern zum Ausbildungsdienst angetreten.[452] Zum Erstaunen der politischen Leiter besuchte Streicher den Ausbildungsdienst.[453] Dabei erzählte er, dass er auf der Fahrt durch das Frankenland „an den Ortseingängen sehr schöne Ju-

---

447 Ebenda.
448 Ebenda.
449 FA 11.2.1939.
450 Ebenda.
451 FA 14.3.1934.
452 FA 26.3.1935.
453 Ebenda.

dentafeln gesehen“ hätte und dass bereits die ausländische Presse über die Tafeln berichtete.[454] Bei einer seiner Visiten besichtigte der Gauleiter das Rothenburger Stadtmuseum.[455] Ebenfalls ließ sich Streicher die Einrichtungen der NSDAP, ihrer angeschlossenen Gliederungen und Verbände zeigen.[456] So besuchte Streicher am 21. September 1939 das Heim der NS-Frauenschaft in Rothenburg und den neuen NSV-Kindergarten in Detwang.[457] Hier unterhielt sich Gauleiter Streicher mit den Angehörigen der ersten Kriegsopfer.[458] Am Abend des 21. September 1939 sprach Streicher im Rothenburger Kaisersaal in einer Volksversammlung.[459]

Bei staatstragenden Besuchen von Parteigrößen war der „Frankenführer“ stets mit von der Partie. Im Falle des Besuchs des Direktors des faschistischen Kulturinstituts in Florenz, Albert Luchini, beschenkte Streicher den Gast mit zwei Bildern, „die Rothenburg in seiner Verwurzelung in dem Boden der Heimat und seiner Geschichte so meisterhaft künstlerisch geschaut und wiedergegeben hat [sic!]“.[460] Der Gauleiter sorgte dafür, dass Rothenburg vor den Reichsgrößen der NSDAP entsprechend in Szene gesetzt wurde. Am 23. Juni kam Hermann Göring – kaum neun Wochen nach Hitlers Besuch – zusammen mit Julius Streicher nach Rothenburg.[461] Da Göring zeitweise das Ansbacher Gymnasium Carolinum besucht hatte, konstruierte die mittelfränkische Gauleitung daraus eine tiefe Beziehung zu Franken.[462] Göring residierte im Hotel Eisenhut. Bei seiner Ankunft in Rothenburg wurde er am Bahnhof durch Streicher, Oberbürgermeister Liebermann und dem stellvertretenden Kreisleiter Zoller empfangen. Anschließend erfolgte eine kurze Besichtigung der Stadt und die Aufführung des historischen Schäfertanzes, bevor man gemeinsam zum Hesselberg aufbrach. Dabei versuchte das Regime, Rothenburg als „trutzige, starke Feste des Nationalsozialismus“ zu präsentieren und verwies darauf, dass „die alte Frankenstadt [...] zu einer Hochburg der Bewegung Adolf Hitlers“ geworden sei.[463]

Bei den Feierlichkeiten auf dem Hesselberg stand Rothenburg ganz im Zeichen des „Frankentags“. Schon der Bahnhof empfing die Gäste – Göring und Streicher – in entsprechendem propagandistischen Schmuck.[464] Das Empfangskomitee ließ am Bahnhof große Girlanden aufziehen. In der Bahnhofstraße und am Eingang in die Ansbacher Straße baute man große Triumphbögen auf und in den Straßen der Innenstadt wurden Transparente mit einem Hinweis auf den

---

454 Ebenda.
455 FA 6.2.1937.
456 FA 22.9.1939.
457 Ebenda.
458 Ebenda.
459 FA 21.9.1939.
460 FA 27.10.1936.
461 FA 22.6.1935.
462 Greif, Frankens Braune Wallfahrt, S. 194.
463 Ebenda.
464 FA 24.6.1935.

Hesselbergtag angebracht. An den Privathäusern wehten die Flaggen der NSDAP, deren Gliederungen und angeschlossenen Verbänden. Darüber hinaus nahm der Arbeitsdienst Paradestellung auf. Es erklangen Kommandos und Marschklänge ertönten, als eine Kapelle aus Lichtenau unter Führung von Arbeitsführer Döllger zur Herrngasse marschierte. Zwei Abteilungen des Reichsarbeitsdienstes, die Abteilung 6/282 aus Rothenburg und die Abteilung 5/282 aus Windsheim, waren mit geschultertem Spaten und Tornister angetreten, um den Arbeitsgauführer Major Schinnerer mit seinem Stab zu empfangen. Nachdem der Arbeitsgauführer in Rothenburg eingetroffen war, schritt er unter Marschmusik die Ehrenformation ab. Währenddessen zogen die SA-Formationen, die Hitler-Jugend, der BDM und die Schuljugend vor das Rödertor.[465]

Am Morgen des Besuchs des „Frankenführers" und des Ministerpräsidenten Göring traten die einzelnen SA-Stürme am Bahnhof als Empfangskomitee an. Die Fahrt durch Rothenburg gestaltete sich als gut inszeniertes Schauspiel.[466] Altertümlich gewandete Gruppen des historischen Festspiels „Der Meistertrunk", darunter Ritter zu Pferd sowie Fußvolk, erwarteten morgens um 8 Uhr die große Wagenkolonne am Rödertor, um den Gästen den Gruß „Alt-Rothenburgs" zu entbieten.[467] Alsdann fuhren die beiden NS-Funktionäre in die festlich geschmückte Innenstadt. Als die Wagenkolonne in den Marktplatz einbog, erklang der Präsentiermarsch durch die Gruppenkapelle des Arbeitsdienstes, während der Arbeitsdienst mit präsentiertem Spaten angetreten war. Die Menschenmenge jubelte Göring und Streicher zu, als sie am Hotel Eisenhut ankamen. Vor dessen Portal stellte die SS zu Ehren der Gäste einen Doppelposten auf. Kurz nach 10 Uhr begaben sich Göring und Streicher zur Ausstellung „Tausend Jahre deutsche Stadt" in das Lyzeum, wo die Initiatoren der Ausstellung, Gewerbeoberlehrer Unbehauen und Architekt Schmidt, die Gäste begrüßten und ihnen eine Führung durch die Ausstellung boten. Auf Wunsch Görings erfolgte eine Stadtbesichtigung durch Stadtarchivar Schütz.[468] Erster Anlaufpunkt war das von Ludwig Siebert gestiftete „Mahnmal der Bewegung" im Burggarten, vor dem ebenfalls die SS postierte.[469] Die Führung ging weiter durch verschiedene Straßen der Stadt und endete mit der Aufführung des „Schäfertanzes" auf dem Marktplatz.[470]

In seiner Funktion als Gauleiter hielt Streicher 1936 die größte Veranstaltung der NSDAP in Stadt und Land Rothenburg ab. Innerhalb der ersten beiden Märzwochen 1936 führte die NSDAP 86 Versammlungen und Kundgebungen im Kreis Rothenburg durch.[471] Für die Massenkundgebung mit dem „Franken-

---

465 Ebenda.
466 Ebenda.
467 Ebenda.
468 Für Martin Schütz siehe Kapitel 6.2. sowie 8.3. dieser Untersuchung.
469 Siehe Kapitel 6.1.5.1 dieser Untersuchung.
470 Ebenda.
471 FA 26.3.1936.

führer" warb die NSDAP besonders intensiv mit Plakattafeln in Schaufenstern der lokalen Geschäfte, an Scheunentoren und Gartenzäunen draußen auf den Dörfern.[472] Die Kreisleitung rief vor allem die Bewohner auf, ihre Häuser zu schmücken, die Streicher auf seiner Fahrt von Feuchtwangen nach Rothenburg und von Rothenburg nach Ansbach passierte.[473]

Am 25. März 1936 hielt Streicher in der Rothenburger Sporthalle des Reichsarbeitsdienstes vor 3.500 Zuschauern aus Stadt und Kreis Rothenburg die besagte Großveranstaltung ab.[474] Dafür schmückte das Organisationsteam die Halle mit überdimensionalen Hakenkreuzfahnen und Spruchbändern wie „„Treue um Treue: Deutschland stimmt für den Führer!" – „Deutschland ruft Euch!" – „Gegen jüdische Weltkriegshetze – Deine Stimme dem Führer!""[475] Organisationsleiter war der Parteigenosse Wobst, der mit seinen Helfern eine große Lautsprecheranlage in die Halle einbaute.[476] Die Lautsprecher verbreiteten die Ansprache Streichers auch außerhalb der Halle. Kreisleiter Steinacker eröffnete die Kundgebung, die bis dahin die größte im Kreis gewesen war.[477]

Im Bewusstsein um die symbolische Bedeutung Rothenburgs nahm Streicher regen Anteil an den Umbauarbeiten der Stadt.[478] Er ließ sich ausführlich Bericht erstatten und sämtliche Umbaupläne vorlegen wie zum Beispiel im Falle des beabsichtigten Umbaus des Geigendörferschen Hauses am Marktplatz.[479] Hierbei entschied der Gauleiter, welcher der möglichen Umbaupläne in die Tat umgesetzt wurde.[480] Streicher zeigte sich von Rothenburg sehr begeistert und wollte sich nach eigener Aussage persönlich bei Hitler für die Stadt einsetzen.[481] Gegenüber Kreisleiter Steinacker äußerte er die Verpflichtung der Rothenburger gegenüber dem deutschen Volk: „Rothenburg muß immer ein Vorbild für ganz Deutschland sein!"[482]

---

472 Ebenda.

473 FA 24.3.1936.

474 Ebenda; FA 26.3.1936.

475 FA 26.3.1936.

476 Ebenda; BArch (ehem. BDC), PK, Siegfried Wobst, geb. 16.5.1894. NSDAP-Parteieintritt: 1.3.1932. Mitgliedsnr. 978179. Ortsgruppenleiter der NSDAP-Ortsgruppe Rothenburg-Nord seit 16.5.1939; StAN, SpKA Rothenburg o.d.T., W173. Siegfried Wobst war Kreisamtsleiter für Technik 1937-1945, NSDAP-Parteimitglied von 1932-1945, förderndes Mitglied der SS von 1938-1945, RDB 1935-1945 sowie NSBd. Technik von 1938-1945.

477 Ebenda.

478 FA 7.1.1937.

479 Ebenda.

480 Ebenda; Hagen, Preservation, S. 201.

481 Ebenda.

482 Ebenda.

Als Gauleiter mit direkter Weisungsbefugnis über die Kreisleitung wirkte Julius Streicher in Stadt und Land Rothenburg tiefgreifend. Streichers leitende Funktion für die lokale NSDAP versinnbildlichte sich in symbolischen Ehrenbezeugungen wie der Aufstellung einer „Mahntafel" sowie in der Verleihung des Ehrenbürgerrechtes. Jährlich feierte die Partei vor Ort den Geburtstag ihres „Frankenführers". Bei zahlreichen Besuchen und Kundgebungen zeigte Streicher sein Interesse für die Region. Vor allem Visiten staatstragender Funktionäre in der Stadt führten zu einer entsprechenden Inszenierung sowohl seiner Person als auch Rothenburgs. So sorgte Streicher dafür, dass Rothenburg vor den Reichsgrößen der NSDAP entsprechend in Szene gesetzt wurde. Streicher hatte Anteil am Parteileben vor Ort. Ferner wirkte er als direkter parteilicher Vorgesetzter der Rothenburger Kreisleitung aufgrund seiner weitreichenden Entscheidungsbefugnis, was zum Beispiel die Einsetzung in Parteiämter betraf. Über die Kreisleitung beeinflusste er die kommunale Politik vor Ort, wie die Einsetzung des Bürgermeisters zeigte. Im Bewusstsein der Symbolwirkung Rothenburgs für das NS-Regime interessierte sich der Gauleiter für die Umbauarbeiten in Rothenburg, wiederum mit direkter Entscheidungsbefugnis selbst in Sachfragen.

6.1.6. Inszenierung der Öffentlichkeit

In der Stadt und auf dem Rothenburger Land bediente sich das lokale NS-Regime eines breiten Formenkatalogs an propagandistischen Inszenierungen, um die Bevölkerung für sich zu gewinnen. Die Rothenburger NS-Akteure verbanden reichseinheitliche Vorgaben für Parteiveranstaltungen mit regionalspezifischen Eigenheiten. Damit mobilisierten und disziplinierten sie die Menschen aus der Region im Wissen, dass Herrschaft nicht allein durch Zwang oder Terror gesichert werden konnte.

6.1.6.1. Propaganda

Propaganda war ein wichtiges Instrument des Regimes, um neue Anhänger zu gewinnen und die weltanschauliche Schulung der Parteimitglieder zu gewährleisten. Sie sollte stets neue Aktivitäten auslösen sowie der Massenbeeinflussung dienen.[483] Gerade im politischen Tagesgeschehen waren Auswahl und Kombina-

---

[483] Unter propagandistischen Mitteln sind neben den Massenmedien wie Presse, Rundfunk und Film auch die Durchdringung des traditionellen Kulturbetriebes durch Propaganda, also die Instrumentalisierung von Theater, Musik, Bildender Kunst und Literatur zu verstehen. Vgl. Peter Longerich, Nationalsozialistische Propaganda, in: Bracher u.a. (Hg.): Deutschland 1933-1945, S. 291-314, S. 291.

tion verschiedener Elemente an propagandistischen Effekten und deren Effizienz orientiert.[484] Regelmäßige Wiederholung bestimmter ideologischer Feindstereotypen bereitete der tatsächlichen Gewaltbereitschaft den Weg.[485] Die lokale Propaganda der NSDAP in Stadt und Land Rothenburg appellierte geschickt an alle Schichten der Bevölkerung. Exemplarisch war dies in der Region an einer Reihe von Zellenabenden der NSDAP ersichtlich, die unter dem Motto „Das Bekenntnis der Rothenburger zum Nationalsozialismus" liefen. Ziel der Veranstaltungsreihe war es, „eine einzigartige, [...] Gemeinschaft von Menschen aller Kreise und Stände [zu bilden]. Hier saß der einfache Fabrikarbeiter neben dem Beamten, die Volksschullehrerin neben der Hausangestellten, [...] und alle waren beseelt vom Glauben an den Führer."[486] Es ging dabei um den Anspruch einer klassenlosen NS-Gesellschaft, versinnbildlicht durch die „Volksgemeinschaft"[487]

Die Provinzpresse war ein überaus hilfreiches Instrument nationalsozialistischer Indoktrination.[488] Die lokale NSDAP benützte den „Fränkische[n] Anzeiger" mit seinem Lokalteil „Aus Rothenburg o. d. Tauber und Umgebung" als Kommunikationsmittel.[489] Mit Hilfe der Zeitung warben die Kreis- und Ortsgruppenleiter für örtliche Parteiaktivitäten und mobilisierten dadurch ihre Mitstreiter. Die Redaktion veröffentlichte in der Tageszeitung alle Anordnungen und amtlichen Verlautbarungen des Beauftragten der NSDAP.[490] Damit funktionierte die Zeitung sowohl als Multiplikator als auch als Akteur der NS-Herrschaft in Stadt und Land Rothenburg. Die Verantwortlichen brüsteten sich, für „die immer weitere Vertiefung der Idee dem Nationalsozialismus als Mitstreiter zu gelten."[491] Dementsprechend sah der „Fränkische Anzeiger" seine „[...] vor-

---

484 Wolfgang Horn, Zur Geschichte und Struktur des Nationalsozialismus und der NSDAP, in: Neue Politische Literatur 18 (1973), S. 194-209, S. 197.

485 Andreas Wirsching, Politische Gewalt in der Krise der Demokratie im Deutschland und Frankreich der Zwischenkriegszeit, in: Horst Möller/Manfred Kittel (Hg.): Demokratie in Deutschland und Frankreich 1918-1933/40. Beiträge zu einem historischen Vergleich, München 2002, S. 131-150, S. 150.

486 FA 3.11.1937.

487 Detlef Schmiechen-Ackermann (Hg.), „Volksgemeinschaft": Mythos, wirkungsmächtige soziale Verheißung oder soziale Realität im „Dritten Reich"? Zwischenbilanz einer kontroversen Debatte, Paderborn 2012; Ian Kershaw, „Volksgemeinschaft". Potenzial und Grenzen eines neuen Forschungskonzepts, in: VfZ 59 (2011), S. 1-17. Michael Wildt, „Volksgemeinschaft". Eine Antwort auf Ian Kershaw, in: Zeithistorische Forschungen/Studies in Contemporary History. Online-Ausgabe 8 (2011). H. 1. URL: http://www.zeithistorische-forschungen.de/16126041-Wildt-1-2011. Eingesehen am 1.11.2012.

488 Norbert Frei, Nationalsozialistische Eroberung der Provinzzeitungen. Eine Studie zur Pressesituation in der Bayerischen Ostmark, in: Martin Broszat u.a. (Hg.): Bayern in der NS-Zeit. 6 Bde. Bd. 2: Herrschaft und Gesellschaft im Konflikt. Teil A, München/Wien 1979, S. 1-89, S. 5.

489 FA 9.1.1935, FA 10.1.1935.

490 Ebenda.

491 FA 5.1.1935.

nehmliche Aufgabe darin, das nationalsozialistische Gedankengut im heimatlichen Rahmen zu pflegen [...]".[492]

Die NSDAP richtete ihre Propaganda auf die Bauern als wichtige Zielgruppe. Kundgebungen sollten den Landwirten die Wichtigkeit ihres Schaffes für das „Großdeutsche Reich" vor Augen führen.[493] Die Partei zeichnete alteingesessene Bauernfamilien mit Ehrenurkunden aus.[494] Bei einer Tagung des Führerkorps der Kreisbauernschaft Rothenburg in Burgbernheim sprach Landesbauernführer Deininger über wichtige Probleme der Landwirtschaft.[495] Darüber hinaus hielt der Kreisbauernführer Soldner Appelle an die Jungbauern und Junglandarbeiter.[496] Auch fanden Kundgebungen des Kreisbauernführers Soldner an die Jungbauern und Junglandarbeiter im Kronensaal statt.[497] Im Mai 1936 besuchte der Reichsbauernführer und Reichsminister R. Walther Darré die Tauberstadt.[498] Bei diesem Anlass gab sich die Region Rothenburg als Vorzeigeobjekt und betonte die Verbundenheit der Stadt und des Kreises mit dem Bauerntum.[499] Man rekurrierte auf Rothenburgs Rolle im Bauernkrieg mit Florian Geyer als Führer des „Tauberhaufens" sowie auf das frühe Bekenntnis der Rothenburger zum Nationalsozialismus als geschichtliches Ergebnis „eines freien, kraftvollen Bauerntums [...]".[500]

Ein äußerst wirksames politisches Mittel, das die nationalsozialistische Führung einsetzte, war die Regie der Öffentlichkeit. Der Formenkatalog in Stadt und Land Rothenburg o.d.T. reichte von der NSDAP-Mitgliederversammlung, dem Dorfgemeinschaftsabend, dem Heimatabend, über lokale Kundgebungen und Feiern zum Staatsfeiertag, zu Paraden und Aufmärschen bis hin zu den zentralen Gedenkveranstaltungen der Partei. Die lokale NSDAP forderte eine rege Beteiligung an jeder Veranstaltung: „Parteigenossen! Volksgenossen! Sorgt durch Massenbesuch dafür, dass die Kundgebung in Rothenburg [...] zu einem herrlichen Bekenntnis der Geschlossenheit der Bevölkerung Rothenburgs wird."[501] Die Radioübertragungen der Reden Adolf Hitlers führten ab 1933 zu einem Massenauflauf am Marktplatz in

---

492 FA 20.1.1936.

493 FA 27.7.1942.

494 FA 28.2.1939.

495 FA 20.2.1939.

496 FA 6.11.1934.

497 Ebenda.

498 FA 14.5.1936.

499 Ebenda.

500 Ebenda; Für die Selbstdarstellung und Inszenierung der unterfränkischen NSDAP war der Giebelstädter Ritter und Bauernkriegskämpfer Florian Geyer eine wichtige Identifikationsfigur. Die Heldenfigur erhielt durch liturgische Weihestunden und die Errichtung von Gedenkhallten eine „Art kultische[r] Verklärung". Der NSDAP Gauleiter des Gaues Unterfranken, Otto Hellmuth, verehrte Geyer und förderte das historische Festspiel „Florian Geyer – Bauernkrieg 1925". Vgl. Catrin Müller, „Für euch, für's Reich, für Adolf Hitler starb einst Florian Geyer". Die Florian-Geyer-Festspiele in Giebelstadt 1933-1939, in: Mainfränkisches Jahrbuch für Geschichte und Kunst. 48 (1996), S. 276-306.

501 FA 26.3.1938.

der Stadt Rothenburg.[502] Angesichts der schwach entwickelten Kommunikationstechnologien und der graduell eingeschränkten Mobilität kam dem unmittelbaren Kontakt der NS-Führungseliten zur Rothenburger Bevölkerung eine besondere Bedeutung zu, wie die Besuche von Robert Ley, Hermann Göring, Rudolf Hess, Wilhelm Frick, Walther Darré oder hochrangiger Militärs zeigten.[503] Ein Höhepunkt für die Rothenburger Bevölkerung war die einmalige Visite Adolf Hitlers am 16. April 1935, der im Hotel Eisenhut übernachtete. Bilder vom Besuch des „Führers" lassen eindeutig die Euphorie der Rothenburger erkennen.[504] „Groß und einmütig war der Jubel, der damals dem Führer entgegenschlug".[505] Nach Hitlers Aussage hätte sich die Stadt Rothenburg seit seinem letzten Besuch 1927 erheblich verschönert.[506] Im Juni 1935 besuchte Hermann Göring – kaum neun Wochen nach Hitlers Besuch – Rothenburg.[507] Der Besuch des preußischen Ministerpräsidenten wurde zu einer Großveranstaltung ausgebaut, an der sich neben der lokalen NSDAP, ihren Gliederungen und Verbänden auch Hunderte aus Stadt und Kreis Rothenburg beteiligten.[508] Die Tatsache, dass sehr viele hochrangige NS-Funktionäre nach Rothenburg kamen, verstärkte sicherlich den Glauben der lokalen Bevölkerung daran, eine Hochburg der NS-Bewegung zu sein. Ebenfalls 1935 kamen der Reichsbauernführer, Walter Darré, und der Reichsführer SS, Heinrich Himmler, nach Rothenburg.[509] Bereits bei der Fahrt durch die umliegenden Ortschaften wurden die Gäste vom Straßenrand her von der Landbevölkerung bejubelt.[510] Bei der Einfahrt in die Stadt bot sich ab dem Klingentor folgendes Bild: SA, Jungvolk, Hitlerjugend, Jungmädel und BDM bildeten zu beiden Straßenseiten bis zum Hotel Eisenhut ein Spalier, das von einer jubelnden Menschenmenge umsäumt war, und die den NS-Größen begeistert zujubelte.[511] Während des Mittagessens im renovierten Speisesaal des Hotels Eisenhut stieß Streicher dazu, um seinen Willkommensgruß zu entbieten.[512] Unter den Besuchern befanden sich außerdem der Reichsobmann des Reichsnährstandes, Staatsrat Weinberg, der Staatssekretär des Reichsernährungsministeriums, Backe, Stabsamtsführer Reischle, Ministerpräsident Granzow, stellvertr. Gauleiter von Württemberg Schmidt, sämtliche Landesbauernführer des Deutschen Reiches, das gesamte Führerkorps des deutschen Bauerntums, ferner Staatssekretär Schuberth, SS-Oberabschnittsführer Prützmann, Oberst

---

502 Zeitzeugengespräch mit Wilhelm Jakobi.

503 StadtAR, Das „Goldene Buch" der Stadt Rothenburg; FA 7.9.1934; FA 9.4.1935; FA 25.11.1935; FA 14.5.1936; FA 6.9.1937.

504 Bernhard Mall, Rothenburg ob der Tauber. Erinnerungen in Bildern, Erfurt 2006, S. 66.

505 FA 22.6.1935.

506 FA 17.4.1935.

507 FA 22. 6.1935.

508 FA 24.6.1935.

509 FA 15.5.1936.

510 Ebenda.

511 Ebenda.

512 Ebenda.

Stubenrausch vom Reichskriegsministerium, Landesobmann Deininger und Hauptabteilungsleiter Hergenröder.[513]

Ausgestattet mit dem Attribut der Unfehlbarkeit forderten die Instanzen der NSDAP in Stadt und Land Rothenburg eine glorifizierende Verehrung durch die Massen, die in Aufmärschen und Kundgebungen nach ausgeklügeltem Ritual und theatralischen Inszenierungen zur Huldigung des Regimes beitrugen.[514] Gipfel nationalsozialistischer Inszenierungen waren die alljährlichen Massenspektakel wie die Frankentage auf dem Hesselberg und die Reichsparteitage in Nürnberg. Der Hesselberg wurde zu einer Feierstätte der neuen „Volksgemeinschaft", zu einem Wallfahrtsort des neuen Deutschlands; der „Frankenführer" Julius Streicher entwickelte sich zum „Propheten" des messiasgleich verehrten Adolf Hitler.[515] Um den Besuch möglichst vielen Menschen aus der Rothenburger Region zu ermöglichen, organisierte die Kreisleitung gemeinsame Omnibusfahrten.[516] Kreispropagandaleiter Höfler setzte den Fahrpreis auf 2,65 RM pro Person fest.[517] Als Solidaritätsbekundung war für Kreisleiter Steinacker die symbolische Häuserbeflaggung mit Hakenkreuzfahnen ein Muss, um die Verbundenheit mit Julius Streicher zu bekunden.[518] Privatpersonen nähten Hakenkreuzfahnen aus rotem und schwarzen Stoff sowie alten Betttüchern, die sie zum Fenster hinaushängten.[519] Zu Hunderten pilgerten die Menschen aus Stadt und Land Rothenburg zum Hesselberg und widmeten ihre Aufmerksamkeit beim „Fest der Franken" den Reden Görings, Goebbels und natürlich ihres „Frankenführers" Julius Streicher.[520]

Eine der größten Veranstaltungen im Deutschen Reich der Zwischenkriegszeit war der Nürnberger Reichsparteitag in Form einer überwältigenden politischen und militärischen Machtentfaltung sowie eines gewissen Maßes an nationalem Mystizismus.[521] Ausgehend von verschiedenen Gliederungen, Organisationen und

---

513 Ebenda.

514 Karl Dietrich Bracher, Der umstrittene Totalitarismus: Erfahrung und Aktualität, in: Manfred Funke (Hg.): Totalitarismus. Ein Studien-Reader zur Herrschaftsanalyse moderner Diktaturen, Düsseldorf 1978, S. 81-101, S. 85.

515 Greif, Frankens Braune Wallfahrt, S. 495.

516 FA 14.6.1937.

517 BArch (ehem. BDC), PK, Höfler, Georg, geb. 27.8.1897. Schreiben von Kreispropagandaleiter Höfler an die Kreisleitung vom 21.6.1937.

518 FA 24.6.1939.

519 Wörthmann, Aus meiner Kindheit und Jugend im 3. Reich, S. 5.

520 FA 24.6.1935; FA 25.6.1935; FA 27.6.1937; FA 27.6.1938; Joseph Goebbels, geb. 29.10.1897 – gest. 1.5.1945, war 1924 Schriftleiter der Zeitung „Völkische Freiheit". 1925 war er im NSDAP-Gauvorstand des Gaues Rheinland-Nord sowie Gaugeschäftsführer und Schriftleiter der „Nationalsozialistischen Briefe". 1926 ernannte Hitler ihn zum Gauleiter von Berlin. 1933 wurde Goebbels Reichsminister für Volksaufklärung und Propaganda sowie Präsident der Reichskulturkammer. Am 24.8.1944 ernannte Hitler ihn zum Reichsbevollmächtigten für den totalen Kriegseinsatz. Vgl. Weiß, Personenlexikon 1933-1945, S. 150ff.

521 Markus Urban, Die Konsensfabrik. Funktion und Wahrnehmung der NS-Reichsparteitage. 1933-1941, Göttingen 2007, S. 36; Für die Reichsparteitage der NSDAP sei ferner verwiesen auf Siegfried Zelnhefer, Die Reichsparteitage der NSDAP. Geschichte, Struktur und

angeschlossenen Verbänden organisierte die NSDAP Fahrgemeinschaften, um möglichst vielen Personen die Teilnahme an den Massenveranstaltungen zu ermöglichen.[522] Auch Rothenburg stand im Zeichen der Reichsparteitage. Aus Anlass des Reichsparteitages 1935 „und zu Ehren der jetzt bereits in großer Zahl eintreffenden Kämpfer Adolf Hitlers hat unsere Stadt [...] reichen Flaggenschmuck angelegt. In allen Straßen [...] wehen die Fahnen des Dritten Reiches und ein riesiger Triumphbogen [...] heißt alle [...] willkommen."[523] Militärparaden und Aufmärsche fanden statt, um die Besucher gebührend zu empfangen.[524] Des Weiteren organisierte die Rothenburger NSDAP Fahrten zu größeren Parteiveranstaltungen. So fuhren am 5. Juni 1938 ausgewählte Parteigenossen zu einer Großveranstaltung der NSDAP auf dem „Adolf-Hitler-Platz" nach Nürnberg, wo eine Kundgebung mit mehreren Tausend italienischen „Arbeiter-Urlaubern" stattfand und neben Gauleiter Streicher auch Robert Ley, der Leiter der DAF, sprach.[525]

Aus der Fülle von Kundgebungen, die im Rahmen des NS-Feierjahres die Bevölkerung durch permanente Aktionionen zu vereinnahmen suchten, sei exemplarisch auf die Durchführung von NSDAP-Kreistagen in Rothenburg hingewiesen. Hierbei handelte es sich um Parteiveranstaltungen mit deutlich regionalem Bezug.[526] Planung und Ausführung oblagen dem Gau- und Kreisapparat und wurden im Gegensatz zu den zyklisch wiederkehrenden Feiertagen des NS-Regimes weder reichseinheitlich durch das Propagandaministerium noch in Regie einer Gliederung oder eines angeschlossenen Verbandes durchgeführt. Darüber hinaus bildeten die Rothenburger Kreistage eine Veranstaltungsart, die an die Organisationseinheit des Parteikreises angelehnt war und in dieser Hinsicht bereits zeitgenössisch als Mittel zur Umsetzung des Herrschaftsanspruchs der NSDAP interpretiert wurde. Durch eine hohe Agitationsdichte versuchte die Partei, die Mehrzahl der Parteimitglieder, NS-Akteure sowie die Gesamteinwohnerschaft in einem Gebiet zu erfassen.[527] Wie das Programm der Kreistage vom 19. bis 23. April 1939 verdeutlichte, veranstaltete der Kreisapparat Aufmärsche, Fachtagungen und Großkundgebungen, die mit hoher Außenwirkung in einem befristeten Zeitraum Einfluss auf das öffentliche Leben der Rothenburger Region nahmen.[528]

Bedeutung der größten Propagandafeste im nationalsozialistischen Feierjahr, Nürnberg 1991; Yasmin Doosry, „Wohlauf, laßt uns eine Stadt und einen Turm bauen ..." Studien zum Reichsparteitagsgelände in Nürnberg, Berlin 2002.

522 FA 11.6.1937; FA 14.6.1937.

523 FA 11.9.1935.

524 FA 14.9.1938.

525 FA 11.6.1938.

526 Roth, Parteikreis, S. 140.

527 Ebenda.

528 FA 17.4.1939.

6.1.6.2. Das *„Volk als Kultverband"*

Nationalsozialistische Herrschaft basierte auf irrationaler Hingabe gemäß Leitvorstellungen wie „Gefolgschaft", „Treue" und „Ehre", die auf bedingungslosen Glauben und blinden Gehorsam abzielten.[529] Der NS-Staat suchte seine Legitimation in der deutschen Geschichte durch Beschwörung der „germanischen Rasse" und durch die Berufung auf Traditionen.[530] Bei einer Versammlung der NSDAP 1937 verkündete der Rothenburger Ortsgruppenleiter Friedrich Götz: „wie das neue Deutschland [...] einem Erwachen entgegengehe, wie es fußend auf dem germanischen, deutschen Gedanken, auf dem Urquell von Blut und Rasse, erhobenen Hauptes, als ein stolzes, starkes und freies Geschlecht und auch starke und innerlich freie Menschen erziehe [...]".[531]

Besonders eng verband sich der NS-Kult mit jener Traditionslinie nationaler Gedenk- und Feiertage, die im Zeitalter der Nationalisierung der Massen zur Verherrlichung von Krieg, Kampf und Heldentod entstanden waren.[532] Pseudoreligiöse Kultveranstaltungen, die den Mythos der NS-Bewegung und ihrem Führer dienten, versinnbildlichten die Unterwerfung unter die Omnipotenz der nationalsozialistischen Herrschaft.[533] Bei manchem Szenario waren Grundmuster erkennbar, die in Inszenierungen der katholischen Kirche entwickelt worden waren oder vom italienischen Faschismus adaptiert wurden.[534] Beide Wurzeln sind am deutlichsten in der Kombination des Rituals von Heldenverehrung und Totenkult erkennbar, das in Rothenburg – wie überall im „Dritten Reich" – jedes Jahr am 9. November anlässlich des fehlgeschlagenen Putschversuchs von 1923 zelebriert wurde.[535] Exemplarisch sei hier auf die Heldenverehrung im Jahr 1935 in der Stadt Rothenburg verwiesen:

> „Dann ertönte das Kommando „Stillgestanden!" und in feierlichem Schweigen wurde der Toten gedacht, denen der [...] Kreisleiter [...] sodann einen Lorbeerkranz mit Hakenkreuzschleifen am Mahnmal niederlegte. [...] Nach dieser eindrucksvollen Ehrung zogen die politischen Leiter und die Vertreter der Partei-Gliederungen [sic!] [...] zum Marktplatz zurück, während die übrigen Teilnehmer an diesem Gedenktag den herbstlichen Burggarten still und ergriffen verließen."[536]

---

529 Wolfgang Benz, Herrschaft und Gesellschaft im nationalsozialistischen Staat, Frankfurt/M. 1990, S. 22.

530 Ebenda, S. 23.

531 FA 7.6.1937.

532 Hans Günter Hockerts, Führermythos und Führerkult, in: Horst Möller u.a. (Hg.): Die tödliche Utopie. Bilder, Texte, Dokumente, Daten zum Dritten Reich. 4. Aufl. München 2002, S. 77-94, S. 80.

533 Benz, Herrschaft und Gesellschaft, S. 23; Hagen, Preservation, S. 220.

534 Arnd Bauerkämper, Der Faschismus in Europa 1918-1945, Stuttgart 2006, S. 67f.

535 FA 9.11.1935.

536 Ebenda.

Bilder vom Kreistag in Rothenburg dokumentierten ebenfalls die sakrale Komponente der Veranstaltungen am 23. Oktober 1938.[537] Auch der „Hitler-Mythos" besaß pseudo-religiöse Dimensionen, da an der Spitze der Bewegung der „Erlöser" mit charismatisch-absolutem Autoritätsanspruch stand.[538] Die Funktion des Führermythos bestand darin, dem Verlangen nach religiöser Hingabe eine Projektionsfläche zu bieten, und die Reden der NSDAP-Funktionäre in Rothenburg dokumentierten die Begeisterung für Hitler.[539] Kreisleiter Steinacker verkündete bei einer Vereidigung der politischen Leiter der NSDAP: „Denn wir alle tragen doch als deutsche Menschen und als Nationalsozialisten nur den einen Wunsch und die eine Sehnsucht in uns, dem Mann zu dienen, mit ihm kämpfen und arbeiten zu dürfen, der uns alles ist, heute, morgen und für alle Zukunft." [540] Damit zielte die NS-Herrschaft in Rothenburg auf eine Sakralisierung und einen ideologischen Kult der Führerherrschaft.[541] Die Propaganda in Rothenburg zeichnete Hitler als überirdische Erscheinung, aber auch in seiner irdischen Rolle: als Mann aus dem Volk, als Mensch wie jeder andere, wie inszenierte Fotos – abgedruckt im Fränkischen Anzeiger – über das private Leben Adolf Hitlers verdeutlichten.[542]

Der Versinnbildlichung der NS-Herrschaft dienten Rituale und Masseninszenierungen, der Blut- und Fahnenkult, die Idee des Ordens und der verschworenen Gemeinschaft, die Adaption religiöser Accessoires und das Eindringen in religiös besetzte Räume, wie die Einrichtung von kirchenartigen Gemeinschaftsräumen, in denen Kulthandlungen vorgenommen wurden, das Abhalten von Prozessionen und „das mystische Dunkel", das an die Stelle rationaler Erwägung

---

537 FA 25.10.1938.

538 Ian Kershaw, Der Hitler-Mythos. Führerkult und Volksmeinung, Stuttgart 1999; Ludolf Herbst, Hitlers. Charisma: Die Erfindung eines deutschen Messias, Frankfurt/M 2010. Für die begriffliche Klassifizierung des Nationalsozialismus als einer „politischen Religion" sei verwiesen auf Friedrich Kießling, Nationalsozialismus als politische Religion. Zu einer neuen und alten Deutung des Dritten Reichs, in: Archiv für Sozialgeschichte 45 (2005), S. 529-547; Peter Steinbach, Der Nationalsozialismus als politische Religion. Inszenierung, Instrumentalisierung, Funktion, in: Hans-Ulrich Thamer/Simone Erpel (Hg.): Hitler und die Deutschen. Volksgemeinschaft und Verbrechen, Dresden 2010, S. 112-120. Michael Ley/Julius Schoeps, Der Nationalsozialismus als politische Religion, Wien/Potsdam 1997; Hans Maier, Politische Religionen. Die totalitären Regime und das Christentum, Freiburg 1995; Klaus Vondung, Magie und Manipulation. Ideologischer Kult und politische Religion des Nationalsozialismus, Göttingen 1971; Hans-Jochen Gamm, Der braune Kult. Das Dritte Reich und seine Ersatzreligion, Hamburg 1962; Werner Reichelt, Das braune Evangelium. Hitler und die NS-Liturgie, Wuppertal 1990.

539 Benz, Herrschaft und Gesellschaft, S. 26.

540 FA 21.4.1938.

541 Der aus dem Bereich der Religion entlehnte Begriff „Kult" bezeichnet die übersteigerte Verehrung, die in verschiedenen politischen Systemen bestimmten Personen oder Symbolen entgegengebracht wird und deren Ritual zum Instrumentarium politischer Herrschaftstechnik gehört. Vgl. Vondung, Magie und Manipulation, S. 11.

542 FA 15.9.1934.

gesetzt wurde.[543] Zur Erfüllung dieser Aufgabe bediente sich das nationalsozialistische Regime in Rothenburg der zentral vorgegebenen Feier-Propaganda. Am 30. Januar wurde jährlich die Ernennung Hitlers zum Reichskanzler gefeiert: „[…] so gedachte man auch in der Stadt und im Kreis Rothenburg dieses bedeutenden Ereignisses. Glutrot leuchteten die Fahnen des Sieges […]".[544] Am 12. Februar zelebrierte die Bevölkerung den Geburtstag Streichers und am 20. April den Geburtstag des „Führers".[545] Der Kreisleiter appellierte im Fränkischen Anzeiger an die Bevölkerung im Kreis Rothenburg: „Fahnen heraus am Geburtstag des Führers!" und „Wehende Fahnen sollen an diesem Tag Ausdruck der Freude und der Verbundenheit des Volkes mit dem Führer und seiner Bewegung sein!"[546] Die NSDAP nahm jede Gelegenheit wahr, um eine martialische Selbstinszenierung zu betreiben. Dies geschah, indem in Rothenburg wie überall sonst im Reich gleiche oder zu großen Teilen ähnliche Inszenierungsschemata befolgt wurden.[547] Hierzu dienten in der Stadt Rothenburg vor allem Massenaufmärsche uniformierter Formationen der Partei und der ihr angegliederten Organisationen, zu denen seit Mitte der dreißiger Jahre immer wieder Verbände der Wehrmacht abkommandiert wurden.[548] „Der gesamte Standort Rothenburg der SA, die Sturmabteilung 6/282 des Deutschen Arbeitsdienstes, die Hitler-Jugend […] sammelten sich um 7 Uhr auf dem Judenkirchhof, um in großem Zuge unter Trommelklang […] zu marschieren."[549]

Bei den jährlichen Veranstaltungen traten die Mitglieder der NSDAP, der angeschlossenen Organisationen und Verbände in Uniform auf, um die NS-Herrschaft zu verdeutlichen. Dies galt ebenso für den 1. Mai, der als „Tag der nationalen Arbeit" dazu diente, die angebliche Überwindung der Klassengegensätze in der nationalsozialistischen „Volksgemeinschaft" durch Aufmärsche zu demonstrieren.[550] Kreisleiter Mägerlein forderte im Fränkischen Anzeiger die Bauern des Rothenburger Umlandes auf: „Kommt am 1. Mai alle nach Rothenburg und nehmt Teil [sic!] an der Feier des Tages!"[551] Die Häuser und Straßen erhielten einen Schmuck aus Blumen, Girlanden und Hakenkreuzen.[552] Dabei versuchte Mägerlein der Veranstaltung eine traditionelle Komponente zu verleihen: „Zieht möglichst Eure Trachtenkleider an und seid stolz auf sie! Denn Eure Ahnen, die sie trugen, sind auch des Städters Ahnen und das schöne alte Ro-

543 Benz, Herrschaft und Gesellschaft, S. 26.
544 FA 31.1.1938.
545 FA 13.2.1937; 21.4.1938.
546 FA 19.4.1937.
547 Heinz-Jürgen Priamus, Regionale Aspekte in der Politik des nordwestfälischen Gauleiters Alfred Meyer, in: Möller u.a. (Hg.): Nationalsozialismus in der Region, S. 175-195, S. 176.
548 FA 31.1.1934.
549 Ebenda.
550 FA 2.5.1936; FA 2.5.1938,
551 FA 23.4.1934.
552 FA 21.4.1934; FA 2.5.1935; FA 2.5.1936.

thenburg zeigt die hohe Kultur unserer Vorfahren [...]".[553] Der Bezug auf die traditionelle Vergangenheit erklärte gewissermaßen den „Volksgemeinschaftsgedanken" und zielte darauf ab, die „Verbundenheit von Stadt und Land zum Ausdruck [zu] bringen [...] Stadt und Land – Hand in Hand!".[554] Alle arbeitenden Rothenburger, gleichgültig ob Bauer, Knecht oder Magd, ob Unternehmer, Meister, Geselle oder Lehrling, ob Beamter oder Angestellter waren symbolisch zur Mitwirkung aufgefordert.[555]

1937 feierten die Rothenburger den 1. Mai wie folgt: Nachdem am Freitagabend, dem 30. April, der Maibaum eingeholt worden war, stand am Samstagmorgen um 7.00 Uhr das Fahnenhissen durch die SA am Marktplatz auf dem Programm.[556] Um 8.30 Uhr gab es eine Jugendkundgebung in der Sporthalle und eine Übertragung der Feierlichkeiten aus dem Stadion in Berlin.[557] Um 12.00 Uhr begann eine große Maifeier in der Rothenburger Sporthalle und eine Preisverleihung der Kreis- und Ortsgruppensieger des Reichsberufswettkampfes.[558] Am Abend war der Maitanz in der Sporthalle am Schlachthof angesetzt. Organisiert wurde die Feierlichkeit durch die NSDAP-Ortsgruppe Rothenburg.[559] Im Anschluss an den 1. Mai 1937 rief die Deutsche Arbeitsfront (DAF) im ganzen Reich dazu auf, Betriebsausflüge durchzuführen, um die „Volksgemeinschaft" zu festigen und die „Verbundenheit zwischen Betriebsführung und Gefolgschaft auch nach der kameradschaftlichen Seite hin besonders herauszustellen."[560] In Rothenburg ergriff die Stadtverwaltung als erste Körperschaft die Initiative für die Beamten, Angestellten und Arbeiter der Stadt sowie deren Familienangehörige und organisierte einen Ausflug nach Schönbronn.[561]

Eine zweite Variante war das Erntedankfest, das nach wie vor eine hohe Bedeutung in Stadt und Kreis Rothenburg hatte.[562] Die NSDAP nützte die Gelegenheit und instrumentalisierte das Brauchtum.[563] Die „Blut- und Boden"-Ideologie der Partei stilisierte die Landleute als „Kern des Volkes".[564] Man verlegte das Fest aufs Land und wählte hierfür den Endseer Berg und den Donnersberg bei Geslau und Schillingsfürst aus.[565] Bei den Erntedankfestfeiern forderte Kreispropagandaleiter

---

553 FA 23.4.1934.

554 Ebenda.

555 Ebenda.

556 FA 28.4.1937.

557 Ebenda.

558 Ebenda.

559 Ebenda.

560 FA 5.5.1936.

561 Ebenda.

562 FA 1.10.1934.

563 Ebenda; FA 30.9.1943.

564 Werner K. Blessing, Wechselvolle Zeiten, in: Stefan Nöth/Klaus Rupprecht (Hg.): Die Präsidenten. 200 Jahre Regierung von Oberfranken in Bayreuth, Bamberg 2010, S. 64-98, S. 83.

565 FA 1.10.1934; FA 30.9.1943.

Höfler in Rundschreiben an die Bevölkerung, Rothenburg solle beweisen, dass es eine nationalsozialistische Hochburg sei."[566] Im Zuge einer gelebten und erfahrbaren „Volksgemeinschaft" rief die Partei im Spätsommer und Frühherbst die Bevölkerung in Stadt und Land Rothenburg auf, den Landwirten bei der Ernte zu helfen.[567] Für den „Erntehilfsdienst" stellte die Kreisleitung für die Freiwilligen einen „Erntehelfer-Nachweis" im Kreishaus aus, in dem die freiwillig geleistete Arbeit eingetragen und durch den Landwirt nach Abschluss des Arbeitstages schriftlich bestätigt wurde.[568] 1939 fanden sich hunderte von Männern, Frauen und Jugendlichen in der Geschäftsstelle der NSDAP vor dem Kreishaus ein.[569] Von dort organisierte die NSDAP den Transport der Erntehelfer mit Omnibussen und Kraftwagen zu den einzelnen Orten des Kreisgebietes.[570]

Der „Heldengedenktag", ehemals „Volkstrauertag", eröffnete den Nationalsozialisten ebenfalls eine Bühne für ihre Inszenierung mit gleichzeitiger Anknüpfung an einen weltlichen Gedenktag.[571] Am Heldengedenktag trat die lokale NSDAP mit all ihren Gliederungen auf. Eingeleitet wurde er mit einem allgemeinen Kirchgang.[572] In allen Kirchen im Kreis Rothenburg fanden Gedächtnisgottesdienste statt. Am Morgen versammelten sich die hiesigen Organisationen und Vereine mit ihren Fahnen auf dem jeweiligen Marktplatz, um von dort aus in die Kirchen und Kapellen zu gehen.[573] Sämtliche Gliederungen der NSDAP sowie angeschlossene Verbände wie der RAD oder NSKOV waren vertreten, aber auch Gruppen wie Kyffhäuserbund, Soldatenbund, Sanitätskolonne, Polizei, Feuerwehr, Reichsluftschutzbund und die Rothenburger Sängerschaft nahmen daran teil, ebenso wie Vertreter des Staates und der Kommune.[574] Dem Anlass entsprechend verlagerte die örtliche NSDAP die Gedenkfeier an das Kriegerdenkmal im Burggarten.[575] Der Heldengedenktag 1939 wurde auf Befehl Hitlers verbunden mit dem „Tag der Wehrfreiheit".[576] Die NSDAP-Ortsgruppe Rothenburg veranstaltete zu diesem Anlass am Sonntag, den 12. März, am Ehrenmal im Burggarten

566 BArch (ehem. BDC), PK, Höfler, Georg, geb. 27.8.1897. Aufruf von Kreispropagandaleiter Höfler "Städter herraus [sic!] zu den Erntedankfeiern!". StAN, SpKA Rothenburg o.d.T., H172. Georg Höfler war ab 1928 Mitglied der NSDAP, wobei er ab 1.7.1934 bis 1939 das Amt des Kreispropagandaleiters der NSDAP ausübte. SA-Hauptsturmführer von 1933-1945. Ferner war er Mitglied in der NSV, im NSRKB, RSLB und DRK. Er war Träger des Goldenen Parteizeichens.

567 FA 16.8.1939.

568 FA 1.8.1939; FA 9.9.1939.

569 FA 1.8.1939.

570 Ebenda.

571 Am 27.2.1934 beschloss die Reichsregierung die Umbenennung des „Volkstrauertags" in „Heldengedenktag". Vgl. Thomas Peter Petersen, Die Geschichte des Volkstrauertages. 2. Aufl. Bad Kleinen 1998, S. 22.

572 FA 18.3.1935.

573 Ebenda.

574 FA 10.3.1938.

575 FA 6.3.1936.

576 FA 9.3.1939.

eine Feierstunde, an der sämtliche Gliederungen der NSDAP sowie die Reichsarbeitsdienstabteilung 6/282, NS-Reichskriegerbund, Deutsches Rotes Kreuz, Polizei, Feuerwehr, Reichsluftschutzbund und die Sängerschaft teilnahmen.[577] Ortsgruppenleiter Götz forderte die Gesamteinwohnerschaft des Kreises auf, durch Beteiligung an der Veranstaltung und Beflaggung der Häuser „ihre Verbundenheit mit den toten Helden des Krieges und mit der wiedererstandenen deutschen Wehrmacht zu bekunden."[578] Das NS-Regime wusste die verschiedenen Anlässe des NS-Feierjahres für seine Zwecke auszulegen, indem es an symbolischen Handlungen festhielt und für seine Weltanschauung ausdeutete. Dennoch steckten hinter der Fassade der „Brauchtümelei" nichts als Zentralisierungsabsichten.[579]

Darüber hinaus dokumentierten Bilder vom Rothenburger Volksfest am 28. Juni 1937 die Nähe der uniformierten NSDAP-Kreisleiter und Ortsgruppenleiter zur zivilen Bevölkerung.[580] Die Kreis- und Ortsgruppenleiter gaben sich bei den Volksfesten betont volksnah.[581] Exemplarisch sei auf das Sommerfest der NSDAP am 31. August 1935 verwiesen. In seinem Vortrag „Sozialismus ist Kameradschaft" propagierte Kreisleiter Steinacker die nationalsozialistische „Volksgemeinschaft":

> „[...] alle, ob arm ob reich [,] gehören zusammen, sind Glieder in der großen Kette, die sich Volk nennt. Ein Volk wird nur dann, wenn es die Gemeinschaft kennt und pflegt. Wir alle wollen an der großen Gemeinschaft unseres Volkes teilhaben! [...] Das Sommerfest der NSDAP ist dazu geeignet. Es will alle zusammenführen, es will alle zum „Freudenborn" kommen lassen. Das Sommerfest soll aber auch erneut zeigen, daß Volk und Partei eins sind."[582]

In seiner Ansprache verwies Steinacker auf ein Kernelement der NS-Volksgemeinschaftsideologie, indem er die Überordnung des Gemeinwohls über das Wohl des Einzelnen betonte. Gleichzeitig proklamierte er die Verbundenheit der Rothenburger aus Stadt und Land mit der Partei.

Neben den Kundgebungen ergaben sich praktische Möglichkeiten zur Umsetzung des „Volksgemeinschaftsgedankens". In diesem Rahmen kann die Bildung des „Zweckverbands für Gesundheitspflege" gesehen werden, der sich aus Angehörigen der Partei und ihrer Gliederungen als auch aus den gleichgeschalteten Vereinen zusammensetzte. 1936 widmete sich der Verband der Verbesserung der Freibadverhältnisse.[583] Unter dem Vorsitz des Oberbürgermeisters Liebermann umfasste der Verband weite Kreise der Rothenburger Bevölkerung, darunter Angehö-

---

577 Ebenda.

578 Ebenda.

579 Michael Ruck, Zentralismus und Regionalgewalten im Herrschaftsgefüge des NS-Staates, in: Möller u.a. (Hg.): Nationalsozialismus in der Region, S. 99-122, S. 105.

580 FA 28.6.1937.

581 Ebenda.

582 FA 31.8.1935.

583 FA 8.2.1936.

rige der NSDAP, SA-Standartenführer, die HJ, BDM und die NS-Gemeinschaft „Kraft durch Freude“, aber auch die gleichgeschalteten Vereine, wie der Turnverein 1861, 1. F.C. Rothenburg, die Schützengilde Rothenburg, der Kneippverein Rothenburg, der Verein zur Bekämpfung der Tuberkulose, der Frauen- und Männerzweigverein vom Roten Kreuz, die Sanitätskolonne Rothenburg sowie die Allgemeine Ortskrankenkasse Rothenburg o.T. Ferner gab es private Sponsoren wie den Oberstabsarzt Holstein aus Hannover. Geleitet wurde das Projekt durch den Zivilingenieur Albert Gebauer aus Ansbach. Die Finanzierung erfolgte maßgeblich durch die Stadtgemeinde.[584] Der Reichsarbeitsdienst leistete einen großen Teil der Arbeiten.[585] Feierlich gestaltete die Partei den ersten Spatenstich am 1. Mai 1934.[586] Eröffnet wurde das „Licht-Luft- und-Schwimmbad“ im Juni 1935.[587] Am 7. Februar 1936 ging das „Licht-Luft-und Schwimmbad“ auf Beschluss der Gesellschafterversammlung des „Gemeinnützigen Zweckverbandes für Gesundheitspflege“ in den Besitz der Stadt über und der Zweckverband löste sich auf.[588]

Fazit

Die NSDAP verfügte in Stadt und Land Rothenburg o.d.T. über ein breites Instrumentarium verschiedenster Elemente politisch werbender Effekte, wobei das lokale NS-Regime geschickt an alle Schichten der Bevölkerung appellierte. Die Parteiveranstaltungen bedienten sich deutlich der regionalen Bezüge, um so bei der Bevölkerung mehr Sympathiepunkte zu sammeln. Dabei vermengte das Regime vor Ort in seinen Inszenierungen pseudoreligiöse Kultveranstaltungen mit regionalen Traditionen sowie nationalen Gedenk- und Feiertagen. Mit seinem Formenkatalog von Mitgliederversammlungen, lokalen Kundgebungen, Paraden, Aufmärschen sowie des NS-Feierkalenders erreichte das Regime eine breite Wirkung. Der rege Zulauf bei Veranstaltungen und Aktionen legte dafür Zeugnis ab. Verdenken konnte man es den Rothenburgern nicht. Radioübertragungen sowie effektvoll ausgerichtete Großkundgebungen mit großen Lautsprecheranlagen hatten angesichts der schwach entwickelten Kommunikationstechnologien eine immense Wirkung. Es musste einen großen Eindruck auf die ländlich-kleinstädtisch geprägte Bevölkerung machen, wenn NS-Führungseliten aus dem ganzen Reich zu ihnen über das neue Deutschland sprachen und den Kreis Rothenburg als eine Hochburg der Bewegung priesen. Die propagandistischen Inszenierungen in Stadt und Land Rothenburg verfehlten sicherlich nicht ihre Wirkung auf die Menschen. Dennoch war das NS-Regime nicht in der Lage, die gesamte Bevölkerung in Stadt und Land Rothenburg für sich zu gewinnen. Dafür

---

584 Ebenda.

585 Ebenda.

586 FA 29.7.1935.

587 FA 8.2.1936.

588 Ebenda.

sprechen schon allein jene dokumentierten Begebenheiten, angefangen von Nonkonformismus, Parteimüdigkeit, widerwilliger Loyalität bis hin zu Formen der Resistenz, die zu Denunziationen oder „Inschutzhaftnahmen“ führten.[589]

6.2. Kunst, Kultur und Heimattum

Alle Bemühungen des NS-Regimes, eine eigene Ästhetik zu entwickeln, zielten auf die Erhaltung der Macht und die Integration von Herrschaft und Gesellschaft.[590] Die umfassende Reglementierung durch den Nationalsozialismus erfasste den gesamten Bereich der Künste und bediente sich der Kulturlandschaft für politisch-propagandistische Zwecke. Die Verschmelzung von Kultur und Propaganda kam in vielfältigen Bestrebungen zum Ausdruck, deren Hauptziel die Durchsetzung und Verbreitung nationalsozialistischen Gedankenguts war.[591] Die Basis des Verallgemeinerungsanspruchs war die „Heimat“ und „Volkstum“ das Leitprinzip.[592] Die Volkstumsideologie diente den Nationalsozialisten dazu, die nationalkonservativen und völkischen Aktivisten, Gruppen sowie Exponenten der regionalkulturellen Strömungen in die nationalsozialistische Bewegung zu integrieren.[593]

6.2.1. Ausrichtung der Heimatforschung

Die zunehmende Gewichtung auf die Heimatforschung brachte für die lokalen Vereine, die sich mit der Geschichte ihrer Region befassten, neuen Aufwind. 1938 fand die Arbeitstagung der Heimat-, Geschichts- und Altertumsvereine um Tauber und Main statt.[594] Bürgermeister Schmidt hielt einen Vortrag über die „Besiedelung des oberen Tauberlandes durch die Franken (7. bis 9. Jahrhundert)“. Der Regierungsbaurat Eiermann aus Wertheim sprach über „Städteleben und neuzeitliche Probleme“. Oberstudienrat Gießberger referierte über die „Landhege des ehemals reichstädtisch rothenburgischen Gebietes im Jahre 1430“. Der lokale Schriftsteller Georg Harro Schaeff-Scheefen erläuterte die „Bedeutung der Häuserforschung für die Heimatgeschichte“.[595]

---

589 Siehe Kapitel 7. sowie 9.2. dieser Untersuchung.

590 Wolfgang Benz, Herrschaft und Gesellschaft im nationalsozialistischen Staat, Frankfurt/M. 1990, S. 17.

591 Friederike Euler, Theater zwischen Anpassung und Widerstand. Die Münchner Kammerspiele im Dritten Reich, in: Martin Broszat u.a. (Hg.): Bayern in der NS-Zeit. 6 Bde. Bd. 2: Herrschaft und Gesellschaft im Konflikt. Teil A, München/Wien 1979, S. 91-173, S. 95f.

592 Michael Prinz, Moderne Elemente in der Gesellschaftspolitik, in: Ders./Rainer Zitelmann (Hg.): Nationalsozialismus und Modernisierung, Darmstadt 1994, S. 297-327, S. 314.

593 Volker Dahm, Kulturpolitischer Zentralismus und landschaftlich-lokale Kulturpflege, in: Möller u.a. (Hg.): Nationalsozialismus in der Region, S. 123-138, S. 127.

594 FA 23.5.1938.

595 Ebenda.

Die „Gesellschaft für Fränkische Geschichte“ hielt ihre 30. Jubiläumsversammlung am 16. und 17. Juni 1934 in Rothenburg ab, da Rothenburg eine Stätte darstellte, die für die Arbeiten der Gesellschaft von besonderer Bedeutung war.[596] Namhafte Geschichtsforscher und Interessierte an der Geschichte Frankens trafen sich in der „Perle der fränkischen Städte“ und tagten „unter dem Stern des wiedererstandenen Vaterlandes“.[597] Die Vermittlungsabsicht der Heimatforscher und Wissenschaftler war politisch ausgerichtet.[598] Der geschäftsführende Vorsitzende der „Gesellschaft Für Fränkische Geschichte“, Universitätsprofessor Geheimrat Dr. Anton Chroust aus Würzburg, sah im Taubertal ein Paradebeispiel für „eine deutsche, [...] eine fränkische Landschaft“ und jeder Spaziergänger mache hier einen „Gang durch die deutsche Geschichte [...] Wer Rothenburg erlebt hat, der erlebt hier die deutsche Kultur. Darum sei Rothenburg für jeden Deutschen besonders aber für die, die das Frankenland lieben und hochhalten, ein Wallfahrtsort.“[599] Chroust betonte die Vorbildfunktion Rothenburgs für Deutschland, „das alter Väter Sitte ehrt, da uns die alte Einfachheit, die alte Volksgemeinschaft bringt [...] Rothenburg [werde] als einer der schönsten Edelsteine glänzen als Vorbild und Beispiel jener hohen Güter, nach denen zu streben uns der Führer gelehrt hat.“[600] Anschließend fand eine Vorführung des Tonfilms „Ein Festtag in Rothenburg“ statt, der die Stadt und die Bedeutung des Festspiels „Der Meistertrunk“ und des „Historischen Schäfertanzes“ zeigte.[601]

Kreisleiter Mägerlein appellierte an die Rothenburger sich ihrer Vergangenheit bewusst zu sein:

> „Die Gegenwartsaufgaben, die der Nationalsozialismus dem deutschen Volk gestellt hat und die zukunftsgestaltende Arbeit kann nur geleistet werden, wenn dieses Volk den lebendigen Zusammenhang mit seiner Vergangenheit nicht verliert und den Schöpfungen und der Arbeit der Männer dieser Vergangenheit die nötige Ehrfurcht und Achtung entgegenbringt. Dieser lebendige Zusammenhang des Volkes mit der Vergangenheit hat aber zur Voraussetzung die Kenntnis der Geschichte und damit der Vergangenheit und die Liebe zu dieser Vergangenheit.“[602]

---

596 FA 18.6.1934.

597 Ebenda.

598 Gordon Wolnik, Mittelalter und NS-Propaganda: Mittelalterbilder und NS-Propaganda. Mittelalterbilder in den Print-, Ton- und Bildmedien des Dritten Reiches, Münster 2004, S. 185.

599 FA 18.6.1934; Der österreichische Historiker Anton Julius Chroust, geb. 10.3.1864 – gest. 22.5.1945, war Dozent an der Universität in Würzburg und Mitbegründer der Gesellschaft für fränkische Geschichte. Er erhielt 1944 die Goethe-Medaille für Kunst und Wissenschaft. Vgl. Peter Herde, Anton Chroust. Mitbegründer der Gesellschaft für fränkische Geschichte. Ein österreichischer Historiker im deutschen akademischen Umfeld von der Wilhelminischen Zeit bis zum Nationalsozialismus, in: Erich Schneider (Hg.): Nachdenken über fränkische Geschichte. Vorträge aus Anlass des 100. Gründungsjubiläums der Gesellschaft für fränkische Geschichte vom 16.-19. September 2004, Neustadt/Aisch 2005, S. 39-56.

600 Ebenda.

601 Ebenda.

602 Ebenda.

Im April 1937 rief die Rothenburger Kreisleitung zu einer umfassenden heimatkundlichen Erforschung des Kreisgebietes unter der Parole „Rothenburger Land und Leute“ auf.[603] Die Erforschung sollte sich auf sechs Teilgebiete erstrecken: Zum einen sollte die Entwicklung der NSDAP im Kreis Rothenburg dargestellt werden.[604] Darunter fiel das Thema „Juden in Rothenburg und im Rothenburger Land“ sowie das Weltkriegsende, die Inflation, Wahlergebnisse sowie Kämpfer und Opfer der Bewegung. Zum anderen wollte die Kreisleitung eine vertiefte Auseinandersetzung mit den geschichtlichen Ereignissen und Begebenheiten im Rothenburger Kreisgebiet, wie zum Beispiel eine Erforschung der Überreste germanischer Siedlungen, der Ortsnamen und der Flurnamendeutung aus dem Reichsstadtgebiet, aus der Zeit des Bauerkrieges, aus dem 30jährigen Krieg, dem „Freiheitskampf“ 1812/13 und des deutsch-französischen Krieges 1870/71. Daneben forderte die Kreisleitung eine kulturgeschichtliche Erschließung des Kreises hinsichtlich der Burgen, Kirchen, Schlösser, Ruinen, Klöster, Mühlen, Volkskunst, Schmieden, Gasthäusern, Brauereien, der Kunst und des Kunsthandwerks, der Märkte und des lokalen Brauchtums. Neben dem Bauerntum sollte die Bodenbeschaffenheit und die Bodengestaltung des Rothenburger Landes sowie die Tier- und Pflanzenwelt vertieft erforscht werden.[605] Das lokale NS-Regime wollte die heimatkundlichen Forschungsergebnisse zur Untermauerung ihrer Ideologie instrumentalisieren. Die Ergebnisse in Form von Einzelbeiträgen sollten in Buchform den Stellen der Partei und des Staates als auch der Öffentlichkeit präsentiert werden, um Informationen über die Vergangenheit und Gegenwart des Kreises Rothenburg zu erhalten. Für die Koordination der Forschungsarbeiten beauftragte die Kreisleitung den Gewerbeoberlehrer Ernst Unbehauen.[606] Das Buch als Gesamtprojekt wurde allerdings nicht fertiggestellt.

Im Zuge der zunehmenden Auseinandersetzung und Erforschung Rothenburgs veränderte sich zum Beispiel Schnitzleins „Führer durch Rothenburg“ in seiner 17. Auflage.[607] Damit folgte er der Forderung nach verstärkter Heimatverbundenheit. Wesentlich mehr als vorher trat die Betonung der landschaftlichen Schönheit und die Verbindung mit der Natur in den Vordergrund.[608]

Bei der Kreisversammlung des NSLB in Schillingsfürst rief Kreisleiter Steinacker zu einer neuen Akzentuierung der Heimatkunde im Kreisgebiet auf.[609] Nach kurzen geschäftlichen Mitteilungen ergriff Steinacker das Wort und warb für die heimatkundliche Durcharbeitung und Erforschung des Kreises Rothenburg.

603 FA 20.4.1937.

604 StadtAR, Gemeindearchiv Leuzenbronn, Nr. 145. Schreiben der NSDAP-Kreisleitung Rothenburg o.d.T. an das Bezirksamt Rothenburg o.d.T. vom 10.6.1937.

605 Ebenda.

606 Ebenda.

607 FA 17.9.1936.

608 Ebenda.

609 FA 11.6.1937.

Zwar seien schon Anfänge gemacht und größere oder kleinere Heimatbüchlein entstanden, doch sollte ein umfassendes Heimatwerk entstehen, an dem sich noch spätere Geschlechter erfreuen könnten. Steinacker sah in seinem Engagement für die Heimatforschung einen tieferen Grund: „Heimatpflege, Volkstumspflege ist Dienst am Volke, ist ein Stück Nationalsozialismus."[610] Danach skizzierte der Kreisheimatpfleger Ernst Unbehauen seine Pläne für die Erforschung des Kreisgebietes und zeigte, wie er sich die Gliederungen des zu bearbeitenden Gesamtstoffes unter den beiden Gesichtspunkten: „Rothenburger Land und Leute" vorstellte.[611] Um ein möglichst klares und vollständiges Bild der einzelnen Forschungsgebiete zu erhalten, wurden Fragebogen an die örtlichen Mitarbeiter verteilt. Als dritter Redner berichtete der Heimatforscher Schmidt aus Neusitz aus der Praxis seiner Forschungsarbeit. Er gab den Erziehern draußen auf dem Dorfe eine didaktische Anleitung für die „praktische Heimatforschung".[612] Seiner Ansicht genügte es nicht, sämtliche vorhandenen Quellen durchzulesen, vielmehr müsste nach dem Motto „ad fontes" zu den Quellen zurückgekehrt werden: „Quellen aus vergangenen Jahrhunderten sind die Urkunden in den Archiven der Gemeinden und vor allem im Stadtarchiv zu Rothenburg, das wohl eines der reichhaltigsten Archive weit und breit ist."[613]

6.2.2. Verein Alt-Rothenburg

Im Verein Alt-Rothenburg fanden der Nationalsozialismus und seine Ideologie besonders fruchtbaren Boden. Von den 17 Mitgliedern, die 1933 den Vorstand bildeten, gehörten sieben der NSDAP an, ein Vereinsmitglied war Mitglied im NS-Juristenverband und sechs weitere Personen waren Mitglieder des Stahlhelms.[614] 1933 zählte der Verein Alt-Rothenburg 264 ortsansässige und 146 auswärtige Mitglieder sowie die drei Ehrenmitglieder Ludwig Siebert, Martin Weigel und Hans Probst.[615] Während der zwölfjährigen nationalsozialistischen Herrschaft hatte der Verein Alt-Rothenburg folgende Vorstände: Bis 30. März 1933 stand August Schnitzlein dem Verein vor. Ihm folgte vom 11. März 1933 bis 11.

---

610 Ebenda.

611 Ebenda.

612 Ebenda.

613 Ebenda.

614 Protokollbuch des Vereins Alt-Rothenburg, S. 272. In der Vorstandschaft waren 1933 Liebermann, Schütz, Unbehauen, Wirsching, Birkel, Hosse, Riedel, Schneider, Zeitzer, Philippi, Schnitzlein und Staudt. Ebenda, S. 257.

615 Friedrich Liebermann, Tätigkeitsbericht des Vereins Alt-Rothenburg für das Jahr 1933, in: Jahresbericht des Vereins „Alt-Rothenburg" 31 (1933), S. 7-12, S. 9. Das Ehrenmitglied des Vereins Alt-Rothenburg, Martin Weigel, war ehemaliger Stadtpfarrer in Rothenburg und Inhaber des goldenen Ehrenzeichens und der silbernen Dienstauszeichnung der NSDAP. Vgl. StadtAR, ad R VI, 11. Ein Biogramm Martin Weigels findet sich in Kapitel 9.1.1. dieser Untersuchung.

März 1936 Friedrich Liebermann. Ab 1. Mai 1936 hatte Friedrich Schmidt die Leitung inne.[616]

Die antidemokratische Gesinnung des Vereins lässt sich in seinen Schriften klar erkennen. In dem Geleitwort zum Tätigkeitsbericht des Vereins Alt-Rothenburg für das Jahr 1933 begrüßte der Vorsitzende Friedrich Liebermann „den Auftakt eines neuen Zeitabschnittes“ und die „Geburtsstunde des Dritten Reiches“.[617] Ferner befürwortete Liebermann die „vollkommene Beseitigung der Parteien“ und die „Zusammenführung [des] ganzen Volkes“.[618]

Der Nordbayerische Verband der Heimatvereine bescheinigte im Zuge der „Gleichschaltung“ dem Verein Linientreue zum NS-Regime, weshalb der Verein keine Maßnahmen oder personellen Veränderungen benötigen würde.[619] In der neuen Satzung, die in der Hauptversammlung vom 18. Dezember 1933 angenommen wurde, trat lediglich eine typische Änderung für das Vereinsleben ein: Die Hauptversammlung hatte von da an nicht mehr über bedeutungsvolle Anträge zu entscheiden. Alles wurde per „Führerprinzip“ vom Vorstand des Vereins entschieden und diktiert.[620] Die Mitglieder konnten zu den Maßnahmen der Führung nur noch Stellung nehmen sowie von den Verantwortlichen Rechenschaft verlangen.[621]

Bei der 40-Jahrfeier des Vereins „Alt-Rothenburg“ zeichnete Weigel ein Bild der mannigfachen Aufgaben, die der Verein seit seiner Gründung zu leisten hatte, und schilderte die Schwierigkeiten, die zu überwinden waren.[622] Weigel versuchte die geschichtliche Bedeutung Rothenburgs herauszustellen und ließ die „einstige Größe und Bedeutung der Bauern- und Kriegerstadt Rothenburg“ vor dem Auge der Zuhörer wiederaufleben, die neben der Bischofsstadt Würzburg und der Handelsstadt Nürnberg ein mächtiger Faktor in der damaligen Zeit gewesen sei.[623] Anschließend sprach er sich im Namen des Vereins „Alt-Rothenburg“ für die NS-Führung aus:

> „Möge es dieser Führung gelingen, unsere Stadt zum Heil und Segen in eine glückliche Zukunft zu führen und möge auch der Verein „Alt-Rothenburg“ sich stets seiner Aufgaben bewusst sein. Mit einem aus von heißer Heimat- und Vaterlandsliebe erfüllten Herzen kommenden Wunsch für eine glückliche Zukunft der Vaterstadt und mit einem

616 Hans Wirsching, 40 Jahre Alt-Rothenburg – eine Vereinsgeschichte, in: Jahresbericht des Vereins „Alt-Rothenburg“ 33 (1936/37), S. 7-24, S. 23.

617 Friedrich Liebermann, Dem Jahresbericht für 1933 zum Geleit!, in: Jahresbericht des Vereins „Alt-Rothenburg“ 31 (1933), S. 5-6, S. 5.

618 Liebermann, Tätigkeitsbericht des Vereins Alt-Rothenburg für das Jahr 1933, S. 11.

619 Protokollbuch des Vereins Alt-Rothenburg, S. 272.

620 Hagen, Preservation, S. 201.

621 Martin Schütz, Jahresbericht für die Jahre 1934 und 1935, in: Jahresbericht des Vereins „Alt-Rothenburg“ 32 (1934/35), S. 12-17, S. 12.

622 FA 22.3.1938.

623 Ebenda.

hinreißenden Bekenntnis zum geeinten Großdeutschland unter der Führung Adolf Hitlers […]"[624]

Was das Vereinsleben betraf, so organisierte der Verein kulturelle Veranstaltungen im Sinne des Heimattums, bei denen die Funktionsträger der örtlichen NSDAP vertreten waren. In der Hauptversammlung am 17. Januar 1933 hielt Sanitätsrat Güthlein aus Feuchtwangen einen Lichtbildvortrag über fränkische Volkskunst. Ferner widmete der Verein einen Abend dem Heimatdichter Hans Probst.[625] Bei dem Heimat- und Dichterabend im Oktober desselben Jahres spielte die SA-Kapelle Rothenburg der Standarte 19 unter Leitung von Hans Streckfuß. Die Stadtkapelle unter Führung von Ernst Unbehauen ließ Heldengesänge verlauten, bevor Rothenburger Heimat- und Mundartdichter ihre Werke vortrugen.[626] Anfang 1939 wurde ein sogenannter „Kleiner Abend" veranstaltet, dessen zahlreiche Besucher deutlich zeigten, dass in weiten Kreisen der Bevölkerung lebhaftes Interesse für die Vereinsarbeit bestand.[627]

Selbstverständlich unterstützte und förderte der Verein die lokale Geschichtsforschung, wie zahlreiche Publikationen belegen. Der Rechnungsbericht für 1938 zeigte, dass ein bedeutender Mittelaufwand für die Förderung der lokalen Geschichtsforschung ausgegeben wurde. So unterstützte der Verein unter anderem die Forschungen über den Rothenburger Kantor Franz Vollrath Buttstett, eine Arbeit des Kunsthistorikers A. Rapp über die Rothenburger Passion.[628] Hinsichtlich der antisemitischen Publikationen, die der Verein herausgab, kann der Verein als Multiplikator der NS-Ideologie verstanden werden. Martin Schütz veröffentlichte in der „Linde" und im Vereinsjahrbuch seine pseudowissenschaftlichen antisemitischen Untersuchungen.[629]

Es lag dem Verein am Herzen, Rothenburgs symbolische Bedeutung und Vorreiterrolle für das „Dritte Reich" zu unterstreichen. Man erklärte Rothenburg zum „Spiegelbild der deutschen Geschichte".[630] Der Vorstand Friedrich Schmidt äußerte sich hierzu: „Im Dritten Reich sind die Forderungen, die vor vier Jahrzehnten die Vereinsgründer für die Erhaltung Rothenburgs aufgestellt haben, allgemein richtunggebend für das ganze Reich geworden."[631] Dabei formulierte Schmidt die ideologische Ausrichtung des Vereins: „In allem und jedem wollen

624 Ebenda.

625 Liebermann, Tätigkeitsbericht des Vereins Alt-Rothenburg für das Jahr 1933, S. 10.

626 Protokollbuch des Vereins Alt-Rothenburg, S. 275.

627 StAN, Reg. v. Mfr. Abg. 1978, Nr. 20390. Rundbrief des Vereins Alt-Rothenburg e.V. vom 15.4.1939.

628 Ebenda.

629 Vgl. Kapitel 8.3. dieser Untersuchung.

630 Paul Schattenmann, August Schnitzlein, in: Jahresbericht des Vereins „Alt-Rothenburg" 31 (1933), S. 13-17, S. 14.

631 Friedrich Schmidt, Grußwort zur 40-Jahrfeier, in: Jahresbericht des Vereins „Alt-Rothenburg" 33 (1936/37). Ohne Seitenangabe. Ebenfalls abgedruckt in: Die Linde 28 (1938), S. 1.

wir Alt-Rothenburg die Geschlossenheit, Stoßkraft und Stärke erhalten, die es braucht, um Mitarbeiter sein zu können an der Erhaltung, Schönheit, Größe und Weltgeltung unseres herrlichen Deutschland[s].“[632] Als sich das bayerische Wirtschaftsministerium im Februar 1934 an den Verein Alt-Rothenburg mit der Idee wandte, die Rothenburger könnten durch mittelalterliche Trachten dem Stadtbild eine besondere Prägung geben, begrüßte der Verein das Unterfangen.[633] In den folgenden Jahren wurde die Idee realisiert. Kostümierte Personen in mittelalterlicher Gewandung sowie in Aufmachungen aus der Zeit des Dreißigjährigen Krieges bevölkerten das Stadtbild. Altdeutsche Musik, Schwänke oder Postkutschenfahrten sollten das Ihrige dazu beitragen.[634] Die Umsetzung lag allerdings nicht allein in der Verantwortung des Vereins Alt-Rothenburg, sondern war in der engen Verbindung zum Stadtrat begründet. Bereits im November 1933 trat der gesamte Stadtrat dem Verein bei und war ab 1935/36 unter Leitung des NSDAP-Oberbürgermeisters Schmidt und Amtmann Wirsching aufs Engste mit der Stadtverwaltung verbunden.[635] Eine weitere Verbindung zur NSDAP gab es in der Person des Beauftragten für Heimatpflege Ernst Unbehauen, der als herausragender Akteur und Schnittstelle zwischen der parteilichen Kreisleitung und dem Verein handelte.

Mit großer Begeisterung nahm der Verein Anteil an dem „Hilfswerk für [die] Erhaltung Alt-Rothenburgs“.[636] Die Umbau- und Verschönerungsmaßnahmen der Stadt Rothenburg wurden im Verein Alt-Rothenburg eingehend diskutiert und besprochen.[637] Der Verein wüsste jedoch die Aufgabe der „Pflege der Geschichte“ in guten Händen.[638] Die Mitgliederwerbung aus dem Jahr 1937 unterstrich den Einsatz des Vereins und rief die Menschen auf, als zukünftige Mitglieder des Vereins „nicht zurückzustehen“, sondern die denkmalschützerischen Aktivitäten zu unterstützen.[639]

Der Vorsitzende des Vereins Alt-Rothenburg, Bürgermeister Schmidt, informierte bei den turnusmäßig stattfindenden Versammlungen die Mitglieder und Freunde des Vereins in der Butzschen Bierstube über die vorgenommenen Baumaßnahmen wie über die anstehenden Bauvorhaben.[640] Gleichzeitig durften die

---

632 Friedrich Schmidt, Alt-Rothenburg und seine Aufgaben in Gegenwart und Zukunft, in: Jahresbericht des Vereins „Alt-Rothenburg“ 32 (1934/35), S. 7-11, S. 11.

633 Schmitt, 100 Jahre Verein Alt-Rothenburg, S. 32.

634 StAN, SpKA Rothenburg o. d. T., U6. Pläne für die Erhaltung Rothenburgs. Von Kunstmaler und Gewerbeoberlehrer Ernst Unbehauen.

635 Schmitt, 100 Jahre Verein Alt-Rothenburg, S. 31ff.

636 StAN, Reg. v. Mfr. Abg. 1978, Nr. 20390. Rundbrief des Vereins Alt-Rothenburg e.V. vom 15.4.1939.

637 FA 22.05.1937.

638 StAN, Reg. v. Mfr. Abg. 1978, Nr. 20390. Rundbrief des Vereins Alt-Rothenburg e.V. vom 15.4.1939.

639 Schmitt, 100 Jahre Verein Alt-Rothenburg, S. 33.

640 FA 22.5.1937.

Teilnehmer der Informationsveranstaltung Stellung zu den Bauarbeiten und Plänen nehmen.[641] Dabei machte der Vorstand klar, dass er nur Rothenburger anhören werde, die Mitglieder des Vereins seien.[642] Nicht-Mitglieder würden nach Ansicht des Vorsitzenden die Pflicht eines „wahren Rothenburgers" verletzen und hätten kein Recht denkmalschützerische Belange zu besprechen.[643] Kritik war, nach Schmidts Meinung, lediglich willkommen, sofern sie nicht persönlichen Interessen entsprang.[644]

Ab 1938 konzentrierte sich das Tätigkeitsfeld des Vereins auf die Wiederherstellung Alt-Rothenburgs.[645] Vor allem widmete man sich der Kleinarbeit, die im Einzelnen kaum beachtet werden würde, in der Gesamtausführung jedoch Nutzbringendes für die „Erhaltung Alt-Rothenburgs" bedeuten sollte.[646] Mit Beginn des Zweiten Weltkrieges ruhte die Vereinstätigkeit, und so erschien der letzte Jahresbericht des Vereins „Alt-Rothenburg" für das Jahr 1937/38.[647]

6.2.3. NS-Kulturgemeinde

Das nationalsozialistische Gedankengut war im kulturellen Leben Rothenburgs häufig anzutreffen und der Ortsverband der Rothenburger NS-Kulturgemeinde – geleitet von Martin Schütz – richtete seine kulturellen Veranstaltungen mit den Vortrags-, Konzert-, Film- und Theaterreihen nach den nationalsozialistischen Richtlinien aus.[648] In diesem Rahmen brachte die „nationalsozialistische Kampfbundbühne" in Rothenburg 1934 das Schauspiel „Die letzte Fahrt des Unterseeboots 116" von Karl Lerbs zur Aufführung.[649] Das Schauspiel verherrlichte den U-Boot-Krieg und zog Parallelen zum 9. November 1918.[650]

Die NS-Kulturgemeinde Rothenburg versuchte in der Region ihrem Namen alle Ehre zu machen.[651] Der Ortsverband organisierte im ersten Viertel der Spielzeit 1935/36 in der Tauberstadt drei größere Veranstaltungen, darunter zwei Gastspiele der Bayerischen Landesbühne „Der Nobelpreis" am 21. September und „Jugend" am 2. November, sowie den Lieder- und Arienabend der Hofopernsängerin Frl. Luise Schmidt aus Gronau am 19. Oktober 1935. Neben dem

---

641 Ebenda.
642 Ebenda.
643 Ebenda.
644 Ebenda.
645 StAN, Reg. v. Mfr. Abg. 1978, Nr. 20390. Rundbrief des Vereins Alt-Rothenburg e.V. vom 15.4.1939.
646 Ebenda.
647 Richard Wagner, Bericht über das Vereinsleben seit 1945, in: Jahresbericht des Vereins „Alt-Rothenburg" für 1954/55. S. 5-8, S. 5.
648 FA 10.1.1935; FA 22.11.1935.
649 FA 6.1.1934.
650 Ebenda.
651 FA 22.11.1935.

allgemeinen Programm fand den Richtlinien der NS-Kulturgemeinde entsprechend in den kleineren Ortsverbänden im Kreis Rothenburg mindestens einmal pro Monat eine Veranstaltung statt. So initiierte die NS-Kulturgemeinde in Rothenburg Vortrags-, Konzert-, Film- und Theaterabende. Auch bunte Abende und Unterhaltungsabende gehörten zum Programm. Die Gaudienststellen der NS-Kulturgemeinde vermittelten für die Veranstaltungen geeignete Referenten. Das Hauptinteresse in Rothenburg lag allerdings auf dem Theaterwesen, wohingegen der Musik-, der Film-, der Buch- und der Vortragsring weniger Anklang fanden. Darüber hinaus hatten alle Mitglieder des Theaterrings das Recht, sowohl in Rothenburg als auch in anderen Städten Gastkarten zu erlangen. Für die Bewohner des Kreises Rothenburg, der kein eigenes Theater besaß, war es ein großer Vorteil, dass die Mitglieder der NS-Kulturgemeinde ermäßigte Theater- und Konzertkarten erhalten konnten.[652]

Um das Interesse an der NS-Kulturgemeinde zu steigern, organisierte der Obmann Fritz Zeuschel ein Theater-Abonnement für die Mitglieder.[653] Bis Dezember 1936 waren der Besuch von drei Gastspielen der Bayerischen Landesbühne geplant, ein Lustspiel, ein Volksstück sowie eine Oper. Außerdem organisierte man ein großes Konzert der Stadtkapelle und des Privatmusikvereins, einen „Heitere[n] (Vortrags-)Abend" und ein Märchenspiel.[654] Ferner führte die Bayerische Landesbühne am 17. Dezember 1936 für die NS-Kulturgemeinde das „vaterländische Lustspiel „Die Weiber von Redditz"" des Schriftstellers und Dramaturgen Friedrich Forster auf.[655] Für Januar und April 1937 standen weitere Gastspiele der Bayerischen Landesbühne, des Schlierseer Bauerntheaters und ein „Willi-Reichert-Abend" auf dem Programm. Ziel war es, einmal pro Monat eine Veranstaltung abzuhalten.[656]

Die NS-Organisation „Kraft durch Freude" führte in Rothenburg ebenfalls kulturelle Veranstaltungen durch.[657] Anlässlich ihres zehnjährigen Jubiläums am 27. November 1933 hielt Alfred Pellegrini einen Vortrag über Richard Wagner und erläuterte dessen Werk.[658] Ferner organisierte die KDF zusammen mit der „Münchner Kleinkunstbühne" Theaterabende für das Rothenburger Publikum.[659]

---

652 Ebenda.
653 FA 24.9.1936.
654 Ebenda.
655 FA 10.12.1936.
656 FA 24.9.1936.
657 Für die Bedeutung der NS-Organisation KdF in Rothenburg sei verwiesen auf Hagen.
658 FA 28.11.1943.
659 FA 3.1.1939.

6.2.4. Schäfertanz, Meistertrunk und Hans-Sachs-Vereinigung

Die Funktionsträger bezogen sich in ihren Reden und in ihrem Handeln auf die Zustände vor Ort.[660] Der Bevölkerung erleichterten die Nationalsozialisten dadurch eine breite Identifikation mit dem nationalsozialistischen Weltbild, indem sie auf fränkische Traditionen, Symbole und Rituale zurückgriffen. Ab 1933 hatten von akademischen Zuträgern ausgerüstete Agitatoren den „Frankenstolz" instrumentalisiert, um mit ihrer Stilisierung der Franken zu einem deutschen Stamm germanischer Rasse und nationalsozialistischer Prägung Zustimmung zu finden.[661] Damit erlangte der „Stamm" der Franken im NS-Sinne eine offiziell wertvolle Geltung.[662] Traditionelle Aufführungen aus Rothenburg wie der „Historische Schäfertanz", der „Meistertrunk" und die „Hans-Sachs-Spiele", die bereits vor der Zeit des Nationalsozialismus aufgeführt worden waren, fanden hier ihre Verwendung.

Der „Historische Schäfertanz" in Rothenburg verkörperte für das lokale NS-Regime völkisches Brauchtum aus der Region, das „durch den Ausdruck seines Tanzes als Repräsentant deutscher Art und deutschen Geistes einen gewaltigen Faktor darstell[te]."[663] Für die NSDAP in Rothenburg hatte „ der Schäfertanz mit dem Festspiel das [...] Ziel [...] der Vaterstadt zu dienen."[664] Der Rothenburger Schäfertanz spielte zusammen mit dem historischen Festspiel „Der Meistertrunk" für die symbolische Wirkung Rothenburgs im Nationalsozialismus eine nicht zu unterschätzende Rolle.[665] Selbstverständlich waren die beiden Stücke von immanenter Bedeutung für den nationalen und internationalen Fremdenverkehr.[666] Seit der Gründung des Historischen Schäfertanzes war Theodor Schletterer sowohl Vereinsvorsitzender als auch Betreuer der Vereinigung. Erstmals wurde der Rothenburger Schäfertanz im Jahre 1911 am Faschingsabend des Turnvereins aufgeführt.[667]

---

660 Werner K. Blessing, Diskussionsbeitrag: Nationalsozialismus unter „regionalem Blick", in: Möller u.a. (Hg.): Nationalsozialismus in der Region, S. 47-56, S. 48.

661 Werner K. Blessing, Franken im Bayern des 19. Jahrhunderts. Bemerkungen zu einem labilen Horizont, in: (Ders.)/Dieter Weiss (Hg.): Franken. Vorstellung und Wirklichkeit in der Geschichte, Neustadt (Aisch) 2003, S. 339-363, S.361.

662 Werner K. Blessing, Franken in Staatsbayern: Integration und Identität, in: Erich Schneider (Hg.): Nachdenken über fränkische Geschichte. Vorträge aus Anlass des 100. Gründungsjubiläums der Gesellschaft für fränkische Geschichte vom 16.-19. September 2004, Neustadt/Aisch 2005, S. 279-312, S. 302.

663 FA 23.11.1936.

664 Ebenda.

665 Ebenda.

666 StadtAR, Pressestimmen über Rothenburg, ohne Signatur. Münchner Neueste Nachrichten Nr. 147; FA 23.11.1936.

667 FA 23.11.1936. Nachdem der „Schäfertanz" im 16. Jahrhundert begründet wurde, setzte der Volkstanz im 17. Jahrhundert seine Aufführungen nicht weiter fort, bis Siebert den „Schäfertanz" wieder erweckte. BayHStA, StK 6570. Schreiben des Bayerischen Ministerpräsidenten Siebert an den SA-Oberführer Berchthold, Hauptschriftleiter des „Völkischen Beobachters" vom 2.8.1935.

Der Rothenburger Schäfertanz avancierte in den 30er Jahren „durch den Ausdruck seines Tanzes [zum] Repräsentant[en] deutscher Art und deutschen Geistes [...]".[668] Die lokalen Vertreter der Partei nützten die propagandistische Wirkung für Rothenburg bei verschiedenen Gelegenheiten, um ein Beispiel für die Pflege des Brauchtums zu liefern.[669] Wenn den Funktionären der NSDAP und des Staates in Rothenburg etwas Besonderes geboten werden sollte, wurde bei unterschiedlichsten Anlässen der Schäfertanz aufgeführt.[670] Ministerpräsident Göring, Gauleiter Streicher und weitere hochrangige NSDAP-Funktionäre sprachen bei deren Besuchen in Rothenburg nach den Aufführungen des „Schäfertanzes" ihre Begeisterung aus.[671] Siebert sah in dem Tanz eine Musterdarstellung „deutschen Brauchtums" und mit seinen 36 Mitwirkenden – Dienstboten, Arbeiter, Bauern, Bürger und Beamte – ein Musterbeispiel wahrer „Volksgemeinschaft".[672]

Wenn es galt, Rothenburg bei NS-Paraden oder Aufmärschen zu vertreten, war der „Historische Schäfertanz" ideal für seinen „Dienst für Heimat, Volk und Vaterland!"[673] Dafür ernteten die Leitung des Vereins sowie die Mitwirkenden „Schäferinnen und Schäfer" manchen Dank von Seiten der Partei.[674] Bei der 25-Jahrfeier überreichte das SA-Mitglied Karl Wehrwein den vier Gründungsmitgliedern, Thomas Schletterer, Fritz Huhn, Josef Wankerl und Hans Bach, die sich seit der Gründung für den Verein einsetzten, die Ehrenurkunde des Vereins.[675]

Der Rothenburger Schäfertanz avancierte sowohl reichsweit als auch international zu einem Aushängeschild für deutsches Brauchtum. Das NS-Regime bediente sich des Brauchtums und instrumentalisierte den Schäfertanz für seine Zwecke. Auf Ersuchen der Gauleitung führten die Rothenburger den Schäfertanz auf dem Reichsparteitag in Nürnberg auf und tanzten auf dem großen Podium der Mittelwiese, um vor Tausenden von Zuschauern „wertvolles Kulturgut zu zeigen."[676] Im Berliner Olympia-Stadion zeigten sich die Mitglieder des Schäfertanzes in ihrer Tracht vor einer riesigen Zuschauermenge.[677] 1935 war der Rothenburger Schäfertanz Repräsentant des Deutschen Reiches bei der internationalen Tanzveranstaltung vom 15. bis 20. Juli in London.[678] Bei der Vorauswahl „aus der großen Zahl deutscher Volkstänze und aus dem reichen Schatz deutschen Brauchtums" setzte sich der Rothenburger Schäfertanz gegen den Mün-

---

668 FA 23.11.1936.
669 Hagen, Preservation, S. 209.
670 FA 23.11.1936.
671 BayHStA, StK 6570. Schreiben des Bayerischen Ministerpräsidenten Siebert an den SA-Oberführer Berchthold, Hauptschriftleiter des „Völkischen Beobachters" vom 2.8.1935.
672 Ebenda.
673 FA 23.11.1936.
674 Ebenda.
675 Ebenda.
676 FA 14.9.1936.
677 FA 29.6.1937; Hagen, Preservation, S. 210.
678 FA 3.6.1935.

chener Schäfflertanz und gegen zwei andere Gruppen aus Baden und Niederdeutschland durch, sodass die Rothenburger Tanzgruppe allein der Vertreter des Deutschen Reiches in Großbritannien war.[679] Amtlicher Leiter war der Vorsitzende des Reichsbundes für Heimatschutz Peinen aus Berlin, ein Spezialist für das Gebiet der Volkstumsforschung und -pflege.[680] Peinen organisierte mit den Rothenburger Abgesandten, Kreisleiter Karl Zoller und Theodor Schletterer, das Unterfangen im Auftrag des Reichspropagandaministeriums.[681] Während seines Besuchs in Rothenburg wurden die Tanzchoreographie einstudiert und weitere Vorbereitungen getroffen.[682] In London vertrat der Schäfertanz das Deutsche Reich mit nahezu 60 Personen. Bei diesem Auftritt zogen die Rothenburger beim Einzug als erste Tanzgruppe ein und trugen eine große Hakenkreuzfahne voran.[683] Es war das erste Mal, dass eine Hakenkreuzflagge anlässlich einer Großveranstaltung in Großbritannien derartig exponiert gezeigt wurde.[684]

Insgesamt dauerte der Auslandsaufenthalt 14 Tage.[685] Für die Aufführung in London spendeten Siebert und Robert Ley jeweils 1.500 RM aus ihren privaten Mitteln.[686] Die Einwohner Rothenburgs und die Mitglieder des „Schäfertanzes" sammelten einige tausend Reichsmark. Das Propagandaministerium finanzierte das Unterfangen mit 3.000 RM.[687] Nach der internationalen Tanzausstellung in London durfte der Schäfertanz in Italien aufgeführt werden.[688] Der Reichsbund für Volkstum und Heimat sorgte ebenfalls dafür, dass die Tänzerinnen und Tänzer des „Historischen Schäfertanzes" auf dem „Freizeit-Weltkongreß" in Hamburg vor 50.000 Zuschauern auftraten.[689]

Zudem wurden der Verein „Historisches Festspiel Meistertrunk" und die „Hans-Sachs-Vereinigung" von den Nationalsozialisten entsprechend gewürdigt, da die Schauspiele ermöglichten, „Heimatsinn und Heimatliebe zu wecken und zu vertiefen."[690] So spiegelte die Aufführung des „Meistertrunk[s]" den Versuch

---

[679] Ebenda.

[680] Auf Peinens Entschluss durfte der althistorische Schäfertanz aus Rothenburg in London auftreten. Vgl. BayHStA, StK 6570. Schreiben des Bayerischen Ministerpräsidenten Siebert an den SA-Oberführer Berchthold, Hauptschriftleiter des „Völkischen Beobachters" vom 2.8.1935; Hagen, Preservation, S. 209.

[681] Ebenda; FA 3.6.1935.

[682] FA 3.6.1935.

[683] BayHStA, StK 6570. Schreiben des Bayerischen Ministerpräsidenten Siebert an den SA-Oberführer Berchthold, Hauptschriftleiter des „Völkischen Beobachters" vom 2.8.1935.

[684] Ebenda.

[685] FA 3.6.1935.

[686] BayHStA, StK 6570. Schreiben des Bayerischen Ministerpräsidenten Siebert an den SA-Oberführer Berchthold, Hauptschriftleiter des „Völkischen Beobachters" vom 2.8.1935.

[687] Ebenda.

[688] FA 23.11.1936.

[689] FA 29.7.1936.

[690] Ebenda.

wider, Elemente der deutschen Vergangenheit für die Selbstdarstellung des Regimes zu instrumentalisieren, und Ortsgruppenleiter Götz verkündete am 1. März 1938: „Ohne sein Festspiel, seinen Schäfertanz und seine Hans-Sachs-Spiele hätte Rothenburg trotz seiner Schönheit in der Welt noch nicht den Klang, zu dem ihm diese Vereinigungen mit verholfen haben."[691]

Ehrenpräsident des „Historischen Festspiels Meistertrunk" war Ludwig Siebert.[692] Bei der Jahreshauptversammlung des „Historischen Festspiels Meistertrunk" am 13. Februar 1937 stellte der Vorsitzende Justizrat Frauenholz das Schaffen des Vereins „in den Sinn und Geist nationalsozialistischer Weltanschauung, [...] opferfreudiges, selbstloses Zusammenarbeiten aller im Dienste [...] des [im] Dritten Reiches zur Lebensgewohnheit gewordenen Begriffes [der] Volksgemeinschaft."[693] Bei der Jahreshauptversammlung war Gauamtsleiter Meyer aus Nürnberg stellvertretend für die NS-Organisation „Kraft durch Freude" anwesend.[694] Aus der Arbeit des Vereins zog Meyer den Schluss, dass die „Arbeit des Historischen Festspiels nichts anderes sei, wie Nationalsozialismus im Allgemeinen und Kraft durch Freude im Besonderen."[695] Schließlich würde der Verein eine Arbeit leisten, die „ganz aus dem Boden der Heimat" erwachsen würde.[696] Die Gauamtsleitung Franken setzte sich dafür ein, das Festspiel einem größeren Zuschauerkreis an „Volksgenossen" zu vermitteln, da hier „fränkisches Brauchtum und Sitte in schönster Form gewahrt und hochgehalten [werden,] darum muß alle Welt nach Rothenburg kommen, um sich an diesen schönen fränkischen Spielen zu erfreuen."[697] Im Jahresbericht betonte der Schriftführer des „Historischen Festspiels Meistertrunk", Schneider, den „Geist der Gemeinsamkeit, des Zusammenwirkens und Zusammenschaffens" für die „Vaterstadt".[698]

Es war bezeichnend für die Mentalität, die in der Festspielgemeinde herrschte, dass trotz der Kriegsverhältnisse 1941 die Leiter des Festspiels es als ihre Pflicht sahen, sich auf diese Weise in den „Dienst der Vaterstadt und damit des Vaterlandes zu stellen."[699] Die Festspiele waren nach Ansicht der örtlichen NSDAP nicht in erster Linie ein Mittel zur Hebung des Fremdenverkehrs und schon gar nicht vom materiellen Standpunkt aus zu betrachten. Brauchtum und Ästhetik standen im Zentrum aller Bestrebungen. Die traditionelle Schönheit sollte der Erbauung dienen. Die politischen Leiter sahen in den Festspielen, ein besonde-

---

691 FA 1.3.1938.
692 FA 16.2.1937.
693 Ebenda.
694 Ebenda.
695 Ebenda.
696 Ebenda.
697 FA 16.2.1937.
698 Ebenda.
699 FA 29.7.1942.

res, nur in bestimmten Fällen zu verwendendes „Kulturgut des deutschen Volkes“; ebenso wie ein Spaziergang durch die alten Gassen, Tore und Basteien als „ein Gang durch die deutsche Geschichte“ empfunden werden sollte.[700]

6.2.5. Künstler für das NS-Regime

Mit dem Aufbau der Reichskulturkammer und deren „Reichskammer der bildenden Künste“ realisierte das Propagandaministerium im Zuge der NS-„Gleichschaltung“ die Kontrolle über die Künstler.[701] Durch Auflösung des Rothenburger Künstlerbundes gliederte die NSDAP die Künstler in den „Reichsbund der deutschen Künstler“ des Gaues Franken ein.[702] Damit war die Reichskammer der bildenden Künste für die Maler und Bildhauer zuständig, die von den Künstlern ein antimodernes, völkisch-nationales Kunstschaffen forderte.[703] Die Rothenburger Künstler orientierten sich an den nationalsozialistischen Vorstellungen, wie die Kunstausstellung des „Bundes fränkischer Künstler, Ortsgruppe Rothenburg o. d. Tauber“ unter der Schirmherrschaft von NSDAP-Mitglied Bürgermeister Schmidt belegte.[704] Von nun an repräsentierte die Kunst die politische Lage.[705] Der „Reichsbund der deutschen Künstler im Gau Franken“ baute das Hegereiterhaus im Spitalhof Nr. 2 zu einem Künstlerheim um, in dem Künstler einige Wochen kostenlos untergebracht wurden.[706] Die Rothenburger Künstler wurden im „Dritten Reich“ wertgeschätzt und bekamen allerlei Beachtung geschenkt.[707] Der Preis dafür war, dass sie das konzeptuelle Denken sowie die Wesensbestimmungen ihrer Werke den Nationalsozialisten überließen.[708] So unterstützten sie den kontinuierlichen Vereinnahmungsprozess für ein nationalsozialistisch und rassistisch geprägtes Weltbild.[709]

---

700 Ebenda.

701 Berthold Hinz, Die Malerei im deutschen Faschismus. Kunst und Konterrevolution, München 1974, S. 34.

702 Wirsching, Rothenburg S. 85.

703 Akademie der Bildenden Künste (Hg.), Geartete Kunst. Die Nürnberger Akademie im Nationalsozialismus. Begleitband zur Ausstellung im Dokumentationszentrum Reichsparteitagsgelände, Nürnberg 2012, S. 8.

704 Vgl. FA 28.5.1936.

705 Tasos Zembylas, Versuch einer typologischen Analyse von öffentlichen Kunstkonflikten, in: Ingrid Bauer u.a. (Hg.): Kunst – Kommunikation – Macht. Sechster Österreichischer Zeitgeschichtetag 2003, Innsbruck 2004, S. 179-183, S. 179.

706 Die ortsansässigen Künstler gründeten im Jahr 1946 den aufgelösten Künstlerbund neu. Vgl. Wirsching, Rothenburg (Typoskript), S. 85.

707 FA 2.4.1936.

708 Bazon Barock, Kunst auf Befehl? Eine kontrafaktische Behauptung, In: Ders./Achim Preiß (Hg.): Kunst auf Befehl? Dreiunddreißig bis Fünfundvierzig, München 1990, S. 9-20, S. 20.

709 Sibylle Ehringhaus, Germanenmythos und Deutsche Identität. Die Frühmittelalter-Rezeption in Deutschland 1842-1933, Weimar 1996, S. 168.

Die Künstler Hans Böhme, Max Ohmayer und Rudolf Schacht ließen sich auf die künstlerischen Vorstellungen der NS-Ideologie ein und produzierten heldenhafte Kriegsszenerien sowie bodenständige Landschaftsgemälde.[710] Die Bilder ländlicher Szenerien, bäuerlichen Zusammenlebens oder der Feldarbeit zielten auf die Hervorhebung des Traditionswahrenden sowie Angepassten und auf eine Heroisierung des Nährstandes.[711] Damit standen die Bilder ikonographisch im Rahmen der „Blut-und-Boden-Ideologie".[712] Die Werke der Rothenburger Künstler wurden im Münchner „NS-Musentempel" im Haus der Deutschen Kunst im Rahmen der „Großen Deutschen Kunstausstellung ausgestellt.[713] Es wurden nur Werke ausgewählt, die der Weltanschauung des „Dritten Reiches" entsprachen und keine Fragen offenließen.[714] Die Ausstellung war das offizielle Schaufenster der NS-Kunstpolitik und diente der Verfestigung nationalsozialistischer Kunstvorstellungen.[715] Eine besondere Würdigung erfuhr dort Hans Böhme mit dem Bild „Im glühenden Staub der Donsteppe".[716] Die Künstlergemeinschaft „Kunst für Alle" eröffnete in München eine Ausstellung, bei der Rothenburger und Allgäuer Künstler ihre Werke zeigten.[717] Dies ging auf die Initiative des Bayerischen Ministerpräsidenten Siebert zurück.[718] Dadurch war nicht nur den Rothenburger Künstlern Gelegenheit gegeben, ihre Werke einem breiteren Publikum zu präsentieren, vielmehr sollte der Name Rothenburg höheren Bekanntheitsgrad erreichen.[719]

Besonders hoch schätzten die Nationalsozialisten den Rothenburger Maler Peter Philippi, weshalb sein Name Eingang fand in die „Gottbegnadeten-Liste" („Führerliste"), die die wichtigsten Maler des NS-Staates auflistete und Philippi 1941 mit der „Goethe-Medaille" für Kunst und Wissenschaft ausgezeichnet wurde.[720] Die „Große Deutsche Kunstausstellung in München" zeigte 1943 die Werke Philippis in einer Sonderausstellung mit 36 Werken, darunter „Im Haus-

710 Herz, Ernst Unbehauen, S. 45.

711 Brigitte Lohkamp, Malerei, in: Erich Steingräber (Hg.): Deutsche Kunst der 20er und 30er Jahre, München 1979, S. 115-235, S. 234.

712 Reinhard Merker, Die bildenden Künste im Nationalsozialismus. Kulturideologie – Kulturpolitik – Kulturproduktion, Köln 1983, S. 273.

713 Ernst Klee, Das Kulturlexikon zum Dritten Reich. Wer war was vor und nach 1945, Frankfurt/M 2007, S. 457; FA 28.8.1943; StadtAR Fotosammlung 091/01/0130. Zeichnungen: Böhme Hans. Kunstausstellung im Haus der deutschen Kunst in München.

714 Adam, Kunst im Dritten Reich, S. 95.

715 Robert Scholz, Architektur und bildende Kunst 1933-1945, Oldendorf 1977, S. 44; Otto Thomae, Die Propaganda-Maschinerie. Bildende Kunst und Öffentlichkeitsarbeit im Dritten Reich, Berlin 1978, S. 26.

716 FA 28.8.1943;

717 FA 28.2.1935.

718 Ebenda.

719 Ebenda.

720 Klee, Kulturlexikon zum Dritten Reich, S. 457.

flur" sowie „Fränkischer Bauer".[721] Im Mai 1936 wurde die Rothenburger Kunstausstellung zu Ehren von Philippi unter der Schirmherrschaft des Bürgermeisters Schmidt eröffnet.[722] Konzipiert und geleitet wurde die Kunstausstellung des Bundes fränkischer Künstler durch die Ortsgruppe des NS-Künstlerbundes in Rothenburg.[723] Kunstbildhauer Johannes Oertel eröffnete die Kunstausstellung mit einer Lobrede auf Adolf Hitler, „der selbst ein Künstler des Pinsels, aber auch ein Künstler des Staates" sei.[724] In Trier organisierte die NS-Kulturgemeinde im städtischen Museum eine Jubiläums-Ausstellung mit Werken Peter Philippis.[725] Zahlreiche Zuschriften, darunter von Ministerpräsident Siebert, von Staatsrat Ernst Boepple des Staatsministeriums für Unterricht und Kultus und von Professor Eugen König von der Reichskammer der bildenden Künste sowie die staatliche Kunstakademie Düsseldorf, drückten ihre Wertschätzung aus.[726]

Die lokalen NS-Akteure versuchten die Verbundenheit der Partei mit dem Künstlertum in den Vordergrund zu stellen.[727] Die Eröffnung der „Wasse-Galerie" 1936 zu Ehren des Malers Arthur Wasse (1884-1930) wurde durch Kreisleiter Steinacker, den Rothenburger Ortsgruppenleiter Apfelbeck sowie des gesamten Kreisstabes als wichtiger Abschnitt in der Kulturgeschichte Rothenburgs initiiert.[728] Posthum funktionalisierte man das künstlerische Schaffen des gebürtigen Briten und unterstellte ihm „Schrecken und Abscheu" gegen „die Mißstände der inner[e]n Politik Deutschlands" in der Weimarer Republik.[729] Ferner attestierte Martha Faber dem Maler einen festen Glauben „an die im Deutschen schlummernde lebende Kraft", die das „deutsche Volk" befähigen solle, „sich wieder heraus[zu]heben […] aus dieser Erniedrigung."[730]

Führende politische Leiter der NSDAP, wie Kreisleiter Steinacker, ließen es sich nicht nehmen, Wanderausstellungen wie „Kitsch und Kunst im Fremdenverkehr" und „Deutsche Kunst – das Werk des Führers" in der Stadt Rothenburg

721 FA 28.08.1943. Vgl. Klee, Kulturlexikon zum Dritten Reich, S. 457; Hagen, Preservation, S. 207.

722 FA 28.5.1936.

723 Ebenda.

724 Ebenda.

725 FA 2.4.1936.

726 Ebenda; Ernst Boepple, geb. 30.11.1887 – gest. 15.12.1950, war 1919 DAP-Mitglied und Mitbegründer des Deutschvölkischen „Schutz- und Trutzbundes". 1926 erfolgte sein Wiedereintritt in die neubegründete NSDAP. 1933-1939 machte er Karriere im bayerischen Kultusministerium. 1941-1944 war er Stellvertreter des Staatssekretärs beim Generalgouvernement und stellvertretender Leiter des Instituts für deutsche Ostarbeit. Mit den Gauleitern in Ober- und Niederschlesien arbeitete er als Beauftragter des Generalgouvernements zusammen. 1945 wurde er Leiter der bayerischen Staatskanzlei. Vgl. Unger, Biogramme, S.739.

727 FA 16.1.1936.

728 Ebenda.

729 Martha Faber, Arthur Wasse und sein Werk. Ein Rothenburger Künstlerleben. Verein Alt-Rothenburg (Hg.), Rothenburg ob der Tauber 1936, S. 16.

730 Ebenda.

zu eröffnen.[731] Am 21. Mai 1936 eröffnete der Bayerische Ministerpräsident Siebert das neugestaltete Rothenburger Museum und würdigte die kulturpolitische Bedeutung der Stadt.[732]

Am Sonntag, den 8. November 1936, wurde in Rothenburg die Ausstellung „Kitsch und Kunst im Fremdenverkehr" eröffnet, deren Ziel es war, den Besuchern künstlerische Artefakte und Bilder zu zeigen, in denen in ästhetischer Hinsicht „Gutes und Schönes, aber auch weniger Schönes, ja Abschreckendes" anzutreffen sei.[733] Schirmherr war Bürgermeister Schmidt, der angeblich bei einem Spaziergang durch die Innenstadt Rothenburgs auf die Idee gekommen wäre, die Ausstellung zu initiieren.[734] Diese verfolgte propagandistische Ziele im Sinne der „Volksaufklärung":

> „Unser Volk will in seinen Alltag Licht, Farbe und Freude und wenn es dabei Kitsch gibt, dann deshalb, weil ihm völlig Art- und Volksfremdes geboten wurde. Die Aufgabe unseres kunstschaffenden Handwerkertums wird sein, mit sicherer Führung die einzelnen Volksgenossen dorthin zu bringen, wo früher Gutes geschaffen wurde."[735]

Man suchte aus verschiedenen Städten unterschiedlichste Artefakte zusammen und führte der Öffentlichkeit vor Augen, was aus Sicht der Nationalsozialisten missfiel und als „Kitsch" bezeichnet wurde und kontrastierte dies mit dem „was gut und schön" sei.[736]

Im Juli 1940 stellte das historische Stadtmuseum in Rothenburg das Modell „Tausend Jahre Rothenburg" zusammen mit farbigen Bildern und Skizzen aus.[737] Dabei handelte es sich um eine Schöpfung von Ernst Unbehauen und G. Schmidt.[738] Ziel der Ausstellung war es, „die Vergangenheit zu [den] Menschen einer modernen, neuen Zeit" sprechen zu lassen.[739] Schließlich sollten gerade die Rothenburger „stolz [sein] auf die reiche geschichtliche Vergangenheit [...] [der] Heimat [...], [und] immer wieder aufs neue Kraft schöpfen aus den großen Dingen, die [...] aus dieser Vergangenheit blieben."[740]

Unter dem Motto „Deutsche Kunst – das Werk des Führers" eröffnete am 13. Mai 1937 der Rothenburger Künstlerbund seine Ausstellung im ehemaligen Tanzhaus in der Stadt Rothenburg.[741] Vor den Vertretern der Partei betonte der Leiter des Bundes, der Bildhauer Johannes Oertel, dass die Rothenburger

731 FA 9.11.1936; FA 14.5.1937.
732 BayHStA, Reichsstatthalter 277/1.
733 FA 9.11.1936.
734 Ebenda.
735 Ebenda.
736 Ebenda.
737 FA 12.7.1940.
738 Ebenda.
739 Ebenda.
740 Ebenda.
741 FA 14.5.1937.

Künstlerschaft allen Grund habe, „dem Nationalsozialismus und dem Führer dankbar zu sein, der mit allen Kräften darnach [sic!] gestrebt habe, deutsches künstlerisches Schaffen wieder hochzubringen und der Arbeit des Künstlers wieder die Anerkennung zukommen zu lassen, die ihr gebühre.“[742]

Exemplarisch sind an dieser Stelle die Lebenswege und das Schaffen zweier Protagonisten der Rothenburger Künstlerschaft einer genaueren Analyse Wert. Die beiden Künstler Ernst Unbehauen und Bildhauer Johannes Örtel waren sowohl Nutznießer als auch aktive Akteure im künstlerischen Bereich in der Zeit des Nationalsozialismus.

Der Bildhauer Johannes Örtel wurde am 24. April 1893 als Sohn des Pfarrers Karl Örtel geboren.[743] Nach dem Besuch der Volksschule und des Gymnasiums in Rothenburg besuchte er sieben Semester lang die Kunstgewerbeschule in Nürnberg und widmete sich der Bildhauerei.[744] Der damalige Oberbürgermeister der Stadt Rothenburg unterstützte Örtel in seinem Studium mittels der Zuweisung von Familienstipendien.[745] Alsdann folgte sein Eintritt als Obmann in die Schwegerle-Bildhauerschule in München zur Vorbereitung für die Akademie der bildenden Künste.[746] Der erste Weltkrieg unterbrach seine künstlerische Laufbahn. Bei Kriegsausbruch trat er als Freiwilliger ins Heer ein. Von November 1914 bis November 1918 leistete er Frontdienst und wurde schwer verwundet, zuletzt war er Leutnant der Reserve bei dem 2/23 bayer. Fußart. Batl.).[747] Nach dem Krieg intensivierte er seine Werkstattarbeit als Steinbildhauer. Bei Prof. B. Bleeker setzte er sein Studium an der Akademie der bildenden Künste in München fort. Daraufhin folgte ein Privatstudium in Rothenburg. 1928 wurde Örtel in die Münchner Künstler-Genossenschaft und in den Reichsverband der bildenden Künste aufgenommen. Ebenfalls 1928 wurde Örtel mit der Anfertigung einer „Kriegergedächtnisstätte“ in Lindau von Ludwig Siebert persönlich beauftragt.[748] Es folgten staatliche, städtische und private Aufträge. 1930 trat Johannes Örtel in die NSDAP ein. 1933 tat sich der Künstler durch ehrenamtliche Tätigkeiten für die NSDAP hervor, so zum Beispiel als Blockwart und SA-Mann.[749]

1934 erhielt Örtel den persönlichen Auftrag von Siebert zur Schaffung des Rothenburger Mahnmals.[750] Der Ministerpräsident wollte den in wirtschaftlicher

742 Ebenda.

743 BayHStA StK 7481. Lebenslauf von Johannes Örtel, verfasst am 5.2.1935.

744 Ebenda.

745 BayHStA StK 7481. Persönlicher Brief von Ludwig Siebert an Gerdy Troost. Verfasst am 9.6.1936 in München.

746 BayHStA StK 7481. Lebenslauf von Johannes Örtel, verfasst am 5.2.1935.

747 Ebenda.

748 BayHStA StK 7481. Persönlicher Brief von Ludwig Siebert an Gerdy Troost. Verfasst am 9.6.1936 in München.

749 Ebenda.

750 Siehe Kapitel 6.1.5.1 dieser Untersuchung.

Not befindlichen Künstler mit der Zuweisung von Auftragsarbeiten unter die Arme greifen. Mit der Errichtung eines „Hoheitszeichen[s] der Bewegung“ beabsichtigte Siebert seiner „lieben Stadt Rothenburg ein kleines Erinnerungszeichen an die Großtat unserer geistigen Revolution verschaffen.“ [751] Den Auftrag erteilte er an Örtel, weil er sich nach Sieberts Ansicht sehr „um die Bewegung [...] verdient gemacht, für sie gekämpft [hat] [...] und an dem organischen Aufbau der Ortsgruppe der SA Rothenburg o.T. reichlichen Anteil [hatte].“[752] In seinem Dankeschreiben für die Fertigstellung des Rothenburger Mahnmals sicherte Siebert dem Künstler seine weitere Unterstützung zu: „Sie sehen [...] ich vergesse trotz meines Gehetzes gute Menschen und Nationalsozialisten nicht“.[753] Durch die Fürsprache von Siebert erhielt Örtel einen größeren Auftrag für das Parteigebäude in Königsberg. Die Fertigstellung scheiterte allerdings aufgrund der Folgen seiner Kriegsverletzung und zwang ihn aufs Krankenbett. Wegen Örtels schlechter wirtschaftlicher Situation vermittelte Siebert ihm einen Auftrag für den Stadtbaurat in Bayreuth. Siebert appellierte an private Sponsoren, dem Rothenburger Künstler unter die Arme zu greifen: „Ich selbst würde mich freuen, wenn einem Volksgenossen, mit dem mich nichts weiter bindet als die Achtung vor ihm und das Mitgefühl, für einen braven Deutschen, mit diesen Zeilen weitere Hilfe zuteil werden würde.“[754] 1935 fertigte Johannes Örtel im Auftrag der Reichsleitung der NSDAP – Hauptamt für Volkswohlfahrt – vier lebensgroße Architektur-Plastiken für die Ehrenhalle der Ausstellung: „Der Feldsoldat“, „Der SA-Mann“, „Der ehrenamtliche Helfer“ und „Mutter und Kind“.[755]

In der Person Unbehauen findet sich für die lokale Herrschaftsstruktur ein tragender Akteur, der im Rahmen seines Parteiamtes als Kreisheimatpfleger die lokale Machtstruktur stützte und durch sein künstlerisches Schaffen in der Region den NS-Antisemitismus flankierte. Ernst Unbehauen wurde am 19. März 1899 in Zirndorf bei Nürnberg als Sohn des Volksschullehrers Ernst Unbehauen geboren.[756] Nach dem Besuch der Volksschule und der Ludwigsrealschule in Rothenburg studierte er an der Lehrerbildungsanstalt in Schwabach. 1917 und 1918 leistete er seinen Kriegsdienst im Zehnten Infanteriebataillon und geriet in englische Kriegsgefangenschaft. 1923 absolvierte er die Staatsprüfung für den bayerischen Volksschuldienst. 1924 wurde er an die städtische Berufsschule in Rothenburg berufen. Ab dem Jahr 1926 besuchte er die Akademie der bildenden Künste sowie

751 BayHStA StK 7481. Schreiben von Ludwig Siebert. München, den 7.3. 1934.

752 Ebenda.

753 BayHStA StK 7481. Schreiben von Ludwig Siebert an Johannes Örtel. Ohne Datum.

754 BayHStA StK 7481. Persönlicher Brief von Ludwig Siebert an Gerdy Troost. Verfasst am 9.7.1936 in München.

755 BayHStA StK 7481. Dankesschreiben von Ludwig Siebert an den Reichsleiter für Volkswohlfahrt Hilgenfeld mit der Bitte, den Künstler Örtel weiterhin mit Aufträgen zu unterstützen. München, den 19.7.1935.

756 StAN, SpKA Rothenburg o.d.T., U6. Lebenslauf von Ernst Unbehauen.

ab 1927 die Staatsschule für angewandte Kunst in München. Ab 1939 leistete er seinen Kriegsdienst als Wetterdienstinspektor, ab 1940 als Kriegsmaler. 1942 wirkte er als Kunstlehrer an der ärztlichen Akademie der Luftwaffe Berlin. Nach 1945 arbeitete er als freischaffender Künstler, unter anderem im unterfränkischen Wiesentheid.[757] Ernst Unbehauen war in den 1920er Jahren aktiver Freiwilliger im Freikorps Oberland.[758] Bereits vor der „Machtergreifung" unterstützte Unbehauen die nationalsozialistische Bewegung in Rothenburg. Während des im Jahre 1932 erfolgten SA-Verbotes versteckte Unbehauen Schrift- und Aktenstücke der NSDAP sowie Ausrüstung und Munition der SA in seinem Haus vor dem Zugriff der Polizei.[759] Darüber hinaus unterstützte Unbehauen die NSDAP während der „Kampfzeit" finanziell.[760] Steinacker sah darin einen Beweis für das hohe Maß an Vertrauen, das ihm von den „führenden Männer[n] der Bewegung in Rothenburg ob der Tauber" entgegen gebracht wurde."[761] Nach der „Machtergreifung" trat Unbehauen am 5. März 1933 in die NSDAP ein und hatte beim SA-Reitersturm den Dienstgrad eines Scharführers inne.[762]

Wegen seiner Zugehörigkeit zur Freimaurerloge „Alexander zu den drei Sternen" aus Ansbach im Jahr 1933 wurde er am 20. März 1935 aus der NSDAP ausgeschlossen.[763] Grund dafür war für das Gaugericht Franken die Tatsache, dass Unbehauen bis zur Auflösung der Loge im Juni-Juli 1933 Mitglied der Loge war, nachdem er am 5. März 1933 seine Aufnahme in die NSDAP erklärte.[764] Der Briefwechsel mit den örtlichen Parteistellen und dem Gaugericht bekundet Unbehauens Absicht, aktives Mitglied der Partei sein zu wollen.[765] Jedoch wurde er 1936, angeblich durch Befehl des damaligen Gaugerichts Franken, wieder in die NSDAP aufgenommen, wobei er allerdings keine Parteiämter mehr bekleiden durfte.[766] Im November 1939 gelangte Unbehauen wieder in den vollen Besitz

---

757 Ebenda.

758 BArch, (ehem. BDC), PK, Ernst Unbehauen, geb. 19.3.1899. Schreiben des SA-Standartenführers Rahner an das Gaugericht Franken der NSDAP vom 23.1.1936.

759 Ebenda.

760 Ebenda.

761 StAN, SpKA Rothenburg o. d. T., U6. Kreisleiter Steinacker in seiner politischen Beurteilung an das Gaugericht Franken der NSDAP 1936.

762 BArch, (ehem. BDC), PK, Ernst Unbehauen, geb. 19.3.1899. Schreiben der Kreisleitung Rothenburg an das Gaugericht Franken vom 29.1.1936.

763 BArch, (ehem. BDC), PK, Ernst Unbehauen, geb. 19.3.1899. Beschluss des Kreisgerichts der NSDAP Rothenburg ob der Tauber vom 20.3.1935.

764 BArch, (ehem. BDC), PK, Ernst Unbehauen, 19.3.1899. Schreiben des Vorsitzenden des Gaugerichts Franken an das Oberste Parteigericht der NSDAP vom 4.1.1939. Für den Themenkomplex Parteigerichtsbarkeit sei verwiesen auf Armin Nolzen: Parteigerichtsbarkeit und Parteiausschlüsse in der NSDAP 1921-1945, in: Zeitschrift für Geschichtswissenschaft 48 (2000), S. 965-989.

765 BArch, (ehem. BDC), PK, Ernst Unbehauen, 19.3.1899. Schreiben des Gaugerichtsvorsitzenden an das Kreisgericht Rothenburg ob der Tauber vom 16.4.1935.

766 BArch, (ehem. BDC), PK, Ernst Unbehauen, 19.3.1899. Begründungsschreiben des Gaugerichts Franken. Ohne Datum.

seiner Mitgliedschaftsrechte.[767] Weiterhin war Unbehauen Mitglied der NSV, RDB als auch RKB und wurde in der Folgezeit von der Rothenburger Kreisleitung bei allen wichtigen Veranstaltungen als Kunstfachberater herangezogen. Die oberste SA-Führung erachtete sein künstlerischen Schaffens vom „nationalsozialistischen Standpunkt" aus als einwandfrei.[768]

Was den künstlerischen Bereich anbelangte, ließ er sich von den Nationalsozialisten instrumentalisieren und arbeitete in vorderster Reihe mit an den bauästhetischen Bestrebungen des Regimes.[769] Am 11. Mai 1937 erfolgte die Mitteilung der Gauleitung Franken durch SA-Oberführer König, dass Ernst Unbehauen als Kreisheimatpfleger für den Kreis Rothenburg aufgestellt wurde, „der sicher im Sinne der Gaubeauftragung seine Pflicht und Schuldigkeit erfüllen wird."[770] Ferner war Unbehauen Berater für die „Reinerhaltung" des Gesamtstädtebildes. Im Zuge der Umgestaltung des Rothenburger Stadtbildes zugunsten der nationalsozialistischen Ideologie brachte Unbehauen seine ganze künstlerische Energie ein.[771] Die Gaupropagandaleitung bezeichnete Unbehauens Schaffenskraft bei der Durchführung des Erntedankfestzuges 1935 bei dem Rothenburger Erntedankfest als vorbildlich für den ganzen NSDAP-Gau „Franken".[772]

Für den Kreistag von 1936 fertigte der Künstler ein „NS-Ehrenbuch" an. Das in Schweinsleder gebundene Ehrenbuch trug auf dem Umschlag den Hoheitsadler der NSDAP und das Wappen der Stadt Rothenburg sowie auf der Titelseite die Worte „Im Jahr des Reichsparteitages der Ehre", aber auch Worte Hitlers, die auf den ersten Seiten künstlerisch ausgefüllt wurden.[773] Ferner entwarf und gestaltete Unbehauen das Rothenburger WHW-Mahnmal, das weit über den Gau Franken hinaus Aufsehen erregte und bei den Nationalsozialisten Anerkennung fand.[774] Kreisleiter Steinacker sah in Ernst Unbehauen eine „unersetzliche Kraft" für die Partei, die „mit Begeisterung hinter der nationalsozialistischen Bewegung steht, sich unter Hintanstellung seiner eigenen Person und seiner persönlichen Interessen einsetzt für die Belange der Bewegung [...]."[775]

---

767 BArch, (ehem. BDC), PK, Ernst Unbehauen, 19.3.1899. Schreiben des Gaugerichts-Beisitzers an Ernst Unbehauen vom 18.11.1939.

768 BArch, (ehem. BDC), PK, Ernst Unbehauen, 19.3.1899. Schreiben der Obersten SA-Führung vom 6.3.1937.

769 Herz, Ernst Unbehauen, S. 35.

770 StAN, SpKA Rothenburg o. d. T., U6. Schreiben des Gauheimatpflegers der NSDAP im Gaubereich Franken an Kreisleiter Steinacker vom 11.5.1937.

771 Siehe Kapitel 6.1.4. dieser Untersuchung.

772 BArch, (ehem. BDC), PK, Ernst Unbehauen, 19.03.1899. Schreiben von Kreisleiter Steinacker an das Gaugericht Franken vom 29.1.1936.

773 FA 10.10.1936.

774 BArch, (ehem. BDC), PK, Ernst Unbehauen, 19.3.1899. Schreiben von Kreisleiter Steinacker an das Gaugericht Franken vom 29.1.1936. Die Form und Ausgestaltung des Bucheinbandes war typisch für NS-Ehrenbücher. Vgl. Adam, Kunst im Dritten Reich, S. 289.

775 StAN, SpKA Rothenburg o. d. T., U6. Kreisleiter Steinacker in seiner politischen Beurteilung an das Gaugericht Franken der NSDAP 1936.

Nach nationalsozialistischer Kunstideologie waren die Juden verantwortlich für den Niedergang „deutscher" Kunst und Kultur.[776] Daher war die Hetze gegen alles Jüdische und seine fanatische Beseitigung als Kern nationalsozialistischer Kulturideologie zu betrachten.[777] Durch sein künstlerisches Schaffen unterstützte Ernst Unbehauen die nationalsozialistische Ideologie und den NS-Antisemitismus in Rothenburg, wie zum Beispiel durch die Anfertigung der „Rothenburger Judentafeln" sowie den Entwurf der „Mahntafel" zu Ehren von Julius Streicher.[778] Ferner diente Unbehauen der Kulturpolitik des NS-Regimes durch die Erstellung von Gemälden, die in der Stadt Rothenburg an Gebäuden angebracht wurden und der nationalsozialistischen Kunstideologie entsprachen. Er hatte wesentlichen Anteil an der Ausgestaltung des 1936 errichteten Kreishauses, dem „Haus der Bewegung" in Rothenburg.[779] So malte Unbehauen zum Beispiel auf einer Wand des großen Sitzungssaales des Kreishauses über der Eingangstür den Reichsadler mit dem Hakenkreuz in den Fängen und rechts und links der Tür jeweils zwei uniformierte Personen, die den Hitlergruß ausführten.[780] Im Rahmen seines freischaffenden Künstlertums fertigte er Wandmalereien für das Deutsche Haus in Dinkelsbühl und den Rothenburger Ratskeller.[781] Sein Wandgemälde im Hotel „Eisenhut" zeigte einen Aufmarsch von Landsknechten vor der Silhouette Rothenburgs neben einem gotischen Schriftzug: „Mit eisernen Schritten wird zermalmt[,] was der Herstellung deutscher Einheit entgegentritt."[782] Die bildliche Ausschmückung der Räume thematisierte den Heroismus der Vergangenheit und zielte ab auf die „geschlossene Gemeinschaft."[783]

Die NSDAP-Kreisleitung und die Ortsgruppenverbände zogen ihn bei Veranstaltungen als Kunstfachberater heran.[784] Als ehrenamtlicher Leiter des Rothenburger Stadtmuseums „Tausend Jahre Deutsche Stadt" trug Unbehauen zur Verbreitung der nationalsozialistischen Kunstideologie bei.[785] Hinsichtlich der Gestaltung und Anbringung von Reklametafeln zeigte sich seine Affinität zur NS-Kunstideologie. Unbehauen sah es als einen Verdienst der nationalsozialistischen Bewegung an, dass die „hässlichen Auswüchse der Moderne" zugunsten der „fast verloren gegangenen Werte [des] deutschen Brauchtums wieder geweckt [...]"

---

776 Konrad Dussel, Der NS-Staat und die „deutsche Kunst", in: Bracher (Hg.): Deutschland 1933-1945, S. 256-272, S. 260.

777 Ebenda, S. 260.

778 Siehe Kapitel 8 dieser Untersuchung.

779 BArch, (ehem. BDC), PK, Ernst Unbehauen, 19.3.1899. Schreiben von Kreisamtsleiter Höfler an die Gauleitung vom 01.11.1936.

780 BArch, (ehem. BDC), PK, Ernst Unbehauen, 19.3.1899. „Der SA-Mann" Heft 44, vom 31.10.1936, S. 5.

781 FA 12.4.1935.

782 Herz, Ernst Unbehauen, S. 37.

783 Adam, Kunst im Dritten Reich, S. 298. Für Bilder und Bildbeschreibungen der Werke Unbehauens sei verwiesen auf Herz, Ernst Unbehauen, S. 36ff.

784 StAN, SpKA Rothenburg o. d. T., U6.

785 FA 28.5.1938.

wurden.[786] Im Verein Alt-Rothenburg legte der Künstler die Richtlinien für Fassaden-Anstriche fest und erarbeitete das Reglement für das Reklamewesen.[787] Generell fungierte er als Akteur und Schnittstelle zwischen der NSDAP-Kreisleitung und dem historischen Verein. Großes Engagement zeigte er bei dem Rothenburger Festspiel „Der Meistertrunk" und bei der „Hans-Sachs-Vereinigung.[788] Beim Fronteinsatz 1943 stilisierte die Presse Unbehauen als „Kriegsmaler im Westen". Der Rothenburger Kriegsberichterstatter Ohmayer fotografierte Unbehauen, während er eine monumentale Freskenmalerei an einem Wehrmachtslazarett fertigte.[789] Besondere Anerkennung erfuhr Unbehauen für sein Portrait eines Generaloberstabsarztes, das 1943 bei der „Großen Deutschen Kunstausstellung" in München ausgestellt wurde.[790] Seine Berufung für die Leitung einer Kunstgewerbeschule in Paris sowie seine Ateliers in Berlin, Würzburg und Prag während der Kriegsjahre sprechen für sich selbst.[791]

Fazit

Der Nationalsozialismus erfasste in Rothenburg o.d.T. den gesamten Bereich der Kunst- und Kulturlandschaft. In vielfältiger Weise offenbarte sich die Kombination regionaler Kultur mit der NS-Ideologie auf der Basis von „Heimat" und „Volkstum". Die Verlagerung auf die Heimatforschung brachte für die lokalen Vereine, die sich mit der Geschichte ihrer Region befassten, neuen Aufwind. Die Heimatforscher der Geschichts- und Altertumsvereine richteten, angeregt durch das lokale NS-Regime, ihre Forschungs- und Vermittlungsabsicht politisch aus. Dabei fokussierten sie ihre Nachforschungen auf Gebiete, die sich für die NS-Ideologie instrumentalisieren ließen, wie die „Judenfrage", die Entwicklung der Partei sowie die Militär- und Kulturgeschichte. Im Verein Alt-Rothenburg fanden der Nationalsozialismus und seine Ideologie fruchtbaren Boden. Die Vereinsaktivitäten verdeutlichten die antidemokratische Gesinnung. Funktionsträger der NSDAP und leitende Vereinsmitglieder organisierten in Personalunion mit dem Stadtrat kulturelle Veranstaltungen im Sinne des Heimattums. Mit großer Begeisterung nahmen die Mitglieder Anteil an dem „Hilfswerk" für die Erhaltung „Alt-Rothenburgs". Hinsichtlich der antisemitischen Publikationen, die der Verein herausgab, kann er als Multiplikator der NS-Ideologie verstanden werden. Der Verein wollte die symbolische Bedeutung Rothenburgs und dessen Vorreiterrolle für das „Dritte Reich" voranbringen.

---

[786] StAN, SpKA Rothenburg o. d. T., U6. Mitteilungsblatt des Vereins „Alt-Rothenburg" August 1935, S. 26.

[787] FA 12.4.1935.

[788] Ebenda.

[789] FA 15.11.1941; Hagen, Preservation, S. 219.

[790] Herz, Ernst Unbehauen, S. 53.

[791] StadtAR, Künstler, Unbehauen.

Rothenburger Maler und Bildhauer unterstützen die NS-Kultur- und Kunstpolitik, indem sie ihr Schaffen an den nationalsozialistischen Vorstellungen orientierten und in ihren Werken die politische Lage repräsentierten. Reichsweite Wertschätzung von höchster Stelle belohnte ihre Bemühungen. Die Gemälde von Peter Philippi, Hans Böhme, Max Ohmayer und Rudolf Schacht belegten in ihren heldenhaften Kriegsszenerien sowie bodenständigen Landschaften den Vereinnahmungsprozess der Kunst für die NS-Ideologie. Lokale Kunstausstellungen des „Bundes fränkischer Künstler, Ortsgruppe Rothenburg o. d. Tauber", „Tausend Jahre Rothenburg", „Kitsch und Kunst im Fremdenverkehr" oder „Deutsche Kunst – das Werk des Führers" zeigten die ideelle Verbundenheit der Partei mit dem Künstlertum. Reichsweite Anerkennung fanden die Künstler bei der Ausstellung ihrer Werke bei der „Großen Deutschen Kunstausstellung" in München. Während der Großteil der Rothenburger Künstler seine Kunst in den Dienst der NS-Herrschaft stellte, handelte es sich bei Johannes Örtel und Ernst Unbehauen um Akteure des NS-Regimes, wobei Unbehauen aufgrund seiner vielfachen Aktivitäten als exponierter Akteur bezeichnet werden kann, der die lokale Machtstruktur sowie den NS-Antisemitismus stützte.

Im kulturellen Leben Rothenburgs zeigte sich die Implementierung der NS-Ideologie bei regionalen Veranstaltungen, wie Vortrags-, Konzert-, Film- und Theaterreihen. Federführend war die örtliche NS-Kulturgemeinde Rothenburg. Die Besucher belohnten die Initiatoren mit regem Zulauf und großem Interesse. Darüber hinaus instrumentalisierten die NS-Funktionäre etablierte traditionelle Aufführungen wie den „Historischen Schäfertanz", den „Meistertrunk" und die „Hans-Sachs-Spiele", die schon vor der NS-Herrschaft hohe Aufmerksamkeit erzielt hatten. Dadurch erleichterten die Nationalsozialisten der Bevölkerung eine breite Identifikation mit der NS-Ideologie, indem sie auf völkisches Brauchtum aus der Region sowie fränkische Traditionen, Symbole und Rituale zurückgriffen und mit nationalsozialistischer Prägung verbanden. Die Verbindung mit historisierenden Festzügen und Feldlagern ergänzte die Bestrebungen der Nationalsozialisten. Die Aufführungen spielten für die symbolische Wirkung Rothenburgs im Nationalsozialismus eine nicht zu unterschätzende Rolle. Für die Inszenierung der Stadt vor ranghohen NS-Funktionären, vor Gästen aus dem In- und Ausland als auch als Vertretung der Region beim Reichsparteitag erwiesen sich die Darbietungen als ein probates Mittel. Dies gipfelte Mitte der 30er Jahre reichsweit und international im Bekanntheitsgrad des Rothenburger Schäfertanzes als Aushängeschild deutschen Brauchtums.

7. Gewaltherrschaft

Zur Durchsetzung und Konsolidierung der Herrschaft bedienten sich die NS-Akteure in Stadt und Land Rothenburg o.d.T. in Zusammenarbeit mit verschiedensten Behörden und Gerichten eines ausgeklügelten Terrorapparates. Die NS-Gewaltherrschaft offenbarte sich vor Ort in perfider Gestalt von Verfolgung und Terror. Dabei war der Willkür Tür und Tor geöffnet. „Inschutzhaftnahmen" sowie Denunziationen drohten der Bevölkerung in der Rothenburger Region bei minimalen Abweichungen vom geforderten Grundkonsens. Die rassistische Komponente zeigte sich sowohl im NS-Antisemitismus als auch in Zwangssterilisationen unschuldiger Menschen.[1]

7.1. Denunziation

Die nationalsozialistische Durchdringung sämtlicher Lebensbereiche, das Verhältnis von Individuum und Staat sowie die Ausgrenzung von Minderheiten, Regimekritikern oder „Volksschädlingen" begünstigten das Denunziationsklima unter nationalsozialistischer Herrschaft.[2] Die Denunziationsbereitschaft ist ein deutlicher Indikator für den Grundkonsens, der zwischen der großen Mehrheit der Bevölkerung und den Herrschenden bestand, selbst wenn vielfach ganz persönliche Motive im Spiel waren.[3] Darüber hinaus benötigten die Überwachungs- und Kontrollorgane des Dritten Reiches einen gewissen Teil an aktiver Beteiligung der Bevölkerung, um funktionieren zu können.[4] Die Unterstützung aus großen Teilen der Bevölkerung ermöglichte die Verfolgung und strafrechtliche Ahndung von „Umgang mit Fremdvölkischen", „Rassenschande", „Rundfunkverbrechen" oder „Heimtücke-Reden".[5] So nahm die Gendarmerie 1942 den Hilfsarbeiter Martin Fischer in

---

1 StAN, LRA Rothenburg o.d.T, Abgabe 1975, Nr. 2209. Schreiben an die Regierungshauptkasse über die Kosten der Unfruchtbarmachung einer Frau aus Gailnau, Landkreis Rothenburg ob der Tauber vom 21.8.1944; StAN, LRA Rothenburg o.d.T, Abgabe 1975, Nr. 2210. Schreiben des „Deutschen Gemeindetags" Berlin an die Stadt- und Landkreise vom 12.9.1934 über die Schaffung von Gesundheitsämtern zur Pflege der Volksgesundheit.

2 Gisela Diewald-Kerkmann, Politische Denunziation im NS-Regime oder Die kleine Macht der „Volksgenossen", Bonn 1995, S. 44.

3 Volker Dahm, Der Terrorapparat. Institutionelle Entwicklung, Ideologie, Aktionsfelder, in: Horst Möller/Volker Dahm/Hartmut Mehringer (Hg.): Die tödliche Utopie. Bilder, Texte, Dokumente, Daten zum Dritten Reich, 4. Aufl. München 2002, S. 151-205, S. 166.

4 Robert Gellately, Die Gestapo und die deutsche Gesellschaft. Die Durchsetzung der Rassenpolitik 1933-1945, München/Paderborn 1994, S. 152.

5 Diewald-Kerkmann, Politische Denunziation, S. 71ff. Unter Verfolgung versteht man alle Maßnahmen von Partei- und Staatsstellen des „Dritten Reiches", die Personen oder Personengruppen aus weltanschaulichen, politischen oder rassistischen Gründen in ihrer persönlichen Freiheit oder ihrem materiellen sowie rechtlichen Besitzstand benachteiligten. Vgl. Generaldirektion der Staatlichen Archive Bayerns (Hg.), Widerstand und Verfolgung

polizeiliche Verwahrung, da er unerlaubt von der Arbeit fernblieb. Sein Arbeitgeber Bernhard Weber hatte ihn bereits früher denunziert, weil er in manchen Wochen nur 35 oder 36 Stunden gearbeitet hätte, obwohl die Mindestarbeitszeit 48 Stunden betragen hätte.[6] Landwirte denunzierten ihre dienstverpflichteten Angestellten bei Nichtaufnahme der Arbeit, was für die Dienstmagd Babette Angene, die bei dem Bauern Johann Hessenauer aus Buch am Wald arbeiten sollte, im Jahr 1941 eine Strafanzeige mit entsprechenden Konsequenzen zur Folge hatte.[7]

Der Ortsgruppenführer Johann Strauß leitete 1936 wegen angeblicher Beamtenbeleidigung über die Kreisleitung ein Verfahren ein, worauf der Rothenburger Bürger Friedrich Klenk sieben Monate gefangen gehalten wurde, ohne dass eine Verhandlung stattfand.[8] Im Sommer 1944 denunzierte Georg Arlt den Wehrmachtsangehörigen Sperling bei Polizeileutnant Drossel, weil sich Sperling abfällig über die staatliche und militärische Führung geäußert habe.[9] Daraufhin wurde gegen Sperling ein Kriegsgerichtsverfahren eingeleitet.[10] Infolgedessen war Sperling etwa acht Monate in Wehrmachtshaftanstalten in Untersuchungshaft, und nur das Kriegsende bewahrte ihn vor schwerer Strafe.[11]

Kreispropagandaleiter Höfler übersandte dem Finanzamt „ein Verzeichnis solcher Volksgenossen, die zwar selbstverständlich alle Vorteile, die ihnen der nationalsozialistische Staat bietet, für sich in Anspruch nehmen, durch die Verweigerung von Spenden zum Winterhilfswerk des deutschen Volkes, jedoch ebenso ihre unsoziale Einstellung beweisen."[12] Dabei forderte er das Finanzamt zur Durchführung von finanziellen Sanktionen hinsichtlich der Besteuerung, der Gewährung von Zuschüssen oder Unterstützungen auf.[13]

Da der Konsens mit dem Regime aus einer Vielzahl kleiner Zustimmungsschritte bestand, mussten „Volksgenossen", die sich dem System zu entziehen

---

in Bayern 1933-1945. Archivinventare Bd. 2: Repertorien und Spezialinventare zu den Beständen NSDAP und Gestapo-Leitstelle München, München 1975, S. II;

6 StAN, LRA Rothenburg o.d.T. Abg. 1975, Nr. 2715. Schreiben der Gendarmerie-Posten Schillingsfürst an den Landrat Rothenburg o.d.T. vom 16.10.1942.

7 StAN, LRA Rothenburg o.d.T. Abg. 1975, Nr. 4511. Schreiben des Arbeitsamtes Ansbach an den Landrat Rothenburg o.d.T. vom 9.5.1941.

8 StAN, SpKA Rothenburg o.d.T., St70. Ermittlungsergebnis.

9 StAN, SpKA Rothenburg o.d.T., D75. Der Polizeibeamte Hans Drossel aus Rothenburg o.d.T., geb. 1.2.1893, war von 1.5.1933-1945 Mitglied der NSDAP. Während seiner Mitgliedschaft beim NSFK 1937-1942 hatte er den Rang eines Obertruppführers.

10 StAM, SpKA 34. Schreiben des Rechtsanwalts von Georg Arlt, Fritz Schmidt, an den Minister für Politische Befreiung vom 5.2.1951.Durch das Urteil der Spruchkammer wurde Arlt zu einer Geldstrafe von 2000,00 RM verurteilt und verbüßte eine zweijährige Internierungshaft.

11 Ebenda.

12 StAN, SpKA Rothenburg o.d.T., H172. Schreiben des Kreisamtsleiters Höfler an das Finanzamt Rothenburg o.d.T.

13 Ebenda.

versuchten, eingeschüchtert werden.[14] Bei politischen Kleinvergehen, wie regimekritischen Äußerungen, wurde je nach sozialer Stellung der Person mit zweierlei Maß gemessen. Während bei Landarbeitern, Arbeitslosen oder „Unterschichts-Angehörigen" wegen geringfügiger nonkonformer Äußerungen harte Sanktionen angewendet wurden, äußerten sich gutsituierte Bauern sehr freimütig über das Regime und hatten in Ausnahmefällen „Schutzhaft" oder ähnliches zu befürchten.[15]

Zur Aufrechterhaltung der Herrschaft waren die Mittel des Systemterrors beinahe unbeschränkt. Neben der Unterdrückung von Andersdenkenden diente das Herrschaftsinstrument des Terrors der Werbung für das System. Die Menschen in Stadt und Land Rothenburg o.d.T. wurden durch die Androhung von Gewalt bis zur Androhung von standrechtlichen Erschießungen gefügig gemacht. Kritische Äußerungen über den Kriegsverlauf und die NS-Führung wurden ab 1944 mit dem Tode durch Erschießen oder durch den Strang bestraft, wie der Zeitzeuge Gackstatter berichtete.[16] Da Denunziation ein weit verbreitetes Phänomen war, musste man stets auf der Hut sein, was man seinem Mitmenschen sagte.[17] Eltern erklärten ihren Kindern mit Nachdruck, sich gegenüber stadtbekannten Nationalsozialisten in keinster Weise zu äußern.[18]

Die Mechanismen von Denunziationen in Stadt und Land Rothenburg o.d.T. verdeutlichen, wie einfach die Anzeigeerstattung aufgrund von Behauptungen war, wie folgende Fälle zeigen: Anna Eckstein und die Ingenieurswitwe Bauer in Rothenburg denunzierten August Zimmermann bei der Kreisleitung wegen regimekritischer Äußerungen.[19] Balthasar May, der Besitzer einer Gastwirtschaft in Haundorf, denunzierte Ernst Düttmann wegen staatsabträglicher Äußerungen in betrunkenem Zustand.[20] Auch gespannte Familienverhältnisse führten zu Denunziationen. Gegen Josef Baumgartner wurde ein Verfahren wegen staatsabträg-

---

14 Hermann Glaser, Zur Sozialpathologie des Volksgenossen, in: Helmut König u.a. (Hg.): Politische Psychologie heute, Opladen 1988, S. 171-189, S. 178f.

15 Fröhlich, Partei auf lokaler Ebene, S 266.

16 Zeitzeugengespräch mit Fritz Gackstatter.

17 Zeitzeugengespräch mit Lore Vogel.

18 Ebenda, Minute 6:37-6:49.

19 StAN, Rep. 279/5/SG, Anklagebehörde bei dem Sondergericht Nürnberg, Nr. 2673. Urteil des Sondergerichts für den Bezirk des Oberlandesgerichts Nürnberg bei dem Landgericht Nürnberg-Fürth vom 7.11.1944; StAN, SpKA Rothenburg o.d.T., B17. Die Ingenieurswitwe Sophia Bauer aus Rothenburg o.d.T., geb. 5.7.1882, war NSDAP-Mitglied von 1937-1945. Ferner war sie Mitglied der NSF und dort als Ortsfrauenschaftsleiterin tätig. Bei der NSV hatte sie während ihrer Mitgliedschaft 1934-1942 das Amt einer Dienststellenleiterin; StAN, SpKA Rothenburg o.d.T., E23. Die Hausfrau Anna Eckstein aus Rothenburg o.d.T., geb. 26.3.1906, war 1935-1944 Mitglied der NSF, wobei sie ab 1942 das Amt einer Blockfrauenschaftsleiterin übernahm.

20 StAN, Rep. 279/5/SG, Anklagebehörde bei dem Sondergericht Nürnberg, Nr. 3946. Meldung des Gendarmerie-Postens Haundorf, Kreis Feuchtwangen, an die Schutzpolizei der Stadt Rothenburg ob der Tauber vom 17.11.1939.

lichen Verhaltens eingeleitet.[21] Seine Ehefrau, Käthe Baumgartner, seine Schwiegermutter Friederike Pfeiffer und seine Schwägerin, die Diakonissenschwester Helene Issensee, gaben bei der Schutzpolizeidienstabteilung an, dass sich Josef Baumgartner in negativer Weise über den Krieg geäußert hätte.[22] Wilhelm Wittmann wurde von seiner Ehefrau Babette Wittmann bei der Schutzpolizeilichen Dienstabteilung denunziert, weil er in ihrem Beisein zu seinem Vater gesagt hätte: „Vater, wenn ja Krieg kommen sollte, komme ich nicht mehr zurück, weil ich nicht auf den Feind schiessen würde, sondern nur auf Deutsche."[23] Aufgrund eines Haftbefehls des Rothenburger Landrates nahm die Stadtpolizei den Kaufmann Ernst Rösch fest und lieferte ihn in das Amtsgerichtsgefängnis ein, weil er als „alter Stänkerer" bekannt war und sich im Topplerkaffee abfällig über den Reichsberufswettkampf und im Gasthaus „Zum Butz" geringschätzig über die Reichskanzlei geäußert hatte.[24]

Die Behauptung, die Gesellschaft in Stadt und Land Rothenburg sei während der Zeit des Nationalsozialismus ausschließlich durch brutalen Zwang zusammengehalten worden bzw. die „Volksgenossen" seien ideologisch verführt worden, kann so nicht aufrechterhalten werden.[25] Durch den Verrat an ihren Mitmenschen dienten die Rothenburger als Instrumente des Regimes, sei es mit Ehrenzeichen bekleidet oder als Spezialisten sowie Spitzel im Geheimen.[26] In einem Schreiben vom 16. April 1939 rühmte sich der Obertruppführer der SA, Adolf Gast, „eine höhere Dienststellung, hauptsächlich im Überwachungsdienst, ausgeübt [...]" zu haben.[27] Gast war „in leitender Stellung bei der Überwachung

---

21 StAN, Rep. 279/5/SG, Anklagebehörde bei dem Sondergericht Nürnberg, Nr. 4034. Schreiben der Schutzpolizeidienstabteilung an den Bürgermeister der Stadt Rothenburg ob der Tauber vom 5.5.1940.

22 Ebenda.

23 StAN, Rep. 279/5/SG, Anklagebehörde bei dem Sondergericht Nürnberg, Nr. 3683. Schreiben der Schutzpolizeidienstabteilung an den Bürgermeister der Stadt Rothenburg ob der Tauber vom 20.11.1938.

24 StadtAR, Tagesberichte der Stadtpolizei 1938/1939. Protokoll über die Festnahme von Ernst Rösch am 13.3.1939.

25 Gisela Diewald-Kerkmann, Denunziantentum und Gestapo. Die freiwilligen „Helfer" aus der Bevölkerung, in: Gerhard Paul/Klaus-Michael Mallmann (Hg.): Die Gestapo – Mythos und Realität, Darmstadt 1995, S. 288-305, S. 294.

26 Eugen Kogon, Der SS-Staat. Das System der deutschen Konzentrationslager. 29. Aufl. München 1994, S. 33.

27 StAN, SpKA Rothenburg o.d.T.,G15. Schreiben von Adolf Gast vom 16.4.1939; Adolf Gast, geb. am 22.5.1891, war vom 25.6.1921 bis zur Auflösung im Jahre 1923 Mitglied der NSDAP. Am 24.11.1930 trat er unter der Mitgliedsnummer 318.747 erneut in die Partei ein. Gast war Obertruppführer der SA und im Nachrichtendienst der NSDAP. Des Weiteren agierte Adolf Gast bis 1.2.1934 als Schulungsredner für die Partei. Ferner arbeitete er ehrenamtlich als Mitarbeiter beim Sachverständigen für Rasseforschung des Reichsministeriums des Innern. In einem selbst verfassten politischen Tätigkeitsbericht rühmte sich Adolf Gast damit, dass er als Mitglied des Deutsch-Völkischen Schutz- und Trutzbundes, der Einwohnerwehr sowie des Bundes Oberland von 1919 bis 1920 aktiv war. Ferner gehörte er nach eigener Aussage in der Verbotszeit der NSDAP nationalsozialistischen Zwi-

Andersdenkender tätig".[28] Nach Auswertung der Spruchkammerakten war auch Kreisleiter Höllfritsch für den Sicherheitsdienst (SD) tätig und leitete mit der Gestapo Maßnahmen gegen „nicht-konforme" Personen ein.[29]

7.2. *„Schutzhaft"*

Kennzeichen jeder modernen Diktatur ist ein ausgeklügelter Terrorapparat, in dem Behörden, Gerichte und Gliederungen der Einheitspartei mit technischen und hochentwickelten formalrationalen Methoden zusammenwirken.[30] Der NS-Terror wurde zur Aufrechterhaltung der Herrschaft ausgebaut, da ein System des gezielten Unrechts sowie der Rechtlosigkeit Einzelner, aktiven Widerstand von Gruppierungen oder Minderheiten erschwerte.[31] Neben der Möglichkeit, Personen zu Haft- oder Leibesstrafen zu verurteilen, wurde das Instrument der „Schutzhaft" angewendet. Diese wurde durch die „Verordnung des Reichspräsidenten zum Schutz von Volk und Staat" vom 28. Februar 1933 eingeführt.[32] „Schutzhaft" sollte – nach der Argumentation der Nationalsozialisten – die Betroffenen vor dem angeblichen Zorn des Volkes schützen. Sie konnte auf bestimmte oder unbestimmte Dauer von Verwaltungsbehörden verhängt werden. Eine gerichtliche Überprüfung gab es nicht, der Willkür war Tür und Tor geöffnet.[33]

Im März 1933 vergrößerte sich der Kreis der Gefährdeten und man verhaftete in Rothenburg Sozialdemokraten und jüdische Geschäftsleute; ohne Widerstand.[34] SS und SA – offiziell Hilfsorgane der Polizei zur Unterstützung behördlicher Anordnungen – beherrschten in Wahrheit den Staatsapparat.[35] SA-Männer wie Adolf Gast spielten auf eigene Faust schwer bewaffnet Revolution und patrouillierten mit

schenverbänden an. Adolf Gast sei nach eigener Aussage an der Gründung und Aufstellung der Motorverbände der NSDAP beteiligt und der Begründer der Stammabteilung des späteren NSKK gewesen. Aus diesem Grund wurde er 1931 in Braunschweig persönlich Adolf Hitler vorgestellt. StAN, SpKA Rothenburg o.d.T., G15. Spruch der Spruchkammer Rothenburg o.d.T. vom 30.10.1946; Klageschrift an die Hauptkammer Ansbach vom 28.10.1948; Schreiben des öffentlichen Klägers der Hauptkammer-Außenstelle Nürnberg vom 12.10.1950; Schreiben des Landeskriminalamtes Leipzig an die Spruchkammer Rothenburg o.d.T. vom 23.9.1946.

28 Ebenda.

29 StAM, SpKA Nr. 728. Spruch der Spruchkammer Rothenburg o.d.T. vom 5.6.1948.

30 Kogon, Der SS-Staat, S. 29ff. Hinsichtlich der Modernisierungsfunktion bei dieser Thematik sei verwiesen auf Rainer Zitelmann, Die Totalitäre Seite der Moderne, in: Michael Prinz/Rainer Zitelmann (Hg.): Nationalsozialismus und Modernisierung, Darmstadt 1991, S. 1-21.

31 Kogon, Der SS-Staat, S. 31.

32 RGBl. Nr. 17, in: RGBl. Teil 1. Hg. v. Reichsministerium des Innern. Berlin 1933, S. 83.

33 „Schutzhaft" erlaubte lediglich eine zeitlich befristete Inhaftierung. Deshalb war eine vierteljährliche Überprüfung vorgeschrieben, die mit immensem bürokratischem Aufwand verbunden war und nicht immer durchgeführt wurde. Vgl. Dahm, Der Terrorapparat, S. 170.

34 Hambrecht, Aufstieg der NSDAP, S. 399.

35 Ebenda.

Pistole und Stahlrute durch Rothenburg.[36] Angehörige des SS Sturmes 6/73, wie Walter Bald, Adolf Memmert und Georg Mann aus Rothenburg, präsentierten ihre militärische Macht durch das öffentliche Tragen von Waffen.[37] Die oberste SA-Führung ernannte Karl Kitzinger aus Gebsattel zum Sonderkommissar für das Bezirksamt Rothenburg. Er sollte die Sicherheit aufrechterhalten, Übergriffe verhindern und Gewähr dafür bieten, dass Anordnungen und Maßnahmen umgesetzt würden.[38] Am Tag seiner Amtsernennung ließ er im württembergischen Creglingen vier jüdische Einwohner in „Schutzhaft" nehmen.[39]

Welche Auswirkungen die neuen politischen Strafgesetze im ersten Jahr des Hitler-Regimes hatten, geht deutlich aus der Zahl der Verhaftungen im Bezirk Rothenburg hervor. Bis zum 30. März 1933 wurden mindestens 18 Personen allein in der Stadt Rothenburg in „Schutzhaft" genommen.[40] Vom 30. März bis 24. Mai 1933 musste der Sozialdemokrat Emmerling „Schutzhaft" ertragen.[41] Ausgestellt wurde der „Schutzhaftbefehl" durch den Sonderkommissar der SA-Führung Karl Kitzinger am 29. März 1933.

> „Die Inschutzhaftnahme erfolgt, weil Emmerling bei der Arbeitsvermittlung seine Parteigenossen gegenüber Andersdenkenden bevorzugt hat. Unter letzteren herrscht deswegen eine große Erbitterung. Es wird immer wieder verlangt, dass Emmerling deswegen von seinen Posten als Nebenstellenleiter abgelöst wird. Die Erwerbslosen aus der nationalen

---

36 StAN, SpKA Rothenburg o.d.T., G15.

37 StAN, LRA Rothenburg, Abg. 1975, Nr. 1096. Schreiben des Kreispersonalamtsleiters Thoma, Kreisleitung Rothenburg o. Tbr., an das Bezirksamt Rothenburg ob der Tauber vom 25.6.1937.

38 FA 27.3.1933. Die Einberufung der SA-Sonderkommissare erwies sich als eine der folgenreichsten Institutionen für die innere Entwicklung Bayerns in den Jahren 1933 bis 1934. Der NSDAP gelang es dadurch, die Exponenten der alten Eliten von 1933 zumindest auf dem politischen Sektor entweder im nationalsozialistischen Sinne zu integrieren oder weitgehend zu eliminieren. Durch den Angriff der SA auf den Staatsapparat konnte das Funktionärskorps der Partei Positionen besetzen, die ohne Gewaltanwendung kaum erreichbar waren. Vgl. Ortwin Domröse, Der NS-Staat in Bayern von der Machtergreifung bis zum Röhm-Putsch, München 1974, S. 287.

39 FA 25.3.1933; Der NS-Antisemitismus in Creglingen ist ausführlich dargestellt in: Horst Rupp/Hartwig Behr, Vom Leben und Sterben. Juden in Creglingen, Würzburg 1999, S. 135-181.

40 StAN, LRA Rothenburg o.d.T., Abg. 1975, Nr. 2860. Das Verzeichnis der im Amtsgerichtsgefängnis vom 1.4.1933 inhaftierten Schutzgefangenen listet folgende Personen auf: Hans Appler, Peter Bär, Josef Bär, Hans Bögelein, Wilhelm Brehm, Michael Emmerling, Hans Hörber, Karl Kranz, Georg Lindner, Josef Mann, Norbert Mann, Siegfried Marx, Georg Nagel, Gottfried Roppelt, Konrad Schöffel, Ludwig Stumpf, Friedrich Uhl. Der zahlenmäßige Gesamtumfang der Aktion gegen sozialdemokratische und sonstige als besonders missliebig empfundene Gegner des NS-Regimes in Rothenburg in den ersten Wochen und Monaten nach der Machtübernahme lässt sich aufgrund der verfügbaren Quellen nicht mehr genau rekonstruieren. StAN, LRA Rothenburg o.d.T., Abg. 1975, Nr. 2860. Siegfried Marx wurde auf Anordnung des Leiters des Sondergerichts Nürnberg von Ansbach nach Nürnberg in das Untersuchungsgefängnis gebracht. Die Inhaftierung erfolgte wegen angeblicher Beleidigung der Regierung. Vgl. FA 26.4.1933.

41 Jakobi, Gewerkschaften, S. 154.

Bewegung können es nicht verstehen, dass dieser Mann gerade in der Jetztzeit noch dazu berufen sein soll die Auszahlung der Erwerbslosenunterstützung an unsere Mitglieder vorzunehmen. Die Stimmung des größten Teiles der Unterstützter ist so erregt, dass damit zu rechnen ist, dass gegen Emmerling wegen seiner parteiischen Handhabung der [...] Arbeitsamtsgeschäfte gewaltsam vorgegangen wird. Um Ausschreitungen zu verhindern, die selbstverständlich von der SA-Leitung nicht gebilligt werden aber umso mehr auch deshalb noch zu befürchten sind, als die Frau des Emmerling äusserte: „In 3 Wochen ist es wieder anders da werden die „Anderen" (Nationalsozialisten) an die Wand gestellt" und dieser Ausspruch auch in der Öffentlichkeit bekannt ist, stellten wir den Antrag auf Inschutzhaftnahme des eingangs Genannten. Von Seiten verschiedener hiesiger Unternehmer wurde die Befürchtung ausgesprochen, Emmerling werde auch wie früher jetzt noch bei Zuweisung von Arbeitskräften seine Parteigenossen bevorzugen."[42]

Am 12. April 1933 wurden 15 Rothenburger, teils Kommunisten, teils Angehörige der aufgelösten Eisernen Front, durch die SS der Polizei zugeführt und in „Schutzhaft" genommen, da man sie bei paramilitärischen Übungen beobachtet hätte[43] Die Personen wurden angeklagt wegen Verstoßes gegen die „Verordnung des Reichspräsidenten zum Schutz von Volk und Staat", wegen Verstoßes gegen die „Heimtücke-Verordnung" oder wegen Verstoßes gegen die „Verordnung des Reichspräsidenten gegen Verrat am Deutschen Volke und hochverräterische Umtriebe" vom 28. Februar 1933.[44]

Am 19. August 1935 wurde der praktische Arzt Dr. Beck in „Schutzhaft" genommen.[45] Der Fränkische Anzeiger beschrieb den Grund für die „Inschutzhaftnahme".[46] Angeblich hätte sich Beck rücksichtslos im Straßenverkehr verhalten und beinahe Personen der Abteilung 6/282 des Arbeitsdienstlagers mit dem Auto gerammt, die in der Spitalgasse nahe dem Spitaltor marschierten.[47] Nach dem Vorfall – so das Lokalblatt – hätte sich Beck in wüsten Beschimpfungen an die Männer gewandt. Noch am gleichen Tag rief die örtliche NSDAP im Saal des Gasthauses zum Ochsen eine Mitgliederversammlung ein und verhandelte den Vorfall. Aufgrund der großen Empörung verhängte man um 23 Uhr gegen Beck „Schutzhaft" und leitete ein Strafverfahren ein.[48]

Den Musikalienhändler Hans Schöner nahm man am 24. Mai 1934 wegen angeblicher Verbreitung übler Nachrede über die lokalen SA-Führer „zu seiner persönlichen Sicherheit" in „Schutzhaft".[49] Der Hafner Christian Böhm wurde Anfang Dezember 1935 wegen „staatsabträglichen Verhaltens" in „Schutzhaft" genommen, weil er in der Öffentlichkeit betrunken angetroffen wurde und durch

---

42 Ebenda, S. 141.
43 FA 13.4.1933.
44 RGBl. Nr. 18, in: RGBl. Teil 1. Hg. v. Reichsministerium des Innern. Berlin 1933, S. 85-89.
45 FA 20.8.1935.
46 Ebenda.
47 Ebenda.
48 Ebenda.
49 FA 25.5.1934.

„Heil Moskau"-Rufe auf sich aufmerksam machte.[50] Am 27. Dezember 1935 wurde Andreas Hausner, wohnhaft in Bronnenmühle in „Schutzhaft" genommen.[51] Anlässlich des Weihnachtsfestes wurde das Ehepaar Hausner mit einem „Liebesgabenpaket" des Winterhilfswerks der NSV bedacht.[52] Doch anstatt die gestifteten Spielsachen und Kleidungsstücke anzunehmen, schickte Hausner das Paket mit einem Schreiben an die Kreisführung des WHW zurück mit der Begründung, dass er das Geschenk nicht annehmen könnte.[53] Seine Mitbewohner denunzierten ihn und Hausner erhielt „Schutzhaft".[54] Mit der Festnahme Hausners wollte das NS-Regime zeigen, dass mit allen zur Verfügung stehenden Mitteln gegen „Saboteure" des Winterhilfswerks verfahren wird, die sich außerhalb der „Volksgemeinschaft" positionierten.[55] 1937 verurteilte ihn das Landgericht Ansbach zu drei Jahren Gefängnis wegen eines Verbrechens gegen die Sittlichkeit. Nach Verbüßung seiner Gefängnisstrafe 1940 kam er in Sicherungsverwahrung und verstarb im Konzentrationslager Mauthausen an Kreislaufschwäche.[56]

Darüber hinaus versuchte die NSDAP im „Fränkischen Anzeiger" der parteiabträglichen Mund-zu-Mund Propaganda entgegenzuwirken, indem sie den Lesern drohte, durch unüberlegte Worte oder Taten Haftstrafen auferlegt zu bekommen. Wörtlich warnte man vor Verletzung der „Volksgemeinschaft": „Wer unsere Volksgemeinschaft antastet und ihr schadet, verfällt dem Gesetz! Der nationalsozialistische Staat sichert die Gemeinschaft des Volkes! Sondergericht Nürnberg fällt harte, aber gerechte Urteile. [...]".[57]

Am 21. Oktober 1935 kündigte der Bezirksfürsorgeverband Rothenburg „im Interesse der Volksgemeinschaft [...] asoziale[n] Elemente[n] [den] Kampf" an und begründete dies mit den Vollzugsvorschriften der Reichsregierung.[58] Danach konnten Personen über 18 Jahre dem „Arbeitszwang" im Konzentrationslager Dachau unterworfen werden, falls sie sich ihren Unterhaltspflichten oder der Arbeit auf Dauer entzögen und sich selbst oder den Unterhaltsberechtigten der Gefahr aussetzen sollten, der öffentlichen Fürsorge anheimzufallen.[59] Für die Betroffenen hatte dies ein Strafverfahren zur Folge, was zum Beispiel im Falle des Bäckers Andreas Scheumann mit einer einjährigen Unterbringung in einer Ar-

---

50 FA 9.12.1935.
51 FA 28.12.1935.
52 Ebenda.
53 Ebenda.
54 Ebenda.
55 StadtAR, Strafakten, Laufzeit 1923-1947, ohne Signatur. Ausschnitt aus dem FA 30.12.1935.
56 StadtAR, Strafakten, Laufzeit 1923-1947, ohne Signatur. Schreiben der Kriminalpolizei Nürnberg-Fürth an den Bürgermeister der Stadt Rothenburg vom 5.3.1943.
57 FA 9.1.1943.
58 FA 21.10.1935.
59 Ebenda.

beitsanstalt endete.[60] Der Hausierer Eugen Büttner musste sich einer dreiwöchigen Haftstrafe unterziehen, weil er sich im Amtsbezirk Rothenburg aufhielt, ohne die nötige Erlaubnis zu besitzen.[61]

Der NS-Terror als System zur Aufrechterhaltung der Herrschaft war in Rothenburg bis 1945 präsent: Im April 1937 konfiszierte die Gestapo in Stadt und Kreis Rothenburg die Personalausweise aller ausländischen Landarbeiter, um eine Abwanderung ohne Zustimmung des Arbeitsamtes zu verhindern.[62] Im Januar 1939 betraf dies auch die deutschen Landarbeiter, denen der Landrat bei Abwanderung „Verrat am Volk und am Führer" vorwarf.[63]

Eine Vielzahl von Gesetzen öffnete der polizeilichen Willkür Tür und Tor.[64] Neben „Sonderaktionen gegen Asoziale" im März 1938 machte die staatliche Kriminalpolizei von der Möglichkeit der „polizeilichen Vorbeugungshaft" intensiven Gebrauch.[65] Jedoch ermittelte die Gestapo in Stadt und Kreis Rothenburg selten selbst. Sie bediente sich der lokalen Kreispolizeibehörden, Schutzpolizeireviere und Gendarmerieposten sowie der Kreis- und Ortsgruppenleiter und anderer lokaler Amtsträger der NSDAP, denen sie fallweise polizeiliche Befugnisse verlieh.[66]

7.3. Sondergerichtsverfahren

Durch Verordnung der Reichsregierung vom 21. März 1933 errichtete man unter NS-Herrschaft die Sondergerichte des „Dritten Reiches" für den jeweiligen Bezirk jedes Oberlandesgerichts.[67] Den nationalsozialistischen Rechtspolitikern galten die rigorosen Strafverfahren, gegen dessen Entscheidungen es keine Rechtsmittel gab, als Ideal der NS-Rechtspflege.[68] Im Laufe der Zeit dehnte man die

60 StAN, LRA Rothenburg o.d.T. Abg. 1975, Nr. 2830. Schreiben des Bezirksoberamtmanns Simon Meißner vom 22.10.1937.

61 StAN, LRA Rothenburg o.d.T. Abg. 1975, Nr. 2931. Schreiben des Amtsrichters vom 15.6.1937.

62 StAN, LRA Rothenburg o.d.T. Abg. 1975, Nr. 4506. Schreiben des Arbeitsamtes Ansbach an den Vorstand des Bezirksamtes Rothenburg o. Tbr. vom 7.4.1937.

63 StAN, LRA Rothenburg o.d.T. Abg. 1975, Nr. 4510. Schreiben des Rothenburger Landrats vom 26.1.1939.

64 StAN, LRA Rothenburg o.d.T. Abg. 1975, Nr. 175. Schreiben des Reichskriminalpolizeiamtes an die Landesregierungen vom 4.4.1938; StAN, LRA Rothenburg o.d.T., Abg. 1975, Nr. 2587. Schreiben des Landrats Rothenburgs an die Herren Bürgermeister vom 26.1.1938.

65 StAN, LRA Rothenburg o.d.T., Abg. 1975, Nr. 2588. Schnellbrief des Reichskriminalpolizeiamts an die Staatliche Kriminalpolizei vom 1.6.1938.

66 Dahm, Terrorapparat, S. 165.

67 Generaldirektion der Staatlichen Archive (Hg.), Widerstand und Verfolgung in Bayern 1933-1945. Archivinventar Bd. 3. Sondergericht München. Teil: Register 1, München 1977, S. 2337.

68 Ebenda.

Zuständigkeit der Sondergerichte aus. Waren die Sondergerichte anfänglich nur für bestimmte politische Vergehen oder Verbrechen zuständig, konnte der Staatsanwalt ab 1940 jede Straftat vor einem Sondergericht verhandeln und somit Rechtsmittel von vorneherein ausschließen.[69] Praktisch gesehen waren die Sondergerichte politische Staatsschutzkammern der Landesjustizverwaltungen.[70] Eine Verschärfung des Verfahrens ermöglichte „blitzartiges Zugreifen“ und eine Bestrafung direkt nach der Tat dadurch, dass das Sondergericht an verschiedenen Orten in seinem Bezirk tagte. Die Ladungsfrist betrug 24 Stunden und die Verurteilung erfolgte fristlos.[71] Eine Flut von Verordnungen öffnete der staatlichen und parteilichen Willkür Tür und Tor. Es bedurfte weder einer mündlichen Verhandlung über den Haftbefehl, noch eines Beschlusses über die Eröffnung der Hauptverhandlung sowie einer Beweiserhebung.[72] Für die Betroffenen der Stadt und der Region Rothenburg war das Sondergericht für den Bezirk des Oberlandesgerichtes Nürnberg bei dem Landgericht Nürnberg-Fürth zuständig. Die folgenden Darstellungen belegen, wie die Sondergerichte mit einem drastisch verschärften Strafrecht die „Volksfeinde“ aburteilten.[73]

Nach einer Meldung der Sicherheitsdienst-Außenstelle Ansbach vom 23. Juli 1941 veranlasste der Fahrtdienstleiter Konrad Christenn die in der Munitionsfabrik Oberdachstetten beschäftigen Arbeiter während der Fahrt von und zur Arbeitsstelle zum Anstimmen von Kirchenliedern, wie „Nur mit Jesu will ich wandern“, was einige Omnibusinsassen empörte.[74] Ferner hätte Christenn in einem Gespräch mit dem Fahrer geäußert: „Deutschland sei in einem Jahr verarmt und sittlich völlig verkommen.“[75] Marie Jung und Yvonne Verda machten bei der

---

69 Ebenda.

70 Dahm, Der Terrorapparat, S 172.

71 Generaldirektion der Staatlichen Archive (Hg.), Widerstand und Verfolgung in Bayern 1933-1945, S. 2337.

72 Dahm, Der Terrorapparat, S 172.

73 Alfons Schwarz, Rechtsprechung durch Sondergerichte. Zur Theorie und Praxis im Nationalsozialismus am Beispiel des Sondergerichts Berlin, Aachen 1992, S. 216.

74 StAN, Rep. 279/5/SG, Anklagebehörde bei dem Sondergericht Nürnberg, Nr. 1353. Urteil des Sondergerichts für den Bezirk des Oberlandesgerichts Nürnberg bei dem Landgericht Nürnberg Fürth vom 19.2.1942. Christenn war am 19. April 1889 als Sohn eines Apothekers in seinem Geburtsort Windsheim aufgewachsen und hat dort die Volksschule und die Realschule besucht. Er lernte als Photograph in Ansbach und übte diesen Beruf in Pforzheim aus. Im Jahr 1915 wurde Christenn zum Heeresdienst einberufen. Bei seinem Einsatz an der Westfront erhielt er das Eiserne Kreuz 2. Klasse und das Hindenburgverdienstkreuz und geriet in englische Gefangenschaft, aus der er im Jahre 1919 zurückkehrte. Zunächst war er Hilfssekretär bei dem „Christlichen Verein junger Männer“ in Pforzheim, besuchte dann drei Jahre die Evangelistenschule in Barmen, in der er als Prediger und Gemeinschaftspfleger ausgebildet wurde. In dieser Funktion betätigte er sich dann als solcher in Nürnberg, Hof und Rothenburg ob der Tauber. Christenn war Mitglied der NSV, der DAF und des RLB.

75 StAN, Rep. 279/5/SG, Anklagebehörde bei dem Sondergericht Nürnberg, Nr. 1353. Schreiben der Sicherheitsdienststelle-Außenstelle Ansbach an den Landrat Rothenburg o. Tbr. vom 14.8.1941.

Schutzpolizei Zeugenaussagen, die die Anklage erhärteten.[76] Bei seiner Vernehmung räumte Christenn die Vorkommnisse und die ihm zur Last gelegte Äußerung ein, bestritt aber staatsabträglich eingestellt zu sein oder hetzerisch zu wirken. Bei der Verhandlung legte Kreisleiter Steinacker Wert darauf, persönlich bei dem Verhandlungstermin anwesend zu sein. Das Sondergericht sah in der Äußerung Christenns eine konfessionell-politische Hetze, die eine „fühlbare Ahndung verdien[t]e".[77] So verurteilte man Christenn am 10. Februar 1942 zu einer Gefängnisstrafe von drei Monaten.[78]

Das Sondergericht für den Bezirk des Oberlandesgerichtes Nürnberg klagte Leonhard Berg an, weil Arbeitskollegen ihn wegen einer Bemerkung über den „Deutschen Gruß" denunzierten.[79] Berg war als Hilfsarbeiter in der Munitionsanstalt Oberdachstetten beschäftigt, wo er am 24. November 1943 mit Arbeitskollegen in der Frühstückspause in den Aufenthaltsraum ging. Auf dem Weg dorthin kam ihnen der Verwaltungsinspektor Hiller entgegen. Während die anderen Arbeiter den Verwaltungsinspektor Hiller mit dem „Deutschen Gruß" gegrüßt hätten, so die Aussagen der Arbeitskollegen Baumann, Hetzel und Gerlinger, hätte Berg laut bemerkt: „Ihr braucht die Hände hinauftun, die gehören Euch abgehackt."[80] Das Sondergericht sah darin nicht nur eine Verunglimpfung des „Deutschen Grußes" und ein Vergehen gegen das Heimtückegesetz, sondern auch einen inneren Zusammenhang mit seiner mehrjährigen Angehörigkeit zur KPD.[81] Folglich wurde Berg am 22. September 1944 zu einer Gefängnisstrafe von zwei Jahren verurteilt.

Bei Kriegsbeginn im September 1939 wurde pro Haushalt die Zahl der versorgungsberechtigten Personen ermittelt. Marie Gundermann, Mutter von drei Kindern, meldete ihre zwei Töchter und einen Sohn als versorgungsberechtigt an.[82] Ihr Sohn Konrad absolvierte eine Ausbildung im Hotel „Eisenhut", um Kochen zu lernen. Er wurde dort als in Verpflegung genommen gemeldet. Obwohl Konrad Gundermann im „Eisenhut" und nicht bei seiner Mutter in Verköstigung stand, bezog Marie Gundermann für ihren Sohn Lebensmittelkarten. Als dies bei der 64. Verteilungsperiode aufkam, wurde gegen sie ein Gerichtsverfah-

76 Ebenda.

77 Ebenda.

78 Ebenda.

79 StAN, Rep. 279/5/SG, Anklagebehörde bei dem Sondergericht Nürnberg, Nr. 2648. Urteil des Sondergerichts für den Bezirk des Oberlandesgerichts Nürnberg bei dem Landgericht Nürnberg Fürth vom 22.9.1944.

80 Ebenda.

81 Ebenda. Leonhard Berg war von 1931 bis zur „Machtübernahme" der Nationalsozialisten eingeschriebenes Mitglied der KPD.

82 StAN, Rep. 279/5/SG, Anklagebehörde bei dem Sondergericht Nürnberg, Nr. 2624. Urteil des Sondergerichts für den Bezirk des Oberlandesgerichts Nürnberg bei dem Landgericht Nürnberg Fürth vom 24.8.1944. Marie Gundermann, geb. Schöller, geb. am 8. Februar 1899 in Rothenburg ob der Tauber, war nach dem Besuch der Volksschule als Dienstmädchen angestellt, bis sie 1918 den Schlosser Hermann Gundermann heiratete.

ren eingeleitet. Marie Gundermann wurde von dem Sondergericht für den Bezirk des Oberlandesgerichts Nürnberg bei dem Landgericht Nürnberg-Fürth wegen „Verbrechens gegen die Kriegswirtschaftverordnung“ am 15. August 1944 zu einem Jahr und sechs Monaten Gefängnis verurteilt.[83] Ferner wurden ihr die „Ehrenrechte einer Deutschen“ für zwei Jahre aberkannt.[84]

Leonhard Schmidt erwarb eine Gastwirtschaft in der Stadt Rothenburg. Im Juni 1944 unterhielt sich Leonhard Schmidt aus Bettwar bei Steinsfeld mit Friedrich Hirsch über bäuerliche Familien, die durch den Tod des einzigen Erben in Schwierigkeiten hinsichtlich der Erhaltung des Hofes gekommen waren.[85] Bei diesem Gespräch war Wilhelm Junker zugegen, der bei dem Revieroberleutnant Drossel in Rothenburg eine Aussage machte. Junker machte bei seiner Vernehmung sehr detaillierte Angaben. So soll Leonhard Schmidt gesagt haben, dass „an der Regierung [...] sehr viel faul [sei], nach Röhm, Hess und Streicher sei [...] Göring nicht in Ordnung. [...] Früher seien die Bauern Herr über ihre Höfe gewesen, seit dem Erbhofgesetz aber, sei [...] eine Verstaatlichung der Landwirtschaft eingetreten. [...]“.[86] Die Denunziation Junkers führte zur Inhaftierung von Schmidt und zu einem Sondergerichtsverfahren. Nach Ansicht des Sondergerichts hätte sich Schmidt ein von der Feindpropaganda gebräuchliches Gerücht von der Unfähigkeit führender Männer zu Eigen gemacht. Mit diesen Ansichten würde er die Absicht des Feindes fördern, das deutsche Volk und dessen Führung durch eine Kluft des Misstrauens zu trennen. Das Sondergericht verurteilte den 72-Jährigen zu einer Gefängnisstrafe von fünf Monaten, die er jedoch durch die Untersuchungshaft bereits verbüßt hatte.[87]

Der Schmiedemeister Friedrich Ohr, geb. am 20. Oktober 1889, betrieb sein Handwerk in Rothenburg.[88] Der Wagnermeister Bach aus Detwang erstattete Anzeige gegen Ohr Ende Juli 1941. Die Anklage legte Ohr zur Last, er habe am Sonntag, den 22. Juni 1941, am Tage des Beginns der Feindseligkeiten mit Russland, gegen neun Uhr kurz vor Betreten der Kirche in Detwang sich in Gegenwart des Schreinermeisters Roth staatsabträgliche Äußerungen zuschulden kommen lassen. Friedrich Ohr soll erklärt haben: „Ich will nur wissen, was die Russen noch machen.“[89] Bach habe darauf erwidert, Deutschland befindet sich seit heute mit Russland im Kriegszustand; Goebbels habe heute früh eine Proklamation des Führers

83 Ebenda.

84 Ebenda.

85 StAN, Rep. 279/5/SG, Anklagebehörde bei dem Sondergericht Nürnberg, Nr. 2750. Urteil des Sondergerichts für den Bezirk des Oberlandesgerichts Nürnberg bei dem Landgericht Nürnberg Fürth vom 13.2.1945.

86 Ebenda.

87 Ebenda.

88 StAN, Rep. 279/5/SG, Anklagebehörde bei dem Sondergericht Nürnberg, Nr. 1296. Amtliche Beglaubigung des Urteils des Sondergerichts für den Bezirk des Oberlandesgerichts Nürnberg bei dem Landgericht Nürnberg-Fürth vom 5.12.1941.

89 Ebenda.

verlesen. Mit beiden Armen um sich schlagend, habe Ohr daraufhin geantwortet: „Vom Goebbele, vom Goebbele, wenn ich nur was höre; das sind lauter Lumpen und Spitzbuben da droben. Das hat man an Hess und Streicher gesehen [...].“[90] Seit einigen Jahren arbeitete Friedrich Ohr mit Bach entgegen seiner früheren Gewohnheit nur insoweit zusammen, wenn die Kundschaft von Ohr die Übertragung der Wagnerarbeiten an Bach verlangte. Obwohl Ohr in dieser Denunziation einen Racheakt sah, verurteilte ihn das Sondergericht für den Bezirk des Oberlandesgerichts Nürnberg bei dem Landgericht Nürnberg-Fürth am 17. November 1941 wegen Vergehens nach § 2 Abs. 2 des Heimtückegesetzes an Stelle einer Gefängnisstrafe von einem Monat zu einer Geldstrafe von 90 RM.[91]

Waldemar Heldt war vom 4. März bis 13. Juni 1936 als Hilfsarbeiter bei dem Flugplatzneubau in Ansbach-Neukirchen beschäftigt.[92] Ende Mai oder Anfang Juni 1936 äußerte er zu Arbeitskollegen, die Regierung habe bisher noch nichts geleistet, „damals als die marxistische Regierung noch am Ruder gewesen sei, habe man mehr verdient und mehr Unterstützung bekommen.“[93] Um die gleiche Zeit äußerte er „einmal gelegentlich in einer Unterhaltung, dass die Verhältnisse in Russland nicht so wären, wie es die Zeitungen schreiben, sondern es wäre drüben sehr schön und die Verhältnisse wären geordnet.“[94] Nach der Denunziation durch seine Arbeitskollegen befand sich Heldt von 9. Juli 1936 bis zur Gerichtsverhandlung im November in Untersuchungshaft. Für das Sondergericht richteten sich die Worte von Waldemar Heldt „in böswilliger Weise gegen die Reichsregierung [...]“.[95] Sie erscheinen dem Sondergericht geeignet, „das Vertrauen des Volkes zur politischen Führung zu untergraben.“[96] Waldemar Heldt wurde wegen eines Vergehens nach § 2 Abs. II des Gesetzes gegen heimtückische Angriffe auf Staat und Partei und zum Schutze der Parteiuniformen vom 20. Dezember 1934 zu einer Gefängnisstrafe von fünf Monaten verurteilt.[97]

Ernst Roesch, geb. am 20. Juni 1896, aus Rothenburg, wurde am 1. Juni 1939 vom Sondergericht Nürnberg wegen eines Vergehens der Aufstellung unwahrer Behauptungen §§ 2/I und 1/I des Heimtückegesetzes zu acht Monaten Gesamt-

---

90 Ebenda.

91 Ebenda.

92 StAN, Rep. 279/5/SG, Anklagebehörde bei dem Sondergericht Nürnberg, Nr. 350. Urteil des Sondergerichts für den Bezirk des Oberlandesgerichts Nürnberg bei dem Landgericht Nürnberg Fürth vom 17.6.1936. Waldemar Heldt, geb. am 20.12.1912, war Mitglied der sozialistischen Arbeiterpartei und bis zum nationalen Umschwung Angehöriger des Reichsbanners.

93 Seine Arbeitskollegen konnten sich jedoch nicht mehr an den Tag erinnern, an dem Heldt dies gesagt haben soll.

94 StAN, Rep. 279/5/SG, Anklagebehörde bei dem Sondergericht Nürnberg, Nr. 350. Urteil des Sondergerichts für den Bezirk des Oberlandesgerichts Nürnberg bei dem Landgericht Nürnberg Fürth vom 17.6.1936.

95 Ebenda.

96 Ebenda.

97 Ebenda.

strafe verurteilt.[98] Die Musiklehrerin Sadie Walker aus Rothenburg wurde 1942 wegen kritischer Äußerungen über das NS-System in einem Brief an Bekannte in den USA zu sieben Monaten Gefängnis verurteilt.[99]

Der Hilfsarbeiter Johann Herrscher, geb. am 3. Dezember 1909 in Rothenburg, wurde durch das Urteil des Sondergerichts Nürnberg vom 16. Oktober 1940 wegen Vergehens der fahrlässigen Verbreitung hochverräterischer Schriften zu einer Gefängnisstrafe von fünf Monaten verurteilt.[100] Die Spruchkammer Rothenburg stellte als den anzeigenden Denunzianten Georg Pümmerlein fest.[101] In der Nacht vom 5. auf den 6. November 1939 warf ein alliiertes Flugzeug über Rothenburg Flugblätter ab, die Adolf Hitler zum Vorwurf machten, dass er gegenüber Russland und Polen eine von ihm früher abgelehnte Stellung einnehme. Bei einem Morgenspaziergang fand Johann Herrscher eines dieser Flugblätter und nahm es mit.[102] Am Nachmittag ging er mit dem Hilfsarbeiter Brohr spazieren und ließ diesen das Flugblatt lesen.[103] Als Brohr gerade mit dem Lesen beschäftigt war, kam der Gefreite Pümmerlein mit seiner Frau des Weges. Pümmerlein erkannte, dass es ein Flugblatt der Alliierten war und forderte Herrscher auf, es lesen zu dürfen. Pümmerlein überflog den Inhalt des Flugblattes und wies Herrscher darauf hin, dass er das Blatt abliefern müsse und versuchte, es ihm zu entreißen. Herrscher erklärte, dass das nicht in Frage komme. Er nahm das Blatt mit nach Hause, bis es von der Polizei bei seiner Verhaftung beschlagnahmt wurde.[104]

August Löschel wurde wegen seiner Äußerungen bei der Geheimen Staatspolizei (Gestapo) wegen eines Vergehens gegen das Heimtückegesetz angezeigt und musste sich einem Sondergerichtsverfahren unterziehen.[105] Der städtische Angestellte Karl Roth, der Obergefreite der Feldpost Wilhelm Kuch sowie der Obergefreite Ernst Deeg sagten bei der Sondergerichtsverhandlung gegen ihn aus.[106]

---

98 StAN, Rep. 279/5/SG, Anklagebehörde bei dem Sondergericht Nürnberg, Nr. 615. Urteil des Sondergerichts für den Bezirk des Oberlandesgerichts Nürnberg bei dem Landgericht Nürnberg Fürth vom 1.6.1939.

99 StAN, Rep. 279/5/SG, Anklagebehörde bei dem Sondergericht Nürnberg, Nr. 1376. Urteil des Sondergerichts für den Bezirk des Oberlandesgerichts Nürnberg bei dem Landgericht Nürnberg Fürth von 1942.

100 StAN, Rep. 279/5/SG, Anklagebehörde bei dem Sondergericht Nürnberg, Nr. 752. Urteil des Sondergerichts für den Bezirk des Oberlandesgerichts Nürnberg bei dem Landgericht Nürnberg Fürth von 1940.

101 StAN, Rep. 279/5/SG, Anklagebehörde bei dem Sondergericht Nürnberg, Nr. 752. Schreiben der Spruchkammer Rothenburg ob der Tauber am 30.12.1946.

102 StAN, Rep. 279/5/SG, Anklagebehörde bei dem Sondergericht Nürnberg, Nr. 752.

103 StadtAR, Tagesberichte der Stadtpolizei 1938/1939.

104 StAN, Rep. 279/5/SG, Anklagebehörde bei dem Sondergericht Nürnberg, Nr. 752.

105 StAN, Rep. 279/5/SG, Anklagebehörde bei dem Sondergericht Nürnberg, Nr. 1364. Schreiben der Geheimen Staatspolizei, Staatspolizeidienststelle Nürnberg-Fürth, an den Rothenburger Landrat vom 14.10.1941.

106 StAN, Rep. 279/5/SG, Anklagebehörde bei dem Sondergericht Nürnberg, Nr. 1364. Schreiben der Schutzpolizei-Dienstabteilung Rothenburg o. Tbr. an den Bürgermeister der Stadt Rothenburg vom 10.10.1941.

Am 6. Oktober 1941 befand sich August Löschel in der Gastwirtschaft „Zur Wolfsschlucht“ in Rothenburg. Mit ihm saßen dort der städtische Angestellte Karl Roth, der mit ihm im zweiten Grad verschwägert war, sowie die Fronturlauber Wilhelm Kuch und Ernst Deeg an einem Tisch.[107] Man kam auf den Krieg zu sprechen. Roth und Löschel stritten, woraufhin Löschel gesagt hätte: „1914 haben die Zeitungen auch nur vom Siegen geschrieben und der Krieg wurde doch verloren. [...] Ich zweifle nicht am Wehrmachtsbericht, sondern ich sage nur, dass das was in der Zeitung steht nicht alles der Wahrheit entspricht. Es sollte ja 1940 schon die Entscheidung sein und jetzt ist das herum und wir sind erst richtig drinnen. Wenn dieses Jahr herum ist, dann wird das nächste Jahr als das Ereignisjahr bezeichnet.“[108] August Löschel wurde daraufhin wegen eines Vergehens gegen das Heimtückegesetz zu einem Jahr Gefängnis verurteilt.[109]

Einen Ausnahmefall der besonderen Härte stellen die Verfolgungsmaßnahmen gegen den Rothenburger Johann Martin Friedle dar.[110] Hier zeigt sich explizit, wie partei- und kommunalpolitische Stellen zusammenarbeiteten. Am 22. November 1937 wurde Johann Martin Friedle in Düsseldorf polizeilich festgenommen und blieb von 24. November 1937 bis 14. März 1938 in Untersuchungshaft. Die Verhaftung erfolgte auf Verdacht des Volksverrats, eines „Verbrechens gegen das Devisengesetz“ aus dem Jahre 1935 und eines „Vergehen[s] gegen die Reichsabgabeordnung“.[111] Aufgrund seiner Haftunfähigkeit – schwere physische und psychische Beeinträchtigungen – entließ man Friedle am 14. März 1938.[112] Gegen Friedle wurde erst am 30. März 1940 von der Generalstaatsanwaltschaft in Düsseldorf Anklage erhoben. Man beschuldigte Friedle, er hätte im Rahmen seiner US-Staatsbürgerschaft in den Jahren 1933 bis 1937 zehn Vergehen gegen die oben genannten Gesetze begangen. Die Verhandlung gegen Friedle fand im August 1941 statt und endete mit einer Verurteilung zu neun Monaten Gefängnis und 9.000 RM Geldstrafe.[113] Ferner beschlagnahmte man 1937 sein gesamtes, sich in Deutschland befindliches Vermögen.[114]

Die Zollfahndungsstelle Düsseldorf, die im Namen der Generalstaatsanwaltschaft gegen Friedle die Untersuchung leitete, informierte das Rothenburger Fi-

---

107 Ebenda.

108 Ebenda.

109 Ebenda.

110 StAN, BLVW 325a. Schreiben an das Landesamt für Vermögensverwaltung und Wiedergutmachung vom 28.1.1947. Johann Martin Friedle wurde am 15. Januar 1876 in Detwang bei Rothenburg geboren und wanderte im Jahre 1895 in die USA aus, wo er 1896 die amerikanische Staatsangehörigkeit erwarb. Nachdem er zwei Schlaganfälle erlitten hatte, verkaufte er seine Firma und übersiedelte 1929 nach Deutschland. Dort betätigte er sich als Im- und Exporteur für Schaustellungsunternehmen.

111 StAN, BLVW 325a. StAN, BLVW 325a. Schreiben an das Landesamt für Vermögensverwaltung und Wiedergutmachung vom 28.1.1947.

112 ITS Bad Arolsen, Archivnr. 3106. Johann Friedle, Doc. Nr. 11618225.

113 StAN, BLVW 325a.

114 Ebenda.

nanzamt darüber, dass gegen Friedle ein Verfahren wegen eines „Vergehen[s] gegen das Volksverratsgesetz" lief.[115] Daraufhin leitete das Finanzamt Rothenburg gegen Friedle ein Strafverfahren wegen Steuerhinterziehung ein. Ohne das in Düsseldorf schwebende Devisenverfahren bis zum Schluss abzuwarten, ging das Finanzamt gegen Friedle vor. In kürzester Zeit wollte das Finanzamt die Grundlagen zu einer neuen Besteuerung von Friedle einsehen und weitere rechtliche Schritte einleiten. Doch Friedle war nicht in der Lage dieser Aufforderung nachzukommen, da sämtliche Bilanzen, Geschäftsbücher, Rechnungen sowie Korrespondenzen von der Generalstaatsanwaltschaft Düsseldorf beschlagnahmt worden waren. Dennoch beharrte das Finanzamt auf dem Standpunkt, dass eine neue Besteuerung notwendig sei und leitete, nachdem Friedle nicht in der Lage war, die erforderlichen Belege einzureichen, ein Schätzungsverfahren ein. Für die vergangenen Jahre von 1931 bis 1941 schätzte das Rothenburger Finanzamt Friedles Kapital, aus dem sich ein Steuerrückstand von 473.140 RM ergab. Nachdem man Friedle in seiner Notlage gezwungen hatte, verschiedene Erklärungen abzugeben, konnte er „formalrechtlich" nichts gegen die Schätzung des Finanzamtes unternehmen, da alle entlastenden Dokumente beschlagnahmt worden waren und das Rothenburger Finanzamt das Gesuch, das Verfahren bis zum Ausgang des Strafverfahrens in Düsseldorf auszusetzen, mehrfach ablehnte.[116]

Friedle besaß in Rothenburg das Doppelanwesen in der Klingengasse 4 und zwei Häuser im Nuschweg, Nr. 9, und Nr. 7, sowie verschiedene unbebaute Grundstücke. Darüber hinaus hatte er mehrere, durch Grundschulden und Hypotheken gesicherte Forderungen aus Darlehen, die Friedle an Privatleute und Firmen in Rothenburg und Umgebung vergeben hatte. Wegen der angeblichen Steuerschulden von 473.140 RM ordnete das Rothenburger Amtsgericht auf Antrag des Finanzamtes die Zwangsversteigerung des gesamten Grundbesitzes an. Diese wurde jedoch nicht sofort durchgeführt.[117] Da das Strafverfahren in Düsseldorf nicht zum gewünschten Ergebnis führen könnte, nahm das Rothenburger Finanzamt eine weitere Schätzung vor und errechnete im zweiten Durchlauf eine Steuerschuld von etwa 180.000 RM. Dieser Betrag entsprach ebenfalls nicht den wahren Vermögenswerten, konnte aber infolge der fehlenden Unterlagen auch nicht widerlegt werden. Im Zuge der Zwangsversteigerung traten nun mit Einverständnis des Finanzamtes Kaufinteressenten an Friedle heran. Um eine Zwangsversteigerung zu vermeiden, musste er sich den Kaufforderungen beugen.[118]

Schließlich erwarb die lokale NSDAP das Doppelwohnhaus in der Klingengasse Nr. 4 zum Preis von 45.000 RM bei einem Mindestwert von 51.500 RM. Das Finanzamt vereinnahmte den Kaufpreis. Die NSDAP richtete kurze Zeit

115 Ebenda.
116 Ebenda.
117 Ebenda.
118 Ebenda.

später die Anlaufstelle der Rothenburger NSF darin ein.[119] Im April 1940 zwang man Friedle, sein Haus im Nuschweg Nr. 9 binnen einer Stunde an den Sparkassendirektor Küspert für 14.000 RM zu verkaufen, obwohl sich der Mindestwert auf 25.000 RM belief. Auch hier vereinnahmte das Finanzamt den Kaufpreis. Für das Haus im Nuschweg Nr. 7 sollte, nach Ansicht des Rothenburger Finanzamtes und auf Wunsch des Nürnberger Oberfinanzpräsidenten, der Obergeneralarbeitsführer Freiherr von Löffelholz aus Nürnberg das Vorkaufsrecht erhalten. Nur mit Unterstützung eines Richters am Amtsgericht Rothenburg konnten Freunde der Familie Friedle das Anwesen am Nuschweg Nr. 7 erwerben und so Friedle und seiner Familie eine Unterkunft sichern. Wie üblich vereinnahmte diesen Kaufpreis wiederum das Finanzamt. So erhielt das Rothenburger Finanzamt insgesamt 168.000 RM auf die angebliche Steuerschuld von 180.000 RM.[120]

Fazit

Ab 1933 offenbarte sich die NS-Gewaltherrschaft in Gestalt eines ausgeklügelten Terrorapparates, der auf der Basis von Verfolgung die Bevölkerung bereits für minimale Abweichungen von der Parteilinie zur Rechenschaft zog. Die Durchdringung sämtlicher Lebensbereiche begünstigte in Stadt und Land Rothenburg das Denunziationsklima unter der NS-Herrschaft. In der Bereitschaft, ihre Mitmenschen zu verraten, verdeutlichte die Bevölkerung ihren Grundkonsens mit dem Regime. Die Rothenburger Kreisleitung sowie die Ortsgruppen hätten als Kontrollorgane ohne die aktive Beteiligung der Einwohner nicht in dem Umfang funktionieren können. Allein die breite Unterstützung der „kleinen Leute“ ermöglichte dies. Bei geringsten Anlässen denunzierten Individuen aus Stadt und Land Rothenburg ihre Mitmenschen mit fatalen Folgen. Somit steht fest: Die Gesellschaft in Stadt und Land Rothenburg wurde nicht allein durch brutalen Zwang zusammengehalten. Vielmehr dienten manche durch den Verrat ihrer Mitmenschen als willfährige Helfer und Instrumente des NS-Regimes.

Eine Vielzahl von Verordnungen und Gesetzen öffnete der staatlichen Willkür Tür und Tor. Das Mittel der „Schutzhaft“ schuf ein Klima der Angst und Unterdrückung. Hier konnten verschiedenste Behörden mit der NSDAP zusammenwirken. Beispielhaft dafür ist, dass die Gestapo in Rothenburg selten vor Ort präsent war. Die Rothenburger Polizeibehörden erledigten mit den Kreis- und Ortsgruppenleitern die Arbeit. Die Errichtung des Sondergerichts für den Bezirk des Oberlandesgerichtes Nürnberg bei dem Landgericht Nürnberg-Fürth schuf ein rigoroses Strafverfahren, dessen Zuständigkeit fortlaufend ausgedehnt wurde. Im Eilverfahren verurteilte man die Angeklagten aus der Rothenburger

119 Ebenda.
120 Ebenda.

Region zu drakonischen Strafen. Bei den behandelten Fällen war die Zusammenarbeit von partei- und kommunalpolitischen Stellen evident. Die Folgen des NS-Terrors als System zur Aufrechterhaltung der Herrschaft waren in Rothenburg bis 1945 klar erkennbar.

8. NS-Antisemitismus

Seit den 1930er Jahren lässt sich als langfristiges Ziel der NS-Herrschaft die Vertreibung der Juden aus Deutschland erkennen, wobei die beteiligten Instanzen auf der lokalen Ebene einen großen Handlungsspielraum hatten und ihre spezifischen politischen, sozialen und ökonomischen Ziele verfolgten.[1] Jahre vor der Vertreibung der Juden aus Rothenburg o.d.T. hatten die lokalen Nationalsozialisten damit begonnen, der jüdischen Bevölkerung die Existenz- und Lebensräume zu nehmen. Seit der nationalsozialistischen „Machtergreifung" 1933 war der Verdrängungsprozess konsequent vorangetrieben worden, durch Gesetze, Verordnungen, Boykotte und organisierte Ausschreitungen.[2] Kaum fünf Jahre später bilanzierte der Propagandaleiter der Rothenburger NSDAP Höfler im Oktober 1938: „Die Judenfrage im Kreis Rothenburg o.d.T. [hätte] in diesem Monat ihre Erledigung [...] gefunden."[3] Ziel der folgenden Darstellung ist es, sowohl den Verlauf als auch die Art und Weise der sozialen Praxis des Antisemitismus und seiner konkreten Auswirkungen in der Stadt und im Bezirk Rothenburg o.d.T. zu betrachten.

8.1. Übergriffe und Diskriminierung

Bereits vor der nationalsozialistischen „Machtübernahme" waren die Juden aus der Region Rothenburg dem anschwellenden Antisemitismus offen ausgesetzt. Antisemitische Presseorgane, Redner und rechte Gruppierungen versuchten, Juden mit haltlosen Beschuldigungen zu treffen.[4] In Hetzbriefen aus Rothenburg und Umgebung an die Schriftleitung des „Stürmer" echauffierte man sich bereits 1930 über Juden. Karl Oertel aus Langensteinach beschwerte sich in einem offenen Brief darüber: „[...] dass sich ein Uffenheimer Viehjude im Angesicht von Kirche und Pfarrhaus erlaubt, sich seines Unrats vor der Haustüre eines Landwirts im Angesicht von Kirche und Pfarrhaus zu entledigen [...]."[5] Der Rothenburger Aufseher der Burganlage hetzte über den Juden Ludwig Löwenthal, weil dieser am

---

1 Wolf Gruner, Die NS-Judenverfolgung und die Kommunen. Zur wechselseitigen Dynamisierung von zentraler und lokaler Politik 1933–1941, in: VfZ 48 (2000), S. 75–126, S. 78.

2 Konrad Kwiet, Nach dem Pogrom: Stufen der Ausgrenzung, in: Wolfgang Benz (Hg.): Die Juden in Deutschland 1933–1945. Leben unter Nationalsozialistischer Herrschaft. 4. Aufl. München 1996, S. 545–659, S. 545.

3 BArch (ehem. BDC), PK, Höfler, Georg, geb. 27.08.1897. Monatsbericht von Kreispropagandaleiter Höfler an die Gaupropagandaleitung „Franken" der NSDAP in Nürnberg vom 4.11.1938.

4 Herbert Schott, Antisemitismus in Franken, in: Täubrich u.a. (Hg.): Bilderlast, S. 40-47, S. 40.

5 StAN, NS-Mischbestand Sammlung Streicher, Nr. 24. Brief an die Schriftleitung des Stürmer vom 4.1.1931.

18. Juni 1930 um 22.15 Uhr angeblich nicht die Anlagen der Alten Burg verlassen wollte und sich gegenüber dem Aufseher ungebührlich verhalten hätte.[6]

Gegenüber den jüdischen Viehhändlern Gebrüder Mann kam es bei der Genehmigung für landwirtschaftliche Kauf- und Pachtverträge zu Verzögerungen beim Bezirksamt Rothenburg. Wegen der Feldbestellung war die Genehmigung von Pachtverträgen eine dringliche Angelegenheit. Dennoch bekamen die Gebrüder Mann nicht den notwendigen Bescheid.[7] Der zuständige Referent, Bezirksamtmann Heilmann, machte zum Beispiel den Gebrüdern Mann zunehmend Probleme bei Genehmigung und Vollzug der Verträge.[8] Hinsichtlich des Pachtvertrages zwischen den Gebrüdern Mann und Wilhelm Haag von Faulenberg sagte Heilmann zu Haag: „Warum haben Sie an die Juden verpachtet, warum muß der Jude dabei das Geld verdienen, [...] Ihr hättet doch den Juden ausschalten können, immer braucht der Jude den Profit, jetzt hat er 300 RM verdient."[9]

Mit der „Machtergreifung" nahm der Terror der örtlichen NSDAP und SA gegen Juden in der Region Rothenburg besonders brutale Formen an. Die gezielten Aktionen richteten sich vor allem gegen jene Juden, die den wirtschaftlichen Interessen der Nationalsozialisten auf der lokalen Parteiebene, die ihre Zeit für gekommen hielten, ein Dorn im Auge waren.[10] In den ersten Monaten der NS-Herrschaft kam es zu gewaltsamen Ausschreitungen von Seiten der SA und antisemitischer Fanatiker in der Stadt Rothenburg und damit zur ersten Phase antijüdischer Maßnahmen.[11] Die oberste SA-Führung ernannte im März 1933 Karl Kitzinger aus Gebsattel zum Sonderkommissar für das Bezirksamt Rothenburg. Er sollte die Sicherheit aufrechterhalten, Übergriffe verhindern und die Gewähr dafür bieten, dass alle Anordnungen und Maßnahmen sofort umgesetzt würden.[12]

---

6 StAN, NS-Mischbestand Sammlung Streicher, Nr. 24. Beschwerdebrief über Ludwig Löwenthal vom 25.6.1930.

7 StAN, Reg. v. Mfr. K.d.I. Abg. 1968 Tit. 1b, Nr. 1b, Nr. 1480. Schreiben des Justizrats Adolf Bayern an die Reg. v. Mittelfranken vom 23.6.1927.

8 Ebenda.

9 Ebenda.

10 Avraham Barkai, Etappen der Ausgrenzung und Verfolgung bis 1939, in: Michael Meyer (Hg.): Deutsch-jüdische Geschichte in der Neuzeit. 4 Bde, hier: Bd. 4: Aufbruch und Zerstörung 1918–1945, München 1997, S. 193–224, S. 194. – Bereits vor 1927 kam es zu Auseinandersetzungen zwischen Landwirten und jüdischen Viehhändlern in Rothenburg: FA 5.2.1927; FA 19.2.1927; FA 5.3.1927. Zur Rolle der jüdischen Viehhändler in Mittelfranken sei verwiesen auf Stefanie Fischer, Ökonomisches Vertrauen und antisemitische Gewalt. Jüdische Viehhändler in Mittelfranken 1919-1939, Göttingen 2014; Dies., Clashing Gears: Jewish Cattle Traders, Farmers, and Nazis in Conflict, 1926-1935, in: Holocaust Studies: A Journal of Culture and History 16 (2010), S. 15-39.

11 Walther Hofer, Stufen der Judenverfolgung im Dritten Reich 1933–1939, in: Herbert Strauss, Norbert Kampe (Hg.): Antisemitismus. Von der Judenfeindschaft zum Holocaust, Bonn 1984, S. 172–185, S. 176; Hans Günther Adler, Der verwaltete Mensch. Studien zur Deportation der Juden aus Deutschland, Tübingen 1974, S. 35.

12 FA 27.3.1933. Die Einberufung der SA-Sonderkommissare erwies sich als eine der folgenreichsten Institutionen für die innere Entwicklung Bayerns in den Jahren 1933 bis 1934. Vgl. Ortwin Domröse, Der NS-Staat in Bayern von der Machtergreifung bis zum Röhm-

Noch am Tag seiner Amtsernennung ließ er im württembergischen Creglingen vier jüdische Einwohner in „Schutzhaft“ nehmen.[13] Der jüdische Lehrer Sigmund Marx wurde am 25. April 1933 auf Anordnung des Leiters des Sondergerichts Nürnberg in „Schutzhaft“ genommen und nach Nürnberg in das Untersuchungsgefängnis transportiert, weil er behauptete, der Jude Stern in Creglingen sei erschlagen worden.[14] Am 6. August 1933 brachten Mitglieder des Freiwilligen Arbeitsdienstes den jüdischen Lederhändler Leopold Westheimer wegen so genannter „Rassenschande“ ins Gefängnis, wobei man ihm ein Plakat mit entsprechender Aufschrift umhängte und ihn barfuß durch die Stadt führte.[15] Angeblich hätte sich Westheimer an seinem Dienstmädchen vergreifen wollen.[16] Am 15. November 1933 wurde der jüdische Kaufmann Karl Thinius in „Schutzhaft“ genommen.[17] Ebenfalls in „Schutzhaft“ interniert wurden im Jahr 1933 Adolf Heumann und dessen Söhne.[18] Damit offenbarte sich die NS-Politik als gewalttätige Praxis.[19]

Der Überfall auf die Familie Mann im März 1933 verdeutlichte im Detail, zu welch drastischen Maßnahmen die lokalen Nationalsozialisten entschlossen waren.[20] In der Nacht vom 27. März 1933 gegen 23.30 Uhr marschierten SA-Männer auf das Haus der Firma Gebrüder Mann zu und drangen in das Haus ein.[21] Die Nationalsozialisten schlugen Justin und Norbert Mann mit Fäusten und Gummiknüppeln, unter Beschimpfungen wie „Ihr gehört alle an den Galgen, ihr Juden, Ihr Betrüger.“[22] Als Justin Mann davonrannte, feuerten sie einige Schüsse auf ihn ab, die aber nicht trafen. Erschöpft bei der Polizei angelangt, bat

---

Putsch, München 1974, S. 287. Formal wurde die Stadt Rothenburg ob der Tauber erst am 1.4.1935 im Zuge der „neuen Deutschen Gemeindeordnung“ in den Bezirk Rothenburg eingegliedert. FA 11.4.1935.

13 FA 25.3.1933; Für den NS-Antisemitismus in Creglingen sei verwiesen auf Rupp/Behr, Vom Leben und Sterben, S. 135-181.

14 StAN, Rep. 279/5/SG, Anklagebehörde bei dem Sondergericht Nürnberg, Nr. 2808. Siegmund Marx, geb. 1909. FA 26.4.1933.

15 BayHStA, LEA 1701, Adolf Heumann. Niederschrift des Amtsgerichts Rothenburg ob der Tauber vom 8.12.1961; StAN, Akten der Wiedergutmachungsstelle III, a 1305. Schreiben der Rechtsanwälte beim Oberlandesgericht und Landgericht Nürnberg-Fürth an die Wiedergutmachungskammer beim Landgericht Nürnberg-Fürth vom 24.1.1955; FA 7.8.1933.

16 FA 7.8.1933.

17 FA 15.11.1933.

18 BayHStA, LEA 1701, Adolf Heumann. Niederschrift des Amtsgerichts Rothenburg ob der Tauber vom 8.12.1961.

19 Michael Wildt, „Volksgemeinschaft“ als Selbstermächtigung. Soziale Praxis und Gewalt, in: Hans-Ulrich Thamer/Simone Erpel (Hg.): Hitler und die Deutschen. Volksgemeinschaft und Verbrechen, Dresden 2010. S. 90-93, S. 90.

20 Halbmonatsbericht des Regierungspräsidenten von Ober- und Mittelfranken, 07.04.1933, in: Martin Broszat u.a. (Hg.): Bayern in der NS-Zeit. Bd. 1: Soziale Lage und politisches Verhalten der Bevölkerung im Spiegel vertraulicher Berichte, München/Wien 1977, S. 434–435; Siehe hierzu auch Fischer, Ökonomisches Vertrauen, S. 202.

21 StAN, BLVW 339. Schreiben von Babette Baumann an das Government.

22 Ebenda.

Justin Mann den Hauptwachmann Schröder und Oberhauptwachmann Gräder um Hilfe vor den SA-Männern, die ihn durch die Stadt gejagt hatten.[23]

SA-Sturmführer Georg Arlt und SA-Unterführer Robert Lassauer waren bei der Aktion die ausführenden Organe.[24] Ebenfalls daran beteiligt waren die SA-Männer Ulrich und Popp. Nachdem der SA-Sonderkommissar Kitzinger herbeigerufen wurde, ließ er Josef, Justin und Norbert Mann in „Schutzhaft“ nehmen.[25] Theodor Mann, der schon zwei Jahre krank war, ließ man zu Hause.[26] Anschließend ordnete Kitzinger eine Hausdurchsuchung an, weil er Aktenmaterial zur Beweisführung wegen Betrugs, begangen an Landwirten des Amtsbezirks, sicherstellen wollte.[27] Die Nationalsozialisten durchwühlten die Wohnung, gruben den Garten auf und rissen Scheunenbretter heraus.[28] Anschließend beauftragte Kitzinger die Gendarmerie und das Finanzamt, die Bücher der Gebrüder Mann zu untersuchen, wobei man sämtliche Geschäftsunterlagen in die Gendarmerie schaffte. Unter Mitwirkung eines Buchprüfers bemühte sich die Gendarmerie zusammen mit den amtlichen Vertretern der Stadt Rothenburg, Wörthmann und Wirsching, alle Anzeigen der Bauern aufzunehmen und die Firma Gebrüder Mann wegen Wucher und Betrug beim Landgericht Ansbach zu verklagen. Auch der Viehtreiber Friedrich Lechner stellte eine Anzeige wegen Erpressung. Bankkonten und Wertpapiere der Firma Mann wurden gesperrt. Diese Schikane zog sich acht Tage lang hin. SA-Männer und Angehörige der SS postierten vor dem Haus der Gebrüder Mann Tag und Nacht.[29] Diese Vorgänge und die Tatsache, dass man Justin, Norbert und Friedrich Mann lange Zeit im Gefängnis behielt, trugen sicherlich zum Selbstmord von Clara Mann am 17. April 1933 bei. Nachdem die drei Manns drei Wochen in Rothenburg in „Schutzhaft“ verbracht hatten, überstellte man sie ins Gefängnis nach Uffenheim, wo sie bis Juli/August inhaftiert blieben. Friedrich und Gretl Mann wanderten im Jahre 1933 über Paris nach London aus, während Justin Mann erst einige Jahre später in die Vereinigten Staaten emigrierte.[30] Die Einzahlung der Außenstände, die die Firma Gebrüder Mann hatte und die bei einem Entschuldungsverfahren angemeldet waren, zog sich jahrelang hin. Die Anzeigen und Vernehmungen wegen Wucher und Betrugs beim Landesgericht Ansbach wurden erst 1937 wieder aufgehoben, nachdem der

---

23 StAN, Rep. 279/SG, Anklagebehörde bei dem Sondergericht Nürnberg, Nr. 2808. Schreiben des Polizeilichen Oberkommissärs Settler an den Stadtrat Rothenburg ob der Tauber.

24 StAM, SpKA 34. StAN, Rep. 279/SG, Anklagebehörde bei dem Sondergericht Nürnberg, Nr. 2808. Schreiben des Polizeilichen Oberkommissärs Settler an den Stadtrat Rothenburg ob der Tauber.

25 Ebenda.

26 StAN, BLVW 339. Schreiben von Babette Baumann an das Goverment.

27 StAN, Rep. 279/SG, Anklagebehörde bei dem Sondergericht Nürnberg, Nr. 2808. Schreiben des Polizeilichen Oberkommissärs Settler an den Stadtrat Rothenburg ob der Tauber.

28 StAN, BLVW 339. Schreiben von Babette Baumann an das Goverment.

29 Ebenda.

30 Ebenda.

Buchprüfer Josef Hermann aus Nürnberg feststellte, dass die Bücher der Firma Gebrüder Mann korrekt und einwandfrei geführt seien.[31]

Die Vorfälle im Jahr 1933 zeigten, dass bei der politischen Mentalität der Rothenburger Bevölkerung antisemitisches Gedankengut anzutreffen war.[32] Es kam zu keinerlei Protestaktionen zugunsten der betroffenen Juden. So bewährte sich der Antisemitismus als effektive Waffe demagogischer Propaganda.[33]

Eine Flut von Gesetzen und Verordnungen ermöglichte – wie im gesamten „Dritten Reich" – auch in Rothenburg die Ausgrenzung und Diskriminierung aus der Gesellschaft. Hier sei nur auf das Gesetz zur Wiederherstellung des Berufsbeamtentums vom 7. April 1933 verwiesen sowie auf die Nürnberger Gesetze vom 15. September 1935.[34] Bestimmungen wie das „Gesetz zum Schutze des deutschen Blutes und der deutschen Ehre" bildeten die Ausgangspunkte zur völligen Entrechtung der Juden und waren Grundlage für weitere Diskriminierungen.[35] Es folgten Übergriffe auf jüdische Mitbürger: So wurde zum Beispiel am 11. Februar 1936 der jüdische Handelsmann Stern Feuty in Insingen von dem Lehrer Schmidt und der Oberklasse seiner Schule aus dem Dorf Insingen hinausgejagt.[36]

8.2. Wirtschaftlicher Boykott

Der Sozialneid der NSDAP-Mitglieder gegenüber jüdischen Viehhändlern war offensichtlich. Am 1. April 1933 rief die Kreisleitung der NSDAP im Fränkischen Anzeiger die Rothenburger Bevölkerung auf, die nationalsozialistische Haltung gegen die jüdische Bevölkerung dadurch zu unterstützen, dass beim Viehverkauf und der Viehverwertung jüdische Viehhändler boykottiert werden.[37] Einen Anhaltspunkt dafür lieferte 1936 Ludwig Stahl – Propagandaleiter der Ortsgruppe Dombühl – in einem Schreiben an die Kreisleitung, in dem er sich mit den Worten beschwerte: „Man könnte meinen, die Juden hätten wieder mehr Recht bekommen, denn in letzter Zeit vergeht kein Tag ..., an dem Juden nicht Geschäfte machen ..., wenn man so was (sic!) sieht, möchte man handgreiflich werden".[38]

---

31 Ebenda.

32 Oliver Gussmann, Jüdisches Rothenburg ob der Tauber. Einladung zu einem Rundgang, Haigerloch 2003, S. 29.

33 Hannah Arendt, Elemente und Ursprünge totaler Herrschaft. Antisemitismus, Imperialismus, Totalitarismus, Frankfurt/M. 1955, S. 749.

34 Wolfgang Benz, Stationen der Ausgrenzung. Antijudaismus und Antisemitismus als Ideologie des Genozids, in: Ders. (Hg.): Ausgrenzung – Vertreibung – Völkermord. Genozid im 20. Jahrhundert, München 2006, S. 71–94, S. 84f.

35 RGBl. Nr. 100, in: RGBl. Teil 1. Hg. v. Reichsministerium des Innern. Berlin 1935, S. 1146f.

36 Monatsbericht des Regierungspräsidenten von Ober- und Mittelfranken, 7.3.1936, in: Martin Broszat u.a. (Hg.): Bayern in der NS-Zeit. Bd. 1: Soziale Lage und politisches Verhalten der Bevölkerung im Spiegel vertraulicher Berichte, München/Wien 1977, S. 459.

37 FA 1.4.1933.

38 StAN, Rep. 503. NSDAP Mischbestand, Kreisleitung Rothenburg o.d.T., Nr. 6. Schreiben von Ludwig Stahl vom 23. April 1936.

Des Weiteren organisierten die Nationalsozialisten gezielt Boykotte, um den Juden wirtschaftlich zu schaden. Mit der Besetzung der Geschäftshäuser durch SA-Männer wurde der Betrieb der jüdischen Geschäfte lahmgelegt.[39] Vor den Geschäften von Heumann und Westheimer stand zum Beispiel im Frühjahr 1933 ein SA-Mann und fotografierte die eintretenden Kunden.[40] Darüber hinaus bildeten SA-Männer vor dem Ladeneingang ein Spalier, durch das die Kunden gehen mussten.[41] Jedoch wurden nicht nur Posten vor das Geschäft gestellt, sondern auch Drohbriefe an Kunden versandt. Ferner wurden die Kunden einzeln bei der Kreisleitung vorgeladen.[42] Außerdem forderte die örtliche NSDAP die Landwirte öffentlich auf, ihre Rechnungen bei den jüdischen Geschäftsinhabern nicht mehr zu zahlen.[43] Infolgedessen beglichen viele Kunden keine offenstehenden Rechnungen.[44] Ferner sollte durch die Sperrung des Telefonanschlusses von Seiten der Partei Druck auf die jüdischen Geschäftsinhaber ausgeübt wurde. Man wollte ihnen die letzten geschäftlichen Möglichkeiten nehmen.[45]

Bis 1933 betrieb die Lichtspielbetriebsgesellschaft in Rothenburg die Toppler- und Union-Lichtspiele. Die Betreiber waren die Juden Carl Lämmle und Max Friedland. Ostern 1933 nahm man Max Friedland in Laupheim in „Schutzhaft" und beschlagnahmte sein Barvermögen. Von diesem Zeitpunkt an übernahm Denzel die Leitung des Kinos.[46]

Neben den wirtschaftlichen Boykotten waren die Juden dem alltäglichen antisemitischen Terror ausgesetzt.[47] Dieser fand auf dem Land seinen Ausdruck in vielfachen Verboten von Ortspolizeibehörden gegenüber der jüdischen Bevölkerung.[48] An den Ortseingängen brachte man Anschläge an mit der Aufschrift „Juden uner-

---

39 BayHStA, LEA 2720 Theodor und Klara Mann. Schreiben des Rechtsanwalts Hans Raff an das Bayerische Landesentschädigungsamt München vom 3.1.1956.

40 BayHStA, LEA 1701, Adolf Heumann. Niederschrift des Amtsgerichts Rothenburg ob der Tauber vom 8.12.1961.

41 Ebenda.

42 StAN, Akten der Wiedergutmachungsstelle III, a 1305. Schreiben der Rechtsanwälte beim Oberlandesgericht und Landgericht Nürnberg-Fürth an die Wiedergutmachungskammer beim Landgericht Nürnberg-Fürth vom 24.1.1955.

43 BayHStA, LEA 2720 Theodor und Klara Mann. Schreiben des Rechtsanwalts Hans Raff an das Bayerische Landesentschädigungsamt München vom 3.1.1956.

44 BayHStA, LEA 1701, Adolf Heumann. Niederschrift des Amtsgerichts Rothenburg ob der Tauber vom 8.12.1961.

45 StAN, BLVW 339. Erlass der Wiedergutmachungskammer für Ober- und Mittelfranken bei dem Landgericht Nürnberg-Fürth vom 18.7.1952.

46 StAN, Akten der Wiedergutmachungsstelle III, a 2220. Wiedergutmachungsanmeldung der Lichtspielbetriebsgesellschaft nach US-Militärregierungsgesetz.

47 Falk Wiesemann, Juden auf dem Lande: die wirtschaftliche Ausgrenzung der jüdischen Viehhändler in Bayern, in: Peukert/Reulecke (Hg.): Die Reihen fast geschlossen, S. 381-396, S. 396.

48 BayHStA, ABT. II, Geheimes Staatsarchiv, Reichsstatthalter 276/1. Halbmonatsbericht des Regierungspräsidiums von Oberfranken und Mittelfranken an den Reichsstatthalter in München vom 20.9.1933.

wünscht", „Zutritt zum Viehmarkt für Juden verboten".[49] Für die Aufstellung der Schilder im Jahr 1934 setzte sich vor allem Kreisleiter Fritz Mägerlein ein.[50] Die Kreisleitung führte 1934 eine Propagandawelle zur Bekämpfung des Judentums in Form von Aufklärungsversammlungen und Plakaten durch.[51] In seiner Funktion als Kreispropagandaleiter forderte Höfler die Ortsgruppen auf, „den zuständigen Blockleiter der NSDAP" zu veranlassen, „in Zusammenarbeit mit dem Bürgermeister, dem Ortsbauernführer und anderen Parteigenossen in Zukunft unter Verwendung der entsprechenden Vordrucke jeden Fall zu melden, in welchem ein Volksgenosse mit dem Juden" verkehrte.[52] Die Kreisleitung führte die Betroffenen in einer Liste und leitete entsprechende Sanktionen ein: Streichung jeglicher Zuschüsse und Unterstützungen für Holzgelder, Steuer- und Umlagenerlässe, um die Betreffenden „auf ihre Pflichten gegenüber Volk und Staat aufmerksam zu machen."[53] Ferner forderte Höfler, die bekannt gewordenen Fälle von Handel mit Juden, die sich im Laufe des vergangenen Sommers und Herbst zutrugen, nachträglich an die Kreisleitung zu melden, damit die dort vorliegenden Aufzeichnungen entsprechend ergänzt werden können.[54] Bei Bekanntwerden der Handelstätigkeit schaltete sich der Kreisleiter ein. So drohte Fritz Mägerlein Georg Geißendörfer aus Neustett, nachdem dieser bei dem jüdischen Händler Oppenheimer Eisen gekauft hatte, den Sachverhalt im Fränkischen Anzeiger offen anzuprangern.[55] In Hartershofen ließ Mägerlein ein Schild mit der Aufschrift „Zum Judenknecht Krötsch" anbringen, weil Krötsch mit Juden Geschäfte machte.[56] Um dem Handel von Landwirten mit Juden entgegenzuwirken, empfahl der Kreispropagandaleiter Höfler dem zuständigen Gauamt für Agrarpolitik in Nürnberg, jenen Bauern die staatlichen Zuschüsse zu sperren und die Handelstätigkeit in öffentlichen Sitzungen bekannt zu machen.[57] Höfler war davon überzeugt, dass manche Bauern, die verbittert waren, aus reiner Opposition gegen die Partei nun erst recht mit den Juden handeln würden.[58] In seiner pamphlethaften Hetzschrift „Der Bauer Imschloss kann nicht vom Juden

---

49 Ebenda.

50 BArch (ehem. BDC), PK, Mägerlein, Friedrich, geb. 12.9.1903. Schreiben von Kreisleiter Mägerlein vom 25.8.1934.

51 BayHStA, ABT. II, Geheimes Staatsarchiv, Reichsstatthalter 276/2. Halbmonatsbericht des Regierungspräsidiums von Oberfranken und Mittelfranken an den Reichsstatthalter in München vom 6.4.1934.

52 BArch (ehem. BDC), PK, Höfler, Georg, 27.08.1897. Schreiben von Kreispropagandaleiter Höfler an die Ortsgruppenleitung der NSDAP in Frommetsfelden vom 17.12.1936.

53 LRA Rothenburg o.d.T., Abg. 1975, Nr. 1096. Schreiben von Kreisamtsleiter Höfler an das Rothenburger Bezirksamt vom 9.12.1936.

54 BArch (ehem. BDC), PK, Höfler, Georg, 27.8.1897. Schreiben von Kreispropagandaleiter Höfler an die Ortsgruppenleitung der NSDAP in Frommetsfelden vom 17.12.1936.

55 BArch (ehem. BDC), PK, Mägerlein, Friedrich, geb. 12.9.1903.

56 Ebenda. Schreiben von Kreisleiter Mägerlein an die NSDAP-Ortsgruppenleitung Hartershofen vom 30.6.1934.

57 BArch (ehem. BDC), PK, Höfler, Georg, 27.8.1897. Schreiben von Kreispropagandaleiter Höfler an das Gauamt für Agrarpolitik vom 25.11.1937.

58 Ebenda.

lassen" prangerte Höfler öffentlich die Handelstätigkeiten des Bauern Georg Imschloss aus Steinfeld an, da jener nach wie vor mit Juden Geschäfte machte.[59] So appellierte Höfler an die nationalsozialistische Gesinnung der örtlichen Landwirte, sich ihres Standesgenossen zu schämen. Höfler und die Partei hofften, dass sie einen Trennungsstrich ziehen würden zwischen sich und dem so genannten „Judenknecht" Imschloss.[60] Selbst der alltägliche Kontakt konnte zu Sanktionen führen: Als der städtische Förster Hermann Wolz während seiner Arbeitszeit das Motorrad eines jüdischen Mitbürgers benutzte, erhielt er von Bürgermeister Schmidt eine strenge Verwarnung. Gleichzeitig wurde sein Antrag auf verbilligte Abgabe von Bauholz sowie seine Forderung auf Gehaltserhöhung abgelehnt.[61]

Das waren längst nicht alle Maßnahmen. Hinzu kamen ständig neue Schikanen und verschiedene Formen der Diskriminierung. Immer wieder rief die Lokalpresse im Namen der NSDAP zum Boykott jüdischer Geschäfte auf.[62]

> „Für uns im Kreis Rothenburg kann es nur eine Parole geben: Keinen Pfennig mehr zum Juden tragen! Kauft in deutschen Geschäften und handelt mit deutschen Händlern! [...] Schließen wir uns noch enger zusammen als bisher im Kampf gegen [das] Judentum. Rothenburg, das einst schwer unter dem Judentum zu leiden hatte, muß auch jetzt wieder die Einigkeit und Geschlossenheit bewahren, die es in früheren Zeiten gezeigt hat und die es ermöglichte, der Juden Herr zu werden. Das gleiche gilt auch für die Volksgenossen aus dem Kreisgebiet. Das Weltjudentum soll spüren, daß es der Geschlossenheit eines Volkes machtlos gegenübersteht. [...] Kauft nicht in Judengeschäften! Handelt nicht mit Juden!"[63]

Seit Anfang 1938 hatte sich die Situation der Juden im Bezirk Rothenburg zusehends verschlechtert. Gegen ihren Willen wurden Angestellte mit Gewalt von Mitgliedern der NSDAP und SA abgehalten, ihre berufliche Tätigkeit bei jüdischen Kaufleuten auszuüben.[64] Laut Spruchkammerprotokoll wurde Elisabeth Ehrmann, Angestellte des jüdischen Kaufmanns Wimpfheimer, mit brachialer Gewalt daran gehindert, ihrer Tätigkeit nachzugehen und zur Kreisleitung abgeführt.[65] Ferner erhielten die in Rothenburg ansässigen Kaufleute ab 1936 von Seiten der zuständigen Stellen – Bürgermeister der Stadt Rothenburg bzw. Kreisbauernschaft Rothenburg – keine Gewerbelegitimationskarten mehr.[66] Damit war den Viehhändlern die wirtschaftliche Existenzgrundlage entzogen.

---

59 BArch (ehem. BDC), PK, Höfler, Georg, 27.8.1897: Georg Höfler „Der Bauer Imschloss kann nicht vom Juden lassen." Ohne Datum.

60 Ebenda.

61 StadtAR, Stadtratsprotokolle Rothenburg. Öffentliche Beratung des Gemeinderates am 1.6.1937. Nr. 417. Tagesordnungspunkt Nr. 25.

62 FA 1.4.1933; FA 18.12.1937.

63 FA 18.12.1937.

64 StAN, SpKA Rothenburg o.d.T., G89. Niederschrift des Amtsgerichts Rothenburg o.d.T. in dem Spruchkammerverfahren des Internierungslagers Moosburg vom 14.7.1947.

65 Ebenda.

66 BArch (ehem. BDC), PK, Steinacker, Karl, geb. 3.4.1909; StadtAR 063.3 Wiedergutmachung: Fall Westheimer. Beschluss des Rothenburger Stadtrats vom 14.2.1935.

Die methodisch geführten Hasskampagnen des Jahres 1938 – vor allem aber die seit 1937 verschärft einsetzende Boykottbewegung gegen jüdische Händler in Stadt und Land – übten immensen Druck auf die jüdische Bevölkerung aus.[67] 1937 wurde die vom Judenreferat der SS empfohlene Methode, die Juden durch Gewalttätigkeiten zur Aufgabe ihrer Geschäfte zu bewegen, verstärkt angewandt.[68] So leitete Kreisleiter Steinacker am 20. Juli 1937 einen Werbefeldzug zur Verbreitung des „Stürmer" in Stadt und Kreis Rothenburg ein. Bei der Aktion verteilten Parteigenossen an verkehrsreichen Punkten „Stürmer"-Werbeexemplare und „Stürmer"-Werbeaufrufe an Passanten.[69] Im Rahmen dieser Werbeaktion der NSDAP versammelten sich mehrere Nationalsozialisten aus der Stadt Rothenburg in der Unteren Schmiedgasse und hinderten nichtjüdische Kunden am Betreten des Geschäfts Josef Wimpfheimers.[70] Ein darauf folgendes Ermittlungsverfahren auf Grund einer Beschwerde des Inhabers wurde am 24. September 1937 wegen der Gegendarstellung der Kreisleitung von den Rothenburger Behörden eingestellt.[71] In seinem Monatsbericht für August 1937 schrieb Höfler an die Gaupropagandaleitung der NSDAP in Nürnberg, dass die Judenfrage in letzter Zeit verschärft aufgenommen worden sei.[72] Nachdem in den vergangenen Jahren einige Judenfamilien die Stadt verlassen hätten, wären noch zwei Ladengeschäfte übrig geblieben. Doch wären diese nach Höflers Einschätzung bald soweit, ihr Geschäft abzugeben. Die örtliche Partei werde dafür sorgen, die Juden dazu zu zwingen, die Grundstücke zu einem tragbaren Preis abzugeben. Generell wünschte sich Höfler, dass auch die benachbarten Kreise ebenso scharf vorgingen wie die Rothenburger.[73] Am 29. September 1938 wurde der letzte jüdische Betrieb in Rothenburg geschlossen.[74]

---

67 StAN, Rep. 503, Kreisleitung Rothenburg o.d.T., Nr. 6 Schreiben des Kreispropagandaleiters Georg Höfler an die Kreisleitung der NSDAP Rothenburg o.d.T. am 30.11.1938; Schreiben an die Ortsgruppenleitung der NSDAP Ohrenbach vom 8.3.1937; Ian Kershaw, Antisemitismus und Volksmeinung. Reaktionen auf die Judenverfolgung, in: Martin Broszat, Elke Fröhlich (Hg.): Bayern in der NS-Zeit. Bd. 2: Herrschaft und Gesellschaft im Konflikt, München/Wien 1979, S. 281-348.

68 Avraham Barkai, Vom Boykott zur „Entjudung". Der wirtschaftliche Existenzkampf der Juden im Dritten Reich 1933–1943, Frankfurt/M. 1988, S. 137.

69 BArch (ehem. BDC), PK, Steinacker, Karl, geb. 3.4.1909. Schreiben des Kreisleiters Steinacker an den Bürgermeister der Stadt Rothenburg vom 5.1.1938.

70 StadtAR, Rep. 101; StAN, SpKA Rothenburg o.d.T., G89. Niederschrift des Amtsgerichts Rothenburg o.d.T. in dem Spruchkammerverfahren des Internierungslagers Moosburg vom 14.7.1947.

71 Ebenda.

72 BArch (ehem. BDC), PK, Höfler, Georg, 27.8.1897. Schreiben von Kreispropagandaleiter Höfler an die Gaupropagandaleitung der NSDAP vom 2.9.1937.

73 Ebenda.

74 FA 30.9.1938.

8.3. Pseudowissenschaftlicher Antisemitismus

Antijudaismus und Antisemitismus hatten in Rothenburg eine lange Tradition – mit all ihren gesellschaftlichen Auswirkungen.[75] Neu war der wissenschaftlich verkleidete und rassisch motivierte Antisemitismus, der sich als politisches Instrument einsetzen ließ.[76] Vorträge über das internationale Judentum, angeblich jüdische Ritualmorde und die lokale jüdische Geschichte zeichneten in Rothenburg und seinen Lokalblättern wie der Linde und den Mitteilungen des Vereins Alt-Rothenburg ein Zerrbild der Juden als eine allen Deutschen feindlich gesonnene Schar fremdartiger Schmarotzer.[77] Auf der Basis der NS-Ideologie schürten Regionalhistoriker wie zum Beispiel Walter Bose und Martin Schütz mit ihren Schriften den lokalen Antisemitismus in Rothenburg.[78] Walter Bose veröffentlichte 1935 in der Zeitschrift „Nationalsozialistische Monatshefte" seinen Aufsatz „Greuellügen seit 400 Jahren. Eine Judenverfolgung, die keine war".[79] In stark antisemitischem Jargon verharmloste er den Antijudaismus in der Stadt Rothenburg in den Jahren 1519-1520 und zog mittels der angeblichen „Geschichtsfälschungen" eine Parallele in die 30er Jahre des 20. Jahrhunderts.[80]

Der in Rothenburg hoch geschätzte Studienrat Martin Schütz, ehemaliger Leiter des Stadtarchivs, veröffentlichte mehrere Aufsätze wie „Was ein Jude im Jahre 1694 der Welt vorlog", „Der Jude im Heimatschrifttum Rothenburgs", „Was der fränkische Sippenforscher über die Judenfrage wissen muß" und „Wie der Jude

---

75 Seit dem Mittelalter kam es immer wieder zu Ausschreitungen und Vertreibungen in der freien Reichsstadt. Vgl. Heinrich Schmidt, Rothenburg und die Juden, in: Der Bergfried. Rothenburger Blätter (Februar 1962) H. 2., S. 9–61; Harry Breßlau, Zur Geschichte der Juden in Rothenburg an der Tauber, in: Zeitschrift für die Geschichte der Juden in Deutschland 3 (1890), S. 1–17; Hilde Merz u. a. (Hg.), Judaika im Reichsstadtmuseum. Zur Geschichte der mittelalterlichen jüdischen Gemeinde in Rothenburg ob der Tauber. Rabbi Meir Ben Baruch von Rothenburg zum Gedenken an seinen 700. Todestag, Rothenburg o.d.T. 1993; August Schnitzlein, Aus Rothenburgs Vergangenheit. Kurze Geschichte der Reichsstadt Rothenburg, Rothenburg o.d.T. 1913; Ders., Zur Geschichte der Judenverfolgungen in Rothenburg o. d. Tauber, in: Das Bayerland 32 (1921), S. 249–251; Ders., Zur Geschichte der Vertreibung der Juden aus Rothenburg o. Tauber 1519/20, in: Monatshefte für Geschichte und Wissenschaft des Judentums 61 (1917), S. 263–284; A. Strauß, Ein Doppeljubiläum in Rothenburg o. d. Tauber, in: Bayerische Israelitische Gemeindezeitung. Nachrichtenblatt der Israelitischen Kultusgemeinde in München und des Verbandes Bayerischer Israelitischer Gemeinden 10 (6. November 1925), S. 185–187; Denkwürdige Überreste der alten Judengemeinde Rothenburg o.d.T., in: Bayerische Israelitische Gemeindezeitung 7 (1928), S. 101–103.

76 Wolfgang Benz, Die Juden im Dritten Reich, in: Karl Dietrich Bracher, Manfred Funke, Hans-Adolf Jacobsen (Hg.): Deutschland 1933–1945. Neue Studien zur nationalsozialistischen Herrschaft, Düsseldorf 1992, S. 273–290, S. 273.

77 FA 24.3.1934; FA 12.1.1936; FA 2.8.1937; FA 7.11.1937.

78 Hagen, Preservation, S. 212.

79 Walter Bose, Greuellügen seit 400 Jahren. Eine Judenverfolgung, die keine war, in: Nationalsozialistische Monatshefte 67 (1935), S. 919-923.

80 Ebenda.

Seckle von Schnaittach der Reichsstadt Rothenburg ob der Tauber Vorschriften machen wollte".[81] Stets versuchte Schütz in seinen Arbeiten den Antisemitismus historisch zu fundieren, indem er sich auf geschichtliche Ereignisse im lokalen Bereich bezog und diese pseudowissenschaftlich im nationalsozialistischen Sinne auslegte. Darüber hinaus rezensierte er in der Linde antisemitische Analysen von Wilhelm Grau, dem Leiter der „Forschungsabteilung Judenfrage des Reichsinstituts für Geschichte des neuen Deutschlands".[82]

Schütz' umfangreichstes antisemitisches Werk war das 180 Seiten zählende Buch „Eine Reichsstadt wehrt sich: Rothenburg ob der Tauber im Kampfe gegen das Judentum", das 1938 erschien.[83] Schütz schrieb das Buch im Auftrag von Julius Streicher vollkommen unentgeltlich und pries den Gauleiter als „unerschrockenen unerbittlichen Vorkämpfer [...] im Ringen gegen das Weltjudentum".[84] Dabei war Schütz der Überzeugung, dass ohne den Einfluss Streichers viele Einzelheiten der geschichtlichen Ereignisse nie zur Debatte gestanden hätten.[85] Um die Bedeutung des Buches zu betonen, ließ Streicher das Buch unter seiner Schirmherrschaft herausgeben.[86] Streicher bezeichnete die Abhandlung als „beispiel- und richtungsgebend für Judenforschungen schlechthin".[87] Für den Druck und Verlag war die Schneidersche Buchdruckerei der Gebrüder Schneider aus Rothenburg zuständig.[88] Das Schlusswort schrieb der Nürnberger Gauamtsleiter Fritz Fink.[89]

---

81 Martin Schütz, Der Jude im Heimatschrifttum Rothenburgs, in: Die Linde 28 (1938), S. 25-30; Gleichzeitig erschienen in: Jahresbericht des Vereins „Alt-Rothenburg" 33 (1936/37), S. 30-37; Ders., Was der fränkische Sippenforscher über die Judenfrage wissen muß, in: Die Linde 29 (1939), S. 76–80; Ders., Wie der Jude Seckle von Schnaittach der Reichsstadt Rothenburg ob der Tauber Vorschriften machen wollte, in: Ders. (Hg.): Vom Rothenberg. Gesammelte Aufsätze und Beiträge zur Geschichte der ehemalig. Herrschaft und der bayer. Festung (1939) H. 1, S. 13–22. Darüber hinaus veröffentliche Schütz eine Fülle historischer Aufsätze zu Rothenburg. Vgl. Ders., Zwei Berichte Rothenburger Chroniken über das Jahr 1631, in: Fränkische Monatshefte 10 (1931), S. 149-151; Ders., Die Geschichte und die rechtlichen Verhältnisse des ehemaligen Klostergutes und Klostervermögens zu Rothenburg ob der Tauber, in: Zeitschrift für bayrische Kirchengeschichte 9 (1934), S. 1-16; Ders., Rothenburgs Kampf und Leidensweg vor 300 Jahren, in: Jahresbericht des Vereins „Alt-Rothenburg" 31 (1933), S. 24-63.

82 Martin Schütz, Der Jude im deutschen Schrifttum. Antisemitismus im späten Mittelalter. Eine grundlegende Arbeit von W. Grau, in: Die Linde 29 (1939), S. 25–30. Für die Forschungsabteilung „Judenfrage" des Reichsinstituts für Geschichte des neuen Deutschlands sei verwiesen auf Horst Junginger, Die Verwissenschaftlichung der „Judenfrage" im Nationalsozialismus. Klaus-Michael Mallmann (Hg.), Darmstadt 2011, S. 59.

83 Martin Schütz, Eine Reichsstadt wehrt sich. Rothenburg ob der Tauber im Kampfe gegen das Judentum, Julius Streicher (Hg.), Rothenburg o.d.T. 1938.

84 FA 14.2.1938. Schütz, Eine Reichsstadt wehrt sich, S. 11; Hagen, Preservation, S. 212.

85 Schütz, Eine Reichsstadt wehrt sich, S. 11.

86 Ebenda.

87 FA 28.5.1938. Bei einem Besuch in Nürnberg überreichte Steinacker eine „Prachtausgabe" des Buches an Streicher.

88 Schütz, Eine Reichsstadt wehrt sich. Siehe Umschlaginnenseite.

89 Ebenda, S. 160f.

Schütz sah in der Verwertung des aktenmäßigen, amtlichen Materials der ehemaligen Reichsstadt, dem „Schatze deutscher Vergangenheit“, eine Basis für Streichers „Kampf“ und eine Bestätigung, „daß viele Deutsche vor Jahrhunderten schon einen Kampf geführt haben, dem erst die jüngste Gegenwart wieder vollstes Verständnis entgegenbringt.“[90] Schütz erhoffte sich von seiner Arbeit über die „Vergangenheit einer echt deutschen Stadt“ nicht nur lokale Bedeutung, sondern eine Lehre aus der Geschichte für ganz Deutschland.[91] Für Schütz zeichnete sich in Rothenburg bereits vor Jahrhunderten ab, was Streicher zu seiner Hauptprämisse erklärte, und so beschwörte Schütz:

> „Möge die Arbeit manchem für das Wollen und den Kampf der nationalsozialistischen Bewegung, ihres Führers Adolf Hitler uns seines treuesten Kämpfers im Ringen gegen den Weltfeind Alljuda, des Frankenführers Julius Streicher, die Augen öffnen! Möge sie der Mitwelt erzählen, wie vorbildlich und standhaft die deutschblütigen Bürger der ehemals freien Reichsstadt Rothenburg jahrhundertelang gegen die Macht des Judentums ankämpften!“[92]

Der Titel des Werkes war Programm: Der Historiker lieferte einen Abriss der Rothenburger Geschichte, angefangen von der Vertreibung der Juden aus Rothenburg (1519/20) bis hin zur Haltung der Stadt Rothenburg im 19. Jahrhundert und verwendete nationalsozialistische Ideologeme.[93] Den Grund für das Verfassen seines Buches sah Schütz darin, dass die Geschichte der Beziehungen des Judentums zur ehemals freien Reichsstadt Rothenburg zwar sehr umfangreich sei, doch sei die Historie in einer Zeit, in der der „junge nationalsozialistische Staat noch um die Erkenntnis der Gefahr der jüdischen Rasse für das deutsche Volk und die arische Welt ringen [müsste] […]“, einer eingehenden Betrachtung wert.[94] Der Verfasser brüstete sich mit einer Fülle bedeutender Quellen und Unterlagen, auf die er seine Arbeit stützen könnte und die zur „Beurteilung […] dieser Rasse im alten Reich lehrreich [seien] und der Vergessenheit entrissen werden sollten […]“.[95] In seinem Vorwort setzte sich Schütz zuerst mit dem „Heimatschrifttum“ auseinander, das sich mit der Geschichte des Judentums in Rothenburg befasste. Dabei verurteilte er vor allem das Buch von Harry Breslau: „Zur Geschichte der Juden in Rothenburg“, das im dritten und vierten Band der „Zeitschrift zur Geschichte der Juden in Deutschland“ (1889) erschienen war und nach seiner Ansicht die reichhaltigste und zugleich einzige Bearbeitung des einschlägigen Aktenmaterials gewesen sei.[96] Auch wenn für Schütz gegen die Wiedergabe der zahlreichen Urkunden und Akten im Allgemeinen nichts ein-

---

90 Ebenda, S. 11.
91 Ebenda.
92 Ebenda.
93 Ebenda, S. 158.
94 Ebenda, S. 7.
95 Ebenda, S. 9.
96 Ebenda.

zuwenden sei, wahre Breßlau doch in allen „Fragen der Weltanschauung den Standpunkt des Juden".[97] Schütz begründete seine Auffassung damit, dass es Breslau, der selbst Jude war, in erster Linie darauf ankäme, die wirtschaftliche und rechtliche Lebenslage seiner „Rassegenossen" zu ermitteln, wobei er für „jüdische Gaunerei und [...] Betruge [...]" nichts übrig hätte.[98]

Darüber hinaus kritisierte der Autor alle „deutschblütigen" Geschichtsschreiber Rothenburgs, die auf Harry Breßlaus Arbeit in der Zeit nach 1889 aufbauten und es nicht für nötig erachteten, den 1. Sammelband der Rothenburger Judenakten im Rothenburger Stadtarchiv einer Nachprüfung zu unterziehen. [99] Darin lag für Schütz die Ursache, dass das Schrifttum Rothenburgs eben „jene Wesenszüge" aufweise, „die dem gesamten Schrifttum zur Geschichte des Judentums in Deutschland eigen sind: das Geschichtsbild der Welt über das Judentum in Deutschland ist gänzlich jüdisch geprägt und von dem Juden bestimmt. Juden haben es geformt und verbreitet; christliche Forscher haben dabei Handlangerdienste geleistet."[100] Schütz stellte damit seine Auffassung zur Geschichtsschreibung Rothenburgs in die Tradition von Wilhelm Grau und schloss sich den Worten Walter Franks an, dass es an der Zeit sei „im Rahmen der wissenschaftlichen Wahrhaftigkeit diesen pseudo-wissenschaftlichen, politisch-moralischen Terror zu brechen."[101] Zu lange hätte man sich von „dem Juden" ein Geschichtsbild aufdrängen lassen und die deutsche Gelehrtenwelt hätte dieses gefahrvolle Forschungsfeld dem Fremden überlassen.[102] Daher lehrte, so Schütz, eine genaue Untersuchung des lokalen Schrifttums zur Geschichte des Judentums in Rothenburg, dass es seine volle Berechtigung hätte, wenn „deutschblütige" Historiker sich der „Erforschung der Judenfrage" widmen.[103] So betonte der Verfasser, dass sich seine Arbeit auf eine völlig neue Bearbeitung des archivalischen Quellenmaterials im Rothenburger Stadtarchiv stützte und sich dadurch vehement von den Ergebnissen Harry Breslaus unterscheiden würde.[104]

Das Buch „Eine Reichsstadt wehrt sich. Rothenburgs Kampf gegen das Judentum" teilt sich in vier Kapitel auf.[105] Im ersten Kapitel „Die Stadt Rothenburg als

97 Ebenda.
98 Ebenda.
99 Ebenda.
100 Ebenda, S. 10.
101 Wilhelm Grau war der Leiter der der „Forschungsabteilung Judenfrage des Reichsinstituts für Geschichte des neuen Deutschlands". Walter Frank schrieb das Vorwort zu der Arbeit von Grau mit dem Titel: „Die Judenfrage als Aufgabe der neuen Geschichtsforschung." aus dem Jahr 1935; Walter Frank, geb. 12.2.1905 – gest. 9.5.1945, arbeitete als Referent im Amt Rosenberg und im Stab des Stellvertreters des Führers für Rudolf Heß. Frank leitete 1935 das neugegründete „Reichsinstitut für Geschichte des neuen Deutschlands". Am 19.11.1936 etablierte er die „Forschungsabteilung Judenfrage". Vgl. Weiß, Personenlexikon 1933-1945, S. 128f.
102 Schütz, Eine Reichsstadt wehrt sich, S. 10.
103 Ebenda.
104 Ebenda.
105 Ebenda.

Sitz einer Judengemeinde" stützt sich der Autor zum Großteil auf Einzelarbeiten sowie die Chroniken von Martin Weigel und August Schnitzlein.[106] Dabei behandelt Schütz die Periode des „Aufenthaltes und des Schutzes der Juden" in der Stadt. Im zweiten Kapitel „Die Austreibung der Juden aus Rothenburg (1519/20)" widmet sich Schütz der Frage, wie Rothenburg „im Jahre 1519 die Judenfrage [...] löste [...]". Das dritte Kapitel „Der Abwehrkampf des Rates gegen das Judentum in der Zeit von 1520 bis 1802" behandelt den „zähen Abwehrkampf" Rothenburgs gegen „Uebergriffe des Judentums" und den weiteren Umgang der Rothenburger mit „den Juden". In Kapitel vier „Rothenburgs Haltung gegenüber dem Judentum im 19. und 20. Jahrhundert" schlägt er eine Brücke in die Zeit des Nationalsozialismus.[107]

Großflächig wurde für den Verkauf des Buches geworben. Die NS-Presse in Rothenburg pries das pseudowissenschaftliche Forschungswerk von Schütz als ein „schönes Stück Heimatgeschichte, [das] etwas vom Leben und Treiben der Juden zur alten Reichsstadtzeit [erzählte]."[108] Wie anders nicht zu erwarten, warb „Der Stürmer" für den Kauf des Buches.[109] Die Ortsgruppenführer erhielten von der Kreisleitung Bestellzettel, um das Buch in den NSDAP-Ortsgruppen an möglichst viele Parteimitglieder zu vertreiben.[110] Der Reinerlös des Verkaufs durch die Ortsgruppenführer floss dem „Ehrenfond zur Errichtung einer Gedächtnishalle für die Gefallenen der Bewegung" im Rothenburger Kreishaus zu.[111] In einem öffentlichen Schreiben des Kreisleiters Steinacker sprach sich dieser für das Buch als Empfehlung für private Haushalte aber auch für öffentliche Einrichtungen wie Schulbibliotheken und Büchereien aus.[112] Bereits zwei Wochen nach dem Erscheinen Anfang Mai 1938 waren über 1.000 Bestellungen bei der Geschäftsstelle der Kreisleitung in der Herrngasse 17/I für das Buch eingegangen, um es in kartonierter Form zum Vorzugspreis von 2,85 RM, in gebundener Ausgabe für 3,60 RM zu erhalten.[113]

Auf der Zehnjahresfeier der Rothenburger NSDAP-Ortsgruppe im November 1937 hielt Schütz im Sitzungssaal des Rathauses auf Einladung des Kreisleiters vor dem Kreis- und Ortsgruppenstab, den politischen Leitern sämtlicher Gliederungen und Verbänden sowie den Ratsherren, den Vertretern des Stadtrates und sonstiger Behörden einen Vortrag über seine neuesten Forschungen im Rahmen seiner Buchveröffentlichung und hob hervor, dass er es geradezu als Fügung ansehe, vor den politischen Leitern der NSDAP über den Kampf der Reichsstadt

---

106 Ebenda, S. 10f.

107 Ebenda.

108 FA 28.5.1938.

109 StadtN, Au Per 627, Der Stürmer. 1938.

110 StAN, Rep. 503, Kreisleitung Rothenburg o.d.T., Nr. 6 Schreiben vom 12.5.1938.; FA 28.5.1938; FA 10.5.1938.

111 FA 28.5.1938; FA 11.5.1938.

112 FA 28.5.1938.

113 Ebenda.

Rothenburg gegen das Judentum referieren zu dürfen. In seinem Vortrag ließ der Redner die Vertreibung der Juden aus dem mittelalterlichen Rothenburg wieder aufleben. Für Schütz war in den mittelalterlichen Rothenburger Akten eine Lehre darin zu sehen, „in welch vorbildlicher Weise der Rat der Stadt Rothenburg im Jahre 1519 für seinen Teil und in seinem engen Rahmen die Judenfrage löste."[114] Für Schütz zeigte der Rothenburger Rat gegenüber den Juden seit dem Jahr 1511 eine „auffallende Zurückhaltung" und so sah Schütz darin einen Beleg dafür, dass der Rat sich bereits vor der eigentlichen Vertreibung bewusst gewesen wäre, „daß der Jude im Staate ein Fremder sei und für seinen Gastgeber eine ernste Gefahr bedeute […].[115] Über viele ärmere Untertanen der Stadt und des Landes Rothenburg hätte die „Jüdische Rücksichtslosigkeit, Wucherwirtschaft und Hemmungslosigkeit" unsagbares Leid und Unheil gebracht.[116] Schütz forderte bei seinem Vortrag die Hörerschaft auf, den Touristen bei Stadtführungen den „Teil des alten Ghettos" zu zeigen, das an jene Zeit erinnerte, „in denen Kaiser und Reich dem Juden Schutz und Schirm gewährten", und den Besuchern Rothenburgs von dem „heldenhaften Kampfe zu erzählen, den der Rat der Stadt nahezu 300 Jahre gegen das Judentum kämpfte (1519-1802). Denn dieser Rat [hätte] den Mut zu einem Weg [gehabt], den nur wenige Reichsglieder zu gehen wagten."[117]

Am Ende seines Vortrags forderte er die Anwesenden auf, das Gehörte hinauszutragen und sich mit dieser Frage immer wieder zu beschäftigen. Er erinnerte die Rothenburger daran, „stolz darauf zu sein, in einem Kreis und in einer Stadt wirken zu dürfen, in der man schon in den vergangenen Jahrhunderten die Gefahr des Judentums erkannt hätte."[118]

Auch im musealen Bereich war die Rothenburger NSDAP nicht untätig, der hiesigen Bevölkerung rassistisch motivierte Propaganda zu vermitteln. So veranstalteten die NSDAP-Kreisleitung und das Kreisamt für Volksgesundheit in Zusammenarbeit mit dem Deutschen Hygiene-Museum im März 1937 die Ausstellung „Blut und Rasse".[119] Der Besuch der Ausstellung wurde für Schulen von der fünften Klasse aufwärts empfohlen. Das gebotene Anschauungsmaterial wurde als „wertvolle Hilfe für die Durchdringung des Unterrichtes mit nationalsozialistischem Gedankengut" angepriesen.[120] Bei der Eröffnungsrede im evangelischen Gemeindehaus betonte der Bürgermeister Schmidt, dass die Ausstellung die Aufgabe habe, „den in der nationalsozialistischen Weltanschauung verankerten Ge-

---

114 FA 9.11.1937.

115 Ebenda.

116 Ebenda.

117 Ebenda.

118 Ebenda.

119 FA 10.3.1937; Hagen, Preservation, S. 212. Zur Rassenpolitik der Nationalsozialisten sei verwiesen auf Dieter Pohl, „Rassenpolitik", Judenverfolgung, Völkermord, in: Horst Möller u.a. (Hg.): Die tödliche Utopie. Bilder, Texte, Dokumente, Daten zum Dritten Reich. 4. Aufl. München 2002, S. 206-267.

120 StAN Amtsblatt für das BA Rothenburg o.d.T. Jg. 1937, Nr. 8944 P vom 4.3.1937.

danken […] von der rassischen Gestaltung des deutschen Menschen zum Ausdruck zu bringen." In einfacher, aber eindringlicher Form versuchte die Ausstellung das Verständnis „[…] für die rasse[n]politische Gesetzgebung des Dritten Reiches" zu wecken und über die fatalen Folgen der „Vermischung mit artfremden Blut" aufzuklären. Den Rothenburgern wurde es von Seiten der lokalen NSDAP ans Herz gelegt, die Ausstellung zu besuchen, die fünf Tage lang in Rothenburg zu besichtigen war.[121]

Vorträge mit dem Titel „Das Freimaurertum ist aus Israel geboren" von Staatssekretär Hans Dauser untermauerten die nationalsozialistischen Verschwörungstheorien gegenüber dem „internationalen Judentum" und wurden turnusmäßig mit verschiedenen Akzentuierungen durch die örtliche NSDAP organisiert.[122] Neben geladenen Referenten trugen örtliche Parteigrößen, wie der Kreisleiter Steinacker, zur antisemitischen Propaganda bei. Honoriert wurde dies mit regem Zulauf durch die Rothenburger Bevölkerung, sei es in Gaststätten, im Rathaus oder auf dem Marktplatz.[123]

Die NS-Frauenschaft unterstützte die NS-Rassenpolitik und gestaltete zu diesem Thema Vorträge.[124] Im Rothenburger Bärensaal, der mit Hakenkreuzfahnen geschmückt und mit von bunten Bändern umwundenen Kränzen geziert war, hörten Anfang Juni 1936 hunderte von Rothenburger Frauen und Mädchen den Ausführungen der Gauamtsleiterin Berta Lämmermeyer und der Schulrätin Marie Schauberger aus Nürnberg über die „Familien- und Sippenforschung", mit dem Ziel der „Gesundung des deutschen Volkes" zu.[125] Auch SS-Hauptsturmführer Karl Kitzinger lobte in einem Vortrag den „Segen der Rassenforschung".[126] Friedrich Schmidt hielt vor der Parteigenossenschaft Rothenburgs einen Vortrag mit dem Titel „Die germanische Lebensform ist ohne das Gesetz des Blutes nicht zu denken".[127]

Auf einer Mitgliederversammlung der NSDAP-Ortsgruppe Rothenburg sprach der Parteigenosse Röckelein aus Erlangen am 18. Dezember 1934 im Kaisersaal des Rothenburger Rathauses über die Gefahren des Freimaurertums für Deutschland.[128] Dabei rief er die Rothenburger zum „Kampf" auf gegen diese „jüdisch-internationale […]" Organisation.[129] In seinem Vortrag fokussierte Röckelein

121 FA 10.3.1937.

122 Hans Dauser, geb. 5.10.1877 – gest. unbekanntes Datum 1955, trat 1921 in die NSDAP ein. Sein Wiedereintritt erfolgte 1925 in die neubegründete Partei. 1933-1945 war Dauser Staatssekretär und Abteilungsleiter für Arbeit und Fürsorge im bayerischen Wirtschaftsministerium, wobei er 1935-1945 faktisch Leiter des Wirtschaftsministeriums war. Vgl. Unger, Biogramme, S. 741.

123 FA 13.3.1937.

124 FA 8.6.1936.

125 Ebenda.

126 FA 22.2.1935.

127 FA 8.11.1937.

128 FA 19.12.1934.

129 FA 20.12.1934.

sich auf den sogenannten „Rat der Zwölf, jener 12 Juden, die auf sich eine Macht vereinigt [hätten], wie sie nie ein Mensch gekannt ha[be]. Diese 12 Juden wollten die Weltherrschaft erringen. Sie [hätten] für sich systematisch eine ungeheure Macht aufgebaut [...].“[130]

Auch der stellvertretende Reichsärzteführer Streck referierte im November 1935 auf einer NSDAP-Kundgebung in Rothenburg, wo seiner Ansicht nach wie überall im Gau Franken ein „besonderer Geist“ wehte, über die „überstaatlichen Mächte, die gefährlichsten Gegner des Nationalsozialismus“ und führte aus „wie es der Jude in seiner Zielverfolgung der Weltherrschaft verstanden [hätte], als alles nichts mehr nützte, sich die kirchlichen Einrichtungen zu eigen zu machen. [...]“.[131]

Der Rothenburger Bürgermeister Zoller sprach im März 1934 bei einer SA-Versammlung im Schloss in Schillingsfürst-Frankenheim auf Einladung des Schillingsfürster Ortsgruppenleiters und Bürgermeisters Conrad Stieber und des Leiters des SA-Reserve-Sturmes Christian Stieber.[132] Nach der Begrüßung durch ein Spalier des SA- Reservesturmes wurde Zoller ein Blumenstrauß durch den BDM überreicht.[133] In seiner Rede behandelte Zoller das große „Uebel [...] [der] Gemeinschaft des Bauern mit dem Juden [...]“.[134] Dabei verlas er ein Schriftstück, das einen vor hundert Jahren in Rothenburg begangenen angeblichen Ritualmord an einem Kind behandelte.[135] Dieses Schriftstück hätte sich, wie Zoller behauptete, im Stadtarchiv Rothenburg befunden, das einer Zeichnung beigelegen habe, die den genannten Mord darstellte und von jedem Anwesenden besichtigt werden konnte, wovon auch von den Archivbesuchern mit großem Interesse Gebrauch gemacht worden wäre.[136] Aus dem Schriftstück sei ersichtlich, dass „früher der Jude der Gleiche war wie er heute noch ist; – wer vom Juden ist, der stirbt daran! Es müsse jeder, [so Zoller] in die Speichen des Karren, der zum Aufstieg führt[,] eingreifen und nicht müde werden, bis es gelingt, den Gefahren, woher sie auch kommen mögen, zu trotzen.“ [137] Anschließend richtete Zoller einen Appell an seine Zuhörer, „in Zukunft nur nach den Grundsätzen des Nationalsozialismus zu handeln [...].“[138]

---

130 Ebenda.
131 FA 25.11.1935.
132 FA 24.3.1934.
133 Ebenda.
134 Ebenda.
135 Ebenda.
136 Ebenda.
137 Ebenda.
138 Ebenda.

8.4. Bildnerischer Antisemitismus

Anlässlich des 51. Geburtstages von Julius Streicher überreichte Kreisleiter Steinacker dem Gauleiter und selbsternannten „Frankenführer" die Ehrenbürgerurkunde der Stadt Rothenburg.[139] Im Gegenzug vermachte Streicher den Rothenburgern eine so genannte „Mahntafel", die am 12. Februar 1936 feierlich eingeweiht wurde. Verschiedene Gliederungen der NS-Bewegung und zahlreiche Zivilpersonen wohnten dem inszenierten Spektakel bei. Angebracht am linken Torhäuschen des Rödertors trug die Steintafel in alten gotischen Lettern die Aufschrift: „Die Weltgeschichte nennt die Namen der Völker, die am Juden zugrunde gingen. Ihr tragisches Ende ist eine furchtbare Mahnung für die Völker, die noch am Leben sind. ... Julius Streicher".[140] Angefertigt wurde die Tafel durch den lokalen Künstler und Kreisheimatpfleger der NSDAP Ernst Unbehauen.[141] Kreisleiter Steinacker sah in jenem Künstler eine „unersetzliche Kraft" für die Partei, die „mit Begeisterung hinter der nationalsozialistischen Bewegung steh[e] und sich unter Hintanstellung seiner eigenen Person und seiner persönlichen Interessen für die Belange der Bewegung [einsetze] [...]".[142] Während der NS-Herrschaft brachte der Rothenburger Künstler seine ganze künstlerische Energie ein. Im Auftrag der NSDAP fertigte Unbehauen eine exakte Kopie des Holzschnitts von Michael Wolgemut aus der Schedel'schen Weltchronik aus dem Jahr 1493 über einen angeblichen Ritualmord an dem Kind Simon von Trient an, signiert mit seinem Namen und den Worten „„zu[r] Unterstützung des Propagandafeldzuges gegen die Juden".[143] Wochenlang war das Bild in der Oberen Schmiedgasse im Schaufenster eines Schreibwarengeschäfts ausgestellt.[144] Die Herausgabe des antisemitischen Werkes „Eine Reichsstadt wehrt sich" im Jahre 1938 unterstützte Unbehauen durch den Entwurf des Titelblattes. Des Weiteren fertigte der Künstler vier Holztafeln an, die als die so genannten Rothenburger „Judentafeln" Eingang in die Stadtgeschichte fanden.[145] Bei der feierlichen Kundgebung der NSDAP-Ortsgruppe am 1. August 1937 wurden Unbehauens antisemitische Tafeln an den Ortseingängen der mittelalterlichen Stadtmauer am Spitaltor, am Burgtor, am Galgentor und am Klingentor angebracht.[146]

---

139 FA 13.2.1936.

140 Ebenda; StadtN, Au Per 627, Der Stürmer. 1936.

141 FA 13.2.1936. Für eine vertiefte Auseinandersetzung mit der Person Unbehauen sei verwiesen auf die Biographie von Ulrich Herz, Der Maler und Mensch Ernst Unbehauen (1899–1980). Auch ein Stück Rothenburger Zeitgeschichte, Rothenburg ob der Tauber 2011.

142 StAN, SpKA Rothenburg o.d.T., U6. Kreisleiter Steinacker in seiner politischen Beurteilung an das Gaugericht Franken der NSDAP 1936.

143 Herz, Ernst Unbehauen, S. 39.

144 Ebenda, S. 39.

145 Hagen, Preservation, S. 213.

146 FA 2.8.1937.

Die Tafeln hatten folgende Beschriftung: Am Spitaltor forderte die so genannte „Mahntafel“: „Wir gebieten bey Leibesstraff, daß hinfüro kein Burger, wes Standes er auch sei, mit keinem Juden des Handelns, es sey gleich Kauf oder Verkauf, Leihen, Vertauschen oder ein ander Weg sich einlassen soll. ... Der Rat der Stadt Rothenburg uff der Tauber.“[147] Die Tafel am Burgtor lautete: „I leucht die Stroeß und Gäßli o, doezu die ganz Landwehr, der Herrgott hat es Wunder toe, I siech kan Jude mehr.“[148] Die „Judentafel“ am Galgentor trug die Aufschrift: „Profit, Gier und List, Im Handeln bey mir ist. Tu Feyern, Fressn und Sauffn und schöne Frowlein kauffn. Mein Eid gilt nichts – Allein, Mir ist nicht zu gemein.“[149] Am Klingentor trug die Tafel folgenden Reim: „Ein Reichstadt an der Tauber leyt, ist Rothenburg genannt. Da haben die Jüden lange Zeyt, getrieben grosse Schant. Mit Wucherey und scharfer List, damit gar mancher Frummer zu grundt verdorben ist.“[150]

Bei dem letzten Zitat handelt es sich um einen Ausschnitt aus einem judenfeindlichen Lied, das um 1520 anlässlich der Vertreibung der Juden aus Rothenburg geschrieben wurde.[151] Somit knüpfte Unbehauen gezielt an den mittelalterlichen Antijudaismus an, um seine Werke bildlich zu gestalten. Die Rothenburger Nationalsozialisten sahen in der Anbringung der „Judentafeln“ basierend auf den Aussprüchen und Ratsedikten aus der Zeit um 1520 geradezu eine historische Tat.[152] Wegbereitend für die Gestaltung der „Judentafeln“ war der frühere Stadtarchivar und Studienrat Martin Schütz, der sich in seinem Buch „Eine Reichsstadt wehrt sich“ vertieft mit der Erforschung der mittelalterlichen Judenfeindlichkeit der Rothenburger befasst hatte.[153] In ihrer Darstellung ähnelten die Bilder den vulgär-antisemitischen Karikaturen von Philipp Rupprecht – bekannter unter dem Pseudonym Fips – aus dem „Der Stürmer“. Unbehauen visualisierte mit seinen Bildern antisemitische Vorurteile und malte die Figuren mit abstoßenden Eigenschaften.

Die einzelnen Tafeln wurden der Schirmherrschaft einzelner Verbände und angeschlossener Gliederungen der NSDAP zugeteilt. Mit der Weisung, jederzeit über diese Werke zu wachen, übergab Kreisleiter Steinacker die Tafel am Klingentor in die Obhut der SS und der Hitlerjugend, die die Patenschaft für diese „Mahntafel“ übernommen hatten. Die Patenschaft für die Tafel am Würzburgertor hatte die SA inne. Die politischen Leiter der NSDAP selbst, darunter die Kreis- und Ortsgruppenleiter, sahen sich in Verantwortung für die „Mahntafel“

---

147 Ebenda.

148 Ebenda.

149 Ebenda.

150 Ebenda.

151 Vgl. Cornelia Berger-Dittscheid, Rothenburg ob der Tauber, in: Wolfgang Kraus u.a. (Hg.): Mehr als Steine... Synagogen-Gedenkband Bayern. Bd. 2: Mittelfranken, Lindenberg 2010, S. 542–562, S. 562.

152 FA 2.8.1937.

153 Ebenda.

am Spitaltor. Die vierte Tafel, die am Burgtor angebracht wurde, war der Obhut des „Deutschen Jungvolks Rothenburg" unterstellt. Gleichzeitig warnte Kreisleiter Steinacker die „Juden und Judenknechte" davor, die Tafeln zu beschmutzen oder zu entfernen und prophezeite bei Zuwiderhandlung umso mehr Tafeln auch an den anderen Türmen und Toren der Stadt anzubringen.[154]

Die Anbringung der „Judentafeln" war für die Nationalsozialisten in Rothenburg in zweifacher Weise symbolisch. Zum einen feierte Steinacker am 1. August sein zweijähriges Jubiläum als Kreisleiter für Rothenburg. Zum anderen galten die „Mahntafeln" als symbolischer Ausdruck für den „Kampf, den unser Kreisleiter um die Judenfrage in unserem Kreise geführt hat."[155] In dieser Hinsicht prophezeite die NS-Presse apodiktisch: „Und wir wissen eines bestimmt, es kommt der Tag, da unser Kreisleiter und mit ihm seine Parteigenossenschaft und alle Volksgenossen mit Freuden unserem Gauleiter Julius Streicher melden können: Wir haben in Rothenburg die Judenfrage gelöst."[156]

Für sein Wirken durfte der Künstler im Fränkischen Anzeiger eine besondere Belobigung erfahren. In dem Zeitungsartikel zeigte er sich für die Gestaltung der „Mahntafeln" voll verantwortlich.[157] Somit findet sich in der Person Unbehauen ein wichtiger Akteur, der im Rahmen seines Parteiamtes als Kreisheimatpfleger die lokale Machtstruktur stützte und durch sein künstlerisches Schaffen in der Region den Antisemitismus flankierte.

8.5. „Arisierungen" und Vertreibung

In Rothenburg erfolgten ab 1938 mehrere so genannte „Arisierungen" unter Federführung der lokalen NSDAP in Zusammenarbeit mit der städtischen Verwaltung.[158] Hierbei wird deutlich, dass die NS-Herrschaft kein abstraktes oder entpersonalisiertes Institutionengefüge darstellte, sondern auf Beziehungen sowie

---

154 Ebenda.

155 Ebenda.

156 Ebenda.

157 Ebenda.

158 StAN, Akten der Wiedergutmachungsstelle III, a 1305 Bd. I. StAN, Akten der Wiedergutmachungsstelle III, a 1305. Schreiben der Rechtsanwälte beim Oberlandesgericht und Landgericht Nürnberg-Fürth an die Wiedergutmachungskammer beim Landgericht Nürnberg-Fürth vom 24.1.1955; StAN, SpKA Rothenburg o.d.T., H147. Mündliche Verhandlung der Spruchkammer Rothenburg o.d.T. am 17.3.1948. Zum Begriff der „Arisierung" sei verwiesen auf Eckart Dietzfelbinger, Entrechtet. Entwürdigt. Beraubt. Eine Ausstellung zur Arisierung in Nürnberg und Fürth, in: Matthias Henkel/Ders. (Hg.): Entrechtet. Entwürdigt. Beraubt. Eine Ausstellung zur Arisierung in Nürnberg und Fürth. Begleitbuch zur Ausstellung im Dokumentationszentrum Reichsparteitagsgelände Nürnberg, Petersberg 2012, S. 9-15, S. 9; Zur „Arisierung" in Bayern sei verwiesen auf die vergleichende Studie von Maren Janetzko, Die „Arisierung" mittelständischer jüdischer Unternehmen in Bayern 1933-1939. Ein interregionaler Vergleich, Ansbach 2012.

personellen Netzwerken beruhte.[159] Dabei wurden sowohl jüdische Kultgegenstände als auch mehrere Wohnhäuser, Gewerbebetriebe und Anwesen enteignet.[160] Zuständig für die Genehmigung von Grundstücksgeschäften im Zuge der „Arisierung“ waren die unteren Verwaltungsbehörden wie der Rothenburger Landrat und der Oberbürgermeister.[161] Ortsansässige Rothenburger erkannten die Gunst der Stunde und erstanden die sich ehemals in jüdischem Besitz befindlichen Immobilien, Grundstücke und Einrichtungsgegenstände.[162]

Die folgenden Beispiele stehen exemplarisch für die sogenannten „Arisierungen“ in Rothenburg: Der jüdische Kaufmann Leopold Westheimer betrieb in Rothenburg einen Leder-Groß- und Kleinhandel und besaß Anwesen in der Kirchgasse 1 und Herrengasse 12 in Rothenburg.[163] Da während der NS-Herrschaft sein Geschäft stagnierte und er ständig antisemitischen Anfeindungen ausgesetzt war, veräußerte er am 14. Oktober 1937 sein Geschäft zusammen mit dem Anwesen in der Kirchgasse 1 für 19.500 RM an Ludwig Weth.[164] Sein Haus in der Herrngasse 12 verkaufte Westheimer auf Befehl der Rothenburger Kreisleitung für 18.300 RM an Georg und Willi Unger.[165] Im Auftrag der Stadt erwarb der Stadtamtmann Hans Wirsching von Westheimer ein Grundstück an der alten Burg für 500 RM.[166] Die Verkaufshandlungen geschahen auf Befehl der Rothenburger Kreisleitung.[167] Das Geld für den Verkauf stand Westheimer allerdings nicht zur freien

---

159 Frank Bajohr, Interessenkartell, personale Netzwerke und Kompetenzausweitung: Die Beteiligung bei der „Arisierung“ und Konfiszierung jüdischen Vermögens, in: Gerhard Hirschfeld/Tobias Jersak (Hg.): Karrieren im Nationalsozialismus. Funktionseliten zwischen Mitwirkung und Distanz, Frankfurt/M [u.a.] 2004, S. 45-55, S. 49.

160 StadtAR, 063.1. Wiedergutmachung, Rückerstattung. Schreiben der Jüdisch-Historischen Komission, Zweigstelle Ansbach, an den Bürgermeister der Stadt Rothenburg o.d.T. vom 23.10.1946; StadtAR, 063.2. Wiedergutmachung: Fall Löwenthal. Schreiben des Landesamtes für Vermögensverwaltung und Wiedergutmachung an den Bürgermeister der Stadt Rothenburg o.d.T. vom 29.11.1946.

161 Das Bezirksamt Rothenburg o.d.T. regelte den bürokratischen Ablauf des Einsatzes jüdischen Vermögens. Vgl. StAN, LRA Rothenburg, Abg. 1975, Nr. 325. Schreiben des Regierungspräsidenten an die Oberbürgermeister der Stadtkreise, die Bürgermeister der fr. kreisunmittelbaren Städte, die Landräte vom 13.2.1940.

162 StadtAR, 063.4. Politisch, rassisch, religiös Verfolgte. Verzeichnis der Hausbesitzer in Rothenburg o/Tbr. israelitischen Glaubens.

163 StAN, BLVW 384a, 405.

164 StAN, Akten der Wiedergutmachungsstelle III, a 1305 Bd. I.; Schreiben der Wiedergutmachungskammer für Ober- und Mittelfranken bei dem Landgericht Nürnberg-Fürth vom vom12.2.1952; BLVW 384a, 405.

165 Ebenda.

166 StAN, Akten der Wiedergutmachungsstelle III, a 240. Das Grundstück hatte die Plannummer 1145; StadtAR 063.3. Wiedergutmachung: Fall Westheimer.

167 StAN, Akten der Wiedergutmachungsstelle III, a 1305 Bd. I. StAN, Akten der Wiedergutmachungsstelle III, a 1305. Schreiben der Rechtsanwälte beim Oberlandesgericht und Landgericht Nürnberg-Fürth an die Wiedergutmachungskammer beim Landgericht Nürnberg-Fürth vom 24.1.1955.

Verfügung.[168] Trotz Überweisung der Beträge auf Westheimers Konto bei der Bayerischen Hypotheken- und Wechselbank in München bzw. auf dessen Postscheckkonto hatte Westheimer über die genannten Beträge keinen unbeschränkten Zugriff, da Parteidienststellen und staatliche Behörden die Konten von Juden überwachten. So durfte Westheimer bis zu seiner Deportation monatlich lediglich 200 RM für seinen Lebensunterhalt abheben.[169]

1938 musste Josef Wimpfheimer sein Textilwarengeschäft, Untere Schmiedgasse 5, aufgeben.[170] Alle seine Dokumente und Unterlagen wurden beschlagnahmt.[171] Für den Verkauf beauftragten die Kreisleitung und Bürgermeister Schmidt den Gütermakler Martin Baumann aus Rothenburg. Unter Androhung weiterer Maßnahmen wurde Wimpfheimer zur Veräußerung seines Anwesens für 15.000 RM an Hufnagel gezwungen. Außerdem musste Wimpfheimer auf Befehl des Kreisleiters Steinacker seine gesamte Laden- und Schaufenstereinrichtung ohne Bezahlung dazugeben.[172] Hufnagel wiederum verkaufte das Haus in der Schmiedgasse 5 kurze Zeit später an einen Herrn Weiss für 40.000 RM.[173] Im Herbst 1938 beauftragte Wimpfheimer den Transportunternehmer Georg Stamminger aus Ansbach: Stamminger sollte Wimpfheimers Hab und Gut – Möbel und Einrichtungsgegenstände – verfrachten, doch hinderten ihn uniformierte SA-Männern aus Rothenburg daran. Das verladene Frachtgut wurde nach Ansbach in ein Lagerhaus transportiert und am nächsten Tag von der Rothenburger SA beschlagnahmt.[174] Sein Geschäftsvermögen wurde Wimpfheimer in Rothenburg entzogen.[175] Nach seiner Vertreibung aus Rothenburg zog Wimpfheimer zuerst nach München, bevor er in Berlin in der Holzmarktstraße auf seine Auswanderungsmöglichkeit wartete.[176]

Adolf Heumann verkaufte sein Modegeschäft in Rothenburg, welches aufgrund der Boykottmaßnahmen nur einen geringen Umsatz erzielte. Die Geschäftsein-

---

[168] StAN, BLVW 384a, 405. Darin: Ausführungen vom 19.1.1950 im Amtsblatt des Bayerischen Staatsministerium d. Finanzen, 1950, S. 17, Ziff. 6.

[169] StAN, BLVW 384a, 405.

[170] BayHStA, LEA 3777 Joseph Wimpfheimer. Schreiben von Josef Wimpfheimer an das Bayerische Landesentschädigungsamt vom 15.9.1955.

[171] BayHStA, LEA 3777 Joseph Wimpfheimer. Schreiben von Josef Wimpfheimer an die Rechtsanwälte A. Bayer und E. Suesse vom 3.5.1955.

[172] StAN, BLVW, Nr. 386; BayHStA, LEA 3777 Joseph Wimpfheimer. Schreiben der Rechtsanwalts Adolf Bayer an die Wiedergutmachungsbehörde III Ober- und Mittelfranken vom 9.7.1951.

[173] StAN, Akten der Wiedergutmachungsstelle III, a 2151; StadtAR, 063.4. Politisch, rassisch, religiös Verfolgte.

[174] BayHStA, LEA 3777 Joseph Wimpfheimer. Schreiben der Wiedergutmachungskammer für Ober- und Mittelfranken bei dem Landgericht Nürnberg-Fürth vom 14.5.1954; StAN, Akten der Wiedergutmachungsstelle III, a 2151. Erlass der Wiedergutmachungskammer für Ober- und Mittelfranken bei dem Landgericht Nürnberg-Fürth vom 14.5.1954.

[175] BayHStA, LEA 3777 Joseph Wimpfheimer. Schreiben der Rechtsanwalts Adolf Bayer an das Bayerische Landesentschädigungsamt in München vom 22.3.1955.

[176] Ebenda.

richtung wurde an den Unternehmer Schuth zu Schleuderpreisen verkauft und die vorhandenen Waren abgegeben.[177] Insgesamt zahlte Schuth lediglich 4.000 RM.[178] Als Heumann nach seiner Vertreibung in Regensburg lebte, erschienen im Auftrag der Stadt Rothenburg der Grundstücksmakler Martin Baumann zusammen mit dem Sparkassendirektor Georg Küspert.[179] Heumann wurde gezwungen, die Häuser in der Herrngasse 2 sowie im Feuerkesselgäßchen Nr. 1 für den Preis von 25.000 RM zu verkaufen, obwohl beide Anwesen zusammen einen Einheitswert von 84.400 RM hatten.[180] Das Geld für den Hausverkauf kam auf Heumanns Konto bei der Bayerischen Vereinsbank in Regensburg. Da über das Konto eine Sperre verhängt wurde, gelangte Heumann nicht in den Besitz des Kaufpreises.[181]

Der Zwangsverkauf bei der Familie Mann zeigt, wie drastisch eine „Arisierung" ablief. Die jüdischen Viehhändler Josef und Theodor Mann mussten als Juden im Jahre 1938 im Zuge der nationalsozialistischen Verfolgungsmaßnahmen ihr Anwesen inklusive der Einrichtungsgegenstände sowie die betriebene Vieh- und Pferdehandlung verkaufen.[182] Am 29. September 1938 gegen Mitternacht marschierte eine Gruppe Nationalsozialisten in Anwesenheit des Kreisleiters Steinacker zum Haus der Gebrüder Mann und drang gewaltsam ein.[183] Die Nationalsozialisten zerrten Theodor und Josef Mann zur Polizeiwache, während Julius Mann als Geisel ins Gefängnis gebracht wurde, bis der Verkauf und die Zuschreibung des Hauses, wie es Kreisleiter Steinacker verlangte, beim Notar erfolgt waren.

Die Hausangestellten Lisette Decker und Babette Baumann, die jahrelang bei den Gebrüdern Mann angestellt waren, berichteten, dass am Abend des 29. Septembers 1938 vor dem Haus der Gebrüder Mann ein Aufruhr stattgefunden hatte. Lisette Decker, die an jenem Abend zuhause war, erinnerte sich, dass Menschen auf der Straße gebrüllt haben „Judensau, geh raus, macht auf, ihr Bolschewisten, der Bauch gehört Euch aufgeschlitzt!" Lisette Decker erläuterte weiter, dass Kreisleiter Steinacker darauf bestand, dass das Haus schleunigst an August Assel verkauft werden sollte.[184] Decker erinnerte sich, dass Assel einige Tage vor dem Verkauf bei den Gebrüdern Mann gewesen sei und dass keine Einigung erzielt worden wäre. Freiwillig wollten die Gebrüder Mann das Haus nicht verkaufen. Babette

---

177 BayHStA, LEA 1701, Adolf Heumann. Niederschrift des Amtsgerichts Rothenburg ob der Tauber vom 8.12.1961; StAN, BLVW 389; StAN, Akten der Wiedergutmachungsstelle III, a 2450.Schreiben des Rechtsanwalts von Paul Schuth an die Wiedergutmachungsbehörde für Mittel- und Oberfranken vom 21.10.1949.

178 StAN, Akten der Wiedergutmachungsstelle III, a 2450.Schreiben des Rechtsanwalts von Paul Schuth an die Wiedergutmachungsbehörde für Mittel- und Oberfranken vom 21.10.1949.

179 StAN, Akten der Wiedergutmachungsstelle III, a 839. Kaufvertrag vom 23.11.1938.

180 Ebenda.

181 BayHStA, LEA 1701, Adolf Heumann. Schreiben der Rothenburger Stadtverwaltung vom 22.5.1957.

182 StAN, BLVW, Nr. 339.

183 Ebenda.

184 Ebenda.

Baumann, die in jener Nacht erst nach Mitternacht zurückkam, fand das Haus mit Farbe verschmiert vor. Sie sah, wie Kreisleiter Steinacker, Haberkern, Stadtgärtner Denzer und Richard Hidde in das Haus gingen. Später war sie zugegen, wie der Kreisleiter brüllte: „Euch werden wir schon noch mürbe machen, das Haus kriegt kein anderer als Leonhard Assel", und wie er auf einen sofortigen Verkauf gedrängt hatte.[185] Ferner zwang der Kreisleiter die Gebrüder Mann, Rothenburg bis zum Abend mit ihren Familien zu verlassen. Babette Baumann erinnerte sich außerdem, dass bei den Verhandlungen der Kreisleiter drohte: „Wenn ihr das Haus heute nicht verkauft, kommt Julius Mann nicht aus dem Gefängnis."[186]

Am nächsten Morgen wurde das Anwesen beim Notariat Rothenburg an Leonhard Assel überschrieben.[187] Der Kaufpreis betrug 30.000 RM. Mit dem Hausverkauf wurden von Leonhard Assel der Vieh- und Pferdehandel, der im gleichen Haus betrieben wurde, und das Inventar übernommen, ebenso die Wohnungseinrichtung. Für Futter, Wagen, Maschinen und sonstiges gab Leonhard Assel den Gebrüdern Mann 3.000 RM in bar. Am gleichen Morgen besichtigten Leonhard und August Assel das Haus und erkundigten sich forsch nach dem Auszugstermin.[188] Das Geld aus dem Hausverkauf kam auf das Sperrkonto der jüdischen Firma Gebrüder Mann bei der Bayerischen Vereinsbank in München. Von dem Erlös in Höhe von 33.000 RM hatten sie, bis auf 13.500 RM bei dem Württembergischen Spar- und Hypothekenverein in Künzelsau und 3.000 RM in bar, nichts zur freien Verfügung erhalten. Für die Abwicklung der geschäftlichen Dinge wurde der Treuhänder Heinrich Löffler aufgestellt. Theodor, Josef und Julius Mann erhielten zum Lebensunterhalt je einen Betrag von monatlich 200 RM.[189]

Theodor Mann verließ gegen Mittag die Stadt in Richtung München, während Josef Mann mit Julius Mann, der erst am Abend aus dem Gefängnis entlassen wurde, Rothenburg verließ. 1938 wurden Julius und Norbert Mann für ein halbes Jahr im Konzentrationslager Dachau interniert. Julius Mann verstarb im Juli 1939 in München und Norbert Mann wanderte im August 1939 in die USA aus. Im März 1942 brachte man Theodor und Josef Mann in das Lager in der Knorrstaße 148 in München. Am 21. Juni 1942 transportierte man sie nach Theresienstadt. Im September 1942 wurden beide im Konzentrationslager Auschwitz Birkenau vergast und eingeäschert.[190]

---

185 Ebenda.

186 Ebenda.

187 Zufolge Auflassung vom 30.9.1938 wurden Leonhard und Anna Assel am 22.10.1938 als Eigentümer in allgemeiner Gütergemeinschaft im Grundbuch eingetragen; StAN, SpKA Rothenburg o.d.T., A20. Der Kaufmann Leonard Assel aus Rothenburg o.d.T., geb. 22.3.1884, war Mitglied der NSDAP von 1.5.1933-1945; StAN, SpKA Rothenburg o.d.T., A19. Anna Assel, geb. 2.2.1886, war von 1933-1945 Mitglied der NSF. Sie erhielt die zehn- und 15-jährige Parteidienstauszeichnung.

188 Ebenda.

189 Ebenda.

190 Ebenda.

Zwangsweise übereignet wurde das Anwesen von Fanny Löwenthal in der Herrngasse 26.[191] Außerdem wurden verschiedene jüdische Kunst- und Kultgegenstände beschlagnahmt.[192] In seiner Eigenschaft als Kunst- und Antiquitätenhändler erwarb Peter Weiß 1938 verschiedene Kunst- und Kultgegenstände aus jüdischem Besitz.[193] Moritz Lehmann musste seine Metzgerei in der Oberen Schmiedgasse 18 an August und Georg Wildermann für 23.000 RM verkaufen.[194] Die Jüdin Helene Kirschbaum zwang man zum Verkauf ihres Grundstücks in der Neugasse 34.[195] Auch das Gebäude in der Herrngasse, in dem sich die jüdische Synagoge befand, wurde von Peter Weiß und Hans Lassauer für 4.380 RM aufgekauft und in eine Privatwohnung umgewandelt.[196] Das Grundstück des jüdischen Friedhofs und die dortige Totenhalle gingen in den Besitz der Stadt Rothenburg über.[197] Aufgrund des Reichsbürgergesetzes vom 4. Juli 1939 beschlagnahmte man den jüdischen Friedhof in Rothenburg.[198] Im Auftrag der Stadt kaufte Hans Wirsching, Stadtamtmann in Rothenburg, das Grundstück für 310 RM. Siegfried Steinberger musste drei Häuser – Hofstatt 4, Obere Schmiedgasse 15 und Galgengasse 13 – in Rothenburg veräußern.[199] Ebenso vereinnahmte man seine landwirtschaftlichen Grundstücke.[200] Als gesetzlicher Vertreter der „Arisierungen“ im Namen der Stadt Rothenburg agierte der Stadtamtmann Hans Wirsching.[201] Ferner konfiszierte das Rothenburger Amtsgericht das Vermögen

---

[191] StAN, BLVW, Nr. 399, 410. Die Buchdruckerei Schneider kaufte von Fanny Löwenthal das Grundstück in der Herrngasse 26. Vgl. StAN, BLVW Nr. 410; StAN, Akten der Wiedergutmachungsstelle III, a 3419. Schreiben von Ernst Schöner an das Zentralanmeldeamt in Bad Nauheim vom 26.12.1948 ; StAN, BLVW 399; StAN, Akten der Wiedergutmachungsstelle III, a 3422. Kaufvertrag vom 22.6.1938; StadtAR 063.2. Wiedergutmachung: Fall Löwenthal. Schreiben von Fanny Löwenthal vom 27.12.1948.

[192] StAN, BLVW, Nr. 395, 396; StadtAR, 063.2. Fall Löwenthal. Schreiben des Landesamtes für Vermögensverwaltung und Wiedergutmachung an den Bürgermeister der Stadt Rothenburg vom 29.11.1946.

[193] StAN, BLVW 396; StadtAR 063.2. Wiedergutmachung: Fall Löwenthal. Schreiben von Fanny Löwenthal vom 27.12.1948.

[194] StAN, BLVW 379.

[195] StAN, BLVW 387.

[196] StAN, Reg. v. Mfr. Abg. 1978, Nr. 434. Schreiben des Landrats an den Regierungspräsidenten in Ansbach vom 23.5.1945. StadtAR, Rep. 101; Ophir/Wiesemann, Die jüdischen Gemeinden, S. 221.

[197] StAN, BLVW, Nr. 402, 402, 404.

[198] StAN, Akten der Wiedergutmachungsstelle III, a 223. Kaufvertrag vom 26.5.1943.

[199] StAN, BLVW 407, 387a, 387b. Der Brauereibesitzer Unbehauen aus Spielbach kaufte das das jüdische Anwesen in der Oberen Schmiedgasse 15. Vgl. StadtAR, Stadtratsprotokolle Rothenburg. Niederschrift über die Beratung mit den Ratsherren am 30.8.1938. Tagesordnungspunkt Nr. 346.

[200] StAN, BLVW 436. BayHStA, LEA 417 Jakob Steinberger. Erlass der Wiedergutmachungskammer beim Landgericht Nürnberg-Fürth vom 6.9.1954.

[201] StAN, Akten der Wiedergutmachungsstelle III, a 240. Kaufvertrag vom 31.8.1938. Das Grundstück hatte die Plannummer 1145. Akten der Wiedergutmachungsstelle III, a 223. Kaufvertrag vom 26.5.1943.; StadtAR, Neueste Abteilung, Jüdischer Friedhof 554.10.

des Juden Selmar Israel Ansbacher und verwaltete es fortan.[202] Damit war die Kommunalverwaltung deutlich involviert in die NS-Verfolgungspolitik, wobei die Beamten auf der Handlungsebene als Vollstrecker agierten.[203]

Unter der NS-Herrschaft verließen alle in Rothenburg wohnhaften Juden die Stadt. Bis Anfang 1938 kam es zur Abwanderung von 57 jüdischen Bürgern.[204] Dem NS-Regime in Rothenburg ging die Auswanderung aber nicht schnell genug. Die letzten jüdischen Bürger wurden am 22. Oktober 1938 aus der Stadt verwiesen.[205] Vor den Häusern der Juden sangen Schulklassen in Anwesenheit des Lehrers Eugen Haas antisemitische Lieder und warfen Fensterscheiben ein.[206] Die SA drang in die Wohnungen jener Juden ein, die sich weigerten, Rothenburg zu verlassen und zerstörte das Mobiliar.[207] Anschließend wurden die Juden in der Synagoge zusammen getrieben und aufgefordert, die Stadt umgehend zu verlassen.[208] Nach eigener Aussage war Steinacker als Hoheitsträger der Partei federführend an der Aktion beteiligt.[209]

In einem Telegramm an den Kreisleiter Steinacker bedankte sich Gauleiter Streicher „für die Mitteilung, daß die letzten Juden aus Rothenburg verschwunden sind."[210] Er führte weiter aus: „Hoffentlich ist damit die Zeit der Schande auch für Ihre schöne altehrwürdige Kreisstadt für immer ausgelöscht."[211] Damit waren bereits zwei Wochen vor dem Pogrom der so genannten „Reichskristallnacht" in der Nacht vom 9. zum 10. November 1938 alle Juden aus Rothenburg vertrieben, die jüdische Synagoge wurde geplündert und zerstört. Wenige Tage später wurden an allen Stadttoren Schilder aufgehängt, die darauf hinwiesen, dass die Stadt Rothenburg nach einem „jahrhundertelangen heldenhaften Ab-

---

202 StAN, Akten der Wiedergutmachungsstelle III, a 1042. Schreiben des Amtsgerichts Rothenburg an den Oberfinanzpräsidenten in München vom 26.6.1944.

203 Rüdiger Fleiter, Kommunen und NS-Verfolgungspolitik, in: Aus Politik und Zeitgeschichte. Beilage zur Wochenzeitung Das Parlament, B 14-15/2007, S. 35-40, S. 35f.

204 Einige Rothenburger Juden emigrierten, der Großteil verzog innerhalb Deutschlands. Vgl. Ophir/Wiesemann, Die jüdischen Gemeinden, S. 220.

205 FA 24.10.1938. Die BLVW-Akten weisen darauf hin, dass ein paar in die USA emigrierten, jedoch war dies nur ein geringer Anteil. Das Schicksal der 17 vertriebenen Rothenburger Juden – nach ihrem Abtransport per Eisenbahn in Richtung Nürnberg – ist aus dem Quellenmaterial nicht rekonstruierbar. Hagens These, Rothenburg o.d.T. könnte in seiner Funktion als nationalsozialistische Musterstadt mit der Vertreibung der jüdischen Bevölkerung eine Vorreiterfunktion für die „Reichskristallnacht" am 09.11.1938 abgeliefert haben, kann auf Grund der Quellenlage nicht aufrecht erhalten werden. Hagen, Preservation, S. 216.

206 StadtAR 063.2. Wiedergutmachung: Fall Löwenthal. Schreiben von Fanny Löwenthal an Ernst Schönherr vom 27.12.1948; StAN, SpKA Rothenburg o.d.T., H10.Eugen Haas, geb. 1882, war Kreisredner der NSDAP von 1936-1945. Ferner war er Kreisamtsleiter für Beamte und Mitglied des Reichsbundes der Deutschen Beamten.

207 Ophir/Wiesemann, Die jüdischen Gemeinden, S. 221.

208 Ebenda.

209 StAN, BLVW 339.

210 FA 24.10.1938.

211 Ebenda.

wehrkampf" gegen das „teuflische Parasitentum" jetzt endlich judenfrei sei, worauf der Stadt eine öffentliche Belobigung des Gauleiters Streichers zuteil wurde.[212] Nachdem die jüdischen Mitbürger aus der Stadt Rothenburg vertrieben waren, ergingen seitens Gauleitung im Juli 1939 erneut Appelle an die Kreisleitung, weiterhin antisemitische Propaganda in den einzelnen Ortsgruppen zu betreiben. Der Verlag des Stürmers stellte zu diesem Zweck „zugkräftiges Aufklärungsmaterial" in Form von Plakaten, pseudowissenschaftlichen Abhandlungen und Hetzschriften zur Verfügung.[213]

Was den Verbleib der Rothenburger Juden betrifft, so lässt sich dieser nur in Teilen rekonstruieren. Aktenkundig bewiesen ist, dass 32 in Rothenburg geborene und bis 1938 hier wohnhafte jüdische Bürger als verschollen gemeldet sind oder in den Konzentrations- und Vernichtungslagern der Nationalsozialisten in Osteuropa ums Leben kamen.[214] Die Spuren führen meist über Nürnberg und Fürth nach Theresienstadt, Riga, Izbica und Auschwitz.

Im Folgenden wird der Verbleib einiger Rothenburger Juden skizziert, die in den Lagern der Nationalsozialisten starben: Moritz und Sarah Lehmann mussten im Oktober 1938 ihre Wohnung in Rothenburg binnen Stunden räumen.[215] Bis auf wenige Habseligkeiten konnten sie nichts mitnehmen.[216] Nach ihrer Vertreibung lebte das Ehepaar Lehmann in Fürth am Bahnhofsplatz 4 und in der Marienstraße 13 in sogenannten „Judenhäusern" in sehr beengten Verhältnissen, bis die Gestapo Nürnberg-Fürth ihre Deportation nach Izbica am 25. April 1942 veranlasste.[217] Beide kamen dort ums Leben.[218] Adolf Heumann lebte nach seiner Vertreibung in einem jüdischen Altersheim in Regensburg, bis ihn die Gestapo München, Außendienststelle Regensburg, am 23. September 1942 nach Theresienstadt deportierte.[219] Dort kam er laut Sterbeurkunde des Sonderstandesamtes Bad Arolsen am 3. Oktober 1942 ums Leben.[220] Mina Steinhäuser, geb. Heumann, lebte nach ihrer Vertreibung aus Rothenburg in Bayreuth und Bamberg

---

212 Rothenburgs Juden im Wandel der Zeit, in: Aufbau. America's leading German language Newspaper, 12.4.1991.

213 StAN, Rep. 503. NSDAP Mischbestand, Kreisleitung Rothenburg o.d.T., Nr. 6. Schreiben des „Stürmer"-Verlags an die NSDAP-Kreisleitung Rothenburg o.d.T. vom 18.7.1939.

214 Berger-Dittscheid, Rothenburg ob der Tauber, S. 554.

215 BayHStA, LEA 607 Moritz und Sarah Lehmann. Eidesstattliche Erklärung von David Theodor Lehmann.

216 StAN, Akten der Wiedergutmachungsstelle III, N 1919. Schreiben der Rechtsanwälte L. David und E. Strunk an die Wiedergutmachungsbehörde Ober- und Mittelfranken vom 4.6.1963.

217 ITS Bad Arolsen, Schreiben des Internationalen Suchdienstes Bad Arolsen vom 30.6.1960. Korrespondenzakte T/D-326306. BayHStA, LEA 607 Moritz und Sarah Lehmann.

218 ITS Bad Arolsen, Schreiben des Bayerischen Landesentschädigungsamtes vom 2.9.1958. Korrespondenzakte T/D-326306. BayHStA, LEA 607 Moritz und Sarah Lehmann.

219 ITS Bad Arolsen, Schreiben des Internationalen Suchdienstes Bad Arolsen vom 6.11.1959. Korrespondenzakte T/D-764095.

220 BayHStA, LEA 1701, Adolf Heumann. Schreiben des Internationalen Suchdienstes in Bad Arolsen an das Bayerische Landesentschädigungsamt vom 12.1.1961.

und wurde von der Gestapo München am 11. September 1942 ins Ghetto Theresienstadt eingeliefert, bevor sie am 18. Mai 1944 nach Auschwitz überführt wurde.[221] Frieda Levy, geb. Gottlob, war nach ihrer Vertreibung vom 2. Januar 1939 bis 25. September 1942 in Offenbach a.M. gemeldet.[222] Die Gestapo Darmstadt deportierte sie am 30. September 1942 nach Polen.[223] Theodor Mann wohnte vom 1. Oktober 1938 bis zu seiner Deportation am 23. Juni 1942 in München. Zuletzt war er in dem Lager Milbertshofen in der Knorrstr. 148 gemeldet.[224] Sein Vermögen, wie Wertpapiere und Bargeld, verfiel dem Deutschen Reich.[225] Seine Deportation nach Auschwitz erfolgte am 19. September 1943, wo er wenige Monate später im November vergast wurde.[226] Am 24. Juni 1943 deportierte man Westheimer von München aus nach Theresienstadt, wo sein Leben ein Ende fand.[227] Das Schicksal der Familie Wurzinger zeigt, wie ganze Familien ermordet wurden. Sigmund Wurzinger wurde zusammen mit seinen beiden Kindern Hanelore und Hans Siegfried am 10. September 1942 von Nürnberg aus nach Theresienstadt abtransportiert. Sigmund Wurzinger verstarb ein Jahr später, im Dezember 1943, in Theresienstadt, während seine 17-jährige Tochter und sein elfjähriger Sohn am 23. Oktober 1944 in Auschwitz ums Leben kamen.[228]

Fazit

In Rothenburg waren die Juden bereits vor der nationalsozialistischen „Machtergreifung“ dem anschwellenden NS-Antisemitismus ausgesetzt. Allerdings radikali-

[221] ITS Bad Arolsen, Schreiben des Internationalen Suchdienstes Bad Arolsen vom 2.4.1968. Korrespondenzakte T/D-628165.

[222] ITS Bad Arolsen, Schreiben des Internationalen Suchdienstes Bad Arolsen vom 7.11.1960. Korrespondenzakte T/D-815749.

[223] ITS Bad Arolsen, Korrespondenzakte T/D-815749.

[224] BayHStA, LEA 2720 Theodor und Klara Mann. Schreiben des Rechtsanwalts Hans Raff an das Bayerische Landesentschädigungsamt München vom 3.1.1956.

[225] BayHStA, LEA 2720 Theodor und Klara Mann. Schreiben der Bayerischen Vereinsbank vom 24.11.1955.

[226] BayHStA, LEA 2720 Theodor und Klara Mann. Schreiben des Rechtsanwalts Hans Raff an das Bayerische Landesentschädigungsamt München vom 3.1.1956.

[227] StAN, Akten der Wiedergutmachungsstelle III, N 12488 Schreiben des Bayerischen Landesentschädigungsamtes vom 10.9.1962; StAN, BLVW 384a, 405. Mit Beschluss des Amtsgerichts München wurde Leopold Westheimer mit Wirkung vom 21.12.1943 für tot erklärt. Laut Urteil des Bayerischen Landesamtes für Vermögensverwaltung wurde festgestellt, dass die Grundstücke Kirchgasse 1 und Herrngasse 12 auch nach der Eintragung der Antragsgegner Weth (10.1.38) und Unger (21.10.1938) im Eigentum des Verfolgten Leopold Westheimer verblieben und mit dessen Tode am 31.12.1943 gemäß Erbschein des Amtsgerichts München vom 29.9.1949 auf seine Söhne Ivan Westheimer in Brüssel und Bruno Westheimer je zur Hälfte in Erbengemeinschaft übergingen.

[228] http://www.bundesarchiv.de/gedenkbuch/directory.html.de#frmResults [01.11.2011]; ITS Bad Arolsen. Archivnummer 3106. Wurzinger. Dok. Nr. 5137116#1 (1.1.42.2/Theres81/03 02), 4959552#1 (1.1.42.1/0031/0049), 4959504#1 (1.1.42.1/0031/0001).

sierten sich die gezielten Aktionen ab 1933 und führten zu brutalen Überfällen und „Inschutzhaftnahmen“. Jedoch bleibt festzuhalten: Antisemitische Politik wurde in der Stadt Rothenburg unter der NS-Herrschaft – den Bestimmungen auf Reichsebene sogar vorauseilend – durchgeführt, angefangen bei Boykottmaßnahmen, Einschränkungen bei der Gewerbe- und Berufsausübung bis hin zur Vertreibung der jüdischen Bürger. Die Boykotte und die Stimmungsmache gegen die Rothenburger Juden, die mit der „Machtergreifung“ 1933 begonnen hatten, steigerten sich im Laufe der Zeit, bis die jüdischen Geschäfte systematisch zugrunde gerichtet wurden. Die Anhänger des NS-Regimes profitierten sowohl von den wirtschaftlichen Boykottmaßnahmen wie auch von den Zwangsverkäufen jüdischen Besitzes.[229] Die Rothenburger Gemeindeverwaltung unterstützte die „Judenpolitik“ der NSDAP einschließlich der Verwertung des Vermögens über den vollen Zeitraum der nationalsozialistischen Herrschaft. Darüber hinaus schürten Regionalhistoriker wie Martin Schütz mit ihren pseudowissenschaftlichen Publikationen den lokalen Antisemitismus. Im bildnerischen Bereich erzielten Unbehauens vulgär-antisemitische Holztafeln ihre menschenverachtende Wirkung ebenso wie die „Mahntafel“ zu Ehren Streichers. Die Brutalität des örtlichen NS-Regimes, die noch vor dem reichsweiten Pogrom zur Vertreibung der Rothenburger Juden führte, verdeutlichte den vorauseilenden Gehorsam einer Hochburg der NS-Bewegung.

[229] Die „arisierten“ Häuser wurden deutlich unter dem Marktwert an die Rothenburger weiter verkauft. Vgl. StAN, BLVW-Akten, Stadt Rothenburg.

9. Grenzen nationalsozialistischer Herrschaft

9.1. Die evangelischen Gemeinden – Zwischen Kruzifix und Hakenkreuz

In der ländlich protestantischen Region Mittelfrankens war die Anfälligkeit der evangelischen Geistlichkeit für den Nationalsozialismus beträchtlich.[1] Trotz aller Affinität erwies sich die Beziehung der evangelischen Kirche im westlichen Mittelfranken in Stadt und Land Rothenburg zur NS-Herrschaft als ambivalent. Innerhalb des nationalprotestantischen Milieus hatte die evangelische Geistlichkeit unter der Diktatur des „Dritten Reiches“ eine Leitfunktion inne, die frappierend Zeugnis ablegt für die Spannung zwischen „Resistenz und Reichstreue“.[2]

9.1.1. Einflussnahme der Partei und ihrer „Deutschen Christen“

Weitgehend konservativ und antirepublikanisch orientiert, hatten viele protestantische Pfarrer, Bischöfe und Theologen den Übergang zum nationalsozialistischen Regime begrüßt.[3] Bereits während der „Kampfzeit“ vermochte der spätere Kultusminister Hans Schemm mit Hilfe der evangelischen Pfarrerschaft auf die Bevölkerung einzuwirken, indem er alte Ressentiments schürte.[4] Veranstaltungen unter dem Motto „Hitler als Reformator“ trieben die christlich-evangelische

---

1 Georg Seiderer, Evangelische Kirche und Nationalsozialismus in Augsburg, in: Michael Cramer-Fürtig/Bernhard Gotto (Hg.): „Machtergreifung“ in Augsburg. Anfänge der NS-Diktatur 1933-1937, Augsburg 2008, S. 239-247, S. 239.

2 Manfred Kittel, Zwischen Resistenz und Reichstreue. Nationalprotestantisches Milieu im „Totalen Krieg“, in: Bayerische Landeszentrale für politische Bildungsarbeit (Hg.): Schlüsseljahr 1944, München 2007, S. 119-138.

3 Auf die Bedeutung der Konfession im Zusammenhang mit der Ausbreitung des Nationalsozialismus haben Bracher und Hambrecht hingewiesen: Vgl. Karl Dietrich Bracher, Die deutsche Diktatur. Entstehung, Struktur, Folgen des Nationalsozialismus, Berlin/Wien/Frankfurt/M. 1983, S. 5, S. 412; Hambrecht, Aufstieg der NSDAP, S. 4f.; Wolfram Pyta, Ländlich-evangelisches Milieu und Nationalsozialismus bis 1933, in: Möller u.a. (Hg.): Nationalsozialismus in der Region, S. 199-212. Als Standartwerke zu den „Deutschen Christen“ in Bayern gelten Helmut Baier, Die Deutschen Christen Bayerns im Rahmen des bayerischen Kirchenkampfes, Nürnberg 1968; Björn Mensing, Pfarrer und Nationalsozialismus. Geschichte einer Verstrickung am Beispiel der Evangelisch-Lutherischen Kirche in Bayern, Göttingen 1998. Ferner sei verwiesen auf Hans Joachim Sonne, Die politische Theologie der Deutschen Christen. Einheit und Vielfalt deutsch-christlichen Denkens, dargestellt anhand des Bundes für deutsche Kirche, der Thüringer Kirchenbewegung „Deutsche Christen“ und der Christlich-deutschen Bewegung, Göttingen 1982; Eine exemplarische Fallstudie über die evangelische Kirche im westlichen Mittelfranken während des „Dritten Reichs“ findet sich in der Arbeit von Ulrich Herz, Das Dekanat Windsheim im Zeichen des Hakenkreuzes, Neustadt a. d. Aisch 2002.

4 Wolfgang Brückner, Konfessionelle Bewusstseinshorizonte in Franken, in: Werner K. Blessing/Dieter Weiss (Hg.): Franken. Vorstellung und Wirklichkeit in der Geschichte, Neustadt (Aisch) 2003, S. 261-270, S. 266.

Selbststilisierung der NSDAP auf die Spitze.[5] Nationalistische Strömungen in der evangelischen Kirche ließen die Vereinbarkeit mit antisemitischem und rassistischem Gedankengut deutlich werden.[6] Evangelische Geistliche aus der Rothenburger Region verbreiteten in Vorträgen NS-antisemitische Anschauungen in der Bevölkerung und das Evangelische Vereinshaus wurde ein üblicher Ort für völkische und antisemitische Veranstaltungen.

Im Evangelischen Vereinshaus in Rothenburg sprach Pfarrer Martin Weigel am 6. März 1924 über die „deutschen Befreiungskämpfe" und hetzte gegen die „sozialistischen und kommunistischen Ideen".[7] In seinem Vortrag über „Die Stellung der evangelischen Christen zur Judenfrage" Ende März 1924 wetterte Stadtpfarrer Wilhelm Fabri bei einem Familienabend des Evangelischen Arbeitervereins: „Wir erheben Anklage gegen das Judentum. [...] Das Judentum hat viel Schuld an dem Elend der Gegenwart in unserem Volke. [...] Deutschland soll von Deutschen beherrscht werden und nicht von Juden!"[8] Pfarrer Seiler aus Wildenholz hielt bei einer NSDAP-Versammlung in der Stadt Rothenburg einen Vortrag „Rasse und Christentum in unserem Volk".[9] Die Reichsflagge lud am 19. Dezember 1923 Andrea Ellendt, eine deutschvölkische „Wanderpredigerin", für einen Vortrag ein.[10] In ihrer Rede hetzte Ellendt „Der Stern Judas wird untergehen und das Kreuz Christi wird im Lichte des Hakenkreuzes auferstehen".[11] Die

---

5 Manfred Kittel, Die „deux France" und der deutsche Bikonfessionalismus im Vergleich, in: Horst Möller/Manfred Kittel (Hg.): Demokratie in Deutschland und Frankreich 1918-1933/40. Beiträge zu einem historischen Vergleich, München 2002, S. 33-55, S. 48.

6 Kershaw, Antisemitismus und Volksmeinung, S. 310.

7 FA 12.3.1924. Der Rothenburger Stadtpfarrer Martin Weigel war Sohn des Rothenburger Kirchenrats und Dekans Johann Jakob Weigel. In frühester Kindheit war er mit seinen Eltern nach Rothenburg gezogen und hatte mit Unterbrechung durch seine Studienzeit und einer Anstellung in der Rhön vom Jahre 1896 bis zum Jahre 1921 in Rothenburg gewirkt. Auf seinen Wunsch hin wurde Weigel 1921 an die Pfarrei St. Leonhard versetzt, an der er bis zu seinem Ruhestand 1928 tätig war. Im Jahre 1926 promovierte er an der Universität Erlangen als Doktor der Philosophie. In zahlreichen Veranstaltungen unterstützte er den Nationalsozialismus und erhielt das Goldene Ehrenzeichen der Partei. Am 3.6.1943 verstarb Weigel nach kurzer Krankheit in Nürnberg und wurde auf seinen Wunsch hin in Rothenburg im elterlichen Grabe beigesetzt. Als Gründer und zeitweiliger Vorsitzender des Vereins Alt-Rothenburg setzte sich Weigel für die Belange Rothenburgs ein und war Mitglied des damaligen Gemeindekollegiums. Darüber hinaus gab er 1941 das Ergebnis seiner jahrelangen Forschung „Alt-Rothenburgs Wappen und Siegel" heraus. Außerdem verfasste er die Rothenburger Chronik und einen Stadtführer für Rothenburg. Des Weiteren beschäftigte er sich bis zu seinem Tod mit Forschungen auf kirchlichem Gebiete. Vgl. FA 5.6.1943.

8 FA 3.4.1924; Friedl, Anfänge des Nationalsozialismus in Rothenburg, S. 266; Wilhelm Fabri, geb. 1883 – gest. 1960 war ab 1922 Pfarrer in Rothenburg-St. Jakob. 1926 wechselte er nach Schweinfurt. Vgl. Mensing, Pfarrer und Nationalsozialismus, S. 258.

9 FA 19.9.1933.

10 FA 20.12.1923. Ellendt gehörte in Franken zu den aktivsten Schutz- und Trutzbund-Agitatoren. Ab 1922 agitierte sie für die NSDAP. Vgl. Bernhard Sauer, Freikorps und Antisemitismus in der Frühzeit der Weimarer Republik, in: ZfG 56 (2008), S. 5-29, S.13.

11 FA 29.12.1923; Friedl, Anfänge des Nationalsozialismus in Rothenburg, S. 255-263.

völkische Weltanschauung wurde auch auf der Lesung des Dichters Alfred Gramsch im Evangelischen Vereinshaus propagiert, der für ein „[...] deutsche[s] Rassegefühl [...] aus dem christlichen Glauben [...]“ eintrat.[12]

Das NS-Regime beanspruchte eine Weltdeutungs- und Sinngebungskompetenz, die es zum Gegner der an der biblischen Überlieferung orientierten Kirchen machen musste.[13] Mit ihrer antichristlichen Propaganda und ihrer kirchenfeindlichen Politik versuchte die nationalsozialistische Herrschaft, das Christentum aus der Gesellschaft zu verdrängen.[14] Seit Beginn des so genannten „Kirchenkampfes“ 1934/35 standen manche evangelische Pfarrer in der Region als Meinungsführer der kirchenfrommen ländlichen Bevölkerung in Opposition zum Regime.[15] Die Auseinandersetzung zwischen Kirche und Partei bildete in Stadt und Kreis Rothenburg eine wesentliche, dauerhafte Konfliktlinie, wie die weltanschaulichen Lageberichte belegten.[16] Allerdings war die Bekennende Kirche keine politisch motivierte Widerstandsbewegung gegen die NS-Herrschaft, sondern richtete sich gegen die Relativierung des evangelischen Glaubens.[17]

Die NSDAP versuchte sich innerhalb der evangelischen Kirche eine aktive Gruppe zu schaffen, mit deren Unterstützung die Kirche auf Parteikurs zu bringen war.[18] Bei den Kirchenvorstandswahlen im Juli 1933 machte sich der Einfluss der Partei bemerkbar. In Bockenfeld waren 50 Prozent eingeschriebene Mitglieder der NSDAP.[19] In Lohr wollte die Partei auf die Wahl Einfluss zu neh-

---

12 FA 17.3.1924.

13 Ulrich von Hehl, Die Kirchen in der NS-Diktatur. Zwischen Anpassung, Selbstbehauptung und Widerstand, in: Bracher u.a. (Hg.): Deutschland 1933-1945, S. 153-181, S. 162.

14 Hermann Graml, Widerstand und Verweigerung, in: Stefan Krimm/Ursula Triller (Hg.): „Ketzer“ – „Dissidenten“ – „Volksschädlinge“. Andersdenkende und der Umgang mit ihnen, München 1999, S. 87-102, S. 93.

15 Fröhlich, Partei auf lokaler Ebene, S. 264. Festzuhalten ist, dass von einem generellen Widerstand der Evangelischen Kirche im Dritten Reich nicht die Rede sein kann. Vgl. Armin Boyens, Widerstand der Evangelischen Kirche im Dritten Reich, in: Bracher u.a. (Hg.): Nationalsozialistische Diktatur 1933-1945, S. 669-686, S. 674, S.685. Auch Günther van Norden resümiert, dass es einen spezifischen Beitrag des deutschen Protestantismus zum politischen Widerstand nicht gegeben hat. Vgl. Günther van Norden, Widerstand im deutschen Protestantismus 1933-1945, in: Klaus-Jürgen Müller (Hg.): Der deutsche Widerstand 1933-1945, Paderborn/München/Wien/Zürich 1986, S. 108-134, S. 131.

16 Ein Brief der Kirchengemeinde St. Leonhardt belegt das Konfliktpotential zwischen Kirche und NSDAP. Die NSDAP störte in Rothenburg die gemeinschaftlichen Andachten und kirchlichen Gottesdienste. Vgl. StAN SpKA Rothenburg o.d.T., G89. Beschwerdebrief der protestantischen Kirchengemeinde Gebsattel an die Kreisregierung von Mittelfranken vom 6.1.1939.

17 Seiderer, Evangelische Kirche und Nationalsozialismus in Augsburg, S. 240.

18 Günther Brakelmann, Hoffnungen und Illusionen evangelischer Prediger zu Beginn des Dritten Reiches: gottesdienstliche Feiern aus politischen Anlässen, in: Peukert/Reulecke (Hg.): Die Reihen fast geschlossen, S. 129-148, S. 129.

19 LAELKB, BayD Insingen Nr. 189. Schreiben Nr. 103/33 des Evang.-Luth. Pfarramtes Lohr an das Evang.-Luth. Dekanat Insingen vom 25.7.1933.

men. Unter den Gewählten waren ein Kirchenvorsteher und ein Ersatzmann Mitglieder der NSDAP.[20] Mit der nationalsozialistischen Kirchenpartei „Deutsche Christen" (DC) strebte Hitler die Eingliederung der 28 evangelischen Landeskirchen in einer „gleichgeschalteten" Reichskirche an.[21]In einzelnen Ortschaften wie in Schillingsfürst gründeten die DC Ortsgruppen.[22] In der Stadt Rothenburg rief der Ansbacher Pfarrer Fuchs und Vikar Preiss zusammen mit Pfarrer August Müller am 10. März 1935 eine Ortsgruppe der DC ins Leben.[23] In Gastenfelden gab es ebenfalls Anhänger der DC, jedoch handelte es sich hierbei um eine kleine Gruppe.[24] Bis Mitte des Jahres 1935 blieb der Kirchenbezirk Insingen von einem größeren Einbruch der DC bewahrt.[25]

Die anwesenden NSDAP-Ortsgruppenleiter aus dem Kreis Rothenburg wurden angewiesen, in jeder Ortschaft DC-Ortsgruppen zu gründen.[26] Die „Reichskirchenbewegung" der „Deutschen Christen" führte im Kreis Rothenburg Versammlungen durch, wie zum Beispiel am 26. April und am 14. Juni 1935 im Gasthaus „Zum Ochsen".[27] Bei den Veranstaltungen sprachen Referenten wie der Stadtvikar Arndt aus Nürnberg über Zweck und Ziele der DC.[28] Pfarrer Fuchs aus Ansbach referierte über den „Kirchenstreit".[29]

Am 20. November 1936 organisierte Pfarrer Müller eine DC-Versammlung im „Roten Ochsen" und lud den Ulmer Pfarrer Griesinger ein.[30] Die dreistündige Veranstaltung wurde von etwa 100 Teilnehmern besucht. Griesinger hielt eine Rede, in der die Ideologie der DC zur Geltung kam:

> „Wir müssen heute das Evangelium verkünden „ohne griechisches Denken und ohne jüdische Furcht und ohne römisches Wollen." Griechisches Denken steckt uns im Hirn.

---

20 Ebenda.

21 Torsten Lehmann, Kreuz oder Hakenkreuz? in: Täubrich u.a. (Hg.): Bilderlast, S. 64-71, S. 64.

22 LAELKB, BayD Insingen Nr. 31. Fränkische Tageszeitung, Nr. 40. Vom 16.2.1935.

23 LAELKB, BayD Insingen Nr. 31. Schreiben des Evang.-Luth. Dekanats Rothenburg o.T. an alle Herrn Pfarrer des Dekanats vom 10.3.1935. Anlass für die Gründung war ein Schulungskurs für Amtswalter, Ortsgruppenleiter und Stützpunktleiter der NSDAP in Rothenburg o.d.T. Vgl. Baier: Die Deutschen Christen Bayerns, S. 198; Heinz Preiss, geb. 1910 – gest. 1977, war 1934 Stadtvikar in Nürnberg-Steinbühl. 1934-1935 war er Privatvikar in Schirnding. Danach wurde er entlassen. Vgl. Mensing, Pfarrer und Nationalsozialismus, S. 269.

24 LAELKB, KKE Nr. 48. Kapitelsbericht zum 10.6.1935 vom Kapitelsbeauftragten für Volksmission im Kirchenbezirk Insingen Pfarrer Rahner in Wettringen (Mfr.) vom 5.6.1935.

25 Ebenda.

26 LAELKB, BayD Insingen Nr. 31. Schreiben des Evang.-Luth. Dekanats Rothenburg o.T. an alle Herrn Pfarrer des Dekanats vom 10.3.1935.

27 LAELKB, BayD Insingen Nr. 31. Fränkische Tageszeitung, Nr. 136. Vom 14.6.1935.

28 LAELKB, BayD Insingen Nr. 31. Fränkische Tageszeitung, Nr. 40. Vom 16.2.1935.

29 Evangelisches Pfarrarchiv St. Jakob. Signatur 2.2.2.11. Einladung des Parteigenossen Haas an die Deutschen Christen des Kreises Rothenburg o.d.T.

30 Evangelisches Pfarrarchiv St. Jakob. Signatur 2.2.2.11. Protokoll aus der DC – Versammlung im „Roten Ochsen" in Rothenburg o.d.T. am 20.11.1936. Pfarrer Griesinger betrieb in Bayern eine eifrige Rednertätigkeit. Vgl. Baier, Die Deutschen Christen Bayerns, S. 309.

Ob etwa Christus die zweite Person in der Gottheit ist, darüber zu grübeln, das liegt uns im Hirn. Jüdische Furcht: In den 10 Geboten steht: Wir sollen Gott fürchten und lieben. Menschenfurcht ist jüdisch, aber auch Gottesfurcht ist jüdisch! […]“[31]

Bei einem Besuch Ludwig Sieberts in der Detwanger Kirche versicherte Pfarrer Heinrich Schick dem bayerischen Ministerpräsidenten, dass in seinem Gotteshaus die „Gemeinde Detwang es als ihre Christenpflicht ansehe, im Gebete des Führers unseres Volkes und Reiches […] fürbittend zu gedenken.“[32]

Die Gemeindemitglieder beschäftigte die Kirchenspaltung in Rothenburg.[33] In der bayerischen Landwirtschaftsstelle in Rothenburg sprach sich der Landwirtschaftsassessor Pichelmann vor Landwirten für die DC aus: „Glauben Sie, dass wir uns von den protestantischen Pfarrern unsern Hitler nehmen lassen; das ist den kathl. Pfarrern nicht gelungen und wird auch denen nicht gelingen. Hitler selbst hat uns gesagt, wir sollen uns nur fest wehren!“[34]

Anlässlich des Polenfeldzuges 1939 wurden Bemerkungen in den Zeitungen wie „tieferschüttert“ in den Todesanzeigen für Gefallene verboten. Wer einen Ehemann oder einen Sohn im Krieg verlor, der sollte Zeilen schreiben wie „[…] gefallen als Held […]“. Ferner missfiel die öffentliche Trauer über die gefallenen Soldaten und man forderte von den Angehörigen ein „stilles Tragen“ des Verlusts. Die Ortsgruppenleiter, wie zum Beispiel Friedrich Koch, nahmen an den Gedächtnisgottesdiensten für die gefallenen Soldaten teil und leiteten der Kreisleitung weiter, ob der Sprachjargon den Richtlinien der NSDAP entsprach.[35]

In Insingen postulierte der örtliche DC-Pfarrer am 23. September 1939 „Wer heute einen Sohn oder Gatten in Polen hat hergeben müssen, dem sei gedankt […]“.[36] Ferner erklärte der Geistliche: „Wer heute voll inneren Stolzes an der Bahre eines Gefallenen steht und weiß, daß dieses Opfer für das deutsche Volk und seine Zukunft gebracht sei, der habe Sinn und Wert des Opfers verstanden.“[37] Anstelle eines Glaubensbekenntnisses zu Gott forderte der Pfarrer in Insingen den Glauben an Adolf Hitler: „Der Große vor 2000 Jahren sprach: Wer an mich glaubt, der wird selig werden. Ich sage: Wer an Adolf Hitler glaubt, der wir nicht erst selig, sondern der ist schon selig hier auf dieser Erden.“[38] Die Gemeindemitglieder wurden zu einem Gebet an Hitler aufgerufen: „Vergeßt nicht

31 Ebenda.

32 FA 15.5.1934. Pfarrer Heinrich Schick, geb. am 27.6.1890, erhielt 1922 seine erste Anstellung in Rothenburg. 1934 wurde er an die Reformationsgedächtniskirche nach Nürnberg-Maxfeld versetzt. Vgl. Baier, Die Deutschen Christen Bayerns, S. 151.

33 LAELKB, BayD Insingen Nr. 31. Niederschrift vom 12.3.1935.

34 Ebenda.

35 BArch (ehem. BDC), PK, Koch, Friedrich, geb. 17.10.1908. Schreiben des NSDAP-Ortsgruppenleiters Hartershofen Friedrich Koch an die Kreisleitung Rothenburg vom 1.12.1941.

36 LAELKB, BayD Insingen Nr. 30. Auszug aus einer Rede vom 23.9.1939.

37 Ebenda.

38 Ebenda.

bei eurem Gebet den Führer. Euer Morgen- und Abendgebet sei stets: Heil Hitler! […] gedenke[t] im Gebet unseres Führers Adolf Hitler Sieg Heil!"[39] Der DC-Pfarrer sprach sich ebenfalls gegen alttestamentliche Figuren aus: „Was hilft uns ein heiliger Abraham, der seine Frau verkuppelt hat, oder ein heiliger Joseph, der Kriegswucherer und Schieber, oder die heilige Sara im Alten Testament? Was nützen die Madonnen? […] Unsere Heiligen nehmen wir nicht aus dem A.T. […]".[40] Dagegen wurden die gefallenen Soldaten zu „Heiligen" und die Gefallenendenkmäler zu „Stätten [der] Anbetung" erklärt.[41] Darüber hinaus drohte der Redner dem Christentum: „Wenn der Krieg zu Ende ist, dann räumen wir auf mit dem Christentum."[42] Die Hilfsbereitschaft des Christentums verglich er mit den Tätigkeiten der NSV: „Wo war denn etwas zu merken von dem, wie es heißt: Hungrige Speisen, Durstige tränken, Nackende kleiden? Viel größer dagegen die NSV [,] die ruft: Lasset die Kindlein zu mir kommen!"[43] In der Rede in Insingen wird die Opposition der Nationalsozialisten zum Christentum offenbar: „Wir brauchen keine Kirche mehr, wir hier sind Kirche. Wer an Adolf Hitler glaubt, der hat auf Felsen gebaut und nicht auf Sand. Wir brauchen kein Christentum mehr, der Nationalsozialismus ist die neue Religion."[44]

Einige evangelische Geistliche in der Region Rothenburg waren Mitglieder in der NSDAP, ihren angeschlossenen Organisationen und Verbänden. Genannt seien Hans Schulze aus Schillingsfürst, der Neusitzer Pfarrer Rudolf Stählin, Pfarrer Hermann Thomas aus Lohr-Bockenfeld, Pfarrer Karl Trautner, Pfarrer Karl Wolf aus Gastenfelden, Pfarrer Eugen Friedrich aus Insingen, Pfarrer Wilhelm Beck aus Uffenheim und Pfarrer Georg Bauer aus Geslau.[45]

39 Ebenda.
40 Ebenda.
41 Ebenda.
42 Ebenda.
43 Ebenda.
44 Ebenda.
45 Pfarrer Hans Schulze aus Schillingsfürst war Mitglied in der NSDAP 1932- 1945, Allg. SS 1938 – 1941, Dt. Studentenschaft 1933-38 und im NS-Altherrenbund 1938. Das Spruchkammerverfahren stufte Schulze zuerst in die Gruppe II als „Belasteter" ein mit einem Jahr Bewährungsfrist und 1.000 RM Sühne. Im Berufungsverfahren wurde er in die Gruppe IV als „Mitläufer" eingestuft. Das Spruchkammerverfahren gegen den Neusitzer Pfarrer Rudolf Stählin wurde eingestellt, da er nur im Jahr 1934 der SA angehörte. Der Pfarrer Hermann Thomas für Lohr-Bockenfeld war 1932-34 bei der SA. Daraufhin wurde er im Spruchkammerverfahren mit einer Geldstrafe von 800 RM belegt und in die Gruppe IV eingereiht. Im Berufungsverfahren wurde er entlastet. Karl Trautner war Mitglied der SA. Karl Wolf war Mitglied der HJ, SA, NSV und NSKOV. Eugen Friedrich war Mitglied der SA-Reserve 1933/34; Freikorpskämpfer bis 1937, NSV und des RLB. Wilhelm Beck war Sturmmann in der SA von 1933-36. Georg Bauer war Mitglied in der SA-Reserve bis 1934. Vgl. Kartei des Landeskirchlichen Archivs in Nürnberg, LAELKB, LKR 147; Rudolf Stählin, geb. 1911, war 1937 Leiter des Studienhauses Erlangen. 1939 war er als Pfarrer in Thüngen und 1941 in Neusitz tätig. Vgl. Mensing, Pfarrer und Nationalsozialismus, S. 275.

Eine genauere Betrachtung soll exemplarisch für den Rothenburger evangelischen Pfarrer August Müller erfolgen: Müller wurde am 4. August 1892 in Kitzingen am Main geboren. Er wohnte im Spitalhof 1 in Rothenburg, war Mitglied des Wiking-Bundes und betätigte sich propagandistisch in der Völkischen Bewegung.[46] Im Ersten Weltkrieg wurde Müller schwer verwundet und hatte ab da ein künstliches Bein.[47] In einem SS-Aufnahme- und Verpflichtungsschein rühmte er sich in seinem Lebenslauf für seine Mitwirkung: „Mörlbach – Habelsee war damals durch mich einer der Hauptstützpunkte der völkischen Bewegung in der Uffenheimer und Rothenburger Gegend."[48] Des Weiteren gehörte er vor dem 1. Januar 1933 der Brigade Erhardt an.[49] Laut SS-Aufnahmeschein trat Müller am 1. April 1933 in die NSDAP ein.[50] Nach seinem Aufnahmegesuch bei der SS wurde Müller laut dem Schlussurteil seines SS-Verpflichtungsscheins zum SS-Motorsturm für tauglich befunden.[51] Ab 1933 war Müller Mitglied der „Deutschen Christen" (DC).[52] Ferner war Müller Angehöriger der NSV, NSKOV, des DRK und des Reichsbundes der Kinderreichen.[53]

Im Rahmen seiner Mitgliedschaft bei den DC trug Müller viel Unruhe in die Rothenburger Kirchengemeinschaft.[54] Da sich um Pfarrer Müller von der Heilig-Geist Gemeinde eine „Deutsche Christen"-Ortsgruppe gebildet hatte, nahm der „Kirchenkampf" ab 1934 in Rothenburg scharfe Formen an.[55] Die Ortsgruppe trat in aktive Opposition zu Dekan Schober und weiteren Geistlichen des Deka-

46 StAN, Spruchkammer Rothenburg o.d.T., Nr. M120. Schreiben des öffentlichen Klägers an das Staatsministerium für Sonderaufgaben München. 23.1.1947. Betr.: Verfahren gegen Geistliche.

47 LAELKB, PA Theol. Müller August Nr. 3475. Gesamtwürdigung für das Jahr 1935 der Tätigkeiten des Pfarrers August Müller aus Rothenburg o.d.T. durch den Dekan.

48 StAN, Spruchkammer Rothenburg o.d.T., Nr. M120. Schreiben des öffentlichen Klägers an das Staatsministerium für Sonderaufgaben München. 23.1.1947. Betr.: Verfahren gegen Geistliche. Der SS-Aufnahme- und Verpflichtungsschein war datiert auf den 17.12.1933 Klageschrift des öffentlichen Klägers bei der Spruchkammer Rothenburg o.d.T. an die Spruchkammer Rothenburg o.d.T. 18.03.1947.

49 StAN, Spruchkammer Rothenburg o.d.T., Nr. M120. Schreiben des öffentlichen Klägers an das Staatsministerium für Sonderaufgaben München. 23.1.1947. Betr.: Verfahren gegen Geistliche.

50 Im Meldebogen gab Müller den 1.5.1933 als Eintrittsdatum an.

51 StAN, Spruchkammer Rothenburg o.d.T., Nr. M120. Ermittlungsbericht. 21.1.1947. Es konnte nicht festgestellt werden, ob Müller in die SS aufgenommen wurde, jedoch steht fest, dass er in die SS wollte.

52 StAN, Spruchkammer Rothenburg o.d.T., Nr. M120. Schreiben des öffentlichen Klägers an das Staatsministerium für Sonderaufgaben München. 23.1.1947. Betr.: Verfahren gegen Geistliche.

53 Ebenda.

54 Ebenda.

55 StAN, Spruchkammer Rothenburg o.d.T., Nr. M120. Eidesstattliche Erklärung von Theodor und Rosa Schober. 2.4.1947. Betr.: Spruchkammer-Verhandlung gegen den Pfarrer August Müller aus Rothenburg o.d.T.

nats der Bekenntnisgemeinschaft.[56] Diese Organisierungsversuche der DC beunruhigten die Gemeinden.[57] Bis Herbst 1934 stand die Pfarrschaft des Kirchenbezirks Rothenburg hinter Landesbischof Hans Meiser.[58]

Während Meisers Besuch am 10. Oktober 1934 und dem Bekenntnisgottesdienst mit anschließender Treuekundgebung gegen die immer bedrohlicher werdenden Aktivitäten des Reichsbischofs nahm Pfarrer Müller teil.[59] Nach dem Besuch Meisers in Rothenburg verhaftete man den Landesbischof und setzte ihn zusammen mit den Oberkirchenräten, Kreisdekanen sowie Dekanen von München und Nürnberg ab. An deren Stelle traten kommissarische Bischöfe.[60] Am 12. Oktober erklärte Pfarrer Müller in einem Gemeindegottesdienst, er hätte sich den DC angeschlossen – und das, obwohl der Landeskirchenrat die Unrechtmäßigkeit dieser Organe postuliert hatte und in der Kirchenregierung unter Meiser das alleinige rechtmäßige Kirchenregiment der Geistlichen sah. Nach der Absetzung Meisers versuchte Pfarrer Müller die Dekanatsfunktion von Schober zu übernehmen. Im Auftrag der neuen Kirchenleitung forderte Müller den Dekan Schober auf, in die DC einzutreten. Schober lehnte ab. Daraufhin verlangte Müller die Herausgabe der Dekanatsinsignien bzw. die Übergabe der Dekan-Funktion Schobers.[61] Als Schober auch diese Forderung verneinte, trat die ideologische Spaltung der zwei Rothenburger Gemeinden offen zutage.[62] Die „Bekenntnisgemeinschaft" der Pfarrer von St. Jakob stellte sich in Opposition zu den DC um Pfarrer Müller. Die örtlichen NSDAP-Akteure standen öffentlich und ideologisch hinter Pfarrer Müller. Dabei setzte man mit der Zeit in steigen-

---

56 Ebenda.

57 Vgl. Helmut Baier, Die bayerische Landeskirche im Umbruch 1931-1934, in: Paul Rieger/Johannes Strauß (Hg.): Tutzinger Texte. Bd. 1: Kirche und Nationalsozialismus. Zur Geschichte des Kirchenkampfes, München 1969, S. 31-86, S. 55f.

58 StAN, Spruchkammer Rothenburg o.d.T., Nr. M120. Eidesstattliche Erklärung von Theodor und Rosa Schober. 2.4.1947. Betr.: Spruchkammer-Verhandlung gegen den Pfarrer August Müller aus Rothenburg o.d.T.; Hans Meiser, geb. 1881 – gest. 1956, war 1922 Direktor des Predigerseminars in Nürnberg. 1928 wurde er Oberkirchenrat in München und 1929 Vorsitzender des Kirchlich-Sozialen Bundes in Bayern. 1933-1955 war er Landesbischof. Ebenfalls 1933 war er Mitglied des Deutschen Evangelischen Kirchenbundesrates sowie des Deutschen Evangelischen Kirchenausschusses und Vorsitzender der Deutschen Lutherischen Bischofskonferenz sowie des Direktoriums der Vereinigung der deutschen lutherischen Landeskirchen. 1936 war Meiser Gründungsmitglied des Rates der Evangelisch-Lutherischen Kirche Deutschlands, dessen Vorsitzender er 1938 wurde. Vgl. Mensing, Pfarrer und Nationalsozialismus, S. 267.

59 Ebenda. Klageschrift des öffentlichen Klägers bei der Spruchkammer Rothenburg o.d.T. an die Spruchkammer Rothenburg o.d.T. 18.3.1947.

60 Ebenda; StAN, Spruchkammer Rothenburg o.d.T., Nr. M120. Eidesstattliche Erklärung von Theodor und Rosa Schober. 2.4.1947. Betr.: Spruchkammer-Verhandlung gegen den Pfarrer August Müller aus Rothenburg o.d.T.

61 Ebenda.

62 Ebenda.

dem Maße parteiliche Machtmittel ein und verschob die kirchliche Auseinandersetzung auf die politische Ebene, indem man die Vorgänge in Rothenburg in den „Schein einer deutschfeindlichen Aktion“ rückte.[63]

In seiner Beurteilung für das Jahr 1935 wird Pfarrer Müller zugestanden, dass er „viel Zeit auf völkische Fragen [...]“ verwendete und sich als NSDAP-Mitglied voll für die Partei einsetzte.[64] Müllers Versuch, dem Rothenburger Dekan das Dekanat abnehmen zu wollen, blieb nicht unbeanstandet. Darüber hinaus spendete er als Vorsitzender der Ortsgruppe der DC Beifall, wenn der Landesbischof, die Bekenntnisgemeinschaft und Pfarrer der Bekennenden Kirche von auswärtigen NSDAP-Rednern verbal angegriffen wurden. Ferner wurde er als „herrische Natur“ beschrieben, die „eine andere Meinung nicht gern hört und leicht brutal werden kann.“[65] Ab Herbst 1934 arbeitete Müller als führender DC-Pfarrer mit „fanatischem Eifer“ gegen die bekennende Kirche.[66] Müllers Ehefrau war ebenfalls eine Anhängerin der DC. Aus der Ehe gingen drei Töchter und ein Sohn hervor.[67] Müller warb unter Zuhilfenahme der NSV sowie des WHW für die DC-Gemeinde.[68] Im Arbeitsdienstlager Rothenburg benutzte Pfarrer Müller seine Seelsorge, um junge Menschen im Sinne der DC zu beeinflussen.[69] Als Geistlicher stand Müller im Fokus der Öffentlichkeit und seiner Gemeinde und hatte damit in vielerlei Hinsicht eine Vorbildfunktion inne. [70] Bei Predigten und anderen kirchlichen Anlässen, wie zum Beispiel Beerdigungen, ließ Müller seine „aktive nationalsozialistische Einstellung“ erkennen.[71] In der Öffentlichkeit zeigte sich Müller als überzeugter Anhänger der Rassenlehre und polemisierte, „dass kein vernünftiger Mensch mehr an Gottes Sohn glauben würde, sondern Jesus Christus ein unehelicher Judensohn sei.“[72]

Nach Kriegsende erfolgte eine Reihe von Ruhestandsversetzungen, örtliche Versetzungen und Beurlaubungen von Geistlichen, die für die DC gearbeitet

63 Ebenda.

64 LAELKB, PA Theol. Müller August Nr. 3475. Gesamtwürdigung für das Jahr 1935 der Tätigkeiten des Pfarrers August Müller aus Rothenburg o.d.T. durch den Dekan.

65 Ebenda.

66 Ebenda.

67 Ebenda.

68 LAELKB, PA Theol. Müller August Nr. 3475. Gesamtwürdigung der Tätigkeiten für das Jahr 1935 des Pfarrers August Müller aus Rothenburg o.d.T.. durch den Senior.

69 LAELKB, PA Theol. Müller August Nr. 3475. Schreiben der 3. Evang. Luth. Pfarrstelle hl. Geist – Nürnberg vom 6.4.1935.

70 StAN, Spruchkammer Rothenburg o.d.T., Nr. M120. Klageschrift des öffentlichen Klägers bei der Spruchkammer Rothenburg o.d.T. an die Spruchkammer Rothenburg o.d.T. 18.3.1947.

71 StAN, Spruchkammer Rothenburg o.d.T., Nr. M120. Ermittlungsbericht. 21.1.1947.

72 StAN, Spruchkammer Rothenburg o.d.T., Nr. M120. Klageschrift des öffentlichen Klägers bei der Spruchkammer Rothenburg o.d.T. an die Spruchkammer Rothenburg o.d.T. 18.3.1947.

hatten oder als NSDAP-Mitglied aktiv hervorgetreten waren. Demgemäß versetzte der Evang.-Luth. Landeskirchenrat Pfarrer August Müller in den Ruhestand.[73]

9.1.2. Angriffe gegen die evangelische Kirche

Im März und April 1934 erhielten die Pfarrer des Dekanatsbezirks Rothenburg dreimal kurz vor Beginn des Gottesdienstes ein polizeiliches Verbot.[74] In einem Schreiben an die Bayerische Politische Polizei protestierten die Geistlichen Schober, Jelden, Hell, Holler, Kreppel, Deininger, Meyer, Heckel, Dannheimer und der Pfarrverweser Vogel gegen die Einmischung in kirchliche Angelegenheiten.[75] Jedoch ohne Erfolg. Die Bayerische Polizei verbot 1934 den Geistlichen des Kapitels Insingen die Verlesung von Kundgebungen des Landesbischofs sowie die Berichterstattung über die öffentlich abgehaltenen kirchlichen Synoden selbst innerhalb der Kirchenräume und wertete dies als „Angriff auf den kulturellen Frieden".[76] Für die Zeit vom 11. bis 17. Oktober 1934 verbot die Bayerische Politische Polizei jegliche Verbreitung evangelischer Kirchenzeitungen und Zeitschriften sowie von Flugblättern.[77] Bereits hergestellte Druckschriften wurden sichergestellt.[78]

Beim Kreistag der NSDAP 1936 agitierte der stellvertr. Gauleiter Karl Holz gegen Pfarrer, die Bekenntnisfront, die kirchliche Arbeit und den Landesbischof.[79] Im November 1936 stellte Pfarrer Heinrich Schorn die Zunahme verbaler Angriffe gegen Kirche und Pfarrer fest, die viel Unruhe in den Gemeinden erzeugen würden.[80] Zum Beispiel verunglimpfte der Rothenburger Berufsschuldirektor Burkhard bei einer politischen Versammlung in Diebach das Alte Testament.[81] Als Reaktion verstärkten evangelische Geistliche in der Region die kirchliche Ar-

---

73 LAELKB, LKR 163. Abschrift eines Schreibens des Evang.-Luth. Landeskirchenrats unterzeichnet von Meiser an die Amerikanische Landesregierung in München, Holbeinstrasse 14 vom 30.10.1945.

74 Evangelisches Pfarrarchiv St. Jakob. Signatur 2.2.2.11. Schreiben des Evang.-Luth. Dekanats Rothenburg o.t. – Pfarrerkonferenz – an die Bayerische Politische Polizei in München vom 9.4.1935.

75 Ebenda.

76 LAELKB, BayD Insingen Nr. 30. Schreiben des Evang.-Luth. Dekanats – Kapitelskonferenz – Insingen an den Herrn Reichsstatthalter von Bayern Ritter von Epp vom 10.9.1934.

77 Evangelisches Pfarrarchiv St. Jakob. Signatur 2.2.2.11. Schreiben des Bezirkamtes Uffenheim an die evangelischen Pfarrämter des Bezirks vom 12.10.1934.

78 Ebenda.

79 Evangelisches Pfarrarchiv St. Jakob. Signatur 2.2.2.11. Schreiben an die Kreisleitung Rothenburg o.d.T. vom 13.10.1936.

80 LAELKB, KKE Nr. 48. Schreiben von Pfr. Schorn, K.B. Insingen an das Amt für Volksmission in Nürnberg vom 16.11.1936; Heinrich Schorn, geb. 1900 – gest. 1967, war 1923 im Predigerseminar in Nürnberg. Nachdem er 1924 als Hilfsgeistlicher in Naila tätig war, wurde er 1925 Vikar in Mellrichstadt und 1928 Hilfsgeistlicher in Nürnberg-Zerzabelshof. 1939 war Schorn Pfarrer in Lohr-Bockenfeld und 1942-1950 in Schweinfurt. Vgl. Mensing, Pfarrer und Nationalsozialismus, S. 273.

81 Ebenda.

beit hinsichtlich des Konfirmationsunterrichtes, der Bibelstunden und der Jugendarbeit.[82] Ebenfalls hielten die Geistlichen in allen Pfarreien Vorträge über die Bekenntnisschule.[83]

Ein CVJM-Angehöriger meldete staatsabträgliche Äußerungen des Pfarrers Medicus während einer Bibelstunde in Gastenfelden dem Ortsgruppenleiter, woraufhin jener die Kreisleitung einschaltete. Daraufhin vernahm die Gendarmerie den Pfarrer.[84] Eine Unterschriftensammlung für die Bekenntnisschule hatte in Wörnitz eine Untersuchung des Sachverhalts durch die Gestapo zur Folge.[85]

In der Stürmer-Ausgabe Nr. 41 erschien ein Bericht über evangelische Rothenburger Geistliche, die einem Erlanger Theologiestudenten in Not etwas zu Essen sowie einen Platz für die Nacht verweigert hätten unter dem Titel „Christliche Nächstenliebe in Theorie und Praxis".[86] Damit wollte die Partei zeigen, wie nachlässig evangelische Pfarrer in der Ausübung ihrer christlichen Pflichten seien. Der Artikel wurde ausgeschnitten und im Stürmerkasten am Rothenburger Marktplatz ausgehängt."[87]

1938 lautete in Rothenburg die Parole beim „Tag der nationalen Solidarität": „Bei Juden und Pfaffen wird nicht gesammelt".[88] An den Eintopfsonntagen wurde befohlen, nicht bei den Pfarrern die Spende einzuholen.[89] Die Parole, nicht bei den Pfarrern zu sammeln, wurde dazu benützt, die Geistlichen vor der Gemeinde zu diffamieren, sie symbolisch aus der „Volksgemeinschaft" auszuschließen und für den Kirchenaustritt zu werben.[90] Eine Beschwerde der Pfarrer von St. Jakob-Rothenburg o.d.T. Jelden, Stahl, Heckel und Pfarrer Heller von St. Leonhard an die Reichsleitung der NSV in Berlin blieb unbeantwortet.[91]

Die örtliche NSDAP pochte auf einheitliche Einhaltung der Flaggenappelle. So auch im Fall des Pfarrhauses in Bettenfeld. Im Juli 1935 war auf dem Fahnenmast wiederholt eine schwarz-weiß-rote Fahne – die Reichsflagge – gehisst worden, obwohl keine öffentliche Aufforderung erfolgt war.[92] Des Weiteren hisste der Pfarrer

---

82 Ebenda.

83 Ebenda.

84 LAELKB, KKE Nr. 48. Schreiben des KB. Insingen an das Amt für Volksmission in Nürnberg vom 28.1.1938.

85 Ebenda.

86 Der Stürmer. Nr. 41. 1936, S. 10.

87 Evangelisches Pfarrarchiv St. Jakob. Signatur 2.2.2.11. Schreiben an die Kreisleitung der NSDAP in Rothenburg o.d.T. vom 29.10.1936.

88 Evangelisches Pfarrarchiv St. Jakob. Signatur 2.2.2.11. Schreiben von den Pfarrern von St. Jakob und St. Leonhard aus Rothenburg o.d.T. an den Reichsbundesvorstand der deutschen evangel. Pfarrvereine, z. Hd. des Reichsbundesführers Kirchenrat Klinger, vom 24.10.1938.

89 Ebenda.

90 Ebenda.

91 Ebenda.

92 BArch (ehem. BDC), PK, Zoller, Karl. Schreiben der Kreisleitung -Kreisleiter Zoller- Rothenburg o.d.T. Kreisgeschäftsstelle: Rothenburg o.T., Herrengasse 17, an den Pfarrer von

während des Frankentags auf dem Hesselberg nicht die Hakenkreuzfahne.[93] Aufgrund der Falschbeflaggung bzw. Nichtbeflaggung wandte sich der stellvertretende Kreisleiter Zoller an den Pfarrer von Bettenfeld und lud ihn zur Aussprache vor, da Zoller dem Geistlichen „reaktionäre Tendenzen“ vorwarf.[94]

Geistliche und Vertreter der Partei traten hinsichtlich der Jugendarbeit zunehmend in Konkurrenz, was bei Veranstaltungen zu Konflikten führte. Der sonntägliche Nachmittagsgottesdienst um 14 Uhr wurde durch die HJ-Aufnahmefeier am 18. April 1937 durch überlaute Musik massiv beeinträchtigt, so dass die Gottesdienstteilnehmer sich nach Aussage des Kirchenvorstandes von St. Jakob stark gestört fühlten.[95] Umgekehrt fühlte sich in Hartershofen der Ortsgruppenleiter durch die Beichte, den Gottesdienst und das Glockengeläute des Pfarrers brüskiert, da so die HJ teilweise vom Dienst abgehalten worden wäre.[96] Die Veranstaltungen der evangelischen Gemeindejugend in Rothenburg durften ab 1939 nicht mehr mittwochs und freitags stattfinden, da diese Tage allein der HJ und dem BDM vorenthalten waren.[97]

Nach Berichten der Bayerischen Politischen Polizei fanden im Dekanatsbezirk Rothenburg Schulungsabende „zum Abwehrkampf gegen das Eindringen der Rosenberg'schen Gedankengänge in die Gemeinden“ statt.[98] Ein Thema war unter anderem Alfred Rosenbergs „Mythos des 20. Jahrhunderts“.[99] Daraufhin verfügte die Bayerische Politische Polizei ein Verbot für alle Veranstaltungen kirchlich-konfessionellen Charakters außerhalb der Kirche, vor allem wenn sie Kritik an der Ideologie Rosenbergs hegten.[100]

Auf Burg Wernfels wurden vom 21. bis 28. Juli 1938 mehrere konfessionelle Veranstaltungen, darunter eine für Jungen von zehn bis 14 Jahren, angesetzt, damit sie die evangelische Gemeinschaft kennenlernen können.[101] Das Landes-

---

Bettenfeld vom 19.7.1935. Ein Flaggenerlass des Reichsministers des Innern gestattete nur das Hissen der Hakenkreuzflagge, sofern nur ein Flaggenmast vorhanden war.

93 Ebenda.

94 Ebenda.

95 Evangelisches Pfarrarchiv St. Jakob. Signatur 2.2.2.11. Brief des Kirchenvorstandes St. Jakob an die Standortführung der HJ. Rothenburg o.d.T. vom 18.5.1937.

96 StAN, Rep 503, NSDAP-Mischbestand, Gauleitung 83. Weltanschaulicher Lagebericht (künftig: WB) Ortsgruppe (künftig: Og.) Hartershofen vom 20.12.1943.

97 Evangelisches Pfarrarchiv St. Jakob. Signatur 2.2.2.11. Schreiben des evangelisch-lutherischen Dekanats Rothenburg ob der Tauber an den Herrn Landrat vom 2.10.1939.

98 Evangelisches Pfarrarchiv St. Jakob. Signatur 2.2.2.11. Auszug aus einem Schreiben des Bezirksamtes Rothenburg o.T. vom 4.3.1935, Nr. P 69. Schreiben von Schober, Evang.-Luth. Dekanat, an die Evang.-Luth. Pfarrämter des Dekanats Rothenburg o. Tauber am 8.3.1935.

99 Ebenda.

100 Ebenda.

101 Evangelisches Pfarrarchiv St. Jakob. Signatur 2.2.2.11. Bericht über die Teilnahme von Rothenburger Jungen an einer Bibelfreizeit in Wernfels. Im März forderte Julius Streicher alle Parteigenossen auf, die Mitglied im Evangelischen Gemeindeverein waren, aus dem Verein auszutreten. Vgl. BayHStA, StK 5520. Schreiben von Julius Streicher vom 16.3.1939.

jugendpfarramt musste eine derartige „Freizeit“ vier Wochen vorher mit einer genauen Teilnehmerliste und Tagesplan bei der zuständigen Polizeibehörde anmelden.[102] Kinder und Jugendliche, die Mitglieder der HJ oder des Jungvolks waren, hatten für die Teilnahme an der konfessionellen Veranstaltung einen Urlaubsschein bei ihrer HJ- Bann- oder Jungvolk-Jungbannführung zu beantragen, die mindestens 14 Tage vor der Bibelfreizeit eingereicht werden mussten. Für die Veranstaltung füllten 15 Jungen den Urlaubsschein aus und übergaben sie den Verantwortlichen, Jungvolk-Fähnleinführer Winnerlein und dem Jungbannführer des Jungbannes 308 Christ aus Burgbernheim. Das hatte unerwartete Folgen für die Eltern der Kinder.[103] Ein Finanzbeamter musste auf Antrag des Rothenburger Führers der Beamten, Eugen Haas, die Anmeldung seiner beiden Söhne für die Veranstaltung auf Burg Werfels rückgängig machen, ansonsten hätte er mit Konsequenzen zu rechnen. Einem Zollbeamten, der ebenfalls im Finanzamt tätig war, gab man eine Stunde Bedenkzeit für die Rücknahme des Urlaubsgesuchs seines Sohnes. Am 7. Juli wurden die Eltern der 15 Jungen ohne Angabe eines Grundes in die NSDAP-Kreisleitung vorgeladen. Ortsgruppenleiter Götz, Bannführer Christ und der Stadtgärtner Denzner empfingen die Eltern einzeln. Jeweils forderten sie die Rücknahme der Anmeldung.[104]

Als im Sommer 1941 der Betsaal im Pfarrhaus in der Klostergasse fertig gestellt war, konnte ein Zugriff und eine Beschlagnahme für andere Zwecke nicht ausgeschlossen werden, da die lokalen Machthaber mit der Durchführung des Einbaus nicht einverstanden waren.[105] Um dem entgegenzuwirken entschloss man sich kurzerhand für eine kirchliche Einweihung, um den Saal für einen Raum zu erklären, der nur für den Gottesdienst bestimmt war. Ferner übergab man den Raum der evang.-luth. Gemeinde für kirchliche Zwecke. Die Verantwortlichen wurden daraufhin auf das Rathaus beordert, wo sie eine Verwarnung der Gestapo gegenzeichnen mussten.[106] Ebenfalls 1941 entzog das Propagandaministerium dem Rothenburger Verlag J.P. Peter der Gebrüder Holstein das Verlagsrecht. Die wirtschaftliche Grundlage des Verlags bildete das „Evangelische Sonntagsblatt aus Bayern“.[107]

Die Auseinandersetzungen zwischen protestantischen Geistlichen und dem NS-Regime zeigten sich ebenfalls in Bezug auf den Religionsunterricht. Hier bedienten sich die NS-Akteure aller zur Verfügung stehenden Mittel, um dem Unterricht

---

102 Evangelisches Pfarrarchiv St. Jakob. Signatur 2.2.2.11. Bericht über die Teilnahme von Rothenburger Jungen an einer Bibelfreizeit in Wernfels.

103 Ebenda.

104 Ebenda.

105 Evangelisches Pfarrarchiv St. Jakob. Signatur 2.2.2.11. Schreiben des Evangelisch-Lutherischen Dekanats Rothenburg ob der Tauber an den evangel.-luther Landeskirchenrat in München vom 16.7.1941.

106 Ebenda.

107 StAN, Akten der Wiedergutmachungsstelle III, a 990. Schreiben der Gebr. Holstein an das Zentralanmeldeamt Bad Nauheim vom 27.10.1948.

ein Ende zu setzen. Der evangelisch-lutherische Religionsunterricht an der Realschule und dem Progymnasium in Rothenburg wurde im Schuljahr 1937/38 von Dekan Schober und Pfarrer Jelden gehalten.[108] Nach dem Tod von Dekan Schober wurde sein Unterricht ab Juni 1938 an Pfarrer Oskar Stahl übertragen.[109] Die Gauleitung Franken der NSDAP stellte 1939 den Antrag, Oskar Stahl die Erteilung des Religionsunterrichts an Volksschulen zu untersagen.[110] Seine Wiederzulassung an der Realschule und dem Progymnasium in Rothenburg lehnte die Gestapo ab.[111] Im darauffolgenden Schuljahr wurde ihm die Erlaubnis zur Erteilung des Religionsunterrichts an höheren Schulen vom Ministerium entzogen.[112] Auch an der Volksschule wurde er nicht mehr als Religionslehrer zugelassen.[113]

Auf Grund des Erlasses des Bayerischen Staatsministeriums für Unterricht und Kultus vom 4. Dezember 1939 wurde der Religionsunterricht an den gewerblichen, kaufmännischen, hauswirtschaftlichen und ländlichen Berufsschulen eingestellt.[114] Die Kriegsverhältnisse bedingten im Dekanatsbezirk Rothenburg einen Mangel an Geistlichen, da die zum Heeresdienst eingezogenen Pfarrer nicht ersetzt wurden.[115] Örtliche Schikanen erschwerten zusehends die geistliche Arbeit. So verbot der Bezirksschulrat 1939 die Benutzung des Schulsaales für tradi-

---

108 Evangelisches Pfarrarchiv St. Jakob. Signatur 2.2.2.11. Schreiben des Evang-luther Dekanats an den Landeskirchenrat in München durch den Kreisdekan in Ansbach vom 27.5.1938.

109 Ebenda.

110 StAN, Reg. v. Mfr. Abg. 1978, Nr. 21078. Schreiben der Gauleitung Nürnberg vom 9.6.1939.

111 BayHStA, MK 38666. Schreiben der Geheimen Staatspolizei, Staatspolizeistelle Nürnberg-Fürth an das Bayer. Staatsministerium für Unterricht und Kultus vom 28.3.1940.

112 LAELKB, PA Theol., Stahl Oskar Nr. 664,3. Gesamtwürdigung der Tätigkeiten für das 1935 des Pfarrers Oskar Stahl aus Rothenburg o.d.T. durch den Dekan. Pfarrer Oskar Stahl, geb. 28.7.1895, mit Amtssitz im Dekanat Rothenburg wurde nach dem Zweiten Weltkrieg auf die Pfarrei Westheim, Dekt. Heidenheim gesetzt. LAELKB, PA Theol., Stahl Oskar Nr. 664,3. Schreiben des Evang.-Luth. Dekanats Heidenheim an das Kreiswohnungsamt Gunzenhausen und den Herrn Bürgermeister Bachmann in Westheim vom 26.4.1950.

113 LAELKB, LKR 50612, Stahl Oskar. Schreiben Nr. I 53418. des Bayer. Staatsministeriums für Unterricht und Kultus an den Evang.-Luth. Landeskirchenrat in München vom 21.12.1943. Schreiben des Regierungspräsidenten an den Evang.-Luth. Landeskirchenrat Ansbach vom 10.1.1944. Der Bürgermeister der Stadt Rothenburg, Schmidt, berichtete dem Regierungspräsidium 1937, dass den evangelischen Geistlichen von ihrem Monatsgehalt ein Betrag von 5 RM für eine „amtsbrüderliche Hilfskasse" einbehalten werden würde. Diese Hilfskasse sollte einen Unterstützungsfonds für staatlich gemaßregelte Pfarrer bilden. Vgl. BayHStA, ABT. II, Geheimes Staatsarchiv, Reichsstatthalter 278/2. Monatsbericht des Regierungspräsidiums von Oberfranken und Mittelfranken an den Reichsstatthalter in München vom 8.2.1938. Monatsbericht für Januar 1938.

114 Evangelisches Pfarrarchiv St. Jakob. Signatur 2.2.2.11. Schreiben des Evang. Luth. Kreisdekan in Ansbach an das Evang. Luth. Dekanat in Rothenburg vom 9.1.1940.

115 Evangelisches Pfarrarchiv St. Jakob. Signatur 2.2.2.11. Schreiben des Evangelisch-lutherischen Dekanats Rothenburg ob der Taubers an den Landrat von Rothenburg o.d.T. vom 12.8.1942.

tionelle abendliche Bibelstunden in der Kirchengemeinde Insingen mit der Begründung, dass die Reinigung des Raumes am Abend nicht möglich sei.[116]

Im Oktober 1941 entzog man Pfarrer Karl Heckel aus Rothenburg die Erlaubnis, an Schulen zu unterrichten.[117] Grund dafür war eine angebliche regimekritische Äußerung, die er als Gemeinde-Geistlicher während eines Trauerbesuchs bei einer Familie gemacht haben sollte, deren Sohn im Krieg gestorben war.[118] Kurze Zeit nach dem Trauerbesuch wurde Heckel wegen der angeblichen Äußerung eine Woche inhaftiert.[119] Durch das Unterrichtsverbot für Pfarrer Heckel konnte der evangelische lehrplanmäßige Religionsunterricht nicht mehr vollständig durchgeführt werden und erfuhr in mehreren Klassen eine Kürzung.[120]

Bedingt durch den Mangel an Lehrkräften im Schuljahr 1942/43 war die Aufstellung des Stundenplanes an der Oberschule infolge der Kriegsverhältnisse erschwert.[121] Das galt besonders für die Erteilung des evangelischen Religionsunterrichtes.[122] Dekan Jelden war als einziger Geistlicher noch zum Unterricht an der Oberschule zugelassen, hatte aber auch ein volles Stundendeputat an den Volksschulen.[123] Wegen der Kriegsverhältnisse und den Mangel an Geistlichen versuchte man, die religiöse Unterweisung der Schüler in die Kirche zu verlagern.[124] Doch gab es ab August 1942 keine Möglichkeit mehr, die „religiöse Unterweisung der Kinder im Kirchenbezirk Rothenburg aufrecht zu erhalten. [...]".[125]

---

116 Vgl. Helmut Baier, Kirche in Not. Die bayerische Landeskirche im Zweiten Weltkrieg, Neustadt a.d. Aisch 1979, S. 136.

117 Evangelisches Pfarrarchiv St. Jakob. Signatur 2.2.2.11. Schreiben der acht Mitglieder der Kirchenvorstandschaft zu St. Jakob in Rothenburg ob der Tauber an den Ministerpräsidenten von Bayern, München vom Januar 1942; Monatsbericht der Regierung für September 1941 vom 7.10.1941, in: Helmut Witetschek, Die kirchliche Lage in Bayern nach den Regierungspräsidentenberichten 1933-1943. Bd. 2. Regierungsbezirk Ober- und Mittelfranken, Mainz 1967, S. 392-396, S. 393.

118 Ebenda.

119 Ebenda.

120 Evangelisches Pfarrarchiv St. Jakob. Signatur 2.2.2.11. Schreiben des Evangelisch-lutherischen Dekanats Rothenburg ob der Taubers an das Rektorat der Volksschule Luitpoldschule Rothenburg o.d.T. vom 27.10.1941.

121 Evangelisches Pfarrarchiv St. Jakob. Signatur 2.2.2.11. Schreiben vom Evangel.-luther. Dekanat in Rothenburg o.d.T. an den evangel.-luther. Kreisdekan in Ansbach vom 15.11.1943.

122 Ebenda.

123 Ebenda.

124 Evangelisches Pfarrarchiv St. Jakob. Signatur 2.2.2.11. Schreiben des Evangelisch-lutherischen Dekanats Rothenburg o.d.T. an den Landrat von Rothenburg o.d.T. vom 12.8.1942.

125 Evangelisches Pfarrarchiv St. Jakob. Signatur 2.2.2.11. Schreiben vom Evang.-Luth. Landeskirchenrat München Nr. 7029. an das Evang.-Luth. Dekanat in Rothenburg vom 24.8.1942.

Im Oktober 1934 beherrschte der evangelische „Kirchenkampf" die Gemüter.[126] Die Absetzung des Landesbischofs Meiser, die Aufteilung des bayerischen Kirchengebietes mit der Einsetzung von geistlichen Kommissaren und die Zwangsmaßnahmen gegen den evangelischen Landeskirchenrat in München führten zu einer großen Missstimmung innerhalb der Bevölkerung.[127] Dabei zeigte sich, dass ein Großteil der evangelischen Bevölkerung hinter Landesbischof Meiser und der Bekennenden Kirche stand.[128] Dies belegt eine tiefe Verwurzelung evangelisch-lutherischer Überzeugungen.[129] Da die Regierung ein Übergreifen des Unmuts vom kirchlichen auf das politische Gebiet befürchtete, wurden Kundgebungen der evangelischen Geistlichkeit über den „Kirchenstreit" untersagt.[130]

Die am 17. September 1934 tagende Kapitelskonferenz der Pfarrer des Dekanats Rothenburg äußerte in einem Schreiben an den Reichsstatthalter von Bayern, General Ritter von Epp, ihre Entrüstung darüber, dass nach Anordnung der bayerischen politischen Polizei die für Sonntag, den 2. September 1934, von Landesbischof Meiser angeordnete Verlesung seiner Kundgebung untersagt worden war.[131] Ferner erhob die Kapitelskonferenz Einspruch gegen dieses Verbot, da der Versuch der Wiederherstellung verfassungs- und bekenntnismäßiger Zustände innerhalb der Deutschen Evangelischen Kirche als „Angriff auf den kulturellen Frieden" interpretiert wurde, hatte doch Hitler selbst die Kirchenverfassung vom 11. Juli 1933 unterschrieben.[132]

Der Kapitelsbeauftragte für die Volksmission im Kirchenbezirk Insingen, Pfarrer Paul Rahner aus Wettringen, stellte für die Monate April bis September 1934 fest, dass die Gemeinde für die Streitigkeiten „hellhöriger" geworden sei.[133] Dennoch erschien Gemeindemitgliedern die Umstrukturierung und die Unterstellung der Landeskirche unter die derzeitige Reichskirchen-Regierung nicht beson-

---

126 BayHStA, ABT. II, Geheimes Staatsarchiv, Reichsstatthalter 276/2. Monatsbericht des Regierungspräsidiums von Oberfranken und Mittelfranken an den Reichsstatthalter in München vom 9.11.1934. Monatsbericht für Oktober 1934.

127 Ebenda.

128 Ebenda.

129 Kittel, Zwischen Resistenz und Reichstreue, S. 123.

130 BayHStA, ABT. II, Geheimes Staatsarchiv, Reichsstatthalter 276/2. Halbmonatsbericht des Regierungspräsidiums von Oberfranken und Mittelfranken an den Reichsstatthalter in München vom 20.5.1934.

131 Vgl. Evangelisches Pfarrarchiv St. Jakob. Signatur 2.2.2.11. Schreiben des Evang.Luth. Dekanats Rothenburg o.T. – Kapitolskonferenz – an den Reichstatthalter von Bayern, General Ritter von Epp vom 17.9.1934.

132 Ebenda.

133 LAELKB, KKE Nr. 48. Kapitelsbericht für den Monat September 1934 vom Kapitelsbeauftragten für Volksmission im Kirchenbezirk Insingen Pfarrer Rahner in Wettringen (Mfr.) vom 5.10.1934; Paul Rahner, geb. 1893 – gest. 1958, war 1923 Pfarrer in Illertissen. 1926 wechselte er nach Wettringen und war 1935-1951 in Leipheim tätig. Vgl. Mensing, Pfarrer und Nationalsozialismus, S. 270.

ders gefährlich.[134] Die Geistlichen versuchten durch Flugblätter und Schriften sowie durch Mund-zu-Mund-Propaganda die Sachverhalte nicht nur kirchenpolitisch sondern auch „volksmissionarisch“ darzulegen.[135]

Infolge der Gründung einer DC-Ortsgruppe in Rothenburg bildete sich als Reaktion eine „Bekenntnisgemeinschaft“.[136] Von den 6.400 Personen in der Gemeinde St. Jakob traten bis zum 22. März 1935 275 Gemeindemitglieder der „Bekenntnisgemeinschaft“ bei.[137] In seinem Kapitelsbericht hält der Kapitelsbeauftragte Rahner im Juni 1935 fest, dass in sämtlichen Gemeinden „Bekenntnisgemeinschaften“ gebildet wurden.[138] Eine Unterschriftensammlung für die „Bekenntnisgemeinschaft“ war die Antwort auf die deutschchristliche Propagandarede von Pfarrer Fuchs und Vikar Preiss am 10. März 1935 in Rothenburg vor den Ortsgruppenleitern der NSDAP.[139] Nach Ansicht des Kapitelsbeauftragten blieb jedoch die durch den Kirchenstreit erhoffte „Erweckung“ der Gemeinden aus.[140] Es fand keinerlei Neubelebung statt.[141] Wie das Bezirksamt Rothenburg meldete, verbreiteten die evangelischen Pfarrämter Flugblätter, die zum Beitritt in die „Bekenntnisgemeinschaft“ der evangelisch-lutherischen Kirche in Bayern aufforderten.[142] Die Flugblätter waren in Doppelpostkartenform gehalten, wobei der eine Teil einen Aufruf darstellte und der zweite Teil die Beitrittserklärung enthielt.[143]

Eine statistische Erhebung des evangelischen Dekanats Insingen über die Mitgliederzahl der Bekenntnisgemeinschaft und der DC in den Gemeinden zeigte, dass der Einfluss der Deutschen Christen als gering einzuschätzen sei.[144]

Das Dekanat Insingen versuchte der Einflussnahme der DC durch Veranstaltungen entgegenzuwirken.[145] Im Februar 1936 hielt man von kirchlicher Seite

---

134 Ebenda.

135 Ebenda.

136 Evangelisches Pfarrarchiv St. Jakob. Signatur 2.2.2.11.Schreiben des Evang.-Luth. Pfarramtes St. Jakob in Rothenburg o.d.T. an den Reichsstatthalter von Bayern vom 22.3.1935.

137 Ebenda.

138 LAELKB, KKE Nr. 48. Kapitelsbericht zum 10.6.1935 vom Kapitelsbeauftragten für Volksmission im Kirchenbezirk Insingen Pfarrer Rahner in Wettringen (Mfr.) vom 5.6.1935.

139 Ebenda.

140 LAELKB, KKE Nr. 48. Schreiben der KB Insingen an das Amt für Volksmission in Nürnberg vom 16.3.1936.

141 Ebenda.

142 Evangelisches Pfarrarchiv St. Jakob. Signatur 2.2.2.11. Schreiben des Bezirksamtes Rothenburg o.d.T. an die ev.-luth. Pfarrämter des Stadt- und Bezirksamtsbezirks Rothenburg o.d.T. vom 2.4.1935.

143 Ebenda.

144 LAELKB, BayD Insingen Nr. 31. Statistische Erhebung über die Mitgliederzahl der Bekenntnisgemeinschaf und der DC in den Gemeinden des Dekanats Insingen im Kirchenkreis Ansbach vom 27.5.1935. Schreiben des Evang.-Luth. Pfarramtes Wörnitz Nr. 114 an das Evang.-Luth. Dekanat Insingen vom 24.5.1935. Siehe Anhang Nr. 7.

145 LAELKB, KKE Nr. 48. Schreiben der KB Insingen an das Amt für Volksmission in Nürnberg vom 16.3.1936.

Vorträge für Frauen und Mädchen in fast allen Gemeinden des Dekanats. Vom 18. bis 23. Februar war in Gastenfelden eine „Freizeit" für junge Männer angesetzt, an der sich auch ortsfremde junge Männer beteiligten.[146] Ferner organisierte das Dekanat in einigen Gemeinden ein Gemeindesingen. In Schillingsfürst wurde eine Männerbibelstunde eingeführt, die sich regen Zulaufs erfreute. Daneben gestaltete man die Kirchenvorsteherschulung in mehreren Pfarreien zu einer Männerschulung um. Der Schwerpunkt der kirchlichen Arbeit verlagerte sich auf die Gemeindearbeit, Predigt, Seelsorge und insbesondere Bibelstunden. Starke Beachtung wurde der Pflege der Gebetsgemeinschaft unter den Geistlichen geschenkt. Jedoch sprach man sich bei den kleinen ländlichen Verhältnissen gegen Gemeindehelfer aus.[147]

In der Woche vom 10. bis 17. Mai 1936 fand im Rahmen der Gesamtevangelisation des Kirchenbezirkes Insingen eine „Volksmissionswoche" statt.[148] Sowohl die Gottesdienste als auch die Abendvorträge waren gut besucht. Die Bibelstunden im Speisesaal des Elisenstiftes wurden durchschnittlich von 40 Frauen besucht. Allerdings fiel auf, dass die heranwachsende Jugend fast nicht daran teilnahm.[149] Im Januar 1938 hielt der Kapitelbeauftragte für Insingen fest, dass in fünf von zehn Pfarreien christliche Männerabende abgehalten worden seien. Gemessen an der Besucherzahl sei die Bibelwoche ein großer Erfolg gewesen, da sie in allen Pfarreien in der letzten Woche des Kirchenjahres 1937 durchgeführt worden seien.[150]

Ein Dorn im Auge der Nationalsozialisten waren vor allem die sogenannten „Missionsabende" der evangelischen Kirche. Die Spendensammlungen ergaben mehr Erlöse als die gleichzeitig durchgeführten Sammlungen der SA. Darüber hinaus ging die Teilnehmerzahl am SA-Dienst merklich zurück, wenn zur selben Zeit „Missionsabende" stattfanden. An einem dieser „Missionsabende" im Mai 1936 betete der Prediger für die „verdorbene und entführte Jugend Deutschlands", womit er auf die HJ anspielte.[151]

Am 10. Januar 1937 schloss sich der Kirchenvorstand von St. Jakob im Namen der evangelischen Gemeinde der Nürnberger Erklärung über die Behinderung der Predigt des Landesbischofs Meiser und über die Verbote „Evangelischer Wochen" an.[152] Das Schreiben wurde unterzeichnet von Jelden, Großer, Oertel,

---

146 Ebenda.

147 Ebenda.

148 LAELKB, KKE Nr. 48. Schreiben des Pfarramtes Schillingsfürst an das Evang.-Luth. Dekanat Insingen vom 26.5.1936.

149 Ebenda.

150 LAELKB, KKE Nr. 48. Schreiben der KB Insingen an das Amt für Volksmission in Nürnberg vom 28.1.1938.

151 BArch (ehem. BDC), PK, Höfler, Georg, geb. 27.8.1897. Monatsbericht des Kreispropagandaleiters Höfler an die Gaupropagandaleitung in Nürnberg vom 29.5.1936.

152 Evangelisches Pfarrarchiv St. Jakob. Signatur 2.2.2.11. Erklärung der evang.luth. Gemeinde St. Jakob Rothenburg o.d.T. vom 10.1.1937.

Rüdinger, Bengel, Meyer, Verlaufer, Heckmann, Schneider, Stahl, Giel, Schober, Imhof, Bayerlein, Becker und Heckel"[153]

Ein tiefer Graben des Misstrauens entstand zwischen den protestantischen Geistlichen und dem NS-Regime hinsichtlich des Streits über die Abschaffung der Konfessionsschulen.[154] In der Jakobskirche predigte der Pfarrer Helmut Kern am 16. Juli 1936 über Jugenderziehung. Dabei griff er die Aussagen des Reichsjugendführers Baldur von Schirach an, da Schirach die Kirche nicht als Erziehungsfaktor genannt hätte. Ferner sprach Kern über die Spannungen zwischen Kirche und Staat und kritisierte die Einführung der Gemeinschaftsschule, weil dort nur etwa zwei Stunden Religionsunterricht erteilt würden. Am Schluss seiner Predigt forderte Kern die Gottesdienstbesucher auf, sich in Listen für die Beibehaltung der Bekenntnisschule einzutragen.[155]

Pfarrer Strobel hielt am 20. Februar 1938 während der „Führerrede" einen Nachmittagsgottesdienst ab.[156] Pfarrer Richard Straß ließ in Wettringen Broschüren mit kirchenpolitischen Inhalten verteilen. Die Gendarmerie verbot dies nach Bekanntwerden.[157] Gegen Pfarrer Baumert in Adelshofen erging Strafanzeige, weil er in einer Bibelstunde politische Angelegenheiten erörterte und „gegen den Staats hetzte. [...]".[158]

Einige wenige Pfarrer empörten sich 1936 in ihren Predigten über den allumfassenden Herrschaftsanspruch und die alle Lebensbereiche umfassende Ideologie, indem sie die Zensur christlicher Publizistik anprangerten. So verglich der Diebacher Pfarrer Deutschland mit der Sowjetunion und behauptete „Deutschland und Russland sind die einzigen Länder, in denen die Bibel nicht mehr öffentlich verkauft werden dürfe."[159] Pfarrer Helmrich aus Wörnitz erläuterte in seiner Predigt, dass „das Christentum in Gefahr sei und dass im neuen Reich ein modernes Heidentum" entstehen würde.[160] Regimekritische Äußerungen dieser Art wurden sofort gemeldet. Am 10. März 1937 erklärte Pfarrer Günther Eichner aus Feuchtwangen in der Rothenburger St.-Jakobs-Kirche, dass die DC schuld an

153 Ebenda.

154 Kittel, Zwischen Resistenz und Reichstreue, S. 124.

155 BayHStA, ABT. II, Geheimes Staatsarchiv, Reichsstatthalter 277/1; Monatsbericht der Regierung für Juli 1936 vom 6.8.1936, in: Helmut Witetschek, Die kirchliche Lage in Bayern nach den Regierungspräsidentenberichten 1933-1943. Bd. 2. Regierungsbezirk Ober- und Mittelfranken, Mainz 1967, S. 102-108, S. 104.

156 BayHStA, ABT. II, Geheimes Staatsarchiv, Reichsstatthalter 278/2. Monatsbericht des Regierungspräsidiums von Oberfranken und Mittelfranken an den Reichsstatthalter in München vom 9.3.1938. Monatsbericht für Februar 1938.

157 Ebenda.

158 BayHStA, ABT. II, Geheimes Staatsarchiv, Reichsstatthalter 278/2. Monatsbericht des Regierungspräsidiums von Oberfranken und Mittelfranken an den Reichsstatthalter in München vom 13.1.1938. Monatsbericht für Dezember 1937.

159 BArch (ehem. BDC), PK, Höfler, Georg, geb. 27.8.1897. Schreiben des Kreispropagandaleiters Höfler an die Gaupropagandaleitung vom 29.6.1936.

160 BArch (ehem. BDC), PK, Höfler, Georg, geb. 27.8.1897.

der schwierigen Lage der evangelischen Kirche seien, „die ihr Gift unter das deutsche Volk gebracht hätten [...].“[161] Habe es vor 1933 in Deutschland 28 Landeskirchen gegeben, so seien 1937 lediglich noch drei Glaubensgesellschaften vorhanden: die Bekenntniskirche, die „Gottgläubigen“ und die DC.[162] Dabei stünden die DC nicht auf dem „dem Boden des Bekenntnisses“ und die „Gottgläubigen [...] sprächen nur von Blut, Rasse und Boden [...]“.[163]

Mit Voranschreiten des Zweiten Weltkrieges und zunehmenden Verlusten wuchs die traditionelle Kirchenbindung im evangelischen Franken.[164] Laut weltanschaulichem Bericht vom 20. Dezember 1943 kritisierte der Gemeindepfarrer in seiner Sonntagspredigt in Frommetsfelden offen die ideologische Erziehung der Jugend unter nationalsozialistischer Herrschaft: „Die Jugend wird bewußt von der Kirche und damit von Jesus Christus weggeführt. Es wird dadurch das Familienleben und die Liebe zu den Eltern zerstört. Was aus einem Volk ohne Kirche und Jesus hervorgeht, das sieht man jetzt schon und die Früchte werden nicht ausbleiben.“[165] Zudem hatten sowohl die Geistlichen als auch die Gemeindeschwestern noch einen erheblichen Einfluss auf die Jugendlichen; trotz NS-Propaganda. Der Kreispropagandaleiter räumte in einem Schreiben an die Kreisleitung am 22. April 1943 ein, „[...] daß unter den Zuhörerinnen [des evangelischen Gottesdienstes in der Stadt Rothenburg] eine ganze Reihe von BDM-Führerinnen waren, so daß ich leider zu dem Schluss gelangen mußte, daß die BDM-Arbeit dieser kirchlichen Beeinflussung gegenüber versagt.“[166]

Die NS-Ideologie konnte die Bedürfnisse praktizierender Christen in der Region Rothenburg nicht befriedigen. Vorübergehend machte sich eine Erregung breit, als 1938 das Fach Religion durch die Lehrer in Stadt und Kreis Rothenburg nicht mehr unterrichtet wurde.[167] Darüber hinaus kritisierte Pfarrer Julius Hahn die Verwendung des Weihnachtsfests durch die NS-Propaganda: „In einer Tageszeitung erscheint ein Titelbild, wo sich zwei Soldaten eine Zigarette anzünden.

---

161 BayHStA, ABT. II, Geheimes Staatsarchiv, Reichsstatthalter 277/2; Monatsbericht der Regierung für März 1937 vom 6.4.1937, in: Helmut Witetschek, Die kirchliche Lage in Bayern nach den Regierungspräsidentenberichten 1933-1943. Bd. 2. Regierungsbezirk Ober- und Mittelfranken, Mainz 1967, S. 160-171, S.163; Günther Eichner, geb. 1903 – gest. 1997 war 1931 Pfarrer in Feuchtwangen und von 1939-1973 in Nürnberg-Zerzabelshof tätig. Vgl. Mensing, Pfarrer und Nationalsozialismus, S. 257.

162 Ebenda.

163 Ebenda.

164 Kittel, Zwischen Resistenz und Reichstreue, S. 122; Zur Rolle der bayerischen Landeskirche nach 1939 sei verwiesen auf das Standartwerk von Helmut Baier, Kirche in Not. Die bayerische Landeskirche im Zweiten Weltkrieg, Neustadt a.d. Aisch 1979.

165 StAN, Rep. 503 NSDAP Mischbestand, Gauleitung 83, WB Og. Frommetsfelden vom 20.12.1943.

166 StAN, Rep. 503 NSDAP Mischbestand, Kreisleitung Rothenburg o.d.T., Nr. 6. Schreiben des Kreispropagandaleiters an die Kreisleitung vom 22.4.1943.

167 StAN, Rep. 503 NSDAP Mischbestand, Kreisleitung Rothenburg o.d.T., Nr. 6. Lagebericht für November des Kreispropagandaleiters Georg Höfler an die Kreisleitung der NSDAP Rothenburg o.d.T. am 30.11.1938.

Und das ist Weihnacht? Wenn das der Sieg des Lichtes ist, ist Deutschland wert, dass es zu Grunde geht."[168] Ebenfalls wurde laut weltanschaulichen Lagebericht 1943 in der Ortsgruppe Hartershofen „Kirchlichen Feiern [...] gegenüber nationalsozialistischen Feiern immer noch [der] Vorzug gegeben [...]".[169] Kirchliche Veranstaltungen, zum Beispiel Ausflüge „zur Aufführung [der] Johannis-Passion nach Ansbach", fanden noch 1943 statt, wie ein Schreiben des Kreispropagandaleiters an den Kreisleiter Höllfritsch belegte.[170]

In den Orten Geslau, Frommetsfelden und Hartershofen gab es Geistliche, die sich klar gegen die Rassenpolitik des Regimes aussprachen oder sogar Partei für die verfolgten Juden ergriffen.[171] Der Ortsgruppenleiter in Geslau, Hans Schwab, vermerkte am 16. Januar 1944 in einem Bericht an das Kreisschulungsamt in Rothenburg: „Die politischen Ausfälle des Geistlichen Hahn können auf die Dauer nicht [...] hingenommen werden. [...] In seinen [...] Gottesdiensten steht immer das Judenvolk im Vordergrund, das dieser Pastor immer als das erwählte Volk hervorhebt und nur von diesem Volk das Heil zu erwarten sei."[172] Während der Kriegszeit war das öffentliche Erwähnen der Judenverfolgung oder das Sympathisieren mit jüdischen Mitbürgern mit existenziellem Risiko verbunden.[173] Umso bemerkenswerter waren diese philosemitischen Äußerungen.[174]

Fazit

Innerhalb des nationalprotestantischen Milieus der ländlich kleinstädtischen Region Rothenburgs war die Anfälligkeit der evangelischen Pfarrer für den Nationalsozialismus bereits vor der „Machtergreifung" beträchtlich. Geistliche aus der Region verbreiteten nationalsozialistisches Gedankengut und das Evangelische Vereinshaus in Rothenburg war einer der Austragungsorte für völkische und antisemitische Veranstaltungen. Im Laufe der NS-Herrschaft kristallisierten sich al-

---

168 StAN, Rep. 503. NSDAP Mischbestand. Gauleitung Nr. 83. Schreiben an die Kreisleitung vom 18.1.1944; Der Hamburger Pastor Julius Hahn war besuchsweise in Geslau. Wegen seiner staatsabträglichen Äußerungen verhängte das Reichssicherheitshauptamt Berlin gegen ihn eine Geldstrafte. Vgl. Monatsbericht der Regierung für August 1944 vom 8.9.1944, in: Helmut Witetschek, Die kirchliche Lage in Bayern nach den Regierungspräsidentenberichten 1933-1943. Bd. 7: Ergänzungsband: Regierungsbezirke Oberbayern, Ober- und Mittelfranken, Schwaben 1943-1945, Mainz 1981, S. 40.

169 StAN, Rep. 503 NSDAP Mischbestand, Gauleitung 83, WB Og. Hartershofen vom 20.4.1943.

170 StAN, Rep. 503 NSDAP Mischbestand, Kreisleitung Rothenburg o.d.T., Nr. 6. Schreiben des Kreispropagandaleiters an die Kreisleitung vom 22.4.1943.

171 Kershaw, Antisemitismus und Volksmeinung, S. 312.

172 StAN, Rep. 503. NSDAP Mischbestand. Gauleitung Nr. 83. Schreiben an die Kreisleitung vom 18.1.1944.

173 Kurt Meier, Evangelische Kirche und „Endlösung der Judenfrage", in: Wolfgang Stegemann (Hg.): Kirche und Nationalsozialismus, Berlin/Köln/Stuttgart 1990, S. 75-95, S. 79.

174 Kittel, Zwischen Resistenz und Reichstreue, S. 135.

lerdings zwischen der protestantischen Kirche und der Partei wesentliche Interessenskonflikte heraus, deren Ursprung in der allumfassenden NS-Ideologie wurzelte. Durch Ortsgruppengründungen der „Deutschen Christen“ in mehreren Gemeinden der Region Rothenburgs versuchte die NSDAP, die evangelische Kirche auf ihre Linie zu bringen. NSDAP-Mitglieder in den Kirchenvorständen trugen das Ihrige dazu bei. DC-Pfarrer wie August Müller waren sehr aktiv in ihrem Handeln gegen traditionell christliche Überzeugungen und wirkten öffentlich als Multiplikatoren der NS-Ideologie.

Auf der anderen Seite standen jene evangelischen Pfarrer, die sich mit Beginn des sogenannten Kirchenkampfes non-konform zum NS-Regime verhielten. In ihrem „volksmissionarischen“ Wirken versuchten manche Pfarrer, den Einfluss der DC auf die Gemeindemitglieder mit „Missionsabenden“, Bibelstunden und der Bildung einer „Bekenntnisgemeinschaft“ einzuschränken. Die Abschaffung der Konfessionsschulen und unterschiedliche Auffassungen über die Erziehung der Jugend, einschließlich des Religionsunterrichts, verschärften den Konflikt. Die Härten des Zweiten Weltkrieges stärkten die traditionelle Kirchenbindung. Das NS-Regime vor Ort setzte sukzessiv parteiliche Machtmittel ein und verschob den innerkirchlichen Konflikt auf eine politische Ebene mit Sanktionen wie „Schutzhaft“, Zensur sowie Verboten zur Erteilung des Religionsunterrichts. Trotz der geschilderten Begebenheiten respektabler Resistenz wäre es allerdings nicht korrekt, auf der Basis der mutigen Geistlichen und ihrer Gemeinden, die Widerständigkeit im nationalprotestantischen Milieu zu überzeichnen.[175]

9.2. Resistenz und Parteimüdigkeit

Selbst wenn der unumschränkte Charakter der nationalsozialistischen Weltanschauung und der Primat der monopolisierten Politik zutage traten, stieß der Herrschaftsanspruch in manchen Bereichen der Gesellschaft an seine Grenzen.[176] Erfolgte auf dem Gebiet von Ideologie und Politik die kompromisslose Durchsetzung des zentralistischen Herrschaftsanspruchs und die Verfolgung von Gegnern des NS-Regimes und Minderheiten, so waren unterhalb der politisch-weltanschaulichen Ebene regionale Tendenzen, Lebenszusammenhänge und kulturelles Brauchtum durch die NS-Herrschaft lediglich zurückgedrängt.[177] Folglich gab es verschiedene Konfliktfelder zwischen dem Durchsetzungswillen des

[175] Kittel, Zwischen Resistenz und Reichstreue, S. 137.

[176] Norbert Frei, Der Führerstaat. Nationalsozialistische Herrschaft 1933 bis 1945, München 1987, S. 210.

[177] Andreas Wirsching, Nationalsozialismus in der Region. Tendenzen der Forschung und methodische Probleme, in: Horst Möller u.a. (Hg.): Nationalsozialismus in der Region. Beiträge zur regionalen und lokalen Forschung und zum internationalen Vergleich, München 1996, S. 25-46, S. 43.

NS-Regimes und bemerkbaren, wirksamen Gegenkräften.[178] „Resistenz" gegenüber der NS-Herrschaft zeigte sich anhand der „Immunität" gegenüber den Versuchen zur ideologischen Indoktrination oder anhand der Verweigerung des Engagements in der Partei, ihren angeschlossenen Gliederungen und Verbänden.[179]

Diejenigen, die wirtschaftliche Vorteile durch Kontakte mit Juden hatten, sei es durch geschäftliche Beziehungen mit jüdischen Viehhändlern oder durch Arbeit bei jüdischen Geschäftsinhabern, waren nicht ohne weiteres bereit, diesen Kontakt abzubrechen und die jüdische Bevölkerung zu boykottieren.[180] Die Ausgrenzung der Juden aus dem Wirtschaftsleben stieß gerade in der Landwirtschaft auf Schwierigkeiten, da kein ausreichender Ersatz auf dem Gebiete des Viehhandels bestand.[181] In zahlreichen Fällen zogen jüdische Firmen Lieferaufträge in Orten, in denen Plakate gegen Juden angeschlagen waren, zurück.[182] Geschäftsinhaber klagten vielfach darüber, dass der Bezug von vielen Waren und Rohstoffen durch nicht-jüdische Firmen nicht möglich war.[183] Der wirtschaftliche Handel spielte sich fortan im Geheimen ab, wie der Zeitzeuge G. berichtete.[184] In einem Schreiben an die Kreisleitung heißt es: „Die Handelstätigkeit der Juden greift zur Zeit immer mehr um sich [...], da sich einige Bauern [...] von der Viehverwertung benachteiligt fühlten, machen sie mit den Juden Geschäft[e], es hat sogar ein Bauer ein Pferd von einem Rothenburger Juden gekauft."[185] Kreispropagandaleiter Höfler vermerkte 1937, dass der Handel mit Juden noch verhältnismäßig hoch sei.[186]

Die Kreisleitung Rothenburg war sich darüber im Klaren und versuchte, diesem Sachverhalt mit Sanktionen entgegenzuwirken.[187] Gegen ihren Willen wur-

---

[178] Martin Broszat, Resistenz und Widerstand. Eine Zwischenbilanz des Forschungsprojekts, in: Martin Broszat u.a. (Hg.): Bayern in der NS-Zeit. 6 Bde. Bd. 4: Herrschaft und Gesellschaft im Konflikt. Teil C, München/Wien 1981, S. 691-709, S. 694.

[179] Die Frage der Durchsetzungsfähigkeit der NSDAP in der Bevölkerung bildet unter diesem Gesichtspunkt einen wichtigen Teilkomplex innerhalb der Dokumentation der Strukturen resistenten Verhaltens der Bevölkerung in der NS-Zeit. Vgl. Fröhlich, Partei in der Provinz, S. 488. Broszat definiert „Resistenz" als: „Wirksame Abwehr, Begrenzung, Eindämmung der NS-Herrschaft oder ihres Anspruchs, gleichgültig von welchen Motiven, Gründen und Kräften her." Vgl. Broszat, Resistenz und Widerstand, S. 697. Zur Problematik des Begriffs der „Resistenz" siehe Klaus-Michael Mallmann/Gerhard Paul, Resistenz oder loyale Widerwilligkeit? Anmerkungen zu einem umstrittenen Begriff, in: Zeitschrift für Geschichtswissenschaft 41 (1993), S. 99-116.

[180] Kershaw, Antisemitismus und Volksmeinung, S. 299; Fischer, Clashing Gears, S. 15-39.

[181] BayHStA, ABT. II, Geheimes Staatsarchiv, Reichsstatthalter 276/2. Halbmonatsbericht des Regierungspräsidiums von Oberfranken und Mittelfranken an den Reichsstatthalter in München vom 6.4.1934.

[182] Ebenda.

[183] Ebenda.

[184] Zeitzeugengespräch mit Fritz Gackstatter.

[185] StAN, Rep. 503, NSDAP Mischbestand, Kreisleitung Rothenburg o.d.T., Nr. 6.

[186] BArch (ehem. BDC), PK, Höfler, Georg, geb. 27.8.1897. Schreiben von Kreispropagandaleiter Höfler an das Gauamt für Agrarpolitik in Nürnberg vom 25.11.1937.

[187] StAN, LRA Rothenburg o.d.T., Abg. 1975, 1096.

den Angestellte mit Gewalt von Mitgliedern der NSDAP und SA abgehalten, ihre berufliche Tätigkeit bei jüdischen Kaufleuten auszuüben.[188] Laut Spruchkammerprotokoll wurde Elisabeth Ehrmann, Angestellte des jüdischen Kaufmanns Wimpfheimer, unter brachialer Gewalt daran gehindert, ihrer Tätigkeit nachzugehen und zur Kreisleitung abgeführt.[189] Ferner belegte ein anonymes Schreiben vom 10. August 1934 an den Reichsstatthalter Ritter von Epp, dass sich manche Rothenburger sorgten, antisemitische Hetzplakate mit der Aufschrift „Die Juden sind unser Unglück" könnten dem Fremdenverkehr schaden.[190]

Darüber hinaus setzte sich der Anspruch des NS-Regimes in einem Kernpunkt nicht durch: Die Nationalsozialisten vermochten nicht, die ganze Bevölkerung mit aggressivem Judenhass zu erfüllen, wie die weltanschaulichen Lageberichte vom 20. Oktober 1943 aus Ortsgruppen wie Hartershofen und Frommetsfelden zeigten. „Das Märchen vom „anständigen Juden" tritt zur Zeit wieder auffällig hervor. Man hört des Öfteren die Meinung vertreten, daß die Juden von der Partei zu hart behandelt worden seien."[191] Somit erreichte die Depersonalisierung der NS-Ideologie, die in abstrakter Form nicht den konkreten jüdischen Mitmenschen, sondern das „Judentum" meinte, nicht alle Menschen auf der lokalen Ebene. „Der Jude in höherer Stelle, der Einfluß hat im Staatsleben, das geben sie zu, den hätte man entfernen können; den kleinen Juden unter dem Volk und der breiten Volksmasse, der wäre gut gewesen […]".[192] Derartige Aussagen könnten ein Beleg dafür sein, dass die Radikalisierung des Antisemitismus und seine brutale Realität im evangelischen Franken zum Überdenken alter Stereotype geführt haben.[193] Der weltanschauliche Lagebericht vom 20. Februar 1944 zeigte, wie die Gewalt gegenüber der jüdischen Bevölkerung kritisiert wurde: „[…] der Kampf der Partei gegen die Juden war zu scharf, dafür haben wir jetzt den Krieg und den Luftterror gegen unsere Städte und Zivilbevölkerung. Genau so, wie ih-

[188] StAN SpKA Rothenburg o.d.T., G89.

[189] Ebenda.

[190] StadtAR, Rep. 101. Zur Rolle des Reichsstatthalters Franz Xaver Ritter von Epp für die nationalsozialistische Herrschaft sei verwiesen auf Bernhard Grau, Der Reichsstatthalter in Bayern: Schnittstelle zwischen Reich und Land, in: Rumschöttel/Ziegler (Hg.): Staat und Gaue in der NS-Zeit, S. 129-169.

[191] StAN, Rep 503, NSDAP-Mischbestand, Gauleitung 83. WB, Og. Hartershofen vom 20.10.1943. Auch wenn die „Weltanschaulichen Lageberichte" eine wichtige Grundlage der Dokumentation bilden, bieten sie aus verschiedensten Motiven der Verfasser keine realistische Einschätzung. Die offiziellen Stimmungsberichte neigten dazu, die Lage vor Ort zu verzerren. Vgl. Kittel, Zwischen Resistenz und Reichstreue, S. 137; Elke Fröhlich, Stimmung und Verhalten der Bevölkerung unter den Bedingungen des Krieges. A. Weltanschauliche Berichte der Kreisschulungsämter 1943-1944. Einführung, in: Martin Broszat (Hg.): Bayern in der NS-Zeit. 6 Bde. Bd. 1: Soziale Lage und politisches Verhalten der Bevölkerung im Spiegel vertraulicher Berichte, München/Wien 1977, S. 571-573.

[192] StAN, Rep 503, NSDAP-Mischbestand, Gauleitung 83. WB vom 20.12.1943. Og. Frommetsfelden.

[193] Kittel, Zwischen Resistenz und Reichstreue, S. 134.

re Synagogen zerstört worden sind, werden jetzt unsere Wohnhäuser zerstört."[194] Jedoch geht aus den Aussagen auch hervor, dass nur die Art und Weise der Judenverfolgung kritisiert wurde, bestimmte Grundlinien des NS-Antisemitismus prägten aber weiterhin die Mentalität der Rothenburger Bevölkerung.

Der unermüdliche Eifer der Rothenburger NSDAP wirkte sich trotz alledem zum Teil auch kontraproduktiv aus. So konstatiert der Kreispropagandaleiter Höfler, dass die Häufung der Sammlungen für die NSDAP, ihre angeschlossenen Organisationen und Verbände sowie der Verkauf verschiedenster Zeitungen sich abträglich auf die allgemeine Stimmung auswirkte.[195]

In den Kriegsjahren war es nicht immer einfach, Bewerber für die Waffen-SS zu finden. So bemängelte der Ortsgruppenführer von Hartershofen, dass es trotz des persönlichen Engagements des Bürgermeisters in den fünf Gemeinden der Ortsgruppe nicht möglich war, genügend Anwärter für den Dienst in der Waffen-SS zu finden.[196] Die gleiche Erfahrung machten die Ortsgruppenführer in den Ortsgruppen Rothenburg Nord und Süd.

Das Beispiel der jungen Betty Kösser zeigt, wie eine junge 18-jährige Frau dem Herrschaftsanspruch des Nationalsozialismus trotzte.[197] Am 4. Mai 1937 erklärte sie ihren Austritt aus der DAF, da ein Aufruf des Reichsleiters der NSDAP und DAF Robert Ley sie persönlich in ihrem Glauben beleidigte und „eine Beschimpfung [ihres] Christenglaubens darstellt[e]. Daher sei es für sie unmöglich, „weiter in einer solchen Front unter einem solchen Menschen zu stehen [...]".[198]

Nach der Niederlage bei Stalingrad häuften sich kritische Stimmen in den Ortsgruppen Frommetsfelden und Gastenfelden. „Parteimüdigkeit" machte sich breit: „Die der Partei fern stehenden oder gar ablehnend gegenüberstehenden Volksgenossen [...] machen sich über die aktiven Parteigenossen lustig."[199] Spott und Zweifel an der nationalsozialistischen Bewegung sowie am „Endsieg" wurden immer deutlicher: „Langsam aber sicher sterben die Nationalsozialisten aus".[200]

---

194 StAN, Rep 503, NSDAP-Mischbestand, Gauleitung 83. WB vom 20.2.1944. OG. Frommetsfelden.

195 BArch (ehem. BDC), PK, Höfler, Georg, geb. 27.8.1897. Monatsbericht des Kreispropagandaleiters Georg Höfler an die Gaupropagandaleitung der NSDAP in Nürnberg vom 29.5.1936.

196 StAN, Rep. 503 NSDAP Mischbestand, Kreisleitung Rothenburg o.d.T., Nr. 2. Schreiben des Ortsgruppenleiters von Hartershofen an die Kreisleitung Rothenburg o.d.T. vom 8.2.1940.

197 Privates Material von Dieter Balb. Siehe auch FA 4./5.6. 1983.

198 Ebenda. Infolgedessen schloss das „Ehren- und Disziplinargericht der Deutschen Arbeitsfront" die junge Frau auf die Dauer von drei Jahren aus. Darüber hinaus wurde ihr der Arbeitsplatz bei der Volksbank Rothenburg durch den Vorstand und den Aufsichtsrat gekündigt.

199 StAN, Rep. 503 NSDAP Mischbestand, Gauleitung 83, WB Og. Frommetsfelden vom 20.6.1943.

200 Ebenda.

Schwierigkeiten im alltäglichen Leben an der „Heimatfront“ trugen zum fortschreitenden Ansehensverlust des NS-Regimes bei, wie zum Beispiel die vermehrten Belastungen in der Landwirtschaft.[201] Gerade der Arbeitskräftemangel veranlasste die ländliche Bevölkerung, den sonntäglichen Parteiveranstaltungen fernzubleiben. Die Stimmung in der Bevölkerung wurde von Parteiseite mit „flau“ bezeichnet.[202] Der weltanschauliche Lagebericht des 20. Juni 1943 vermerkt: „So notwendig eine straffe Zusammenfassung und Ausrichtung aller Parteigenossen und Angehörigen der Gliederungen sein mag, wird es [sic!] bei dem Arbeitskräftemangel in der Landwirtschaft als Abhaltung von [...] Berufsaufgaben empfunden [...].“[203] Außerdem beklagte sich mancher über die zu geringen Fleischrationen, die bei 250g lagen und nicht zur Aufrechterhaltung der Arbeitskraft reichten.[204] Kriegsaushebungen wie zum Beispiel die Pferdebeschlagnahmung im Rahmen des Reichsleistungsgesetzes trugen viel zur Stimmungsverschlechterung bei, wie die zahlreichen Beschwerden hinsichtlich der zu niedrig angesetzten Entschädigungssummen dokumentieren.[205] Damit zeigten sich deutliche Grenzen der ideologischen Durchsetzungskraft des Nationalsozialismus. Die Empfänglichkeit für nationale und politische Parolen sank ab 1943 rapide und wich einer Hinwendung zu privaten Interessen und dem engeren Kreis individuellen Lebens.[206]

Die HJ wurde den ideologischen Zielsetzungen der nationalsozialistischen Herrschaft in der Stadt Rothenburg gegen Ende des Krieges nicht mehr gerecht, wie der weltanschauliche Bericht des Rothenburger Kreisschulungsamts vom 20. Juni 1944 belegt: „Bei der Jugend kann überhaupt nicht von einer weltanschaulichen Erziehung gesprochen werden. [...] In letzter Zeit machen sich auch bereits stärkere Anzeichen von Verwilderung bemerkbar. Dies zeigt sich an den mutwilligen Sachbeschädigungen durch Jugendliche [...]“[207] Ferner mangelte es nach Ansicht der Ortsgruppenleiter an der „Autorität der zum Teil sehr jugendlichen Führer“.[208] Nach dem Übergang zur Organisation mit Jugenddienstpflicht entwickelten sich bei Jugendlichen im Verlauf des Krieges zunehmend ein Widerwille gegen den HJ-Drill und eine Abneigung gegen die Unterdrückung jugendli-

201 Kittel, Zwischen Resistenz und Reichstreue, S. 129.

202 StAN, Rep. 503 NSDAP Mischbestand, Gauleitung 83, WB. Og. Frommetsfelden vom 20.6.1943.

203 Ebenda.

204 StAN, Rep. 503 NSDAP Mischbestand, Gauleitung 83, WB Og. Rothenburg o.d.T. Süd vom 20.12.1943.

205 StAN, LRA Rothenburg o.d.T, Abgabe 1975, Nr. 1119, 1120.

206 Hans Woller, Gesellschaft und Politik in der amerikanischen Besatzungszone. Die Region Ansbach und Fürth, München 1986, S. 44.

207 Weltanschaulicher Bericht des Kreisschulungsamts Rothenburg o.d.T., 20.06.1944, in: Martin Broszat u.a. (Hg.): Bayern in der NS-Zeit. 6 Bde. Bd. 1: Soziale Lage und politisches Verhalten der Bevölkerung im Spiegel vertraulicher Berichte, München/Wien 1977, S. 588.

208 StAN, Rep. 503 NSDAP Mischbestand, Gauleitung 83, WB Og. Rothenburg o.d.T. vom 20.12.1943.

cher Bedürfnisse durch staatlich angeordnete Arbeitsanforderungen.[209] Die Staatliche Kriminalpolizei in Stadt und Kreis Rothenburg versuchte, dieser Tendenz mit der Einrichtung einer polizeilichen Unterbringungsmöglichkeit entgegenzuwirken, da die Fürsorgeeinrichtungen der Wohlfahrts- und Gesundheitsbehörden nicht ausreichten, dem „asozialen Verhalten" der Jugendlichen Herr zu werden.[210] Laut Zeitzeugin Wörthmann wurden HJ-Mitglieder, die sich nicht an den gewünschten Verhaltenskodex hielten, mit körperlicher Züchtigung bestraft.[211] Zeitzeuge Jakobi wies darauf hin, dass nonkonformes Verhalten in der HJ mit einer zweitägigen Haft am Wochenende bestraft wurde.[212]

Um das Gesamtbild der Resistenz in Stadt und Land Rothenburg zu ergänzen, sei an dieser Stelle das Verhalten eines katholischen Pfarrers erwähnt. Der katholische Stadtpfarrer und Dekan Wolfgang Müller in Rothenburg verlas und verbreitete im Mai 1942 den sogenannten „Möldersbrief".[213] Er verwendete den Brief am 11. Januar 1942 in seiner Predigt, als er über die „heilige Familie" sprach. Die Gestapo nahm sich der Sache an und Müller musste unter polizeilicher Aufsicht im Gottesdienst eine Gegendarstellung vornehmen.[214] Erwähnenswert ist jedoch, dass es von Seiten der Gemeinde einen Lesebedarf des Briefes gab. Folglich gab Müller den Brief dem Angestellten des Ernährungsamtes, Hans Endress, der das Schreiben vervielfältigte und es an seine Arbeitskolleginnen, die ihn darum baten, weiterreichte.[215] Die Staatspolizei ermittelte ferner gegen Wolfgang Müller, da er am 1. Weihnachtsfeiertag für polnische Arbeitskräfte eine Messe abgehalten hatte, ohne die Polizeibehörde vorher zu informieren.[216]

Laut dem Zeitzeugen Gackstatter bestraften die örtlichen Behörden ab 1944 soziale Nonkonformität dadurch, dass sie keine Bezugsscheine ausstellten.[217] Bei Verfolgung oder Maßregelung nonkonformen Verhaltens war die soziale Stel-

---

209 Arno Klönne, Jugendprotest und Jugendopposition. Von der HJ-Erziehung zum Cliquenwesen der Kriegszeit, in: Martin Broszat u.a. (Hg.): Bayern in der NS-Zeit. 6 Bde. Bd. 4: Herrschaft und Gesellschaft im Konflikt. Teil C, München/Wien 1981, S. 527-620, S. 594.

210 StAN, LRA Rothenburg o.d.T., Abg. 1975, Nr. 216.

211 Zeitzeugengespräch mit Erika Wörthmann.

212 Zeitzeugengespräch mit Wilhelm Jakobi.

213 Daraufhin entzog man ihm die Erlaubnis, den Religionsunterricht an öffentlichen Volksschulen auszuüben. BayHStA, MK 38216. Schreiben des Regierungspräsidenten an das Bayer. Staatsministerium für Unterricht und Kultus in München vom 30.11.1942. Hierbei handelte es sich um einen Brief, den Oberst Mölders kurze Zeit vor seinem Tod verfasst haben soll. Mölders kam aus der katholischen Jugendbewegung und bekannte sich in dem Brief eindeutig zur katholischen Kirche. Vgl. Helmut Witetschek, Die kirchliche Lage in Bayern nach den Regierungspräsidentenberichten 1933-1943. Bd. 1: Regierungsbezirk Oberbayern, Mainz 1966, S. 337.

214 StAN, Reg. v. Mfr. KDI. Abg. 1978, Nr. 20965. Schreiben des Rothenburger Landrats an den Regierungspräsidenten vom 7.3.1942.

215 StAN, Reg. v. Mfr. KDI. Abg. 1978, Nr. 20965. Schreiben des Regierungspräsidenten am 30.11.1942; Schreiben des Landrats von Rothenburg o.d.T. vom 7.3.1942.

216 Ebenda.

217 Zeitzeugengespräch mit Fritz Gackstatter.

lung ausschlaggebender als die politische Qualität der Äußerungen. Umgekehrt gewährte sozialer Besitzstand größere Äußerungs- und Verhaltensfreiheit gegenüber der lokalen NSDAP.[218] Hinter geäußerter Kritik stand auch die Aberkennung der Herrschafts-Legitimation des NS-Regimes. Die Auswahl der kritischen Berichte weist darauf hin, dass die lokalen NS-Funktionäre trotz aller Aktionen und Propaganda an ihre Grenzen stießen, das Landvolk zu indoktrinieren und zu politisieren.[219] Der Zulauf zu propagandistischen Veranstaltungen des NS-Regimes nahm ebenfalls ab. Eine Heldengedenkfeier der Ortsgruppe Windelsbach im April 1943 „wurde von der Bevölkerung kaum beachtet. Außer den pflichtmäßig angetretenen Abordnungen dürften keine 10 Personen anwesend gewesen sein."[220] Militärische Niederlagen, wie der „Verlust von Stalingrad" und der Rückzug der Truppen an den Fronten, drückten in vielen Kreisen der Bevölkerung die Stimmung und veranlassten wachsende Kritik an der Kriegsführung.[221] Es schien sich ab 1943 eine „gewisse defätistische Stimmung" breit zu machen.[222] Viele zweifelten an den propagierten Erfolgen der deutschen Truppen und glaubten nicht mehr an den „Endsieg".[223]

Große Beunruhigung ergriff im Sommer 1943 die Bevölkerung, als sich etwa 60 englische Kriegsgefangene befreien konnten.[224] Die in den Dörfern des Kreises Rothenburg untergebrachten „Bombengeschädigten" verbreiteten ebenfalls Missstimmung unter den Einheimischen.[225] In den Dörfern zeigten die Menschen immer weniger „Interesse für das politische Leben" und so kam „die Partei als solche immer mehr in Misskredit".[226] Bei der Bevölkerung vermehrte sich „der Eindruck, als ob die Reichsführung von unten herauf nicht richtig unterrichtet würde, über die tatsächliche Lage im Landvolk."[227] Resignierend stellte der Ortsgruppenführer in Hartershofen fest: „Ein Großteil der Bevölkerung steht der Propaganda ablehnend gegenüber."[228] Die Praxis, ausländische Rundfunksender abzuhören, trat ab 1943 häufiger auf und führte in der Bevölkerung zu

---

218 Diese Praxis ist aus dem Spruchkammerbestand klar rekonstruierbar. Vgl. StAN, SpKA Rothenburg o.d.T., Sch114.

219 Fröhlich, Stimmung und Verhalten der Bevölkerung, S. 572.

220 StAN, Rep. 503 NSDAP Mischbestand, Gauleitung 83, WB Og. Windelsbach vom 20.4.1943.

221 StAN, Rep. 503 NSDAP Mischbestand, Gauleitung 83, WB vom 20.2.1943.

222 StAN, Rep. 503 NSDAP Mischbestand, Gauleitung 83, WB Og. Rothenburg o.d.T. Süd vom 20.12.1943.

223 Vgl. StAN, Rep. 503 NSDAP Mischbestand, Gauleitung 83, WB Og. Hartershofen vom 20.12.1943, 20.10.1943.

224 StAN, Rep. 503 NSDAP Mischbestand, Gauleitung 83, WB Og. Rothenburg o.d.T. vom 20.6.1943.

225 StAN, Rep. 503 NSDAP Mischbestand, Gauleitung 83, WB Og. Neusitz vom 20.10.1943.

226 StAN, Rep. 503 NSDAP Mischbestand, Gauleitung 83, WB Og. Gastenfelden vom 20.6.1943.

227 Ebenda.

228 StAN, Rep. 503 NSDAP Mischbestand, Gauleitung 83, WB Og. Hartershofen vom 20.2.1943.

Kritik an dem NS-Regime.[229] Die „Gerüchteverbreitung [nahm] stark zu“ und verdeutlichte die Zweifel „am Endsieg.“[230] Die Vielzahl an Gefallenen, Vermissten und Verwundeten aus Stadt und Land Rothenburg sowie Nachrichten über Bombenangriffe auf deutsche Städte hatten ihre Wirkung auf die Bevölkerung und führten die Siegespropaganda der Partei zunehmend ad absurdum.

Fazit

Es zeigte sich, dass der allumfassende Herrschaftsanspruch des NS-Regimes in Stadt und Land Rothenburg o.d.T. in gewissen Bereichen an seine Grenzen stieß. Dokumentierte Einzelfälle von Parteimüdigkeit, Kritik am NS-Regime sowie wirtschaftlicher Kontakt mit der jüdischen Bevölkerung legten dafür Zeugnis ab. Mit Voranschreiten des Zweiten Weltkrieges – und den zunehmenden Härten – erlitt das NS-Regime selbst in seiner einstigen Hochburg in Stadt und Land Rothenburg einen Ansehensverlust. Generell betrachtet war jedoch widerwillige Loyalität zum Regime sicherlich kennzeichnender als Resistenz, umso bemerkenswerter sticht das widerständische Potenzial Einzelner heraus.[231]

---

229 StAN, Rep. 503 NSDAP Mischbestand, Gauleitung 83, WB Og. Frommetsfelden vom 20.6.1943, Hartershofen vom 20.2.1943.

230 StAN, Rep. 503 NSDAP Mischbestand, Gauleitung 83, WB Og. Neusitz vom 20.10.1943.

231 Mallmann/Paul, Resistenz oder loyale Widerwilligkeit, S. 99-116; Kittel, Zwischen Resistenz und Reichstreue, S. 138.

10. Rothenburg im Zweiten Weltkrieg

Zwölf Jahre nach der sogenannten „Machtergreifung“ durch die Nationalsozialisten fand sich Deutschland und damit auch die Region Rothenburg vor dem unvermeidlichen Abgrund. Der Zweite Weltkrieg brachte für die Bevölkerung in Stadt und Land Rothenburg von Beginn an bis zur Eroberung durch die Amerikaner im April 1945 gravierende Veränderungen. Die Propagandamaschinerie der NSDAP konnte das entsetzliche Gesicht des Krieges in der Rothenburger Heimat zwar leugnen, aber nicht verbergen. Die anfängliche Begeisterung wich einem nüchternen Erwachen. Mit zunehmender Dauer des Krieges steigerten sich die Versorgungsschwierigkeiten, die Zahl der Einquartierungen sowie die der Opfer.

10.1. Kriegsfolgen

Bereits in den ersten Kriegsmonaten lernten die Rothenburger die grausame Seite des Krieges kennen.[1] Hunderte Frauen und Männer strömten zum Bahnhof, als ein Transportzug mit verwundeten Soldaten Mitte Oktober 1939 in Rothenburg eintraf. Ein Teil davon wurde in einem Lazarett untergebracht, während der Rest nach einstündigem Aufenthalt weiterbefördert wurde. Um die Verwundeten offiziell zu begrüßen, hatten sich Kreisleiter Steinacker, erster Beigeordneter Erhard und der Kreisobmann der NSDAP, Koch, eingefunden. Die Ärzte des Rothenburger Lazaretts sowie Vertreter des DRK standen bereit, um die Verwundeten mit Kraftwagen und Omnibussen ins Lazarett zu bringen.[2] In den Straßen Rothenburgs tauchten in den darauf folgenden Tagen wiederholt Gruppen von Soldaten auf, die am Körper Verbände trugen.[3]

Die lokale Presse stellte die Kriegsfolgen und -auswirkungen während des Zweiten Weltkrieges in die traditionsreiche Geschichte der Reichsstadt Rothenburg, angefangen bei dem 30jährigen Krieg und dem Einzug des Kriegsheeres von Tilly bis zur Gegenwart, um ein Zeugnis des Militarismus abzulegen.[4] So hätte die

> „alte Tauberstadt in den vergangenen Jahrzehnten und Jahrhunderten manches soldatische und kriegerische Bild gesehen. Aus den Söldnerheeren von einst ist die mächtige Weltkriegsarmee und schließlich die nationalsozialistische Volks-Wehrmacht des Führers entstanden, die in den Monaten seit Kriegsausbruch Beweise über Beweise ihrer unendlichen Schlagkraft abgelegt hat. Unser Rothenburg aber hat noch immer einen wertvollen Beitrag geleistet, wenn es galt, soldatische Tradition zu wahren.“[5]

---

1 FA 19.10.1939; FA 20.10.1939

2 Ebenda.

3 FA 20.10.1939.

4 FA 27.7.1940.

5 Ebenda.

Für größere Besuchermengen von Frontsoldaten tauchte man die Stadt in ein Flaggen- und Girlandenmeer.[6] Während an der Vorderseite der Ratstrinkstube ein Band den Soldaten einen herzlichen Willkommensgruß entgegnete, brachte man über dem Rathaussaal ein großes „Eisernes Kreuz" an.[7] Selbst die Schaufenster der Geschäfte wurden zu Ehren der Soldaten geschmückt.[8]

Nach einem Übereinkommen zwischen dem Oberkommando des Heeres und der DAF bzw. der KDF und ihres Leiters Ley wurde die Betreuung für die Verwundeten der KDF übertragen.[9] In Rothenburg organisierte man eine „Liebesgaben-Aktion".[10] Man stellte für die verwundeten Soldaten Päckchen mit Zigaretten, Zigarren, Spielkarten, Unterhaltungsspiele, Bücher, kleinen Musikinstrumenten wie Mundharmonika, Postkarten und Briefpapier zusammen. Überreicht wurden die „Liebesgaben" durch Mitglieder des BDM.[11]

Einen wichtigen Beitrag zur Verwundetenbetreuung in Rothenburg leistete das DRK, welches bereits für den Empfang der Verwundeten, den Transport und die Verteilung in die Teillazarette sorgte.[12] Damit die verwundeten Soldaten sich wohl fühlten, bot man ihnen für die verhältnismäßig kleine Stadt ein großes Maß an Freizeitgestaltung, Propaganda und Unterhaltung. Die NS-Gemeinschaft „Kraft durch Freude" organisierte für die Verwundeten Varietéveranstaltungen und Theaterabende.[13] Das Filmtheater erklärte sich bereit, den Lazarettinsassen pro Woche eine kostenlose Kinovorstellung zu zeigen.[14] Die NS-Kriegsopferversorgung (NSKOV) und die NS-Volkswohlfahrt sorgten mit Kameradschaftsabenden in den Teillazaretten für Unterhaltung.[15] Die NSF besserte die Soldatenwäsche aus. Der Leiter der Rothenburger Kreisbildstelle, Zürl, stellte sich zweimal pro Woche zur Verfügung und zeigte den Lazarettinsassen sowohl „Lehrfilme", hielt aber auch Vorträge über Kunst und Geschichte der Stadt Rothenburg.[16] Ferner schenkte die Rothenburger Kreisleitung den Frontsoldaten Sonderdrucke der Reden Adolf Hitlers.[17]

Im Herbst 1944 war geplant, die Stadt Rothenburg zur Lazarettstadt zu erklären. Die Verhandlungen darüber liefen und es war bereits ein Plan erstellt, der einschließlich der Stadt noch eine weitere neutrale Zone im Umkreis von etwa

---

6 FA 24.7.1940.
7 Ebenda.
8 Ebenda.
9 FA 20.10.1939.
10 Ebenda.
11 Ebenda.
12 FA 25.5.1944.
13 Ebenda.
14 Ebenda.
15 FA 19.7.1943; FA 25.5.1944.
16 FA 25.5.1944.
17 FA 19.11.1941.

drei Kilometer vorgesehen hatte. Ende Februar 1945 hatten Wehrmachtseinheiten, die als Teilkommandos seit längerem in der Stadt gelegen hatten, einen Räumungsbefehl erhalten. Weitere Maßnahmen in dieser Richtung unterblieben, da die Partei mit dem Plan nicht einverstanden war und deshalb der diesbezügliche Befehl zurückgezogen worden sei.[18] Darüber hinaus versagte Erich Höllfritsch die Freigabe von Schulen zur Aufnahme weiterer Verwundeter, und damit war die Möglichkeit, Rothenburg zur Lazarettstadt zu ernennen, verspielt.[19]

Selbstverständlich fanden während des Zweiten Weltkrieges ebenfalls Propagandakundgebungen und -veranstaltungen statt.[20] Agitatoren aus München, wie zum Beispiel Reichsredner Pfahler, kamen angereist, um die Rothenburger bei Kundgebungen über den angeblich anstehenden „Sieg" im Krieg zu unterrichten.[21] Willi Junker organisierte 1941 die Aufführung von nationalsozialistischen Propagandafilmen wie zum Beispiel „Der Sieg im Westen".[22] Mitte Februar 1942 berichtete Unteroffizier Pfister vor hunderten Rothenburgern über seine Erlebnisse in britisch-amerikanischer Gefangenschaft. Getreu der NS-Ideologie erklärte er das Verhalten des Gegners im Lager aufgrund der „jüdischen Propaganda".[23]

Um Arbeitskräfte in den Kriegsjahren zu mobilisieren, startete die NSDAP die Propagandaaktionen „Monat der Schaffenden" und den „Monat der Partei". Bei Betriebsappellen, Gemeinschaftsappellen und weiteren Veranstaltungen versuchte die örtliche NSDAP die arbeitende Bevölkerung zu „höchstem Einsatz im Dienste des Kriegsgeschehens" aufzurufen. In den größeren Betrieben Rothenburgs fanden Anfang März 1943 Betriebsappelle statt. Dort sprachen der Kreisobmann der DAF, Kaup, und der Ansbacher Kreisleiter, Seitz, zu den Arbeitnehmern. Gauinspektor Haberkern aus Nürnberg hielt in diesem Rahmen ebenfalls eine Kundgebung im Kaisersaal ab. Im Verlauf des Monats wurden Gemeinschaftsappelle sowohl in den Einzelhandelsgeschäften, Handwerksbetrieben als auch in den Gemeindebehörden durchgeführt, um die Beschäftigten auf ihre Pflichten hinzuweisen. Für die „geistige Betreuung" der Landbevölkerung hielt die Kreisleitung „Gemeinschaftsnachmittage" ab. Insgesamt erreichte die Kreisleitung nahezu 2.000 Personen. Der April 1943 stand unter dem Motto „Monat der Partei". Dafür organisierte die NSDAP Mitgliederappelle in den Ortsgruppen, um die Parteigenossenschaft zu vereinen und ihnen „Rüstzeug" für deren „Führungsaufgabe in der Heimat" im Hinblick auf die weitere Entwicklung des Krieges zu liefern.[24]

---

18 StAM, SpKA 728: Höllfritsch, Erich. Spruch der Spruchkammer Rothenburg o.d.T. vom 5.6.1948.

19 Ebenda.

20 FA 19.10.1940.

21 FA 14.3.1942.

22 FA 21.4.1941.

23 FA 14.2.1944.

24 FA 3.4.1943.

Selbst 1944 wurde zum Kriegs-Kreistag aufgerufen.[25] Zeichneten sich die Kreistage der NSDAP durch ihren festlichen Rahmen als Höhepunkt der Parteiarbeit eines laufenden Jahres aus, so änderte sich dies während des Krieges immens und man beschränkte sich auf die Aufgaben der Partei in Kriegszeiten.[26] Der dreitägige Kriegs-Kreistag 1944 sollte in Rothenburg auf die „Geschlossenheit der Volksgemeinschaft und der Stärkung der Kraft der Heimat" abzielen.[27] Jedoch bekundet bereits das dürftige Programm, dass im Herbst 1944 andere Aspekte im Vordergrund standen.

Kreisleiter Höllfritsch hielt für die Rothenburger Bevölkerung propagandistische Reden über den „Endsieg" und die Ereignisse des 20. Juli.[28] Für verwundete Soldaten sprach er in seinen Vorträgen über „Schicksalsfragen des gegenwärtigen Krieges".[29] In einer Propagandarede beschwor Höllfritsch „den deutschen Schicksalskampf".[30] Gerüchte über eine Wende durch neue „Wunderwaffen" machten die Runde. All das konnte über die Realität des Krieges nicht hinwegtäuschen. Ab 1943 häuften sich im Fränkischen Anzeiger die Todesanzeigen gefallener Soldaten.[31] Allerdings zeugten private Briefwechsel selbst im Januar 1945 noch vom Glauben an den Endsieg, sei es aus völliger Verkennung der Lage oder aus schierer Verzweiflung [32]

Diverse Veranstaltungen dienten dazu, Soldaten die Ehre zu erweisen, die sie sich im Krieg erkämpft hätten. So veranstaltete die NSDAP Heldengedenkfeiern, um die Gefallenen zu ehren.[33] Doch auch die lebenden Soldaten erfuhren ihre Belobigung. Im Juli 1944 verlieh die Partei dem 27-jährigen SS-Hauptsturmführer Hermann Buchner das Ritterkreuz des Eisernen Kreuzes.[34] Im Zuge seines Hei-

---

25 FA 28.9.1944. Der Aufruf im Fränkischen Anzeiger stellt im Vergleich zu früheren Aufrufen lediglich eine kleine Notiz dar. Mit je ein bis zwei Veranstaltungen pro Tag war der "Kriegskreistag" allerdings von Freitag bis Sonntag eher klein gehalten.

26 FA 30.9.1944.

27 Ebenda.

28 FA 22.7.1944. Kreisleiter Höllfritsch hielt im Kreishaus der NSDAP für die Anliegen der Bevölkerung noch im Februar 1945 seine Sprechtage ab. Vgl. FA 26./27.2.1945.

29 FA 29.11.1944.

30 FA 31.3.1945.

31 FA 25.5.1944.

32 Wörthmann, Aus meiner Kindheit und Jugend im 3. Reich, S. 34.

33 FA 13.3.1944.

34 FA 12.8.1944. Hermann Buchner wurde 1917 als Sohn des Werkmeisters August Buchner in Nürnberg geboren. Nach der „Machtergreifung" kam er als „Freiwilliger" in den Reihen des Reichsarbeitsdienstes nach Rothenburg. Mit zunehmendem Ausbau der Schutzstaffel durch den „Reichsführer SS" fand Buchner darin seine Berufung. Nachdem er in der Braunschweiger SS-Junkerschule ausgebildet worden war und 1936 bei den olympischen Spielen teilgenommen hatte, wurde er in das Führerkorps der Waffen-SS berufen. Während des Westfeldzuges wurde Buchner mit dem „Eisernen Kreuz Erster und Zweiter Klasse" ausgezeichnet. Nach seiner Verwundung beim Winterfeldzug am Ilmensee verlieh man ihm das „Deutsche Kreuz in Gold". Nach 62 „Nahkampftagen" während der „Charkowschlacht" zeichnete ihn Goebbels persönlich mit der „Goldenen Nahkampfspange" aus. Aufgrund seiner Verdienste wurde er nach weiteren Einsätzen am 26. Juli mit dem „Ritter-

maturlaubes ehrten die Partei, allen voran der Kreisleiter Erich Höllfritsch, und die Stadtverwaltung ihren ersten Ritterkreuzträger in Stadt und Land Rothenburg im Sitzungssaal des Ratshauses.[35] Vier Monate später fiel Buchner im Dezember 1944 an der Ostfront.[36] Der Zweite Weltkrieg forderte auch bei der Rothenburger SA-Führung seine Opfer. Im August 1944 fiel der Oberleutnant Willi Bromberger, SA-Sturmmitglied 22/19.[37] Im Zuge einer Totengedenkveranstaltung wurde der Verdienste Brombergers für die Stadt und den Kreis Rothenburg gedacht. Da Bromberger Rothenburger Ratsherr war, versammelten sich neben der Partei, die SA-Stürme sowie die Ratsherren der Stadt.[38] Selbst in den letzten Kriegsmonaten hielt die NSDAP ihre Ortsgruppenversammlungen aufrecht, wie zum Beispiel in Tauberzell und Ohrenbach.[39] Die Zellen der NSDAP-Ortsgruppen führten im Januar 1945 noch Sammlungen durch.[40] Anfang Januar 1945 fand die letzte Arbeitstagung der NSDAP-Ortsgruppenleiter statt.[41] Die letzte öffentliche Kundgebung der NSDAP gab es am 11. Februar 1945 im Saal des RAD am Topplerweg. Es sprach Gauinspekteur Haberkern aus Nürnberg.[42]

Um die öffentliche Sicherheit zu gewährleisten, stellte der Bürgermeister der Stadt Rothenburg 1943 eine Stadtwacht mit 60 Mann auf, die jederzeit bewaffnet werden konnte.[43] Hierbei handelte es sich um eine polizeiliche Hilfstruppe.[44] Ihre Aufgabe war die Durchführung von „Sonderaktionen" sowie Fahndungen. SS-Männer bildeten die Unterführer bei der Stadtwacht.[45]

Ab August 1940 wurde vermehrt auf die Verdunkelungsvorschriften für Fliegerangriffe hingewiesen.[46] Im Fränkischen Anzeiger drohte man Einwohnern, die

---

kreuz des Eiserenen Kreuzes" belobigt und aufgrund einer Verwundung auf Heimaturlaub geschickt. Vgl. FA 11.12.1944; FA 2.1.1945; FA 6.1.1945.

35 FA 5.8.1944.

36 FA 11.12.1944.

37 FA 23.8.1944.

38 Ebenda.

39 FA 2.1.1945.

40 FA 6.1.1945.

41 FA 8.1.1945.

42 FA 10.2.1945.

43 StAN, Rep 503, NS-Mischbestand, Kreisleitung Rothenburg, Nr. 6. Schreiben des Bürgermeisters der Stadt Rothenburg an die NSDAP-Kreisleitung Rothenburg o.d.T. vom 23.4.1943.

44 StAN, LRA Rothenburg o.d.T, Abgabe 1975, Nr. 190. Schreiben des Regierungspräsidenten an die Landräte des Regierungsbezirks vom 2.6.1943.

45 Ebenda.

46 Amtsblatt für das BA Rothenburg o.d.T. Jg. 1940, Nr. 8944 P, Nr. 50. Die systematische Schulungsarbeit des Luftschutzes begann in Rothenburg bereits – wie überall im Reich – im Jahr 1936. Die Luftschutzhauswarte hatten die reichsgesetzlich bestimmte Pflicht, an den Schulungsabenden teilzunehmen. Am 12. Januar 1936 lud K. Hoffmann die Einwohnerschaft im Namen der Ortsgruppe Rothenburg des Reichsluftschutzbundes (RLB) zu einem „heiteren Luftschutz-Werbeabend" in den Bärensaal ein. Anstelle eines Vortrags verfasste Hoffmann einen Einakter mit dem Titel „Sebastian Meier wird Luftschutzmitglied", um die Zuhörer mit den Aufgaben und Zielen des RLB in spielerischer Art und Weise ver-

gegen die Verdunkelungsvorschriften verstießen, mit Sanktionen: „In Zukunft können Verdunkelungssünder [...] keine Rücksichtnahme mehr erwarten. [...]“.[47] Man rief die Bevölkerung auf, sich „luftschutzmäßig“ zu verhalten.[48] Ferner gab man Anleitung, wie man bei Tiefflieger-Angriffen zu reagieren habe.[49] Um im Ernstfall gewappnet zu sein, rief der Feuerwehrführer Abel aus Schillingsfürst zu einem Appell auf, um die Feuerwehren im Krieg vorzubereiten.[50] Darüber hinaus erging eine Flut von Kriegs- und Notdienstverordnungen an die Bevölkerung, um einerseits dem Chaos vorzubeugen, andererseits alle noch vorhandenen Kräfte zu mobilisieren.[51] Am 5. November 1944 sprach Höllfritsch bei einer Übung der Rothenburger Feuerwehr über die anstehende „harte Belastung im Luftkrieg“ und schloss nicht aus, dass „Rothenburg einmal Ziel feindlicher Bombenangriffe werden“ könnte.[52] Wie die Geschichte zeigte, sollte er Recht behalten.

Der Krieg und seine Folgen wurden in vielerlei Hinsicht für die Stadt und den Kreis Rothenburg zunehmend spürbar. Die Kriegsverhältnisse führten in den einzelnen Gemeinden zu erheblichen Härten in der Landwirtschaft. So stellte die eingeschränkte Güterbeschaffung ein großes Problem dar. Des Weiteren konnten die Frühjahrsbestellungen aufgrund des Arbeitskräftemangels nicht ausreichend durchgeführt werden.[53] Auf manchen Höfen fehlte gegen Kriegsende jegliche männliche Arbeitskraft.[54] Gerade für kleinere Betriebe war eine Mitbewirtschaftung durch die „Gemeinschaftshilfe“ ausgeschlossen. Hinzu kam, dass wichtige Reparaturen infolge des Fachkräftemangels nicht erledigt werden konnten.[55]

---

traut zu machen. Die beiden folgenden „heitere[n] Luftschutzabende[n]“ waren ebenfalls auf einen heiteren Ton abgestimmt. Dort wechselten lustige Theaterstücke mit „Zwiegespräche[n]“, „ulkigen „Luftschutzreigen““ sowie musikalische Darbietungen einander ab. Ziel dieser Unterhaltungsabende war es, den „Selbstschutzkräften“ eine Abwechslung zu den Ausbildungsabenden zu bieten. Für die Amtsträger, wie die Untergruppenführer, Untergruppensachbearbeiterinnen, Blockwarte und Blocksachbearbeiterinnen, war die Veranstaltung mehr als Kameradschaftsabend gedacht. Vgl. StAN, Amtsblatt für das BA Rothenburg o.d.T. Jg. 1936, Nr. 8944 P, Nr. 15; FA 14.1.1936; FA 10.12.1936.

47 FA 9.9.1940.

48 FA 3.3.1945.

49 FA 14./15.3.1945.

50 FA 20.5.1941. Für den Bau eines Übungsbrandhauses überließ die Stadt dem Reichsluftschutzbund, Orts- (Kreis-) gruppe Rothenburg ob der Tauber einen Platz am Gerbersberg. Vgl. StadtAR, Stadtratsprotokolle Rothenburg. Niederschrift über die Beratung mit den Ratsherren am 30.8.1938. Tagesordnungspunkt Nr. 284.

51 StAN, LRA Rothenburg o.d.T, Abgabe 1975, Nr. 60, Kriegsanordnungen; StAN, LRA Rothenburg o.d.T, Abgabe 1975, Nr. 5210, Vollzug der Notdienstverordnung Band I. 1940-1945; StAN, LRA Rothenburg o.d.T, Abgabe 1975, Nr. 5211, Vollzug der Notdienstverordnung. Band II. 1940-1945.; StAN, LRA Rothenburg o.d.T, Abgabe 1975, Nr.5212, Vollzug des Notdienstes Band I.

52 FA 6.11.1944.

53 StAN, Kreisbauernschaft Rothenburg o.T., Nr. 6. Schreiben der Kreisbauernschaft vom 20.3.1945.

54 Ebenda.

55 StAN, Kreisbauernschaft Rothenburg o.T., Nr. 6.

1943 machte sich der Papiermangel bemerkbar. Die Rothenburger Ortsgruppen der NSDAP führten daher vom Montag, 12. April, bis Samstag, 24. April 1943, eine Altpapiersammelaktion durch.[56] Die Sammelstelle war der Vorraum der Ortsgruppengeschäftsstelle im NSDAP-Kreishaus in der Herrngasse 17.[57] Ab Februar 1945 fielen Dienstags und Donnerstags die Zeitungsausgaben aus.[58] Für die Erfassung und Verwertung von Altmaterial war das am 9. September für den Landkreis Rothenburg errichtete Wirtschaftsamt zuständig. Als Teil der unteren Verwaltungsbehörde war es die Aufgabe des Wirtschaftsamtes, die Bevölkerung mit lebenswichtigen Gütern wie Kohle, Kraftstoffen, Heizöl, Spinnstoffwaren, Schuhwaren, Seife und sonstigen gewerblichen Fertigerzeugnissen zu versorgen.[59]

Im Oktober 1944 brachte man die wertvollsten Stücke des Straßburger Heeresmuseums nach Rothenburg, damit sie nicht den Alliierten in die Hände fallen.[60] Durch Verfügung des Oberkommandos des Heeres errichtete man mit Zustimmung des 13. Wehrkreiskommandos in Rothenburg eine Bergungs- und Ausweichstelle des Straßburger Heeresmuseums.[61] Nach der Verlegung befand sich die Geschäftsstelle in dem vorher von der NSDAP beschlagnahmten Gasthof „Zur Sonne“ in der Hafengasse 11. Ferner erhielt das Straßburger Heeresmuseum drei Gewölbe des Stadtarchivs als Bergungsraum sowie das Atelier des Rothenburger Malers Unbehauen. Das Hotel Eisenhut hatte ebenfalls ein Zimmer zur Verfügung zu stellen.[62]

Kriegsbedingt war es 1944 von Nöten, „Behelfsheime“ in Rothenburg zu bauen, um mehr Wohnraum zu schaffen.[63] Selbst der stellv. Gauleiter Karl Holz besuchte anlässlich eines Aufenthalts die Bauplätze, auf denen in „freiwilliger Gemeinschaftsarbeit“ der Partei und der Behörden Barracken errichtet wurden.[64] Ein Bauplatz befand sich zum Beispiel in Rothenburg an der Heckenacker-Siedlung.[65] Gerade die Dörfer waren mit Evakuierten aus den Großstädten Deutschlands stark belegt. Erwachsene sowie Kinder kamen aus den luftgefähr-

---

56 FA 10.4.1943.

57 Ebenda.

58 FA 31.1.1945.

59 StAN Amtsblatt für das BA Rothenburg o.d.T. Jg. 1939, Nr. 8944 P, Nr. 51.

60 Militärarchiv des Bundesarchivs Freiburg. RH 62/109. Darunter Orden, Harnische, eine Bronzekanone, ein Modell der Hohkönigsburg.

61 Militärarchiv des Bundesarchivs Freiburg. RH 62/109. Schreiben der Ausweich- und Bergungsstelle Rothenburg an die Standort-Verwaltung Ansbach vom 27.10.1944.

62 Militärarchiv des Bundesarchivs Freiburg. RH 62/109. Schreiben der Ausweichstelle Rothenburg an den Chef der Heeresmuseen in Wien vom 27.10.1944.

63 StAN, LRA Rothenburg o.d.T, Abgabe 1975, Nr. 3302, Bedarfsmäßige Wohnraumbeschaffung Sammelakt 1944; StAN, LRA Rothenburg o.d.T, Abgabe 1975, Nr. 3303, StAN, LRA Rothenburg o.d.T, Abgabe 1975, Behelfsmäßige Wohnraumbeschaffung; FA 3.6.1944; FA 5.8.1944.

64 FA 3.6.1944.

65 FA 30.9.1944.

deten Gebieten wie Kiel, Köln, Düsseldorf, Essen, Lübeck oder Nürnberg.[66] Man errichtete Behelfsheime für Evakuierte, die zum Beispiel aus dem Saarland im Spätherbst 1944 eintrafen.[67] Die NSV bemühte sich um die Unterbringung der Flüchtlinge. 1945 kümmerte sich die örtliche Leiterin der NSV in Gebsattel um die Einquartierung in Einvernehmen mit dem Wehrmachtsstandortältesten.[68] 1943 und 1944 beschlagnahmte die NSDAP für die NSV verschiedene Gebäude und Räume, um die Flüchtlinge aus Kriegsgebieten unterzubringen. Dabei wurden zum Beispiel Zimmer im „Gasthaus zur Sonne" und zwei Zimmer im Anwesen des Oberstleutnants Freiherr von Gebsattel beschlagnahmt.[69] Die Gauleitung Franken beschlagnahmte im Rahmen der erweiterten Kinderlandverschickung den Kindergarten der NSV-Elisenstift in Schillingsfürst.[70] In Habelsee errichtete man im März 1944 einen Hort für landverschickte Kinder.[71]

10.2. Zwangsarbeiter

Ab Oktober 1939 setzte man im Landkreis Rothenburg sogenannte „Fremdarbeiter" und Kriegsgefangene in der Landwirtschaft ein.[72] Die Zivilbevölkerung wurde aufgefordert, den Kriegsgefangenen mit größter Zurückhaltung zu begegnen.[73] Jeder Kontakt zwischen Zivilpersonen und Kriegsgefangenen war strengstens verboten. Bei Zuwiderhandlung wurde mit Festnahme gedroht.[74] Darüber hinaus mussten die Nicht-Deutschen als sogenannte „Fremdarbeiter" in der Industrie, in den Handwerksbetrieben und in der Landwirtschaft Zwangsarbeit leisten. Dabei handelte es sich vornehmlich um Osteuropäer wie Ukrainer, Polen, Jugoslawen, Li-

66 StAN, LRA Rothenburg o.d.T, Abgabe 1975, Nr. 1118. Der Bürgermeister der Stadt Rothenburg an den Landrat Rothenburg o. Tbr. vom 12.7.1943.

67 Wilhelm Dannheimer, Die Kriegsfackel über den Dörfern, in: Harro Schaeff-Scheefen (Hg.): Rothenburg ob der Tauber. Schicksal einer Deutschen Landschaft, Rothenburg ob der Tauber 1950, S. 43-50, S. 43.

68 Militärarchiv des Bundesarchivs Freiburg. RH 62/109. Schreiben des Wehrmachtsstandortältesten Rothenburg ob der Tauber an den Landrat Meißner vom 19.2.1945.

69 Militärarchiv des Bundesarchivs Freiburg. Verfügung des Landrats von Rothenburg Simon Meißner vom 9.10.1944.

70 StAN, LRA Rothenburg o.d.T, Abgabe 1975, Nr. 1120. Schreiben der Gauleitung Franken, Amt für Volkswohlfahrt Reißer (Finanzrechtssachen), an den Landrat Rothenburg o.d.T. vom 19.4.1941.

71 Stadtarchiv Nürnberg, C7/uIII.89. Schreiben der Hortnerin Hilde Leissberger aus Ohrenbach an die städtische Schulverwaltung Nürnberg vom 29.02.1944.

72 StAN, LRA Rothenburg o.d.T, Abgabe 1975, Nr. 4506; Amtsblatt für das BA Rothenburg o.d.T. Jg. 1939, Nr. 8944 P, Nr. 53. Zur Praxis des Arbeitseinsatzes der Ausländer sei verwiesen auf Ulrich Herbert, Fremdarbeiter. Politik und Praxis des „Ausländer-Einsatzes" in der Kriegswirtschaft des Dritten Reiches, Bonn 1999.

73 StAN, Amtsblatt für das BA Rothenburg o.d.T. Jg. 1939, Nr. 8944 P, Nr. 53, 36.

74 StAN, Amtsblatt für das BA Rothenburg o.d.T. Jg. 1939, Nr. 8944 P, Nr. 53.

tauer und Rumänen aus verschiedenen Berufssparten.[75] Untergebracht wurden die „Ostarbeiter“ entweder in den Lagern, wie zum Beispiel in Rothenburg am Mühlacker, oder direkt beim Landwirt.[76] Die Zahl der Ausländer, die in der Stadt und auf dem Rothenburger Land zwangsbeschäftigt waren, nahm seit Kriegsbeginn stetig zu und erreichte ihren Höchststand im August 1944 mit 492 Kriegsgefangenen und 1.506 zivilen Zwangsarbeiterinnen und Zwangsarbeitern.[77] Allein in Schillingsfürst waren im Jahr 1944 sieben verschiedene Nationen vertreten.[78]

In der Öffentlichkeit galten die Ausländer als Menschen zweiter Klasse und erhielten zuweilen eine dementsprechende Behandlung von den Deutschen.[79] Besonders schlecht war die Behandlung der sogenannten „Ostarbeiter“ aus der Sowjetunion. Auf dem Land war das alltägliche Leben der Zwangsarbeiter abhängig von dem jeweiligen Bauern, dem Herren von Haus und Hof.[80]

Die Bandbreite der Behandlung variierte von körperlicher Gewalt, beständiger Demütigung oder Diskriminierung bis zur solidarischen Unterstützung und „stillen Hilfe“.[81] Dem SA-Obersturmbannführer Arlt oblag die „Ausländerbetreuung“ und Überwachung der „Fremdarbeiter“ und Kriegsgefangenen innerhalb des Kreisgebietes.[82] In dieser Eigenschaft fuhr Arlt öfters mit dem Kreisleiter Höllfritsch in die Dörfer, um die bei Bauern beschäftigten ausländischen Zivilisten zu „belehren“. Bei diesen Gelegenheiten wurden die Ausländer von Arlt brutal misshandelt.[83] Von den „Fremdarbeitern“, die in der Stadt festgehalten

75 ITS Bad Arolsen, Fremdarbeiter-DP-Liste, Doc. Nr. 70551406#1–70551414#1; StAN, Rep 503, NS-Mischbestand, Kreisleitung Rothenburg, Nr. 3, Unterbringung der Wolhyniendeutschen, Ukrainer, Hauländer und Bessarabiendeutschen 1940-1941; StAN, LRA Rothenburg o.d.T, Abgabe 1975, Nr. 1089, Schreiben des UNRRA Team 167 vom 14.3.1946; StAN, LRA Rothenburg o.d.T, Abgabe 5884, Bericht über den Stand der Zivilbevölkerung von 1946; StR, Ausländerpolizei, Laufzeit 1939-1951. Schreiben des Landrats an die polizeilichen Meldebehörden vom 18.6.1940.

76 StadtAR, Kassenbuch, Ostarbeiterlager 1942-1944.

77 StAN, Rep 503, NSDAP-Mischbestand, Gauleitung 83. WB vom 20.8.1944.

78 Ebenda.

79 Mark Spoerer, Zwangsarbeit unter dem Hakenkreuz. Ausländische Zivilarbeiter, Kriegsgefangene und Häftlinge im Deutschen Reich und im besetzten Europa 1939-1945, München 2001, S. 253.

80 John Delaney, Rassistische gegen traditionelle Werte. Priester, Bauern und polnische Zwangsarbeiter im ländlichen Bayern, in: Andreas Heusler/Mark Spoerer/Helmuth Trischler (Hg.): Rüstung, Kriegswirtschaft und Zwangsarbeit im „Dritten Reich“, München 2010, S. 163-178, S. 178.

81 Dietmar Süß, „Herrenmenschen“ und „Arbeitsvölker“. Zwangsarbeit und Deutsche Gesellschaft, in: Volkhard Knigge (Hg.): Zwangsarbeit. Die Deutschen, die Zwangsarbeiter und der Krieg, Essen 2012, S. 224-233, S. 226.

82 StAM, SpkA K 34: Arlt, Georg. Klageschrift des öffentlichen Klägers bei der Spruchkammer Rothenburg o.d.T. vom 17.10.1947. Für Details zur Person von Georg Arlt sei verwiesen auf Kapitel 5.3. dieser Untersuchung.

83 StAM, SpKA 728: Höllfritsch, Erich. Klageschrift des öffentlichen Klägers bei der Spruchkammer Rothenburg o.d.T. vom 28.4.1948.

wurden, verstarben 36 Personen, auf dem Land lag die Zahl bei 34 Toten.[84] Einige erhängten sich oder wurden erschlagen, wieder andere starben aufgrund der harten körperlichen Arbeit, der schlechten Ernährung und mangelnder medizinischer Versorgung aufgrund von Herzschwäche, Schlaganfall oder Entkräftung.[85] Zwar beerdigte man die Leichname, doch verweigerte man den Pfarrern die Anteilnahme in Form eines christlichen Begräbnisses.[86]

10.3. Gefechte

Das Rothenburger Land zählte die ersten toten Zivilisten als am 10. September 1944 ein Flugzeug Bomben über dem Dorf Neustett abwarf. Acht Menschen wurden getötet. Zwei der Toten kamen ursprünglich aus Nürnberg und suchten auf dem Land Schutz.[87] Ein Bombenabwurf auf das Pfarrdorf Wildenholz führte zu einem Brand, der ein Fünftel des Dorfes vernichtete. Die Ortschaft Traisdorf und die Gemeinde Gastenfelden wurden Opfer von Stabbrandbomben, in Nordenberg wurden 60 Gebäude völlig zerstört.[88] Ab Januar 1945 intensivierten die Alliierten ihre Tieffliegeraktionen, die gerade an den Eisenbahnstrecken bei Steinach und Dombühl den Verkehr unterbanden. Hierbei trafen die Gefechtshandlungen auch Wohnhäuser.[89]

Die Stadt Rothenburg war bereits in der Nacht vom 12. auf den 13. Oktober 1941 Ziel eines Luftangriffes, der Schäden in der Wolfstraße und ein Todesopfer zur Folge hatte.[90] Ein zweiter Bombenabwurf in den letzten Tagen des Krieges brachte weitaus mehr Zerstörung. Am 31. März 1945 bombardierte ein Kommando der US-Luftwaffe die Stadt. Eine Staffel von 16 Flugzeugen warf etwa neun Tonnen Phosphor-, Stabbrand- und einige Sprengbomben ab.[91]

Der Architekt Karl Mayer-Heufer war Augenzeuge der Zerstörung Rothenburgs. Während des Angriffes befand er sich vor der Stadt und konnte den Brand beobachten. Nach seiner Ansicht war ein Löschen der Brandherde auf-

---

84 ITS Bad Arolsen, Listen der in der Stadt und auf dem Land Rothenburg ob der Tauber verstorbenen Angehörigen der Vereinten Nationen. 3106, Doc. Nr. 70551421#1; 70551422#1; 70551423#1.

85 Ebenda.

86 ITS Bad Arolsen, Schreiben des Evang.-Luth. Pfarramts Steinach an die Zentral-Suchstelle für Vermisste in Bad Arolsen vom 29.07.1946. 3106, Doc. Nr. 70551419#1.

87 Dannheimer, Die Kriegsfackel über den Dörfern, S. 43.

88 Ebenda, S. 44.

89 Ebenda, S. 43.

90 StAN, LRA Rothenburg o.d.T, Abgabe 1975, Nr. 63. Die Fliegerbombe zerstörte eine Stallung, die an die historische Stadtmauer angebaut war. Vgl. Bayerisches Landesamt für Denkmalschutz. 91541 Rothenburg o.d.T. Stadtmauer-Türme. 1937-1964. Schreiben des Landrats an den Bürgermeister der Stadt Rothenburg ob der Tauber vom 26.11.1941;

91 Hans Wirsching, Feuer fällt vom Himmel, in: Harro Schaeff-Scheefen (Hg.): Rothenburg ob der Tauber. Schicksal einer Deutschen Landschaft, Rothenburg ob der Tauber 1950, S. 13-18, S. 13; Berger/Lauterbach, Rothenburg, S. 9.

grund der Bauart der Häuser und dem starken Wind unmöglich. Der Westwind trieb das Feuer vom Taubertal in Richtung Bahnhof. So erfasste der Großbrand den Teil Rothenburgs, der vom Taubertal abgewandt lag. Folglich blieb der älteste Teil erhalten. In dem abgebrannten Teil gingen einige sehr schöne Häuser verloren. Das Feuer zerstörte eines der Tore der inneren Stadtmauer sowie den weltbekannten weißen Turm mit dem Judentanzhaus. Ferner vernichtete das Feuer viele alte Bürgerhäuser.[92]

Der Schaden durch Spreng- und Brandbomben beschränkte sich maßgeblich auf einen Bereich in der östlichen Neustadt zwischen Markusturm und Weißen Turm, Würzburger- und Rödertor.[93] Die Straßen mit ihren Kleinbürgerhäusern wie Galgen-, Rosen, Pfeifer-, Stollen- und Rödergasse brannten völlig aus, die Gebäude brachen zusammen.[94] Der Weiße Turm zeigte starke Risse und verlor wie das Würzburger- und Rödertor seinen Helm. Darüber hinaus ergriff der Brand das Viertel am Schweinemarkt und den Kapellenplatz. Schwer wurde das Rathaus beschädigt, dessen vordere Renaissancehälfte bis zum ersten Stock ausbrannte.[95] Bei dem Luftangriff befand sich die Befehlsstelle in einem neu angelegten Bunker vor dem Klingentor.[96] Anwesend waren der Kreisleiter, der Leiter des Roten Kreuzes, der Kreisarzt, der stellvertretende Kommandant der Feuerwehr sowie der Leiter der Technischen Nothilfe.[97]

Die Bekämpfung des Brandes erwies sich als überaus schwierig und fast aussichtslos, da die Kräfte, die der Feuerwehr zur Verfügung stehen sollten, zum Großteil mit dem Bau von Panzersperren und anderen Verteidigungsanlagen außerhalb der Stadt im Dienste des Volkssturms beschäftigt waren.[98] Durch die Abstellung der Männer verhinderte Höllfritsch den Einsatz einer gut vorbereiteten Feuerwehr. Dies rächte sich bei dem Brand infolge des Bombenabwurfs.[99]

Bis zum Abend des 2. April war die Feuerwehr Tag und Nacht im Einsatz.[100] Die Bilanz war erschreckend: Der Luftangriff forderte 39 Menschenleben, darunter 12 Männer, 18 Frauen sowie neun Kinder. 741 Familien verloren ihr Zuhause. Zerstört wurden 40 Prozent der Altstadtfläche. Die Bombardierung und deren Folgen erfassten 306 Wohnhäuser völlig und 52 Wohnhäuser zum Teil. Daneben brannten zwei

92 Bayerisches Landesamt für Denkmalschutz. Wiederaufbau. Reg. Baumeister Florian.
93 SZ vom 6.11.1945.
94 Ebenda.
95 Ebenda.
96 Vorher befand sich die Befehlsstelle bei der örtlichen Luftschutzleitung im Rathaus – altes Archiv. Vgl. StAN, Rep 503, NS-Mischbestand, Kreisleitung Rothenburg, Nr. 6. Schreiben des Bürgermeisters der Stadt Rothenburg o.d.T. an die NSDAP Kreisleitung Rothenburg o.d.T. vom 23.4.1943.
97 Wirsching, Feuer fällt vom Himmel, S. 14f.
98 StAM, SpKA 728: Höllfritsch, Erich. Spruch der Spruchkammer Rothenburg o.d.T. vom 5.6.1948.
99 Ebenda.
100 Wirsching, Feuer fällt vom Himmel, S. 16f.

Fabriken sowie 46 Scheunen und Nebengebäude. Ferner verlor die Stadt sechs öffentliche Gebäude, neun Türme bzw. Torhäuser sowie 750 Meter Stadtmauer.[101]

Ab März begann der Rückzug der deutschen Truppen durch das Rothenburger Land.[102] Im Frühjahr 1945 rückte die Front näher.[103] Die deutsche Verteidigung des Abschnitts Crailsheim-Rothenburg-Uffenheim war der XIII. SS-Division unter Führung von General Simon übertragen.[104] Die „Divisions-Kampftruppen" bestanden im April 1945 allerdings nicht mehr aus regulären Divisionsverbänden.[105] Den Stab des 13. SS-Armeekorps bildeten größtenteils SS-Offiziere. Ihnen unterstanden die 212. Infanteriedivision, die 9. und 79. Volksgrenadierdivision, die Panzerabteilung Massenbach, zwei Bataillone der Rosenheimer Pionierschule, zwei truppenlose Divisionsstäbe sowie SS-Einheiten, bestehend aus zwei Flakabteilungen aus München-Freimann. Ferner gehörte dem 13. SS-Armeekorps eine Reserve von 70-100 Offizieren an.[106] Die deutschen Soldaten waren völlig entkräftet und konnten den gut ausgerüsteten amerikanischen Truppen wenig entgegensetzen.[107] Die Überlegenheit in der Luft durch Tiefflieger und Bomber sowie im Feld durch Panzer, Artillerie und Infanterie war erdrückend.[108] Die kurz gehaltenen Tagesmeldungen des 13. SS-Wehrkreiskommandos vermelden lediglich geringfügige Erfolge, dafür umso mehr Verluste an Gebiet und Material.[109] Um den Vormarsch der US-Armee wenigstens zu verlangsamen, bauten die deutschen Truppen auf den Straßen Panzerfallen und Hindernisse, wie zum Beispiel im Taubertal auf der Straße nach Creglingen, auf der Würzburger Straße beim Lindleinsee, an der Straße nach Gebsattel und auf der Hindenburgsteige.[110] Doch das konnte die Amerikaner nicht aufhalten.

---

101 Ebenda, S. 18; StAN, LRA Rothenburg o.d.T, Abgabe 1975, Nr. 64.

102 Dannheimer, Die Kriegsfackel über den Dörfern, S. 44.

103 Für eine Analyse der Truppenbewegungen sei verwiesen auf Friedhelm Golücke, Das Kriegsende in Franken. Ein Überblick über die militärischen Ereignisse im März und April 1945, in: Mainfränkisches Jahrbuch für Geschichte und Kunst 28 (1976), S. 103-122; Helmut Veeh, Die Kriegsfurie über Franken, in: Die Linde 87 (2005), S. 43-69.

104 Hans Wirsching, Völlige Vernichtung droht der Stadt, in: Rothenburg ob der Tauber. Schicksal einer deutschen Landschaft, Rothenburg ob der Tauber 1950, S. 19-22, S. 21. Eine umfassende Biographie von Simon liefert Franz Josef Merkl, General Simon. Lebensgeschichten eines SS-Führers. Erkundungen zu Gewalt und Karriere, Kriminalität und Justiz, Legenden und öffentlichen Auseinandersetzungen, Augsburg 2010.

105 Militärarchiv des Bundesarchivs Freiburg. ZA 1/1088. Ekkehard Albert, ehem. Waffen-SS Obersturmbannführer (Chef des Generalstabes XIII. SA-A.K.: Einsatz des XIII. SS-A.K. zwischen Rhein und Alpen. (26.3. bis 6.5.1945), S. 6.

106 IfZ. Ga 03.01, S. 18.

107 IfZ. MS 200 Bd. 219. Das Ansbacher Urteil – Eine Analyse von Heinrich Uhlig. München 1960, S. 1.

108 Militärarchiv des Bundesarchivs Freiburg. RH 26-212/64. Schreiben des Kommandeurs der 212. Volksgrenadier-Division vom 9.4.1945.

109 Militärarchiv des Bundesarchivs Freiburg. RS 2/13-1. Tagesmeldungen im April des Generalkommandos des 13. SS-A.K. an das Armeeoberkommando 1.

110 Wirsching, Völlige Vernichtung droht der Stadt, S. 19.

Mitte April stießen die Amerikaner aus Norden und Nordwesten von Steinsfeld, Gattenhofen, Leuzenbronn, dem Taubertal und Hemmendorf in Richtung Rothenburg vor. Ein Teil der Truppen umging die Stadt bei Schweinsdorf Richtung Gebsattel.[111] Die Amerikaner taktierten relativ vorsichtig. Ergab sich eine Ortschaft nicht, schossen sie mit Artillerie- und Luftunterstützung den Ort zusammen, bevor die Infanterie einrückte.[112] Die Gefechte erstreckten sich bereits auf die Dörfer im Vorfeld der Stadt Rothenburg.

Während des Rückzuges sprengten die zurückweichenden deutschen Truppen die Doppelbrücke über der Tauber.[113] Am 15. April 1945 schickte US-General Devers einen Oberleutnant und einen Dolmetscher, um die kampflose Übergabe der Stadt Rothenburg in die Wege zu leiten. Dass es überhaupt zu Vermittlungsgesprächen kam, hatte die Stadt dem stellvertretenden Staatssekretär im Kriegsministerium John McCloy zu verdanken, der auf den kommandierenden General Devers einwirkte, ob eine Beschießung der Stadt vermeidbar wäre.[114] Auf deutscher Seite verhandelten der Erste Generalstabsoffizier Major i. G. Friedrich Thönnes und der Rothenburger Standortoffizier Major d. R. Karl Seeger mit dem US-Parlamentär, was am 16. April das kampflose Einrücken der US-Armee ermöglichte, obwohl Simon dem Kommandeur der 79. Volksgrenadierdivision den Befehl gegeben hatte, Rothenburg um jeden Preis zu verteidigen.[115]

Nach der Übergabe der Stadt Rothenburg rollte die Front am 17. April weiter und erreichte tags darauf Gebsattel, Diebach und Insingen. Tage davor war die Gegend starkem Artilleriefeuer ausgesetzt.[116] Es ereigneten sich viele einzelne Kampfhandlungen. Mit der Besetzung der letzten 17 Gemeinden des Landkreises am 19. April waren die Gefechte in der Region Rothenburg o.d.T. beendet. Bei den Kampfhandlungen kamen schätzungsweise 140-150 Soldaten und etwa 40 Zivilisten ums Leben.[117] Insgesamt wurden auf dem Rothenburger Land 371 Gebäude völlig zerstört und 454 Gebäude beschädigt, darunter fünf Kirchen.[118] Allein in der Ortschaft Nordenberg wurden 60 Gebäude völlig vernichtet.[119]

---

111 Ebenda, S. 20.

112 Werner K. Blessing/Stefan Meining, Kriegsende in Franken, in: Täubrich u.a. (Hg.): Bilderlast, S. 72-79, S. 76.

113 SZ vom 6.11.1945.

114 Wirsching, Völlige Vernichtung droht der Stadt, S. 22.

115 Merkl, General Simon, S. 364.

116 Militärarchiv des Bundesarchivs Freiburg. RS 2/13-2. Frontverlauf vom 5.4.1945-18.4.1945.

117 Dannheimer, Die Kriegsfackel über den Dörfern, S. 47f. Eine Vielzahl von Details über die letzten Tage des Krieges, darunter Zeitzeugenberichte, findet sich bei dem Band des Vereins Alt-Rothenburg e.V. (Hg.), Rothenburg ob der Tauber 1945. Zerstörung und Kriegsende, Rothenburg ob der Tauber 1995; Eine Aufstellung der Gefallenen und Vermissten des Zweiten Weltkrieges führt Harro Schaeff-Scheefen (Hg.), Rothenburg ob der Tauber. Schicksal einer deutschen Landschaft, Rothenburg ob der Tauber 1950, S. 63-105; Für die Fürsorgeregelung der Gräber der Kriegsgefallenen siehe StAN, LRA Rothenburg o.d.T, Abgabe 1975, Nr. 1121.

118 Für eine detaillierte Auflistung der Gebäudeschäden siehe Anhang Nr. 8.

119 Dannheimer, Die Kriegsfackel über den Dörfern, S. 44.

10.4. Militärischer Zusammenbruch und letzte Verbrechen

Wie im ganzen Reich, so wurden auch die Rothenburger auf den „Volkssturm" vorbereitet. Der Fränkische Anzeiger informierte die Bevölkerung über den „Führererlaß."[120] Am 10. November 1944 wurden alle Männer über 60 Jahre zum „Deutschen Volkssturm" aufgerufen.[121] Kriegs- und lebenswichtige Betriebe mussten jedoch weiterhin mit einer Mindestzahl an notwendigen Arbeitskräften besetzt bleiben.[122] Die parteiamtlichen Nachrichten setzten für die einzelnen Kompanien des Volkssturmbataillons I Rothenburg o.d.T. Zeitpläne für ihren Dienst an. Ein Sammelplatz des Volkssturmbataillons war der Hof der Luitpoldschule.[123] Der Wochendienst fand unter anderem im Musiksaal statt.[124] Am 24. Januar 1945 setzte man Familienväter von über 40 Jahren an der zurückweichenden Ostfront ein, die dürftig ausgerüstet und ohne richtige Kampfausbildung bei Frankfurt a.d. Oder eingesetzt wurden. Viele Männer aus der Rothenburger Region kehrten nicht mehr nach Hause zurück.[125]

Die Verkennung der Lage sowie eine völlige ideologische Verblendung zeigte sich bei Kreisleiter Höllfritsch darin, dass er in den letzten Kriegstagen mit überzeugten Nationalsozialisten wie Johann Strobl versuchte, aus Volkssturmmännern die NS-Freischärlerbewegung „Werwolf" zu bilden.[126] Am Mittwoch, den 11. April 1945, ließ er durch Kompanieführer Strobl den in der Landwirtschaftsschule Rothenburg versammelten Volkssturmmännern mitteilen, dass sie unter dem Standrecht ständen und dass die von dem Kompanieführer – im Namen des Kreisleiters – gemachten Verlautbarungen nicht an die Öffentlichkeit dringen dürften. Auf drakonische Weise erzwang man ein Durchhalten bis zuletzt. Man wies die Volkssturmmänner darauf hin, dass sie sich „jetzt von allem loszulösen hätten, dass sie damit rechnen müssten, dass sie nicht wiederkämen, dass sie auf Volksgenossen, Verwandte, Bekannte, ja selbst auf Bruder, Schwester und Eltern unter Umständen schießen müssten."[127]

Aus den Volkssturmmännern, die sich mit Höllfritsch aus Rothenburg zurückgezogen hatten, wurde offiziell das „Deutsche Volkssturm Gau 7.150. Bataillon".[128] Bei den Anweisungen, die an das Bataillon gerichtet wurden, handelte es sich um „Werwolfbefehle". Folglich sollten die Mitglieder in Einzelaktionen wir-

---

120 FA 19.10.1944.
121 FA 10.11.1944.
122 Ebenda.
123 FA 25.11.1944.
124 FA 1.3.9145
125 Dannheimer, Die Kriegsfackel über den Dörfern, S. 43f.
126 StAN, SpKA Rothenburg o.d.T., Nr. St83.
127 StAM, SpKA 728: Höllfritsch, Erich. Schreiben des öffentlichen Klägers an die Spruchkammer Rothenburg o.d.T. vom 28.4.1948.
128 Ebenda.

ken, wofür jeder an einen anderen Ort geschickt wurde. Primäres Ziel war es, „„Deutsche, die das Vaterland verrieten“ unschädlich zu machen“.[129]

Erich Höllfritsch wollte im März 1945 den damaligen Standortältesten Oberstleutnant Rosenau dazu veranlassen, sämtliche Jungen im Alter von 15 bis 17 Jahren einzuziehen. Der Standortälteste lehnte dies ab. Höllfritsch ließ nicht locker und wandte sich an übergeordnete Stellen, womit er erreichte, dass die Jungen eingezogen wurden. Die Jungen wurden am Gewehr, Pistole und Panzerfaust ausgebildet und schließlich dem Volkssturm zugeteilt.[130]

Der Wehrmacht als regulärer Truppe war klar, dass der Zusammenbruch unvermeidlich bevorstand. Die NSDAP und SS agierten dessen ungeachtet mit den schärfsten Mitteln, nur um ihre Daseinsberechtigung um Tage zu verlängern. Hinsichtlich der Unterdrückung der Volksmeinung in den letzten Monaten vor dem Zusammenbruch kam Höllfritsch den Forderungen der NSDAP nach. Peter Wittmann wurde von einem Parteigenossen wegen einer Bemerkung über die sinnlose Fortführung des Widerstandes in der Kriegsführung bei Höllfritsch gemeldet. Er wurde daraufhin verhaftet und vor ein SS-Standgericht zitiert.[131] Wittmann wurde in seiner kurzen Verhandlung zu sechs Jahren Haft verurteilt und von der SS bei den dauernden Absetzbewegungen von Gefängnis zu Gefängnis mitgeschleppt, bis er letztendlich entfliehen konnte.[132]

Vor dem gleichen Standgericht wurde am selben Tag auch gegen den Volkssturmmann Johann Rössler verhandelt, den man der Fahnenflucht bezichtigte.[133] Der Gärtnereibesitzer Rössler war am 5. April 1945 verhaftet worden. Am 7. April wurde Rössler zum Tode verurteilt und im Rothenburger Friedhof erschossen.[134] Höllfritsch beauftragte die SS mit der Durchführung des sogenannten Standgerichtsverfahrens gegen Rössler. Ferner beauftragte er den stellvertretenden Ortsgruppenleiter Georg Habelt als Beisitzer teilzunehmen.[135]

---

129 Ebenda.

130 Ebenda.

131 Ebenda; In Rothenburg ob der Tauber war das Standrecht nicht verhängt. Peter Wittmann kam aber vor ein Standgericht und wurde dadurch den verantwortlichen Stellen entzogen und einer Gerichtsbarkeit unterworfen, die sich rechtswidrig konstituierte.

132 Ebenda.

133 StAM, SpKA 728: Höllfritsch, Erich. Spruch der Spruchkammer Rothenburg o.d.T. vom 5.6.1948. Rössler wurde zum Volkssturm nach Frankfurt/Oder an die Ostfront abgestellt, obwohl er nicht mehr marschfähig war. Am 13.2.1945 kehrte Rössler zurück, da er mit einem Überweisungsschein seines behandelnden Truppenarztes für das Heimatlazarett ausgestattet worden war. Nach vierwöchiger Behandlung im Lazarett meldete sich Rössler wieder bei dem örtlichen Volkssturm in Rothenburg ob der Tauber und ging außerhalb des Dienstes seinem Beruf nach. In der Zwischenzeit ging bei der Kreisleitung – der zuständigen Heimatdienststelle – eine Meldung des Kompanieführers der Frankfurter Volkssturmkompanie ein, die neben Angaben über sonstige Verluste auch den Vermerk enthalten hatte: „Volkssturmmann Rössler seit 6.2.45 flüchtig.“

134 Ebenda.

135 Ebenda; Laut Spruchkammerverfahren stellte sich heraus, dass Höllfritsch an dem Standgericht nicht beteiligt war. Dies galt ebenfalls für die Vorfälle in Brettheim. Vgl. Hans

In beiden Fällen leitete Höllfritsch die Angelegenheit an die SS weiter, obwohl über dem Bezirk Rothenburg das Standgericht bis dato noch nicht verhängt worden war. Das Standgericht der Division des SS-Generals Simon war Ende März 1945 mit dem eigentlichen Dienstsitz in Schillingsfürst angekommen. Die Verhandlungen gegen Rössler und Wittmann fanden jedoch in Rothenburg statt. Das Zusammenwirken zwischen NSDAP und SS zeigte sich dadurch, dass Höllfritsch einen Amtsträger der Partei als Beisitzer zum Standgericht befohlen hatte.[136]

Ein weiteres tragisches Ereignis geschah am 10. April 1945, in dessen Zusammenhang drei Männer in Brettheim durch die SS erhängt wurden.[137] Aufgrund der Kriegswirren war Kreisleiter Höllfritsch für Brettheim mit zuständig. Den Anlass gab die Entwaffnung einiger Mitglieder der HJ, die sich von Hausen am Bach zu einer Aufklärungs- und Panzerjagdaktion nach Brettheim begeben hatten. Die HJ war unter Leitung eines Unteroffiziers der Wehrmacht aus dem „Wehrertüchtigungslager" der HJ Gebsattel bei Rothenburg nach Haussen abbeordert worden.

Am 7. April 1945 nahmen Einwohner der württembergischen Ortschaft Brettheim vier Hitlerjungen, die bewaffnet mit Panzerfäusten, Handgranaten und einem Gewehr nach Brettheim gekommen waren, um „die Ortschaft zu verteidigen", die Waffen ab und warfen sie in den Dorfteich. Die Entwaffnung der HJ-Mitglieder in Brettheim wurde telefonisch an Höllfritsch und General Simon weitergeleitet. Daraufhin kamen uniformierte Personen, darunter SS, nach Brettheim und vernahmen einen Großteil der Bevölkerung im Rathaus.[138] Am 8. April verhaftete man die Ortseinwohner Hanselmann und Schwarzenberger. Am 9. April wurden Bürgermeister Gackstatter und der Ortsgruppenleiter Wolfmeyer festgenommen. Man lieferte die vier Männer am 9. April ins Amtsgerichtsgefängnis Rothenburg ein. Der sechzehnjährige Molkereilehring Hans Schwarzenberger wurde aus der Haft entlassen und musste in das Wehrertüchtigungslager der Hitlerjugend.[139] Die übrigen Verhafteten – Hanselmann, Gackstatter und

---

Schultheiß, Nachkriegsprozesse, in: Landeszentrale für politische Bildung Baden-Württemberg (Hg.): Die Männer von Brettheim. Lesebuch zur Erinnerungsstätte, Villingen-Schwenningen 1993. S. 123-142, S. 125.

136 StAM, SpKA 728: Höllfritsch, Erich. Klageschrift des öffentlichen Klägers bei der Spruchkammer Rothenburg o.d.T. vom 28.4.1948. Die damals im Rahmen von Rothenburg ob der Tauber gelegenen SS-Einheiten waren für Rothenburg völlig fremde Einheiten, die die örtlichen Verhältnisse nicht kannten. Für die Durchführung des SS-Standgerichts bestimmte der Kreisleiter Erich Höllfritsch das örtliche NSDAP-Mitglied Georg Habelt als Beisitzer, obwohl dass Standgericht für den Volkssturmmann Rössler ein unzuständiges Gericht war.

137 Hans Schultheiß, Die Tragödie von Brettheim, Tübingen 2002; Ders., Die Männer von Brettheim. Lesebuch zur Erinnerungsstätte, Villingen-Schwenningen 1993; Otto Ströbel, Die Männer von Brettheim, Kirchberg a.d. Jagst 1981; Jürgen Bertram, Das Drama von Brettheim. Eine Dorfgeschichte am Ende des Zweiten Weltkrieges, Frankfurt 2005.

138 StAM, SpKA 728: Höllfritsch, Erich. Schreiben des öffentlichen Klägers an die Spruchkammer Rothenburg o.d.T. vom 28.4.1948. Nachdem Höllfritsch von dem Vorfall erfahren hatte, fuhr er nach einer Besprechung mit dem HJ-Bannführer nach Haussen. Ob Höllfritsch auch an den Vernehmungen in Brettheim dabei gewesen ist, konnte nicht festgestellt werden.

139 Ebenda; Merkl, General Simon, S. 339.

Wolfmeyer – wurden am 10. April 1945 laut Eintrag im Gefängnisbestandsbuch aus dem Gefängnis entlassen und am gleichen Tag in Brettheim durch SS-Männer aufgehängt.[140]

Fazit

Im Frühjahr 1945 versank die politische Herrschaft des Nationalsozialismus im militärischen Zusammenbruch, wenn auch nicht von einer „Stunde Null“ gesprochen werden kann.[141] Die Zeit der Nationalsozialisten in Stadt und Land Rothenburg o.d.T. war vorbei, ebenso wie der Kriegsalltag, geprägt durch Entbehrungen, Bombenalarm und Familientrennung. Der bedingungslose Durchhaltewillen auf Seiten des NS-Regimes steht beispielhaft für die Sinnlosigkeit des Krieges mit seinen fatalen Begleiterscheinungen für die Region. Auch die Mobilmachung der letzten Reserven in Form des „Volkssturms“ sowie die sich auf dem Rückzug befindlichen Truppen des 13. SS-Wehrkreiskommandos erwiesen sich als letztes, sinnloses Aufbäumen vor dem unausweichlichem Ende. Bei Vorrücken der Front zeigte sich die militärische Überlegenheit der Alliierten in einem Bombardement der Stadt Rothenburg sowie bei den Gefechten auf dem Rothenburger Land. Zwar brachte der April 1945 das Ende der Nationalsozialistischen Herrschaft in der Rothenburger Region, doch zahlten Stadt und Land einen hohen Preis an Gütern und Bauwerken, vor allem aber an Menschenleben. Andererseits waren die Menschen befreit von den Nöten und Ängsten des Krieges sowie dem Terror der NS-Diktatur.[142] Die bisherigen lokalen Funktionäre der NSDAP, ihrer Gliederungen und angeschlossenen Verbände verloren ihren Herrschaftsanspruch. Nun oblag die Hegemonie bei den Besatzungsmächten, im Falle der Region Rothenburg bei den US-Amerikanern.

140 StAM, SpKA 728: Höllfritsch, Erich. Schreiben des öffentlichen Klägers an die Spruchkammer Rothenburg o.d.T. vom 28.4.1948.

141 Blessing, Kriegsende in Franken, S. 79. Siehe auch Martin Broszat/Hans Woller/Klaus Dietmar Henke, Einleitung, in: Dies. (Hg.): Von Stalingrad zur Währungsreform. Zur Sozialgeschichte des Umbruchs in Deutschland, München 1989, S. XXV.

142 Blessing, Kriegsende in Franken, S. 79.

11. Nachkriegsjahre

Die humanitäre und materielle Lage nach dem Ende der NS-Herrschaft und des Krieges war bedrückend, das Chaos gehörte zum Alltag. Die Stadt und das Land Rothenburg waren mit vielen Problemen konfrontiert, vor allem mit der sichtbaren Zerstörung von Kulturgütern, Wohnraum und Verkehrswegen. Hinzu kamen die individuellen Nöte der Bewohner in der Region im täglichen Überlebenskampf. Geprägt waren die Jahre nach 1945 von einer immensen Verlusterfahrung. Viele verloren ihre Angehörigen in Folge des Krieges und waren konfrontiert mit dem Verlust von Wohlstand und Auskommen, Versorgung und Sicherheit sowie Hab und Gut.[1] Bei einer derartigen Ausgangslage ergaben sich mehr Problemstellungen als Lösungsmöglichkeiten.[2]

11.1. Die amerikanische Militärregierung

Nach dem Ende der NS-Herrschaft begannen in Rothenburg die Besatzungsjahre, bestimmt durch die Dekonstruktion alter und die Schaffung neuer Ordnungen.[3] Am 18. April errichteten die US-Amerikaner eine lokale Militärregierung für die Stadt und den Kreis Rothenburg mit Amtssitz im bisherigen Kreishaus der NSDAP, Herrngasse 17.[4] Dort richtete sich ebenfalls der amerikanische Nachrichtendienst „Counter-Intelligence Corps“ (CIC) ein. Der erste Gouverneur des Detachements, Oberleutnant Bull, wurde am 1. Oktober 1945 durch Gouverneur Major R. C. Anderson abgelöst.[5] Ab diesem Zeitpunkt unterstand das Detachement der Militärverwaltung OMGUS.[6] Das amerikanische Detachement sah sich mit einer Herkulesarbeit konfrontiert und schritt zur Tat.

Auf Anordnung der amerikanischen Militärregierung bestand ab 1945 für den Kreis Rothenburg nach Kriegsende offiziell eine Ausgangssperre für die Zeit von

---

1 Christoph Daxelmüller, Alltag nach 1945, in: Ders. u.a. (Hg.): Wiederaufbau und Wirtschaftswunder. Aufsätze zur Bayerischen Landesausstellung, Augsburg 2009, S. 232-245, S. 234.

2 Stefan Gründer, Geplantes „Wirtschaftswunder“? Industrie- und Strukturpolitik in Bayern 1945 bis 1973, München 2009, S. 23.

3 Daxelmüller, Alltag nach 1945, S. 237. Für eine vertiefte Analyse des Wirkens der lokalen Militärregierung sei verwiesen auf die Magisterarbeit von Ulf Otten, Rothenburg ob der Tauber in den Jahren 1945 bis 1950. Teilerfolg der Demokratie, Erlangen 2007.

4 FA 15.4.1950.

5 Reinhard Heydenreuther, Office of Military Government for Bavaria, in: Christoph Weisz (Hg.): OMGUS-Handbuch. Die amerikanische Militärregierung in Deutschland 1945-1949, München 1994, S. 143-315, S. 166. Vgl. Wirsching, Völlige Vernichtung droht der Stadt, S. 21.

6 Maximilian Lanzinner, Zwischen Sternenbanner und Bundesadler. Bayern im Wiederaufbau 1945-1958, Regensburg 1996, S. 22.

21.30 bis 5.00 Uhr.[7] Die Angehörigen der Wehrmacht hatten sich bei der Militärbehörde zu registrieren.[8] Alle deutschen Zivilpersonen über 12 Jahre mussten sich mittels genehmigter Registrierkarten ausweisen können, um einer einstweiligen Verhaftung zu entgehen.[9] Am 17. Juli begann die amerikanische Militärregierung mit der Rückführung der Evakuierten über den Bahnhof in Ansbach. Die Organisation wurde in die Hände der Bürgermeister gelegt. Die Registrierungsstellen waren in Rothenburg beim Landrat und in Dombühl beim Bürgermeisteramt eingerichtet. An jedem Haus, in dem deutsche Personen oder Flüchtlinge wohnten, musste an der Eingangstür eine Liste aller Personen angebracht werden, die darin lebten.[10] Die Entschädigungsanträge wegen Kriegssachschäden wie Fliegerschäden, Beschussschäden oder sonstige mit dem Kriegsgeschehen unmittelbar zusammenhängende Schäden konnten bis zum 31. August 1945 beim Rothenburger Landrat gestellt werden.[11] Darüber hinaus beschlagnahmte die Militärregierung jegliches Besitztum der NSDAP, deren Gliederungen und angeschlossener Verbände.[12] Die Angehörigen der Partei hatten ihre Uniformen abzuliefern.[13] Arbeitgeber wurden veranlasst, frühere Wehrmachtsangehörige anzuzeigen, die auf Grund dieser Tatsache eine Versorgungszahlung erhielten und von der amerikanischen Militärregierung wegen Mitgliedschaft zur NSDAP und deren angeschlossenen Organisationen und Verbänden als Beamte, Angestellte oder Arbeiter entlassen worden waren.[14] Mit Genehmigung der amerikanischen Militärregierung erschien ab dem 20. Juli 1945 wöchentlich ein amtliches Mitteilungsblatt der amerikanischen Militärregierung Rothenburgs, des Landrats, des Bürgermeisters und anderer öffentlicher Stellen. In dem Blatt wurden für die Einwohner alle wichtigen Anordnungen veröffentlicht. Die Veröffentlichungen galten als offizielle Bekanntmachungen. Das Blatt lag bei den öffentlichen Ämtern und Stellen des Kreises aus.[15] Die Militärregierung richtete in der Herrengasse Nr. 13, im Nebenzimmer des Arbeitsamtes, eine Beratungs- und Beschwerdestelle ein. Diese Stelle

---

7 StAN, Mitteilungsblatt Rothenburg o.d.T. Jg. 1945, Nr. 8944 P, Nr. 1.

8 StadtAR, 060.3 Angelegenheiten der ehemaligen Wehrmacht. Schreiben des Rothenburger Bürgermeisters vom 7.7.1945.

9 StAN, Mitteilungsblatt Rothenburg o.d.T. Jg. 1945, Nr. 8944 P, Nr. 1.

10 Ebenda.

11 StAN, Mitteilungsblatt Rothenburg o.d.T. Jg. 1945, Nr. 8944 P, Nr. 1; LRA Rothenburg o.d.T, Abgabe 1975, Nr. 1073, 1074. Dies betraf ebenso Flur- und Forstschäden, die durch die Kriegshandlungen herbeigeführt worden waren. Vgl. StadtAR, 060.1 Kriegsschäden. Schreiben des Rothenburger Landrats an den Regierungspräsidenten in Ansbach vom 28.9.1945.

12 StadtAR, 070.2 Örtliche Militärregierung. Schreiben der amerikanischen Militärregierung in Rothenburg vom 6.8.1945.

13 StadtAR, 060.6 Entschädigungsansprüche ehemaliger Mitglieder der NSDAP. Schreiben von Emilie Meißner an den Rothenburger Stadtrat vom 27.4.1955; Schreiben von Emilie Meißner an den Rothenburger Stadtrat vom 21.6.1958.

14 StAN, Mitteilungsblatt Rothenburg o.d.T. Jg. 1945, Nr. 8944 P, Nr. 1.

15 Ebenda.

bearbeitete alle Beschwerden soweit sie die öffentliche Sicherheit und die Polizei betrafen.[16] Verstöße gegen die Anordnungen der Militärregierung zogen ein Strafverfahren der amerikanischen Militärgerichtsbarkeit nach sich.[17]

Kriegerdenkmäler wurden laut Mitteilung der Militärregierung, soweit sie nur dem Andenken der Gefallenen dienten, nicht beanstandet. Hakenkreuze und weitere Symbole des „Dritten Reiches“, die sich auf den Denkmälern befanden, mussten entfernt werden.[18] In Folge dessen trug man das von Ludwig Siebert gestiftete Mahnmal ab und entfernte sowohl die Streicher gewidmete antisemitische Tafel an der Stadtmauer als auch alle NS-Inschriften an Gräbern und Gebäuden.[19] Selbstverständlich erhielt auch die Ludwig-Siebert-Straße einen unpolitischen Namen.[20]

Um die Verwaltung wieder in Gang zu bringen, setzte die Militärregierung politisch unbelastete Männer ein.[21] So ernannte man Friedrich Hörner am 21. April 1945 zum Bürgermeister der Stadt Rothenburg.[22] Ferner setzte die amerikanische Militärregierung Hans Wirsching in das Amt des Landrats ein.[23] Am 1. Oktober 1945 folgte ihm der Regierungsobervermessungsrat August Zimmermann ins Amt.[24]

In der unmittelbaren Nachkriegszeit blieben vielfach die Bürgermeister noch eine Zeit im Amt, da kein personeller Ersatz gefunden werden konnte. Letztendlich schieden bei den 62 Gemeinden des Kreises 60 Bürgermeister aus und mussten durch unbelastete Personen ersetzt werden.[25] Ab 1. Mai 1945 erfolgte eine Reihe von Ruhestandsversetzungen, örtliche Versetzungen und Beurlaubungen

---

16 StAN, Mitteilungsblatt Rothenburg o.d.T. Jg. 1945, Nr. 8944 P, Nr. 3.

17 StadtAR, 070.3 Besatzungsanordnungen. Schreiben der Militärregierung – Deutschland. Kontrollgebiet des obersten Befehlshabers.

18 StAN, Reg. v. Mfr. K.d.I. Abg. 1978, Nr. 20402. Schreiben des Bayerischen Staatsministerium des Innern an die Regierungspräsidenten mit Abdrucken an die Landräte und Oberbürgermeister vom 25.7.1946.

19 Die sogenannten „Judentafeln“ vernichtete man unmittelbar nach der Besetzung durch die amerikanischen Truppen. Vgl. Schmitt, 100 Jahre Verein Alt-Rothenburg, S. 34; Otten, Rothenburg, S. 45f.

20 Otten, Rothenburg, S. 46. Sich der historischen Verantwortung nicht bewusst, benannte man Jahre später die Straße erneut nach Siebert.

21 Für den Betrieb der Städtischen Werke den Kaufmann Karl Keitel, für Landwirtschaft und Ernährung den Schlachthofdirektor Hans Schlee, für Polizei und Feuerwehr den Buchdruckereibesitzer Eduard Holstein, für Schulangelegenheiten den Lehrer Ernst Keller, für Wirtschaft und Finanzen den Fabrikbesitzer Julius Wünsch. Vgl. Wirsching, Völlige Vernichtung droht der Stadt, S. 22.

22 StAN, Mitteilungsblatt Rothenburg o.d.T. Jg. 1945, Nr. 8944 P, Nr. 1.

23 Ebenda.

24 StAN, Mitteilungsblatt Rothenburg o.d.T. Jg. 1945, Nr. 8944 P, Nr. 11; StAN, Reg. v. Mfr. K.d.I. Abg. 1968. Tit. II, Nr. 696. Schreiben an die Regierungshauptkasse Ansbach vom 12.11.1945.

25 Hans Wirsching, Zwischen Zerstörung und Aufbau, in: Harro Schaeff-Scheefen (Hg.): Rothenburg ob der Tauber. Schicksal einer deutschen Landschaft, Rothenburg ob der Tauber 1950, S. 31-36, S. 36.

von Geistlichen, die für die DC gearbeitet hatten oder als NSDAP-Mitglieder aktiv hervorgetreten waren. Der Evang.-Luth. Landeskirchenrat versetzte Pfarrer August Müller aus Rothenburg in den Ruhestand.[26] Zum 26. September 1945 wurde allen Mitgliedern der NSDAP in geschäftlichen Unternehmen die Beschäftigung verboten, um den Einfluss der NS-Weltanschauung einzudämmen. Erlaubt war nur die Beschäftigung als gewöhnlicher Arbeiter.[27] Dies wirkte sich in der Folgezeit auf der kommunalen Ebene aus. Allein die Stadt Rothenburg entließ 65 Personen bis zum 1. Januar 1947, wobei weitere 15 belastete Personen mit Sondergenehmigung weiterarbeiten durften.[28]

Die amerikanische Militärregierung genehmigte die Bildung eines Stadtrates, woraufhin Bürgermeister Hörner am Freitag, den 2. November 1945, in der ersten öffentlichen Sitzung, 15 Männer berief.[29] Der Stadtrat setzte sich wie folgt zusammen: Adolf Bohn, Karl Collischan, Michael Emmerling, Willi Förster, August Herrscher, Eduard Holstein, Ernst Keller, Michael Meyer, Leonhard Rupp, Hans Schlee, Theodor Schletterer, Peter Wittmann, Karl Thinius und Julius Wünsch.[30] Vorrangige Themen waren Versorgungs- und Personalfragen wie auch der Wiederaufbau.[31]

Zwar standen die demokratisch-pluralistischen Gemeinde- und Landtagswahlen ab 1946 unter Kontrolle der Militärregierung, doch gaben sie dem von der Bevöl-

---

26 LAELKB, LKR 163. Abschrift eines Schreibens des Evang.-Luth. Landeskirchenrats unterzeichnet von D. Meiser an die Amerikanische Landesregierung in München, Holbeinstrasse 14 vom 30.10.1945.

27 StAN, Mitteilungsblatt Rothenburg o.d.T. Jg. 1945, Nr. 8944 P, Nr. 19.

28 Otten, Rothenburg, S. 4

29 StAN, Mitteilungsblatt Rothenburg o.d.T. Jg. 1945, Nr. 8944 P, Nr. 19.

30 Ebenda. Exemplarisch sei an dieser Stelle der Stadtrat Adolf Bohn vorgestellt: Der Friseurmeister Adolf Bohn wurde am 27. Mai 1888 zu Freinsheim Rheinlandpfalz geboren. Nach Besuch der Volksschule in Freinsheim erlernte er in Bad Dürkheim das Friseurhandwerk. Nach der Gesellenprüfung arbeitete er als Gehilfe in verschiedenen deutschen Städten wie Mannheim, Frankenthal, Landau, Köln, Uffenheim, Rothenburg und Würzburg. 1908 bis 1910 leistete Bohn seine Wehrpflicht beim 4.bayr.Inf.Reg.Metz ab. 1911 machte er sich in seiner Heimat Freinsheim selbständig und absolvierte 1914 bei der Handwerkskammer Kaiserslautern die Meisterprüfung. Seinen Kriegsdienst leistete er von 1914 bis 1918 und war zuletzt Gefreiter. Während dieser Zeit wurde Bohn zweimal verwundet. 1921 verlegte er sein Geschäft nach Rothenburg. Bohn war SPD-Mitglied von 1911 bis zur Auflösung 1933. In der Zeit seines Rothenburger Aufenthaltes war er Stadtrat der SPD, Vorsitzender des ADGB Ortsausschusses Rothenburg, 1. Vorstand des Reichsbanners und der Eisernen Front sowie Vorstand der Arbeiter-Wohlfahrt bis zur jeweiligen Auflösung 1933. Nachdem die Nationalsozialisten an die Regierung gekommen waren, wurde Bohn 1933 als erster Rothenburger verhaftet. Laut einem Schreiben des Bürgermeister Schmidt vom 18.Januar 1938 wurde Bohn die Arbeit in den städtischen Anstalten verboten, weil er in seinem Geschäft Juden trotz Aufforderung dies zu unterlassen weiter bedient hätte. Der Bombenangriff auf Rothenburg am 31.März 1945 zerstörte Bohns Herren- und Damenfriseurgeschäft vollständig. Nach dem Einmarsch der Amerikaner berief man Bohn als Stadtrat und Kreistagsmitglied für Rothenburg. Am 27.1.1946 wurde er erneut in den Stadtrat gewählt. Vgl. BayHStA, MSo 286. Lebenslauf von Adolf Bohn.

31 Otten, Rothenburg, S. 52.

kerung legitimierten Gemeinwesen einen verlässlichen Rahmen.[32] Bei der Gemeindewahl 1946 erzielte die SPD 38,6 Prozent, die CSU 31,1 Prozent, die DDP (Deutsch-Demokratische Partei) 26,9 Prozent und die KPD 3,4 Prozent, was in etwa den mittelfränkisch-protestantischen Verhältnissen entsprach.[33] Bei der Landtagswahl vom 1. Dezember 1946 erreichte die SPD 35,4 Prozent, die CSU 25 Prozent, die FDP 30,7 Prozent, die KPD 5,7 Prozent und die WAF 3,2 Prozent.[34] Bei den weiteren Wahlen in Kommunen, Land und Bund bis 1950 blieb dieser Trend bestehen.[35] Entsprechen die Ergebnisse der SPD und CSU ungefähr dem mittelfränkisch-protestantischen Durchschnitt, so stechen doch die Ergebnisse der DDP/FDP ins Auge. Die nationalliberale FDP, deren Antiklerikalismus vor Ort in Gestalt des Antiultramontanismus auftrat, wurde von vielen Nationalprotestanten, vor allem den kirchlich weniger gebundenen, sehr geschätzt.[36]

11.2. Entnazifizierung

Die USA erwiesen sich als treibende Kraft der Entnazifizierungspolitik, um alle ehemaligen Nationalsozialisten aus dem öffentlichen Leben und der Wirtschaft in Deutschland zu entfernen.[37] Das am 5. März 1946 verkündete „Gesetz zur Befreiung von Nationalsozialismus und Militarismus“ übergab in der amerikanischen Besatzungszone die Durchführung der Entnazifizierung in die Verantwortung und Zuständigkeit deutscher Stellen.[38] Die Entnazifizierung erfolgte in Form eines justizförmigen Spruchkammerverfahrens.[39] In Bayern handelte es sich hier-

32 Werner K. Blessing, Vom Trümmerjammer zum Fortschrittsrausch – Mentaler Wandel im Nachkriegsbayern, in: Christoph Daxelmüller u.a. (Hg.): Wiederaufbau und Wirtschaftswunder. Aufsätze zur Bayerischen Landesausstellung, Augsburg 2009, S. 218-231, S. 222.

33 Otten, Rothenburg, S. 70.

34 Ebenda, S. 74.

35 Für eine detaillierte Auflistung der Wahlergebnisse in den Jahren 1946 bis 1950 siehe Otten, S. 74.

36 Manfred Kittel, „Weimar“ im evangelischen Bayern. Politische Mentalität und Parteiwesen 1918-1933 mit einem Ausblick auf die Zeit nach 1945, München 2001, S. 225.

37 Wolfgang Benz, Auftrag Demokratie. Die Gründungsgeschichte der Bundesrepublik und die Entstehung der DDR 1945-1949, Bonn 2010, S. 59. Die Praxis der Entnazifizierung verlief in den einzelnen Besatzungszonen sehr unterschiedlich. Vgl. Edgar Wolfrum, Die geglückte Demokratie. Geschichte der Bundesrepublik Deutschland von ihren Anfängen bis zur Gegenwart, Bonn 2007, S. 27.

38 Ministerium für Sonderaufgaben (Hg.), Gesetz zur Befreiung von Nationalsozialismus und Militarismus, München 1946; Clemens Vollnhals/Thomas Schlemmer (Hg.), Politische Säuberung und Rehabilitierung in den vier Besatzungszonen 1945-1991, Nördlingen 1991, S. 259. Als Standardwerk für die Entnazifizierung in Bayern gilt die Monographie von Lutz Niethammer, „Die Entnazifizierung in Bayern“. Säuberung und Rehabilitierung unter amerikanischer Besatzung, Frankfurt 1972. Die Praxis der Entnazifizierung wurde bereits für einige bayerische bzw. fränkische Städte analysiert. Zur Entnazifizierung in Mittelfranken sei verwiesen auf Ulrich Schuh, Die Entnazifizierung in Mittelfranken. Vorhaben, Umsetzung und Bilanz des Spruchkammerverfahrens in einer vielfältigen Region, Neustadt a.d. Aisch 2013.

39 Vollnhals/Schlemmer, Politische Säuberung und Rehabilitierung, S. 259.

bei um Verwaltungsgerichte im Geschäftsbereich des bayerischen Staatsministeriums für Sonderaufgaben (MSo).[40] Aufgabe der Spruchkammern war es, die gesamte deutsche Bevölkerung zu überprüfen.[41] Bis zum 10. September 1946 wurden in Bayern 183 Spruchkammern eingerichtet.[42] Daneben wurden sieben Berufungskammern und ein Kassationshof aufgebaut.[43] Die Kammern setzten sich aus je einem Vorsitzenden und mindestens zwei Beisitzern zusammen.[44] Das Befreiungsgesetz verlangte die Registrierung aller ehemaligen Mitglieder der NSDAP, deren Gliederungen und angeschlossenen Verbände.[45] Zur Ermittlung dieses Personenkreises musste jeder Deutsche, der das 18. Lebensjahr überschritten hatte, einen Meldebogen ausfüllen, wobei die Meldebögen die Grundlage für die Anklageerhebung waren. Der Fragebogen forderte die Betroffenen auf, neben der Parteizugehörigkeit die Schulausbildung, Religionszugehörigkeit, berufliche Stellung, Militärdienst und Vermögen anzugeben. Auf die öffentliche Klageerhebung und Anhörung folgte der Entnazifizierungsbescheid, der die betroffenen Personen in fünf Kategorien unterteilte: I. Hauptschuldige, II. Belastete, III. Minderbelastete, IV. Mitläufer und V. Entlastete.[46] Die Fälle der Gruppen I und II wurden mündlich und öffentlich verhandelt, während die Verhandlung der Gruppen III, IV und V schriftlich erfolgte.[47] Mögliche Folgen für die Gruppen I bis III waren Einweisung in Arbeitslager, Einziehung des Vermögens, Pensionsverlust, Gehaltskürzungen, Arbeitsbeschränkungen sowie Verlust der bürgerlichen Ehrenrechte.[48] Die Gruppe IV (Mitläufer) wurde mit Geldbußen belegt.[49] Ab Mai 1946 erfolgte die Verteilung der Meldebögen. Die Angeklagten mussten sich vor der Rothenburger Spruchkammer verantworten. Bevor die Angeklagten in die Verantwortung der deutschen Justiz übergeben wurden, war ein Teil durch die Amerikaner in Haft genommen worden. Alle NS-Amtsträger bis hinab zur Ortsgruppenebene sollten interniert werden.[50]

---

40 Gunther Friedrich, Spruchkammern, in: Michael Diefenbacher/Rudolf Endres (Hg.): Stadtlexikon Nürnberg, Nürnberg 2000, S. 1014.

41 Lutz Niethammer, Deutschland danach. Postfaschistische Gesellschaft und nationales Gedächtnis. Ulrich Herbert u.a. (Hg.), Bonn 1999, S. 54.

42 Paul Hoser, Entnazifizierung in Bayern, in: Walter Schuster/Wolfgang Weber (Hg.): Entnazifizierung im regionalen Vergleich, Linz 2004, S. 473-510, S. 487.

43 Der Kassationshof hatte die Aufgabe der Überprüfung und Revision von Fällen. Vgl. Hoser, Entnazifizierung in Bayern, S. 487.

44 Ebenda.

45 Hoser, Entnazifizierung in Bayern, S. 486.

46 Ebenda.

47 Ebenda.

48 Ebenda.

49 Ebenda.

50 Barbara Fait, Demokratische Erneuerung unter dem Sternenbanner. Amerikanische Kontrolle und Verfassungsgebung in Bayern 1946, Düsseldorf 1948, S. 37; Die Amerikaner teilten die Internierten in drei Kategorien ein: „Automatic Arrestees", „Security Threats" und „War Criminals". Vgl. Christa Horn, Die Internierungs- und Arbeitslager in Bayern 1945-1952, Frankfurt/M [u.a.] 1992, S. 30ff.

Trotzdem ergab sich bereits zu Beginn der Spruchkammerverfahren im Anklägeramt ein beträchtliches Qualifikationsgefälle zwischen Vorsitzenden, die eine gewisse juristische Vorbildung hatten und im Umgang mit Paragraphen und Verordnungen geübt waren, und den Laien, die überhaupt nicht juristisch qualifiziert waren.[51] In der Praxis verlegte das Verfahren die politische „Säuberung" auf die Schreibtische, wo die einzelnen Fälle nicht tiefgehend geprüft wurden.[52] So gingen dutzende von Fällen täglich über die Schreibtische der Staatsdiener, die lediglich einen kurzen Blick in die Akten warfen.[53] Eine ernsthafte politische Kontrolle der im Schnellverfahren gefällten Urteilssprüche war nicht mehr durchführbar.[54] In der Woche vom 14. bis 19. Oktober 1946 fällte die Spruchkammer Rothenburg insgesamt 162 Entscheidungen, darunter 41 schriftliche Entscheidungen, zwei öffentliche Verhandlungen, 1.113 Jugendamnestien sowie sechs Verfahrenseinstellungen.[55] In der Woche vom 4. November bis 9. November 1946 traf die Spruchkammer Rothenburg 73 Entscheidungen, darunter eine öffentliche Verhandlung, 14 schriftliche Entscheidungen und 58 Jugendamnestien.[56] Dennoch war die Summe der noch zu erledigenden Fälle immens.[57] Bis September 1948 bearbeitete die Kammer 27.724 Fälle, wobei zwei Personen als „Hauptschuldige", 32 als „Belastete", 249 als „Minderbelastete", 634 als „Mitläufer" und 45 als „Entlastete" abgeurteilt wurden. Hinzu kamen 458 eingestellte Verfahren sowie 6.522 Amnestien bei 19.282 „Nicht-Betroffenen".[58] Allerdings gingen die abgeurteilten „Betroffenen" in Berufung und wurden im Laufe der Berufungsverfahren der frühen 50er Jahre in zweiter Instanz hinabgestuft.

Die Ausführung des Spruchkammerverfahrens und die Tätigkeit der Spruchkammer verliefen nicht immer reibungslos. Drei Beisitzer der Spruchkammer, Schlee, Julius Wünsch und Georg Lindner, lehnten ihre Tätigkeit als Beisitzer ab und reichten ihre Amtsenthebungsanträge ein. Die Militärregierung ließ eine weitere Beschäftigung der Personen ebenfalls nicht zu.[59] Daraufhin mussten erst wieder Ersatzleute gefunden werden, was auf administrativer Ebene zu Verzöge-

---

51 Woller, Gesellschaft und Politik, S. 122f. Perry Biddiscombe sieht im praktischen Verfahren der Rechtssprechung der Spruchkammern generell ein erhebliches Manko. Vgl. Perry Biddiscombe, The Denazification of Germany. A History 1945-1950, Stroud 2007, S. 72.

52 Woller, Gesellschaft und Politik, 142.

53 Ebenda.

54 Ebenda.

55 BayHStA, MSo 595. Schreiben des Geschäftsstellenleiters Zilian der Spruchkammer Kreis Rothenburg o.d.T. an das Staatsministerium für Sonderaufgaben in München vom 19.10.1946.

56 BayHStA, MSo 595. Schreiben der Spruchkammer Kreis Rothenburg o.d.T. an das Staatsministerium für Sonderaufgaben in München vom 9.11.1946.

57 BayHStA, MSo 595. Schreiben der Spruchkammer Kreis Rothenburg o.d.T. an die Berufungskammer Ansbach vom 1.12.1947.

58 Otten, Rothenburg, S. 47.

59 BayHStA, MSo 286. Schreiben der Spruchkammer Kreis Rothenburg o.d.T. an das Staatsministerium für Sonderaufgaben vom 28.2.1947.

rungen führte. Des Weiteren war die Spruchkammer Rothenburg nicht immer mit dem Reglement des Spruchkammerverfahrens einverstanden und fühlte sich von der Militärregierung bevormundet.[60] So beschwerte sich die Spruchkammer Rothenburg bei der Rechtsabteilung im Staatsministerium für Sonderaufgaben (MSo) über die „kleinliche[...] Wort- und Paragraphenklauberei" der Mitarbeiter im MSo. Vorangegangen war ein Ersuchen der Special Branch der Militärregierung an den Vorsitzenden und den Öffentlichen Kläger, sich über gefällte Urteile der Kammer zu äußern, da die Gesetzesauslegung der Deutschen im Dienst der Militärregierung nicht immer mit den Urteilen der Rothenburger Spruchkammer konform ging.[61]

Der Erfolg oder Misserfolg der „Entnazifizierung" wird weiterhin umstritten bleiben. Auch für die Region Rothenburg sollte der Vorgang und das Ergebnis in einem kritischen Licht betrachtet werden. Zum einen zeigte sie eine gewisse Wirkung. Zahlreiche Mitläufer und Minderbelastete bekamen die Entnazifizierung durch diverse Sühnemaßnahmen zu spüren.[62] Erst nachdem sie den Amnestierungs- oder Mitläuferbescheid erhalten hatten, war für sie die Entnazifizierung vorbei.[63] Es dauerte in der Regel meistens zwei bis vier Jahre, bis sie ihren früheren Berufen nachgehen konnten.[64] Daraus bestand der eigentliche „Denkzettel", der sowohl die Herausbildung eines Heeres von Entnazifizierungsgeschädigten verhinderte als auch die Loyalitätsbildung zum demokratischen Staat nicht erheblich erschwerte, aber vor allem das kritische Nachdenken über antidemokratische Ideologien förderte.[65] Zum andern kann die Entnazifizierung in der Praxis als gescheitert angesehen werden.[66] Als Ursachen sind die Ausuferung der Direktiven und die Überdehnung des Personenkreises zu nennen.[67] Ferner bestand ein weiterer Fehler in der Verlagerung politischer „Säuberungen" auf die entpolitisierte Ebene des Spruchkammerverfahrens.[68] Eine Analyse des Sachverhalts offenbart ein Zusammenspiel zwischen den Mängeln des Spruchkammersystems und den Bewertungskategorien der beteiligten Akteure, das die Verfahren „zu einem Dreh- und Angelpunkt zwischen Ausgrenzung und der Möglichkeit zur Integration werden ließ".[69]

---

60 BayHStA, MSo 363. Schreiben der Spruchkammer Kreis Rothenburg o.d.T. an die Rechtsabteilung im Staatsministerium für Sonderaufgaben an den Ministerialrat Ziebell vom 5.12.1948.
61 Ebenda.
62 Woller, Gesellschaft und Politik, S. 163.
63 Ebenda.
64 Ebenda.
65 Ebenda.
66 Niethammer, Entnazifizierung in Bayern, S. 661f.
67 Vollnhals/Schlemmer, Politische Säuberung und Rehabilitierung, S. 55.
68 Ebenda.
69 Christina Ullrich, „Ich fühl mich nicht als Mörder". Die Integration von NS-Tätern in die Nachkriegsgesellschaft, Darmstadt 2011, S. 106.

11.3. Krisenmanagement und Nachkriegsnot

Verschiedene gewichtige Probleme standen auf dem Programm, die in Zusammenarbeit mit der amerikanischen Militärregierung gelöst werden mussten: Rothenburg war bereits in den letzten Monaten des Krieges die Zufluchtsstätte zahlreicher Flüchtlinge. Organisierte Transporte aus der Saar und aus Nürnberg leitete man dort hin. In dem zu etwa 40 Prozent zerstörten Rothenburg wohnten tausende Menschen mehr als vor 1939. Dabei litt Rothenburg nach wie vor an Wohnungsnot.[70] Vor dem Krieg zählte die Einwohnerzahl der Stadt Rothenburg etwa 9.000 Personen. Nachdem bei dem Luftangriff im März 1945 etwa 242 Wohnhäuser ohne Wirtschaftsgebäude vernichtet worden waren, stieg die Einwohnerzahl auf rund 12.000 Menschen.[71] Verschärft wurde das Wohnungsproblem durch die Einquartierungen der durchziehenden amerikanischen Truppen sowie später durch die Belegung der verfügbaren Räumlichkeiten mit den in die Heimat zurückzuführenden Ausländern.[72] Bürgermeister Hörner sah sich gezwungen, bei der amerikanischen Militärregierung eine Zustimmung für eine Zuzugssperre einzuholen, da zu viele Menschen nach Rothenburg kamen.[73] Hinter den oben genannten Zahlen verbarg sich sozialer Sprengstoff, da Fremdenhass und Flüchtlingsfeindlichkeit die ohnehin schon angespannte Lage erschwerten.[74]

In der unmittelbaren Nachkriegszeit war die Unterbringung und Versorgung von Kriegsversehrten eine große Schwierigkeit.[75] Als ihre Kriegsgefangenen verpflegte und betreute die Militärregierung etwa 900 verwundete deutsche Soldaten, die sich in den Reservelazaretten befanden und brachte sie nach Bad Mergentheim in das P.O.W.-Spital.[76] Die materielle Notsituation offenbarte sich in den kalten Wintermonaten. Für den Winter 1945/46 stand für die Zivilbevölkerung keine Kohle für Heizzwecke zur Verfügung.[77] Es mangelte in vielen Fällen an der Versorgung mit Brennholz oder ausreichenden Kleidungsstücken.[78] Des

70 StAN, Mitteilungsblatt Rothenburg o.d.T. Jg. 1945, Nr. 8944 P, Nr. 19.

71 Bayerisches Landesamt für Denkmalschutz. Wiederaufbau. Reg. Baumeister Florian. Schreiben des Rothenburger Stadtbaumeisters an das Landesamt für Denkmalpflege vom 2.1.1946.

72. Willi Förster, Zwischen Tod und Auferstehen, in: Harro Schaeff-Scheefen (Hg.): Rothenburg ob der Tauber. Schicksal einer deutschen Landschaft, Rothenburg ob der Tauber 1950, S. 23-30, S. 25.

73 StAN, Mitteilungsblatt Rothenburg o.d.T. Jg. 1945, Nr. 8944 P, Nr. 19.

74 Fait, Demokratische Erneuerung, S. 67f.

75 StAN, Mitteilungsblatt Rothenburg o.d.T. Jg. 1945, Nr. 8944 P, Nr. 19.

76 Wirsching, Völlige Vernichtung droht der Stadt, S. 21f.

77 Dafür erhielt man Holz. Pro Familie wurden drei Kubikmeter Holz verteilt. Die Brennholzzuteilung erfolgte über den Bürgermeister. Vgl: StAN, Mitteilungsblatt Rothenburg o.d.T. Jg. 1945, Nr. 8944 P, Nr. 15.

78 StadtAR, 064 Verschleppte Personen. Heimat- und staatenlose Ausländer. Schreibend der Militärregierung an den Bürgermeister Rothenburgs vom 14.11.1945.

Weiteren musste versucht werden, eine breite ärztliche Versorgung der Bevölkerung zu gewährleisten.[79]

Da sofort nach Kriegsende die sogenannten „Fremdarbeiter“ von ihrer Zwangsarbeit entbunden wurden, verschärfte sich der Arbeitskräftemangel. Dies war gerade für die Landwirtschaft in der Region ein gravierendes Problem. Um dem entgegenzuwirken, bestand ab Mai 1945 die Möglichkeit, in den Gemeinden auf deutsche Kriegsgefangene für die Heu- und Getreideernte zurückzugreifen. Der Arbeitseinsatz erfolgte unter militärischer Bewachung. Morgens brachte man die Deutschen mit einem Militärlastwagen zum Feld und holte sie am Abend wieder zurück ins Lager nach Rothenburg.[80]

Nachdem die amerikanische Militärregierung angeordnet hatte, alle nichtdeutschen Kriegsgefangenen und zur Zwangsarbeit verpflichteten Ausländer in die Freiheit zu entlassen, fürchteten viele Deutsche in der Stadt Rothenburg und auf dem Land die Rache der ehemaligen Zwangsarbeiter. Bei ungeklärten Verbrechen in der Region beschuldigten die Deutschen in erster Linie die „Verschleppten Personen“ (Displaced Persons).[81]

In den Darstellungen von Willi Förster und Hans Wirsching wird der Unmut sowohl gegenüber dem Verhalten der Freigelassenen als auch gegenüber dem Gewähren der Militärregierung deutlich.[82] Neben zahlreichen materiellen und sozialen Problemen hatte die Militärregierung sich darüber hinaus mit Sabotageakten zu beschäftigen. So zerschnitten im Juli 1945 Unbekannte in der Umgebung von Rothenburg die Telefonverbindungen.[83]

Große Anstrengungen waren auf dem Gebiet der Erziehung zu bewältigen. Neben dem NS-Gedankengut in den Köpfen der Heranwachsenden musste einiges geleistet werden, um das auf schulischen Gebiet Versäumte nach Möglichkeit nachzuholen.[84] Federführend war hier der Schulrat Ernst Keller, in dessen Verantwortung die Rothenburger Volksschulen als erste in Bayern wieder ihre Pfor-

---

79 Da laut Berichten von deutschen und amerikanischen Ärzten eine Zunahme von Geschlechtskrankheiten wie Gonorrhoe und Syphilis zu befürchten war, wurden die Frauen im Kreis Rothenburg aufgefordert, sich von den ärztlichen Behörden untersuchen zu lassen. Vgl. StAN, Mitteilungsblatt Rothenburg o.d.T. Jg. 1945, Nr. 8944 P, Nr. 11.

80 StadtAR, 060.2 Kriegsgefangenenangelegenheiten. Schreiben von Hans Wirsching vom 30.5.1945.

81 StadtAR, 064 Verschleppte Personen. Heimat- und staatenlose Ausländer. Schreiben der Militärregierung vom 28.3.1947; Monatsberichte der Polizei, Laufzeit 1947-1963, ohne Signatur. Tätigkeitsbericht der Rothenburger Sicherheitspolizei an die Militärregierung vom 21.7.1947.

82 Wirsching, Zwischen Zerstörung und Aufbau, S. 31; Vgl. Förster, Zwischen Tod und Auferstehen, S. 25.

83 StAN, Mitteilungsblatt Rothenburg o.d.T. Jg. 1945, Nr. 8944 P, Nr. 2. Des Weiteren kam es mehrfach zu Sachbeschädigungen. Vgl. StadtAR, 070.3 Besatzungsanordnungen. Schreiben der Sicherheitspolizei an den Bürgermeister der Stadt Rothenburg o.d.T. vom 21.10.1945.

84 StAN, Mitteilungsblatt Rothenburg o.d.T. Jg. 1945, Nr. 8944 P, Nr. 19.

ten öffneten. In der letzten Septemberwoche begann der Schulbetrieb in Rothenburg für die Klassen fünf bis acht der Volksschulen.[85] Auch die Berufsschule in Rothenburg nahm 1945 ihre Arbeit auf.[86] Für das Krisenmanagement bildete man fünf Ausschüsse: Den Ausschuss für Finanz- und Personalangelegenheiten, den Ausschuss für Werk- und Bauangelegenheiten, den Ausschuss für land- und forstwirtschaftliche Angelegenheiten, den Ausschuss für kulturelle Angelegenheiten und den Ausschuss für Verkehrsfragen.[87] Zur Reorganisation der Polizei wurde die Iststärke auf 15 Mann erhöht.[88]

Im September 1945 rief die Regierung von Ober- und Mittelfranken die Bevölkerung auf, für das „Frankenhilfswerk" zu spenden, da die Ereignisse und Begleiterscheinungen des Krieges und der Nachkriegszeit im Regierungsbezirk Oberfranken und Mittelfranken ungeheure Schäden verursacht hatten.[89] Bürger und Betriebe hatten durch Artilleriebeschuss, Fliegerangriffe, Inanspruchnahme von Gegenständen aller Art durch die abrückende deutsche Wehrmacht, Selbstzerstörungen vor dem Einmarsch der Besatzungstruppen sowie Plünderungen ihren Besitz oder große Teile davon verloren. Viele Menschen mussten ihre Heimat sowie ihr Hab und Gut zurücklassen oder waren während der NS-Herrschaft aus rassischen, politischen oder religiösen Gründen dem Terror ausgesetzt.[90] Weder Deutschland noch das Land Bayern waren in der Lage, Entschädigung für die eingetretenen Verluste zu gewähren.[91] Folglich musste sich der Regierungsbezirk selbst finanziell helfen. Mit Zustimmung der Militärregierung verfügte der Regierungspräsident die Bildung des „Frankenhilfswerkes".[92] Dessen Träger waren der Bezirksverband Ober- und Mittelfranken sowie die Stadt- und Landkreise. Ferner wurden Einzelpersonen und Körperschaften zum Spenden aufgerufen.[93] Man errichtete Annahmestellen für Spenden bei der Stadt- und Kreissparkasse Rothenburg, deren Zweigstelle Schillingsfürst und der Volksbank Rothenburg.[94] Die Stadt Rothenburg spendete im November 1945 dem „Frankenhilfswerk" eine Summe von 10.000 RM.[95]

Das Rote Kreuz setzte sich für die Obdachlosen und Ausgebombten ein. Zu diesem Zweck richtete die Organisation zuerst im Hotel Ratskeller und dann im Gasthof zum „Schwarzen Adler" eine „Volksküche" ein. Über 1.000 Portionen betrug die tägliche Essensausgabe. Die Militärregierung wies die zurückgelassenen

---

85 StAN, Mitteilungsblatt Rothenburg o.d.T. Jg. 1945, Nr. 8944 P, Nr. 11.
86 StAN, Mitteilungsblatt Rothenburg o.d.T. Jg. 1945, Nr. 8944 P, Nr. 19.
87 Ebenda.
88 Ebenda.
89 StAN, Mitteilungsblatt Rothenburg o.d.T. Jg. 1945, Nr. 8944 P, Nr. 11.
90 Ebenda.
91 Ebenda.
92 Ebenda.
93 Ebenda.
94 Ebenda.
95 StAN, Mitteilungsblatt Rothenburg o.d.T. Jg. 1945, Nr. 8944 P, Nr. 19.

Lebensmittelvorräte der deutschen Wehrmacht zu. Die Gemeinden des Kreises spendeten Lebensmittel.[96] In dem Haus in der Spitalgasse Nr. 25 errichtete man eine Nähstube, in der bis zu 14 Frauen und Mädchen damit beschäftigt waren, die Uniformröcke der zurückgekehrten deutschen Soldaten in zivile Kleidung zum Selbstkostenpreis umzuarbeiten.[97] Ferner erstellten sie nach Altkleidersammlungen unentgeltlich Hosen, Röcke und Jacken für Notleidende. Ein Drittel der Kleidungsstücke gab man als Spende an das Rote Kreuz in Nürnberg ab.[98]

Das Rote Kreuz nahm sich ebenfalls der Betreuung der „Heimatvertriebenen" an, die ab 1945 in Stadt und Land Rothenburg ankamen. Sie erhielten medizinische Versorgung und Verpflegung. Dazu errichtete das Rote Kreuz fünf Lager in der Stadt und sechs Lager im Umland.[99] 1950 waren in Stadt und Land Rothenburg 9.748 „Heimatvertriebene" ansässig. Das entsprach einem Verhältnis von 35 Prozent. Damit war jeder vierte Einwohner ein „Heimatvertriebener". Den Hauptanteil stellten die Sudetendeutschen mit 4.196 Personen. Die „Heimatvertriebenen" aus dem Gebiet östlich der Oder-Neiße, des sowjetischen Einflussgebietes und Berlin zählten 2.667, bei den Südostdeutschen, Siebenbürgern, Ungarndeutschen, Jugoslawen, Bessarabiern und Wolhyniendeutschen waren es 2.885 Personen.[100] Binnen fünf Jahren leisteten die Vertriebenen einen Beitrag zum wirtschaftlichen Leben in der Region und waren wie in ganz Bayern von großer Bedeutung für die Nachkriegsgesellschaft.[101] Bis 1950 siedelten sich im Landkreis Rothenburg acht Industriebetriebe, 33 Handwerkbetriebe, 16 kaufmännische Betriebe und 16 Landwirte an. Im Stadtkreis machten sich vier Industriebetriebe, neun kaufmännische und fünf landwirtschaftliche Betriebe sowie zwölf Handwerksbetriebe selbstständig.[102]

---

96 Wirsching, Zwischen Zerstörung und Aufbau, S. 33f.

97 Das Tragen von deutschen militärischen Uniformen war strengstens untersagt. Weder ehemalige Angehörige der deutschen Streitkräfte noch andere Zivilpersonen durften militärische Auszeichnungen, Medaillen, Abzeichen oder Dienstgradabzeichen tragen. Erlaubt war dafür das Umändern in zivile Kleidungsstücke, sofern der Stoff nicht blau oder olivgrün gefärbt und nicht als Uniform erkennbar war. Vgl. StAN, Mitteilungsblatt Rothenburg o.d.T. Jg. 1945, Nr. 8944 P, Nr. 15.

98 Wirsching, Zwischen Zerstörung und Aufbau, S. 34.

99 In der Stadt befanden sich die Lager in der Turnhalle in der Roßmühle, im Evangelischen Vereinshaus, im ehemaligen Waisenhaus, im Gasthaus Friedle in Detwang. Im Umland befanden sich drei Lager in Dombühl, zwei in Schillingsfürst und eines in Neusitz. Vgl. Wirsching, Zwischen Zerstörung und Aufbau, S. 34. Ab 1953 nahm sich das DRK der noch ausstehenden Heimkehrer- und Vermisstenmeldungen an. Vgl. StadtAR, 060.4 Statistik der Kriegsgefangenen und Vermissten.

100 Bayersdörfer, Wir suchen eine Heimat, in: Harro Schaeff-Scheefen (Hg.): Rothenburg ob der Tauber. Schicksal einer deutschen Landschaft, Rothenburg ob der Tauber 1950, S. 51-61, S. 58f.

101 Walter Ziegler, Der Beitrag der Vertriebenen zu Wiederaufbau und Wirtschaftswunder, in: Daxelmüller (Hg.): Wiederaufbau und Wirtschaftswunder, S. 146-159, S. 146.

102 Bayersdörfer, Wir suchen eine Heimat, S. 61.

11.4. *Wiederaufbau*

Trotz der existentiellen Not, dem Verlust von Familienmitgliedern sowie von Hab und Gut, war bei den Menschen in der Region Rothenburg der Wille zum Wiederaufbau vorhanden. Unmittelbar nach Kriegsende begann man damit in der Stadt und auf dem Land.[103] Etwa 60.000 cbm Schutt mussten weggeschafft werden.[104] Ein Sechstel davon, Ziegel und Steine, konnte wiederverwendet werden.[105] Das war bitter notwendig, da der Mangel an Baumaterialien eine der größten Herausforderungen darstellte. Jahrelang zog sich die Trümmerräumung hin, und selbst 1950 war sie noch nicht vollendet.[106] Um den Bedarf an Bauholz zu decken, beschlagnahmte man Ende Mai 1945 das gesamte im Kreisgebiet lagernde Nadelstammholz.[107] Bereits im Herbst bildete sich eine Bauherrenvereinigung, die die Beseitigung des Schutts und den Transport des Baumaterials organisierte.[108] Der Wiederaufbau der über 300 Häuser zog sich jahrelang hin, da weder Arbeitskräfte noch Baustoffe oder Transportmöglichkeiten in größerem Umfang vorhanden waren.[109] Die Stadt Rothenburg war der größte Bauherr in der Region.[110] Zu den Hauptaufgaben zählte die Instandsetzung der Straßen und Brücken.[111]

Um den Wiederaufbau Rothenburgs zu koordinieren, traf man im August 1945 folgende Regelung: Kreis und Stadt Rothenburg errichteten gemeinsam ein Wiederaufbauamt.[112] Das Amt war mit einem Architekten, einer Schreibkraft sowie einem Baukontrolleur besetzt und übernahm eine beratende Funktion sowie die Vermittlung zwischen dem Landesamt für Denkmalpflege und den Bauherrn. Das Wiederaufbauamt hatte sich in erster Linie an die Anordnungen des Landesamtes für Denkmalpflege zu halten. Die Kontrolle über das Wiederaufbauamt hatte der Landrat.[113]

---

103 Hartwig Beseler/Niels Gutschow, Kriegsschicksale deutscher Architektur. Verluste – Schäden – Wiederaufbau. Eine Dokumentation für das Gebiet der Bundesrepublik Deutschland. 2 Bde. Bd. 2: Süd, Neumünster 1988, S. 1469.

104 SZ vom 6.11.1945.

105 Ebenda.

106 StadtAR, 060.5 Trümmerbeseitigung und Verwertung. Schreiben an die Geschäftsstelle des Bayerischen Städteverbandes vom 3.1.1950.

107 Willi Förster, Die Stadt baut auf, in: Harro Schaeff-Scheefen (Hg.): Rothenburg ob der Tauber. Schicksal einer deutschen Landschaft, Rothenburg ob der Tauber 1950, S. 37-42, S. 37.

108 Ebenda, S. 39.

109 SZ vom 6.11.1945.

110 Förster, Die Stadt baut auf, S. 40. Eine ausführliche Auseinandersetzung mit dem Wiederaufbau in der Stadt Rothenburg findet sich bei Hanns-Jürgen Berger/Tobias Lauterbach, Rothenburg ob der Tauber – Der Wiederaufbau nach dem Zweiten Weltkrieg. Eine städtebaulich-denkmalpflegerische Analyse. 2 Bde, Rothenburg ob der Tauber 2009.

111 Förster, Die Stadt baut auf, S. 37.

112 Bayerisches Landesamt für Denkmalschutz. Wiederaufbau. Reg. Baumeister Florian. Schreiben des Landrats vom 15.8.1945.

113 Ebenda.

Bereits im August 1945 war der Regierungs-Baumeister, Architekt Fritz Florian, im Gespräch, den das Landesamt für Denkmalpflege im Einvernehmen mit der Regierung von Mittelfranken für die Planung und Überwachung der Arbeiten beauftragten wollte.[114] Der bisherige Stadtbaumeister Birkel musste aufgrund von „Entnazifizierungsmaßnahmen" sein Amt niederlegen.[115] Allerdings ließ sich die Stadt Rothenburg erst im Oktober 1947 auf ein vertragliches Beschäftigungsverhältnis mit Florian ein.[116] Der Kunstmaler Willi Förster wurde im Juli 1946 zum ehrenamtlichen Denkmalpfleger für den Kreis Rothenburg ernannt.[117]

Bis 1950 zeigten sich sichtbare Fortschritte. Binnen fünf Jahren stellte man 113 Haupt- und Nebengebäude wieder her. Der Wiederaufbau der historischen Türme, Mauern und Gebäude war für die Stadt Rothenburg ein Mammutprojekt. Unter den vielen Baumaßnahmen sei exemplarisch auf die Wiederherstellung der Röderbastei, des Rödertorturms, des Thomasturms sowie Markusturms und der Stadtmauer verwiesen.[118] Auch die Doppelbrücke im Taubertal erstand von neuem. Für die neuerstellten Bauwerke in der Zeit vom 1. Oktober 1945 bis Ende 1949 brachte die Stadt 492.800 RM und 535.300 DM auf. Der Staat bezuschusste dies mit 174.900 DM.[119]

11.5. Kontinuitäten

Den Wiederaufbau bestimmte am nachhaltigsten die Individualität des Ortes, geprägt durch seine Geschichte und Beschaffenheit.[120] Derart behutsame Planungen wie in Rothenburg bildeten in der unmittelbaren Nachkriegszeit in Deutschland eine Ausnahme, schließlich war der städtebauliche Alltag eher von pragmatischen Überlegungen geprägt.[121] Unter intensiver Betreuung des Bayerischen Landesamtes für Denkmalschutz fand der Wiederaufbau der Stadt Rothenburg statt.[122] Es war und ist dem Laien bis heute kaum möglich, zwischen historischen Gebäuden und nach 1945 entstandenen Bauwerken zu unterscheiden.

---

114 Förster, Zwischen Tod und Auferstehen, S. 29.

115 Ders., Die Stadt baut auf, S. 38.

116 Berger/Lauterbach, Rothenburg, S. 26.

117 StAN, Reg. v. Mfr. K.d.I. Abg. 1978, Nr. 20402. Schreiben des Landrats Zimmermann an den Regierungspräsidenten in Ansbach vom 15.7.1946.

118 Für eine detaillierte Übersicht aller Instandsetzungen sei verwiesen auf Berger/Lauterbach, Rothenburg.

119 Förster, Die Stadt baut auf, S. 40ff.

120 Ferdinand Stracke, Tradition versus Moderne – Wiederaufbau in Deutschland, in: Daxelmüller (Hg.): Wiederaufbau und Wirtschaftswunder, S. 38-55, S. 41.

121 Damit stand Rothenburg auf einer Stufe mit Nürnberg, Freiburg und Münster. Vgl. Werner Durth/Niels Gutschow, Träume in Trümmern. Stadtplanung 1940-1950, München 1993, S. 358.

122 Egon Johannes Greipl, Denkmalpflege und (Wieder-)Aufbau, in: Daxelmüller (Hg.): Wiederaufbau und Wirtschaftswunder, S. 70-79, S. 74.

Architektonisch lässt sich der Wiederaufbau der Stadt Rothenburg dem Heimatstil zuordnen. Sowohl die bewusste Betonung des Handwerks und der Details als auch die konsequente Ablehnung des Historismus wurden aus der Hochkonjunktur des Heimatstils während der NS-Herrschaft übernommen.[123] In der Nachkriegszeit sah man über die geistige Patenschaft der NS-Ideologie hinweg.[124] Die Architektur der Einzelgebäude stand ebenfalls in dieser Kontinuität. Generell lässt sich die Schwerpunktsetzung als bewusste Abgrenzung gegen moderne Architektur und Bauweisen interpretieren.[125]

Sicherlich war man von denkmalpflegerischer Seite aus gewillt, sich den Erfordernissen eines Wiederaufbaus zu stellen, jedoch beeinträchtigten die begrenzten Mittel sowie die materielle Notsituation das Handeln.[126] Georg Lill vertrat den Standpunkt, Rothenburg müsse als „Gesamtkunstwerk" Objekt der denkmalpflegerischen Arbeit sein.[127] Genau an diesem Punkt enthüllte sich eine weitere Kontinuität aus der Zeit des Nationalsozialismus. Ebenso wie unter NS-Herrschaft beinhaltete die umfassende Stadtbildpflege Rothenburgs eine erzieherische Wirkung, denn sie wollte doch die Altstadt in möglichst historisch „reinem" Zustand präsentieren.[128]

Das politische Tagesgeschehen zeigte, dass Traditionslinien wie Nationalismus und Protestantismus weiterhin bestanden.[129] Mentalitätsgeschichtliche Faktoren der kleinstädtischen Provinz des westlichen Mittelfrankens sowie die spezifische NS-Vergangenheit Rothenburgs wirkten weiterhin. Es ergaben sich Kontinuitäten, da manche Individuen nach ihrer „Entnazifizierung" erneut im öffentlichen Leben eine wichtige Rolle einnahmen. Exemplarisch sei an dieser Stelle auf folgende vier Personen verwiesen: Der ehemalige NS-Bürgermeister Friedrich Schmidt erhielt 1952 einen Sitz im Stadtrat für die rechtskonservative „Deutsche Gemeinschaft" (DG).[130] Ebenfalls für die DG wirkte der Architekt Leonhard Kerndter, der vor 1945 für die Schaffung von HJ-Bauten zuständig war.[131] In ihrer kulturellen Wirksamkeit erlebten die ehemaligen NS-Akteure Rothenburgs eine Art Renaissance, wobei gerade Ernst Unbehauens Anstrengungen als rückwärtsgewandt betrachtet werden können.[132] Hinsichtlich der NS-Kontinuität tat sich ein revisionistischer Sachverhalt besonders hervor. Zehn Jahre nach Ende der nationalsozialistischen Herrschaft benannte man 1955 in Rothenburg erneut die Hauptstraße

---

123 Hans-Jürgen Berger/Tobias Lauterbach, Der Wiederaufbau der Stadt Rothenburg ob der Tauber, in: Daxelmüller (Hg.): Wiederaufbau und Wirtschaftswunder, S. 106-117, S. 116.
124 Fleischner, „Schöpferische Denkmalpflege", S. 55.
125 Ebenda.
126 Ebenda, S. 72.
127 Ebenda, S. 73.
128 Ebenda, S. 74.
129 Otten, Rothenburg, S. 107.
130 Ebenda.
131 Hagen, Preservation, S. 253.
132 Herz, Ernst Unbehauen, S. 70f.; Hagen, Preservation, S. 253f.

vom Bahnhof in Richtung des Würzburger Tors nach dem Bayerischen Ministerpräsidenten während der NS-Diktatur.[133]

Fazit

Mit den Problemen und Herausforderungen der unmittelbaren Nachkriegszeit konfrontiert, zeichneten sich die Jahre nach 1945 durch das Zusammenwirken von Planung und Pragmatik aus. Mit der Währungsreform bescherte das Schlüsseljahr 1948 mit dem Umbruch zur Marktwirtschaft sicherlich einen mentalen Wandel.[134] Für die Stadt und das Land Rothenburg waren die Weichen neu gestellt. Als Mitspieler in der sozialen Marktwirtschaft und Teil in einem Weststaat unter amerikanischer Hegemonie ging die unmittelbare Nachkriegszeit zu Ende.[135] Gerade in ökonomischer Hinsicht war es von großem Vorteil für die Region im Einflussgebiet der Amerikaner zu liegen, da jene den Tourismus immens ankurbelten. Trotz Kontinuitäten arrangierte sich die Stadt Rothenburg und ihr Umland mit der bundesrepublikanischen Demokratie.

---

133 Hagen, Preservation, S. 254. Vgl. Kapitel 6.1.5.1 dieser Untersuchung.
134 Blessing, Vom Trümmerjammer zum Fortschrittsrausch, S. 223.
135 Ebenda.

12. Schlussbetrachtung

Rothenburg zeigte als frühe Hochburg der Nationalsozialisten die Bedingungen, die Formen und die Reichweite des Regimes besonders ausgeprägt. Stadt und Land Rothenburg waren – wie das kleinbäuerliche Oberhessen, das gutsherrschaftliche Pommern oder Ostpreußen – eine der „stärksten Bastionen der Nationalsozialisten auf dem Höhepunkt ihrer Mobilisierungserfolge 1932/33" im ländlichen Franken, wo ein im 19. Jahrhundert tief verwurzelter „Protestantismus eine enge Bindung mit der deutschen Nationalbewegung eingegangen war".[1] Das Gesicht des Nationalsozialismus in der westmittelfränkischen Kleinstadt kann allemal als Sonderfall für Franken bezeichnet werden, wie die vorangegangene Analyse zeigte. Bereits in den Anfangsjahren der Weimarer Republik stießen die Völkischen in der Stadt und in der Region Rothenburg auf starkes Echo. Ab 1928 avancierte die NSDAP zur stärksten politischen Kraft vor Ort. Die Ursache dafür war multifaktoriell: Zum einen war die Hoffnung der Einwohnerschaft groß, Hitler sei eine Antwort auf die Nöte der Weltwirtschaftskrise. Vor allem die dominierende mittelständische Sozialschicht in der mittel- und kleinbäuerlichen Gegend der Region Rothenburg fühlte sich von der Partei angesprochen. Hinzu kam ein maßgeblich protestantisches Milieu mit seinen nationalistischen und kulturkämpferischen Traditionen, wobei die NSDAP jene Disposition durch manche „braunen" Pfarrer zu nutzen wusste. Nicht zuletzt erwiesen sich charismatische Lokalgrößen wie der SA-Führer Wilhelm Stegmann mit aggressiver Propaganda, dank nachsichtiger Behörden, als überaus zugkräftig. Als Ergebnis gelang der Hitler-Bewegung bereits 1932 eine „mentale Machtergreifung" mit Wahlergebnissen, die reichsweit an der Spitze lagen. Im reichsweiten Vergleich zählten Stadt und Bezirk Rothenburg – ebenso wie Neustadt a.d. Aisch, Uffenheim und Ansbach und weitere Teile des agrarisch und protestantisch geprägten Mittelfrankens – zu den Orten und Regionen, in denen die Nationalsozialisten enorm hohe Wählerstimmenanteile vorweisen konnten.[2] Zum überregionalen Vergleich: Errang die NSDAP bei der Reichstagswahl im Juli 1932 im Durchschnitt 37,3 Prozent, so erhielt sie im Wahlkreis Rothenburg 75,7 Prozent der Stimmen. Dagegen wählten im katholischen Wahlkreis Hümmling (Weser-Ems) lediglich 5,1 Prozent der Wähler für Hitler.[3] Im März 1933 bestätigte die Region Rothenburg ihre neuen Machthaber. Das Bezirksamt avancierte mit über 80 Prozent für die NSDAP „zum besten nationalsozialistischen Wahlbezirk ganz Deutschlands".[4]

---

1 Kittel, Provinz, S. 5.

2 Hambrecht, Aufstieg der NSDAP, S. 341.

3 Szejnmann:, Chancen und Probleme regionalgeschichtlicher Forschungen zur NS-Zeit, S. 43.

4 Kittel, Weimar, S. 8f.

Bis zum Sommer 1934 konsolidierte sich das NS-Regime aufgrund eifriger Mithilfe oder zumindest durch Duldung der Bevölkerung reibungslos. Rasche Anpassung sowie Selbstgleichschaltung veränderten das institutionelle Gefüge – Behörden, Vereine und Parteien – in Stadt und Land nachhaltiger als Verbote und Terror; vorangetrieben durch die SA als Motor der ‚nationalen Revolution'. Wie im Fall Augsburg zeigte sich in der Kommunalpolitik Rothenburgs die personelle Kontinuität, die „mit Präzision und Akkuratesse die Vorgaben der nationalsozialistischen Führung umsetzte" und so die Systemstabilisierung garantierte.[5] Dies führte weniger zum Austausch als vielmehr zur Indienstnahme sowie „Selbst-Indienstnahme" und damit zur Übernahme spezifischer Funktionen für den nationalsozialistischen Staat.[6] Sehr sichtbar zeigte sich die NS-Diktatur öffentlich im aufwendig inszenierten braunen Kult.

Die Nationalsozialisten instrumentalisierten die Stadt als „nationale Weihestätte" und „Wallfahrtsort" sowie idealen Botschafter des „Dritten Reiches". Im Zuge der romantischen Entdeckung seit dem 19. Jahrhundert war Rothenburg zu einem Sinnbild der mittelalterlichen deutschen Stadt geworden. Das NS-Regime bediente sich des Mythos Rothenburg in ähnlicher Weise wie in der ebenfalls zur „deutschesten aller deutschen Städte" stilisierten „Stadt der Reichsparteitage". Wie in Nürnberg rückte die propagandistische Selbstdarstellung der Partei den Symbolcharakter für das „Dritte Reich" in den Fokus,[7] wobei auch Rothenburg jene Rolle in den 1930er Jahren zugesprochen bekam und lokale Akteure dies ausdrücklich reklamierten. Neben Nürnberg und dem zur Selbstinszenierung des „Frankenführers" Julius Streicher genutzten Hesselberg war Rothenburg der dritte Ort in Mittelfranken bzw. im NSDAP-Gau „Franken", der für die NSDAP Mittelfrankens eine besondere Bedeutung besaß.

Der Mythos Rothenburg war prädestiniert für die Propaganda des Regimes mittels konstruierter Kontinuitäten deutscher Geschichte als auch seiner Reichstradition. Hinsichtlich der Funktionalisierung für den Nationalsozialismus stellte Rothenburg seine ehemals reichsstädtischen Nachbarn Dinkelsbühl, Nördlingen oder Bad Windsheim weit in den Schatten. Imponierende Wehrbauten mit ihrem romantisierten mittelalterlichen Flair sollten Zeugnis ablegen von der gefestigten NS-Herrschaft.[8] Die Kreation der „Stimmungslandschaft Rothenburg" gelang, zumal in der Tauberstadt jener „malerische Zauber" zu finden war, den vergleichsweise Nürnberg durch die Industrialisierung verloren hatte.[9] Inszeniert als ‚arteigene' Stadt in altem Bauernland kam der vom Industriezeitalter unberührten ‚altdeutschen Stadt' in idyllischer Lage eine besondere Symbolbedeutung zu – ei-

5 Gotto, Nationalsozialistische Kommunalpolitik, S. 138f.
6 Seiderer, Nürnberg – die „Stadt der Reichsparteitage", S. 317.
7 Ebenda, S. 312.
8 Brenner, Kunstpolitik des Nationalsozialismus, S. 122.
9 Kamp, Die touristische Entdeckung Rothenburgs, S. 246.

ne ‚invention of tradition‘.[10] Dafür wurde die vielfach verfallende Bausubstanz der mittelalterlichen Stadt bis zum Kriegsausbruch in enormen Umfang restauriert sowie in politisch gelenkter Denkmalpflege auf fränkischen Heimatstil und einen ‚Blut-und Boden‘-Kanon hin purifiziert. Der ‚Prototyp der alten deutschen Reichsstadt‘ stand damit in einer Reihe mit der Wiederherstellung der Nürnberger Kaiserburg, der Würzburger Feste und dem Trifels. Der Unterschied lag jedoch darin, dass es sich bei dem Projekt Rothenburg um eine ganze Stadt handelte, die als „Denkmal“ für die NS-Ideologie instrumentalisiert wurde.

Hervorstechend ist in dieser mittelfränkischen Kleinstadt die Dichte mit der sich der Nationalsozialismus bildnerisch und architektonisch manifestierte. Eine Verschmelzung der mediävalen Szenerie mit NS-Denkmälern, NS-Gemälden an Hauswänden, „Judentafeln“ und der allgegenwärtigen Hakenkreuzsymbolik stilisierte Rothenburg zum Kleinod mit missionarischem Charakter. Die reichsweite und internationale Werbung folgte. Akkreditierte Vertreter des In- und Auslands lernten Rothenburg als Vorzeigeobjekt kennen. Rothenburg gedieh zur lebendigen Propaganda für das „Dritte Reich“ und erfuhr als Kulissenstadt des „Führers“ enorme Beachtung.

Unter Vortäuschung eines „Wir-Gefühls“ spannte der folkloristische Alltag mit seiner unentwegten Festtagsbühne einen Großteil der Bevölkerung ein.[11] Gerade die Beteiligung an den historischen Schauspielen bot Gelegenheit, sich im Sinne des Nationalsozialismus zu profilieren. Die Aktivitäten der Partei mit ihren Gliederungen und Verbänden perfektionierte die Inszenierung sowie die Botschafterrolle der fränkischen Kleinstadt. Hunderttausende Besucher erlebten jedes Jahr die „ideale deutsche Stadt“.[12] Dahinter stand eine gelenkte Wirklichkeitsdeutung, wobei das „urdeutsche Antlitz“ mit seiner „rassigen Silhouette“ im Fokus stand.[13] Ein Gang durch Rothenburg sollte ein romantisiertes Mittelalter erfahrbar machen und zugleich die Identifikation mit dem Regime bedienen. Im Umkehrschluss bedingte dies die Entfernung oder Verschleierung moderner Elemente. Dafür hauchten historisch gewandete Einheimische der Kulisse Leben ein und prägten für die Besucher das Stadtbild, dessen Bewohner als Musterbürger rigoros zu folgen hatten. Das Ergebnis war nicht nur eine gut durchorganisierte Inszenierung, sondern ein kalkuliertes Instrument der NS-Herrschaft. Rothenburg war als NS-Musterstadt zugleich Vorbild und Trugbild.

Der bayerische Ministerpräsident Siebert hatte erheblichen Einfluss auf die kommunale Politik der Stadt, deren Bürgermeister er von 1908 bis 1919 war, und nutzte häufig die Propagandabühne im Taubertal. Sein finanzielles Engagement ermöglichte die politisch gelenkte Denkmalpflege. Ebenso wusste Gauleiter

10 Hobsbawm, Inventing Traditions, S. 4.

11 Kamp, Die touristische Entdeckung Rothenburgs, S. 261.

12 Hagen, Preservation, Tourism und Nationalism, S. 188-222.

13 Reichel, Der schöne Schein des Dritten Reiches, S. 83.

Streicher um den Mythos Rothenburg und setzte das „Schatzkästlein deutscher Vergangenheit" immer wieder vor der Parteiprominenz in Szene. Beide wussten den Nimbus der malerischen ehemaligen Reichsstadt für ihre Zwecke zu nutzen. Die Funktionalisierung von Architektur und Traditionen, von Heimatforschung und Brauchtumspflege war Programm. Das gab dem üblichen NS-Ritual, den Feiern, Kundgebungen sowie Massenaufmärschen einen höchst eindringlichen Hintergrund. Dass die mittelfränkische Kleinstadt so zur Ikone wurde, bestärkte auch die Ausrichtung ihrer Kultur. Deren Träger, vom Verein Alt-Rothenburg bis zu den lokalen Künstlern, folgten meist bereitwillig der Richtung, in der die NS-Kulturgemeinde den Ton angab. Die NS-Akteure vereinnahmten fränkische Traditionen wie den „Frankenstolz" mit seinen Ritualen und Symbolen.[14] Der historische ‚Schäfertanz' gewann, völkisch interpretiert, sogar internationale Beachtung als Ideal deutschen Brauchtums.

Die starke Präsenz des Nationalsozialismus in Rothenburg und den umliegenden Dörfern war das Ergebnis eines exzellent funktionierenden Parteiapparates. Die flächendeckende Organisationsstruktur trug erheblich zur Durchdringung der lokalen Gesellschaft bei. Hauptakteure in und um Rothenburg waren die Kreisleiter. Während der 12-jährigen nationalsozialistischen Herrschaft übten vier Männer aus dem Mittelstand dieses Amt in der Region aus. Sie lenkten in enger, charismatischer Bindung an Gauleiter Julius Streicher durch ein Netz von Kreisämtern die Parteistellen sowie die Staatsverwaltung des Bezirks bzw. des Parteikreises. Mittels Kundgebungen, Propagandafahrten oder Kreistagen mobilisierten und disziplinierten sie die Bevölkerung. Gegner wurden terrorisiert. Vor Ort entfalteten ehrenamtliche Ortsgruppenleiter, meist höchstens 40 Jahre alt, in einer vielfältigen Rolle die Parteiherrschaft. Geprägt waren ihre Biographien durch die Gewalterfahrung im Ersten Weltkrieg als auch in den Straßenschlachten Weimars. Ebenfalls war Ihnen ein frühes Engagement in NS-Organisationen gemein. Ein zentrales Organ für die Durchsetzung der Herrschaft war die Sturmabteilung. Allgegenwärtig repräsentierte sie die Partei, schuf durchweg eine Drohkulisse und bot mancherlei soziale Hilfe.

Um die Jugend auf Linie zu trimmen, wurde diese zum einen durch die Hitlerjugend organisiert. Sie sicherte den Einfluss mit attraktiven Gemeinschaftsformen, die vor allem auf dem Land über den lokalen Gewohnheitskreis hinausführten. Parallel sollten die jungen Menschen mental geprägt und vormilitärisch ausgebildet werden. Groß angelegte Geländespiele der HJ sowie internationale Camps folgten. Zum anderen indoktrinierte die Schule, zunehmend mit neuen Lehrinhalten ausgestattet und als ‚Gemeinschaftsschule' institutionell vom Kircheneinfluss getrennt, die Jugend für den künftigen „Weltanschauungsstaat". Dem kam sehr entgegen, dass fast ein Drittel der Pädagogen vor 1933 der

14 Blessing, Franken im Bayern des 19. Jahrhunderts, S. 361.

NSDAP angehörte. 1934 war in der Region die Parteizugehörigkeit der Lehrer mit beinahe 40 Prozent weit höher als der Reichsdurchschnitt von 25 Prozent.

Die massiv instrumentalisierte Sozialpolitik der Nationalsozialistischen Volkswohlfahrt zeigte bei der Rothenburger Bevölkerung breite Wirkung. Mit ihrem Winterhilfswerk, der Aktion „Mutter und Kind" sowie eigenen ‚braunen Schwestern', die den kirchlichen Einfluss aus karitativen Einrichtungen und Kindergärten verdrängten, warb und mobilisierte diese Massenorganisation intensiv für das Regime in den Nöten jener Zeit. Gleichzeitig setzte sie die Einwohnerschaft unter erheblichen Anpassungsdruck, da sie mit scheinbar freiwilligen Beiträgen in Wahrheit ein rigides „Kontributionssystem" aufbaute. Die mehr oder minder freiwillige Spendenbereitschaft bereitete den lokalen Machthabern überregionale Erfolge: So stand 1935 die Rothenburger NSV mit ihren Sammelergebnissen prozentual nach Größe und Einwohnerzahl an der Spitze des Gaues Franken. Schließlich verbreiteten die nun einzigen Frauenorganisationen, die Nationalsozialistische Frauenschaft und das Deutsche Frauenwerk, mit ihrem auf Familie und Mutterschaft begrenzten Frauenbild, die offiziellen Normen und Werte in der Gesellschaft – mittelbar auch den Kindern.

Aufrechterhalten wurde der Mythos Rothenburg als NS-Musterstadt mittels verschiedener Formen der Gewaltherrschaft, die sich in Stadt und Land manifestierte: Im Klima der Nazifizierung aller Lebensbereiche wucherten Denunziation und Ausgrenzung bestimmter Gruppen. Zum unbeschränkten Terrordruck verbanden sich die Willkür der Gestapo, die durch das Mittel der ‚Schutzhaft' Angst verbreitete, ebenso wie drakonische Urteile des Sondergerichts Nürnberg, gegen die es keine Berufung gab. Wirksam werden konnten die Mechanismen der Diktatur freilich nur, weil es in der Rothenburger Bevölkerung genug „willfährige Helfer" gab. Auch dem durch SA und SS brutal ausgeübten, von Bereicherungswillen stimulierten Antisemitismus gab ein in und um Rothenburg seit je verbreiteter Antijudaismus starkes Echo: Wirtschaftliche Vernichtung durch Boykott, Schikanen und Verbote, stete Diffamierung in Vorträgen, Büchern und Bildern, die ‚Arisierung' und schließlich die Vertreibung folgten sehr wirksam Streichers Hetze. Der vorauseilende Gehorsam, der Rothenburg vor dem reichsweiten Pogrom zur „judenfreien" Stadt machte, ist Beleg für das radikalfanatische Potenzial und unterstrich für die NSDAP im Gau Franken den Vorzeigecharakter der Stadt.

Doch hinter den Kulissen stießen die totalitären Anmutungen der nationalsozialistischen Herrschaft in der evangelisch geprägten Region, die in den frühen 1930er Jahren mit über 80 Prozent in einem reichsweit außergewöhnlichen Ausmaß für Hitler und die NSDAP stimmte, an Grenzen. Seit 1934 wehrten beispielsweise Pfarrer in der Stadt und in mehreren Dörfern das Weltanschauungsdiktat der Partei zäh und mutig ab. Ein Dauerkonflikt spaltete zwischen parteikonformen Deutschen Christen mit ihren „braunen Pfarrern" und der Bekenntnisgemeinschaft, der Mehrheit in den Gemeinden, die lutherische Kirche – im Glauben, aber auch, wenn es um Jugendarbeit und Schule ging. Unter den Belastungen des Zweiten Weltkrieges gewann die tradierte Religion trotz steigenden Drucks wieder an Boden. Des Weiteren zeigte sich in der Bevölkerung noch Jahre mancherlei Nichtanpassung. Beleg dafür sind verdeckte Geschäftshandlungen von Bauern mit Viehjuden. Außerdem weckte der anstrengende Aktivismus der Partei mit seinem allumfassenden Machtanspruch bei nicht wenigen Überdruss. Jedoch sollten diese Einzelfälle nicht überbewertet werden, zumal insgesamt betrachtet „widerwillige Loyalität“ zu den Machthabern kennzeichnender war als Ausformungen von „Resistenz“.[15]

Im Krieg verfiel ab 1943 die Zustimmung zu Hitler rapide, als der deutsche Siegeslauf zu einem Rückzug an allen Fronten verkam; evident zeigte sich das an einer sinkenden Teilnahme an Feiern und Versammlungen. Die US-Army brachte im Frühjahr 1945 die Befreiung von Diktatur und Krieg. Dies kostete Rothenburg und umliegenden Dörfern einen hohen Preis: Zivile Tote sowie verheerende Zerstörungen. Wegen ihres mittelalterlichen Baubestandes brannten infolge einer Bombardierung 40 Prozent der Altstadtfläche nieder. Doch selbst nach dem Untergang des „Dritten Reiches“ werden beim Wiederaufbau erstaunliche Kontinuitäten zur NS-Zeit sichtbar. So sollte doch das „Gesamtkunstwerk“ Rothenburg „rein“ rekonstruiert werden, damit es seine erzieherische Wirkung nicht verliere. Der Einfluss der lokalen nationalsozialistischen Funktionselite erstreckte sich in der Region weit über das Kriegsende hinaus. Mehrere wichtige Personen – unter ihnen NS-Akteure sowie „willfährige Helfer“ des Regimes – fassten in den 1950er Jahren erneut Fuß im politischen und kulturellen Leben. Der Weg in die bundesdeutsche Demokratie war in Stadt und Land Rothenburg recht mühsam, weshalb von einer „Stunde Null“ keine Rede sein kann.

---

15 Kittel, Zwischen Resistenz und Reichstreue, S. 138.

13. Quellen- und Literaturverzeichnis

13.1. Ungedruckte Quellen

Bundesarchiv Berlin (BArch)
Personenakten (ehem. BDC)
BArch Berlin, Rep. NS 23
BArch, R 43 II

Bayerisches Hauptstaatsarchiv (BayHStA)
ABT. II, Geheimes Staatsarchiv, Reichsstatthalter.
Staatsministeriums des Innern
Landesentschädigungsakten
MF
MHIG
Kultusministerium
Bayerisches Staatsministerium für Sonderaufgaben
Reichsstatthalter
Staatskanzlei

Stadtarchiv Rothenburg ob der Tauber (StadtAR)
„Hilfswerk für Alt-Rothenburg" Ausgaben III/1-IV/1, IV/1-VIII.
060.1 Kriegsschäden.
060.2 Kriegsgefangenenangelegenheiten.
060.3 Angelegenheiten der ehemaligen Wehrmacht.
060.4 Statistik der Kriegsgefangenen und Vermissten.
060.5 Trümmerbeseitigung und Verwertung.
060.6 Entschädigungsansprüche ehemaliger Mitglieder der NSDAP.
063.1 Wiedergutmachung, Rückerstattung.
063.2 Wiedergutmachung: Fall Löwenthal.
063.3 Wiedergutmachung: Fall Westheimer.
063.4 Politisch, rassisch, religiös Verfolgte.
064 Verschleppte Personen. Heimat- und staatenlose Ausländer.
070.2 Örtliche Militärregierung.
070.3 Besatzungsanordnungen.
ad R VI, 11.
Ausländerpolizei, Laufzeit 1939-1951.
Berichtsbuch der Zimmerstutzen-Gesellschaft „Rothenburga" Rothenburg o.d.T. 1933-1943.
Das „Goldene Buch" der Stadt Rothenburg. Ohne Signatur.
Dienstkorrespondenz Stadtarchiv. NSDAP-Sammelakt.

Fotosammlung 091/01/0130. Zeichnungen: Böhme Hans. Kunstausstellung im Haus der deutschen Kunst in München.
Fotosammlung, 082/06/0006. Ehrenbürgerbrief der Stadt an Adolf Hitler, Reichskanzler 1933.
Fotosammlung. Ohne Signatur.
Gemeindearchiv Leuzenbronn.
Kassenbuch, Ostarbeiterlager 1942-1944.
Künstler, Unbehauen.
Ludwig-Siebert-Oberschule Stiftung.
NA 966, 8.
Nachlass Edwin Böhne (NSDAP). Ohne Signatur.
Neueste Abteilung, Jüdischer Friedhof 554.10.
NS-Rechnungsbücher. Ohne Signatur.
Pressestimmen über Rothenburg. Ohne Signatur.
Rep. 101.
Stadtratsprotokolle Rothenburg.
Stadtratsprotokolle Rothenburg. 1933. Ohne Signatur.
Stiftungsurkunden, L.Siebert-O'Sch.Stfg.
Strafakten, Laufzeit 1923-1947. Ohne Signatur.
Tagesberichte der Stadtpolizei 1938/1939.
Wirsching, Hans: Rothenburg ob der Tauber in der Zeit vom 1.1.1900 - 31.12.1945, Rothenburg ob der Tauber o. Datum.

Staatsarchiv Nürnberg (StAN)
Akten der Polizeidirektion Nürnberg-Fürth, Rep. 218/11 I
Akten der Wiedergutmachungsstelle III
Amtsblatt für das BA Rothenburg o.d.T.
BLVW-Akten, Stadt Rothenburg
Kartei der Spruchkammer Rothenburg o.d.T. A-J.
Kreisbauernschaft Rothenburg o.T.
LRA Rothenburg o. d. T., Abg. 1975
Mitteilungsblatt Rothenburg o.d.T. Jg. 1945
NS-Mischbestand, Kreisleitung Rothenburg ob der Tauber
NS-Mischbestand, Sammlung Streicher, Nr. 24.
Regierung von Mittelfranken
Reichsgesetzblätter
Rep. 503, NS-Mischbestand, Kreisleitung Rothenburg
Rep. 503, NS-Mischbestand, Gauleitung 83
Rep. 279/5/SG, Anklagebehörde bei dem Sondergericht Nürnberg
Rep. 503, NSDAP Mischbestand, Gauleitung
Rep. 503. NS-Mischbestand

SpKA Rothenburg o. d. T.

Staatsarchiv München (StAM)
Internierten Gesamtkartei.
Spruchkammerakten Rothenburg

Stadtarchiv Nürnberg (StadtAN)
Au Per 627, Der Stürmer
Av.350, 4.0.
C7/uIII.89.

Institut für Zeitgeschichte München (IfZ)
Ga 03.01.
MS 200
NSDAP-Partei-Statistik

Evangelisches Pfarrarchiv St. Jakob
Signatur 2.2.2.11.

Landeskirchliches Archiv der evangelisch-lutherischen Kirche in Bayern (LAELKB)
BayD Insingen
KKE
LKR
Personenakten

Bayerisches Landesamt für Denkmalschutz
91541 Rothenburg o. d. Tauber. Stadtmauer-Türme. 1937-1964.
Wiederaufbau. Reg. Baumeister Florian.

Internationaler Suchdienst Bad Arolsen (ITS)
ITS Bad Arolsen, Archivnr. 3106
ITS Bad Arolsen, Fremdarbeiter-DP-Liste
ITS Bad Arolsen, Korrespondenzakten
ITS Bad Arolsen, Listen der in der Stadt und auf dem Land Rothenburg ob der Tauber verstorbenen Angehörigen der Vereinten Nationen

Militärarchiv des Bundesarchivs Freiburg
RH 26-212/64; 62/109
RS 2/13-1; 2/13-2
ZA 1/1088.

Privates Material
Gästebuch Hotel Eisenhut.
Höfler Georg, Die Entwicklung der NSDAP im Kreis Rothenburg ob der Tauber 1918-1934. (unveröffentlichtes Manuskript).
Privates Material von Dieter Balb. Siehe auch FA 4./5.6. 1983.

Protokollbuch des Vereins Alt-Rothenburg. In Privatbesitz von Richard Schmidt (Gebsattel).

Wörthmann Erika, Aus meiner Kindheit und Jugend im 3. Reich. Privates unveröffentlichtes Manuskript, Rothenburg ob der Tauber. Ohne Datum. In Besitz von Erika Wörthmann.

13.2. Gedruckte Quellen

Zeitungen und Zeitschriften

Ähre und Schwert, Offizielles Mitteilungsblatt der Bezirksbauernschaft Rothenburg o. Tbr

Akropolis

Aufbau. America's leading German language Newspaper

Bäderbeilage zur Kölnischen Zeitung

Bilderschau der Freiburger Zeitung

Bremer Nachrichten

Das Bayerische Vaterland

Das Bayerland

Der Gralswächter der germanisch-deutschen Revolution deutscher Kultur-Sitte-christl. Glaubens. Mitteilungsblatt des Unterbanns II/B8 Rothenburg ob der Tauber. Beilage zum Fränkischen Anzeiger

Der Landwirt, Wochenbeilage zum Fränkischen Anzeiger

Der Stürmer

Deutsche Frauenkultur

Die Bauzeitung

Die Linde

Die Reisepost. Beilage der Berliner Morgenpost

Europe for the travel Agent

Frankfurter Volksblatt

Fränkische Tagespost

Fränkische Tageszeitung

Fränkischer Anzeiger

Fränkisches Tagesblatt

Germany and You

Hinaus in die Ferne. Deutsche Illustrierte Reisezeitschrift

Jenaische Zeitung

Jungvolk. Mitteilungsblatt des Unterbanns II/B8 Rothenburg ob der Tauber. Beilage zum Fränkischen Anzeiger

Leipziger Neueste Nachrichten

Minnesota Journal of Education

Münchner Neueste Nachrichten

Münchner Zeitung
Münchner-Augsburger Abendzeitung
New York Herold
Pages from a Traveler's Notebook
Reiseblatt des „8 Uhr Abendblatt"
Reisezeitung für Schweiz und Ausland
Sonntagsbeilage des Völkischen Beobachters
Stadt-Nachrichten und General-Anzeiger der Münchner Neuesten Nachrichten 1933
Süddeutsche Zeitung
The Graphic Weekly. Wochenbeilage der Chicago Sunday Tribune
The Sketch Book Magazine. Travel Architecture and Art Pictorial
Thüringer Allgemeine Zeitung
Unser Glaube Deutschland. Blätter der Hitler-Jugend. Beilage zum Fränkischen Anzeiger
Völkischer Beobachter
Vossische Zeitung

Weiteres gedrucktes Material

Bayer. Statistisches Landesamt (Hg.), Bayerische Gemeinde- und Kreisstatistik. Mittelfranken. Heft 132/6 der Beiträge zur Statistik Bayerns, München 1943, S. 90-105.

Dass., Gemeinde-Verzeichnis für den Freistaat Bayern nach der Volkszählung vom 16. Juni 1925 und dem Gebietsstand vom 1. Dezember 1925, in: Heft 110 der Beiträge zur Statistik Bayerns, München 1926.

Bose Walter, Greuellügen seit 400 Jahren. Eine Judenverfolgung, die keine war, in: Nationalsozialistische Monatshefte 67 (1935), S. 919-923.

Breßlau Harry, Zur Geschichte der Juden in Rothenburg an der Tauber, in: Zeitschrift für die Geschichte der Juden in Deutschland 3 (1890), S. 1–17.

Dannheimer Wilhelm, Die Kriegsfackel über den Dörfern, in: Harro Schaeff-Scheefen (Hg.): Rothenburg ob der Tauber. Schicksal einer Deutschen Landschaft, Rothenburg ob der Tauber 1950, S. 43-50.

Eichhorn Ernst, Der Gedanke der freien Deutschen Reichsstadt. Sein Niederschlag in Stadtbild und Befestigung Rothenburgs o.T., Nürnberg 1944.

Faber Martha, Arthur Wasse und sein Werk. Ein Rothenburger Künstlerleben. Hg. v. Verein Alt-Rothenburg, Rothenburg ob der Tauber 1936.

Fochler-Hauke Gustav, Geleitwort, in: Ders. (Hg.): Von deutscher Art. Deutsche Akademie München, München 1939.

Förster Willi, Die Stadt baut auf, in: Harro Schaeff-Scheefen (Hg.): Rothenburg ob der Tauber. Schicksal einer deutschen Landschaft, Rothenburg ob der Tauber 1950, S. 37-42.

Ders., Zwischen Tod und Auferstehen, in: Harro Schaeff-Scheefen (Hg.): Rothenburg ob der Tauber. Schicksal einer deutschen Landschaft, Rothenburg ob der Tauber 1950, S. 23-30.

Gstettner Hans, Auf Strassen der Gegenwart vor den Mahntafeln deutscher Geschichte, in: Ludwig Siebert (Hg.): Wiedererstandene Baudenkmale. Ausgewählte Arbeiten aus dem Ludwig-Siebert-Programm zur Erhaltung Bayerischer Baudenkmale, München 1941, S. 11-18.

Halbmonatsbericht des Regierungspräsidenten von Ober- und Mittelfranken, 7.4.1933, in: Martin Broszat, Elke Fröhlich, Falk Wiesemann (Hg.): Bayern in der NS-Zeit. 6 Bde. Bd. 1: Soziale Lage und politisches Verhalten der Bevölkerung im Spiegel vertraulicher Berichte, München/Wien 1977, S. 434–435.

Hitler Adolf, Mein Kampf, München 1933.

Liebermann Friedrich, Dem Jahresbericht für 1933 zum Geleit!, in: Jahresbericht des Vereins „Alt-Rothenburg“ 31 (1933), S. 5-6.

Ders., Tätigkeitsbericht des Vereins Alt-Rothenburg für das Jahr 1933, in: Jahresbericht des Vereins „Alt-Rothenburg“ 31 (1933), S. 7-12.

Ministerium für Sonderaufgaben (Hg.), Gesetz zur Befreiung von Nationalsozialismus und Militarismus, München 1946.

Neuer Rothenburger Kalender mit Einwohnerverzeichnis von Stadt und Kreis auf das Jahr 1938, Rothenburg ob der Tauber 1938.

Neuer Rothenburger Kalender mit Einwohnerverzeichnis von Stadt und Kreis auf das Jahr 1940, Rothenburg ob der Tauber 1940.

Ohne Autorennennung, Denkwürdige Überreste der alten Judengemeinde Rothenburg o.d.T, in: Bayerische Israelitische Gemeindezeitung 7 (1928), S. 101–103.

Reichsorganisationsleiter der NSDAP (Hg.), Organisationsbuch der NSDAP, München 1937.

RGBl. Nr. 17, 18, 33, in: RGBl. Teil 1. Hg. v. Reichsministerium des Innern, Berlin 1933.

RGBl. Nr. 100, in: RGBl. Teil 1. Hg. v. Reichsministerium des Innern, Berlin 1935.

Rosenberg Alfred, Die Aufgabe des Lehrers und Erziehers, in: Hans-Jochen Gamm (Hg.): Führung und Verführung. Pädagogik im Nationalsozialismus. Eine Quellensammlung, 2. Aufl. Frankfurt/New York 1984, S. 185-188.

Schaeff-Scheefen Harro (Hg.), Rothenburg ob der Tauber. Schicksal einer deutschen Landschaft, Rothenburg ob der Tauber 1950, S. 63-105.

Ders., Haus und Schicksal. Die Bedeutung der Häuserforschung für die fränkische Heimatgeschichte, in: Jahresbericht des Vereins „Alt-Rothenburg“ 33 (1936/37), S. 38-45.

Schattenmann Paul, August Schnitzlein, in: Jahresbericht des Vereins „Alt-Rothenburg“ 31 (1933), S. 13-17.

Schirach Baldur von, Die Eingliederung der evangelischen Jugend in die Hitler-Jugend. Dezember 1933, in: Georg Kretschmar (Hg.): Dokumente zur Kirchenpolitik des Dritten Reiches, 4 Bde. Bd. 1: Das Jahr 1933, München 1971, S. 181-183.

Schlegel Arthur, Nördlingen, Dinkelsbühl und Rothenburg o. d. T, in: Das Bayerland 50 (1939), S. 129-136.

Schmidt Friedrich, Alt-Rothenburg und seine Aufgaben in Gegenwart und Zukunft, in: Jahresbericht des Vereins „Alt-Rothenburg" 32 (1934/35), S. 7-11.

Ders. Grußwort zur 40-Jahrfeier, in: Jahresbericht des Vereins „Alt-Rothenburg" 33 (1936/37). Ohne Seitenangabe. Ebenfalls abgedruckt in: Die Linde 28 (1938), S. 1.

Schmidt Heinrich, Rothenburg und die Juden, in: Der Bergfried. Rothenburger Blätter 2 (Februar 1962), S. 9–61.

Schnitzlein August, Aus Rothenburgs Vergangenheit. Kurze Geschichte der Reichsstadt Rothenburg, Rothenburg o.d.T. 1913.

Ders., Zur Geschichte der Judenverfolgungen in Rothenburg o. d. Tauber, in: Das Bayerland 32 (1921), S. 249–251.

Ders., Zur Geschichte der Vertreibung der Juden aus Rothenburg o. Tauber 1519/20, in: Monatshefte für Geschichte und Wissenschaft des Judentums 61 (1917), S. 263–284.

Schütz Martin, Der Jude im deutschen Schrifttum. Antisemitismus im späten Mittelalter. Eine grundlegende Arbeit von W. Grau, in: Die Linde 29 (1939), S. 25–30.

Ders., Der Jude im Heimatschrifttum Rothenburgs, in: Die Linde 28 (1938), S. 25-30; Gleichzeitig erschienen in: Jahresbericht des Vereins „Alt-Rothenburg" 33 (1936/37), S. 30-37.

Ders., Die Geschichte und die rechtlichen Verhältnisse des ehemaligen Klostergutes und Klostervermögens zu Rothenburg ob der Tauber, in: Zeitschrift für bayrische Kirchengeschichte 9 (1934), S. 1-16.

Ders., Eine Reichsstadt wehrt sich. Rothenburg ob der Tauber im Kampfe gegen das Judentum, Julius Streicher (Hg.), Rothenburg o.d.T. 1938.

Ders., Jahresbericht für die Jahre 1934 und 1935, in: Jahresbericht des Vereins „Alt-Rothenburg" 32 (1934/35), S. 12-17.

Ders., Rothenburg ob der Tauber: Das Kleinod deutscher Vergangenheit, Rothenburg 1927.

Ders., Rothenburg ob der Tauber: Die alte, deutsche Stadt, in: Das Bayerland 50 (1939), S. 137-144.

Ders., Rothenburgs Kampf und Leidensweg vor 300 Jahren, in: Jahresbericht des Vereins „Alt-Rothenburg" 31 (1933), S. 24-63.

Ders., Was der fränkische Sippenforscher über die Judenfrage wissen muß, in: Die Linde 29 (1939), S. 76–80.

Ders., Wie der Jude Seckle von Schnaittach der Reichsstadt Rothenburg ob der Tauber Vorschriften machen wollte, in: Martin Schütz (Hg.): Vom Rothenberg. Gesammelte Aufsätze und Beiträge zur Geschichte der ehemalig. Herrschaft und der bayer. Festung (1939) H. 1, S. 13–22.

Ders., Zwei Berichte Rothenburger Chroniken über das Jahr 1631, in: Fränkische Monatshefte 10 (1931), S. 149-151.

Siebert Ludwig (Hg.), Wiedererstandene Baudenkmale. Ausgewählte Arbeiten aus dem Ludwig-Siebert-Programm zur Erhaltung Bayerischer Baudenkmale, München 1941.

Ders., Deutsches Kulturschaffen als Völkische Pflicht, in: Ders. (Hg.): Wiedererstandene Baudenkmale. Ausgewählte Arbeiten aus dem Ludwig-Siebert-Programm zur Erhaltung Bayerischer Baudenkmale, München 1941, S. 7-10.

Steinlein Gustav, Bauen in einer alten deutschen Stadt: Umbauten in Rothenburg o. T. von Arch. August Gustav Schmidt, in: Die Bauzeitung 34 (1937), S. 95-99.

Strauß A., Ein Doppeljubiläum in Rothenburg o. d. Tauber, in: Bayerische Israelitische Gemeindezeitung. Nachrichtenblatt der Israelitischen Kultusgemeinde in München und des Verbandes Bayerischer Israelitischer Gemeinden 10 (6. November 1925), S. 185-187.

Uhde-Bernays Hermann, Rothenburg ob der Tauber, Leipzig 1907.

Unbehauen Ernst, Bericht über die Bauberatung in den Jahren 1934 und 1935, in: Jahresbericht des Vereins „Alt-Rothenburg“ 32 (1934/35), S. 18-20.

Ders., Tätigkeitsbericht über die künstlerische Bauberatung des Vereins „Alt-Rothenburg“, in: Die Linde 26 (1936), S. 109-110.

Wagner Richard, Bericht über das Vereinsleben seit 1945, in: Jahresbericht des Vereins „Alt-Rothenburg“ für 1954/55, S. 5-8.

Weltanschaulicher Bericht des Kreisschulungsamts Rothenburg o. d. Tauber, 20.6.1944, in: Martin Broszat/Elke Fröhlich/Falk Wiesemann (Hg.): Bayern in der NS-Zeit. 6 Bde. Bd. 1: Soziale Lage und politisches Verhalten der Bevölkerung im Spiegel vertraulicher Berichte, München/Wien 1977, S. 588.

Wirsching Hans, 40 Jahre Alt-Rothenburg – eine Vereinsgeschichte, in: Jahresbericht des Vereins „Alt-Rothenburg“ 33 (1936/37), S. 7-24.

Ders., Feuer fällt vom Himmel, in: Harro Schaeff-Scheefen (Hg.): Rothenburg ob der Tauber. Schicksal einer Deutschen Landschaft, Rothenburg ob der Tauber 1950, S. 13-18.

Ders., Rothenburg ob der Tauber in der Zeit vom 11.1900 bis 31.12.1945. (Typoskript), Rothenburg ob der Tauber 1947.

Ders., Völlige Vernichtung droht der Stadt, in: Harro Schaeff-Scheefen (Hg.): Rothenburg ob der Tauber. Schicksal einer deutschen Landschaft, Rothenburg ob der Tauber 1950, S. 19-22.

Ders., Zwischen Zerstörung und Aufbau, in: Harro Schaeff-Scheefen (Hg.): Rothenburg ob der Tauber. Schicksal einer deutschen Landschaft, Rothenburg ob der Tauber 1950, S. 31-36.

13.3. Literatur

Abendroth Wolfgang, Aufgaben und Methoden einer deutschen historischen Wahlsoziologie, in: VfZ 5 (1957), S. 300-306.

Adam Peter, Kunst im Dritten Reich, Hamburg 1992.

Adler Hans Günther, Der verwaltete Mensch. Studien zur Deportation der Juden aus Deutschland, Tübingen 1974.

Akademie der Bildenden Künste (Hg.), Geartete Kunst. Die Nürnberger Akademie im Nationalsozialismus. Begleitband zur Ausstellung im Dokumentationszentrum Reichsparteitagsgelände, Nürnberg 2012.

Arand Tobias, „... Ziel der deutschen Jugend und darüber hinaus dem deutschen Volk ein einheitliches Geschichtsbild zu schaffen". Die Rolle des „Reichssachbearbeiters Geschichte im NSLB" Moriz Edelmann im Prozess der Gleichschaltung des Geschichtsunterrichts im NS-Staat, in: Wolfgang Hasberg (Hg.): Geschichtsdidaktik(er) im Griff des Nationalsozialismus, Münster 2005, S. 121-143.

Arbogast Christine/Gall Bettina, Aufgaben und Funktionen des Gauinspekteurs, der Kreisleitung und der Kreisgerichtsbarkeit der NSDAP in Württemberg, in: Cornelia Rauh-Kühne/Michael Ruck (Hg.): Regionale Eliten zwischen Diktatur und Demokratie, München 1993, S. 151-169.

Arbogast Christine, Herrschaftsinstanzen der württembergischen NSDAP. Funktion, Sozialprofil und Lebenswege einer regionalen NS-Elite 1920 – 1960, München 1998.

Arendt Hannah, Elemente und Ursprünge totaler Herrschaft. Antisemitismus, Imperialismus, Totalitarismus, Frankfurt/M. 1955.

Arendt Hans-Jürgen, Grundzüge der Frauenpolitik des faschistischen deutschen Imperialismus, in: Jahrbuch für Geschichte 24 (1981), S. 313-349.

Auerbach Hellmuth, Regionale Wurzeln und Differenzen der NSDAP 1919-1923, in: Horst Möller u.a. (Hg.): Nationalsozialismus in der Region. Beiträge zur regionalen und lokalen Forschung und zum internationalen Vergleich, München 1996, S. 65-85.

Backes Klaus, Hitler und die bildenden Künste. Kulturverständnis und Kunstpolitik im Dritten Reich, Köln 1988.

Baier Helmut, Die bayerische Landeskirche im Umbruch 1931-1934, in: Paul Rieger/Johannes Strauß (Hg.): Tutzinger Texte. Bd. 1: Kirche und Nationalsozialismus. Zur Geschichte des Kirchenkampfes, München 1969, S. 31-86.

Ders., Die Deutschen Christen Bayerns im Rahmen des bayerischen Kirchenkampfes, Nürnberg 1968.

Ders., Kirche in Not. Die bayerische Landeskirche im Zweiten Weltkrieg, Neustadt a.d. Aisch 1979.

Bajohr Frank, Interessenkartell, personale Netzwerke und Kompetenzausweitung: Die Beteiligung bei der „Arisierung" und Konfiszierung jüdischen Vermögens, in: Gerhard Hirschfeld/Tobias Jersak (Hg.): Karrieren im Nationalsozialismus. Funktionseliten zwischen Mitwirkung und Distanz, Frankfurt/M [u.a.] 2004, S. 45-55.

Balb Dieter, Rothenburg im Nationalsozialismus, in: Fränkischer Anzeiger, Rothenburg Januar – Juni 1983. (Zeitungsserie).

Barkai Avraham, Etappen der Ausgrenzung und Verfolgung bis 1939, in: Michael Meyer (Hg.): Deutsch-jüdische Geschichte in der Neuzeit. Bd. 4: Aufbruch und Zerstörung 1918–1945, München 1997, S. 193–224.

Ders., Vom Boykott zur „Entjudung". Der wirtschaftliche Existenzkampf der Juden im Dritten Reich 1933–1943, Frankfurt/M. 1988.

Barock Bazon, Kunst auf Befehl? Eine kontrafaktische Behauptung, in: Ders./Achim Preiß (Hg.): Kunst auf Befehl? Dreiunddreißig bis Fünfundvierzig, München 1990, S. 9-20.

Barth Reinhard, Jugend in Bewegung. Die Revolte von Jung gegen Alt in Deutschland im 20. Jahrhundert, Berlin 2006.

Bauerkämper Arnd, Der Faschismus in Europa 1918-1945, Stuttgart 2006.

Baum Walter, Die „Reichsreform" im Dritten Reich, in: VfZ 3 (1955), S. 36-56.

Bayersdörfer, Wir suchen eine Heimat, in: Harro Schaeff-Scheefen (Hg.): Rothenburg ob der Tauber. Schicksal einer deutschen Landschaft, Rothenburg ob der Tauber 1950, S. 51-61.

Benz Wolfgang, Auftrag Demokratie. Die Gründungsgeschichte der Bundesrepublik und die Entstehung der DDR 1945-1949, Bonn 2010.

Ders., Die Juden im Dritten Reich, in: Karl Dietrich Bracher/Manfred Funke/Hans-Adolf Jacobsen (Hg.): Deutschland 1933–1945. Neue Studien zur nationalsozialistischen Herrschaft, Düsseldorf 1992, S. 273–290.

Ders., Herrschaft und Gesellschaft im nationalsozialistischen Staat, Frankfurt/M. 1990.

Ders., Partei und Staat im Dritten Reich, in: Martin Broszat/Horst Möller (Hg.): Das Dritte Reich. Herrschaftsstruktur und Geschichte, München 1983, S. 64-82.

Ders., Stationen der Ausgrenzung. Antijudaismus und Antisemitismus als Ideologie des Genozids, in: Wolfgang Benz (Hg.): Ausgrenzung – Vertreibung – Völkermord. Genozid im 20. Jahrhundert, München 2006, S. 71–94.

Berger Hanns-Jürgen/Lauterbach Tobias, Rothenburg ob der Tauber – Der Wiederaufbau nach dem Zweiten Weltkrieg. Eine städtebaulich-denkmalpflegerische Analyse. 2 Bde, Rothenburg ob der Tauber 2009.

Dies., Der Wiederaufbau der Stadt Rothenburg ob der Tauber, in: Christoph Daxelmüller u.a. (Hg.): Wiederaufbau und Wirtschaftswunder. Aufsätze zur Bayerischen Landesausstellung, Augsburg 2009, S. 106-117.

Berger-Dittscheid Cornelia, Rothenburg ob der Tauber, in: Wolfgang Kraus u. a. (Hg.): Mehr als Steine... Synagogen-Gedenkband Bayern. Bd. 2: Mittelfranken, Lindenberg 2010, S. 542–562.

Bertram Jürgen, Das Drama von Brettheim. Eine Dorfgeschichte am Ende des Zweiten Weltkrieges, Frankfurt/M 2005.

Beseler Hartwig/Gutschow Niels, Kriegsschicksale deutscher Architektur. Verluste – Schäden – Wiederaufbau. Eine Dokumentation für das Gebiet der Bundesrepublik Deutschland. 2 Bde. Bd. 2: Süd, Neumünster 1988.

Beyme Klaus von, Politische Ikonologie der Architektur, in: Hermann Hipp/Ernst Seidl (Hg.): Architektur als politische Kultur. Philosophia Practica, Berlin 1996, S. 19-34.

Biddiscombe Perry, The Denazification of Germany. A History 1945-1950, Stroud 2007.

Blessing Werner K., Franken in Staatsbayern: Integration und Identität, in: Erich Schneider (Hg.): Nachdenken über fränkische Geschichte. Vorträge aus Anlass des 100. Gründungsjubiläums der Gesellschaft für fränkische Geschichte vom 16.-19. September 2004, Neustadt/Aisch 2005, S. 279-312.

Ders., Wechselvolle Zeiten, in: Stefan Nöth/Klaus Rupprecht (Hg.): Die Präsidenten. 200 Jahre Regierung von Oberfranken in Bayreuth, Bamberg 2010, S. 64-98.

Ders./Meining Stefan: Kriegsende in Franken, in: Hans-Christian Täubrich u.a. (Hg.): Bilderlast. Franken im Nationalsozialismus, Nürnberg 2008, S. 72-79.

Ders., Diskussionsbeitrag: Nationalsozialismus unter „regionalem Blick“, in: Horst Möller/Andreas Wirsching/Walter Ziegler (Hg.): Nationalsozialismus in der Region. Beiträge zur regionalen und lokalen Forschung und zum internationalen Vergleich, München 1996, S. 47-56.

Ders., Franken im Bayern des 19. Jahrhunderts. Bemerkungen zu einem labilen Horizont, in: Werner K. Blessing/Dieter Weiss (Hg.): Franken. Vorstellung und Wirklichkeit in der Geschichte, Neustadt (Aisch), S. 339-363.

Ders., Vom Trümmerjammer zum Fortschrittsrausch – Mentaler Wandel im Nachkriegsbayern, in: Christoph Daxelmüller u.a. (Hg.): Wiederaufbau und Wirtschaftswunder. Aufsätze zur Bayerischen Landesausstellung, Augsburg 2009, S. 218-231.

Blohm Erich, Hitler-Jugend – soziale Tatgemeinschaft, Witten 1979.

Boberach Heinz, Jugend unter Hitler, Düsseldorf 1982.

Bosl Karl (Hg.), Bosls Bayerische Biographie, Regensburg 1983.

Boyens Armin, Widerstand der Evangelischen Kirche im Dritten Reich, in: Karl Dietrich Bracher/Manfred Funke/Hans-Adolf Jacobsen (Hg.): Nationalsozialistische Diktatur 1933-1945. Eine Bilanz, Düsseldorf 1983, S. 669-686.

Bracher Karl Dietrich/Sauer Wolfgang/Schulz Gerhard, Die nationalsozialistische Machtergreifung: Studien zur Errichtung des totalitären Herrschaftssystems in Deutschland 1933/34, Köln 1960.

Bracher Karl Dietrich, Demokratie und Machtergreifung: Der Weg zum 30. Januar 1933, in: Ders., Manfred Funke und Hans-Adolf Jacobsen (Hg.): Nationalsozialistische Diktatur 1933-1945. Eine Bilanz, Düsseldorf 1983, S. 17-36.

Ders., Der umstrittene Totalitarismus: Erfahrung und Aktualität, in: Manfred Funke (Hg.): Totalitarismus. Ein Studien-Reader zur Herrschaftsanalyse moderner Diktaturen, Düsseldorf 1978, S. 81-101.

Ders., Die deutsche Diktatur. Entstehung, Struktur, Folgen des Nationalsozialismus, Berlin/Wien/Frankfurt/M. 1983.

Brakelmann Günther, Hoffnungen und Illusionen evangelischer Prediger zu Beginn des Dritten Reiches: gottesdienstliche Feiern aus politischen Anlässen, in: Detlev Peukert/Jürgen Reulecke (Hg.): Die Reihen fast geschlossen. Beiträge zur Geschichte des Alltags unterm Nationalsozialismus, Wuppertal 1981, S. 129-148.

Brandenburg Hans-Christian, Die Geschichte der HJ. Wege und Irrwege einer Generation, Köln 1968.

Braun Matthias Klaus, Der Nürnberger Stadtrat im „Dritten Reich“. Ein Instrument nationalsozialistischer Kommunalpolitik, in: JfL 68 (2008), S. 239-264.

Brenner Hildegard, Die Kunstpolitik des Nationalsozialismus, Hamburg 1963.

Breyvogel Wilfried/Lohmann Thomas, Schulalltag im Nationalsozialismus, in: Detlev Peukert/Jürgen Reulecke (Hg.): Die Reihen fast geschlossen. Beiträge zur Geschichte des Alltags unterm Nationalsozialismus, Wuppertal 1981, S. 199-221.

Broszat Martin/Woller Hans/Henke Klaus Dietmar, Einleitung, in: Dies. (Hg.): Von Stalingrad zur Währungsreform. Zur Sozialgeschichte des Umbruchs in Deutschland, München 1989.

Broszat Martin u.a. (Hg.), Bayern in der NS-Zeit. 6 Bde, München/Wien 1977-1983.

Ders., Resistenz und Widerstand. Eine Zwischenbilanz des Forschungsprojekts, in: Martin Broszat u.a. (Hg.): Bayern in der NS-Zeit. 6 Bde. Bd. 4: Herrschaft und Gesellschaft im Konflikt. Teil C, München/Wien 1981, S. 691-709.

Brückner Wolfgang, Konfessionelle Bewusstseinshorizonte in Franken, in: Werner K. Blessing/Dieter Weiss (Hg.): Franken. Vorstellung und Wirklichkeit in der Geschichte, Neustadt (Aisch) 2003, S. 261-270.

Brülls Holger, Neue Dome. Wiederaufnahme romanischer Bauformen und antimoderne Kulturkritik im Kirchenbau der Weimarer Republik und der NS-Zeit, Berlin/München 1994.

Buchheim Hans, Die Übernahme staatlicher Fürsorgeaufgaben durch die NSV, in: Institut für Zeitgeschichte (Hg.): Gutachten des Instituts für Zeitgeschichte, München 1966, S. 126-132.

Buchholz Wolfhard, Die nationalsozialistische Gemeinschaft „Kraft durch Freude“. Freizeitgestaltung und Arbeiterschaft im Dritten Reich, München 1976.

Büttner Ursula, „Volksgemeinschaft“ oder Heimatbindung: Zentralismus und regionale Eigenständigkeit beim Aufstieg der NSDAP 1925-1933, in: Horst Möller u.a. (Hg.): Nationalsozialismus in der Region. Beiträge zur regionalen und lokalen Forschung und zum internationalen Vergleich, München 1996, S. 87-96.

Bytwerk Randall L., Julius Streicher, New York 1983.

Caplan Jane, Civil Service Support for National Socialism: An Evaluation, in: Gerhard Hirschfeld/Lothar Kettenacker (Hg.): Der „Führerstaat“: Mythos und Realität. Studien zur Struktur und Politik des Dritten Reiches, Stuttgart 1981, S. 167-191.

Dahm Volker, Der Terrorapparat. Institutionelle Entwicklung, Ideologie, Aktionsfelder, in: Horst Möller/Volker Dahm/Hartmut Mehringer (Hg.): Die tödliche Utopie. Bilder, Texte, Dokumente, Daten zum Dritten Reich, 4. Aufl. München 2002, S. 151-205.

Ders., Die nationalsozialistische Volksgemeinschaft und ihre Organisationen, in: Horst Möller/Volker Dahm/Hartmut Mehringer (Hg.): Die tödliche Utopie. Bilder, Texte, Dokumente, Daten zum Dritten Reich. 4. Aufl. München 2002, S. 95-150.

Ders., Kulturpolitischer Zentralismus und landschaftlich-lokale Kulturpflege, in: Horst Möller/Andreas Wirsching/Walter Ziegler (Hg.): Nationalsozialismus in der Region. Beiträge zur regionalen und lokalen Forschung und zum internationalen Vergleich, München 1996, S. 123-138.

Dammer Susanne, Kinder, Küche, Kriegsarbeit – Die Schulung der Frauen durch die NS-Frauenschaft, in: Mutterkreuz und Arbeitsbuch. Zur Geschichte der Frauen in der Weimarer Republik und im Nationalsozialismus, Frankfurt/M 1981, S. 215-245.

Das Gedenkbuch des Bundesarchivs für die Opfer der nationalsozialistischen Judenverfolgung in Deutschland (1933-1945) http://www.bundesarchiv.de/gedenkbuch/directory.html.de#frmResults [1.11.2011].

Daxelmüller Christoph, Alltag nach 1945, in: Ders. u.a. (Hg.): Wiederaufbau und Wirtschaftswunder. Aufsätze zur Bayerischen Landesausstellung, Augsburg 2009, S. 232-245.

Delaney John, Rassistische gegen traditionelle Werte. Priester, Bauern und polnische Zwangsarbeiter im ländlichen Bayern, in: Andreas Heusler/Mark Spoerer/Helmuth Trischler (Hg.): Rüstung, Kriegswirtschaft und Zwangsarbeit im „Dritten Reich“, München 2010, S. 163-178.

Deutinger Stephan, Die bayerischen Regierungspräsidenten, in: Hermann Rumschöttel/Walter Ziegler (Hg.): Staat und Gaue in der NS-Zeit. Bayern 1933-1945, München 2004, S. 379-417.

Diehl-Thiele Peter, Partei und Staat im Dritten Reich. Untersuchungen zum Verhältnis von NSDAP und allgemeiner innerer Staatsverwaltung 1933-1945, München 1971.

Diewald-Kerkmann Gisela, Politische Denunziation im NS-Regime oder Die kleine Macht der „Volksgenossen“, Bonn 1995.

Dietzfelbinger Eckart, Entrechtet. Entwürdigt. Beraubt. Eine Ausstellung zur Arisierung in Nürnberg und Fürth, in: Matthias Henkel/Eckart Dietzfelbinger (Hg.): Entrechtet. Entwürdigt. Beraubt. Eine Ausstellung zur Arisierung in Nürnberg und Fürth. Begleitbuch zur Ausstellung im Dokumentationszentrum Reichsparteitagsgelände Nürnberg, Petersberg 2012, S. 9-15.

Dittrich Christina, Pressegeschichtliche Aspekte zum Aufstieg der NSDAP in Franken, aufgezeigt am Beispiel Nürnberger Zeitungen, unter besonderer Berücksichtigung industrieller Einflussnahme, Erlangen 1983.

Domröse Ortwin, Der NS-Staat in Bayern von der Machtergreifung bis zum Röhm-Putsch, München 1974.

Doosry Yasmin, „Wohlauf, laßt uns eine Stadt und einen Turm bauen ..." Studien zum Reichsparteitagsgelände in Nürnberg, Berlin 2002.

Dorfey Beate, 'Goldfasane' oder Hoheitsträger der Kreise? Die Kreisleiter im Gau Koblenz-Trier, in: Jahrbuch für westdeutsche Landesgeschichte 29 (2003), S. 297-424.

Douglas Donald Morse, The early Ortsgruppen. The development of national socialist local groups 1919-1923, Lawrence, Kansas 1968.

Dröge Franz/Müller Michael, Die Macht der Schönheit. Avantgarde und Faschismus oder die Geburt der Massenkultur, Hamburg 1995.

Dudek Peter, Erziehung durch Arbeit. Arbeitslagerbewegung und freiwilliger Arbeitsdienst 1920-1935, Opladen 1988.

Ders., Nationalsozialistische Jugendpolitik und Arbeitserziehung, in: Hans-Uwe Otto (Hg.): Politische Formierung und soziale Erziehung im Nationalsozialismus, Frankfurt/M 1991, S. 141-166.

Durth Werner/Gutschow Niels, Träume in Trümmern. Stadtplanung 1940-1950, München 1993.

Dussel Konrad, Der NS-Staat und die „deutsche Kunst", in: Karl Dietrich Bracher (Hg.): Deutschland 1933-1945. Neue Studien zur nationalsozialistischen Herrschaft, Düsseldorf 1992, S. 256-272.

Düwell Kurt, Die regionale Geschichte des NS-Staates zwischen Mikro- und Makroanalyse. Forschungsaufgaben zur „Praxis im kleinen Bereich", in: Jahrbuch für westdeutsche Landesgeschichte 9 (1983), S. 287-344.

Ders., Gauleiter und Kreisleiter als regionale Gewalten des NS-Staates, in: Horst Möller/Andreas Wirsching/Walter Ziegler (Hg.): Nationalsozialismus in der Region. Beiträge zur regionalen und lokalen Forschung und zum internationalen Vergleich, München 1996, S. 161-174.

Dvorak Helge, Biographisches Lexikon der Deutschen Burschenschaft. Bd. 1: Christian Hünemörder (Hg.): Politiker. Teilband 5: R-S, Heidelberg 2002, S. 429-430.

Ebermeier Werner, Eingliederung der Jugend ins NS-System, in: Susanne Kowalsky (Hg.): Frauen im Licht – Frauen im Schatten, Landshut 2005, S. 97-103.

Ehringhaus Sibylle, Germanenmythos und Deutsche Identität. Die Frühmittelalter-Rezeption in Deutschland 1842-1933, Weimar 1996.

Eiber Ludwig, Frauen in der Kriegsindustrie. Arbeitsbedingungen, Lebensumstände und Protestverhalten, in: Martin Broszat u.a. (Hg.): Bayern in der NS-Zeit. 6 Bde. Bd. 3: Herrschaft und Gesellschaft im Konflikt. Teil B, München/Wien 1981, S. 569-644.

Eilers Rolf, Die nationalsozialistische Schulpolitik. Eine Studie zur Funktion der Erziehung im totalitären Staat, Köln 1963.

Eisenschink Werner, Die Provinz wird braun. Oettingen und das Ries im Nationalsozialismus, Oettingen 2005.

Erker Paul, „NS-Wirtschaftsaufschwung" in Bayern? Das Siebert-Programm und die nationalsozialistische Wirtschaftspolitik (1933-1939), in: Hermann Rumschöttel/Walter Ziegler (Hg.): Staat und Gaue in der NS-Zeit. Bayern 1933-1945, München 2004, S. 245-294.

Euler Friederike, Theater zwischen Anpassung und Widerstand. Die Münchner Kammerspiele im Dritten Reich, in: Martin Broszat u.a. (Hg.): Bayern in der NS-Zeit. 6 Bde. Bd. 2: Herrschaft und Gesellschaft im Konflikt. Teil A, München/Wien 1979, S. 91-173.

Fait Barbara, Demokratische Erneuerung unter dem Sternenbanner. Amerikanische Kontrolle und Verfassungsgebung in Bayern 1946, Düsseldorf 1948.

Dies.: Die Kreisleiter der NSDAP – nach 1945, in: Martin Broszat/Hans Woller u.a. (Hg.): Von Stalingrad zur Währungsreform. Zur Sozialgeschichte des Umbruchs in Deutschland, München 1988, S. 215-299.

Falter Jürgen/Kater Michael, Wähler und Mitglieder der NSDAP, in: Geschichte und Gesellschaft 19 (1993), S. 155-177.

Falter Jürgen, Hitlers Wähler, München 1991.

Ders., War die NSDAP die erste deutsche Volkspartei? in: Michael Prinz/Rainer Zitelmann (Hg.): Nationalsozialismus und Modernisierung, Darmstadt 1991, S. 21-47.

Ders., Wer verhalf der NSDAP zum Sieg? in: Aus Politik und Zeitgeschichte, Beilage zur Wochenzeitung Das Parlament, B 28-29/79 (14. Juli 1979), S. 3-21.

Feiten Willi, Der Nationalsozialistische Lehrerbund. Entwicklung und Organisation. Ein Beitrag zum Aufbau und zur Organisationsstruktur des nationalsozialistischen Herrschaftssystems, Weinheim/Basel 1981.

Fest Joachim, Hitler. Eine Biographie, Berlin 2002.

Finger Jürgen, Konkurrenzkampf und Richtungsstreit im Prozess der Gleichschaltung, in: Andreas Wirsching (Hg.): Das Jahr 1933, Göttingen 2009, S. 250-277.

Fischer Stefanie, Clashing Gears: Jewish Cattle Traders, Farmers, and Nazis in Conflict, 1926-1935, in: Holocaust Studies: A Journal of Culture and History 16 (2010), S. 15-39.

Dies., Ökonomisches Vertrauen und antisemitische Gewalt. Jüdische Viehhändler in Mittelfranken 1919-1939, Göttingen 2014.

Fitz Diana, Ansbach unterm Hakenkreuz, Ansbach 1994.

Fleischner Susanne, „Schöpferische Denkmalpflege". Kulturideologie des Nationalsozialismus und Positionen der Denkmalpflege, Münster 1999.

Dies., Kultur und Ideologie: „Schöpferische Denkmalpflege" in der NS-Zeit, in: Hubert Fehr/Egon Johannes Greipl (Hg.): 100 Jahre Bayerisches Landesamt für Denkmalpflege, Regensburg 2008, S. 153-157.

Fleiter Rüdiger, Kommunen und NS-Verfolgungspolitik, in: Aus Politik und Zeitgeschichte, Beilage zur Wochenzeitung Das Parlament, B 14-15 (2007), S. 35-40.

Forstner Thomas, Die verhinderte Reform: Planungen zur Neueinteilung der Landkreise und ihr Scheitern, in: Hermann Rumschöttel/Walter Ziegler (Hg.): Staat und Gaue in der NS-Zeit. Bayern 1933-1945, München 2004, S. 443-504.

Frei Norbert, Der Führerstaat. Nationalsozialistische Herrschaft 1933 bis 1945, München 1987.

Ders., Nationalsozialistische Eroberung der Provinzzeitungen. Eine Studie zur Pressesituation in der Bayerischen Ostmark, in: Martin Broszat u.a. (Hg.): Bayern in der NS-Zeit. 6 Bde. Bd. 2: Herrschaft und Gesellschaft im Konflikt. Teil A, München/Wien 1979, S. 1-89.

Friedl Anja, Die Anfänge des Nationalsozialismus in Rothenburg ob der Tauber 1918-1933, Rothenburg ob der Tauber 1999.

Friedrich Gunther, Spruchkammern, in: Michael Diefenbacher/Rudolf Endres (Hg.): Stadtlexikon Nürnberg, Nürnberg 2000, S. 1014.

Fröhlich Elke, Die Partei auf lokaler Ebene. Zwischen gesellschaftlicher Assimilation und Veränderungsdynamik, in: Gerhard Hirschfeld/Lothar Kettenacker (Hg.): Der „Führerstaat": Mythos und Realität. Studien zur Struktur und Politik des Dritten Reiches, Stuttgart 1981, S. 255-268.

Dies., Stimmung und Verhalten der Bevölkerung unter den Bedingungen des Krieges. A. Weltanschauliche Berichte der Kreisschulungsämter 1943-1944. Einführung, in: Martin Broszat u.a. (Hg.): Bayern in der NS-Zeit. 6 Bde. Bd. 1: Soziale Lage und politisches Verhalten der Bevölkerung im Spiegel vertraulicher Berichte, München/Wien 1977, S. 571-573.

Dies./Broszat Martin, Politische und soziale Macht auf dem Lande. Die Durchsetzung der NSDAP im Kreis Memmingen, in: VfZ 25 (1977), H. 4, S. 546-572.

Gamm Hans-Jochen, Der braune Kult. Das Dritte Reich und seine Ersatzreligion, Hamburg 1962.

Gellately Robert, Die Gestapo und die deutsche Gesellschaft. Die Durchsetzung der Rassenpolitik 1933-1945, München/Paderborn 1994.

Generaldirektion der Staatlichen Archive Bayerns (Hg.), Widerstand und Verfolgung in Bayern 1933-1945. Archivinventare Bd. 3: Sondergericht München. Teil: Register 1, München 1977.

Dass., Widerstand und Verfolgung in Bayern 1933-1945. Archivinventare Bd. 2: Repertorien und Spezialinventare zu den Beständen NSDAP und Gestapo-Leitstelle München, München 1975.

Giesecke Hermann, Vom Wandervogel bis zur Hitlerjugend. Jugendarbeit zwischen Politik und Pädagogik, München 1981.

Glaser Hermann, Zur Sozialpathologie des Volksgenossen, in: Helmut König u.a. (Hg.): Politische Psychologie heute, Opladen 1988, S. 171-189.

Gollwitzer Heinz, Bayern 1918-1933, in: VfZ 3 (1955), S. 363-387.

Golücke Friedhelm, Das Kriegsende in Franken. Ein Überblick über die militärischen Ereignisse im März und April 1945, in: Mainfränkisches Jahrbuch für Geschichte und Kunst 28 (1976), S. 103-122.

Gotto Bernhard, Machtergreifung per Dienstanweisung. Administrative Herrschaftstechniken und Selbstgleichschaltung in der Augsburger Stadtverwaltung, in: Fritz Mayrhofer/Ferdinand Opll (Hg.): Stadt und Nationalsozialismus, Linz 2008, S. 183-216.

Götz Margarete, Die Grundschule in der Zeit des Nationalsozialismus. Eine Untersuchung der inneren Ausgestaltung der vier unteren Jahrgänge der Volksschule auf der Grundlage amtlicher Maßnahmen, Bad Heilbrunn 1997.

Graml Hermann, Integration und Entfremdung Inanspruchnahme durch Staatsjugend und Dienstpflicht, in: Wolfgang Benz (Hg.): Sozialisation und Traumatisierung. Kinder in der Zeit des Nationalsozialismus, Frankfurt/M 1992, S. 70-79.

Ders., Widerstand und Verweigerung, in: Stefan Krimm/Ursula Triller (Hg.): „Ketzer“ - „Dissidenten“ - „Volksschädlinge“. Andersdenkende und der Umgang mit ihnen, München 1999, S. 87-102.

Grau Bernhard, Der Reichsstatthalter in Bayern: Schnittstelle zwischen Reich und Land, in: Hermann Rumschöttel/Walter Ziegler (Hg.): Staat und Gaue in der NS-Zeit. Bayern 1933-1945, München 2004, S. 129-169.

Greif Thomas, Frankens Braune Wallfahrt. Der Hesselberg im Dritten Reich, Ansbach 2007.

Ders., Julius Streicher (1885-1946), in: Erich Schneider (Hg.): Fränkische Lebensbilder. Bd. 21, Würzburg 2006, S. 327-348.

Ders., Julius Streicher und Franken, in: Hans-Christian Täubrich u.a. (Hg.): Bilderlast. Franken im Nationalsozialismus, Nürnberg 2008, S. 32-39.

Greipl Egon Johannes, Denkmalpflege und (Wieder-)Aufbau, in: Christoph Daxelmüller u.a. (Hg.): Wiederaufbau und Wirtschaftswunder. Aufsätze zur Bayerischen Landesausstellung, Augsburg 2009, S. 70-79.

Grill Johnpeter Horst, Local and Regional Studies on National Socialism: A Review, in: Journal of Contemporary History 21 (1986), S. 253-293.

Gründer Stefan, Geplantes „Wirtschaftswunder“? Industrie- und Strukturpolitik in Bayern 1945 bis 1973, München 2009.

Gruner Wolf, Die NS-Judenverfolgung und die Kommunen. Zur wechselseitigen Dynamisierung von zentraler und lokaler Politik 1933–1941, in: VfZ 48 (2000), S. 75–126.

Günther-Arndt Hilke, Volksschullehrer und Nationalsozialismus. Oldenburgischer Landeslehrerverein und Nationalsozialistischer Lehrerbund in den Jahren der politischen und wirtschaftlichen Krise 1930-1933, Oldenburg 1983.

Gussmann Oliver, Jüdisches Rothenburg ob der Tauber. Einladung zu einem Rundgang, Haigerloch 2003.

Ders., Die Judengemeinde vom Zweiten Kaiserreich bis 1938 und ihre Nachgeschichte, in: Rupp Horst F./Borchardt Karl (Hg.), Rothenburg ob der Tauber. Geschichte der Stadt und ihres Umlandes, Darmstadt 2015, S. 569-581.

Hagen Joshua, Preservation, Tourism und Nationalism. The Jewel of the German Past, Aldershot 2006.

Ders., Wie Rothenburg zum Kleinod der deutschen Vergangenheit wurde, in: Rupp Horst F./Borchardt Karl (Hg.), Rothenburg ob der Tauber. Geschichte der Stadt und ihres Umlandes, Darmstadt 2015, S. 551-568.

Hainmüller Bernd, Erst die Fehde – Dann der Krieg. Jugend unterm Hakenkreuz – Freiburgs Hitler-Jugend, Rombach 1998.

Haiplik Reinhard, Pfaffenhofen unterm Hakenkreuz. Stadt und Landkreis zur Zeit der nationalsozialistischen Herrschaft, Pfaffenhofen 2003.

Hambrecht Rainer, Der Aufstieg der NSDAP in Mittel- und Oberfranken (1925-1933), Nürnberg 1976.

Ders., Die Brücke Franken, in: Hans-Christian Täubrich u.a. (Hg.): Bilderlast. Franken im Nationalsozialismus, Nürnberg 2008, S. 16-23.

Hammerschmidt Peter, Die Wohlfahrtsverbände im NS-Staat. Die NSV und die konfessionellen Verbände Caritas und Innere Mission im Gefüge der Wohlfahrtspflege des Nationalsozialismus, Opladen 1999.

Hansen Eckhard, Wohlfahrtspolitik im NS-Staat: Motivation, Konflikte und Machtstrukturen im „Sozialismus der Tat“ des Dritten Reiches, Augsburg 1991.

Harvey Elizabeth, „Der Osten braucht dich!“. Frauen und nationalsozialistische Germanisierungspolitik, Hamburg 2010.

Hehl Ulrich von, „Keine Beamten, sondern fanatische Apostel“. Verwaltung und Beamtenschaft im Übergang vom autoritären zum nationalsozialistischen „Führerstaat“, in: Hermann Rumschöttel/Walter Ziegler (Hg.): Staat und Gaue in der NS-Zeit. Bayern 1933-1945, München 2004, S. 11-37.

Heine Fritz, Die Nationalsozialistische Volkswohlfahrt, Bonn 1988.

Hennig Eike, Regionale Unterschiede bei der Entstehung des deutschen Faschismus. Ein Plädoyer für „mikroanalytische Studien“ zur Erforschung der NSDAP, in: PVS 21 (1980), S. 152-173.

Herbert Ulrich, Fremdarbeiter. Politik und Praxis des „Ausländer-Einsatzes“ in der Kriegswirtschaft des Dritten Reiches, Bonn 1999.

Herbst Ludolf, Hitlers Charisma: Die Erfindung eines deutschen Messias, Frankfurt/M 2010.

Herde Peter, Anton Chroust. Mitbegründer der Gesellschaft für fränkische Geschichte. Ein österreichischer Historiker im deutschen akademischen Umfeld von der Wilhelminischen Zeit bis zum Nationalsozialismus, in: Erich Schneider (Hg.): Nachdenken über fränkische Geschichte. Vorträge aus Anlass des 100. Gründungsjubiläums der Gesellschaft für fränkische Geschichte vom 16.-19. September 2004, Neustadt/Aisch 2005, S. 39-56.

Herding Klaus/Mittig Hans-Ernst, Kunst und Alltag im NS-System. Albert Speers Berliner Straßenlaternen, Gießen 1975.

Herkommer Christina, Frauen im Nationalsozialismus. Ein diskursgeschichtlicher Überblick, in: Theresienstädter Studien und Dokumente 14 (2008), S. 288-327.

Herz Ulrich, Das Dekanat Windsheim im Zeichen des Hakenkreuzes, Neustadt a. d. Aisch 2002.

Ders., Der Maler und Mensch Ernst Unbehauen (1899-1980). Auch ein Stück Rothenburger Zeitgeschichte, Rothenburg ob der Tauber 2011.

Heydenreuther Reinhard, Office of Military Government for Bavaria, in: Christoph Weisz (Hg.): OMGUS-Handbuch. Die amerikanische Militärregierung in Deutschland 1945-1949, München 1994, S. 143-315.

Hinz Berthold, Die Malerei im deutschen Faschismus. Kunst und Konterrevolution, München 1974.

Hobsbawm Eric, Introduction: Inventing Traditions, in: Eric Hobsbawm/Terence Ranger (Hg.): The Invention of Tradition, Cambridge 1983, S. 1-14.

Hockerts Hans Günter, Führermythos und Führerkult, in: Horst Möller/Volker Dahm/Hartmut Mehringer (Hg.): Die tödliche Utopie. Bilder, Texte, Dokumente, Daten zum Dritten Reich. 4. Aufl. München 2002, S. 77-94.

Hofer Walther, Stufen der Judenverfolgung im Dritten Reich 1933–1939, in: Herbert Strauss, Norbert Kampe (Hg.): Antisemitismus. Von der Judenfeindschaft zum Holocaust, Bonn 1984, S. 172–185.

Holstein Kurt, Rothenburger Stadtgeschichte. Ein Gang durch ein Jahrtausend der ehemals Freien Reichsstadt, Rothenburg ob der Tauber 1963, S. 154-166.

Hölz Christoph, Reichsarbeitsdienstlager, in: Winfried Nerdinger (Hg.): Bauen im Nationalsozialismus. Bayern 1933-1945, München 1993, S. 179-213.

Horn Christa, Die Internierungs- und Arbeitslager in Bayern 1945-1952, Frankfurt/M [u.a.] 1992.

Horn Wolfgang, Führerideologie und Parteiorganisation in der NSDAP 1919-1933, Düsseldorf 1972.

Ders., Zur Geschichte und Struktur des Nationalsozialismus und der NSDAP, in: Neue Politische Literatur 18 (1973), S. 194-209.

Hornung Klaus, Das Totalitäre Zeitalter. Bilanz des 20. Jahrhunderts, Berlin 1993.

Hoser Paul, Entnazifizierung in Bayern, in: Walter Schuster/Wolfgang Weber (Hg.): Entnazifizierung im regionalen Vergleich, Linz 2004, S. 473-510.

Huber Brigitte, Denkmalpflege zwischen Kunst und Wissenschaft. Ein Beitrag zur Geschichte des Bayerischen Landesamtes für Denkmalpflege, München 1996.

Jahnke Karl Heinz/Buddrus Michael, Deutsche Jugend 1933-1945. Eine Dokumentation, Hamburg 1989.

Jakobi Hermann, Gewerkschaften und SPD in Rothenburg ob der Tauber 1924-1933. Eine zeitgeschichtliche Dokumentation, Rothenburg ob der Tauber 2000.

Janetzko Maren, Die „Arisierung“ mittelständischer jüdischer Unternehmen in Bayern 1933-1939. Ein interregionaler Vergleich, Ansbach 2012.

Jamin Mathilde, Zur Rolle der SA im nationalsozialistischen Herrschaftssystem, in: Gerhard Hirschfeld/Lothar Kettenacker (Hg.): Der „Führerstaat“: Mythos und Realität. Studien zur Struktur und Politik des Dritten Reiches, Stuttgart 1981, S. 329-358.

Jarausch Konrad Hugo, The perils of professionalism, in: German studies review 9 (1986), S. 107-137.

Josting Petra, Der Jugendschrifttums-Kampf des Nationalsozialistischen Lehrerbundes, Hildesheim 1995.

Junginger Horst, Die Verwissenschaftlichung der „Judenfrage“ im Nationalsozialismus. Klaus-Michael Mallmann (Hg.), Darmstadt 2011.

Jürgens Birgit, Zur Geschichte des BDM (Bund Deutscher Mädel) von 1923 bis 1939. Frankfurt/M 1994.

Kaiser Jochen-Christoph, NS-Volkswohlfahrt und freie Wohlfahrtspflege im „Dritten Reich“, in: Hans-Uwe Otte (Hg.): Politische Formierung und soziale Erziehung im Nationalsozialismus, Frankfurt/M 1991, S. 78-105.

Kamp Michael, Die touristische Entdeckung Rothenburgs ob der Tauber im 19. Jahrhundert. Wunschbild und Wirklichkeit, Schillingsfürst 1996.

Karow Yvonne, Zur Inszenierung der totalen Herrschaft: Ursprungskult bei den Reichsparteitagen der NSDAP, in: Konstruktionen der Macht. Architektur, Ideologie und soziales Handeln, Hamburg 2006, S. 351-371.

Kater Michael, Frauen in der NS-Bewegung, in: VfZ 31 (1983), S. 202-241.

Ders., Hitler-Jugend, Darmstadt 2005.

Kershaw Ian, „Volksgemeinschaft“ Potenzial und Grenzen eines neuen Forschungskonzepts, in: VfZ 59 (2011), S. 1-17.

Ders., Antisemitismus und Volksmeinung. Reaktionen auf die Judenverfolgung, in: Martin Broszat, Elke Fröhlich (Hg.): Bayern in der NS-Zeit. Bd. 2: Herrschaft und Gesellschaft im Konflikt, München/Wien 1979, S. 281-348.

Ders., Der Hitler-Mythos. Führerkult und Volksmeinung, Stuttgart 1999.

Ders., Hitler 1889-1936, Stuttgart 1998.

Kersting Franz-Werner, Militär und Jugend im NS-Staat. Rüstungs- und Schulpolitik der Wehrmacht, Wiesbaden 1989.

Kießling Friedrich, Nationalsozialismus als politische Religion. Zu einer neuen und alten Deutung des Dritten Reichs, in: Archiv für Sozialgeschichte 45 (2005), S. 529-547.

Kißener Michael/Scholtyseck, Joachim (Hg.), Die Führer der Provinz. NS-Biographien aus Baden und Württemberg, Konstanz 1997.

Kißener Michael, Chancen und Probleme regionalgeschichtlicher Forschungen zur NS-Zeit in forschungspraktischer Perspektive, in: Michael Ruck/Karl Heinrich Pohl (Hg.): Regionen im Nationalsozialismus, Bielefeld 2003, S. 58-65.

Kittel Manfred, Provinz zwischen Reich und Republik. Politische Mentalitäten in Deutschland und Frankreich 1918-1933/1936, München 2000.

Ders., „Weimar" im evangelischen Bayern. Politische Mentalität und Parteiwesen 1918-1933 mit einem Ausblick auf die Zeit nach 1945, München 2001.

Ders., Die „deux France" und der deutsche Bikonfessionalismus im Vergleich, in: Horst Möller/Manfred Kittel (Hg.): Demokratie in Deutschland und Frankreich 1918-1933/40. Beiträge zu einem historischen Vergleich, München 2002, S. 33-55.

Ders., Mentale Machtergreifung, in: Hans-Christian Täubrich u.a. (Hg.): Bilderlast. Franken im Nationalsozialismus, Nürnberg 2008, S. 24-31.

Ders., Zwischen Resistenz und Reichstreue. Nationalprotestantisches Milieu im „Totalen Krieg", in: Bay. Landeszentrale für Pol. Bild.arbeit (Hg.): Schlüsseljahr 1944, München 2007, S. 119-138.

Klaus Martin, Mädchen in der Hitlerjugend. Die Erziehung zur „deutschen Frau", Köln 1980.

Klee Ernst, Das Kulturlexikon zum Dritten Reich. Wer war was vor und nach 1945, Frankfurt/M 2007.

Klee Katja, Nationalsozialistische Wohlfahrtspolitik am Beispiel der NSV in Bayern, in: Hermann Rumschöttel/Walter Ziegler (Hg.): Staat und Gaue in der NS-Zeit. Bayern 1933-1945, München 2004, S. 557-620.

Klefisch Peter, Die Kreisleiter der NSDAP in den Gauen Köln-Aachen, Düsseldorf und Essen, Düsseldorf 2000.

Klinksiek Dorothee, Die Frau im NS-Staat, Stuttgart 1982.

Klönne Arno, Hitler-Jugend und Jugendopposition im Dritten Reich, in: Aus Politik und Zeitgeschichte. Beilage zur Wochenzeitung Das Parlament, B 4-5/83 (29. Januar 1983), S. 17-25.

Ders., Jugend im Dritten Reich, in: Karl Dietrich Bracher/Manfred Funke/Hans-Adolf Jacobsen (Hg.): Deutschland 1933-1945. Neue Studien zur nationalsozialistischen Herrschaft, Düsseldorf 1992, S. 218-239.

Ders., Jugendprotest und Jugendopposition. Von der HJ-Erziehung zum Cliquenwesen der Kriegszeit, in: Martin Broszat u.a. (Hg.): Bayern in der NS-

Zeit. 6 Bde. Bd. 4: Herrschaft und Gesellschaft im Konflikt. Teil C, München/Wien 1981, S. 527-620.

Ders., Jugend im Dritten Reich. Die Hitler-Jugend und ihre Gegner. Düsseldorf/Köln 1982.

Kogon Eugen, Der SS-Staat. Das System der deutschen Konzentrationslager. 29. Aufl. München 1994.

Kolb Eberhard, Die Weimarer Republik. 6. Aufl. München 2002.

Kompisch Kathrin, Täterinnen. Frauen im Nationalsozialismus, Köln/Weimar 2008.

Koonz Claudia, Mütter im Vaterland. Frauen im Dritten Reich. Reinbek 1994.

Kramer Nicole, Krieg und Partizipation. „Volksgenossinnen" in den NS-Frauenorganisationen, in: Christine Hikel (Hg.): Lieschen Müller wird politisch, München 2009, S. 73-84.

Dies., Volksgenossinnen an der Heimatfront. Mobilisierung, Verhalten, Erinnerung, Göttingen 2011.

Kraus Andreas, Lehrerlager 1932-1945. Politische Funktion und pädagogische Gestaltung, Bad Heilbrunn 2004.

Kriegl Hermann, Adolf Hitlers „treueste Stadt". Landsberg am Lech 1933-1945, Nürnberg 2003.

Kritzer Peter, Wilhelm Hoegner. Politische Biographie eines bayerischen Sozialdemokraten, München 1979.

Kwiet Konrad, Nach dem Pogrom: Stufen der Ausgrenzung, in: Wolfgang Benz (Hg.): Die Juden in Deutschland 1933–1945. Leben unter Nationalsozialistischer Herrschaft. 4. Aufl. München 1996, S. 545–659.

Lamberti Marjorie, German Schoolteachers, National Socialism, and the Politics of Culture at the End of the Weimar Republic, in: Central European History 34 (2001), S. 53-82.

Lampert Heinz, Staatliche Sozialpolitik im Dritten Reich, in: Karl Dietrich Bracher/Manfred Funke/Hans-Adolf Jacobsen (Hg.): Nationalsozialistische Diktatur 1933-1945. Eine Bilanz, Düsseldorf 1983, S. 177-205.

Lane Barbara Miller, Architektur und Politik in Deutschland 1918-1945, Braunschweig/Wiesbaden 1986.

Lansing Charles, From Nazism to Communism. German Schoolteachers under two dictatorships, Cambridge/London 2010.

Lanzinner Maximilian, Zwischen Sternenbanner und Bundesadler. Bayern im Wiederaufbau 1945-1958, Regensburg 1996.

Lehmann Sebastian, Kreisleiter der NSDAP in Schleswig-Holstein. Möglichkeiten eines sammelbiografischen Ansatzes, in: Michael Ruck/Karl Heinrich Pohl (Hg.): Regionen im Nationalsozialismus, Bielefeld 2003, S. 147-156.

Lehmann Torsten, Kreuz oder Hakenkreuz? in: Hans-Christian Täubrich u.a. (Hg.): Bilderlast. Franken im Nationalsozialismus, Nürnberg 2008, S. 64-71.

Ley Michael/Schoeps Julius, Der Nationalsozialismus als politische Religion, Wien/Potsdam 1997.

Liebscher Daniela, Mit KDF die Welt erschließen: Der Beitrag der KdF-Reisen zur Außenpolitik der Deutschen Arbeitsfront 1934-1939, in: Zeitschrift für Sozialgeschichte des 20. und 21. Jahrhunderts 14 (1999), S. 42-72.

Lilla Joachim, Statisten in Uniform. Die Mitglieder des Reichstags 1933-1945. Ein biographisches Handbuch. Unter Einbeziehung der völkischen und nationalsozialistischen Reichstagsabgeordneten ab Mai 1924, Düsseldorf 2004.

Lohkamp Brigitte, Malerei, in: Erich Steingräber (Hg.): Deutsche Kunst der 20er und 30er Jahre, München 1979, S. 115-235.

Longerich Peter, Die braunen Bataillone. Geschichte der SA, München 1989.

Ders., Nationalsozialistische Propaganda, in: Karl Dietrich Bracher/Manfred Funke/Hans-Adolf Jacobsen (Hg.): Deutschland 1933-1945. Neue Studien zur nationalsozialistischen Herrschaft, Düsseldorf 1992, S. 291-314.

Maier Hans, Politische Religionen. Die totalitären Regime und das Christentum, Freiburg 1995.

Maisser Elisabeth/Roiter Christine, Organisierte Frauen als Täterinnen am Beispiel der NS-Frauenschaft (NSF) und des Deutschen Frauenwerks (DFW) im Kreis Wels, in: Andreas Baumgartner (Hg.): Zwischen Mutterkreuz und Gaskammer, Wien 2008.

Mall Bernhard, Rothenburg ob der Tauber. Erinnerungen in Bildern, Erfurt 2006.

Mallmann Klaus-Michael/Paul Gerhard, Resistenz oder loyale Widerwilligkeit? Anmerkungen zu einem umstrittenen Begriff, in: Zeitschrift für Geschichtswissenschaft 41 (1993), S. 99-116.

Mann Uwe/Reidegeld Eckart, Die nationalsozialistische „Volkswohlfahrtspflege“ – Dimensionen ihrer Ideologie und Praxis, in: Theorie und Praxis der sozialen Arbeit 11 (1988), S. 1-17.

Manns Heide, Frauen für den Nationalsozialismus. Nationalsozialistische Studentinnen und Akademikerinnen in der Weimarer Republik und im Dritten Reich, Opladen 1997.

Manstein Peter, Die Mitglieder und Wähler der NSDAP 1919-1933. Untersuchungen zu ihrer schichtmäßigen Zusammensetzung, Frankfurt/M. 1990.

Matzerath Horst, Nationalsozialismus und kommunale Selbstverwaltung, Stuttgart 1970.

Ders., Oberbürgermeister im Dritten Reich, in: Gerhard Hirschfeld/Lothar Kettenacker (Hg.): Der „Führerstaat“: Mythos und Realität. Studien zur Struktur und Politik des Dritten Reiches, Stuttgart 1981, S. 228-252.

Mehringer Hartmut, Das andere Deutschland. Widerstand und Emigration, in: Horst Möller/Volker Dahm/Hartmut Mehringer (Hg.): Die tödliche Utopie.

Bilder, Texte, Dokumente, Daten zum Dritten Reich. 4. Aufl. München 2002, S. 269-325.

Ders., Die bayerische Sozialdemokratie bis zum Ende des NS-Regimes. Vorgeschichte, Verfolgung und Widerstand, in: Hartmut Mehringer/Anton Großmann/Klaus Schönhoven (Hg.): Bayern in der NS-Zeit. 6 Bde. Bd. 5: Die Parteien KPD, SPD, BVP in Verfolgung und Widerstand, München/Wien 1983, S. 287-432.

Meier Kurt, Evangelische Kirche und „Endlösung der Judenfrage“, in: Wolfgang Stegemann (Hg.): Kirche und Nationalsozialismus, Berlin/Köln/Stuttgart 1990, S. 75-95.

Meier Hans-Georg, Das Mittelalter in Ideologien des Nationalsozialismus in der Zwischenkriegszeit, Karlsruhe 1985.

Mensing Björn, Pfarrer und Nationalsozialismus. Geschichte einer Verstrickung am Beispiel der Evangelisch-Lutherischen Kirche in Bayern, Göttingen 1998.

Merker Reinhard, Die bildenden Künste im Nationalsozialismus. Kulturideologie–Kulturpolitik–Kulturproduktion, Köln 1983.

Merkl Franz Josef, General Simon. Lebensgeschichten eines SS-Führers. Erkundungen zu Gewalt und Karriere, Kriminalität und Justiz, Legenden und öffentlichen Auseinandersetzungen, Augsburg 2010.

Merz Hilde (Hg.), Judaika im Reichsstadtmuseum. Zur Geschichte der mittelalterlichen jüdischen Gemeinde in Rothenburg ob der Tauber. Rabbi Meir Ben Baruch von Rothenburg zum Gedenken an seinen 700. Todestag, Rothenburg o.d.T. 1993.

Michel Anette, “Führerinnen” im Dritten Reich. Die Gaufrauenschaftsleiterinnen der NSDAP, in: Dies. (Hg.): Volksgenossinnen. Frauen in der NS-Volksgemeinschaft, Göttingen 2007, S. 115-137.

Miller-Kipp Gisela, „Auch Du gehörst dem Führer“. Die Geschichte des Bundes Deutscher Mädel (BDM) in Quellen und Dokumenten. Materialien zur Historischen Jugendforschung, München 2001.

Moritz Gabriele, Krise und Neubeginn im 19. Jahrhundert, in: Rupp Horst F./Borchardt Karl (Hg.), Rothenburg ob der Tauber. Geschichte der Stadt und ihres Umlandes, Darmstadt 2015, S. 460-478.

Möller Horst, Regionalismus und Zentralismus in der neueren Geschichte. Bemerkungen zur historischen Dimension einer aktuellen Dimension, in: Ders. u.a. (Hg.): Nationalsozialismus in der Region. Beiträge zur regionalen und lokalen Forschung und zum internationalen Vergleich, München 1996, S. 9-22.

Ders., Weimar. Die unvollendete Demokratie, München 1985.

Müller Catrin, „Für euch, für’s Reich, für Adolf Hitler starb einst Florian Geyer“. Die Florian-Geyer-Festspiele in Giebelstadt 1933-1939, in: Mainfränkisches Jahrbuch für Geschichte und Kunst 48 (1996), S. 276-306.

Müller Winfried, Das Bayerische Staatsministerium für Unterricht und Kultus: Verwaltung und Personal im Schatten der NS-Politik, in: Hermann Rumschöttel/Walter Ziegler (Hg.): Staat und Gaue in der NS-Zeit. Bayern 1933-1945, München 2004, S. 197-215.

Müller-Botsch Christine, „Den richtigen Mann an die richtige Stelle". Biographien und politisches Handeln von unteren NSDAP-Funktionären, Frankfurt/M 2009.

Dies., Biographieanalysen unterer NSDAP-Funktionäre. Ein Fallbeispiel, in: Helgard Kramer (Hg.): NS-Täter aus interdisziplinärer Perspektive, München 2006, S. 327-347.

Dies., Der Lebenslauf als Quelle. Fallrekonstruktive Biographieforschung anhand personenbezogener Akten, in: Österreichische Zeitschrift für Geschichtswissenschaft 19 (2008), S. 38-63.

Neven DuMont Alfred (Hg.), Jahrgang 1926/1927. Erinnerungen an die Jahre unter dem Hakenkreuz, Köln 2007.

Niethammer Lutz, „Die Entnazifizierung in Bayern". Säuberung und Rehabilitierung unter amerikanischer Besatzung, Frankfurt/M 1972.

Ders., Deutschland danach. Postfaschistische Gesellschaft und nationales Gedächtnis, Bonn 1999.

Ders. (Hg.), Lebenserfahrung und kollektives Gedächtnis. Die Praxis der „Oral History", Frankfurt/M. 1985.

Noakes Jeremy, Nationalsozialismus in der Provinz: Kleinere und mittlere Städte im Dritten Reich 1933-1945, in: Horst Möller u.a. (Hg.): Nationalsozialismus in der Region. Beiträge zur regionalen und lokalen Forschung und zum internationalen Vergleich, München 1996, S. 237-251.

Ders., Oberbürgermeister and Gauleiter. City Government between Party and State, in: Gerhard Hirschfeld/Lothar Kettenacker (Hg.): Der „Führerstaat": Mythos und Realität. Studien zur Struktur und Politik des Dritten Reiches, Stuttgart 1981, S. 194-227.

Nolzen Armin, Funktionäre in einer faschistischen Partei. Die Kreisleiter der NSDAP, 1932/33 bis 1944/45, in: Till Kössler/Helke Stadtland (Hg.): Vom Funktionieren der Funktionäre. Politische Interessenvertretung und gesellschaftliche Integration in Deutschland nach 1933, Essen 2004, S. 37-75.

Ders., Parteigerichtsbarkeit und Parteiausschlüsse in der NSDAP 1921-1945, in: Zeitschrift für Geschichtswissenschaft 48 (2000), S. 965-989.

Norden Günther Van, Widerstand im deutschen Protestantismus 1933-1945, in: Klaus-Jürgen Müller (Hg.): Der deutsche Widerstand 1933-1945, Paderborn/München/Wien/Zürich 1986, S. 108-134.

Nyssen Elke, Schule im Nationalsozialismus, Heidelberg 1979.

Ophir Baruch/Wiesemann Falk, Die jüdischen Gemeinden in Bayern 1918–1945. Geschichte und Zerstörung, München/Wien 1979.

Otten Ulf, Rothenburg ob der Tauber in den Jahren 1945 bis 1950. Teilerfolg der Demokratie, Erlangen 2007.

Ottweiler Ottwilm, Die Volksschule im Nationalsozialismus, Weinheim/Basel 1979.

Paul Gerhard/Mallmann Klaus-Michael, Sozialisation, Milieu und Gewalt. Fortschritte und Probleme der neueren Täterforschung, in: Dies. (Hg.): Karrieren der Gewalt. Nationalsozialistische Täterbiographien, Darmstadt 2011, S. 1-32.

Petersen Thomas Peter, Die Geschichte des Volkstrauertages. 2. Aufl. Bad Kleinen 1998.

Petsch Joachim, Architektur und Städtebau im Dritten Reich – Anspruch und Wirklichkeit, in: Detlev Peukert/Jürgen Reulecke (Hg.): Die Reihen fast geschlossen. Beiträge zur Geschichte des Alltags unterm Nationalsozialismus, Wuppertal 1981, S. 175-195.

Petter Wolfgang, SA und SS als Instrumente nationalsozialistischer Herrschaft, in: Karl Dietrich Bracher/Manfred Funke/Hans-Adolf Jacobsen (Hg.): Deutschland 1933-1945. Neue Studien zur nationalsozialistischen Herrschaft, Düsseldorf 1992, S. 76-94.

Pohl Dieter, „Rassenpolitik“, Judenverfolgung, Völkermord, in: Horst Möller/Volker Dahm/Hartmut Mehringer (Hg.): Die tödliche Utopie. Bilder, Texte, Dokumente, Daten zum Dritten Reich. 4. Aufl. München 2002, S. 206-267.

Pohl Karl Heinrich, Die gesellschaftliche Bedeutung der regionalen Zeitgeschichtsforschung heute. Überlegungen zum zehnjährigen Jubiläum des Instituts für schleswig-holsteinische Zeit- und Regionalgeschichte, in: Michael Ruck/Karl Heinrich Pohl (Hg.): Regionen im Nationalsozialismus, Bielefeld 2003, S. 26-41.

Priamus Heinz-Jürgen, Regionale Aspekte in der Politik des nordwestfälischen Gauleiters Alfred Meyer, in: Horst Möller u.a. (Hg.): Nationalsozialismus in der Region. Beiträge zur regionalen und lokalen Forschung und zum internationalen Vergleich, München 1996, S. 175-195.

Prinz Michael, Moderne Elemente in der Gesellschaftspolitik, in: Ders./Rainer Zitelmann (Hg.): Nationalsozialismus und Modernisierung, Darmstadt 1994, S. 297-327.

Pyta Wolfram, Ländlich-evangelisches Milieu und Nationalsozialismus bis 1933, in: Horst Möller/Andreas Wirsching/Walter Ziegler (Hg.): Nationalsozialismus in der Region. Beiträge zur regionalen und lokalen Forschung und zum internationalen Vergleich, München 1996, S. 199-212.

Rademacher Michael, Die Kreisleiter der NSDAP im Gau Weser-Ems, Marburg 2005.

Rambach Günther, Hakenkreuz und Martinskirche. Schicksalsjahre in der Oberpfalz. 1933-1995, Kümmersbruck 2010.

Rebentisch Dieter, Die „politische Beurteilung“ als Herrschaftsinstrument der NSDAP, in: Detlev Peukert/Jürgen Reulecke (Hg.): Die Reihen fast geschlossen. Beiträge zur Geschichte des Alltags unterm Nationalsozialismus, Wuppertal 1981, S. 107-125.

Reibel Carl-Wilhelm, Die Parteizentrale der NSDAP in München. Administrative Lenkung und Sicherung der Diktatur, in: Stefanie Hajk, Jürgen Zarusky (Hg.): München und der Nationalsozialismus, Berlin 2008, S. 87-121.

Ders., Das Fundament der Diktatur: Die NSDAP-Ortsgruppen 1932-1945, Paderborn 2002.

Reichel Peter, Der schöne Schein des Dritten Reiches. Faszination und Gewalt des Faschismus, München 1992.

Reichelt Werner, Das braune Evangelium. Hitler und die NS-Liturgie, Wuppertal 1990.

Reichert Christoph, Aspekte des Wiederaufbaus der Stadt Rothenburg ob der Tauber nach dem 2. Weltkrieg, in: Harro Schaeff-Scheefen (Hg.): Rothenburg ob der Tauber. Schicksal einer deutschen Landschaft. Sonderdruck anlässlich des sechzigsten Jahrestages der Bombardierung Rothenburgs. Erweiterte Neuaufl. Rothenburg ob der Tauber 2005, S. 111-128.

Reichhardt Hans/Schäche Wolfgang, Von Berlin nach Germania: Über die Zerstörungen der „Reichshauptstadt" durch Albert Speers Neugestaltungsplanungen, Berlin 2008.

Roegele Otto/Stürmer Michael/Thamer Hans-Ulrich (Hg.), Wie konnte es dazu kommen? Hintergründe der nationalsozialistischen Machtergreifung, München 1981.

Roth Claudia, Parteikreis und Kreisleiter der NSDAP unter besonderer Berücksichtigung Bayerns, München 1997.

Ruault Franco, „Neuschöpfer des deutschen Volkes". Julius Streicher im Kampf gegen „Rassenschande", Frankfurt/M 2006.

Ruck Michael, Bibliographie zum Nationalsozialismus. 2 Bde. Darmstadt 2000.

Ders., Zentralismus und Regionalgewalten im Herrschaftsgefüge des NS-Staates, in: Horst Möller u.a. (Hg.): Nationalsozialismus in der Region. Beiträge zur regionalen und lokalen Forschung und zum internationalen Vergleich, München 1996, S. 99-122.

Rumschöttel Hermann, Das Symposium „Staat und Gaue in der NS-Zeit: Bayern 1933-1945". Eine zusammenfassende Einführung, in: Ders./Walter Ziegler (Hg.): Staat und Gaue in der NS-Zeit: Bayern 1933-1945, München 2004, S. 1-9.

Ders., Ministerrat, Ministerpräsident und Staatskanzlei, in: Hermann Rumschöttel/Walter Ziegler (Hg.): Staat und Gaue in der NS-Zeit. Bayern 1933-1945, München 2004, S. 41-75.

Rupp Horst/Behr Hartwig: Vom Leben und Sterben. Juden in Creglingen, Würzburg 1999.

Rusinek Bernd, „Die deutscheste aller deutschen Städte". Nürnberg als Hauptstadt des Nationalsozialismus, in: Bodo-Michael Baumunk/Gerhard Brunn

(Hg.): Hauptstadt: Zentren, Residenzen, Metropolen in der deutschen Geschichte, Köln 1989, S. 92-98.

Sauer Bernhard, Freikorps und Antisemitismus in der Frühzeit der Weimarer Republik, in: ZfG 56 (2008), S. 5-29.

Schäfer Friedrich, Das Eindringen des Nationalsozialismus in das Alltagsleben einer unterfränkischen Kleinstadt dargestellt am Beispiel Hammelburg für die Jahre 1922 bis 1935 unter besonderer Berücksichtigung der Lokalpresse, Würzburg 1994.

Schickel Gabriele, Kultur, Sport, Freizeit, in: Winfried Nerdinger (Hg.): Bauen im Nationalsozialismus. Bayern 1933-1945, München 1993, S. 331-363.

Schlösser Susanne, Die Heilbronner NSDAP und ihre „Führer". Eine Bestandsaufnahme zur nationalsozialistischen Personalpolitik auf lokaler Ebene und ihren Auswirkungen „vor Ort", in: Christhard Schrenk/Peter Wanner (Hg.): Heilbronnica 2. Beiträge zur Stadtgeschichte, Heilbronn 2003, S. 281 – 318.

Schmidt Christoph, Zu den Motiven „alter Kämpfer" in der NSDAP, in: Detlev Peukert/Jürgen Reulecke (Hg.): Die Reihen fast geschlossen. Beiträge zur Geschichte des Alltags unterm Nationalsozialismus, Wuppertal 1981, S. 21-43.

Schmitt Richard, Kirchen und Vereine, in: Rupp Horst F./Borchardt Karl (Hg.), Rothenburg ob der Tauber. Geschichte der Stadt und ihres Umlandes, Darmstadt 2015, S. 582-608.

Schmidt Uwe, Lehrer im Gleichschritt: Der Nationalsozialistische Lehrerbund, Hamburg 2006.

Schmiechen-Ackermann Detlef (Hg.), „Volksgemeinschaft": Mythos, wirkungsmächtige soziale Verheißung oder soziale Realität im „Dritten Reich"? Zwischenbilanz einer kontroversen Debatte, Paderborn 2012.

Ders., Der „Blockwart". Die unteren Parteifunktionäre im nationalsozialistischen Terror- und Überwachungsapparat, in: VfZ 48 (2000), S. 575-602.

Schmitt Richard, 100 Jahre Verein Alt-Rothenburg, in: Verein Alt-Rothenburg (Hg.): 1898-1998 Alt-Rothenburg. Jahrbuch des Vereins Alt-Rothenburg zum hundertjährigen Jubiläum, Rothenburg ob der Tauber 1998, S. 9-42.

Schneider Barbara, Die Höhere Schule im Nationalsozialismus. Zur Ideologisierung von Bildung und Erziehung, Köln/Weimar/Wien 2000.

Schoenbaum David, Die braune Revolution. Eine Sozialgeschichte des Dritten Reiches, München 1980.

Scholz Robert, Architektur und bildende Kunst 1933-1945, Oldendorf 1977.

Schönewald Beatrix, Frauen im Nationalsozialismus, in: Sammelblatt des Historischen Vereins Ingolstadt 113 (2004), S. 275-288.

Schott Herbert, Antisemitismus in Franken, in: Hans-Christian Täubrich u.a. (Hg.): Bilderlast. Franken im Nationalsozialismus, Nürnberg 2008, S. 40-47.

Ders., Die Präsidenten des vereinten Regierungsbezirks Oberfranken und Mittelfranken (1933-1948), in: Die Präsidenten. 200 Jahre Regierung von Oberfranken in Bayreuth, Bamberg 2010, S. 339-390.

Schroll Karl-Heinz, Ministerpräsident Ludwig Siebert, in: Ders. (Hg.): Ehrenbürger der Stadt Lohr am Main, Lohr am Main 2007, S. 263-270.

Schubert-Weller Christoph, Hitler-Jugend. Vom „Jungsturm Adolf Hitler" zur Staatsjugend des Dritten Reiches, Weinheim/München 1993.

Schuh Ulrich, Die Entnazifizierung in Mittelfranken. Vorhaben, Umsetzung und Bilanz des Spruchkammerverfahrens in einer vielfältigen Region, Neustadt a.d. Aisch 2013.

Schultheiß Hans, Die Männer von Brettheim. Lesebuch zur Erinnerungsstätte, Villingen-Schwenningen 1993.

Ders., Die Tragödie von Brettheim, Tübingen 2002.

Ders., Nachkriegsprozesse, in: Landeszentrale für politische Bildung Baden-Württemberg (Hg.): Die Männer von Brettheim. Lesebuch zur Erinnerungsstätte, Villingen-Schwenningen 1993, S. 123-142.

Schwarz Alfons, Rechtsprechung durch Sondergerichte. Zur Theorie und Praxis im Nationalsozialismus am Beispiel des Sondergerichts Berlin, Aachen 1992.

Schwingl Georg, Die Pervertierung der Schule im Nationalsozialismus. Ein Beitrag zum Begriff „Totalitäre Erziehung", Regensburg 1993.

Seiderer Georg, Evangelische Kirche und Nationalsozialismus in Augsburg, in: Michael Cramer-Fürtig/Bernhard Gotto (Hg.): „Machtergreifung" in Augsburg. Anfänge der NS-Diktatur 1933-1937, Augsburg 2008, S. 239-247.

Ders., Nürnberg – Die „Stadt der Reichsparteitage". Selbstinszenierung einer Großstadt im „Dritten Reich" (1933-1939), in: Fritz Mayrhofer/Ferdinand Opll (Hg.): Stadt und Nationalsozialismus, Linz 2008, S. 311-340.

Ders., Rothenburg im Kaiserreich (1871-1918), in: Rupp Horst F./Borchardt Karl (Hg.), Rothenburg ob der Tauber. Geschichte der Stadt und ihres Umlandes, Darmstadt 2015, S. 479-501.

Sonne Hans Joachim, Die politische Theologie der Deutschen Christen. Einheit und Vielfalt deutsch-christlichen Denkens, dargestellt anhand des Bundes für deutsche Kirche, der Thüringer Kirchenbewegung „Deutsche Christen" und der Christlich-deutschen Bewegung, Göttingen 1982.

Sonnenberger Franz, Der neue „Kulturkampf". Die Gemeinschaftsschule und ihre historischen Voraussetzungen, in: Martin Broszat u.a. (Hg.): Bayern in der NS-Zeit. 6 Bde. Bd. 3: Herrschaft und Gesellschaft im Konflikt. Teil B, München/Wien 1981, S. 235-327.

Ders., Die vollstreckte Reform – Die Einführung der Gemeinschaftsschule in Bayern 1935-1938, in: Michael Prinz (Hg.): Nationalsozialismus und Modernisierung, Darmstadt 1994, S. 172-198.

Spoerer Mark, Zwangsarbeit unter dem Hakenkreuz. Ausländische Zivilarbeiter, Kriegsgefangene und Häftlinge im Deutschen Reich und im besetzten Europa 1939-1945, München 2001.

Stachura Peter, Das Dritte Reich und die Jugenderziehung: Die Rolle der Hitlerjugend 1933-1939, in: Karl Dietrich Bracher/Manfred Funke/Hans-Adolf Jacobsen (Hg.): Nationalsozialistische Diktatur 1933-1945. Eine Bilanz, Bonn 1986, S. 224-244.

Steinbach Peter, Der Nationalsozialismus als politische Religion. Inszenierung, Instrumentalisierung, Funktion, in: Hans-Ulrich Thamer/Simone Erpel (Hg.): Hitler und die Deutschen. Volksgemeinschaft und Verbrechen, Dresden 2010, S. 112-120.

Steinbacher Sybille (Hg.), Volksgenossinnen. Frauen in der NS-Volksgemeinschaft, Göttingen 2007.

Stelbrink Wolfgang, Die Kreisleiter der NSDAP in den beiden westfälischen Parteigauen, in: Michael Ruck/Karl Heinrich Pohl (Hg.): Regionen im Nationalsozialismus, Bielefeld 2003, S. 157-187.

Ders., Die Kreisleiter der NSDAP in Westfalen und Lippe. Versuch einer Kollektivbiographie mit biographischem Anhang, Münster 2003.

Stephenson Jill, Nationalsozialistischer Dienstgedanke, bürgerliche Frauen und Frauenorganisationen im Dritten Reich, in: Geschichte und Gesellschaft 7 (1981), S. 555-571.

Stockhorst Erich, 5000 Köpfe. Wer war was im 3. Reich? Kiel 1985.

Ders., Fünftausend Köpfe. Wer war was im Dritten Reich, Velbert 1967.

Stracke Ferdinand, Tradition versus Moderne – Wiederaufbau in Deutschland, in: Christoph Daxelmüller u.a. (Hg.): Wiederaufbau und Wirtschaftswunder. Aufsätze zur Bayerischen Landesausstellung, Augsburg 2009, S. 38-55.

Ströbel Otto, Die Männer von Brettheim, Kirchberg a.d. Jagst 1981.

Süß Dietmar, „Herrenmenschen" und „Arbeitsvölker". Zwangsarbeit und Deutsche Gesellschaft, in: Volkhard Knigge (Hg.): Zwangsarbeit. Die Deutschen, die Zwangsarbeiter und der Krieg, Essen 2012, S. 224-233.

Szejnmann Claus-Christian, Theoretisch-methodische Chancen und Probleme regionalgeschichtlicher Forschungen zur NS-Zeit, in: Michael Ruck/Karl Heinrich Pohl (Hg.): Regionen im Nationalsozialismus, Bielefeld 2003, S. 43-57.

Ders., Verwässerung oder Systemstabilisierung? Der Nationalsozialismus in Regionen des Deutschen Reichs, in: Neue politische Literatur 48 (2003), S. 208-250.

Tenfelde Klaus, Proletarische Provinz. Radikalisierung und Widerstand in Penzberg/Oberbayern 1900 bis 1945, in: Martin Broszat u.a. (Hg.): Bayern in der NS-Zeit. 6 Bde. Bd. 4: Herrschaft und Gesellschaft im Konflikt, München/Wien 1981, S. 1-382.

Thomae Otto, Die Propaganda-Maschinerie. Bildende Kunst und Öffentlichkeitsarbeit im Dritten Reich, Berlin 1978.

Tidl Georg, Die Frau im Nationalsozialismus, Wien 1984.

Tyrell Albrecht, Auf dem Weg zur Diktatur: Deutschland 1930 bis 1934, in: Karl Dietrich Bracher/Manfred Funke/Hans-Adolf Jacobsen (Hg.): Deutschland 1933-1945. Neue Studien zur nationalsozialistischen Herrschaft, Düsseldorf 1992, S.15-31.

Ders., Voraussetzungen und Strukturelemente des nationalsozialistischen Herrschaftssystems, in: Karl Dietrich Bracher/Manfred Funke/Hans-Adolf Jacobsen (Hg.): Nationalsozialistische Diktatur 1933-1945. Eine Bilanz, Düsseldorf 1983, S. 37-72.

Ullrich Christina, „Ich fühl mich nicht als Mörder". Die Integration von NS-Tätern in die Nachkriegsgesellschaft, Darmstadt 2011.

Unger Michael, Biogramme, in: Hermann Rumschöttel und Walter Ziegler (Hg.): Staat und Gaue in der NS-Zeit. Bayern 1933-1945, München 2004, S. 739-759.

Urban Markus, Die Konsensfabrik. Funktion und Wahrnehmung der NS-Reichsparteitage. 1933-1941, Göttingen 2007.

Vasold Manfred, Geschichte der Stadt Rothenburg ob der Tauber. Zugleich ein Stadtführer, Stuttgart 1999.

Veeh Helmuth, Die Kriegsfurie über Franken, in: Die Linde 87 (2005), S. 43-69.

Verein Alt-Rothenburg e.V. (Hg.), Rothenburg ob der Tauber 1945. Zerstörung und Kriegsende. Neuaufl. Rothenburg ob der Tauber 1995, 2004.

Vollnhals Clemens/Schlemmer, Thomas (Hg.), Politische Säuberung und Rehabilitierung in den vier Besatzungszonen 1945-1991, Nördlingen 1991.

Ders., Die Kirchen in der NS-Diktatur. Zwischen Anpassung, Selbstbehauptung und Widerstand, in: Karl Dietrich Bracher/Manfred Funke/Hans-Adolf Jacobsen (Hg.): Deutschland 1933-1945. Neue Studien zur nationalsozialistischen Herrschaft, Düsseldorf 1992, S. 153-181.

Vondung Klaus, Magie und Manipulation. Ideologischer Kult und politische Religion des Nationalsozialismus, Göttingen 1971.

Vorländer Herwart, Die NSV. Darstellung und Dokumentation einer nationalsozialistischen Organisation, Boppart am Rhein 1988.

Ders., NS-Volkswohlfahrt und Winterhilfswerk des deutschen Volkes, in: VfZ 34 (1986), S. 341-380.

Wagner Caroline, Die NSDAP auf dem Dorf. Eine Sozialgeschichte der NS-Machtergreifung in Lippe, Aschendorff 1998.

Wallner Bärbel, Die NS-Frauenschaft in Augsburg, in: Michael Cramer-Fürtig/Bernhard Gotto (Hg.): „Machtergreifung" in Augsburg. Anfänge der NS-Diktatur 1933-1937, Augsburg 2008, S. 54-60.

Wehler Hans-Ulrich, 30. Januar 1933 – Ein halbes Jahrhundert danach, in: Aus Politik und Zeitgeschichte. Beilage zur Wochenzeitung Das Parlament, B 4-5/83 (29. Januar 1983), S. 43-54.

Weiß Edgar, Schule im Nationalsozialismus, Kiel 1992.

Weiß Hermann, Personenlexikon 1933-1945, Wien 2003.
Wiesemann Falk, Die Vorgeschichte der nationalsozialistischen Machtübernahme in Bayern 1932/1933, Berlin 1975.
Ders., Juden auf dem Lande: die wirtschaftliche Ausgrenzung der jüdischen Viehhändler in Bayern, in: Detlev Peukert/Jürgen Reulecke (Hg.): Die Reihen fast geschlossen. Beiträge zur Geschichte des Alltags unterm Nationalsozialismus, Wuppertal 198, S. 381-396.
Wiggershaus Renate, Frauen unterm Nationalsozialismus, Darmstadt 1984.
Wildt Michael, „Volksgemeinschaft“ als Selbstermächtigung. Soziale Praxis und Gewalt, in: Hans-Ulrich Thamer/Simone Erpel (Hg.): Hitler und die Deutschen. Volksgemeinschaft und Verbrechen, Dresden 2010, S. 90-93.
Ders., „Volksgemeinschaft“. Eine Antwort auf Ian Kershaw, in: Zeithistorische Forschungen/Studies in Contemporary History. Online-Ausgabe 8 (2011). H. 1. URL: http://www.zeithistorische-forschungen.de/16126041-Wildt-1-2011. Eingesehen am 1.11.2012.
Willmot Louise, Women in the Third Reich: The Auxiliary Military Service Law of 1944, in: German history 2 (1985), S. 10-20.
Winkler Heinrich-August, Wie konnte es zum 30. Januar 1933 kommen? in: Aus Politik und Zeitgeschichte. Beilage zur Wochenzeitung Das Parlament, B 4-5/83 (29. Januar 1983), S. 3-15.
Wirsching Andreas, Nationalsozialismus in der Region. Tendenzen der Forschung und methodische Probleme, in: Horst Möller/Andreas Wirsching/Walter Ziegler (Hg.): Nationalsozialismus in der Region. Beiträge zur regionalen und lokalen Forschung und zum internationalen Vergleich, München 1996, S. 25-46.
Ders., Politische Gewalt in der Krise der Demokratie im Deutschland und Frankreich der Zwischenkriegszeit, in: Horst Möller/Manfred Kittel (Hg.): Demokratie in Deutschland und Frankreich 1918-1933/40. Beiträge zu einem historischen Vergleich, München 2002, S. 131-150.
Ders., Probleme der Kommunalverwaltung im NS-Regime am Beispiel des Gaues Schwaben, in: Hermann Rumschöttel/Walter Ziegler (Hg.): Staat und Gaue in der NS-Zeit. Bayern 1933-1945, München 2004, S. 419-442.
Witetschek Helmut, Die kirchliche Lage in Bayern nach den Regierungspräsidentenberichten 1933-1943. Bd. 1: Regierungsbezirk Oberbayern, Mainz 1966.
Ders., Die kirchliche Lage in Bayern nach den Regierungspräsidentenberichten 1933-1943. Bd. 7: Ergänzungsband: Regierungsbezirke Oberbayern, Ober- und Mittelfranken, Schwaben 1943-1945, Mainz 1981.
Ders., Die kirchliche Lage in Bayern nach den Regierungspräsidentenberichten 1933-1943. Bd. 2: Regierungsbezirk Ober- und Mittelfranken, Mainz 1967.
Wolfrum Edgar, Die geglückte Demokratie. Geschichte der Bundesrepublik Deutschland von ihren Anfängen bis zur Gegenwart, Bonn 2007.

Woller Hans, Gesellschaft und Politik in der amerikanischen Besatzungszone. Die Region Ansbach und Fürth, München 1986.

Wolnik Gordon, Mittelalter und NS-Propaganda: Mittelalterbilder und NS-Propaganda. Mittelalterbilder in den Print-, Ton- und Bildmedien des Dritten Reiches, Münster 2004.

Zabel Hermann, „Es spricht der Ortsgruppenleiter" – Zum Sprachgebrauch eines NS-Funktionärs, in: Wirkendes Wort 37 (1987), S. 407-418.

Zdenek Zofka, Dorfeliten und NSDAP. Fallbeispiele der Gleichschaltung aus dem Bezirk Günzburg, in: Martin Broszat u.a. (Hg.): Bayern in der NS-Zeit. 6 Bde. Bd. 4: Herrschaft und Gesellschaft im Konflikt. Teil C, München/Wien 1981, S. 383-433.

Zelnhefer Siegfried, Die Reichsparteitage der NSDAP. Geschichte, Struktur und Bedeutung der größten Propagandafeste im nationalsozialistischen Feierjahr, Nürnberg 1991.

Zembylas Tasos, Versuch einer typologischen Analyse von öffentlichen Kunstkonflikten, in: Ingrid Bauer u.a. (Hg.): Kunst – Kommunikation – Macht. Sechster Österreichischer Zeitgeschichtetag 2003, Innsbruck 2004, S. 179-183.

Ziegler Walter, Der Beitrag der Vertriebenen zu Wiederaufbau und Wirtschaftswunder, in: Christoph Daxelmüller u.a. (Hg.): Wiederaufbau und Wirtschaftswunder. Aufsätze zur Bayerischen Landesausstellung, Augsburg 2009, S. 146-159.

Ders., Die Nationalsozialistischen Gauleiter in Bayern. Ein Beitrag zur Geschichte Bayerns im Dritten Reich, in: ZBLG 58 (1995), S. 427-460.

Ders., Gaue und Gauleiter im Dritten Reich, in: Horst Möller u.a. (Hg.): Nationalsozialismus in der Region. Beiträge zur regionalen und lokalen Forschung und zum internationalen Vergleich, München 1996, S. 139-159.

Zitelmann Rainer, Die Totalitäre Seite der Moderne, in: Michael Prinz/Rainer Zitelmann (Hg.): Nationalsozialismus und Modernisierung, Darmstadt 1991, S. 1-21.

13.4. Zeitzeugen

Fritz Gackstatter, Jahrgang 1930, Insingen
Robert Förster, Jahrgang 1922, Rothenburg o.d.T.
Wilhelm Jakobi, Jahrgang 1925, Rothenburg o.d.T.
Gisela Nützel, Jahrgang 1932, Rothenburg o.d.T.
Rudolf Oerter, Jahrgang 1923, Rothenburg o.d.T.
Lieselotte Schreiber, Jahrgang 1929, Rothenburg o.d.T.
Erika Unbehauer, Jahrgang 1923, Rothenburg o.d.T.
Lore Vogel, Jahrgang 1933, Rothenburg o.d.T.
Erika Wörthmann, Jahrgang 1924, Rothenburg o.d.T.

14. Anhang

14.1. Abkürzungsverzeichnis

Abb.	Abbildung
Abg.	Abgabe
Abt.	Abteilung
ADGB	Allgemeiner Deutscher Gewerkschaftsbund
Aufl.	Auflage
BA	Bezirksamt
BArch	Bundesarchiv Berlin
bayer.	bayerisch
BayHStA	Bayerisches Hauptstaatsarchiv
Bd./Bde.	Band/Bände
BDC	Berlin Document Center
BDM	Bund Deutscher Mädel
Bl.	Blatt
BLVW	Bayerisches Landesamt für Vermögensverwaltung und Wiedergutmachung
BVP	Bayerische Volkspartei
CSU	Christlich-Soziale Union in Bayern
CVJM	Christlicher Verein Junger Männer
DAF	Deutsche Arbeitsfront
DAP	Deutsche Arbeiter Partei
DC	Deutsche Christen
DDP	Deutsche Demokratische Partei
DDR	Deutsche Demokratische Republik
Ders.	Derselbe
DFW	Deutsches Frauenwerk
DG	Deutsche Gemeinschaft
DGO	Deutsche Gemeindeordnung
Dies.	Dieselbe/Dieselben
DM	Deutsche Mark
DNVP	Deutsche Volkspartei
DP	Displaced Person
Dr.	Doktor
DRK	Deutsches Rotes Kreuz
e.V.	eingetragener Verein
ehem.	ehemals/ehemalig

ev./evang.	Evangelisch
FA	Fränkischer Anzeiger
FDP	Freie Demokratische Partei Deutschlands
geb.	geboren
Gebr.	Gebrüder
Generallt.	Generalleutnant
gest.	gestorben
Gestapo	Geheime Staatspolizei
H.	Heft
hg./Hg.	herausgegeben/Herausgeber
HJ	Hitlerjugend
hl.	heilig
IfZ	Institut für Zeitgeschichte
Inf.Reg.	Infanterieregiment
ITS	Internationaler Suchdienst Bad Arolsen
K.d.I.	Kammer des Innern
kath.	katholisch
KdF	Kraft durch Freude
KPD	Kommunistische Partei Deutschlands
KVK	Kriegsverdienstkreuz
KWHW	Kriegs-Winterhilfswerk
KZ	Konzentrationslager
LAELKB	Landeskirchliches Archiv der evangelisch-lutherischen Kirche in Bayern
LEA	Landesentschädigungsakten
LRA	Landratsamt
luth.	lutherisch
Mfr.	Mittelfranken
MInn	Staatsministerium des Innern
MK	Kultusministerium
MSo	Bayerisches Staatsministerium für Sonderaufgaben
Nr.	Nummer
NS	Nationalsozialismus, nationalistisch
NSBO	Nationalsozialistische Betriebszellenorganisation
NSDAP	Nationalsozialistische Deutsche Arbeiterpartei
NSDStB	Nationalsozialistischer Deutscher Studentenbund
NSF	Nationalsozialistische Frauenschaft
NSFK	Nationalsozialistisches Fliegerkorps
NS-Hago	Nationalsozialistische Handwerks-, Handels- und Gewerbeorganisation
NSKK	Nationalsozialistisches Kraftfahrer-Korps

NSKOV	Nationalsozialistische Kriegsopferversorgung
NSLB	Nationalsozialistischer Lehrerbund
NSRBfL	Nationalsozialistischer Reichsbund für Leibesübungen
NSRKB	Nationalsozialistischer Reichskriegerbund
NSV	Nationalsozialistische Volkswohlfahrt
Og.	Ortsgruppe
OMGUS	Office of Military Government for Germany
Pfr.	Pfarrer
Pol.dir.	Polizeidirektion
R.o.d.T.	Rothenburg ob der Tauber
RAD	Reichsarbeitsdienst
RDB	Reichsbund der Deutschen Beamten
Reg.	Regierung
Rep.	Repertorium
RGBl	Reichsgesetzblatt
RKolb	Reichskolonialbund
RLB	Reichsluftschutzbund
RM	Reichsmark
S.	Seite
SA	Sturmabteilung
SD	Sicherheitsdienst des Reichsführers SS
SG	Sondergericht
SPD	Sozialdemokratische Partei Deutschlands
SpKA	Spruchkammerakt
SS	Schutzstaffel
St.	sankt
Sta	Stadtarchiv
StadtAN	Stadtarchiv Nürnberg
StadtAR	Stadtarchiv Rothenburg ob der Tauber
StAM	Staatsarchiv München
StAN	Staatsarchiv Nürnberg
StK	Staatskanzlei
SZ	Süddeutsche Zeitung
Theol.	Theologe
Tit.	Titulatur
u.a.	und andere
UNRRA	United Nations Relief and Rehabilitation Administration
v.	von/vom
VdA	Verein für das Deutschtum im Ausland
VfZ	Vierteljahreshefte für Zeitgeschichte

vgl.	vergleiche
WB	Weltanschaulicher Lagebericht
WHW	Winterhilfswerk
ZBLG	Zeitschrift für bayerische Landesgeschichte
ZfG	Zeitschrift für Geschichtswissenschaft

14.2. Verzeichnisse und Diagramme

Anhang Nr. 1. Gemeindeverzeichnis des Bezirksamts Rothenburg ob der Tauber von 1936
Quelle: LRA Rothenburg o.d.T, Abg. 1975, Nr. 510.

1. Adelshofen
2. Anfelden
3. Bellershausen
4. Bettenfeld
5. Bettwar
6. Bieg
7. Binzwangen
8. Bockenfeld
9. Bottenweiler
10. Brunst
11. Buch am Wald
12. Burghausen
13. Cadolzhofen
14. Diebach
15. Dombühl
16. Dornhausen
17. Eckartsweiler
18. Endsee
19. Erlach
20. Ermetzhof
21. Erzberg
22. Faulenberg
23. Frommetsfelden
24. Gailnau
25. Gailroth
26. Gastenfelden
27. Gattenhofen
28. Gebsattel
29. Geslau

30. Großharbach
31. Gunzendorf
32. Habelsee
33. Hagenau
34. Hartershofen
35. Insingen
36. Kirnberg
37. Leuzenbronn
38. Lohr
39. Neusitz
40. Neustett
41. Nordenberg
42. Oberfelden
43. Oberscheckenbach
44. Ohrenbach
45. Oestheim
46. Poppenbach
47. Preuntsfelden
48. Schillingsfürst
49. Schwabsroth
50. Schweinsdorf
51. Steinach
52. Steinsfeld
53. Stettberg
54. Stilzendorf
55. Sulz
56. Tauberscheckenbach
57. Tauberzell
58. Wettringen
59. Wildenholz
60. Windelsbach
61. Wörnitz

Landkreis Rothenburg ob der Tauber

Altersaufbau und Familienstandsgliederung der Bevölkerung am 17. Mai 1939

einschl. Stadt Rothenburg ob der Tauber

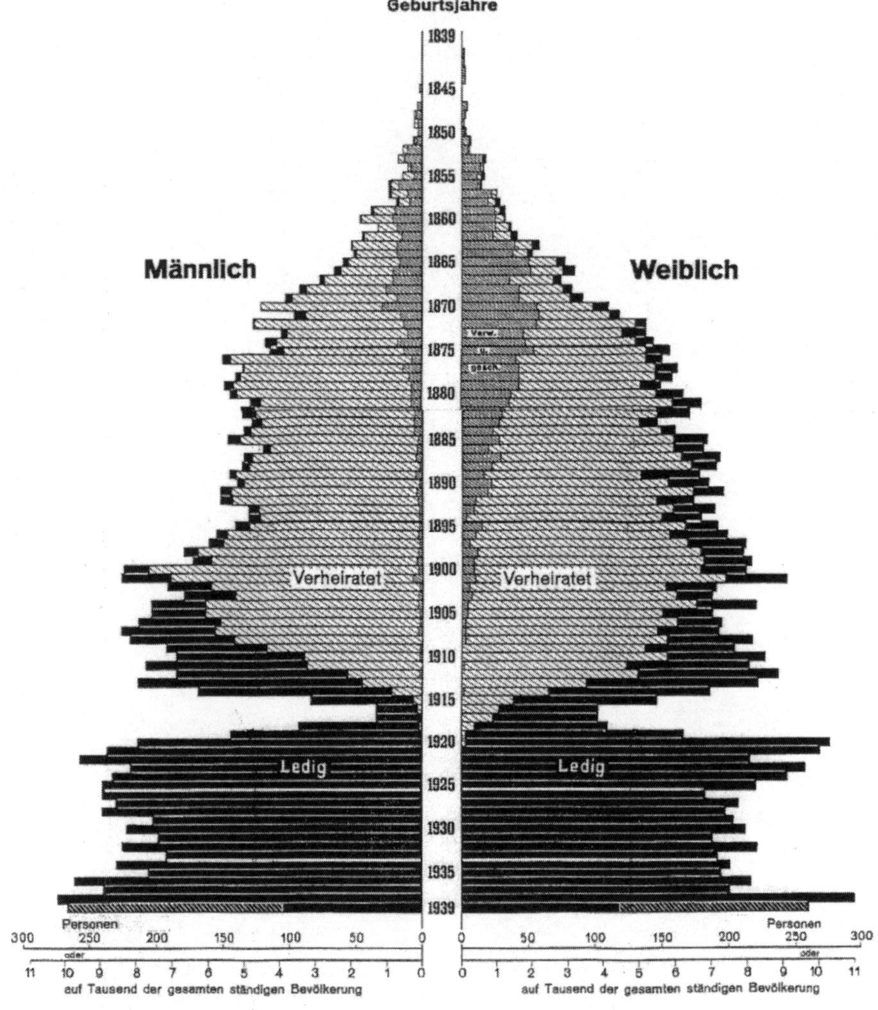

Über die Art der Berechnung und Darstellung des Altersaufbaus vgl. Zeitschrift des Bayer. Statistischen Landesamts 1940, Nr. 2, S. 107

Bayer. Statistisches Landesamt

---

1 StAN, LRA Rothenburg o. d. T., Abg. 1975, Nr. 5882.

Anhang Nr. 3

Berufsgruppen der NSDAP-Mitglieder

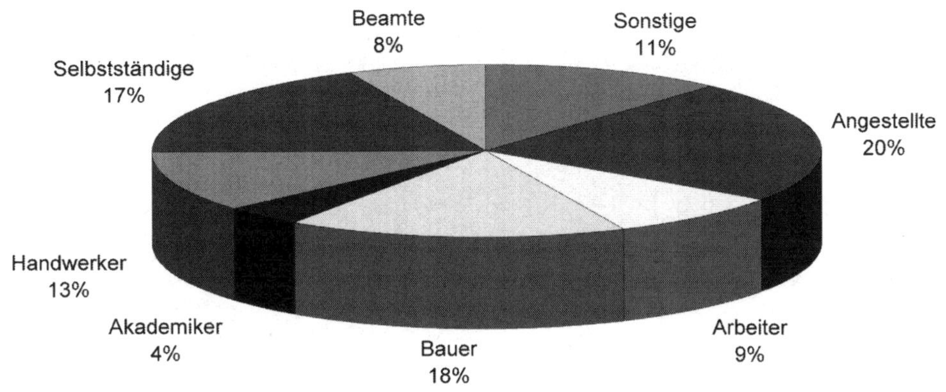

Anhang Nr. 4

NSDAP - Mitgliedschaften der Männer

Anhang Nr. 5

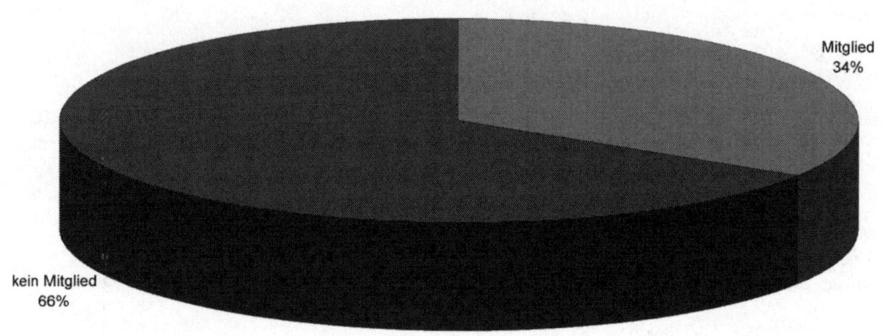

Anhang Nr. 6

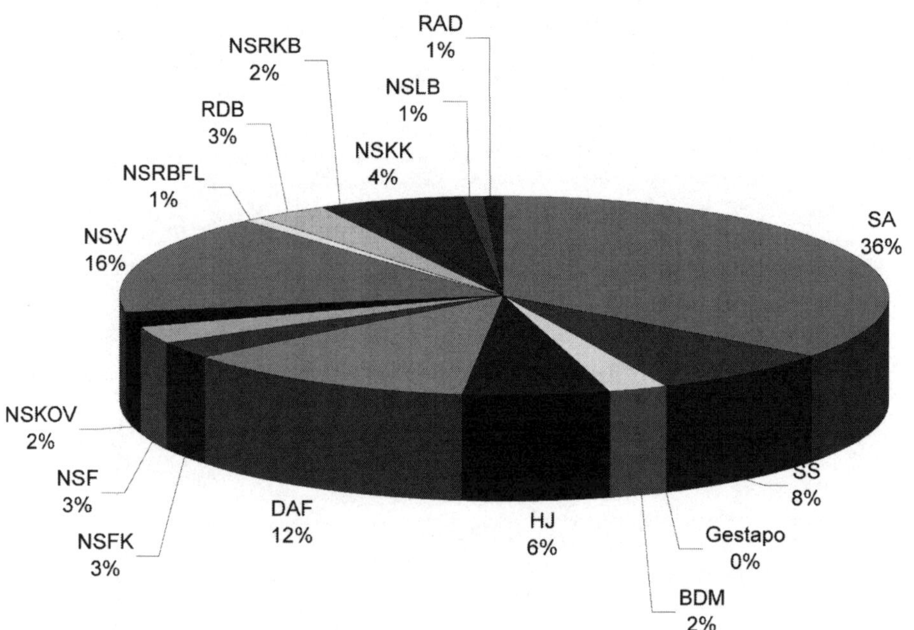

Anhang Nr. 7

Statistische Erhebung über die Mitgliederzahl der Bekenntnisgemeinschaf und der DC in den Gemeinden des Dekanats Insingen im Kirchenkreis Ansbach vom 27.5.1935.[2]

Pfarreien	Seelenzahl		Bekenntnisgemeinschaft			D.C.-Gruppe	
	Insgesamt	Hiervon Kinder	Zahl der Mitgl.	Davon männl.	Einschreibungs-alter	Mitgliederzahl	
						vermut-lich	sicher
Insingen	600	129	445	214	14 J	-	-
Bettenfeld	342	95	187	87	16 J	2	-
Diebach	620	160	446	216	14 J	-	-
Erzberg	469	131	327	163	14J	-	-
Frankenheim-Schillingsf.	1267	400	765	374	16 J	20	11
Gailnau	192	70	71	33	16 J	-	-
Gastenfelden	583	127	298	150	16 J	-	6
Lohr-Bockenf.	450	142	300	153	16 J	3	-
Oestheim	410	145	208	93	16 J	-	-
Wettringen	994	270	585	278	16 J	-	-
Wörnitz	531	105	405	205	14 J	-	-
--------------	-----------	--------	--------	-----	---------------	---------	------
Gesamt	6448	1774	4037	1956		25	17
			86,4%	**48,%**			

2 LAELKB, BayD Insingen Nr. 31. Statistische Erhebung über die Mitgliederzahl der Bekenntnisgemeinschaf und der DC in den Gemeinden des Dekanats Insingen im Kirchenkreis Ansbach vom 27.5.1935.

Anhang Nr. 8

Gebäudeschäden im Landkreis Rothenburg ob der Tauber
(Nach den Erhebungen des Kreisbauamtes)[3]

Gemeinde	Völlig zerstörte Gebäude	Beschädigte Gebäude	Umfang der Zerstörung in %
Adelshofen	13	43 + Kirche	10
Bellershausen	22	1	28
Bettenfeld	22	14	13
Binzwangen	6	22	3
Bottenweiler	10	4	13
Buch am Wald	2	2	1
Diebach	7	22 + Kirche	3
Erzberg	13	1	8
Faulenberg	1	8 + Kirche	1
Gastenfelden	1	8	1
Gattenhofen	8	17	5
Gebsattel	12	22	3
Insingen	3	10	1
Leuzenbronn	7	18	4
Lohr	27	48	21
Neusitz	28	9	12
Neustett	8	56	7
Nordenberg	60	–	46
Oberfelden	1	1	1
Ohrenbach	6	13	3
Steinach	18	2 + Kirche	12
Steinsfeld	24	64 + Kirche	12
Stettberg	2	19	2
Tauberscheckenbach	3	19	3
Wettringen	4	26	1
Wildenholz	52	3	20
Windelsbach	11	2	8
Summe	**371**	**454**	

3 Abgedruckt in: Wilhelm Dannheimer: Die Kriegsfackel über den Dörfern, in: Harro Schaeff-Scheefen (Hg.): Rothenburg ob der Tauber. Schicksal einer Deutschen Landschaft. Rothenburg ob der Tauber 1950. S. 45-52, S. 52.

14.3. Ortsregister

Hinweise zur Benutzung:
Der Ortsname Rothenburg sowie das Bezirksamt Rothenburg werden aufgrund ihrer häufigen Nennung nicht im Register aufgeführt.

H

I

K

L

M

N

14.4. Personenregister

I

J

K

L

14.5. Bildnachweise

Abb. 1: Fränkischer Anzeiger, 8.6.1939. Foto Stadtarchiv Rothenburg o.d.T.
Abb. 2: Reichsstadtmuseum Rothenburg, Sammlung Richard Wagner.
Abb. 3: Reichsstadtmuseum Rothenburg.
Abb. 4: Martin Schütz, Eine Reichsstadt wehrt sich: Rothenburg ob der Tauber im Kampfe gegen das Judentum, Rothenburg 1938, S. 81.
Abb. 5: StadtAR, Fotosammlung 122/02/0041.
Abb. 6: StadtAR, Fotosammlung 122/02/0150.
Abb. 7: StadtAR, Fotosammlung 052/01/0160.
Abb. 8: Fränkischer Anzeiger, 25.10.1938. Foto Stadtarchiv Rothenburg o.d.T.
Abb. 9: Schütz, Eine Reichsstadt wehrt sich, S. 113.
Abb. 10: Fränkischer Anzeiger, 2.8.1937. Foto: Stadtarchiv Rothenburg o.d.T.
Abb. 11: Schütz, Eine Reichsstadt wehrt sich, S. 129.
Abb. 12: Ebenda, S. 96.
Abb. 13: Reichsstadtmuseum Rothenburg, Sammlung Richard Wagner.
Abb. 14: Reichsstadtmuseum Rothenburg, Sammlung Richard Wagner.

15. Tafeln

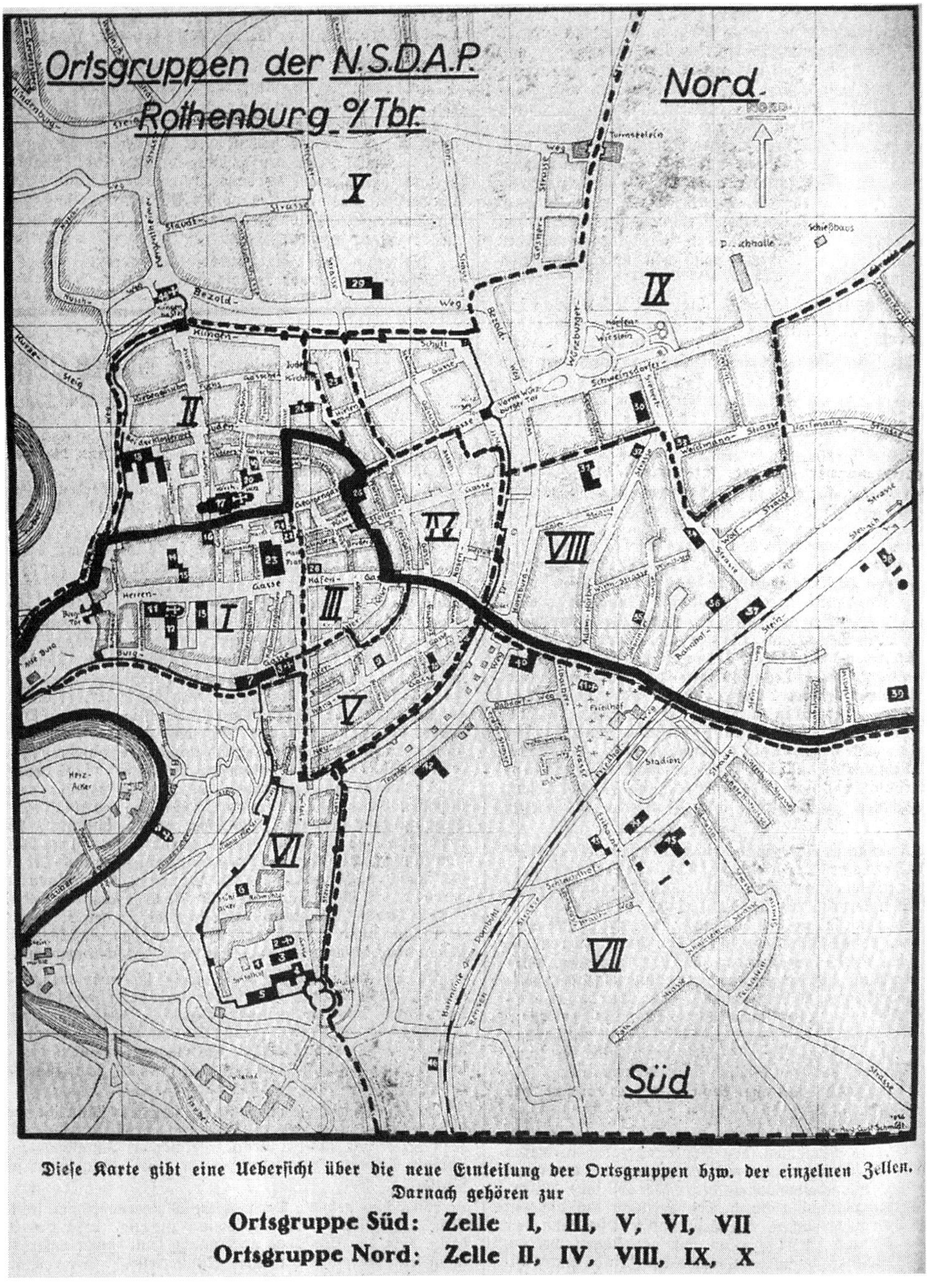

Abb. 1: Die Ortsgruppeneinteilung in Rothenburg ob der Tauber.

Abb. 2: „WHW-Mahnmal“, anlässlich der Eröffnung des Winterhilfswerkes 1935/36 auf dem Marktplatz.

Abb. 3: NS-Ehrendenkmal, gestiftet von Ludwig Siebert im Jahr 1934.

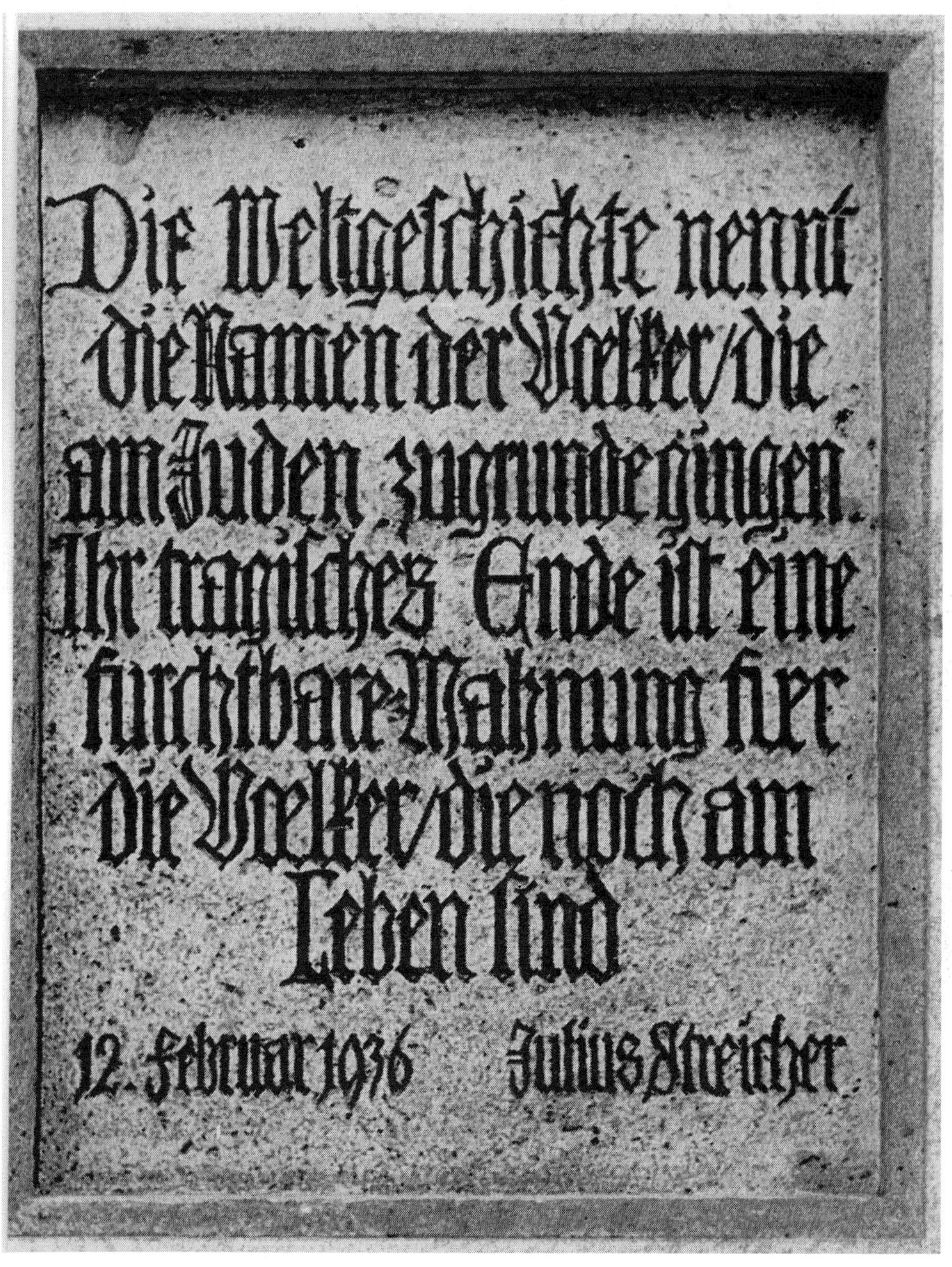

Abb. 4: „Mahntafel“, angebracht am linken Torhäuschen anlässlich zu Julius Streichers 51. Geburtstag.

Abb. 5: Göring und Streicher auf dem Rothenburger Marktplatz.

Abb. 6 und 7: Adolf Hitler in Rothenburg.

Dienstag, den 25. Oktober 1938

Bilder vom Kreistag der NSDAP.

Blick in den vollbesetzten Wildbadsaal während der Eröffnung der Tagung durch Kreisleiter Steinacker.

Bilder: Hermann Schneider

Druckstock: Schneidersche Buchdruckerei

Abb. 8: Kreistag in Rothenburg o.d.T. am 23. Oktober 1938.

Abb. 9: „Judentafel“ am Spitaltor [Abb. aus: Martin Schütz: Eine Reichsstadt wehrt sich: Rothenburg ob der Tauber im Kampfe gegen das Judentum. Rothenburg 1938, S. 113.]

Abb. 10: „Judentafel" am Burgtor [Abb. aus: „Fränkischer Anzeiger", 2.8.1937. Foto: Stadtarchiv Rothenburg o.d.T.]

Mahntafel am Galgentor.

Abb. 11: „Judentafel“ am Galgentor [Abb. aus: Schütz: Eine Reichsstadt wehrt sich, S. 129.]

Mahntafel am Klingentor.

Abb. 12: „Judentafel“ am Klingentor [Abb. aus: Schütz: Eine Reichsstadt wehrt sich, S. 96.]

Abb. 13 und 14: Rothenburg nach der Bombardierung am 31. März 1945.

BIBLIOTHECA ACADEMICA
REIHE GESCHICHTE

1 | Och, Gunnar –
Bobzin, Hartmut (Hrsg.)
Jüdisches Leben in Franken
2002. 240 S. 36 Abb. Kt. € 32,00
ISBN 978-3-89913-226-7

2 | Kleinke, Anja Henrike
Sicherung der Zukunftsfähigkeit öffentlicher Museen in Deutschland durch Lobbying. Grundlagen, Chancen und Perspektiven
2014. 335 S. Fb. € 42,00
ISBN 978-3-95650-020-6

3 | Eisenhauer, Monika
Apokalyptik als politische Idee. Die Konzeption der mittelalterlichen Kirchenfresken in Wormbach und Berghausen
2016. 70 S. 10 Abb. Kt. € 28,00
ISBN 978-3-95650-154-8

4 | Maier, Bernhard
Kindheit in der Gründerzeit zwischen Alster und Elbe: Kuno Meyers Tagebücher, 1868–1874
2016. 311 S. 14 Abb. Fb. € 48,00
ISBN 978-3-95650-163-0

5 | Maier, Bernhard
Ein Junge aus Hamburg im viktorianischen Schottland: Kuno Meyers Briefe an die Familie, 1874–1876
2016. 314 S. 9 Abb. Fb. € 48,00
ISBN 978-3-95650-164-7

6 | Maier, Bernhard
Keltologe zwischen Kaiserreich und British Empire: Kuno Meyers Briefe an Korrespondenten in Deutschland und Österreich, 1874–1919
2016. 346 S. 1 Abb. Fb. € 45,00
ISBN 978-3-95650-166-1

7 | Bauer, Daniel
Die nationalsozialistische Herrschaft in Stadt und Land Rothenburg ob der Tauber 1933-1945. Eine regionalgeschichtliche Untersuchung
2017. X/434 S. 14. Abb. Kt. € 38,00
ISBN 978-3-95650-248-4

ERGON-VERLAG · WÜRZBURG